böhlau

Geschichtsvorstellungen

Bilder, Texte und Begriffe aus dem Mittelalter

Festschrift für Hans-Werner Goetz
zum 65. Geburtstag

herausgegeben von
Steffen Patzold
Anja Rathmann-Lutz
Volker Scior

unter Mitarbeit von Andreas Öffner

2012

BÖHLAU VERLAG WIEN KÖLN WEIMAR

Bibliografische Information der Deutschen Bibliothek:
Die Deutsche Bibliothek verzeichnet diese Publikation in der
Deutschen Nationalbibliografie; detaillierte bibliografische Daten
sind im Internet über http://dnb.d-nb.de abrufbar.

Umschlagabbildungen:
Hrabanus Maurus, *Laus sanctae crucis*, Cod. Vat. Reg. lat. 124, f. 4v (Detail).

© 2012 by Böhlau Verlag GmbH & Cie, Wien Köln Weimar
Ursulaplatz 1, D-50668 Köln, www.boehlau-verlag.com

Alle Rechte vorbehalten. Dieses Werk ist urheberrechtlich geschützt.
Jede Verwertung außerhalb der engen Grenzen des
Urheberrechtsgesetzes ist unzulässig.

Druck und Bindung: Strauss GmbH, Mörlenbach
Gedruckt auf chlor- und säurefreiem Papier
Printed in Germany

ISBN 978-3-412-20898-1

Tabula gratulatoria

Stuart Airlie, Glasgow
Gerd Althoff, Münster
Hans Hubert Anton, Trier
Franz-Josef Arlinghaus, Bielefeld
Klaus Arnold, Kitzingen
Anna Aurast, Hamburg
Norman Bade, Hamburg
Josiane Barbier, Nanterre
Thomas Bauer, Münster
Ingrid Baumgärtner, Kassel
Matthias Becher, Bonn
Hans-Joachim Behr, Braunschweig
Jasmin Behrouzi-Rühl, Frankfurt am Main
Ingrid Bennewitz, Bamberg
Stefan Benz, Bayreuth
Walter Berschin, Regensburg
Peter Blickle, Saarbrücken
Michail A. Bojcov, Moskau
Werner Bomm, Heidelberg
Michael Borgolte, Berlin
Egon Boshof, Passau
Hajo Brandenburg, Hamburg
Wolfram Brandes, Frankfurt am Main
Claudia Brinker-von der Heyde, Kassel
Wolfgang Burgdorf, München
Wilhelm G. Busse, Düsseldorf
Jan Ulrich Büttner, Bremen
Gabriele Clemens, Hamburg
Giles Constable, Princeton
Roman Czaja, Toruń
Miriam Czock, Dortmund
Philippe Depreux, Limoges
Stefanie Dick, Kassel
Alain Dierkens, Brüssel
Gerhard Dilcher, Königstein
Peter Dilg, Marburg
Heinrich Dormeier, Kiel
Matthias Dornhege, Castrop-Rauxel

Wolfram Drews, Münster
Boris Dreyer, Erlangen
Winfried Eberhard, Leipzig
Bernhard Ebneth, München
Bonnie Effros, Binghampton
Oliver Ehlen, Jena
Caspar Ehlers, Frankfurt am Main
Joachim Ehlers, Berlin
Trude Ehlert, Würzburg
Elfie-Marita Eibl, Berlin
Simon Elling, Hamburg
Verena Epp, Marburg
Franz-Reiner Erkens, Passau
Ulrich Ernst, Wuppertal
Norbert Fabian, Duisburg
Franz J. Felten, Mainz
Gerhard Fouquet, Kiel
David Fraesdorff, Lütjenburg
Eckhard Freise, Münster
Bele und Sebastian Freudenberg, Hamburg
Stephan Freund, Magdeburg
Hartmut Freytag, Lübeck
Peter Friedemann, Bochum
Patrick Geary, Los Angeles
Dieter Geuenich, Freiburg
Martina Giese, Düsseldorf
Jutta Göller, Kelheim
Knut Görich, München
Michael Gosmann, Arnsberg
Albrecht Greule, Regensburg
Manfred Groten, Bonn
Wolf D. Gruner, Rostock
Ilse Haari-Oberg, Basel
Hans Henning Hahn, Oldenburg
Helmut Halfmann, Hamburg
Wolfgang Haubrichs, Saarbrücken
Barbara Haupt, Düsseldorf
Ernst-Dieter Hehl, Mainz

Heinz-Dieter Heimann, Potsdam
Ernst Hellgardt, München
Anne-Marie Helvétius, Paris
Klaus Herbers, Erlangen
Rainer Hering, Schleswig
Sabine von Heusinger, Köln
Maria Hillebrandt, Münster
Eduard Hlawitschka, Herrsching
Rudolf Holbach, Oldenburg
Gerlinde Huber-Rebenich, Jena
Franz Irsigler, Konz
Hermann Jakobs, Heidelberg
Wilhelm Janssen, Düsseldorf
Jörg Jarnut, Paderborn
Kurt-Ulrich Jäschke, Saarbrücken
Detlev Jasper, Höhenkirchen-Siegertsbrunn
Horst und Katharina Jesse, München
Vera Johanterwage, Frankfurt am Main
Jochen Johrendt, Wuppertal
Michael Jucker, Luzern
Reinhold Kaiser, Zürich
Hans H. Kaminsky, Gießen
Sören Kaschke, Bremen
Brigitte Kasten, Saarbrücken
Gundolf Keil, Würzburg
Hagen Keller, Münster
Karina Kellermann, Bonn
Norbert Kersken, Linden
Wendelin Knoch, Bochum
Theo Kölzer, Bonn
Franklin Kopitzsch, Hamburg
Ludger Körntgen, Mainz
Adelheid Krah, Wien
Hans-Georg Krause, Hamburg
Gerhard Krieger, Trier
Ludolf Kuchenbuch, Berlin
Stefan Kwiatkowski, Szczecin
Pascal Ladner, Fribourg
Peter Landau, München
Peter Lautzas, Mainz
Stéphane Lebecq, Lille
Régine Le Jan, Paris

Volker Leppin, Tübingen
Janina Lillge, Hamburg
Klaus-Joachim Lorenzen-Schmidt, Hamburg
Fritz Lošek, Sankt Pölten
Gerhard Lubich, Bochum
Bea Lundt, Flensburg
Laurenz Lütteken, Zürich
Christina Lutter, Wien
Inge Mager, Hamburg
Werner Maleczek, Wien
Christoph Markschies, Berlin
Michael Matheus, Rom
Michael McCormick, Harvard
Rosamond McKitterick, Cambridge
Elisabeth Mégier, Paris
Claudia Annette Meier, Mainz
Jochen Meissner, Neu Wulmstorf
Gert Melville, Dresden
Arno Mentzel-Reuters, München
Charles Mériaux, Lille
Adalbert Mischlewski, Grafing
Joachim Molthagen, Hamburg
Marco Mostert, Utrecht
Eduard Mühle, Warschau
Achatz von Müller, Basel
Franz Neiske, Münster
Janet L. Nelson, London
Cordula Nolte, Bremen
Ulrich Nonn, Koblenz/Bonn
Sabine Panzram, Hamburg
Steffen Patzold, Tübingen
Walter Pohl, Wien
Regina Pörtner, Swansea
Rainer Postel, Hamburg
Alheydis Plassmann, Bonn
Martin Przybilski, Trier
Fidel Rädle, Göttingen
Anja Rathmann-Lutz, Basel
Christine Ratkowitsch, Wien
Andreas Ranft, Halle an der Saale
Susanne Rau, Erfurt
Sandra Reimann, Regensburg

Helmut Reimitz, Princeton
Bruno Reudenbach, Hamburg
Ortrun Riha, Hünfeld
Adolf Martin Ritter, Heidelberg
Hedwig Röckelein, Göttingen
Werner Rösener, Gießen
Barbara H. Rosenwein, Chicago
Ingo Runde, Mülheim an der Ruhr
Jörn Rüsen, Essen
Jürgen Sarnowsky, Hamburg
Ursula Schaefer, Dresden
Thomas Scharff, Braunschweig
Angelika Schaser, Hamburg
Volker Scior, Osnabrück
Rudolf Schieffer, München
Axel Schildt, Hamburg
Thomas Schilp, Essen
Sabine Schmolinsky, Erfurt
Jens Schneider, Marne-la-Vallée
Bernd Schneidmüller, Heidelberg
Eva Schöck-Quinteros, Bremen
Heinrich Schoppmeyer, Witten
Winfried Schulze, München
Rainer C. Schwinges, Bern
Hubertus Seibert, München
Peter Segl, Pfaffenhofen
Jürgen Simon, Hamburg
Andreas Sohn, Villetaneuse
Markus Späth, Gießen
Wolfgang Spickermann, Erfurt
Mattbias Springer, Magdeburg
Reinhart Staats, Kronshagen
Hannes Steiner, Frauenfeld
Wilhelm Störmer, München

Jürgen Strothmann, Siegen
Mereth Strothmann, Bochum
Birgit Studt, Freiburg
Simon Teuscher, Zürich
Matthias Thumser, Berlin
Ernst Tremp, Sankt Gallen
Werner Troßbach, Kassel
Claudia Valenzuela, Hamburg
Dieter von der Nahmer, Ahrensburg
Elisabeth Vavra, Krems
Barbara Vogel, Hamburg
Gudrun Vögler, Fulda
Thomas Vogtherr, Osnabrück
Ludwig Vones, Köln
Martin Wallraff, Basel
Bastian Walter, Wuppertal
Helmut G. Walther, Jena
Friedrich Weber, Braunschweig
Stefan Weinfurter, Heidelberg
Horst Weinstock, Aachen
Manfred Weitlauff, Augsburg
Karl-Wilhelm Welwei, Bochum
Alfred Wendehorst, Erlangen
Jürgen Wendt, Hamburg
Harald Witthöft, Wilnsdorf
Rainer Wohlfeil, Hamburg
Irmtrud Wojak, München
Friedrich Wolfzettel, Frankfurt am Main
Ian Wood, Leeds
Dietrich Wörn, Tübingen
Claudia Zey, Zürich
Thomas Zotz, Freiburg
Manfred Zips, Wien
Leszek Zygner, Ciechanów

Inhalt

Vorwort   XIII

I. Zur Historiographie des Mittelalters

DIETER GEUENICH
Vadomarius. Alemannenkönig oder römischer Offizier?   1

WOLFGANG HAUBRICHS
Nescio latine! Volkssprache und Latein im Konflikt zwischen Arianern und Katholiken im wandalischen Afrika nach der *Historia persecutionis* des Victor von Vita   13

JÖRG JARNUT
Die Familie des Paulus Diaconus. Ein vorsichtiger Annäherungsversuch   43

DIETER VON DER NAHMER
König und Bischof bei Einhard, Notker von St. Gallen und Widukind von Corvey. Nebst einem Seitenblick auf weltliche Große   53

MATTHIAS BECHER
Das sächsische Herzogtum nach Widukind von Corvey   102

MATTHIAS SPRINGER
Sagenhaftes aus der Geschichtswissenschaft   115

THOMAS ZOTZ
Kaiserliche Vorlage und Chronistenwerk. Zur Entstehungsgeschichte der *Gesta Frederici* Ottos von Freising   153

PETER SEGL
Felix qui potuit rerum cognoscere causas. Bemerkungen zu den
Vorstellungen Ottos von Freising vom Wesen des Menschen
und den Gesetzen der Weltgeschichte　178

VERENA EPP
Historia Constantinopolitana. Der Vierte Kreuzzug aus der Sicht des
Zisterziensermönches Gunther von Pairis (ca. 1150–1210?)　203

JÜRGEN SARNOWSKY
Das Bild der „Anderen" in der frühen Chronistik des
Deutschordenslandes Preußen　224

II. Begriffe – Bilder – Vorstellungen

ANNE-MARIE HELVÉTIUS
L'image de l'abbé à l'époque mérovingienne　253

HEDWIG RÖCKELEIN
Matrona. Zur sozialen, ökonomischen und religiösen Stellung
einer Gruppe von Laienfrauen im Frühmittelalter　277

VOLKER SCIOR
Das offene Ohr des Herrschers. Vorstellungen über den Zugang
zum König in der Karolingerzeit　299

ROSAMOND MCKITTERICK
Werden im Spiegel seiner Handschriften (8./9. Jahrhundert)　326

BRUNO REUDENBACH
Gestörte Ordnung – deformierte Körper. Beobachtungen an
mittelalterlichen Darstellungen des Sündenfalls　354

JANET L. NELSON
Bits and Pieces　372

RÉGINE LE JAN
Quem decet trinam observare regulam, terrorem scilicet et ordinationem atque amorem... Entre crainte et amour du roi : les émotions politiques
à l'époque carolingienne   392

PHILIPPE DEPREUX
Der Petrusstab als Legitimationsmittel. Zu Kommunikation,
Erinnerungskultur und Autorität im Mittelalter   412

ALHEYDIS PLASSMANN
Norm und Devianz in hochmittelalterlichen Adelsfamilien West-
und Mitteleuropas: Der Umgang mit „schwarzen Schafen" der Familie   431

INGRID BAUMGÄRTNER
Reiseberichte, Karten und Diagramme. Burchard von Monte Sion
und das Heilige Land   460

III. Vorstellungen vom Mittelalter in der Neuzeit

MICHAIL BOJCOV
Alexander der Große als Wohltäter der Moskowiter   508

IAN WOOD
Early Medieval History and Nineteenth-Century Politics
in Dahn's "Ein Kampf um Rom" and Manzoni's "Adelchi"   535

BONNIE EFFROS
Casimir Barrière-Flavy and the (Re)Discovery of Visigoths
in Southwest France   558

Vorwort

Es ist an der Zeit zu danken! Hans-Werner Goetz hat unser Interesse an der mittelalterlichen Geschichte geweckt und uns in seinen Seminaren an der Universität Hamburg anschaulich gemacht, wie groß und facettenreich diese Epoche ist. Seine Forschung über die Vorstellungen, Wahrnehmungen und Denkweisen von Menschen, die vor mehr als 800 Jahren in Europa lebten, haben unsere eigenen Annäherungen an diese Zeiten tief geprägt.

Aber mehr als das: Der kleine Raum 903 des Philosophenturms ist seit vielen Jahren ein Kommunikationszentrum für Hamburger Mediävisten-Nachwuchs. Hier darf man traditionell auf Heißgetränke, mittwöchentliche Mitbringsel, Haiopeis, einen Berg Arbeit und gute Gespräche hoffen. Dazu die täglichen praktischen Übungen im Entziffern von Glossen, geschrieben in kleiner, flüchtiger Perlschrift; das immer wieder notwendig werdende Kollationieren Dutzender Textversionen je eigenen Bearbeitungsstandes; auch die vielen, bestenfalls gemeinschaftlich zu lösenden Rätselaufgaben (was, bitte, meint: bb Vqf 5?): In einem solchen Klima können mediävistische Arbeiten gedeihen!

Für all die Anregungen, Denkanstöße, Gespräche möchten wir im Namen aller Schüler mit diesem Band danken: Er führt in vielfältiger Weise die Diskussion über die mittelalterliche Geschichtsschreibung und die Vorstellungsgeschichte weiter, die Hans-Werner Goetz mit seinen Publikationen selbst so stark geprägt hat. Zugleich spiegelt das Buch die Weite der Themen wider, die Hans-Werner Goetz mit seiner ganz spezifischen Perspektive untersucht hat. *Bisher* untersucht hat! Denn noch bleibt etliches zu tun: Gott und die Welt harren noch ihrer Vollendung, auch die Wahrnehmung der Religionen in Europa will zu einem glücklichen Ende gebracht werden, und danach wartet lang schon Geplantes. Wir freuen uns darauf!

Steffen Patzold, Anja Rathmann-Lutz und Volker Scior

Dieter Geuenich

Vadomarius

Alemannenkönig oder römischer Offizier?

In seinen Arbeiten zur Vorstellungsgeschichte, zu Wahrnehmungen, Deutungen und Vorstellungen im Mittelalter[1], hat Hans-Werner Goetz auf die methodischen Schwierigkeiten aufmerksam gemacht, die darin bestehen, ein historisches Ereignis oder eine historische Persönlichkeit trotz der „Verzerrung", „Verformung" oder „Verfälschung", die sich in jeder historiographischen Darstellung zwangsläufig ergeben[2], adäquat zu erfassen, zu erkennen und zu bewerten. Dieses von Goetz analysierte methodische Problem tritt in besonderer Weise in Erscheinung, wenn wir von einer *gens*, einem „Volk" der „Völkerwanderungszeit"[3] überhaupt keine eigenen schriftlichen Aufzeichnungen besitzen, sondern unser Wissen über diese *gens* ausschließlich so genannter „Fremdüberlieferung" verdanken. Wir kennen dann nur die Sicht „von außen" auf diese *gens* und die ihr zugehörigen Personen und sind auf die Interpretation des Wortlauts dessen, was die Berichterstatter überliefern, angewiesen.

Eine solch ungünstige Überlieferungssituation ist zu den frühen Alemannen des 4. Jahrhunderts gegeben, von denen kein einziges Selbstzeugnis und nicht einmal eine mündlich tradierte Herkunftssage überliefert sind[4]. Im

---

1   Hans-Werner GOETZ, Vorstellungsgeschichte. Gesammelte Schriften zu Wahrnehmungen, Deutungen und Vorstellungen im Mittelalter, hg. von Anna AURAST u.a. (2007).
2   Vgl. Hans-Werner GOETZ, Wahrnehmungs- und Deutungsmuster als methodisches Problem der Geschichtswissenschaft, in: Das Mittelalter. Perspektiven mediävistischer Forschung 8 (2003) S. 23–33, hier S. 25 f., wiederabgedruckt in: GOETZ, Vorstellungsgeschichte (wie Anm. 1) S. 19–29, hier S. 21.
3   Zum problematischen Begriff der „Völkerwanderung" s. Sebastian BRATHER, Völkerwanderungszeit, in: Reallexikon der Germanischen Altertumskunde 32 (2006) S. 517.
4   Vgl. Dieter GEUENICH, Geschichte der Alemannen (²2005) S. 10 ff. Zu den Ursprungs- und Herkunftssagen der anderen völkerwanderungszeitlichen *gentes* s.

Grunde wissen wir nicht einmal, ob sie sich selbst Alemannen (*Alamanni*) genannt und als solche zusammengehörig gefühlt haben. Dennoch glauben wir, die Alemannen auf Grund der eindrücklichen Darstellung in den *Res gestae* des Ammianus Marcellinus gut zu kennen. Schließlich hatte dieser römische Historiker (ca. 330–395), einer der bedeutendsten spätantiken Schriftsteller, Gelegenheit, das Geschehen aus nächster Nähe zu beobachten und Augenzeugenberichte zu verwerten, und so verwundert es nicht, dass er nicht nur die Namen der einzelnen Alemannenkönige kennt und nennt[5], sondern sogar ihr Aussehen[6], ihren Charakter und ihr Temperament[7] zu beschreiben vermag. Diese allem Anschein nach auf eigener Erfahrung oder zumindest auf zuverlässigen Quellen beruhende Beschreibung der Vorgänge und Personen durch einen Schriftsteller, der sich, wie gesagt, in den Jahren 353–357 während der Feldzüge des späteren römischen Kaisers Julian (361–363) gegen die Alemannen selbst in Gallien aufgehalten hat, erweckt – trotz der „römischen Sicht" auf die geschilderten Ereignisse – den Eindruck größtmöglicher Glaubwürdigkeit. Es sind deshalb auch weniger die Fakten, deren Zuverlässigkeit im Folgenden in Frage gestellt werden sollen, zumal darüber ohnehin kaum andere kompetente Schriftsteller berichten, die als Korrektiv herangezogen werden könnten. Längst bekannt ist auch Ammians tendenziöse Bewertung, die sich beispielsweise in der vorwiegend negativen Berichterstattung über Kaiser

---

Hans-Hubert ANTON u.a., Origo gentis, in: Reallexikon der Germanischen Altertumskunde 22 (2003) S. 174–210.

5   Vgl. Dieter GEUENICH, Zu den Namen der Alemannenkönige, in: Studien zu Literatur, Sprache und Geschichte in Europa. Wolfgang Haubrichs zum 65. Geburtstag gewidmet, hg. von Albrecht GREULE u.a. (2008) S. 641–654.

6   Ammian schildert anschaulich das Aussehen des *rex Alamannorum Chnodomarius* „mit einem flammend roten Haarbusch (*flameus torolus*) auf dem Haupt, furchtlos im Bewusstsein seiner ungeheuren Körperkraft [...] unmenschlich groß [...] ein tapferer Kämpfer und als fähiger Heerführer den übrigen überlegen" (Ammianus Marcellinus, Rerum gestarum libri, XVI, 12, [24]; Text [in Auszügen] mit Übersetzung: Gunther GOTTLIEB / Camilla DIRLMEIER (Hrsg.), Quellen zur Geschichte der Alamannen von Cassius Dio bis Ammianus Marcellinus [Quellen zur Geschichte der Alamannen 1 / Heidelberger Akademie der Wissenschaften, Kommission für Alamannische Altertumskunde, Schriften 1, 1976] S. 32–87, hier S. 49).

7   So schildert Ammian den Neffen des *Chnodomarius rex* als einen jungen Mann, „dem eben der Bartflaum spross, aber an Tatkraft war er seinem Alter voraus. Er war der Sohn des Mederichus, des Bruders von Chnodomarius, der sein Leben lang treulos gewesen war [...]" (Ammianus Marcellinus [wie Anm. 6] XVI, 12, [25]).

Constantius II. (337–361) einerseits und in dem positiven Bild, das Ammian von Julian zeichnet, andererseits deutlich erkennen lässt[8].

Am Beispiel der Karriere des Vadomarius[9], der als *rex Alamannorum* unter den Schutz des Römischen Staates gestellt war[10], als „General zur besonderen Verwendung" gegen den Usurpator Procopius kämpfte und schließlich bei Vagabanta einen Sieg gegen die Perser errang[11], soll im Folgenden die grundsätzliche Frage erörtert werden, ob und gegebenenfalls wie der Status eines Alemannenkönigs mit dem eines römischen Offiziers vereinbar war.

Diesen Vadomarius nennt Aurelius Victor den mächtigsten König der Alemannen (*potentissimum eorum regem*[12]), während Ammian den königlichen Bruder Vadomars namens Gundomadus als den mächtigeren der beiden bezeichnet; jedenfalls schätzt er Gundomad als den zuverlässigeren der Brüder ein: *potior erat, fideique firmioris*[13]. Beide hatten durch „häufige Einfälle auf die ihnen benachbarten gallischen Gebiete" den Unwillen des Kaisers Constantius II. auf sich gezogen[14]. Als dieser daraufhin im Jahre 354 mit einem Heer von Chalon-sur-Saône aus „auf meist tief mit Schnee bedeckten Pfaden" bis in

---

8   Vgl. Klaus ROSEN, Studien zur Darstellungskunst und Glaubwürdigkeit des Ammianus Marcellinus (Habelts Dissertationsdrucke, Reihe Alte Geschichte 8, 1970) S. 90 ff.; Dariusz BRODKA, Ammianus Marcellinus. Studien zum Geschichtsdenken im vierten Jahrhundert n. Chr. (Wydawnictwo Uniwersytetu Jagiellonskiego, 2009) S. 54 ff. (Schlacht bei Straßburg).
9   Zu Vadomarius vgl. GEUENICH, Geschichte (wie Anm. 4) S. 51 f.; Stefan LORENZ, Imperii fines erunt intacti. Rom und die Alamannen 350–378 (Europäische Hochschulschriften 3 / Geschichte und ihre Hilfswissenschaften 722, 1997) S. 67–70; Ilse ULMANN, Der Alamannenkönig Vadomar in der Darstellung Ammians, in: Rom und Germanien. Dem Wirken Werner Hartkes gewidmet, hg. von Hans Ludwig SCHEEL (Sitzungsberichte der Akademie der Wissenschaften der DDR, Gesellschaftswissenschaften 15, 1982), S. 84–88; John F. DRINKWATER, The Alamanni and Rome 213–496 (Caracalla to Clovis) (2007) S. 149 f.; Thorsten FISCHER, Vadomarius, in: Reallexikon der Germanischen Altertumskunde 35 (2007) S. 323–326 (jeweils mit weiterer Literatur). Nach David WOODS, Ammianus Marcellinus and the *rex Alamannorum* Vadomarius, in: Mnemosyne 53 (2000) S. 690–710, ist Vadomarius sogar selbst der Gewährsmann und die Quelle für das, was Ammian berichtet.
10 Ammianus Marcellinus (wie Anm. 6) XVIII, 2, (16). Dazu unten mit Anm. 28.
11 FISCHER, Vadomarius (wie Anm. 9) S. 324.
12 Aurelius Victor, Liber de Caesaribus, 42, 13 f., ed. Friedrich PICHLMAYR (1911, Nachdruck 1970) S. 169 f. Vadomarius wird bei Aurelius Victor – wie auch bei Eunapios (s. unten Anm. 36) – *Badomarius* genannt.
13 Ammianus Marcellinus (wie Anm. 6) XVI, 12, (17).
14 Ammianus Marcellinus (wie Anm. 6) XIV, 10, (1).

die Nähe von *Rauracum* (Kastell Kaiseraugst) vorrückte, schickten die beiden *reges* Gesandte zum Kaiser, die „um Vergebung für die Vergehen und um Frieden bitten sollten"[15]. Es verwundert, dass diese Unterwerfung erfolgte, obwohl drei hochrangige Offiziere alemannischer Herkunft[16] ihren Landsleuten die Furt verraten hatten, durch die das römische Heer den Rhein nachts überqueren wollte[17]. Der überraschende Entschluss der Alemannen zur Unterwerfung – entgegen der „unerbittlichen Härte, mit der sie sonst zuversichtlich widerstanden"[18] – erstaunt offenbar auch Ammian; denn er vermutet, dass „vielleicht [...] die Vorzeichen abrieten oder die entscheidende Aussage der Opfer (*sacrorum*) den Kampf verbot"[19]. Auch Streitigkeiten (*discordia*) mit den alemannischen Nachbarn werden als Grund für dieses ungewöhnliche Einlenken in Betracht gezogen[20]. Nach langen Beratungen und einer von Ammian wörtlich wiedergegebenen Rede des Kaisers an sein Heer, in der dieser den Friedensschluss mit den beiden *reges* zu rechtfertigen versucht, wird ihnen ein Bündnisvertrag „nach Völkerrecht" (*foedere gentium ritu*[21]) gewährt.

Zumindest von diesem Zeitpunkt ab scheint Vadomar sich nur noch der römischen Seite, konkret: dem Kaiser, verpflichtet zu fühlen und jede Solidarität mit den Alemannen, wenn er sie je empfunden hat, aufgegeben zu haben. An der Schlacht bei Straßburg (357), in die sieben namentlich genannte *reges Alamannorum*, zehn *regales* sowie eine große Zahl von *optimates* und 35 000 Bewaffnete „aus verschiedenen Volksstämmen" (*ex variis nationibus*) gemein-

---

15 Ammianus Marcellinus (wie Anm. 6) XIV, 10, (9).
16 Dies waren Latinus (*comes domesticorum*), Agilo (*tribunus stabuli*) und Scudilo (*rector Scrutariorum*). Zu diesen drei Offizieren alemannischer Herkunft vgl. Dieter GEUENICH, Germanen oder (Wahl-)Römer? Karrieren germanischer Offiziere ab dem 4. Jahrhundert n. Chr., in: 2000 Jahre Varusschlacht. Konflikt, hg. von der Varusschlacht im Osnabrücker Land GmbH (2009) S. 254 f.
17 [...] *ut quidam existimabant,* „wie manche vermuteten", setzt Ammianus Marcellinus (wie Anm. 6) XIV, 10, (7) hinzu, um den Charakter des Gerüchts zu betonen. Denn nach seiner Meinung handelt es sich um einen „beschämenden Verdacht" (*infamabat* [...] *suspicium*). LORENZ, Imperii (wie Anm. 9) S. 27, vermutet „eher eine Vermittlertätigkeit" der drei römischen Offiziere alemannischer Herkunft.
18 Ammianus Marcellinus (wie Anm. 6) XIV, 10, (9).
19 Ammianus Marcellinus (wie Anm. 6) XIV, 10, (9).
20 Ammianus Marcellinus (wie Anm. 6) XVI, 12, (16).
21 Ammianus Marcellinus (wie Anm. 6) XIV, 10, (16). Wolfgang SEYFARTH (Hrsg.), Ammianus Marcellinus: Römische Geschichte. Lateinisch und Deutsch 1 (Schriften und Quellen der alten Welt 21/1, 1968) S. 270, Anm. 238, übersetzt „Völkerrecht". Vgl. dazu LORENZ, Imperii (wie Anm. 9) S. 28.

sam gegen das von Julian angeführte römische Heer ziehen, nimmt Vadomar nicht teil. Sein Volk (*Vadomarii plebs*) schließt sich jedoch „– gegen seinen Willen, wie er versicherte – den Haufen der nach Krieg schreienden Barbaren an"[22]. Man könnte diesen Vorgang als „Königsverlassung"[23] verstehen, zumal, wenn es zuträfe, dass Vadomar daraufhin „durch einen Mordanschlag ausgeschaltet" wurde, wie Peter Heather behauptet[24]. Aber hier liegt wohl eine Verwechslung mit dem Schicksal seines Bruders vor. Denn von Gundomad berichtet Ammian tatsächlich: Er wurde „hinterhältig ermordet, und sein ganzes Volk machte gemeinsame Sache mit unseren Feinden"[25]. Vadomar aber agiert weiterhin als *rex* und zugleich als Bündnispartner des Kaisers.

Nach der Niederlage der vereinigten alemannischen Scharen, die „teils gegen Sold, teils unter der Bedingung gegenseitiger Hilfe"[26] an der Schlacht teilnahmen, werden alle *reges*, die daran beteiligt waren, vom Caesar Julian einzeln zu Friedensabschlüssen und zur Herausgabe der Kriegsgefangenen gezwungen. Zwei Jahre nach der Schlacht erscheint auch Vadomar, der seinen Wohnsitz (*domicilium*) in der Nähe von Kaiseraugst hatte[27], im römischen Lager, allerdings nicht, um wie andere *reges* für sich um Frieden zu bitten, sondern „um seine Lage völlig abzusichern", und zugleich als Fürbitter für drei *reges*, deren Ernteerträge und Behausungen von den römischen Truppen in einem Rachefeldzug verbrannt worden waren. „Er hatte ein Schreiben des Kaisers Constantius bei sich, in dem er angelegentlich empfohlen wurde, so wurde er entspre-

---

22   Ammianus Marcellinus (wie Anm. 6) XVI, 12, (17).
23   Vgl. Konrad BUND, Thronsturz und Herrscherabsetzung im Frühmittelalter (Bonner Historische Forschungen 44, 1929).
24   Nach Peter HEATHER, Invasion der Barbaren. Die Entstehung Europas im ersten Jahrtausend nach Christus. Aus dem Englischen von Bernhard JEDRICKE u.a. (2011) S. 54, „konnte Vadomarius durch einen Mordanschlag ausgeschaltet werden". Dies entbehrt jeder Basis in den Quellen; vielmehr begann nun erst seine Karriere, wie die folgenden Ausführungen zeigen.
25   Ammianus Marcellinus (wie Anm. 6) XVI, 12, (17).
26   Ammianus Marcellinus (wie Anm. 6) XVI, 12, (26).
27   Ammianus Marcellinus (wie Anm. 6) XVIII, 2, (16): *Vadomarius, cuius erat domicilium contra Rauracos*. Auf Grund dieser Ortsangabe und der Tatsache, dass Vadomar und Gundomad *prope Rauracum* Widerstand gegen die Römer leisteten, sind die beiden *reges* in der Literatur als „Breisgaukönige" bezeichnet worden. Zu dieser anachronistischen Bezeichnung s. Dieter GEUENICH, Die alemannischen „Breisgaukönige" Gundomadus und Vadomarius, in: Historia archaeologica. Festschrift für Heiko Steuer zum 70. Geburtstag, hg. von Sebastian BRATHER / DEMS. / Christoph HUTH (Ergänzungsbände zum Reallexikon der Germanischen Altertumskunde 70, 2009) S. 205–216.

chend freundlich empfangen, zumal er vor langem vom Kaiser unter den Schutz des römischen Staates gestellt worden war" (*ab Augusto in clientelam rei Romanae susceptus*[28]).

Während die anderen *reges* über die Pracht der Fahnen und Waffen im römischen Zeltlager erstaunt und verwirrt waren, bewunderte Vadomar „zwar das Schauspiel des prunkvollen Aufmarsches, erinnerte sich aber, dergleichen von Kindheit an oft gesehen zu haben"[29]. Es bleibt unklar, ob Vadomar mit der römischen Prachtentfaltung so vertraut war, weil er „als Grenznachbar eng mit den Römern verbunden war" (*nostris coalitus utpote vicinus limiti*), oder ob er seine Kindheit (*adolescentia prima*) bereits in römischer Umgebung verbracht hatte. Auf jeden Fall dürfte er die lateinische Sprache und Schrift beherrscht haben, wenn er als Vermittler für die anderen *reges* mit den Römern verhandelte und wenn er, wie im Folgenden berichtet wird, mit Kaiser Constantius geheime Schreiben austauschte.

Constantius bestellte nämlich – „wenn man dem Gerede nur eines einzigen Glauben schenken darf", wie Ammian einschränkend bemerkt, – den Vadomarius „zum verschwiegenen und höchst aktiven Vollstrecker geheimer Machenschaften [...], und er schrieb ihm, er solle vorgeblich das Bündnis (*pactum concordiae*) brechen und bisweilen die ihm benachbarten Grenzgebiete heimsuchen"[30], damit der Caesar Julian in Gallien gebunden bleibe. Denn Constantius fürchtete, dass Julian gegen ihn zu Felde ziehen wolle. Vadomar scheint darauf eingegangen zu sein, „wenn man es glauben darf", setzt Ammian hinzu und gibt noch einen interessanten Hinweis auf Vadomars Kindheit, die er zu kennen vorgibt, wenn er schreibt: „Er verstand sich ja von frühester Jugend an wunderbar darauf, andere hereinzulegen und zu täuschen"[31].

Der Alemannenkönig wird überführt, als sein Bote (*notarius*[32]), den er mit einem geheimen Schreiben an den Kaiser geschickt hatte, von einem Wachtposten abgefangen und kontrolliert wird. Das dabei entdeckte Schreiben of-

---

28 Ammianus Marcellinus (wie Anm. 6) XVIII, 2, (16).
29 Ammianus Marcellinus (wie Anm. 6) XVIII, 2, (17).
30 Ammianus Marcellinus (wie Anm. 6) XXI, 3, (4).
31 Ammianus Marcellinus (wie Anm. 6) XXI, 3, (5). Hier folgt bereits ein Hinweis auf Vadomars spätere Zeit als *dux Phoniciae*, wo er – nach Ammian – später erneut seine Verschlagenheit unter Beweis stellte.
32 Ammianus Marcellinus (wie Anm. 6) XXI, 3, (6). Es verdient Beachtung, dass der Alemannenkönig offenbar über einen *notarius* („Sekretär, Schreiber") verfügt, den er zum Kaiser sendet.

fenbart Vadomars Doppelspiel. Bei einem Gastmahl, an dem er auf Einladung eines römischen Kommandanten auf linksrheinischem Gebiet arglos teilnimmt, wird Vadomar festgenommen und vor Julian geführt. Dieser „machte ihm nicht einmal Vorwürfe und schickte ihn nach Spanien"[33]. Offenbar konnte Vadomar der gute Kontakt zum Kaiser, dem er vertraglich verbunden war, strafrechtlich nicht zur Last gelegt werden. Aber Julian musste ihn aus dem Weg räumen, um sich in der bevorstehenden Auseinandersetzung mit Constantius den Rücken frei zu halten[34]. Denn „Vadomar war der einzige Alamannenkönig, den Julian wirklich fürchtete"[35].

Ein bezeichnendes Licht auf die beiden Kontrahenten wirft eine in den Historien des Eunapios überliefert Episode, deren chronologische Einordnung in den Lebenslauf des Vadomar nicht eindeutig möglich ist[36]. Eunapios berichtet darin, Vadomarius habe seinen Sohn Vithicabius den Römern als Geisel übergeben müssen, bis alle Kriegsgefangenen zurückgegeben seien[37]. Er habe dann aber unter Drohungen seinen Sohn frühzeitig zurückverlangt, obwohl die Rückgabe der 3 000 gefangenen Römer noch nicht erfolgt war. Durch diese Drohungen, deren Inhalt wir nicht kennen, geriet Julian offenbar so unter Druck, dass er den Knaben daraufhin tatsächlich herausgab. Der Gesandtschaft, die den Knaben zurückbrachte, gab er ein Schreiben mit, in dem er die Rückgabe wie folgt begründete: „Ein einziges Kind sei für ihn kein entsprechendes Unterpfand für so viele Menschen von besserer Herkunft". Etwas

---

33 Ammianus Marcellinus (wie Anm. 6) XXI, 4, (6). Dazu Begoña Enjuto SÁNCHEZ, Reflexiones sobre el episodio de *Vadomarius* y su envio a Hispania, Hispania Antiqua 27 (2003) S. 245–262. Nach LORENZ, Imperii (wie Anm. 9) S. 190, wurde Vadomar „völkerrechtswidrig interniert".
34 Ammianus Marcellinus (wie Anm. 6) XXI, 4, (7). Dazu LORENZ, Imperii (wie Anm. 9) S. 69 f.
35 LORENZ, Imperii (wie Anm. 9) S. 67, mit Hinweis auf Edward GIBBON, The Decline and Fall of the Roman Empire 2, hg. von John Bagnell BURY (1781/1913) S. 406: „Vadomair was the only prince of the Alamanni whom he esteemed or feared".
36 Eunapios, Fragment 13, ed. Gunther GOTTLIEB / Camilla DIRLMEIER, in: Quellen zur Geschichte der Alamannen von Libanios bis Gregor von Tours, hg. von DENS. (Quellen zur Geschichte der Alamannen 2 / Heidelberger Akademie der Wissenschaften, Kommission für Alamannische Altertumskunde, Schriften 3, 1978) S. 53. Der Name *Vadomarius* erscheint dort als *Badomarius*.
37 Eunapios, Fragment 13, ed. GOTTLIEB / DIRLMEIER (wie Anm. 36) S. 53. Zur chronologischen Einordnung (meist in das Jahr 359) s. FISCHER, Vadomarius (wie Anm. 9) S. 323; LORENZ, Imperii (wie Anm. 9) S. 57, Anm. 211 (jeweils mit weiterer Literatur).

hilflos klingt es, wenn der Caesar hinzusetzte, „entweder müsse er die Gefangenen, über 3000 an der Zahl, den Gesandten, die gleich kommen würden, übergeben, oder er solle wissen, dass er im Unrecht sei"[38]. Dieser Vorgang vermittelt eine Vorstellung von der Position „auf Augenhöhe", die Vadomarius dem Caesar Julian gegenüber einnahm und – im Bewusstsein, ein Vertragspartner des Kaisers zu sein, – einnehmen konnte.

Zu einer letzten Strafexpedition zieht Julian nach der Versetzung seines Widersachers, die einer Verbannung gleichkam, bei Nacht über den Rhein gegen die Alemannen vom Gau des Vadomar (*Alamannos a pago Vadomarii*[39]), die daraufhin kapitulieren, um Frieden bitten und beständige Ruhe versprechen. Damit sind die Zeit des *rex Alamannorum Vadomarius* und offenbar auch die Freiheit und Selbständigkeit seines *populus* beendet.

Auch von Vithicabius, dem Sohn des Vadomarius, der, wie bereits erwähnt wurde, seine Jugend in römischer Geiselhaft verbracht hatte, berichtet Ammian, dass er „die Stämme (*nationes*) zu Aufruhr und Krieg anstiftete"[40]. „Äußerlich schwächlich und kränklich, aber ein furchtloser, energischer Mann, entfachte [er] oftmals Kriegsbrände" gegen die Römer, so dass Kaiser Valentinian I. (364–375) ihn „heimlich, weil er es offen nicht konnte", „durch die List eines persönlichen Dieners" umbringen ließ[41]. Ob Vithicabius, wie vielfach angenommen wird[42], nach der Verbannung des Vaters dessen Nachfolger als Anführer der *plebs Vadomarii* geworden war, entzieht sich unserer Kenntnis. Ammian bezeichnet ihn lediglich als *rex Alamannorum*, der Unruhe stiftete. Ob sein „Wohnsitz", wie der seines Vaters „gegenüber den Rauracern" lag[43] und er von dessen *pagus* aus operierte, ist im Sinne einer Vater-Sohn-Folge denkbar, aber nicht sicher[44]. Bereits im Jahre 368, also noch vor dem Tod

---

38 Eunapios (wie Anm. 36) S. 53.
39 Ammianus Marcellinus (wie Anm. 6) XXI, 3, (1).
40 Ammianus Marcellinus (wie Anm. 6) XXVII, 10, (3).
41 Ammianus Marcellinus (wie Anm. 6) XXVII, 10, (4) und XXX, 7, (7).
42 DRINKWATER, The Alamanni (wie Anm. 9) S. 260 („king in his place") und S. 281 („son and successor of Vadomarius"); FISCHER, Vadomarius (wie Anm. 9) S. 325 („[...] übernahm dessen Sohn Viticabius die Herrschaft über die Breisgau-Alem[annen]").
43 Vgl. oben mit Anm. 27.
44 Ammianus Marcellinus (wie Anm. 6) XXX, 7, (7), berichtet vom Kampf des Vithicabius 368 „bei Solicinium [am Neckar?], wo er beinahe umgekommen" wäre und alle hätte „völlig austilgen können". Dort fiel er offenbar auch dem Mordanschlag zum Opfer. Vgl. ebd. XXVII, 10.

seines Vaters, fiel er „als Jüngling in der ersten Blüte der Mannesjahre" dem heimtückischen Anschlag eines vom Kaiser Valentinian I. (364–375) bestochenen Mörders zum Opfer, der daraufhin bei den Römern Zuflucht suchen musste und fand[45].

Mit der Abordnung des Vadomarius nach Spanien endete aber keineswegs dessen Karriere. Unter Kaiser Jovian (363–364) wurde er wieder ehrenvoll in den römischen Heeresdienst aufgenommen und zum *dux* der Grenzprovinz *Phoenice* an der östlichen Mittelmeerküste ernannt[46], dem nach der *Notitia dignitatum* auch alemannische Einheiten unterstellt waren[47]. Diese Stellung verlor er aber wieder – nach Ammian wegen des unaufrichtigen Charakters dieses „unbändigen Menschen" (*inmanissimus homo*[48]) –, denn Ammian bezeichnet ihn anlässlich der Belagerung von Nicaea als „gewesenen Befehlshaber (von Phönizien) und Alemannenkönig" (*Vadomario* [...], *ex duce et rege Alamannorum*[49]). Inzwischen hatte ihn der Ost-Kaiser Valens (364–378) offenbar zum „General zur besonderen Verwendung" erhoben; denn als solcher erscheint er 365 in Bithynien im Kampf gegen den Usurpator Procopius (365–366)[50]. In einer ähnlichen Sonderstellung ist er 373 nochmals bezeugt, als er gemeinsam mit dem *dux Syriae Traianus* den Persern (Sasaniden) bei Vaga-

---

45   Ammianus Marcellinus (wie Anm. 6) XXVII, 10, (4). LORENZ, Imperii (wie Anm. 9) S. 191, datiert den Mordanschlag auf April bis Juni 368.

46   Ammianus Marcellinus (wie Anm. 6) XXI, 3, (5): *ducatum per Foenicem regens*. Zur Datierung: Dietrich HOFFMANN, Wadomar, Bacurius und Hariulf. Zur Laufbahn adliger und fürstlicher Barbaren im spätrömischen Heere des 4. Jahrhunderts, in: Museum Helveticum 35 (1978) S. 307–318, hier S. 308 f.; DRINKWATER, The Alamanni (wie Anm. 9) S. 150 (mit Quellen und Literatur).

47   Karl Friedrich STROHEKER, Alamannen im römischen Reichsdienst, in: Eranion. Festschrift für H. Hommel, hg. von Jürgen KROYMANN (1961), S. 143; DRINKWATER, The Alamanni (wie Anm. 9) S. 150 (mit Quellen und Literatur).

48   Ammianus Marcellinus (wie Anm. 6) XXI, 4, (6). Dazu FISCHER, Vadomarius (wie Anm. 9) S. 324.

49   Ammianus Marcellinus (wie Anm. 6) XXVI, 8, (2). Vgl. HOFFMANN, Wadomar (wie Anm. 46) S. 309, gegen Karl Friedrich STROHEKER, Die Alamannen und das spätrömische Reich, in: Zur Geschichte der Alemannen, hg. von Wolfgang MÜLLER (Wege der Forschung 100, 1975) S. 47; ULMANN, Der Alamannenkönig Vadomar (wie Anm. 9) S. 84–88; FISCHER, Vadomarius (wie Anm. 9) S. 324 f.

50   DRINKWATER, The Alamanni (wie Anm. 9) S. 150; FISCHER, Vadomarius (wie Anm. 9) S. 324.

banta (Baghavan) in Mesopotamien eine schwere Niederlage beibrachte[51]. Danach schweigen die Quellen über sein weiteres Schicksal.

Wie müssen wir uns das Grab eines solchen Mannes vorstellen, der offenbar von Kindheit an mit der römischen Lebensweise, Kultur und Sprache vertraut war, der mit dem Kaiser korrespondierte und vertraglich verbunden war, der hohe und höchste Ämter im römischen Heer bekleidete und nicht nur am Hoch- und Oberrhein, sondern zeitweise auch in Spanien, Phönizien, Bithynien, Mesopotamien stationiert war? Könnten die Archäologen ihn, wenn man sein Grab fände, auf Grund der Grabbeigaben als *rex Alamannorum* identifizieren, oder sähen sie den Bestatteten als einen hochgestellten römischen Offizier an? Und wie wird die Grabausstattung seines Sohnes Vithicab ausgesehen haben, der bereits als Kind in römischer Umgebung als Geisel aufwuchs und als *rex Alamannorum* von seinem Diener ermordet wurde?

Hintergrund dieser Überlegungen ist die Frage nach dem Selbstverständnis dieser beiden wie auch der anderen *reges Alamannorum* dieser Zeit um die Mitte des 4. Jahrhunderts. Kämpften sie tatsächlich, wie in der Literatur meist unreflektiert angenommen wird, stets für die Interessen „der Alemannen" gegen „die Römer", oder handelt es sich nicht eher um Feldherren (so genannte „war lords"[52]), die den sich bietenden Möglichkeiten und der jeweiligen Situation entsprechend gegen die Römer zu Felde zogen oder vertragliche Bindungen mit diesen eingingen oder sogar, wie das Beispiel des Vadomar deutlich macht, völlig zu Römern wurden?

Das Beispiel zweier weiterer *reges Alamannorum*, die nacheinander über die alemannischen *Bucinobantes* herrschten, lässt zudem grundsätzliche Zweifel daran aufkommen, ob die *reges Alamannorum* immer als „Stammeskönige" aus ihrer jeweiligen *gens* hervorgingen: Den *rex Alamannorum Macrianus* versuchte Kaiser Valentinian lange Zeit vergebens „mit Gewalt oder List in seine Ge-

---

51 Manfred WAAS, Germanen im römischen Dienst (im 4. Jh. n. Chr.) (Habelts Dissertationsdrucke, Reihe Alte Geschichte 3, ²1971) S. 110; STROHEKER, Die Alamannen (wie Anm. 49) S. 37 mit Anm. 37; DERS., Alamannen (wie Anm. 47) S. 147; HOFFMANN, Wadomar (wie Anm. 46) S. 309; FISCHER, Vadomarius (wie Anm. 9) S. 324.
52 Vgl. Heiko STEUER, Warrior Bands, War Lords and the Birth of Tribes and States in the First Millennium AD in Middle Europe, in: Warfare and Society. Archaeological and Social Anthropological Perspectives, hg. von Ton OTTO / Henrik THRANE / Helen VANDKILDE (2006) S. 227–236.

walt zu bringen, wie lange zuvor Julian den Vadomarius"[53]. Nachdem dies dem Kaiser trotz intensiver Bemühungen nicht gelang, setzte er in einem günstigen Augenblick, als „die Furcht die Feinde auseinandertrieb und ihren Mut brach, [...] den *Bucinobantes*, einem alamannischen Stamm gegenüber *Mogontiacum* (Mainz), anstelle des Macrianus den Fraomarius als *rex* ein" (*in Macriani locum Bucinobantibus regem Fraomarium ordinavit*[54]). Hier setzt der Kaiser einen alemannischen *rex* ab und einen anderen an dessen Stelle ein, als ob die Position eines *rex Alamannorum* ein römisches Amt sei, das der Kaiser zu vergeben hat! Allerdings scheint diese Aktion im geschilderten Fall nicht von dauerhaftem Erfolg gewesen zu sein; denn „bald darauf, da ein neuer Kriegszug diesen Gau völlig verwüstet hatte", schickte Valentinian diesen Fraomarius im Rang eines Tribunen nach Britannien und machte ihn dort zum Befehlshaber einer größeren Alemanneneinheit. Zwei Fürsten desselben Volksstammes (*nationis eiusdem primates*) wurden ebenfalls als Offiziere zu dieser Einheit versetzt[55].

Und was geschah mit dem abgesetzten *rex Macrianus*, den man „unbefriedet zurückgelassen hatte" (*inpacatum relictum*[56])? Er zwang den Kaiser zu einem „Gipfeltreffen"[57], das er augenfällig als eine Begegnung „auf Augenhöhe" zelebrierte: Macrian stand, „schrecklich aufgeblasen, als werde er der oberste Richter über Krieg und Frieden sein", mit seinen Leuten „hocherhobenen Hauptes" auf der einen Seite des Rheins. „Auf der anderen Seite bestieg der Kaiser, umgeben auch von einer großen Schar von Offizieren, Flußkähne, und in persönlicher Sicherheit kam er nahe ans andere Ufer heran". Es wurde „hin und wider geredet und angehört, und es wurde Freundschaft zwischen ihnen durch einen Treueid bekräftigt" (*amicitia media sacramenti fide firmatur*[58]). Nachdem „das Bündnis (*foedus*) in feierlicher Weise geschlossen war", wurde Macrian „von da an ein guter Bundesgenosse (*socius*)", und „er gab auch

---

53 Ammianus Marcellinus (wie Anm. 6) XXIV, 4 (2). Macrianus wird von DRINKWATER, The Alamanni (wie Anm. 9) S. 304, als „the greatest Alamannic leader we know" bezeichnet.
54 Ammianus Marcellinus (wie Anm. 6) XXIX, 4 (7).
55 Ammianus Marcellinus (wie Anm. 6) XXIX, 4 (7).
56 Ammianus Marcellinus (wie Anm. 6) XXX, 3 (3).
57 HEATHER, Invasion (wie Anm. 24) S. 54.
58 Ammianus Marcellinus (wie Anm. 6) XXX, 3 (5). Nach LORENZ, Imperii (wie Anm. 9) S. 193, dürften diesem *foedus* „hauptsächlich finanzielle Leistungen Roms zugrunde gelegen haben". Vgl. auch ebd., S. 166 f.

später durch schöne Taten den Beweis für seine beständige und verträgliche Gesinnung"[59].

Anders als Vadomar (und Fraomar) wechselte Macrian nicht auf eine leitende Position im römischen Heer über, sondern agierte weiter als *rex Alamannorum* und zugleich anerkannter Bündnispartner des römischen Kaisers – so, wie auch Vadomar bis zu seiner Verbannung nach Spanien die vertragliche Bindung an den Kaiser nutzte und genoss. Es sieht nicht so aus, als wenn diese vertragliche Bindung die *gentes* dieser *reges* ebenfalls gebunden hätte. Die Beispiele der *populi* des Vadomar und des Gundomad, die gegen den Willen ihrer *reges* in die Schlacht gegen die Römer zogen, sowie das Beispiel der *Bucinobantes*, bei denen der Kaiser in der Person des Fraomar einen *rex* einsetzte, erwecken den Eindruck, als sei die Position eines *rex Alamannorum* nicht allein von der Zustimmung seines *populus*, seiner *plebs* oder des Gaues (*pagus*) abhängig gewesen, in dem er die Herrschaft ausübte, sondern mindestens ebenso von der Anerkennung durch den Kaiser[60]. Die Absetzung oder gar Verbannung eines *rex Alamannorum* durch den Kaiser konnte sicher immer nur das letzte Mittel sein, das bei Vadomar erfolgreich war, bei Macrian aber, wie wir sahen, nicht zum gewünschten Erfolg führte[61]. Die *reges Alamannorum* und die Frage ihrer Verlässlichkeit und Vertragstreue spielten in der Politik der Römer zweifellos eine ebenso wichtige Rolle wie die Verlässlichkeit und Treue der Offiziere alemannischer Herkunft im römischen Heeresdienst[62]. Insofern besteht zwischen den beiden Ämtern, die Vadomar bekleidete, – dem eines vertraglich gebundenen Alemannenkönigs und dem eines römischen Offiziers – aus römischer Sicht kaum ein Gegensatz.

---

59 Ammianus Marcellinus (wie Anm. 6) XXX, 3 (6).
60 In diesem Sinne resümiert Stefanie DICK, Der Mythos vom „germanischen" Königtum. Studien zur Herrschaftsorganisation bei den germanischsprachigen Barbaren bis zum Beginn der Völkerwanderungszeit (Ergänzungsbände zum Reallexikon der Germanischen Altertumskunde 60, 2008) S. 212, „dass die in den Schriftquellen aufscheinenden ‚germanischen' *reges* vor dem Hintergrund der hier [im Buch der Autorin] entfalteten Zusammenhänge in erster Linie als Träger eines römischen Ehrentitels zu betrachten sind, der für die solcherart dekorierten Kriegerführer zum einen wegen der damit einhergehenden Subsidien, zum anderen wegen des potentiellen Prestigegewinns attraktiv war".
61 Vgl. DRINKWATER, The Alamanni (wie Anm. 9) S. 119: „Roman deposition of an Alamannic king must have been a policy of last resort."
62 Ähnlich DRINKWATER, The Alamanni (wie Anm. 9) S. 157: „The work of such people, Ammianus' ‚kings', will have been as important as that of Alamannic officers within the regular army".

Wolfgang Haubrichs

Nescio latine!

Volkssprache und Latein im Konflikt zwischen Arianern und Katholiken im wandalischen Afrika nach der *Historia persecutionis* des Victor von Vita

„Vor mehr als 1500 Jahren schrieb im fernen Nordafrika" – so beginnt 1994 der Wiener Historiker Andreas Schwarcz seinen Überblick über „Bedeutung und Textüberlieferung der Historia persecutionis Africanae provinciae des Victor von Vita"[1] – „ein Kleriker der katholischen Kirche von Karthago eine Geschichte der Katholikenverfolgungen unter der Herrschaft der Vandalenkönige Geiserich und Hunerich. Über den Autor ist nur das bekannt, was aus seinem Werk unmittelbar hervorgeht. Victor wurde in Vita, einem heute nicht mehr identifizierbaren Ort in der Byzacena, geboren. Er war zunächst Priester in Karthago und erlebte dort vor allem die Ereignisse zwischen 480 und 484 aus eigener Anschauung. Victor wirkte vor allem auch am von Hunerich für den 1. Februar 484 in der Stadt einberufenen Religionsgespräch zwischen Katholiken und Arianern im Gefolge des Eugenius, des katholischen Bischofs von Karthago mit, ohne dann wie der Großteil des Stadtklerus verbannt zu werden, und schrieb im Auftrag seines Bischofs eine lebhaft Anteil nehmende Darstellung der Leidensgeschichte seiner Glaubensgenossen unter der vandalischen Herrschaft. Später erlangte er die Bischofswürde, möglicherweise in seiner Heimatstadt Vita [...] "[2].

---

1   Andreas SCHWARCZ, Bedeutung und Textüberlieferung der Historia persecutionis Africanae provinciae des Victor von Vita, in: Historiographie im frühen Mittelalter, hg. von Anton SCHARER / Georg SCHEIBELREITER (1994) S. 115–140.

2   Folgende Editionen der *Historia persecutionis* (fortan: Victor von Vita, HP) wurden benutzt: 1) Carolus HALM, in: Victoris Vitensis Historia persecutionis Africanae provinciae sub Geiserico et Hunirice regibus Vandalorum (MGH Auct. ant. 3/1, 1879) S. 1–58; 2) Michael PETSCHENIG, in: Victoris episcopi Vitensis. Historia persecutionis Africanae provinciae (Corpus scriptorum ecclesiasticorum latinorum 7, 1881); 3) Serge LANCEL, in: Victor de Vita. Histoire de la persécution vandale en Afrique suivie de La Passion des sept martyrs, Registre des provinces et des cités d'Afrique (2002); 4) Konrad VÖSSING, in: Victor von Vita, Historia persecutionis

Diesem Victor³ verdanken wir eine detaillierte, wenn auch zweifellos einseitige Darstellung des für das *regnum* der Wandalen⁴ so bedeutungsvollen Religionsgesprächs zwischen Katholiken und Arianern, unter denen sich sicherlich zahlreiche Angehörige der Eroberer des römischen Afrika, der *gens Vandalorum et Alanorum*, befanden⁵:

Adpropinquabat iam futurus dies ille calumniosus Kalendarum Februariarum, ab eodem [sc. vom König Hunerich] *statutus. Conveniunt non solum universae Africae, verum etiam insularum multarum episcopi, afflictione et maerore confecti. Fit silentium diebus multis, quousque peritos quosque et doctissimos viros exinde separaret, calumniis adpositis enecandos. Nam unum ex ipso choro doctorum, nomine Laetum, strenuum atque doctissimum virum, post diuturnos carceris squalores incendio concremavit, aestimans, tali exemplo timorem incutiens, reliquos elisurum. Tandem venitur ad disputationis conflictum, ad locum scilicet*

    Africanae provinciae temporum Geiserici et Hunerici regum Wandalorum. Kirchenkampf und Verfolgung unter den Vandalen in Africa (2011). Vgl. auch die deutschen Übersetzungen von M. ZINK, Bischof Viktors von Vita, ‚Geschichte der Glaubensverfolgung im Lande Afrika', Bamberg 1883; Adam MALLY, Des Bischofs Viktor von Vita Verfolgung der afrikanischen Kirche durch die Vandalen, Wien 1884. Eine wichtige Quellenschrift aus dem fünften Jahrhundert. Eine englische Übersetzung mit Kommentar bietet John MOORHEAD, Victor of Vita, History of the Vandal Persecution, Translated with Notes and Introduction (1992).

3   Vgl. zur Person des Victor von Vita Christian COURTOIS, Victor de Vita et son oeuvre. Étude critique (1954); Salvatore COSTANZA, Vittore di Vita e la Historia persecutionis Africanae provinciae, in: Vetera Christiana 17 (1980) S. 229–268; André MANDOUZE (Hrsg.), Prosopographie chrétienne du Bas-Empire 1: Prosopographie de l'Afrique chrétienne 303–533 (1982) S. 1175 f.; Ralph W. MATHISEN, Barbarian Bishops and the Churches „in barbaricis gentibus" During Late Antiquity, in: Speculum 72 (1997) S. 664–695, hier S. 686 f.; Konrad VÖSSING, Einleitung, in: Victor von Vita (wie Anm. 2) S. 12 f. Zum arianisch-homousianischen Religionskonflikt vgl. auch Yves MODERAN, L'Afrique et la persécution vandale, in: Nouvelle histoire du christianisme, des origines à nos jours 3: Les églises d'Orient et d'Occident (1998) S. 247–278, hier S. 259; DERS., Une guerre de religion: les deux églises d'Afrique à l'époque Vandale, in : Antiquité Tardive 11 (2003) S. 21–44, hier S. 33–36.

4   Das Ethnonym der Wandalen wird hier mit <w> geschrieben, wie es der Etymologie und den Regeln der deutschen Orthographie (einige Fremdwörter ausgenommen) entspricht: Das Zeichen <v> bezeichnet in der deutschen Sprache einen f-Laut, wie zum Beispiel die Wörter *voll* und *viel*, der Ortsname *Vallendar* (bei Koblenz) und der Personenname *Valentin* erweisen.

5   Victor von Vita, HP II, 52-55, ed. HALM (wie Anm. 2) S. 25; ed. PETSCHENIG (wie Anm. 2) S. 44–46; ed. LANCEL (wie Anm. 2) S. 145–147; ed. VÖSSING (wie Anm. 2) S. 94–99.

quem delegerant adversarii. Vitantes igitur nostri vociferationis tumultus, ne forte postmodum Arriani dicerent, quod eos nostrorum oppresserit multitudo, deligunt de se nostri, qui pro omnibus responderent, decem. Conlocat sibi Cyrila [der Patriarch der arianischen Kirche] *cum suis satellitibus in loco excelso superbissimum thronum, adstantibus nostris. Dixeruntque nostri episcopi: „illa est semper grata collatio, ubi superba non dominatur potestatis elatio, sed ex consensu communi venitur, ut cognitoribus discernentibus, partibus agentibus, quod verum est agnoscatur. Nunc autem qui erit cognitor, qui examinator, ut libra iustita aut bene prolata confirmet aut prava adsumpta refellat?" Et cum talia et alia dicerentur, notarius regis respondit: „patriarcha Cyrila dixit aliquos". Superbe et illicite sibi nomen usurpatum nostri detestantes dixerunt: „legatur nobis quo concedente istud sibi nomen Cyrila adsumpsit". Et exinde strepitum concitantes calumniari adversarii coeperunt. Et quia hoc nostri petierunt, ut saltem, si examinare non licebat prudenti multitudini, vel expectare liceret, iubentur universii filii catholicae ecclesiae qui aderant centenis fustibus tundi. Tunc clamare coepit beatus Eugenius* [der katholische Bischof von Karthago]: *„videat deus vim quam patimur, cognoscat afflictionem, quam a persecutoribus sustinemus". Conversique nostri Cyrilae dixerunt: „propone quod disponis". Cyrila dixit: „nescio latine". Nostri episcopi dixerunt: „semper te latine esse locutum manifeste novimus; modo excusare non debes, praesertim quia tu huius rei incendium suscitasti". Et videns catholicos episcopos ad conflictum magis fuisse paratos, omnino audientiam diversis cavillationibus declinavit. Quod ante nostri praevidentes libellum de fide conscripserant, satis decenter sufficienterque conscriptum, dicentes: „si nostram fidem cognoscere desideratis, haec est veritas quam tenemus".*

(„Schon nahte der schändliche Tag der Kalenden des Februar heran, wie er vom König festgesetzt war. Es kamen zusammen voll Betrübnis und Trauer die Bischöfe nicht nur aus ganz Afrika, sondern auch von vielen Inseln. Während mehrerer Tage herrschte Stille, bis der König die Erfahrenen und die gelehrtesten Männer abgesondert hatte, um sie unter falschen Anschuldigungen zu Tode quälen zu lassen. In dieser Schar von Lehrern gab es einen, mit Namen Laetus geheißen, einen tüchtigen und sehr gelehrten Mann, den man auf dem Scheiterhaufen verbrannte, nachdem man ihn tagelang im Schmutz des Kerkers gefangen gehalten hatte. Man hoffte so, die Übrigen im Widerstand zu brechen, indem man ihnen Furcht einflößte. Schließlich kam es zu Debatte und Konfrontation, am Ort nämlich, den die Gegner ausgesucht hatten. Die

Unsrigen vermieden freilich Tumult und Geschrei, und damit nicht etwa später die Arianer sagen würden, dass sie die Menge der Unsrigen unter Druck gesetzt hätte, wählten sie aus ihrer Mitte zehn Vertreter, die im Namen aller antworten sollten. Cyrila richtet sich, umgeben von seinen ‚Genossen' (*satellites*), auf einem Podest einen seinem Hochmut gemäßen prunkvollen Thron ein, während die Unsrigen stehen mussten. Da sagten unsere Bischöfe: ‚Willkommen ist stets eine Zusammenkunft, wo nicht hochmütige Überheblichkeit herrscht, sondern wo sich, indem die Sachwalter darlegen und die Parteien debattieren, aus allgemeinem Konsens das ergibt, was als wahr anzuerkennen ist. Nun aber, wer soll hier Sachwalter sein, wer soll als prüfender Richter darüber entscheiden, wie die Waage der Gerechtigkeit das für gut Befundene sichere oder das für schlecht Erkannte zurückweise?' Und nachdem solches und anderes geredet worden war, antwortete der Notar des Königs: ‚Der Patriarch benannte [oder ernannte] dazu einige …' [Überlieferung hat stark abweichende Varianten, evtl. korrumpiert; alternative Übersetzung in der Forschung: ‚Der Patriarch Cyrila sagte …']. Die Unsrigen protestierten gegen diesen hochmütig und illegitim usurpierten Titel und sagten: ‚Man möge uns Auskunft darüber geben, mit wessen Erlaubnis sich Cyrila diesen Titel zugelegt hat'. Da vollführten unsere Gegner großen Lärm und begannen mit ihren falschen Anschuldigungen. Und weil die Unsrigen forderten, wenn schon der verständigen Menge (*prudens multitudo*) nicht erlaubt werde, an Untersuchung und Urteilsfindung teilzunehmen, sie doch wenigstens anwesend sein dürfe, wurde befohlen, allen Söhnen der katholischen Kirche, die anwesend waren, hundert Stockhiebe zu verabreichen. Da rief der selige Eugenius aus: ‚Möge Gott ansehen, was wir leiden, er möge unsere Betrübnis erkennen, die wir von der Verfolgern erleiden!' Und zu Cyrila sagten die Unsrigen: ‚Lege dar, was du anordnest!' Cyrila sagte: ‚Ich kann es nicht auf Latein'. Unsere Bischöfe sagten: ‚Dass du stets lateinisch gesprochen hast, wissen wir ganz sicher, so kannst du dich nicht entschuldigen, vor allem wo du doch dieses Verfahren angestiftet hast'. Und als Cyrila sah, dass die katholischen Bischöfe besser auf den Streit vorbereitet waren, wich er einer Anhörung mittels allerhand sophistischer Einlassungen überhaupt aus. Das hatten die Unsrigen vorausgesehen und schon vorher ein Büchlein über den Glauben geschrieben, der Redaktion nach wohlgestaltet und der Situation angemessen. Nun sagten sie: ‚Wenn ihr unseren Glauben kennenlernen wollt, dies ist die Wahrheit, der wir folgen'.")

Nach der Darstellung der katholischen Seite spielten sich die Ereignisse also folgendermaßen ab: Man hatte – sicherlich um höhere Repräsentativität zu gewinnen und um stärkeren Druck ausüben zu können – für das Religionsgespräch nicht nur Vertreter benannt, sondern hatte versucht, die Gesamtkirche des wandalischen *regnum*, auch von den Inseln Korsika, Sardinien und wohl auch von den Balearen, herbeizurufen. Eine Ausdehnung auf die Gesamtkirche, das heißt auf das Imperium, hatte König Hunerich abgelehnt. Die Vorbereitungen tragen den Charakter einer Inszenierung, in die rituelle Elemente eingelassen sind: Es gibt eine vorgeschaltete Zeit der Stille über mehrere Tage[6]. Diese Vorbereitungszeit ist schon umschattet von Verfolgung und Leid. Der wandalische Verfolger sucht die erfahrensten und gelehrtesten Männer auf katholischer Seite abzusondern und mit falschen Anklagen zu ersticken. Einer von ihnen mit Namen Laetus wird ins Gefängnis geworfen und schließlich – wenn man dem Bericht des Victor trauen darf – auf dem Scheiterhaufen verbrannt, um eine Atmosphäre des Terrors zu erzeugen. Dieser als Klimax gemeinte Martyriumsbericht des Victor ist freilich eine der propagandistisch motivierten Verzerrungen des Autors. Das Martyrium des Laetus ist aus dem Umfeld des Religionsgesprächs zu entfernen; es fand erst im September des Jahres statt[7].

Für das Religionsgespräch wählen die Katholiken zehn Sprecher aus – angeblich, damit die Arianer nicht behaupten könnten, sie würden durch die Menge der Gegner unterdrückt. Man darf daraus schließen, dass die katholische Seite – unter Leitung des später noch hervortretenden Bischofs Eugenius – sich durchaus der Problematik ihrer Politik der großen Zahl bewusst war und versuchte, ihre strategische Intention der Majorisierung zu verschleiern.

Zu Beginn der Verhandlung besteigt der geistliche Führer der Arianer – Cyrila, der auch an anderer Stelle als Inbegriff des Bösen, ja als wahrer Teufel geschildert wird – an erhöhtem Ort einen Thron, umgeben von seinem Gefolge (*satellites*). Man kann sich kaum vorstellen, dass dieser Akt ohne Vorabsprache und ohne die Zustimmung des Königs zustande kam. Die Katholiken erkennen darin jedoch eine Provokation, den Versuch wohl, Vorrang und

---

6   Dieser ‚Aufschub' vor dem eigentlichen Religionsgespräch wird, und zwar als Geste der *benevolentia* des Königs, auch in dessen Dekret vom 24. Februar erwähnt; vgl. VÖSSING, Victor von Vita (wie Anm. 2) S. 177, Anm. 211. In der Darstellung Victors sieht das natürlich anders aus.
7   VÖSSING, Victor von Vita (wie Anm. 2) S. 177, Anm. 211.

Status für die arianischen Führer zu erlangen, den sie mehrfach als *superbia* diskriminieren. Durch diesen Akt sei der Prozess der Wahrheitsfindung, der nach Vortrag der Anwälte und Handeln der Parteien aus dem allgemeinen Konsens (*ex consensu communi*) hervorgehen müsse, behindert. Ein unabhängiger *examinator* sei so nicht gewährleistet. Es ist bezeichnend, dass auf diese Proteste der *notarius regis*, der Vertreter des Königs, antwortet, und zwar, indem er den Führer der Arianer als *patriarcha* bezeichnet und ihm die Funktion eines Sprechers zuweist. Die Weisung ist der Anlass für die katholische Seite, diese *superbe et illicite*, in einem Akt des Hochmuts also illegitim beanspruchte Titulatur eines Patriarchen für Cyrila vehement zu bestreiten. Im darauf entstehenden Tumult wird klar, dass es das Ziel der katholischen Seite ist, die *examinatio* für die *prudens multitudo*, die „Klugheit der Menge" zu reservieren, deren Entscheidung sie ja durch Ladung der Gesamtkirche des Reichs präformiert hat. Nach dem Bericht des Victor werden die *universi filii catholicae ecclesiae*, die „Gesamtheit der Söhne der katholischen Kirche" mit der Auspeitschung bedroht[8]. Der Führer der katholischen Seite, Bischof Eugenius klagt *clamans* im Gestus des leidenden Märtyrers rituell die Gegner an: „Gott möge ansehen, was wir leiden, er möge unsere Betrübnis erkennen, die wir von den Verfolgern erleiden!" Die Berufung auf den Märtyrerstatus lässt kaum noch eine Lösung des Konflikts zu.

Es folgt nun eine merkwürdige Szene, die noch, und zwar vor allem in ihrer Darstellung durch Victor als Sprecher der katholischen Seite, der Interpretation bedarf. Die Katholiken fordern Cyrila auf, seine Vorschläge zum Verfahren bekanntzugeben. Worauf dieser rätselhafterweise antwortet: *Nescio latine!* „Ich kann kein Latein" oder auch „ich kann es nicht in lateinischer Sprache". Dies ist der Anlass für die katholischen Bischöfe zu bezeugen, dass sie ihn bereits lateinisch hätten sprechen hören; sie bezichtigen ihn, obwohl er doch der Urheber des Verfahrens sei, sich dem Religionsgespräch zu verweigern. Der falsche Patriarch habe nun begriffen, dass die katholischen Bischöfe zum Streit vorbereitet waren, und sei – die ganze Anhörung überhaupt durch Ausflüchte meidend (in welcher Sprache?) – der Diskussion ausgewichen. Da die Katholi-

---

8   Nach ZINK, Bischof Viktor von Vita (wie Anm. 2) S. 50, Anm. 2, ist die Bestrafung unterblieben. Es scheint mir aber nicht sicher, dass Viktor dies sagen wollte. Allerdings bleibt die Interpretation von Zink durchaus möglich, freilich nur, wenn man das *conversi* [...] *nostri* im Sinne von „anderen Sinnes geworden" übersetzt, nicht wie üblicherweise im Sinne von „sich Cyrila zuwendend".

ken dies aber bereits vorausgesehen hätten, hätten sie einen *libellus de fide* vorweg geschrieben, in dem sie ihre theologischen Positionen festhielten. In der von Victor anschließend gegebenen Redaktion des *libellus* wird berichtet, dass die überreichte Denkschrift von den arianischen Bischöfen (später?) vorgelesen wurde[9].

Gerade letzterer Zug mag ebenso wie die Ladung der Reichskirche zeigen, dass die katholischen Führer eine wohlbedachte Strategie verfolgt hatten:
1) die Mehrheitsposition zu erringen;
2) das Verfahren und seine Entscheidung an die *prudens multitudo* zu binden;
3) falls das nicht gelänge, das Gespräch durch Bestreitung der Legitimität der Gegenseite zum Scheitern zu bringen;
4) die eigene Position durch ein nicht diskutierbares schriftliches Dokument (*liber fidei*) festzulegen.

Die wandalische und königliche Interpretation der Vorgänge findet sich im Dekret König Hunerichs vom 24. Februar 484[10]. Danach sei das von seinem Vater Geiserich für homousianische Priester erlassene Verbot, in den Siedlungsgebieten der Wandalen (*sortes Wandalorum*)[11] Gottesdienste abzuhalten, gröblich missachtet worden. Deshalb sei das Streitgespräch vom 1. Februar angeordnet worden. Während dieser Zusammenkunft hätten sich die Homousianer geweigert, ihre theologische Position aus den Heiligen Schriften zu erweisen, unter dem Vorwand der von der aufgeregten Volksmenge verursachten Unruhe. Am zweiten Tage hätten sie durch Auflehnung und Lärm einen Tumult erzeugt und so jegliche Diskussion unmöglich gemacht. Darauf habe der König die Schließung der homousianischen Kirchen verfügt, solange, bis sie zum Gespräch zurückkehrten, was sie verweigerten. Das Dekret leitet daraus ab, die kaiserliche antihäretische Gesetzgebung auf die Homousianer anzuwenden (Verbot von Gottesdiensten, Konfiskation des Kirchenbesitzes, Verbannung, Verbot aller Rechtshandlungen und Verträge etc.), falls diese sich

---

9   Vgl. zur Datierung VÖSSING, Victor von Vita (wie Anm. 2) S. 179 f., Anm. 226.
10 Victor von Vita, HP III, 1-14, ed. HALM (wie Anm. 2) S. 40-43; ed. Vössing (wie Anm. 2) S. 100–109 und 181-183 (Kommentar).
11 Vgl. dazu Helmut CASTRITIUS, Die Vandalen (2007) S. 100–103; Roland STEINACHER, Gruppen und Identitäten. Gedanken zur Bezeichnung „vandalisch", in: Das Reich der Vandalen und seine (Vor-)Geschichten, hg. von Guido M. BERNDT / DEMS. (2008) S. 243-260, hier S. 246-249.

nicht bis zum 1. Juni des Jahres bekehrten. Auch diese nicht ohne Logik dargebotene Ereignisabfolge dürfte parteiisch verzerrt sein, doch lässt sie deutlich den königlichen Versuch erkennen, das Reich im Glauben der Arianer zu vereinigen – so utopisch dieses Bestreben anmuten mochte.

Aber kehren wir zurück zur Darstellung des Homousianers Victor: Was bedeutet nun innerhalb des von der Bereitschaft zum Martyrium dominierten Vorgehens der Rechtgläubigen die angebliche Lateinunkenntnis des arianischen Patriarchen Cyrila, außer dass er damit konnotativ auch der Unbildung zu überführen war?

Die Szene hat bisher – so weit ich sehe – keine eingehende Interpretation gefunden. Das Standardwerk zur Wandalengeschichte von Christian Courtois[12] stellt nach einer kurzen Narration des Geschehens fest: „Mais ni les catholiques ni les ariens ne paraissaient désireux d'engager une honnête controverse. Ils s'accusèrent mutuellement d'entraver les débats et, moins d'une semaine après l'ouverture de la conférence, Huniric mit brutalement fin à cette confrontation inutile". Dieser Eindruck, dass letzten Endes beide Parteien nicht an einer wirklichen Auseinandersetzung interessiert waren, drängt sich in der Tat selbst bei Berücksichtigung der Parteilichkeit des Erzählers Victor auf. Courtois geht noch weiter: „Il semble bien que les catholiques n'aient jamais accepté sincèrement qu'on mit en discussion un problème dogmatique qui pour eux était définitivement résolu. Mais il n'est pas moins probable que les ariens étaient d'avance décidés à régler par la force un différend auquel elle semblait être inévitable remède. Les responsabilités dans l'échec de la conférence se partagent équitablement, et Huniric n'avait pas eu grand mérite à prévoir une issue si évidemment inscrite dans la logique des choses. Aussi n'y a-t-il pas lieu d'être surpris qu'il ait tenu tout prêts les textes par lesquels il entendait frapper les catholiques si le colloque n'aboutissait pas à un résultat positif". Dies lässt sich ebenso für die Vorbereitung des *liber fidei* fragen. Die Inszenierung scheint auf beiden Seiten zu greifen.

Ludwig Schmidt wies in seiner „Geschichte der Wandalen" die Schuld am Scheitern der Konferenz vom 1. Februar und der nachfolgenden, durch königliche Edikte Hunerichs gestützten Verschärfung der Verfolgungen einseitiger den Arianern zu. Für ihn „machte die arianische Geistlichkeit – es war ein offenbar mit dem König vorher abgekartetes Spiel – durch ihr Auftreten das

---

12 Christian COURTOIS, Les Vandales et l'Afrique (1955) S. 296 f.

Zustandekommen des Gesprächs unmöglich. Zwar waren hierauf die Katholiken vorbereitet, indem sie nun ein schriftlich abgefasstes [...] von Eugenius herrührendes Glaubensbekenntnis überreichten, den sogenannten Liber fidei catholicae, in dem auf Grund der Heiligen Schrift zu beweisen versucht wurde, dass Sohn und Geist mit dem Vater zusammen die eine unteilbare Gottheit bilden. Doch war auch dieser Trumpf gänzlich wirkungslos"[13]. Jener enigmatische, sich nicht bruchlos in die Erzählung einfügende Ausspruch des Patriarchen Cyrila *nescio latine* wird nur als Lüge gewertet, aber nicht funktional interpretiert: „Cyrila erklärte bei dem Religionsgespräch in Karthago, des Lateinischen nicht mächtig zu sein, eine Behauptung, die ihm von den anwesenden katholischen Bischöfen widerlegt wurde"[14]. Der wenig detaillierte Kommentar von H.J. Diesner in seinem Buch zum „Vandalenreich"[15] schließt sich dieser Perspektive eindeutig an: „Von beiden Seiten war die Konferenz offenbar gut vorbereitet worden; die katholischen Bischöfe legten sogar ein umfangreiches Manifest vor, das unter dem Namen ‚liber fidei catholicae' überliefert ist. Die Begegnung führte jedoch sehr schnell zu heftigen Auseinandersetzungen und tumultartigen Szenen, an denen nach Victors Berichterstattung eindeutig der arianische Patriarch Cyrila die Schuld trug". Die Sprachenfrage wird nicht diskutiert.

In einer Debatte, die eng mit dem neu erwachten Interesse an Konzepten früher Ethnizität und der Identität von *gentes* zusammenhängt, wird seit einigen Jahren der quellenkritische und funktionsorientierte Impetus der Forschung deutlicher. Für Gideon Maier[16] übernahm „die arianische Kirche der Vandalen – darin unterschied sie sich entscheidend von den gotischen oder der burgundischen – [...] geradezu die Rolle einer ‚Staatskirche'", deren Geistliche im Auftrag des Königtums eingesetzt werden konnten. „Allerdings ist Vorsicht geboten, da insbesondere Victor von Vita und auch manche andere katholische

---

13 Ludwig SCHMIDT, Die Vandalen (²1942) S. 103 f.; ebenso deutlich in der katholischen Perspektivierung des Geschehens Kurt Dietrich SCHMIDT, Die Bekehrung der Ostgermanen zum Christentum. Der ostgermanische Arianismus (1939) S. 358 f.
14 SCHMIDT, Die Vandalen (wie Anm. 13) S. 185.
15 Hans-Joachim DIESNER, Das Vandalenreich. Aufstieg und Untergang (⁸1966) S. 80. Vgl. auch DENS., Zur Katholikenverfolgung Hunerichs, in: Theologische Literaturzeitung 12 (1965) S. 893–895.
16 Gideon MAIER, Amtsträger und Herrscher in der Romania Gothica. Vergleichende Untersuchungen zu den Institutionen der ostgermanischen Völkerwanderungsreiche (2005) S. 287.

Quelle das Bild eines wandalischen Königshofes suggerieren wollen, der vollständig vom arianischen Klerus beherrscht wurde". Victor von Vita suggeriert, „dass hinter dem König der wahre Herrscher des Vandalenreiches im Patriarchen zu vermuten war"[17]. Besonders „Cyrila war von überragender Bedeutung in der Zeit der Katholikenverfolgung und machte nachhaltigen Eindruck auf die katholischen Schriftsteller; von ihm weiß noch Gregor von Tours (Historia Francorum II, 3) in seinem einzigen Kapitel über die Vandalen zu berichten; in Victors Verfolgungsgeschichte ist er einer der Protagonisten". Es gab noch weitere wichtige Spielfiguren im arianischen Klerus Nordafrikas: Der Patriarch Iucundus war zunächst eine Art Hauskaplan des Geiserichsohnes Theoderich (*a suo* [...] *presbytero*), der zu grausamem Vorgehen gegen katholische Höflinge riet; später stieg er zum Patriarchen auf, bevor er als enger Gefolgsmann Theoderichs von Hunerich verbannt wurde. Dieser Fall zeigt die enge Anbindung arianischer Kleriker an einzelne Glieder des Königshauses: Iucundus gehörte regelrecht zur „persönlichen Gefolgschaft Theoderichs"[18]. Insofern wird auch der Schritt Cyrilas, nach dem er mit seinem *nescio latine* und mit noch anderen, nicht dokumentierten Äußerungen angeblich die Gesprächsrunde zum Scheitern brachte, sicherlich mit dem Königshof abgesprochen worden sein. Umso mehr fallen die Brüche in der Szenenregie des Victor von Vita auf. Welche Funktion hatte diese Weigerung des Führers der arianischen Kirche, Latein als Verhandlungssprache zu benutzen?

Jörg Spielvogel betont in seinem Aufsatz über „Arianische Vandalen, katholische Römer" die „reichspolitische und kulturelle Dimension des christlichen Glaubenskonflikts im spätantiken Nordafrika"[19]: König Hunerich erließ sein Edikt vom 20. Mai 483, mit dem er die katholischen Bischöfe zu einer religionspolitischen Debatte einlud, „in Anwesenheit des oströmischen Legatus Reginus". Spielvogel hebt die vielsagenden „ebenfalls genannten Hintergründe" hervor: „Trotz der mehrmals erlassenen Verbote hätten die katholi-

---

17 Insofern dürfte der Titel eines *patriarcha* für den arianischen Bischof durchaus berechtigt gewesen sein.
18 MAIER, Amtsträger (wie Anm. 16) S. 207.
19 Jörg SPIELVOGEL, Arianische Vandalen, katholische Römer: die reichspolitische und kulturelle Dimension des christlichen Glaubenskonfliktes im spätantiken Nordafrika, in: Klio 87 (2005) S. 201–222, hier S. 209 f. Vgl. Salvatore COSTANZA, Uandali-Ariani e Romani-Catholici nella Historia persecutionis Africanae provinciae di Vittore di Vita. Una controversia per l'uso del latino nel concilio cartagines del 484, in: Oikoumene (1964) S. 223–241.

schen Priester Messen in den von Vandalen bewohnten Gebieten durchgeführt". Offensichtlich erschien den Hofkreisen um Hunerich der arianische Glaube der Wandalen gefährdet, Befürchtungen, die man nur verstehen kann, wenn eben diese Kreise diesen Glauben als einen Teil der wandalischen Identität erachteten. „In einem Streitgespräch sollte nun der Anspruch der Katholiken geprüft werden, den wahren Glauben zu vertreten" (Victor von Vita, HP II, 39). „Eugenius, der Bischof Karthagos, befürchtete Repressalien im Verlauf der Debatte" – dies keineswegs unberechtigt –, „schlug jedoch in einer Erwiderung dem Vandalenkönig vor, alle katholischen Würdenträger des Reiches zu dem Streitgespräch einzuladen". Spielvogel sieht darin nicht das Bestreben, die arianischen Würdenträger zu majorisieren, sondern folgt in der Interpretation im Wesentlichen Victor von Vita, wobei er für die Erhellung des Motivationshintergrundes noch über den afrikanischen Apologeten hinausgeht: Eugenius „verband damit die Absicht, dass die auswärtigen Bischöfe durch ihre Anwesenheit die Sicherheit ihrer nordafrikanischen Kollegen garantieren und hinterher die Unterdrückung durch die arianischen Vandalen in aller Welt verbreiten könnten" (Victor von Vita, HP II, 41–44). „Man erkennt zweierlei: Die Glaubenskraft der katholischen Priester manifestierte sich in ständigen Konvertierungsversuchen gegenüber den arianischen Vandalen, die auch nicht durch die Verfolgung nachgelassen hatten. Gleichermaßen sollte die Gesamtheit der Bischöfe motiviert werden, aus der Kenntnis der nordafrikanischen *persecutio* heraus die Rechtmäßigkeit ihres Glaubens zu verkünden und damit die Einheit der Katholiken als Bollwerk gegen die Arianer zu stärken. Die Auswirkungen dieses lokalen Religionskonflikts wurden von den nordafrikanischen Katholiken in einen überregionalen Zusammenhang transportiert, der ihnen die notwendige Unterstützung für ihren Überlebenskampf verleihen sollte". Dies ist eine konsistente, wenn auch stark aus der ‚rechtgläubigen' Perspektive getroffene Interpretation des Geschehens.

„Hunerich verweigerte die Einladung externer Bischöfe und wich auf diese Weise der Gefahr aus, dass sein religionspolitischer Konfrontationskurs mit einer gefestigten überregionalen Gegenfront beantwortet wurde. Stattdessen verbot er den Katholiken, mit den Vandalen gemeinsam Mahlzeiten einzunehmen" (nach Victor von Vita, HP II, 46)[20]. Victor von Vita kommentierte dies aus katholischer Sicht so, dass seine Glaubensbrüder auf diese Weise der

---

20 SPIELVOGEL, Arianische Vandalen (wie Anm. 19) S. 210.

arianischen Bekehrung entgingen. Hunerich hoffte wiederum, mit dem Dekret die Konvertierungsversuche der Gegenseite einzudämmen. Mit der Verordnung hat nach Spielvogel der Wandalenkönig einen breiten interethnischen Graben ziehen wollen, der die private Kommunikation hinter den Häusermauern unterbinden sollte. Die religiöse Abschottung der Wandalen sollte präventiv durchgesetzt werden, die gegenseitige Verständigung wurde auf Alltagskontakte in der Öffentlichkeit beschränkt, eine soziale Erschwernis, die Hunerich jedoch billigend in Kauf nahm.

Den eigentlichen Verlauf des Religionsgesprächs hat Spielvogel nicht interpretiert. Jedoch hat er deutlich die Konzeption von Segregation und Distinktion herausgearbeitet, in die dieses Gespräch einzuordnen ist und welche auch die Verlaufsinterpretation zu leiten hat. Hunerichs Wollen ist in seiner Konsistenz zu betrachten. Er „strebte mit seiner religionspolitischen Linie ein genuin arianisches Vandalenreich in Nordafrika an"[21].

In anderen neueren Publikationen zu den Wandalen kehrt man eher zu den klassischen Positionen zurück, in denen die Fragen der Ethnizität und mit dieser die Frage der sprachlichen Identität als wenig gewichtig behandelt werden. So wird bei Helmut Castritius[22] vor allem die Härte der Politik Hunerichs akzentuiert, die Dekrete vom 7. und 24./25. Februar 484, die zur Schließung aller katholischen Kirchen führten und den Zwangsübertritt aller Katholiken zum Arianismus bis zu den Kalenden des Juni des gleichen Jahres projektierten. Das Religionsgespräch vom 1. Februar in Karthago wird zwar behandelt, aber nicht dem Verlaufe nach, sondern nur unter dem Aspekt des letztlichen Scheiterns: „Dass es aus dem Ruder lief – durch vom arianischen Bischof (,Patriarch') Cyrila verursachte Tumulte –, war keineswegs von vornherein abzusehen". In dieser Perspektive bleibt die antiarianische Position Victors von Vita weitgehend unhinterfragt.

Bei Guido M. Berndt[23] findet sich dagegen durchaus das Bestreben, „die ohnehin übertriebenen Angaben Victors von Vita" kritisch im Lichte anderer Quellen zu analysieren[24]. Ziel seiner Untersuchung ist es, das „scheinbar eindeutige Bild", das der tendenziöse Victor und auch Gregor von Tours im Sinne

---

21 SPIELVOGEL, Arianische Vandalen (wie Anm. 19) S. 211.
22 CASTRITIUS, Vandalen (wie Anm. 11) S. 127.
23 Guido M. BERNDT, Konflikt und Anpassung. Studien zu Migration und Ethnogenese der Vandalen (2007) S. 215–224.
24 BERNDT, Konflikt (wie Anm. 23) S. 218.

einer ausgeprägten Dichotomie von Wandalen/Arianern und Römern/Katholiken entwerfen, „zu relativieren". Hunerichs Maßnahmen scheinen ihm nicht ethnisch, sondern aus der Sorge motiviert, „die Opposition gegen Hilderichs", des Sohnes, „Thronfolge zu brechen". Die Konferenz von 484 wird in ihrem Anlass vorwiegend als Folge katholischer Aktivitäten in den *sortes Wandalorum* betrachtet. „Wie zu erwarten, kam es nicht zu einem Religionsgespräch, die Katholiken verlasen nur ihre vorbereitete Rechtfertigungsschrift. Der Verlauf der Konferenz lässt sich weder aus dem Bericht Victors noch aus der Vorrede zum Edikt des Hunerich erkennen – jedenfalls bot er dem König den Anlass, alle katholischen Kirchen zu schließen und ihren Besitz der arianischen Kirche zu übertragen"[25]. Hier werden zwar offensichtlich die Brüche der Narration erkannt, aber eine detaillierte Interpretation der Erzählung findet nicht statt. Aus den von Victor von Vita kolportierten Bemerkungen katholischer Bischöfe zu den Lateinkenntnissen des arianischen *patriarcha* Cyrila zu schließen, „arianische Geistliche pflegten ihre Dispute mit ihren katholischen Konkurrenten auf Latein zu führen", heißt, dem apologetischen Athanasianer Victor auf den Leim zu gehen. Auch wenn sicherlich von einer Bilingualität zumal der wandalischen Oberschichten und des Klerus auszugehen ist, wäre es doch kurzschlüssig, aus der in sich brüchigen und polemisch verzerrten Erzählung Victors zu schließen: „Die Behauptung des Arianers Cyrila bei dem Religionsgespräch, er verstünde die Sprache seiner Gegner nicht, ist bereits von Victor von Vita als ein Trick entlarvt worden"[26]. War es wirklich nur ein Trick? Und was sollte ein solcher Versuch des der Konferenz vorsitzenden arianischen *patriarcha* bringen? Muss nicht die Erzählung Victors auf dem Hintergrund einer Konzeption der arianischen Konferenzführer und des wandalischen Königs interpretiert werden, die es zu erschließen gilt?

Durchaus anders interpretieren Andy Merrills und Richard Miles das Geschehen[27]: „Famously the Arian patriarch Cyrila also attempted to debate with the Nicene bishops in Vandalic, although his opponents rejected the gambit on the strength that his Latin was perfectly adequate to be understood". Hier wird das *nescio latine* des Cyrila – das in dieser Form ja nur in der tendenziösen

---

25 BERNDT, Konflikt (wie Anm. 23) S. 223. Ob die Denkschrift wirklich zu Gehör gebracht werden konnte, ist fraglich: Vgl. VÖSSING, Victor von Vita (wie Anm. 2) S. 180, Anm. 230.
26 BERNDT, Konflikt (wie Anm. 23) S. 236.
27 Andy MERRILLS / Richard MILES, The Vandals (2010) S. 95.

Erzählung des Victor vorliegt – als ein Zug in einem Schachspiel, also als Teil einer Strategie begriffen, die von der wandalisch-arianischen Seite ausgeht. Es scheint eine Frage der Identität und ihrer Manifestation, auch wenn Zweisprachigkeit sicherlich normal für die wandalischen Kleriker war: „It is likely that the majority of Vandals within Africa would have been at home with Latin, but their language provided a strong bord of association".

Die vielleicht umsichtigste Interpretation, welche sowohl den historischen Kontext als auch die Frage der wandalischen Identität berücksichtigt, hat für die Konferenz von 484 wohl Tankred Howe (2007) mit der Abhandlung zu „Vandalen, Barbaren und Arianern bei Victor von Vita" vorgelegt[28]. Howe ordnet das Religionsgespräch ein in die spektakuläre Absetzung und Verbannung des katholischen Bischofs Eugenius von Karthago durch den König, hinter der der arianische Patriarch Cyrila gestanden habe, und in den Versuch der Arianisierung des wandalischen Hofstaats[29], dem sich auch die Anordnung zum Tragen wandalischer Tracht am Hofe einfügt (Victor von Vita, HP II, 3)[30], von der noch die Rede sein wird. Nach Victor von Vita ist auch der arianische Patriarch der „eigentliche Urheber des von Hunerich einberufenen Religionsgesprächs"[31], womit implizit mit einer Planung des Gesprächs durch die arianische Führung fest zu rechnen ist. Weitere Aktivitäten weisen Cyrila als Leiter der Verhandlungen aus, so dass die Darstellung Victors, die der arianischen Seite eine Abbruchstrategie unterstellt und die Lateinunwilligkeit des *patriarcha* als reine Ausflucht bewertet, doch wenig plausibel scheint[32].

Howe geht vielmehr davon aus, dass „im arianischen Gottesdienst offenbar die jeweilige Volkssprache verwendet wurde"[33], also neben Latein das wandalische Kirchen-Gotisch – der byzantinische Geschichtsschreiber Prokop nennt um 553 explizit Gotisch als Sprache der Wandalen (s.u.) –, wovon wir ja weitere Zeugnisse haben. Howe führt dazu noch das Schreiben König Hunerichs an den Kaiser an, in dem gefordert wird, dass in Konstantinopel und in den Provinzen des Ostens *episcopi nostri* [sc. die Arianer] *liberum arbitrium habeant in ecclesiis suis quibus voluerint linguis populo tractare et legem Christianam*

---

28 Tankred HOWE, Vandalen, Barbaren und Arianer bei Victor von Vita (2007).
29 HOWE, Vandalen (wie Anm. 28) S. 55.
30 Vgl. COURTOIS, Vandales (wie Anm. 12) S. 228 f.; HOWE, Vandalen (wie Anm. 28) S. 174.
31 HOWE, Vandalen (wie Anm. 28) S. 135 f.
32 Vgl. HOWE, Vandalen (wie Anm. 28) S. 354 f.
33 HOWE, Vandalen (wie Anm. 28) S. 165.

colere [...], was nur einen Sinn ergibt, wenn der wandalische König hier die in seinem *regnum* geläufige Praxis einforderte.

So sei denn auch das *nescio latine* des *patriarcha* sicherlich eine Lüge gewesen, die „gegenüber den Zeitgenossen aber nur dann eine nachvollziehbare Behauptung darstellte, wenn seine Muttersprache bekanntermaßen eine andere war und er sich auch in seinen Gottesdiensten nicht des Lateinischen bediente"[34]. Howe ordnet den Versuch Cyrilas, sich auf seine eigene Sprache gegen das kulturell und kirchlich herrschende Latein zurückzuziehen, in das umfassendere Bestreben des Wandalenkönigs ein, wandalische Identität zu stiften und zu bewahren.

Auch Konrad Vössing[35] – sonst eher kritisch zu einigen Positionen Howes eingestellt – sieht die Bedeutung dieses Passus für die Sprachrealität der Zeit: „Dies ist ein zentraler Beleg für die Existenz zweier paralleler Sprachkulturen im Vandalenreich, einer lateinischen und einer gotisch-vandalischen. Denn auch, wenn die Aussage Cyrilas eine Ausflucht war und nicht akzeptiert wurde, war sie doch nur unter zwei Voraussetzungen möglich: dass seine Muttersprache [...] und – zumindest gelegentliche – Alltagssprache bekanntermaßen nicht Latein war und dass er auch im Gottesdienst nicht Latein sprach". Das Nebeneinander von Latein und Volkssprache der Wandalen ist die entscheidende Präsupposition des Geschehens.

Das fügt sich auch zu den älteren Beobachtungen zweier italienischer Wissenschaftler. Schon 1994/95 hatte Antonino Isola das Sprachproblem der Konferenz von 484 mit einem merkwürdigen Passus eines Schreibens des Fulgentius von Ruspe an den Wandalenkönig Thrasamund (496–523) verglichen[36], der gelobt wird, weil er in der *barbarica gens* will „promuovere gli studi"; die aber aus Gewohnheit „rivendica *l'inscitia* come *vernacula proprietas*". Der Autor, sehr überzeugt von der um 500 schon fortgeschrittenen Akkulturation der Wandalen, versucht diese letztere Behauptung als einen rhetorischen Topos zu entlarven, der der Steigerung der *romanitas* des Königs dienen soll, doch wird man ihm darin weniger folgen wollen. Wenn man *inscitia* des Lateins und der lateinischen Bildung noch zu Zeiten des Thrasamund behaupten konnte, so wird dies zwar nicht unbedingt für die akkulturierte (und bilingua-

---

34 HOWE, Vandalen (wie Anm. 28) S 165; vgl. auch ebd., S. 179.
35 VÖSSING, Victor von Vita (wie Anm. 2) S. 178, Anm. 220.
36 Antonio ISOLA, A proposito dell'*inscitia* dei Vandali secondo Fulg., Ad. Tras. 1, 2, 2, in: Romanobarbarica 13 (1994–1995) S. 57–74.

le) Oberschicht der *gens* zutreffen, aber doch gewiss in nicht allzu ferner Vergangenheit für die mittleren und unteren Schichten. Zumindest schließt Isola[37] aus der Weigerung des Cyrila, auf der Konferenz von 484 Latein zu sprechen, dass es mit der Zweisprachigkeit des wandalischen Klerus zu diesem Zeitpunkt – vor allem wohl in der theologischen Fachsprache – noch nicht so weit her war: „Ma il bilinguismo del clero germanico forse non doveva essere ancora generalizzato, se lo stesso Cirila ha potuto nutrire la speranza, sia puro per un momento, che quell'*escamotage* lo avrebbe sollevato dall'imbarazzo".

Noch stärker als Zeichen einer wandalisch-arianischen Identität hatte schon 1964 Salvatore Costanza den Vorfall aufgefasst[38]. Er akzentuierte den von Victor ausgearbeiteten Gegensatz zwischen Katholiken und Arianern, der zugleich ein Gegensatz zwischen Römern und Wandalen sei. Die Sprachverweigerung Cyrilas kommentierte Costanza so: „L'episodio si riferisce evidentemente a un contrasto ecclesiastico, ma assume indubbiamente un significato più vasto e una portata più generale. L'antiromanesimo di Cyrila si spinge oltre le opposizioni ben note di carattere dottrinario e investe l'uso della lingua che, nelle parte occidentale dell'impero, aveva da secoli rappresentato l'unità religiosa dei cristiani della chiesa cattolica romana". Costanza hält – bei veraltetem Forschungsstand – *Cyrila* für einen nichtgermanischen Namen. So hält er auch den Bezug der Weigerung Cyrilas auf punische oder berberische Sprache für möglich, doch ist ihm das Wichtigste, dass die Weigerung, Latein zu sprechen, den Bruch mit der katholischen Kirche und der römischen Kultur bedeute: „Spinto agli estremi dal fanatismo religioso, l'atteggiamento intrasigente di Cyrila rappresenta l'espressione più intollerante d'un nazionalismo non solo statale, ma anche ecclesiastico, che, mentre frantumava la compagine dell'impero, cercava altresí di opporsi all'universalismo della chiesa romana [...]".

Der parteiischen und in alogischer Erzählung endenden Interpretation des ‚Hagiographen' Victor von Vita folgt der Kommentar von Serge Lancel doch wohl zu eng, wenn er die Weigerung des *patriarcha* vor allem als „un moyen efficace de saboter la conférence" ansieht, und erst „secondairement" als „un manifeste nationaliste ou culturel"[39]. Das ist die Sicht Victors, die seine gesamte Darstellung dominiert. Aber ist sie richtig?

---

37 ISOLA, A proposito dell'*inscitia* (wie Anm. 36) S. 65 f.
38 COSTANZA, Uandali-Ariani (wie Anm. 19) S. 238–241.
39 LANCEL, Victor de Vita (wie Anm. 2) S. 308 f.

Die Forschung ist sich darüber einig, dass Victor von Vita beherrscht ist von dem Leitgedanken der *persecutio*, welche das Leiden der Verfolgten den Leiden der Märtyrer gleichstellt und sie zu heiligen Zeugen werden lässt[40]. Vieles bleibt dabei bezeichnenderweise inkonkret oder scheint übertrieben und nicht von anderweitig verifizierbarer Realität gedeckt. Es kommt Victor vor allem darauf an, den schrankenlosen Hass, die maßlose Grausamkeit, die moralische Verkommenheit und Unbildung der Verfolger, des Königs und der Arianer, die für ihn mit den Wandalen identisch sind, zu schildern. Die „negative Darstellung der Verfolger"[41], welche Gesetze und Verfahren anwenden, wie sie im Imperium von den Rechtgläubigen mit Hilfe des Staates gegen andere Religionen und christliche Sekten (Häresien) praktiziert wurden, ist beherrscht von den bösen Leitkonzepten der *superbia* und der *impietas*. So auch die Darstellung der Konferenz vom 1. Februar 484. Der Thron auf dem Podium, von dem aus Cyrila die Verhandlungen leitet, ist *superbissimus*, das *nomen usurpatum* des Patriarchen der Arianer ist Zeichen der *superbia*, ist zudem illegitim. Dagegen wird die Beratung der Rechtgläubigen nicht von der *superba* [...] *potestatis elatio* beherrscht, sondern kommt *ex consensu communi*. Gegen die Zeichen der *superbia*, Patriarchenthron und Patriarchentitel, protestieren die Gerechten. Cyrila und seine Anhänger und die königliche Gewalt verhalten sich töricht und grausam.

Es kann nicht ausbleiben, dass sich in dieser verzerrten, auf den Kontrast der guten und der bösen Kräfte angelegten Narration logische Brüche einstellen, die noch in ihrer Entstellung auf die eigentliche Vorgänge – wenn auch schemenhaft und undeutlich – verweisen. Was soll es heißen, wenn auf den Versuch der Rechtgläubigen, die *prudens multitudo* als *examinator* des Rechten, als Schiedsrichter zu etablieren, unvermittelt der vorher nicht erwähnte *notarius regis*, wohl der auch aus anderen Zusammenhängen bekannte Wandale *Vitarit*[42], antwortet: [P]*atriarcha Cyrila dixit aliquos* [var. *aliquos vestrum*

---

40   Vgl. COURTOIS, Victor de Vita (wie Anm. 3) S. 75–77, 81 und 87; Danuta SHANZER, Intentions and Audiences: History, Hagiography, Martyrdom and Confession in Victor de Vita's Historia Persecutionis, in: Vandals, Romans and Berbers. New Perspectives on Late Antique North Africa, hg. von Andy MERRILLS (2004) S. 271–290; HOWE, Vandalen (wie Anm. 28) S. 183 ff.; differenziert VÖSSING, Victor von Vita (wie Anm. 2) S. 20 ff.

41   HOWE, Vandalen (wie Anm. 28) S. 183.

42   LANCEL, Victor de Vita (wie Anm. 2) S. 26; Nicoletta FRANCOVICH ONESTI, I Vandali. Lingua e storia (2002) S. 178 f.; VÖSSING, Victor von Vita (wie Anm. 2) S. 168,

beziehungsweise *aliquis*] („Der Patriarch Cyrila benannte [oder ernannte] dazu einige ..."). Hat er also *examinatores* ernannt? Aber wo bleiben die dann später? Einige Handschriften haben *aliquos* und den folgenden Satz verworfen. Auch der Editor Serge Lancel hat *aliquos* ausgeschieden und übersetzt: „Le patriarche Cyrila a dit ..."[43]. In den Anmerkungen schlägt er vor, als Antwort auf die „question posée par les catholiques de savoir qui arbitrera le débat" mit der Handschrift H nur zu lesen „patriarcha Cyrila"[44]. Aber warum sollte die restliche Überlieferung etwas Unverständliches eingefügt haben? Man würde doch vermuten, dass die Kopisten bemüht waren, Unverständliches verständlich zu machen. Eher ist die Antwort bei Victor als Rest einer umfangreicheren Äußerung aufzufassen, oder *dicere* ist als „benennen" zu verstehen. Die tumultuös gegen den Titel *patriarcha* protestierenden rechtgläubigen *universi filii catholice ecclesiae qui aderant*, die zugleich (ebenfalls in einer schwer verständlichen Passage), wenn sie schon nicht als „verständige" Mehrheit entscheiden dürfen, um ihr Recht auf Anwesenheit kämpfen, werden angeblich mit hundert Stockhieben bestraft.

Wer sind diese *universi filii*? Sind auch die vorher erwählten zehn Sprecher der Rechtgläubigen darunter? Ist Bischof Eugenius darunter? Jedenfalls ist dieser nach solcher Aktion in der Lage, die Gewalt, die sie erleiden, vor Gott namhaft zu machen: Es ist die *persecutio*, welche die Heiligen märtyrerhaft erleiden, es sind die *persecutores*, die sie ausüben. Die *nostri*, vermutlich die zehn Sprecher, sind in der Lage, Cyrila zu adressieren und ihn aufzufordern, ganz im Sinne eines Rechtsdialogs: *Propone quod disponis*. Serge Lancel hat in seinem Kommentar darauf hingewiesen[45], dass *proponere* (aber sicher auch *disponere*) „appartient au vocabulaire du débat judiciaire: C'est au demandeur (en l'occurrence l'Eglise arienne) d'ouvrir le débat en faisant savoir ses intentions ou ses griefs". Sicherlich hat Lancel Recht, den Satz in einen juristischen Kontext zu stellen, aber ob der Sinn von *disponere* (im Kern „einrichten, anordnen") seine Interpretation im Sinne einer erwünschten Beschwerdeführung durch die Arianer trägt, erscheint doch fraglich und entspricht auch kaum dem

---

Anm. 120, und S. 177, Anm. 215, der richtig darauf hinweist: „[S]ein Name deutet auf eine gotisch-vandalische Herkunft", während BERNDT, Konflikt (wie Anm. 23) S. 236 f., den Namen für ungermanisch hält, ja (wohl unter dem Einfluss von aus lat. *vita* abgeleiteten Namen) für den eines Provinzialrömers.

43 LANCEL, Victor de Vita (wie Anm. 2) S. 146.
44 LANCEL, Victor de Vita (wie Anm. 2) S. 308.
45 LANCEL, Victor de Vita (wie Anm. 2) S. 308.

Verhandlungskontext. Es geht doch um die Anerkennung oder Nichtanerkennung der Verhandlungsführung durch den arianischen *patriarcha*. So wäre es wohl sinnvoller, die Aufforderung der Rechtgläubigen mit: „Lege dar, was Du anordnest!" statt mit „Expose tes intentions" zu übersetzen. Aber das würde nun gerade die Anerkennung der Position Cyrilas bedeuten, die die *filii ecclesie* vermeiden wollten. Die Anerkennung der Position Cyrilas würde übrigens auch präsupponiert, wenn man der engeren Übersetzung von Lancel folgen würde.

Seltsam in Form und Substanz erscheint auch der in der Narration des Victor folgende Satz des Cyrila: *Nescio latine*. Will er damit andeuten, dass er die Aufforderung der Rechtgläubigen nicht verstanden habe? Will er sagen, dass er seine Dispositionen nicht auf Latein benennen könne? Die zweite Auslegung scheint die Antwort der *nostri episcopi* nahe zu legen, die von einer Ausrede ausgehen, da sie ihn schon Latein hätten sprechen hören. Aber auch diese Antwort ist eigenartig, da sie ihre Aufforderung zu sprechen nun damit begründen, dass Cyrila ja der Initiator der Konferenz sei (*quia tu huius rei incendium suscitasti*). Abgesehen davon, dass nach der Erzählung des Victor bisher ja nur die Rechtgläubigen sprachen, scheint die Begründung erneut auf die Anerkennung der Position des Cyrila als Verhandlungsführer zu weisen.

Dass die Behauptung des Cyrila, kein Latein zu können, unglaubwürdig ist, ist vielfach und zu Recht mit Verweis auf die zunehmende Bilingualität der Wandalen betont worden. Andererseits sind wir aber hier im Grunde nur mit der einseitigen und verzerrenden, mehrfach problematischen bis unlogischen Darstellung des Victor von Vita konfrontiert, auch wenn man Victor zugute halten möchte, dass er seine katholischen Zeitgenossen überzeugen wollte. Sollen wir wirklich glauben, dass der arianische Patriarch und seine Berater, die hier als *satellites* diffamiert werden, dass König Hunerich und sein *notarius* nicht im Vorfeld die sprachliche und argumentative Problematik der Konferenz bedacht hätten, dass sie geglaubt hätten, mit einem simplen Entschuldigungstrick nach so langer Vorbereitung vor der Öffentlichkeit davonzukommen? Oder ist die schwierige, hinter den Brüchen der Erzählung der Sieger aufscheinende Rekonstruktion der wirklichen Intentionen der wandalischen Kirchenführer doch auf einem anderen Feld zu suchen, wobei unstrittig ist, dass mit dem Verweis auf Sprachprobleme eine noch lebendige gentile Sprache der Wandalen präsupponiert wird?

Bevor wir dazu einen Lösungsvorschlag unterbreiten, sei zunächst ins Gedächtnis gerufen, was wir zur Zeit über die Sprache der Wandalen wissen und was – eventuell – über die Sprache des arianischen Patriarchen Cyrila[46]. Beginnen wir mit Cyrila und seinem Namen. Ferdinand Wrede war 1886 in seinem damals grundlegenden Werk zur „Sprache der Wandalen" (dem aber noch die zahlreichen neueren Quellenfunde fehlten) der Meinung, dass der Name Cyrila ungermanisch sei und an griechisch *kýrios* 'Herr' anknüpfe[47]. Allerdings: „Die Deminutivendung *-ila* vollzog die Gotisierung" (das Suffix *-ola* < *-ula* bei Gregor von Tours ist Frucht der Romanisierung). Wrede weist hiermit implizit auch auf die Endung *-a* hin, die den Namen in die Gruppe der ostgermanischen schwach deklinierten Personennamen auf *-a* einreiht. Dem hat sich Nicoletta Francovich Onesti[48] im Wesentlichen angeschlossen, wobei sie die Hypothese einer griechisch-germanischen Hybridbildung im Anschluss an griech. *Kyrillos* oder *kýrios* akzentuiert. Hermann Reichert erwägt 2009 ebenfalls eine Hybridbildung, wobei er auf Grund eines Übersetzungsfehlers (*nomen* heißt in der fraglichen Szene bei Victor von Vita „Titel" und meint den *patriarcha*) annimmt: „Ein *nomen adsumptum*, ein angenommener Beiname, soll Cyrila also sein, kein Taufname; und zu seiner Annahme sollte man eine Erlaubnis brauchen, für die die katholischen Bischöfe ein Monopol zu haben glauben. Man könnte vermuten, dass er den Namen eines der von den Katholiken als Heilige verehrten Bischöfe namens *Kyrillos* [...] angenommen hatte"[49]. Die weiteren Folgerungen Reicherts haben keinen Bestand, wohl aber der nochmalige Hinweis, dass „die Nominativendung -a nach gotischer Sprache" aussehe. Er weist auch zu Recht auf einen weiteren wisigotischen, um 460 genannten *dux* des Königs Theoderich namens *Cyrila* (so Hydatius) beziehungsweise *Ceurilas* (so Isidor von Sevilla)

---

46   MANDOUZE, Prosopographie chrétienne (wie Anm. 3) 1, S. 260–262.
47   Ferdinand WREDE, Über die Sprache der Wandalen (1886) S. 69 f.; vgl. Maurits SCHÖNFELD, Wörterbuch der altgermanischen Personen- und Völkernamen (1911) S. 68.
48   FRANCOVICH ONESTI, Vandali (wie Anm. 42) S. 151; DIES., Latin-Germanic Hybrid Names from Vandal Africa and Related Problems, in: Proceedings of the International Congress of Onomastic Sciences Uppsala 2002, hg. von Eva BRYLLA / Mats WALBERG (2006) S. 113–127, hier S. 116.
49   Herrmann REICHERT, Sprache und Namen der Wandalen in Afrika, in: Namen des Frühmittelalters als sprachliche Zeugnisse und als Geschichtsquellen, hg. von Albrecht GREULE / Matthias SPRINGER (2009) S. 43–120, hier S. 64 f.

hin⁵⁰. „Da ein gotischer Heerführer kaum einen Bischofsnamen annahm, könnte man auch vermuten, *Cyrila* sei ein original gotischer Name". Dies scheint mir ein gangbarer Weg: Man könnte den Namen zum wohl onomatopetischen Stamm germ. *ker(r)a-* (st. Verbum ahd. *kerran*, ae. Praet. Plur. *curran*) 'knarren', ostgerm. *kir(r)a-* stellen, wozu sich ein hypokoristisches Suffix gut fügen würde⁵¹. Der Name ließe sich dann als Neckname 'der Knarrer' interpretieren, wobei eine spätere Anlehnung an *kýrios* ja in christlichem Kontext nicht ausgeschlossen wäre. Da man in der Romania wusste, dass germ. [eu] romanisch oft mit [e] substituiert wurde, wie etwa bei *Theud-ila* > *Ted-*, ließe sich *Ceurila-* bei Isidor von Sevilla als Hyperkorrektur einer Variante *Kerila* interpretieren. Ob nun genuin ostgermanisch oder Hybridname auf der Grundlage von griech. *kýrios*, die Morphologie zeigt, dass es sich um einen gotisch-wandalischen Namen handelt, so dass man die Verweigerung des Lateinischen einem Wandalen zuzuschreiben hat.

Die Sprachzeugnisse für die Volkssprache der wandalischen *gens* sind, wie die Überlieferungssituation schon erwarten lässt, nicht zahlreich und dem Umfang nach dürftig, der Qualität nach sind sie aber durchaus aussagekräftig⁵²:

1) In der zwischen 430 und 450 entstandenen antiarianischen *Collatio beati Augustini cum Pascentio ariano* wird eine liturgische Formel der Wandalen genannt (kopial 2. Hälfte 6. Jh. aus Bobbio, wo man arianische Literatur sammelte): [...] *a laudibus Dei unius nec ipsa lingua barbara sit ullatenus aliena. Latine enim dicitur „Domine miserere'* [...]. *Si etiam Romanis. ‚froia.arme'. quod interpraetatur, D[omi]ne miserere!* [...]⁵³. *Froia arme* (lat. *Domine miserere*, griech. *Kyrie eleison*) wäre bibelgotisch als *frauja armai* zu rekonstruieren. Die überlieferte Form der wandalisch-arianischen Li-

---

50 Vgl. Herrmann REICHERT, Lexikon der altgermanischen Namen 1 (1987) S. 230.
51 Vladimir OREL, A Handbook of Germanic Etymology (2003) S. 213.
52 FRANCOVICH ONESTI, Vandali (wie Anm. 42) S. 133–144.
53 Vgl. WREDE, Sprache (wie Anm. 47) S. 71 f.; Gerhard EIS, Der wandalische Gebetsruf Frôja armês, in: Forschungen und Fortschritte 34 (1960) S. 183–185; Heinrich TIEFENBACH, Das wandalische *Domine miserere*, in: Historische Sprachforschung 104 (1991) S. 251–268; FRANCOVICH ONESTI, Indizi di plurilinguismo nel regno dei Vandali, in: Il plurilinguismo in area germanica nel Medioevo, hg. von Lucia SINISI (2005) S. 79–104, hier S. 91; DIES., Le testimonianze linguistiche dei Vandali nel *regnum Africae* fra cultura latina ed eredità germaniche, in: Lingua et ingenium. Studi su Fulgenzio di Ruspe e il suo contesto, hg. von Antonio PIRAS (2010), S. 359–384, hier S. 359–362.

turgie spiegelt spätostgermanische Lautprozesse, deren Rezeption auch in der wandalischen Anthroponymie festzustellen ist. Sie ist also ein Zeugnis der Sprachlebendigkeit des ostgermanischen Wandalischen, ebenso wie der Verwendung dieser Sprachvarietät in der Liturgie. In diesem Lichte interpretieren zu Recht Andy Merrills und Richard Miles den Brief König Hunerichs (Victor von Vita, HP II, 2) an den oströmischen Kaiser: „Huneric's insistence in his negotiations with Leo that the Arians of the Balkans be allowed to celebrate in the vernacular certainly implies that this was normal practice in North Africa"[54].

2) Es ist in letzter Zeit wahrscheinlich gemacht worden, dass – der bilingualen Sprachsituation im wandalischen Nordafrika entsprechend – der bilinguale lateinisch-gotische (nur fragmentarisch erhaltene), 1908 in Ägypten gefundene *Codex Giessensis* (Wulfila-Evangeliar, Lukas) im *regnum* der Wandalen (um 500) entstanden ist[55]. Die arianische (in der Volkssprache die wulfilanische) Bibel war ein Teil des kulturellen *patrimonium* und ein Instrument kultureller Identität ostgermanischer *gentes*. Salvian schrieb um 440 in seinem Traktat *De gubernatione Dei*, in dem er die zeitgenössischen Konflikte mit den sogenannten ‚Barbaren' beschrieb, dass die Goten und Wandalen ihre Bibel mit in den Kampf nahmen, und zwar aus einem quasi magischen Grunde, um dem Gegner zu zeigen, dass die Heilige Schrift die göttliche Präsenz garantiere[56].

3) In dem um 500 anzusetzenden, eventuell von einem Dichter namens Bonosus stammenden, jedenfalls ein metrisches Kunststück mit Fremdsprachen darstellenden Epigramm Nr. 285, I der in Afrika entstandenen *Anthologia latina* mit dem Titel *De conviviis Barbaris* wird geschildert[57],

---

54 MERRILLS/MILES, Vandals (wie Anm. 27) S. 93.
55 Paul GLAUE / Karl HELM, Das gotisch-lateinische Bibelfragment der Großherzoglichen Universitätsbibliothek Gießen, in: Zeitschrift für die Neutestamentliche Wissenschaft 11 (1910) S. 1–38; FRANCOVICH ONESTI, Testimonianze (wie Anm. 53) S. 366 f.; Carla FALLUOMINI, Il codice gotico-latino di Giessen e la chiesa vandalica, in: Lingua e ingenium. Studi su Fulgenzio di Ruspe e il suo contesto, hg. von Antonio PIRAS (2010) S. 309–340.
56 FRANCOVICH ONESTI, Testimonianze (wie Anm. 53) S. 362, Vgl. HOWE, Vandalen (wie Anm. 28) S. 165.
57 Franz BÜCHELER / Alexander RIESE / Ernst LOMMATZSCH (Hrsg.), Anthologia latina 1 (^{2}1894) S. 221. Vgl. Wolfgang KRAUSE, Handbuch des Gotischen (^{3}1968) § 17, S. 21 f.; Wilhelm BRAUNE / Frank HEIDERMANNS, Gotische Grammatik (^{20}2004) § E 19, S. 14.

wie eine vorwiegend an Essen und Trinken interessierte, ein *convivium* dominierende Barbarenschar die Rezitation von Dichtung der lateinischen Hochkultur verhindert.

Inter ‚eils' goticum ‚scapia matzia ia drincan'
non audet quisquam dignos edicere versus.
(„Zwischen dem gotischen Rufen ‚Heil! Schaffen wir uns Essen und Trinken' würde wohl keiner würdige Verse vortragen wollen".)

Die neuere Forschung nimmt überwiegend an, dass mit der Bezeichnung *goticus* die Sprache der wandalischen Herrenschicht gemeint ist, nicht die Sprache ostgotischer Soldaten der mit König Thrasamund verheirateten Amalafrida (500–525), war doch ein *convivium*, ein Gastmahl, das Vorrecht dieser Herrenschicht. Dies wird vom Lautstand des Wortes *eils* mit dem Diphthong [ei] wie zum Beispiel im Königsnamen *Geisericus* (und romanischer h-Aphaerese) statt bibelgotisch *hails* < germ. **hail-a-z* bestätigt[58]. „*Convivium* heißt nicht, dass eine Gruppe von Barbaren, vielleicht irgendwelche ihrer ethnischen Herkunft nach nicht näher bestimmbare Hilfstruppen einer römischen Einheit, also zufälligerweise tatsächlich Goten, in ein Gasthaus stürmte, in dem der Dichter gerade lateinische Verse vortragen wollte, durch die Ankömmlinge gestört wurde und die Worte aufschnappte, die sie beim Eintritt riefen. Ein *convivium* ist eine Veranstaltung von hochgestellten Persönlichkeiten für geladene Gäste. Um vor den Gästen mit seiner Bildung zu protzen, lädt der Gastgeber einen gebildeten Dichter ein, der die Gäste mit seinen Versen zu unterhalten hat. Germanische Barbaren in politischer Stellung, die solche *convivia* veranstalten konnten, waren in Nordafrika nur die Wandalen und diese nur während der Zeit ihrer Herrschaft"[59].

4) In einem weiteren, von Felix *vir clarissimus*, möglicherweise also einem hohen Beamten, stammenden panegyrischen Poem der *Anthologia latina* wird dem König Hilderich (523–530), Nachkomme zweier Herrschergeschlechter, der wandalischen Hasdinge und der weströmischen Kaiser, ein Titel (kein Name) beigelegt, der nur auf ein volkssprachliches Appellativ zurückgehen kann: *Vandalirice potens, gemini diadematis heres*

---

58   FRANCOVICH ONESTI, Vandali (wie Anm. 42) S. 140–143; DIES., Indizi (wie Anm. 53) S. 88; DIES., Testimonianze (wie Anm. 53) S. 369 f.; MERRILLS/MILES, Vandals (wie Anm. 27) S. 93 ff.
59   REICHERT, Sprache und Namen (wie Anm. 49) S. 49 f.

(Nr. 215)⁶⁰. Das latinisierte *Vandali-rice* ist auf **Wandali-rīka-* 'Herrscher der Wandalen' zurückzuführen⁶¹. Der Text feiert im Vergleich mit den verwandten Kaisern Theodosius, Honorius und Valentinianus die Kriegstaten des Königs. Die zweite Zeile – *Ornasti proprium per facta ingentia nomen* – scheint auf die Semantik des königlichen Namens *Hildi-rīk* ('der im Kampfe Mächtige' oder 'Kampf-König') anzuspielen.

5) In einem Spottgedicht des unter König Hilderich (523–530) und Gelimer (530–534) wirkenden *vir clarissimus et spectabilis* Luxorius (Anthologia latina Nr. 307)⁶² erscheint als ein Übername, mit dem kontrastiv gespielt wird (*dum nil praevaleat*), latinisiertes *Baudus* < germ. **bauda-z* 'Gebieter, Herr', das auf ein wandalisches Appellativ zurückgehen muss. Das Sprachspiel verbürgt die Sprachlebendigkeit des Wandalischen zur Zeit des Luxorius⁶³.

6) Einen singulären Beinamen, der nur auf dem Hintergrund lebendiger Volkssprache zu denken ist, trägt der undeklinierte *Gamuth* (Victor von Vita, HP II, 15), Arianer und Bruder des *praepositus regni* Heldica a. 481, der – mit spätostgerm. Wandel [ō] > [ū] – auf die appellative Bildung mit verstärkendem Präfix **ga-mōþs* 'der mit Mut, Zorn Gerüstete' (vgl. got. *mōþs* 'Mut, Zorn', anord. *mōdr* 'Zorn, finstere Gesinnung') zurückzufüh-

---

60 BÜCHELER/RIESE/LOMMATZSCH, Anthologia latina (wie Anm. 57) 1, S. 215, v. 1.
61 Vgl. SCHÖNFELD, Wörterbuch (wie Anm. 47) S. 253; Michel CHALON u.a., Memorabile factum. Une célébration de l'évergétisme des rois vandales dans l'Anthologie Latine, in: Antiquités Africaines 21 (1985) S. 207–262, hier S. 220 f. und 242 f.; Nicoletta FRANCOVICH ONESTI, I nomi vandalici dell'Africa: un riesame, in: *Wentilseo*: i Germani sulle sponde del Mare nostrum, hg. von Alessandro ZIRONI (2001) S. 25–57, hier S. 48; DIES., Vandali (wie Anm. 42) S. 143 f.
62 BÜCHELER/RIESE/LOMMATZSCH, Anthologia latina (wie Anm. 57) 1, S. 307. Vgl. Morris ROSENBLUM, Luxorius. A Latin Poet among the Vandals (1961) Nr. 21, S. 124 f.; 193.
63 Vgl. FRANCOVICH ONESTI, Nomi vandalici (wie Anm. 61) S. 30; DIES., Vandali (wie Anm. 42) S. 139 f.; REICHERT, Sprache und Namen (wie Anm. 49) S. 62. Fälschlich wird sowohl bei BÜCHELER/RIESE/LOMMATZSCH, Anthologia latina (wie Anm. 57) 1, S. 258, als auch bei ROSENBLUM (wie Anm. 62) S. 193, *baudus* als 'audax, fortis' interpretiert, indem es mit germ. **balda-* (engl. *bold*) verwechselt wird. ROSENBLUM, der auch die richtige, zu got. *biudan* 'befehlen, gebieten' zu stellende Etymologie anführt, verschmilzt zusätzlich mit germ. **bauta-* 'schlagen, kämpfen'.

ren ist⁶⁴. Methodisch lässt sich zum Beispiel der wisigotische zum Namen gewordene Beiname *Wamba* 'Dickbauch' vergleichen⁶⁵.

7) Nach Prokop (Bella Vand. I, 9, 6 ecc.) bat der letzte König der Wandalen Gelimer (530–534), inschriftlich auch *Geilamir rex Vandalorum et Alanorum*, nachdem er sich den Byzantinern ergeben hatte, um eine Harfe, um das „Lied des eigenen Unglücks" zu singen⁶⁶, „verosimilmente nella lingua della sua gente"⁶⁷, denn es handelte sich um einen germanischen Brauch. Der Vorfall ist ein Hinweis darauf, dass die Volkssprache der Wandalen bis zum Ende des Reiches in Gebrauch war – dies bei offensichtlicher, auch durch an wandalische Große gerichtete lateinische Gedichte der *Anthologia latina* belegbarer Zweisprachigkeit⁶⁸.

8) Es ist Prokop, der in einem ethnographischen Exkurs feststellt (Bell. Vand. I, 2, 2), dass die „gotischen Völker", insbesondere die Goten, Wandalen, Wisigoten und Gepiden, eine gemeinsame Sprache, „die gotische", hatten. An anderen Stellen zählt er zu den gotischen Völkern auch die Skiren und Alanen, die nach der Zeit des Geisericus ganz in den Wandalen aufgegangen seien (Bell. Vand. I, 5) – obwohl sie eigentlich iranischer Provenienz waren; ferner die Skiren (Bell. Goth. 2, 14, 24). Für einen gut informierten, hochrangigen Beobachter aus Byzanz waren also der Habitus und die Sprachen der Völker, die die Sprachwissenschaft ostgermanische nennt, sehr ähnlich und kaum unterscheidbar vom Gotischen⁶⁹. Dem entspricht,

---

64 WREDE, Sprache (wie Anm. 47) S. 365 f.; FRANCOVICH ONESTI, Nomi vandalici (wie Anm. 61) S. 34; DIES., Vandali (wie Anm. 42) S. 156; REICHERT, Sprache und Namen (wie Anm. 49) S. 69.
65 Wolfgang HAUBRICHS, Ethnisch signifikante und andere sprechende Namen im wisigotischen Spanien und im gotischen Italien, in: Festschrift Alberto Gil, hg. von Ursula WIENEN u.a. (i. Dr.).
66 Vgl. Wolfgang HAUBRICHS, Die Anfänge. Versuche volkssprachiger Schriftlichkeit im frühen Mittelalter, hg. von Joachim HEINZLE (Geschichte der deutschen Literatur von den Anfängen bis zum Beginn der Neuzeit 1/1, ²1995) S. 132.
67 ISOLA, A proposito dell'*inscitia* (wie Anm. 36) S. 74.
68 SCHMIDT, Vandalen (wie Anm. 13) S. 189 f.; MERRILLS/MILES, Vandals (wie Anm. 27) S. 93 ff.
69 FRANCOVICH ONESTI, Vandali (wie Anm. 42) S. 200–202; J.H.W.G. LIEBESCHUETZ, *Gens into regnum*: The Vandals, in: *Regna* and *gentes*. The Relationship between Late Antiquity and Early Medieval Peoples and Kingdoms in the Transformation of the Roman World, hg. von Hans-Werner GOETZ / Jörg JARNUT / Walter POHL (2003) S. 55–83, hier S. 70 f.; REICHERT, Sprache und Namen (wie Anm. 49) S. 48 f. Zum ostgermanischen Burgundischen vgl. Wolfgang HAUBRICHS, Sprachliche Integration, Sprachinseln und Sprachgrenzbildung im Bereich der östlichen Gal-

dass der donatistische, nordafrikanische *Liber genealogus* (um 438) den Namen Geiserichs (romanisiert und in griech. Buchstaben *Genserikos*) ein *Gotice* (auf Gotisch) formuliertes *nomen* nennt (MGH Auct. ant. 9, S. 195). Die Untersuchungen vor allem des Namenmaterials durch Ferdinand Wrede (1886)[70], Nicoletta Francovich Onesti (2002)[71] und Hermann Reichert (2009)[72] haben zweifelsfrei ergeben, dass sich die Sprache der Wandalen vom Gotischen nur in einem geringen Maße, der die Kommunikation nicht behindert haben dürfte, unterschieden hat. Dieses Ergebnis ist, wie Reichert zu Recht betont, „nicht selbstverständlich. Dass Wandalen und Goten dieselbe Sprache sprachen, ist insofern erstaunlich, als beide Völker weite Wanderungen in Wandergemeinschaften mit anderen Völkern mitmachten und die Heereszüge der Barbaren oft kurzlebige Zufallsgemeinschaften waren". Bei den Wandalen lassen sich hier iranische Alanen und auch westgermanische Sueben namhaft machen[73]. Wie bei den Burgunden lässt sich der konservative ostgermanische Charakter der wandalischen, wie Gotisch erscheinenden Sprache, einer Hof- und Liturgiesprache, nur durch die Existenz von die Sprache weitertragenden Kernen einer *gens* (die nicht biologistisch verstanden werden dürfen) erklären.

---

lia. Das Beispiel der Burgunden und der Franken, in: Von der Spätantike zum frühen Mittelalter: Kontinuitäten und Brüche, Konzeptionen und Befunde, hg. von Theo KÖLZER / Rudolf SCHIEFFER (Vorträge und Forschungen 70, 2009) S. 61–100, hier S. 62–81 (mit Lit.).

70 WREDE, Sprache (wie Anm. 47).
71 FRANCOVICH ONESTI, Vandali (wie Anm. 42).
72 REICHERT, Sprache und Namen (wie Anm. 49). Die von Konjunktiven und dem Modus der Potentialität durchzogene Hypothese von Alessandra RODOLFI, Procopius and the Vandals: How the Byzantine Propaganda Constructs and Changes African Identity, in: Das Reich der Vandalen und seine (Vor-) Geschichten, hg. von Guido M. BERNDT / Roland STEINACHER (2008) S. 233–242, dass die Besonderung von Wandalen durch Prokop mit der „real world" außerhalb seiner Bücher nichts zu tun habe, vielmehr eine Schöpfung der um ein Feindbild verlegenen „Byzantine propaganda" (S. 242) sei, also nur eine rhetorische Identität, ist angesichts des Prokop bestätigenden, klar ostgermanisch-gotischen Charakters der wandalischen Sprache wenig überzeugend. Vgl. auch Roland STEINACHER, Rex oder Räuberhauptmann? Ethnische und politische Identität im 5. und 6. Jahrhundert am Beispiel von Vandalen und Herulern, in: Grenzen und Entgrenzungen. Historische und kulturwissenschaftliche Überlegungen am Beispiel des Mittelmeerraums, hg. von Beate BURTSCHER-BECHTER u.a. (2006), S. 309–330, hier S. 312–314, der A. Rodolfi folgt.
73 REICHERT, Sprache und Namen (wie Anm. 49) S. 43 ff.

Die Rolle, welche die eigene Sprache als gentiler Identitätsmarker bei den Wandalen spielte, wird von Historikern unterschiedlich gesehen. J.H.W.G. Liebeschuetz, der Identität und Distinktion der Wandalen gegenüber den Römern intensiv einzustufen geneigt ist[74], hält Sprache und Namen wie auch den „distinctive Vandal dress" für ein wichtiges „sign of distinction", der sich zwar in seiner Bedeutung ändern konnte, aber lange wirkte: „But in the end [sc. 534], after the reconquest, the distinction was still clear enough to enable the Byzantine authorities to carry out a policy of general deportation of Vandal men"[75]. Merrills und Miles führen – mit gewissen Reserven – die „naming conventions among the Vandals" als Identitätszeichen an: „,barbarian' names provided a means by which members of the group could identify themselves, but these were not infallible markers of ethnic identity"[76]. Auch die eigene Sprache konnte so verstanden werden: „Language provided a further means by which the Vandals could be distinguished"[77].

Andere Historiker sind gegenüber „Sprache als Distinktionsmerkmal" skeptischer: Roland Steinacher spricht der Epigraphik und den Namen (in schmalster Besprechung) nur einen begrenzten Wert zu[78]. Freilich ist die angeblich „heterogene Zusammensetzung der Namen", gemeint ist die vor allem von Francovich Onesti herausgearbeitete Integration von alanischem Namengut und von Hybridnamen in die wandalisch-ostgermanische Onomastik, kein sehr weittragendes Argument. Auch wenn sie – wie die Hybridnamen – zum Teil Zeichen von Akkulturationen sind, erfüllen sie doch weiterhin bestens die Distinktionsfunktion gerade gegenüber den Römern. Das gotische Epigramm der *Anthologia latina* wiederum enthalte – so hat man gemeint – eigentlich nur einen Topos, eine Ansicht, die nicht nachzuvollziehen ist und

---

74   LIEBESCHUETZ, *Gens into regnum* (wie Anm. 69) S. 70 f.
75   LIEBESCHUETZ, *Gens into regnum* (wie Anm. 69) S. 72.
76   MERRILLS/MILES, Vandals (wie Anm. 27) S. 93 ff.
77   MERRILLS/MILES, Vandals (wie Anm. 27) S. 93. Vgl. generell zur Rolle der Sprache als Identitätsanker Tamar RAKIC / Melanie C. STEFFENS / Amélie MUMMENDEY, Blinded by the Accent! The Minor Role of Looks in Ethnic Categorization, in: Journal of Personality and Social Psychology 100 (2011) S. 16–29; Wolfgang HAUBRICHS, Ethnizität zwischen Differenz und Identität. Sprache als Instrument der Kommunikation und der Gruppenbildung im frühen Mittelalter, in: LiLi. Zeitschrift für Literaturwissenschaft und Linguistik 41 (2011) S. 10–38.
78   Ronald STEINACHER, Gruppen und Identitäten (wie Anm. 11) S. 253 f.

den sprachlichen Zeichencharakter des Epigramms keineswegs trifft[79]. Gegen das wandalische *Kyrie eleison*, das oben behandelte *froja arme*, wird eingewandt, dass die Liturgiesprache „kaum eruierbar" sei, was nach der oben gegebenen Analyse nicht aufrecht zu erhalten ist. Auch die richtige Beobachtung, dass es eine gemeinsame ostgermanische, „gotische" (nicht westgermanische) Sprache gab, die Wandalen, Goten, Gepiden, Wisigoten, Rugier und Skiren teilten, behindert nicht die Distinktion zwischen Römern und Wandalen im von Merrills und Miles festgestellten Sinne.

Auch Guido M. Berndt teilt 2007 die Skepsis gegenüber der Sprache als Distinktionsmerkmal, das schon deshalb nicht so hoch eingeschätzt werden sollte, weil nur wenige Namen überliefert seien[80]. Hier wird aber ein Quellen- und Überlieferungsproblem in ein substantielles Problem umgemünzt, was methodisch problematisch ist. Gerade sein interessantes Beispiel der Namengebung in der Familie des Alanen Aspar beweist nicht, dass die Distinktionskraft der Namengebung gering war: Aspar gab seinen drei Söhnen einen alanischen (nach römischem Brauch dem Erstgeborenen seinen eigenen), einen römischen (*Patricius*) und einen gotisch-wandalischen (*Herminericus*)[81] Namen. Hier wird das Akkulturationsbedürfnis über die ethnisch differenzierte Namengebung realisiert, so die grundsätzlich noch erhaltene Ethnizität der Namen bestätigend[82].

Auch die Distinktionsfunktion einer spezifisch wandalischen Tracht, völlig unabhängig von der Frage, ob diese noch ‚alt-wandalisch' war, kann kaum bestritten werden, selbst wenn diese Tracht auch von Römern getragen wurde. Victor von Vita (I, 39; II, 8–9) berichtet vom *habitus barbarus*, vom *habitus illorum* (sc. der Wandalen), von der *species suae gentis*. „Wer diese trug, dem

---

79 Ein Topos würde parallele Formulierungen voraussetzen, die nicht beigebracht wurden.
80 BERNDT, Konflikt (wie Anm. 23) S. 234–237.
81 Der Name *Herminericus* ist mit romanischer h-Prothese auf *Ermina-rik*, *Ermana-rik* zurückzuführen und reproduziert damit einen der gotischen Königs- und Heldennamen der Vorzeit.
82 Vgl. oben Anm. 76. Gleichzeitig wird aber an diesem Beispiel auch deutlich, dass – ohne zusätzliche Angaben über Familienzugehörigkeiten oder gentile Zuordnungen – nicht ohne weiteres auf die Ethnie des Namenträgers, sondern nur auf eine ethnische Intention geschlossen werden darf. Vgl. *Flavius Vitalis Vitarit* auf einem Grabstein aus Tebessa (Numidia), wohl ein Wandale, der die ‚tria nomina' der Römer imitierte: FRANCOVICH ONESTI, Vandali (wie Anm. 42) Nr. 69, S. 179; REICHERT, Sprache und Namen (wie Anm. 49).

sollte der Zutritt zu katholischen Kirchen verweigert werden, erklärend ergänzt von Victor von Vita, dass man nämlich wissen müsse, dass die Zahl ‚unserer Katholiken' besonders groß war, die in der Kleidung der Barbaren in die Kirche gingen, weil diese am Königshof Dienste taten. Insgesamt ergibt sich aus Victor von Vita: Ob Römer oder Wandale, ob Katholik oder Arianer, am Königshof verrichtete man seinen Dienst in wandalischer Tracht. Trotz aller Skepsis über die Aussagekraft dieser Quelle [...] wird mit diesen Bezeichnungen zur Tracht nicht nur der Gegensatz zwischen Arianern und Katholiken beschrieben, sondern auch zwischen Wandalen und Römern"[83]. Schon die Rückbindung des *habitus* an die Wandalen gibt dieser einen ethnischen Akzent. Dass die wandalische Tracht am Hofe auch von Katholiken (seien sie nun Wandalen oder Römer) getragen wurde, ist als Zeichen einer globalisierenden Intention der wandalischen Oberschicht zu werten[84].

---

83   Helmut CASTRITIUS / Volker BIERBRAUER, Wandalen, in: Reallexikon der Germanischen Altertumskunde 33 (2006) S. 168–217, hier S. 215. Eindeutig und durchschlagend in der Textinterpretation ist in diesem Sinne auch VÖSSING, Victor von Vita (wie Anm. 2) S. 168 f., Anm. 127 f.

84   Vgl. zur Forschungsgeschichte COURTOIS, Victor de Vita (wie Anm. 3) S. 83; Frank M. CLOVER, The Late Roman West and the Vandals (1993) S. 57–73; Stefan BURMEISTER, Zum sozialen Gebrauch von Tracht. Aussagemöglichkeiten hinsichtlich des Nachweises von Migrationen, in: Ethnographisch-Archäologische Zeitschrift 38 (1997) S. 177–203, hier S. 188–192; LIEBESCHUETZ, Gens into regnum (wie Anm. 69) S. 71; Philipp von RUMMEL, Habitus Vandalorum? Zur Frage nach einer gruppen-spezifischen Kleidung der Vandalen in Nordafrika, in: Antiquité Tardive 10 (2002) S. 131–141; DENS., Zum Stand der afrikanischen Vandalenforschung nach den Kolloquien in Tunis und Paris, in: Antiquité Tardive 11 (2003) S. 13–19, hier S. 15 f.; DENS., Gotisch, barbarisch oder römisch? Methodologische Überlegungen zur ethnischen Interpretation von Kleidung, in: Archaeology of Identity – Archäologie der Identität, hg. von Walter POHL / Mathias MEHOFER (2010) S. 51–77, hier S. 64 f. (Lit.); SPIELVOGEL, Arianische Vandalen (wie Anm. 19) S. 210; Andreas SCHWARCZ, Religion und ethnische Identität im Vandalenreich. Überlegungen zur Religionspolitik der vandalischen Könige, in: ebd. S. 227–231, hier S. 230; Christoph EGER, Vandalisches Trachtzubehör? Zu Herkunft, Verbreitung und Kontext ausgewählter Fibeltypen in Nordafrika, in: Das Reich der Vandalen und seine (Vor-)Geschichten, hg. von Guido M. BERNDT / Roland STEINACHER (2008) S. 183–195, hier S. 191; STEINACHER, Rex (wie Anm. 72) S. 314–317; Helmut CASTRITIUS / Christoph EGER, Die romanisierten Barbaren, in: Damals. Magazin für Geschichte und Kultur 9 (2009) S. 36–41, hier S. 37 f. Abgewogen zur Identität der Wandalen zwischen Akkulturation und Eigenständigkeit Walter POHL, The Vandals: Fragment of a Narrative, in: The Vandals, Romans and Berbers. New Perspectives on Late Antique North Africa, hg. von Andy MERRILLS (2004) S. 31–47, hier S. 42 f.

Es scheint, als ob die Wandalen, vor allem in der Periode Geiserichs und Hunerichs, *habitus* und Religion als Mittel der ethnischen Distinktion aktiv genutzt hätten[85]. Umgekehrt folgt auch der katholische Apologet Victor von Vita einem ethnischen Bezugsrahmen von *Wandali/Arriani* versus *Romani/Catholici*, auch wenn dieser der komplexeren Wirklichkeit nicht gerecht wurde. Victor von Vita und seine Glaubensgenossen „insist vociferously on the difference between Romans and Barbarians [...]. It is easy to assume that such distinctions were of equal importance to all members of society, and that this binary ethnic opposition between ‚us' and ‚them' was the ‚primary conceptual distinction in the period'"[86].

Und nun zum Schluss zurück zu jener merkwürdigen Szene der Konferenz von 484, in der der arianische Patriarch Cyrila angeblich jenes *nescio latine* gesprochen haben soll. Könnte sich hinter der unlogischen, verzerrten Darstellung der arianischen Intentionen in der *Historia persecutionis* des Victor von Vita nicht ein weiterer Versuch der Globalisierung wandalischer Expansion, diesmal im Bereich der Sprache, verbergen, in dem es darum ging, die wandalogotische Liturgie- und Hofsprache der *gens* neben dem Latein auch als Verhandlungssprache zu etablieren? Sicherlich konnte sich dieses Bekenntnis der sprachlichen Unfähigkeit des Cyrila, dem die Katholiken nur an der Oberfläche zu widersprechen vermögen und das wohl nur ein Fragment im Dialog darstellte, dieses lateinische *Kannittverstan*, auch auf die Unkenntnis der lateinischen Fachsprache der Exegese und Theologie beziehen, wie sie die Rechtgläubigen in ihrem *Liber de fide* verwendeten. Zum Scheitern war der Versuch allemal verurteilt, diente freilich auch erfolgreich der Separation und Immunisierung der wandalischen Kirche.

---

85 Vgl. Helmut CASTRITIUS, Barbaren im Garten „Eden": Der Sonderweg der Vandalen in Nordafrika, in: Historia 59 (2010) S. 371–380, hier S. 375 ff.
86 MERRILLS/MILES, Vandals (wie Anm. 27) S. 92 f.; vgl. HOWE, Vandalen (wie Anm. 28) S. 156 ff.

Jörg Jarnut

Die Familie des Paulus Diaconus

Ein vorsichtiger Annäherungsversuch

Für uns glücklichen, für die Betroffenen aber höchst unglücklichen Umständen verdanken wir es, dass wir durch verschiedene Zeugnisse einige Einblicke in die Familiengeschichte des bedeutenden frühmittelalterlichen Universalgelehrten Paulus Diaconus gewinnen können. Diese wiederum sind sowohl für ihn selbst als auch für die Rolle der Familie im frühen Mittelalter von einem gewissen Interesse. Paulus gewährt uns diese Einblicke einmal durch seine Erzählungen über seine Familie, die bis in die Zeit vor 568, also vor den Beginn der langobardischen Eroberung Italiens, zurückreichen, die aber auch seine Gegenwart mit einbeziehen. Andererseits verfasste er einige Gedichte und Briefe, die zeigen, dass sich für seine Familie die fränkisch-langobardischen Auseinandersetzungen der 770er Jahre zu einer existenzgefährdenden Katastrophe zu entwickeln drohten.

Genau in der Mitte seines berühmtesten Werkes, der *Historia Langobardorum*, von der wir nicht sicher wissen, ob sie planmäßig abgeschlossen wurde oder ob sie als Fragment zu bewerten ist, weil Paulus vor ihrer Vollendung verstorben war[1], also genau in der Mitte jenes Werkes findet sich das 37. Kapi-

---

1   Die überaus reiche Literatur über Paulus' Leben und Werk soll hier nur in repräsentativen Ausschnitten erfasst werden, vgl. also etwa Heinz LÖWE, Paulus Diaconus, in: Wilhelm LEVISON / DERS., Deutschlands Geschichtsquellen im Mittelalter. Vorzeit und Karolinger, 2. Heft: Die Karolinger vom Anfang des 8. Jahrhunderts bis zum Tode Karls des Großen (1953) S. 203–224; Walter GOFFART, The Narrators of Barbarian History (A.D. 550–800). Jordanes, Gregory of Tours, Bede and Paul the Deacon (1988) S. 329–431, bes. S. 333–347; Huguette TAVIANI-CAROZZI, La principauté lombarde de Salerne (IXe–XIe siècle), 2 Bde. (Collection de l'École Française de Rome 152, 1991) 1, S. 9–37, 48 f., 172; Walter POHL, Paulus Diaconus und die „Historia Langobardorum": Text und Tradition, in: Historiographie im frühen Mittelalter, hg. von Anton SCHARER / Georg SCHEIBELREITER (Veröffentlichungen des Instituts für Österreichische Geschichtsforschung 32, 1994) S. 375–405; DENS., Paolo Diacono e la costruzione dell'identità longobarda, in: Paolo Diacono. Uno scrittore fra tradizione longobarda e rinnovamento carolingio, hg. von Paolo CHIESA (Libri e Biblioteche 9, 2000) S. 413–426; Rosamond MCKITTERICK, Paolo Diacono e i

tel des vierten Buches. Es ist mit Abstand das umfangreichste der *Historia Langobardorum*² und gliedert sich in zwei Teile: In einem ersten wird die sagenumwobene awarische Eroberung Cividales (ca. 610) und damit das Schicksal der friulanischen Herzogsfamilie dargestellt³. Gegenstand der zweiten Erzählung ist die Geschichte der Familie des Paulus. Demnach gehörte sein Ururgroßvater, ein Langobarde (*ex* [...] *Langobardorum genere*) namens Leupchis zu den Kriegern, die 568 aus Pannonien nach Italien vordrangen. Angeblich lebte er dort einige Jahre und hinterließ fünf minderjährige (*parvuli*) Kinder, die alle um 610 von den Awaren in ihr Reich verschleppt und zu Sklaven gemacht wurden. Einer von ihnen, Lopichis, der Urgroßvater des Paulus, wollte nach vielen Jahren seinen Status als Sklave nicht länger akzeptieren und beschloss nach Italien zu fliehen. Er kannte den Weg nicht, aber da gesellte sich – vom Himmel gesandt – ein Wolf zu ihm und diente ihm als Führer. Als sein Reiseproviant verbraucht und er vom Hungertod bedroht war, wollte er den Wolf töten, um Nahrung zu gewinnen. Aber das Tier entfloh und verschwand. Weitere Wunder, eine Traumvision und die Unterstützung einer alten Slawin ermöglichten dem Flüchtling die Rückkehr in sein aufgegebenes, halbverfallenes Elternhaus, das er wieder aufbaute. Zudem begründete er eine Familie und zeugte unter anderem Arichis, den Großvater des Paulus. Dessen Sohn war Warnefrit, Paulus' Vater. Nach diesem Großvater Arichis wurde ein zweiter Sohn Warnefrits benannt. Die Mutter der beiden Brüder, also die Gemahlin Warnefrits, hieß Theudelinda. Arichis' Benennung nach seinem Großvater lässt erkennen, wie bewusst und reflektiert die Wahl der Namen in einer adligen Familie vorgenommen wurde, die im konkreten Fall eindeutig als Nachbenennung verstanden wurde: *Iste* [scil. Lopichis] [...] *extitit meus proavus. Hic etenim genuit avum meum Arichis, Arichis vero patrem meum Warnefrit, Warnefrit autem ex Theudelinda coniuge genuit me Paulum meumque germanum Arichis, qui nostrum avum cognomine retulit*⁴.

Franchi: Il contesto storico e culturale, ebd., S. 9–28; Walter POHL, Paulus Diaconus, in: Reallexikon der Germanischen Altertumskunde 22 (2003) S. 527–532, bes. S. 527–529; zuletzt, aber mit einer gewissen Vorsicht zu verwenden Wolfgang F. SCHWARZ, Paulus Diaconus, Geschichte der Langobarden – Historia Langobardorum (Darmstadt 2009) bes. S. 7–22.

2   Paulus Diaconus, Historia Langobardorum, IV, 37, ed. Georg WAITZ (MGH SS rer. Lang., 1878) S. 128–132 (fortan: PD).
3   PD IV, 37 (wie Anm. 2) S. 128–131.
4   PD IV, 37 (wie Anm. 2) S. 132.

Die Familie des Paulus Diaconus

Man kann nun die Frage stellen, warum Paulus so ausführlich auf die Geschichte seiner eigenen Familie eingegangen ist. Die Gegenüberstellung der *generalis historia*, zu der die bereits mehrfach erwähnte Eroberung Cividales gerechnet wurde, zu der als *privatim* charakterisierten, in Exkursform gehaltenen *genealogia* der Familie des Paulus erlaubt eine Vermutung. In vielen Fällen authentifizierte der Diakon historische Ereignisse unter anderem durch Augenzeugen und andere seiner Gegenwart zuzurechnende Beweiselemente[5]. Hier diente also die mit der *historia generalis* eng verbundene Familiengeschichte des Diakons quasi als Beweismittel für die Historizität seiner Erzählungen über die Eroberung Cividales.

Weiterhin hat Huguette Taviani-Carozzi in ihrem wichtigen Werk über das frühmittelalterliche Salerno mit Nachdruck auf die Parallelen zwischen den Schicksalen des kleinen (im Sinne des jungen, im Kindesalter stehenden) friulanischen Herzogssohnes Grimoald und des schon oft erwähnten Lopichis verwiesen[6]. Beide waren Opfer desselben Awarenkrieges von 610, beide waren von Gefangenschaft und Tod bedroht, beide erretteten sich selbst durch ihre eigene Initiative. Aber nur Grimoald wurde König, Lopichis lediglich der Urgroßvater eines einflussreichen (Paveser) Höflings friulanischer Abstammung, für den es aber wichtig gewesen sein dürfte, dass er und seine Familie durch die Komposition des Kapitels 37 des vierten Buches in die Nähe des großen Königs Grimoald gerückt wurden.

Gerade diese funktionalen Möglichkeiten, die der *genealogia* des Paulus eignen, laden dazu ein, sich mit ihr noch intensiver zu beschäftigen. In bemerkenswerter Weise verbindet sie bestimmte Formen des Numinosen mit einer Familiengeschichte. Lopichis, der Urgroßvater des Paulus, wird von drei verschiedenen Manifestationen dieses Numinosen bei seinem letztlich geglückten Versuch unterstützt, der Sklaverei zu entkommen. Ein Wolf wird sein Führer, ein Unbekannter weist ihm im Traum den Weg und eine alte, gütige Slawin errettet ihn vor dem Hungertod. All das ist wunderbar oder grenzt doch zumindest an das Wunderbare und zeugt damit nicht nur in den Augen des Mönches und Diakons vom Eingreifen Gottes. Aber nur im Falle des Wolfes wird das Geschehen mit dem Wort *divinitus* in Relation zu Gott gesetzt, wie es denn überhaupt verwundert, dass Lopichis dessen Hilfe nicht etwa durch

---

5   Vgl. z.B. PD (wie Anm. 2) I, 6; I, 15; I, 21; II, 8; II, 28 usw.; siehe auch POHL, Paulus Diaconus (wie Anm. 1) S. 383–386.

6   TAVIANI-CAROZZI, La principauté (wie Anm. 1) bes. 1, S. 136–141.

Engel oder Heilige zuteil wird, sondern durch solche eher negativ besetzte Akteure wie den Wolf, die schemenhafte Traumgestalt und die (heidnische?) Alte. Es verwundert daher nicht, dass es bis heute zahlreichen Historikern, Germanisten und anderen aufgefallen ist, dass insbesondere der Wolf, der Begleiter Odins, den „germanischen" Hintergrund dieser Familiengeschichte widerspiegelt[7]. Beim heutigen Forschungsstand sollte man vorsichtig und zurückhaltend mit dem Begriff des „Germanischen" umgehen, wenn man vorchristliche Phänomene der europäischen Geschichte analysiert[8]; aber dass die Erzählungen des Paulus über Lopichis in diese vorchristliche Sphäre zurückreichen könnten, hat vielleicht eine gewisse Wahrscheinlichkeit für sich. Bis jetzt ist es aber im Allgemeinen unmöglich zu ermitteln, ob die vermuteten Vorlagen für jene Erzählungen etwa der friulaner Regionalüberlieferung oder (wenigstens zum Teil) zum Beispiel der voritalischen Phase langobardischer Geschichte zuzurechnen sind oder ob sie – wie Lopichis' Wolf – erst jetzt als frühchristliche Motive entdeckt bzw. gesehen worden sind[9].

Die Kenntnis der eigenen Familiengeschichte war aber nicht nur für die Selbstvergewisserung nützlich, sondern sie war auch bei Erbstreitigkeiten von erheblicher Bedeutung, wie uns das Edikt König Rotharis (643) zeigt. Demnach konnten Erbansprüche bis zum siebten Verwandtschaftsgrad erhoben werden, unter der Voraussetzung, dass der potentielle Erbe die Namen seiner Voreltern nennen konnte. War die Gegenpartei der Fiskus, dann musste der Erbkandidat diese Angaben sogar beschwören[10]. Die Namen seiner Vorfahren zu kennen, reichte bei Erbstreitigkeiten allein nicht aus, um in einem Prozess erfolgreich zu sein. Das belegt der Fall des schon oft erwähnten Lopichis, der bei der Rückkehr in seine Heimat das Eigentum seines Vaters nicht für sich (zurück)gewinnen konnte, da andere es für sich (nach 30 Jahren) *longa et diuturna possessione* „ersessen" hatten[11]. Paulus spielt hier auf Bestimmungen des

---

7   Vgl. z.B. Stefano GASPARRI, La cultura tradizionale dei Longobardi. Struttura tribale e resistenze pagane (1983) bes. S. 120; TAVIANI-CAROZZI, La principauté (wie Anm. 1) bes. 1, S. 139–143.
8   Vgl. z.B. Jörg JARNUT, Germanisch. Plädoyer für die Abschaffung eines obsoleten Zentralbegriffes der Frühmittelalterforschung, in: Die Suche nach den Ursprüngen. Von der Bedeutung des frühen Mittelalters, hg. von Walter POHL (Forschungen zur Geschichte des Mittelalters 8, 2004) S. 107–113.
9   Vgl. POHL, Paolo Diacono (wie Anm. 1) S. 418 f.
10 Edictus Rothari, ed. Franz BEYERLE, in: Die Gesetze der Langobarden, hg. von DEMS. (1947) S. 2–159, hier Ro. 153, S. 48 f. (fortan: Ro.).
11 PD IV, 37 (wie Anm. 2) S. 132.

römischen Rechtes und auf Gesetze der Könige Grimoald (662–671) und Liutprand (712–744) an, die derartige Regelungen enthielten[12].

Die scheinbar so informationsreiche *genealogia* zeichnet sich durch mindestens zwei Merkwürdigkeiten aus, die als solche in der bisherigen Forschung auch schon mehrfach angesprochen worden sind[13]. Zum einen verwundert, dass er nur vier Generationen seiner Vorfahren erinnern konnte, zum anderen erstaunt, dass er mehr als zweihundert Jahre Familiengeschichte auf nur fünf Generationen verteilt, wo doch nach allgemeiner Lebenserfahrung eine Generation am besten mit 20 bis 30 Jahren anzusetzen ist. Demnach sind in seiner *genealogia* (mindestens) zwei Generationen seiner Vorfahren nicht verzeichnet. Dies belegt, dass er nur geringe und zudem eher verzerrte Kenntnisse über seine Familiengeschichte hatte. Diese beschränkten sich nach der *genealogia* im Grunde auf die Information, dass Paulus' angeblicher „Ururgroßvater" Leupchis an der langobardischen Eroberung Italiens (seit 568) beteiligt gewesen und dass dessen Sohn und Paulus' vermeintlicher Urgroßvater Lopichis, der Anfang des 7. Jahrhunderts versklavt worden war, sich selbst aus diesem Status befreit hatte. Damit wurden zweifellos zwei sehr wichtige, für die Geschichte seiner Familie entscheidende Geschehnisse angesprochen, wie bereits Paolo Cammarosano herausgearbeitet hat. Das erste Faktum begründet den Adel, das zweite die wirtschaftliche Stellung seiner *genealogia*[14]. Es bleibt aber die Erkenntnis, dass selbst der große Universalgelehrte und Historiker seine eigene Familie nur bis in die Großelterngeneration einigermaßen sicher zurückverfolgen konnte. Über die davor lebenden Generationen hatte er nur verschwommene und wenig exakte Informationen, die er nicht einmal in ihrer Lückenhaftigkeit und Zufälligkeit durchschaute[15].

Im letzten Viertel des 8. Jahrhunderts geriet Paulus' Familie in eine tiefe Krise. Der schon mehrfach kurz angesprochene Arichis, nämlich der Bruder des Diakons, war nach dem Zeugnis verschiedener Briefe, Gedichte und anderer Quellen an dem Aufstand Herzog Hrodgauds (776) gegen Karl den Gro-

---

12 Ro. 153 (wie Anm. 10) S. 48 f. und Die Gesetze Liutprands, ed. Franz BEYERLE (wie Anm. 10) hier 54, S. 218 (fortan Liutpr.).
13 Vgl. z.B. GOFFART, The Narrators (wie Anm. 1) S. 405; Paolo CAMMAROSANO, Gli antenati di Paolo Diacono: una nota sulla memoria genealogica nel medio evo italiano, in: Nobiltà e chiese nel medioevo e altri saggi. Scritti in onore di Gerd Tellenbach, hg. von Cinzio VIOLANTE (1993) S. 37–45.
14 Siehe CAMMAROSANO, Gli antenati (wie Anm. 13) bes. S. 39 f.
15 Vgl. den Exkurs unten S. 50–52.

ßen beteiligt. Nach der Niederlage des friulanischen Herzogs wurde Paulus' Bruder wie viele andere Rebellen gefangen gesetzt, und seine Güter wurden konfisziert. Danach wurde er in das Frankenreich deportiert und dort in den Kerker geworfen, in dem er einige Jahre schmachten musste[16]. Für unser Thema sind nun zwei Quellen besonders wichtig, nämlich ein an Karl gerichtetes Gedicht, in dem Paulus den König um Gnade für seinen Bruder und dessen Familie anfleht[17], und ein Brief des Diakons an Theudemar, seinen Abt in Monte Cassino. Er legte darin diesem und der Klostergemeinschaft die Gründe für die Reise an den Königshof dar und versprach seine Rückkehr in das Kloster, sobald sein Gnadengesuch positiv beschieden worden sein sollte[18].

Beide Schriftstücke erschließen sich erst dann, wenn man sie vor dem Hintergrund des für Arichis existenz- und lebensbedrohenden gescheiterten Aufstandes sieht. Am stärksten erschütterte dabei offenbar der Verlust der eigenen Freiheit[19]. Es passt gut zusammen, dass Paulus einem der älteren friulanischen Herzogssöhne, die 610 von den Awaren besiegt wurden, die Aussage in den Mund legt, er werde seinen jüngsten, noch im Kindesalter stehenden Bruder aus Mitleid eher töten als ihn in awarische Gefangenschaft fallen zu lassen[20]. Paulus lenkt unseren Blick auch auf die Begleiterscheinungen und die Folgen einer Gefangenschaft. Da der König nicht nur Arichis' Besitzungen, sondern auch die Erbgüter seiner namentlich nicht bekannten Gattin konfisziert hatte, lebten diese und ihre Kinder in bitterer Armut. Die Mutter musste die notwendige Nahrung für sich und ihre vier in Lumpen gehüllten Kinder auf der Straße erbetteln[21]. Auch eine Schwester des Paulus, eine Nonne, litt unter der materiellen Armseligkeit ihrer Existenz[22]. Einmal abgesehen davon, dass Karl

---

16   Vgl. etwa GOFFART, The Narrators (wie Anm. 1) S. 340 f.; jetzt aber vor allem Harald KRAHWINKLER, Friaul im Frühmittelalter. Geschichte einer Region vom Ende des fünften bis zum Ende des zehnten Jahrhunderts (Veröffentlichungen des Instituts für Österreichische Geschichtsforschung 30, 1992) S. 119–143, bes. S. 142 f.; SCHWARZ, Geschichte (wie Anm. 1) S. 13–17.
17   Karl NEFF, Die Gedichte des Paulus Diaconus. Kritische und erklärende Ausgabe (Quellen und Untersuchungen zur lateinischen Philologie des Mittelalters 3/4, 1908) Nr. XI, S. 53–55.
18   NEFF, Gedichte (wie Anm. 17) Nr. XIV, S. 71 f.
19   NEFF, Gedichte (wie Anm. 17) Nr. XI, S. 53, Z. 7 f.; Vgl. – auch für das Folgende – das Zitat unten S. 52.
20   PD IV, 37 (wie Anm. 2) S. 129 f.
21   NEFF, Gedichte (wie Anm. 17) Nr. XI, S. 54, Z. 9–12.
22   NEFF, Gedichte (wie Anm. 17) Nr. XI, S. 54, Z. 13–16.

offenbar eine Art Sippenhaft über die Familie Warnefrits verhängt hatte, lässt der auf diese Familie bezogene Vers *Nobilitas periit, miseris accessit egestas*[23] die Demütigung und die Not erahnen, die die einst mächtigen und reichen adligen Damen und Herren wegen ihrer extremen Armut zu erleiden hatten. Kein Wunder, dass der Diakon feststellen muss: *Iamque sumus servis rusticitate pares*[24], um die Erbärmlichkeit ihrer Situation zu umschreiben, aus der ihn nur Gott und der übermächtige König befreien können.

Paulus leitete aus dieser Konstellation, vom Mitleid bewegt, die innere Berechtigung ab, sein Kloster vorübergehend zu verlassen, um den König um Gnade für seine Verwandten zu bitten[25]. Die Familie war demnach ein Raum, in dem Emotionen wie Anteilnahme und Mitleid durchaus auch öffentlich demonstriert werden konnten. Sie verpflichtete aber auch einen kränkelnden und an seinem Kloster hängenden Mönch zu einer anstrengenden Reise in das Frankenreich, um dort für das Wohl seiner Familie zu wirken.

So steht die Familie des Paulus als Beispiel für die existentiellen Gefährdungen und Bedrohungen, denen politisch handelnde Adlige ausgesetzt waren. Der Diakon musste mehrere Jahre den König anflehen und wohl auch bedrängen, bis dass dieser seinen Bruder freiließ und vermutlich auch wieder in seine Besitzungen einwies[26]. Dies war bei anderen Aufständischen keinesfalls selbstverständlich. Es gab also genügend Langobarden (Bayern, Sachsen und natürlich auch Franken), die durch die politischen und militärischen Umwälzungen der 770er und 780er Jahre ihre wirtschaftlichen Existenzgrundlagen verloren und die ihr *iugum miseriae* zu tragen hatten, ohne dass ihnen der wirtschaftliche, soziale und politische Wiederaufstieg möglich war. Politik zu betreiben konnte also bedeuten, sich durch sein Planen und Handeln der Gefahr auszusetzen, aus den Höhen der *nobilitas* in die Tiefen der *servitus* zu stürzen. Es war der Mönch und Diakon Paulus, unser gelehrter Historiograph, der seine Familie schließlich doch noch vor diesem Schicksal bewahren konnte.

---

23 Neff, Gedichte (wie Anm. 17) Nr. XI, S. 54, Z. 21.
24 Neff, Gedichte (wie Anm. 17) Nr. XI, S. 54, Z. 20.
25 Neff, Gedichte (wie Anm. 17) Nr. XIV, S. 72, Z. 25–36.
26 Wie Anm. 16.

Exkurs: Verschwundene Generationen

Bei intensiverer Beschäftigung mit Paulus' eigener *genealogia* in seiner *Historia Langobardorum*[27] fällt auf, dass der Diakon ganze Generationen seiner Familie nicht erwähnt, die es aber gegeben haben muss, wenn man deren biologische Voraussetzungen ins Auge fasst. Von der Forschung weitgehend unbeachtet ist hingegen die Beobachtung geblieben, dass der Historiograph auch in seinem an Karl den Großen gerichteten Bittbrief[28] in sehr eigentümlicher Weise die Generationenabfolge in der Familie seines Bruders darstellt, der ja ein Zeitgenosse sowohl des Königs als auch des Mönches aus Monte Cassino war.

Wenden wir uns zuerst seiner *genealogia* zu. Sein Ururgroßvater Leupchis gehörte angeblich – wie wir schon gesehen haben – zu den Langobarden, die 568 aus Pannonien nach Italien vorstießen und die Halbinsel zu erobern begannen. Er lebte einige Jahre in Italien und hinterließ vor seinem Tode fünf kleine Kinder, *parvuli*. Aus diesen Angaben seines Urenkels kann geschlossen werden, dass Leupchis vielleicht um 540/550 in Pannonien geboren wurde, nach 568, etwa 570/580, in Italien eine Familie begründete und dort möglicherweise gegen 580 starb.

Leupchis' fünf Kinder wurden 610 von den Awaren gefangen genommen und versklavt. Darunter war auch Lopichis, der (angebliche) Urgroßvater des Diakons. Der offenbare Widerspruch, dass derselbe Lopichis einmal um 580 und noch einmal um 610 ein kleiner Junge gewesen sein soll, lässt sich am besten dadurch auflösen, dass man um 600 eine weitere, von Paulus nicht erwähnte Generation einführt.

Auch andere Mitteilungen des Paulus über seine Vorfahren sind problematisch. Wurde Lopichis tatsächlich um 610 geboren, dann flüchtete er etwa 630/640 aus dem Slawenland nach Italien *iam ad virilem [...] aetatem*. Er baute sich hier mit Hilfe seiner Verwandten und von Freunden eine neue Existenz auf, heiratete nach 630, vielleicht 640, und zeugte relativ spät seinen Sohn Arichis. Dessen Sohn Warnefrit dürfte dann 670/680 geboren worden sein. Warnefrits Gemahlin Theudelinda gebar ihm um 700 Arichis, Paulus und eine namentlich nicht bekannte Tochter, die später Nonne wurde[29]. Paulus' Geburt um 700 anzusetzen, widerspricht der gesamten bisherigen For-

---

27 Wie Anm. 2.
28 Wie Anm. 17.
29 Wie Anm. 22.

Die Familie des Paulus Diaconus

schung, die mit guten Gründen eher mit 720/725 als dem Geburtsjahr des Diakons rechnet[30]. Wenn man nun wieder eine Generation einschiebt, so decken sich beide Zeitabstände. Es liegt nahe, ist aber nur eine Möglichkeit unter anderen, diese verschwundene Generation zwischen Lopichis und Arichis zu platzieren. In graphischer Darstellung ergeben sich dann folgende mögliche Konstellationen, die mit der im Text gegebenen Version in den Grundzügen übereinstimmen:

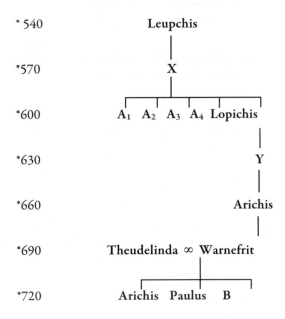

Es zeichnet sich also folgendes Zwischenergebnis ab: Paulus war offenbar nicht in der Lage, seine Verwandtschaft, näherhin seine Vorfahren, über sieben Generationen zurückzuverfolgen. Es fehlten ihm dazu Informationen über mindestens zwei Generationen. Ebenso erstaunlich ist, dass der große Historiker exaktere Kenntnisse über seine eigene Familie offenbar nur bis in die Großelterngeneration hinein besaß.

Noch mehr verwundert, dass der Diakon in seinem an Karl den Großen gerichteten Bittgedicht, in dem er die Begnadigung seines Bruders Arichis erflehte, die Verwandtschaftsverhältnisse sehr verzerrt darstellt. Paulus' Schwägerin,

---

30 Wie Anm. 1.

die Gattin des Arichis, und ihre vier kleinen Kinder lebten demnach in erbärmlichen Verhältnissen:

> *Captivus vestris extunc germanus in oris*
> *Est meus afflicto pectore, nudus, egens.*
> *Illius in patria coniunx veneranda per omnes*
> *Mendicat plateas ore tremente cibos.*
> *Quattuor hac turpi natos sustentat ab arte,*
> *Quos vix pannuciis praevalet illa tegi*[31].

Wenn man, wie dieser Text zwingend nahelegt, Paulus, Arichis und dessen Gemahlin derselben Generation zurechnet, so werden sie wohl gegen 720/725 geboren worden sein. Wenn nun Arichis' Kinder zwanzig oder dreißig Jahre später geboren wurden, dann waren sie in den achtziger Jahren des 8. Jahrhunderts vierzig oder fünfzig Jahre alt, also keinesfalls Kleinkinder, wie jene Verse suggerieren. Am leichtesten lässt sich der Widerspruch mit der Annahme auflösen, dass Arichis im fortgeschrittenen Alter eine zweite (oder gar dritte) Ehe mit einer wesentlich jüngeren Frau schloss, die ihm noch mehrere Kinder schenkte. Weniger banal wäre die Annahme, dass der Literat Paulus in seinem Bittgedicht klassische Bilder und Vorstellungen über Not und Elend ohne Rücksicht auf die realen Verhältnisse wählte, um es so perfekter und damit überzeugender zu gestalten. Ich vermute, dass die zweite Hypothese die höhere Wahrscheinlichkeit für sich hat, so dass ich vielleicht hoffen darf, mit dieser kleinen Studie einen winzigen Beitrag zu dem großen und faszinierenden Forschungsfeld „Vorstellungsgeschichte" geleistet zu haben, das der Jubilar in den letzten drei Jahrzehnten neu abgegrenzt und vermessen hat[32].

---

31   Neff, Gedichte (wie Anm. 17) Nr. XI, S. 54, Z. 5–12.
32   Ein großer Teil seiner einschlägigen Arbeiten ist zusammengestellt und wieder abgedruckt in dem Sammelband Hans-Werner Goetz, Vorstellungsgeschichte. Gesammelte Schriften zu Wahrnehmungen, Deutungen und Vorstellungen im Mittelalter, hg. von Anna Aurast u.a. (2007).

Dieter von der Nahmer

König und Bischof bei Einhard, Notker von St. Gallen und Widukind von Corvey

Nebst einem Seitenblick auf weltliche Große

Einhard (*Vita Karoli*[1]), Notker von St. Gallen (*Gesta Karoli*[2]) und Widukind von Corvey (*Rerum gestarum Saxonicarum libri tres*[3]) äußern sich auf den ersten Blick sehr unterschiedlich über das Verhältnis der Bischöfe zu den Königen, zur Bedeutung der Bischöfe als Mitwirkende und Mitgestalter bei der Ausübung königlicher Herrschaft. Während Einhard und Widukind den Eindruck erwecken, die Bischöfe hätten keine oder nur eine sehr untergeordnete Rolle im Herrschaftsgefüge, bei der Verwaltung und den großen politischen Entscheidungen gespielt, widmet Notker in seinen *Gesta Karoli* eines von drei Büchern – nur zwei sind einigermaßen vollständig erhalten oder geschrieben worden – dem Thema „Karl und die Bischöfe". Eines läßt sich vorab in jedem Falle sagen: Das Bild, das diese drei Autoren entwarfen und überlieferten, ist in diesem Punkte nicht Spiegel wirklichen Geschehens, wirklicher Verhältnisse. Und dies ist auch keinesfalls auf Unkenntnis oder mangelnde Urteilsfähigkeit zurückzuführen. So wird man fragen müssen: Was beabsichtigten die Autoren mit ihren Darstellungen, die schon – oder gerade – den Zeitgenossen, auch den Adressaten ihrer Werke, als eine Verzeichnung des

---

1   Einhard, Vita Karoli, ed. Oswald HOLDER-EGGER (MGH SS rer. Germ. [25], 1911); ed. Louis HALPHEN, in: DERS., Eginhard, Vie de Charlemagne (Les classiques de l'histoire de France au Moyen Age 1, ²1938); ed. Reinhold RAU (Ausgewählte Quellen zur deutschen Geschichte des Mittelalters 5, 1955) S. 157–211 (mit deutscher Übersetzung).
2   Notker der Stammler, Gesta Karoli Magni imperatoris, ed. Hans F. HAEFELE (MGH SS rer. Germ. N.S. 12, ²1980); ed. Reinhold RAU (Ausgewählte Quellen zur deutschen Geschichte des Mittelalters 7, 1960) S. 321–427 (mit deutscher Übersetzung).
3   Widukind von Corvey, Rerum gestarum Saxonicarum libri tres, ed. Paul HIRSCH (MGH SS rer. Germ. [60] ⁵1935); edd. Albert BAUER / Reinhold RAU (Ausgewählte Quellen zur deutschen Geschichte des Mittelalters 8, 1971) S. 3–183 (mit deutscher Übersetzung); edd. Ekkehardt ROTTER / Bernd SCHNEIDMÜLLER, in: DIES., Widukind von Corvey, Res gestae Saxonicae (1981) (mit deutscher Übersetzung).

Geschehens und der Verhältnisse erscheinen mußten und die so wohl einer bestimmten Absicht dienen sollten?

Zuerst zu Einhard: In seinem zweibändigen Werk zu Einhards *Vita Karoli* bespricht Matthias M. Tischler umfangreich die Einhardliteratur – Arbeiten zur handschriftlichen Überlieferung, Datierungsversuche und Deutungen[4]. Zunächst einige kurze Bemerkungen zur Datierung: Als *terminus ante quem* gilt ein Brief des Lupus von Ferrières, der in der Fuldaer Klosterbibliothek ein Exemplar der Widmungsfassung eingesehen hat[5]. Rolle und Bedeutung der Widmungsfassung der Karlsvita als ursprüngliche Version hat Tischler herausgearbeitet. Einhard sandte diese dem Aachener Hofbibliothekar Gerward, damit dieser den Text in würdiger Form Kaiser Ludwig übergab[6]. Ludwig sollte der erste Leser des Werkes sein. Gerward überreichte die Vita ohne Einhards *praefatio*, mit eigenen Widmungsversen am Ende, wie das wohl alle Handschriften der Widmungsklasse ausweisen. Diese Erkenntnis gibt dem Werk Einhards seinen politisch-intentionalen Wert zurück.

---

4   Matthias M. TISCHLER, Einharts Vita Karoli. Studien zur Entstehung, Überlieferung und Rezeption, 2 Bde. (Schriften der MGH 48, 2001) hier 1, S. 78–239. Was man über den Bischof, sein Amt, seine Aufgaben, seine Rechte im karolingischen Frankenreich dachte und wußte, erfährt man bei Steffen PATZOLD, Episcopus. Wissen über Bischöfe im Frankenreich des späten 8. bis frühen 10. Jahrhunderts (Mittelalter-Forschungen 25, 2008). Beide Werke entlasten die folgenden Seiten von vielen Anmerkungen. Zu Einhards Lebenslauf: Hermann SCHEFERS, Einhard. Ein Lebensbild aus karolingischer Zeit, in: Geschichtsblätter Kreis Bergstraße 26 (1993) S. 25–92; Gustavo VINAY, Alto Medioevo latino: conversazioni e no. Nuova edizione, hg. von Ileana PAGANI / Massimo OLDONI (2003) S. 267–285 („Il caso di Eginardo"); Claudio LEONARDI, I racconti di Eginardo, in: DERS., Medioevo latino. La cultura dell'Europa cristiana (2004) S. 249–274. Zu Einhard zuletzt Steffen PATZOLD, Einhards erste Leser. Zu Kontext und Darstellungsabsicht der „Vita Karoli", in: Viator 42 (2011) S. 33–55. Im folgenden wird auf den ereignishaften Gang der Geschichte nicht eingegangen. Zu rascher Information darüber bieten sich vor allem an: Rudolf SCHIEFFER, Die Zeit des karolingischen Großreiches 714–887 (Gebhardt Handbuch der deutschen Geschichte [10]2, 2005), und Hagen KELLER / Gerd ALTHOFF, Die Zeit der späten Karolinger und der Ottonen 888–1024 (Gebhardt Handbuch der deutschen Geschichte 3, 2008).

5   Zur Datierung dieses Briefes auf 829/830 siehe TISCHLER, Vita Karoli (wie Anm. 4) 1, S. 121 f. und 228–237.

6   Über die Textfassungen siehe TISCHLER, Vita Karoli (wie Anm. 4) 1, S. 78–101. Gerward ist als Hofbibliothekar noch für 828 durch Einhards *Translatio SS. Marcellini et Petri* nachgewiesen; vgl. ebd., S. 162. Zu Gerwards Mittlerstellung vgl. ebd., S. 159.

Der 821 angelegte Reichenauer Bibliothekskatalog, der auch die Karlsvita nennt, verzeichnet diese in Walahfrids Strabo nicht vor 840 zu datierender Ausgabe und ist deshalb für die Datierung der Vita nutzlos[7]. Martin Lintzel spitzte Einhards Karlsvita auf eine vorwurfsvolle Kritik an der Herrschaft Ludwigs des Frommen zu, die dieser nur als Kränkung hätte empfinden können, um daraus Kriterien für die Datierung zu gewinnen[8]. Allerdings hätte Ludwigs 26jährige Regierungszeit sehr bald solcher Kritik reichlich Anlaß geboten; eine genauere Bestimmung der Abfassungszeit ist so nicht möglich. Helmut Beumanns Vorstellung eines antiklerikalen Konzeptes von Herrschaft ist aus der *praefatio* erschlossen, die Ludwig dem Frommen nicht vorgelegen hat und auch eher an Gelehrte oder Literaten gerichtet war[9].

Die Frühdatierung von Karl Brunner sowie von Matthew Innes und Rosamond McKitterick hat Tischler widerlegt[10]. Karl Heinrich Krüger wollte 823 als Jahr der Abfassung begründen[11]. Unter anderem schätzt er die Namengebung Karls des Kahlen (geboren am 13. Juni 823) mit dem Astronomus, wohl zu Recht, als programmatisch ein[12]. In den Narrationes zweier Diplome von Juni und Juli 823 für Passau und Corvey, die auf den Awarenkrieg und die Sachsenkriege eingehen, fallen ihm die Worte *proelia* und *magnus labor* auf, die Einhard zu denselben Ereignissen verwendet. Die Formulierungen beider Urkunden erscheinen Krüger „nach Kenntnisnahme des übersichtlichen

---

7   So TISCHLER, Vita Karoli (wie Anm. 4) 1, S. 153 ff., gegen Matthew INNES / Rosamond MCKITTERICK, The Writing of History, in: Carolingian Culture: Emulation and Innovation, hg. von DERS. (1994) S. 193–220, hier S. 204.
8   Martin LINTZEL, Die Zeit der Entstehung von Einhards Vita Karoli, in: DERS.: Ausgewählte Schriften (1961) 2, S. 27–41; TISCHLER, Vita Karoli (wie Anm. 4) 1, S. 156 f.
9   Helmut BEUMANN, Topos und Gedankengefüge bei Einhard, in: DERS.: Ideengeschichtliche Studien zu Einhard und anderen Geschichtsschreibern der frühen Mittelalters (1962) S. 1–14; DERS. Historiographie des Mittelalters als Quelle für die Ideengeschichte des Königtums, ebd., S. 40–79, zu Einhard ebd., S. 447–52; TISCHLER, Vita Karoli (wie Anm. 4) 1, S. 157 f. Zu Einhards *praefatio*, die Zuspitzungen Beumanns vermeidend, Walter BERSCHIN, Biographie und Epochenstil im lateinischen Mittelalter 3 (1991) S. 202–209.
10 Karl BRUNNER, Oppositionelle Gruppen im Karolingerreich (1979) S. 78; INNES/MCKITTERICK, Writing (wie Anm. 7) S. 204f; TISCHLER, Vita Karoli (wie Anm. 4) 1, S. 162 ff.
11 Karl Heinrich KRÜGER, Neue Beobachtungen zur Datierung von Einhards Karlsvita, in: Frühmittelalterliche Studien 32 (1998) S. 124–145.
12 TISCHLER, Vita Karoli (wie Anm. 4) 1, S. 140.

Karlsbildes der Vita leichter denkbar [...] als ohne sie"[13], obwohl er beobachtet, daß Einhard anders als die Urkunde für Passau nicht von Christianisierung der Awaren spricht und bei den Sachsenkriegen nicht wie die Urkunde für Corvey[14] auf die Hilfe Gottes verweist. Danach nutzt er die *Admonitio ad omnes regni ordines* von 823–825[15] und betont, daß Ludwig in diesem Kapitular der *inhonoratio regis et regni* entgegentrat, ebenso einer *mala fama* bei auswärtigen Völkern, und den *honor nostrum et regni* einfordert. Zu all diesen Punkten, wie für weitere herrscherliche Maßnahmen, lassen sich in Einhards Vita analoge Stellen finden. Doch Ludwig besinnt sich nur auf selbstverständliche Herrscherpflichten, dafür bedurfte es keines Rückgriffes auf Einhards Text; markante Übernahmen aus Einhards Werk sind denn auch in der *Admonitio* wohl nicht auszumachen. Schließlich dürfte zu keinem Zeitpunkt das Bild Karls des Großen am Hofe Ludwigs dem entsprochen haben, was Einhard von Karl niedergeschrieben hatte. Einhards Karl ist ein König, in dessen Herrschaft Mitgestalter, Ratgeber, Große weltlichen oder kirchlichen Standes der Erwähnung kaum wert sind. Mit diesen Beobachtungen läßt sich die Karlsvita nicht datieren.

Ob die *Vita Karoli* in eine Herrscherpanegyrik um den jungen Karl den Kahlen, die Karl den Großen als Vorbild aufrief, als gleichgerichtet hineinpaßt, sei hier bezweifelt[16]. Dies würde nicht gut mit der Vorstellung zusammengehen, daß die Karlsvita mit Widmungsversen zuerst Ludwig übergeben werden sollte[17]. War Einhards Absicht überhaupt panegyrischer Natur? Zwar kann Einhards Werk gut den Krisenjahren vor 830 zugeordnet werden, doch hat Einhard sein Bild Karls des Großen so punktuell auf eine bestimmte Situation hin konzipiert und geschrieben? Einhards Beteiligung an den Reformbemühungen von 828/829 ist gesichert[18]. In seiner *Translatio et miracula SS. Marcellini et Petri* erwähnt er zwei kritische Schriften, die er Ludwig dem

---

13   TISCHLER, Vita Karoli (wie Anm. 4) 1, S. 143 f.
14   TISCHLER, Vita Karoli (wie Anm. 4) 1, S. 142.
15   TISCHLER, Vita Karoli (wie Anm. 4) 1, S. 144; Admonitio ad omnes regni ordines, ed. Alfred BORETIUS (MGH Capit. 1, 1883) Nr. 150, S. 303–307.
16   TISCHLER, Vita Karoli (wie Anm. 4) 1, S. 165 f.
17   So TISCHLER, Vita Karoli (wie Anm. 4) 1, S. 161, mit guten Gründen.
18   TISCHLER, Vita Karoli (wie Anm. 4) 1, S. 168–171. Die Karlsvita enthält keinerlei Hinweise auf Vorstellungen, wie sie Einhard in den *libelli* ausführt.

Frommen überreicht hat[19]. Den Inhalt jenes Briefes, den Gabriel Ratleic, Einhards Sekretär, zur Übergabe an Ludwig diktiert hat, erläutert dieser nicht, doch: *Sed de his quae per hunc libellum facere iussus vel admonitus fuerat perpauca adimplere curavit.* Gabriels Mahnungen hat Ludwig also weitgehend ignoriert oder nicht durchsetzen können. Der zweite *libellus* enthielt die Aussagen des Dämonen Wiggo, der durch einen Exorzismus gezwungen wurde, ein Mädchen zu verlassen. Dieser *satelles atque discipulus Satanae* hatte mit elf Genossen (zwölf, wie die Apostel!) den Auftrag, zu zerstören, Vieh zu töten, Mißernten und Krankheiten zu erzeugen etc., *propter malitiam* [...] *populi huius et multimodas iniquitates eorum qui super eum constituti sunt.* Dann werden Sünden aufgelistet: *periuria, ebrietates, adulteria, homicidia, furta, rapinae* etc., aber auch *superbia, inana gloria,* noch grundsätzlicher: *qui plus hominem quam Deum metuunt*: Kaum ein politisches Programm; wenn es dies sein sollte, so im Sinne einer Reformsynode. Wiggos (Einhards) geistlich-moralische Vorwürfe, in Begriffen wie *superbia,* wie *plus hominem quam Deum metuunt* gipfelnd, richten sich an *qui super eum* [sc. *populum*] *constituti sunt,* an Große also, weltliche wie geistliche. Diese satanischen Geister führen ein göttliches Strafgericht aus, Satan handelt hier keineswegs gegen Gottes Absichten! Die Karlsvita spricht Kritik nicht direkt aus. Sie zeigt die Statur eines Königs (Kaisers), der souverän, unabhängig und über seinen Beratern stehend herrscht. So mögen die beiden Texte sich ergänzen[20].

---

19 Einhard, Translatio et miracula SS. Marcellini et Petri, III, 13 f., ed. Georg WAITZ (MGH SS 15/1, 1887) S. 252 f., wo Einhard auch seine Anwesenheit in Aachen in der Pfalz erwähnt.

20 Zur Einordnung in die Reformbemühungen Ludwigs und deren Erlahmen siehe TISCHLER, Vita Karoli (wie Anm. 4) 1, S. 165–171, mit Literatur und Quellenhinweisen. Tischler sieht ebd., S. 177, in der Kritik an Ludwig, wie sie in Buch III, c. 14 der *Translatio* formuliert ist, „eine Steigerung der in der Vita Karoli ins Biographische gewendeten Mahnungen". Aber ist nicht das statuarische Bild eines gegenüber seinen Beratern, seinen weltlichen wie geistlichen Großen souveränen Königs mehr als nur eine Kritik zum Zwecke politischer Reformen? Steckt darin nicht die Resignation, daß dieses Maß Ludwig unerreichbar ist? Daß beide Texte zeitlich sehr wohl zusammenpassen, ist dabei unbestritten. Die Forderungen der *libelli* Einhards weisen in die Richtung der bekannten Reformbemühung, in die eher moralisierende Richtung der Fürstenspiegel; die Größe Karls beruht in der Vita gerade nicht auf den Grundsätzen dieser Literatur. Dazu siehe auch Gustavo VINAY, Alto (wie Anm. 4) zusammenfassend S. 284: „In mezzo alle dispute ideologiche o pseudo-tali, alle persecuzioni, alle rotture, Eginardo non interpreta Carlo Magno come il depositario di un messaggio: egli non è l'Impero non è l'Universale non è il Regno cristiano perché nessuno di questi concetti risolve il presente, è un uomo con un fisico un carattere un co-

Bei der Frage, ob die Karlsvita noch am Hof oder später, in Seligenstadt, entstanden ist[21] – der Hinweis auf den erwähnten Brief des Lupus von Ferrières würde genügen –, geht Tischler auf die Gattungsdifferenz zwischen Historiographie und Biographie, sofern man diesen Begriff auf die Vitenliteratur anwenden will, ein. Jede nur gattungsbezogene Methode läuft Gefahr, am einzelnen Werk zugunsten des Schematischen vorbeizugehen. Ungenauigkeiten in der Vita erklären aber kaum eine späte Datierung; Einhard erstrebte nicht detailgenaue Berichterstattung, er wollte die Eigenschaften erarbeiten und darstellen, die Karl zu dem Herrscher machten, der er war; die ihm die unbestrittenen Erfolge ermöglichten. Und diese Eigenschaften sind wichtiger Bestandteil der Geschichte, was Einhard deutlich ausspricht, indem er sie immer in Zusammenhang mit Taten und Ereignissen aufruft, um Karls Erfolge zu begründen. So ist denn die Forschung längst auf *magnanimitas, magnitudo animi, perseverantia, patientia* aufmerksam geworden, Tugenden, die Einhard als tieferen Grund einer so bedeutenden und erfolgreichen Herrschaft dem Leser – und das war zuerst Ludwig der Fromme – gewichtig vorträgt. Solche Kräfte Karls sind *animi dotes*: *Cuius animi dotes et summam in qualicumque et prospero et adverso eventu constantiam ceteraque ad interiorem atque domesticam vitam pertinentia iam adhinc dicere exordiar*[22]. Karls Beständigkeit, Festigkeit und Ausdauer steht der Wankelmut der Sachsen, die hochfahrende Art Tassilos und anderes gegenüber[23]. Dies zielt auf den Gegensatz zwischen Karl und „dem fremdbestimmten, wankelmütigen, sprunghaften und am Ende der 820er Jahre zunehmend unentschlossenen Sohn des Kaisers" und dessen kontemplative Neigungen[24]. Solche *dotes* Karls, aus denen seine Herrschaft floß,

---

stume che opera su alcune premesse politiche senza confondersi né con gli avvenimenti né con le idee."
21 TISCHLER, Vita Karoli (wie Anm. 4) 1, S. 187 f.; dazu der ganze Zusammenhang S. 187–199.
22 Einhard, Vita Karoli, c. 21 (wie Anm. 1); dies gehört zwar zur Schilderung des „Privatlebens" Karls, aber solche *constantia* war auch in kriegerischen Zusammenhängen von Einhard nachgewiesen worden. Hier mag zudem interessieren, daß solche Eigenschaften *dotes* Gottes sind, also nicht einfach menschliche Leistung, nicht für jeden erreichbar. Man denke an die *vix immitabiles actus* der *praefatio* Einhards. Die Stelle aus c. 21 bei TISCHLER, Vita Karoli (wie Anm. 4) 1, S. 192.
23 Siehe TISCHLER, Vita Karoli (wie Anm. 4) 1, S. 194 ff.
24 Siehe TISCHLER, Vita Karoli (wie Anm. 4) 1, S. 196 f., mit Nachweisen. Selbst Thegan, ein eifriger Verteidiger Ludwigs, notierte in c. 20 seines Ludwigslebens: *Omnia prudenter et caute agens, nihil indiscrete faciens, praeter quod consiliariis suis magis credidit quam opus esset* (Thegan, Gesta Hludowici imperatoris, ed. Ernst TREMP

erinnern an die *moderni temporis hominibus vix immitabiles actus* Karls, von denen Einhard in der *praefatio* schreibt. Große Hoffnung setzte Einhard wohl nicht mehr in Reformen; es fehlte ihm die Herrschergestalt, die das Reich von innen her festigen konnte.

Die Karlskritik der 820er Jahre im Blick, fragt Tischler: „Sollte die Karlsbiographie auch eine Antwort auf das aktuelle Karlsbild der 820er Jahre und die dynastischen Fehlentscheidungen Ludwigs sein?"[25] Auch darin zeigt sich, daß die Karlsvita nicht einfach ein panegyrisches Werk war, sondern politische Brisanz besaß, ohne darin sich zu erschöpfen. Einhard überwand die Reform des karolingischen Reiches als Sittenreform, die den Herrscher dem Urteil der Geistlichkeit aussetzte. „Ich möchte daher die ‚Vita Karoli' als Antwort Einhards auf diese Reformaufforderung verstehen und eine Feindatierung auf das Jahr 828 vorschlagen"[26]. Tischlers rezeptionsgeschichtliches Argument – die Karlsvita am Beginn einer Besinnung auf antike Werke – ist hier von geringer Bedeutung[27]. Einhard hatte, bevor er die Karlsvita konzipierte, gewiß Kenntnisse Suetons und Ciceros, doch das Ungenügen an der mangelnden herrscherlichen Eigenständigkeit und Überlegenheit Ludwigs und die innere Unabhängigkeit und die unerschütterliche Tatkraft Karls müssen aus täglichem Erleben vertraut gewesen sein; die wachsende Not der Herrschaft Ludwigs muß ihn unabhängig von seiner Antikenkenntnis bedrängt haben. Für die Konzeption der Vita und deren Niederschrift boten ihm dann römische Autoren wichtigere Anregung, als dies die zeitgenössische Literatur oder die Patristik je hätte leisten können.

[MGH SS rer. Germ. 64, 1995] S. 204). Der Astronomus berichtet von Menschen, die er *emuli* – „Mißgünstige" – nennt; sie hätten Ludwig den Vorwurf gemacht, *quod nimis clemens esset* (Astronomus, Vita Hludowici imperatoris, prol., ed. DERS., ebd., S. 284).

25 TISCHLER, Vita Karoli (wie Anm. 4) 1, S. 199–210, hier S. 205 f. Tischler sieht in Karls späten Konkubinaten nicht zuletzt das Bemühen, nicht durch Erbprobleme die Erbfolge im Reich und so das Reich zu gefährden, wie dies bei Ludwig durch die Ehe mit Judith und die Versorgung Karls des Kahlen der Fall war.

26 So TISCHLER, Vita Karoli (wie Anm. 4) 1, S. 210. Gemeint ist eine Reformaufforderung vom Frühjahr 828, die in der *epistola* einer Pariser und einer Wormser Bischofsversammlung von 829 überliefert ist; Nachweise und Zitate ebd., S. 209, hier Anm. 426.

27 TISCHLER, Vita Karoli (wie Anm. 4) 1, S. 210–216.

Danach geht Tischler auf die Brisanz der Karlsvita und der in ihr vorgetragenen Auffassung vom Herrscher ein[28]. Er erarbeitet den Kontrast zur kirchlich-moralischen Auffassung karolingischer Fürstenspiegel und zeigt, daß die geläufigen Namen hohen Herrschertums – David, Constantinus oder Theodosius – fehlen; sie hätten den Herrscher bischöflichem Urteil unterstellt. Tischler liest zu Recht die Vita aus der Perspektive der Entstehungszeit. Daß Karl die Art der Verleihung, nicht das *nomen imperatoris* ablehnte und 813 mit der Krönung des Sohnes in Aachen ohne geistliche Mitwirkung seine Konzeption dagegensetzte, ist bekannt. Tischler beobachtet, daß der Papst anders als Karl, selbst 800 in Rom, nicht als Handelnder geschildert wird[29]. Religion, Kirche, die Rombesuche, die Verbreitung des Glaubens in Sachsen, der Bau der Aachener Basilika gehören in Einhards Schilderung eher zum privaten Leben. Das Verhältnis zum Papst und zu anderen Herrschern bewegt sich nicht auf Amtsebene, kennt keine Überordnung des Papstes. Karl ist *rex* in seinem *regnum*, dazu gehört die Betonung des Fränkischen seines Königtums. Über andere Herrscher – Merowinger, Göttrik, Aistulf oder Desiderius – erhebt sich Karl nicht durch den Imperatorentitel. Seine Überlegenheit findet Einhard in den herausgearbeiteten herrscherlichen Eigenschaften Karls, nicht in „einer sakral überhöhten und institutionalisierten Herrschaftskonzeption"[30]. Gottes Wille hatte die Karolinger zu Königen erhoben, sowohl Karl wie den Sohn Ludwig. Die Großen – Bischöfe werden nicht erwähnt – geben dazu ihre Zustimmung, mehr nicht[31]. Der Kontrast zu Ludwigs Verständnis seiner Legitimation als Herrscher ist nicht zu überhören.

Einhard setzte einen in sich gegründeten, von Gott gewollten, diesem verantwortlichen König gegen ein durch geistliche Handlungen überhöhtes, sittlich definiertes Herrschertum, das so auch geistlichem Urteil unterworfen war. So warnend und mahnend dieses Werk an Ludwig gerichtet war, so berechtigt

---

28 TISCHLER, Vita Karoli (wie Anm. 4) 1, S. 216–228.
29 TISCHLER, Vita Karoli (wie Anm. 4) 1, S. 220. Folgt man Matthias BECHER, Karl der Große zwischen Rom und Aachen. Die Kaiserkrönung und das Problem der Loyalität im Frankenreich, in: Eloquentia copiosus. Festschrift für Max Kerner zum 65. Geburtstag, hg. von Lotte KÉRY (2006) S. 1–15, dann wäre Karl auch tatsächlich die treibende Kraft zu einem neuen lateinischen Kaisertum gewesen; er ergriff die Gelegenheit, „sich als Richter über den Inhaber der höchsten geistlichen Gewalt darzustellen" (ebd., S. 4).
30 TISCHLER, Vita Karoli (wie Anm. 4) 1, S. 225.
31 So schon TISCHLER, Vita Karoli (wie Anm. 4) 1, S. 178–180 und 182.

sind Zweifel, ob Einhard gehofft hat, Ludwig könne diese Warnung und Mahnung annehmen, könne dieses Maß ausfüllen; die *vix immitabiles actus* vollbringen. So könnte diese Vita auch das Werk eines Höflings und Autors sein, das dieser zum Abschied aus dem Hofkreis seinem Kaiser resignierend hat übereignen lassen.

Einhard verweist gleich in der *praefatio* auf die *res gestas* [...] *Karoli, excellentissimi et merito famosissimi regis*; er will nicht *regis excellentissimi et omnium sua aetate maximi clarissimam vitam et egregios atque moderni temporis vix imitabiles actus pati oblivionis tenebris aboleri* – *rex*, nicht *imperator*. Einhard zitiert den Imperatorentitel zweimal: in c. 31 den offiziellen Grabtitulus und in c. 33 im Text des Testamentes. Viermal steht er in Einhards eigenem Text als *nomen imperatoris*, das der Kaiser annahm. Das aber ist etwas anderes als der Karl selbstverständlich zukommende Titel[32]. Für die *vix imitabiles actus* Karls ist der Kaisertitel bedeutungslos, ein hinzugefügtes *nomen*, vielleicht Anerkennung für sein Wirken.

Wenn die neue Generation Taten solchen Ranges nicht zu vollbringen vermag – so Einhard –, dann sieht Einhard Karl nicht als großartige Gestalt vergangener Tage, sondern als überzeitliche Herrschergestalt, als verpflichtendes Maß des Herrschertums, auch für Ludwig und seine Söhne, wiewohl sie dieses Maß nicht erreichen können. Die unmittelbare Zukunft mag verdüstert sein. Die Karlsvita und ihre Übergabe durch Gerward an Ludwig den Frommen gehören in die Zeit vor Einhards endgültigem Abschied vom Kaiserhof, den er 830 brieflich erbat[33]. Dadurch gewinnt die Karlsvita einen beinahe vermächtnishaften Charakter.

---

32 Siehe TISCHLER, Vita Karoli (wie Anm. 4) 1, S. 119 und 223–225. Auf S. 119 finden sich die Stellen, an denen Einhard den Kaisertitel nennt. Bei c. 31 und c. 33 handelt es sich um Zitate; selbständig ist c. 28: *Quo tempore imperatoris et augusti nomen accepit*; die *imperatores* von Konstantinopel hatten Besorgnisse *propter susceptum a se* [sc. Karl] *imperatoris nomen*; ähnlich in c. 28: *Invidiam tamen suscepti nominis*, und c. 29: *Post susceptum imperatoris nomen*, und schließlich c. 30 in bezug auf Ludwig bei der Krönung zum Mitkaiser 813: [*T*]*otius regni* [nicht: *imperii*!] *et imperialis nominis heredem constituit, impositoque capiti eius diademate imperatorem et augustum iussit appellari.* Auch Ludwig erbt ein *regnum*, *imperator* wird er „genannt". Zu *regnum* und *rex* bei Einhard siehe auch Hans-Werner GOETZ, Regnum: Zum politischen Denken der Karolingerzeit, in: Zeitschrift der Savigny-Stiftung für Rechtsgeschichte, Germanistische Abt. 104 (1987) S. 110–189, dort zu Einhard S. 121 f.

33 Einhard, Epistola 10, ed. Karl HAMPE (MGH Epp. 5, 1899) S. 114: *Ad extremum rogo et obnixe deprecor magnam mansuetudinem vestram, ut super me miserum et peccatorem, iam senem et valde infirmum, misericorditer ac pie respicere dignemini et a*

Die Vita zeigt zunächst die Machtlosigkeit der späten Merowinger[34] und die aufbauenden Leistungen früher Karolinger, von Karls Großvater und Vater. Zu Karl Martells Verdiensten gehört es, daß er *tyrannos per totam Franciam dominatum sibi vindicantes oppressit* – der Merowingerkönig spielt keine Rolle mehr; die Großen der Frankenreiches hatte Karl Martell sich untergeordnet (c. 2). Pippin ist *per auctoritatem Romani pontificis ex praefecto palatii rex constitutus* (c. 3). Die Zusammenarbeit mit Bonifatius, ja sein Name wird nicht erwähnt. Pippins Söhne folgen *divino nutu*. Auf einem *generalis conventus* haben die Großen die Brüder zu Königen erhoben; sie führen aus, was Gott sie als seinen Willen hat erkennen lassen. Die *concordia* der Brüder geriet jedoch in Gefahr, weil viele *ex parte Karlomanni* sich bemühten, *societatem separare*, manche hätten sogar einen Bruderkrieg geplant. Nach Karlmanns frühem Tod wurde Karl *consensu omnium* zum König der Franken erhoben.

An Karls Kriegen zeigt Einhard nun dessen *magnanimitas, constantia, perseverantia* (c. 5–17). Als Karl sich *Stephano papa supplicante* zum Krieg gegen die Langobarden entschloß, erklärten *quidam e primoribus Francorum, cum quibus consultare solebat*, den König verlassen und heimkehren zu wollen. Karl besiegte nach kurzem Kampf die Langobarden (c. 6). Der Papst – dies die erste Erwähnung eines hohen Geistlichen – ist Bittsteller in Not, und Karl ein König, der sich mit den Großen berät, deren einige sich widersetzen, auf die der König sich nicht verlassen kann. Karl bleibt Herr des Geschehens, führt den Krieg und siegt, obwohl seine Ziele weiter reichen als die seines Vaters.

Kein Krieg offenbarte die *magnanimitas regis ac perpetua tam in adversis quam in prosperis mentis constantia* deutlicher als der gegen die Sachsen (c. 7).

---

curis saecularibus absolutum ac liberum fieri faciatis meque permittatis in pace et tranquillitate iuxta sepulchra beatorum Christi martyrum, patronarum videlicet vestrorum, sub defensione vestra in eorundem sanctorum obsequio et dei ac domini nostri Iesu Christi servitio consistere, ut me illa inevitabilis atque ultima dies, quae huic aetati, in qua modo constitutus sum, succedere solet, non transitoriis ac supervacuis curis occupatum, sed potius orationi ac lectioni vacantem atque in divinae legis meditatione cogitationes meas exercentem inveniat.

34 Auf die Zweifel an der Korrektheit dieser Schilderung sei hier nicht eingegangen. Statt dessen verweise ich auf die Gesta et passio Leudegarii episcopi et martyris (BHL 4849b), c. 5, ed. Bruno KRUSCH (MGH SS rer. Merov. 5, 1910) S. 287: *Sed cum Ebroinus eius* [sc. Chlotars III.] *fratrem germanum nomen Theodericum, convocatis obtimatibus, cum solemniter, ut mos est, debuisset sublimare in regnum, superbiae spiritu tumidus eos noluit deinde convocare. Ideo magis coeperunt metuere, eo quod regem, quem ad gloriam patriae publicae debuerunt sublimare, dum post se eum retineret pro nomine, cui malum cupierat audenter valeret inferre.*

König und Bischof

Dem stand die *mutabilitas* der schließlich unterlegenen Sachsen als Kontrast gegenüber. Karl ließ Legaten verhandeln, schickte Grafen mit einem Heer, wenn er den Feldzug nicht selbst führte. Viele *ex nobilitate Francorum quam Saxonum* fanden den Tod. Fränkische Große handelten in Karls Auftrag; als Ratgeber, als Mitentscheidende erscheinen sie nicht. Die vielen Kriege wurden durch die *solertia regis* beendet, und Einhard fragt, ob *aut laborum patientiam aut felicitatem potius mirari conveniat*; und später: *Nam rex, omnium qui sua aetate gentibus dominabantur et prudentia maximus et animi magnitudine praestantissimus, nihil in his quae vel suscipienda erant vel exsequenda aut propter laborem detractavit aut propter periculum exhorruit, verum unumquodque secundum suam qualitatem et subire et ferre doctus nec in adversis cedere nec in prosperis falso blandienti fortunae adsentiri solebat* (c. 8). Von den Sachsen hat Karl bei Friedensvereinbarungen oder Unterwerfung den Übertritt zum Christentum verlangt. Von Bischöfen, überhaupt von Geistlichen ist in diesem Zusammenhang nicht die Rede; von der späteren Missionierung und dem Aufbau einer Kirchenorganisation ebenfalls nicht.

Bei den anderen Feldzügen ist das Bild ähnlich. Auf dem Rückzug über die Pyrenäen wird die Nachhut aufgerieben, dabei sterben *Eggihardus regiae mensae praepositus, Anshelmus comes palatii et Hruodlandus Brittannici limitis praefectus*[35] *cum aliis conpluribus* (c. 9). Gegen die Bretonen entsandte Karl ein Heer, dessen Anführer ungenannt bleiben. Den kampanischen Feldzug, der zur Unterwerfung des Herzogs von Benevent führte, leitete Karl selbst, kein Wort über fränkische Große (c. 10). So auch der Zug gegen Bayern, der kampflos mit der Auflösung der bayrischen Herzogsgewalt endete; Bayern *comitibus ad regendum commissa est* – Grafen als des Königs Beauftragte. Den oft betonten Eigenschaften Karls steht Tassilo nicht nur mit seiner *superbia simul ac socordia* gegenüber, er folgt schlechtem Rat seiner Gemahlin, der Tochter des Desiderius, der sich an Karl rächen wollte (c. 11). Auch auf einem Slavenfeldzug scheinen Große keine Rolle gespielt zu haben (c. 12). Gegen die Awaren leitete Karl nur einen Feldzug selbst, *cetera filio suo Pippino, praefectis provinciarum, comitibus etiam atque legatibus perficienda commisit* (c. 13), eine summarische Erwähnung nicht unbedeutender Personen. Herzog Erich von Friaul und *Geroldus Baioariae praefectus* werden genannt, weil sie in diesem Krieg umkamen. Besondere Maßnahmen gegen die Normannen werden in

---

35 Zu Roland siehe TISCHLER, Vita Karoli (wie Anm. 4) 1, S. 80–98.

c. 14 nicht erwähnt, der Krieg erledigt sich durch die Ermordung des Dänenkönigs *Godofridus et suae vitae et belli a se inchoati finem accelleravit*[36].

Karl führte und beendete diese Kriege *summa prudentia atque felicitate* und vergrößerte das Frankenreich auf die dann beschriebene Größe. Kein Bischof, kein Großer wird als Ratgeber, als Helfer erwähnt (c. 15). Dieses herrscherliche Wirken trug ihm den Ruhm, die *amicitia* mehrerer Völker und Könige ein. Karls Legaten, die fremde Herrscher aufsuchten, waren sicherlich Personen bedeutenden Ranges; sie bleiben namenlose Beauftragte des Königs. Nicht einmal, ob sie geistlichen oder weltlichen Ranges waren, erfährt der Leser (c. 16).

Neben die kriegerische Erweiterung und Sicherung des Reiches tritt eine bedeutende Bautätigkeit in Aachen, die Mainzer Rheinbrücke, weitere Pfalzen, die Erneuerung vieler Kirchen: [*P*]*ontificibus et patribus, ad quorum curam pertinebant, ut restaurarentur, imperavit*. Bischöfe, Äbte empfangen des Königs Befehle, werden bei deren Ausführung von Legaten kontrolliert. Schutzmaßnahmen gegen Normannen, *contra Mauros* führten dazu, daß *diebus suis* weder der Norden noch der Süden des Reiches ernsthafte Bedrängnisse erlitt, ausgenommen Civitavecchia und einige friesische Inseln. Die Großen, die mit diesen Aufgaben betraut waren, bleiben ungenannt. Der König hat all diese wichtigen Dinge im Blick, sie auf den Weg gebracht. Zu bloßer Information eines beliebigen Lesers stand das hier nicht, es machte Ludwig ohne direkten Vorwurf auf einen gravierenden Mangel aufmerksam.

Handelt Einhard nun von *mores et studia* Karls[37], so schildert er die *animi dotes et summam in qualicumque et prospero et adverso eventu constantiam ceteraque ad interiorem atque domesticam vitam pertinentia*, die *patientia*, mit der Karl *simultates et invidiam* des Bruders ertrug, ohne sich zu erzürnen. Längst war die Betonung fränkischer Erziehung der Kinder aufgefallen (c. 19). Nur zweimal *Romae semel Hadriano pontifice petente et iterum Leone successore eius supplicante longa tunica et clamide amictus, calceis quoque Romano more formatis induebatur* (c. 23). Die Schönheit manch fremder Kleidung anerken-

---

36   Einhard, Vita Karoli, c. 14 (wie Anm. 1); siehe aber ebd., c. 17, zum Aufbau einer Flotte, zum Hafenbau etc. gegen die Normannen.
37   Einhard, Vita Karoli, c. 18–25 (wie Anm. 1). So die Bezeichnung dieses Anteiles der Vita in c. 4. Zur älteren Debatte über die Grenze zwischen dem zweiten und dem dritten Teil siehe Heinz LÖWE, „Religio Christiana", Rom und das Kaisertum in Einhards Vita Karoli Magni, in: Storiografia e Storia. Studi in onore die Eugenio Duprè Theseider, hg. von Massimo PETROCCHI (1974) 1, S. 1–20, hier S. 1–8.

nend, verlangte Karl für sich fränkische Gewänder. Römische Kleidung trug er nur auf Bitten zweier Päpste – ein persönliches Entgegenkommen, das im Falle Leos III. jeden Bezug zur Kaiserkrönung meidet. Zu Karls Tageslauf notiert Einhard, daß, während Karl sich ankleidete, der Pfalzgraf als Richter wegen wichtiger Streitigkeiten eintreten konnte, ja die Parteien durften ihren Streitfall vortragen, den Karl in diesem Zustand entschied, *velut pro tribunale sederet*. In jeder Phase seines Lebens, seines Tageslaufes war Karl zu jeder Entscheidung bereit und fähig; die Aufgaben des Königs drangen tief in das „Privatleben" ein. Zugleich werden die Grenzen der Befugnisse des pfalzgräflichen Richters aufgezeigt (c. 24). Als Einhard dann über Karls Eloquenz, über seine Bemühungen um das Griechische und das Lateinische, um die *artes* schreibt, erwähnt er Hofgeistliche als Karls Lehrer: den Diakon Petrus Pisanus (Grammatik), den Diakon Albinus mit dem Beinamen Alkuin (Rhetorik, Dialektik und Astronomie). Kein Wort fällt über Alkuins Stellung als Abt des Martinsklosters in Tours, über seine Revision der lateinischen Bibel in Karls Auftrag: Karls Lehrer, mehr nicht (c. 25).

Von der *administratio regni* handelt Einhard ab c. 26. Die *religio christiana sanctissime et cum summa pietate coluit*; der trinitarische Glaube ist Gegenstand größter persönlicher Ehrerbietung und Hingabe. Insbesondere der Bau der Aachener Pfalzkapelle und deren üppige Ausstattung erklärt sich nach Einhard aus dieser persönlichen Hinwendung zum christlichen Glauben, so auch seine regelmäßige Teilnahme an den Horen und den Messen (c. 26).

Armenfürsorge und Almosenwesen reichten über die Reichsgrenzen hinaus, Karl unterstützte Christen in fernen Ländern; auch deshalb die Freundschaft zu fernen Herrschern. Gesandte, die diese Freundschaften pflegten, bleiben ungenannt. Die Päpste sind nur Beschenkte; reich bedachte Karl römische Kirchen, zumal St. Peter, die er viermal besuchte *votorum solvendorum ac supplicandi causa* (c. 27). Und nun die letzte Romreise[38], erforderlich wegen

---

38   LÖWE, Religio Christiana (wie Anm. 37) 1, S. 9 f., folgt Walahfrids Unterteilung, der zufolge Karls letzte Romreise zum c. 27 gehört und nicht ein neues Kapitel darstellt. Sie gehört damit zu Karls karitativer Tätigkeit. In diesem Zusammenhang sei auf Löwes Beobachtungen zu *coluit* in bezug auf die Kirche hingewiesen. Löwe sieht Karl bei Einhard in der Ausübung eines von Gott verliehenen Amtes (ebd., S. 8 f.). Eine Anlehnung an des Gelasius Zwei-Gewalten-Lehre muß man daraus nicht folgern; dies trüge eine theologische Systematik in die Karlsvita, die ich nicht erkennen kann. Aber fraglos macht Einhard aus Karl keinen theokratischen Herrscher über die Kirche.

schwerer Mißhandlungen Leos III. durch die Römer: Karl zog auf Leos Schutzersuchen hin nach Rom *propter reparandum, qui nimis conturbatus erat, ecclesiae statum* [...]. *Quo tempore imperatoris et augusti nomen accepit. Quod primo in tantum aversatus est, ut adfirmaret se eo die, quamvis praecipua festivitas esset, ecclesiam non intraturum, si pontificis consilium praescire potuisset.* Karls Ablehnung dessen, was Leo III. in St. Peter am Weihnachtstag 800 vollzog, sei hier nicht erneut verhandelt[39]. Hier interessiert der Kontrast zwischen dem Hilfe heischenden Bittsteller Leo und dessen Handlung, die Karl erzürnte. Dieser hilfsbedürftige Papst konnte die Person nicht sein, die die Kaiserkrone vergibt (c. 28). Schließlich berichtet Einhard dann (c. 30) die Krönung Ludwigs zum Mitkaiser: [*C*]*ongregatis sollemniter de toto regno Francorum primoribus, cunctorum consilio consortem sibi totius regni et imperialis nominis heredem constituit, impositoque capiti eius diademate impertorem et augustum iussit appellari. Susceptum est hoc eius consilium ab omnibus qui aderant magno cum favore; nam divinitus ei propter regni utilitatem videbatur inspiratum.* Auf einem Hof- oder Reichstag stimmten die Großen Karls Entschluß mit großem Beifall zu; dies war kaum Beratung, der Ausgang stand wohl fest, Karls Entscheidung für Ludwig als Nachfolger nahm man für von Gott eingegeben. Der Papst war fern, von Geistlichen bei der Krönung ist nicht die Rede. Welch ein Kontrast zu den römischen Vorgängen am 25. Dezember 800! Schon die Ausführlichkeit und die Akzentsetzungen dieses Berichtes sind gegenüber dem kargen Satz zur römischen Krönung aussagekräftig.

Große wirkten schon bei der Erhebung Karl Martells mit; er erhielt von seinem Vater (!) sein Amt, *qui honor non aliis a populo dari consueverat quam his qui et claritate generis et opum amplitudine ceteris eminebant* (c. 2). Dies setzt eine Zusammenkunft voraus. Nach Pippins Tod erhoben *Franci siquidem facto solemniter generali conventu* Karl und Karlmann zu fränkischen Königen. Nach Karlmanns frühem Tod: *Karolus autem fratre defuncto consensu omnium Francorum rex constituitur* (c. 3). Große werden summarisch als *conventus* bei Königserhebungen aufgeführt; sie führen Feldzüge und Gesandtschaften in Karls Auftrag. Ihre Namen erscheinen in wenigen Fällen, wenn sie in solchem Dienst ihr Leben ließen. Sie verwalten in Karls Auftrag Bayern nach dem Sturz Tassilos. Die Karolinger waren aus dem Kreis der *duces* und *maiores domus*

---

39 Hier mag der Hinweis auf Peter CLASSEN, Karl der Große, das Papsttum und Byzanz. Die Begründung des karolingischen Kaisertums (Beiträge zur Geschichte und Quellenkunde des Mittelalters 9, 1985, Nachdruck 1988), genügen.

König und Bischof

zum Königtum aufgestiegen und haben Ämter solcher Machtfülle nicht mehr zugelassen. Beschlußfassende Reichs- oder Hoftage bleiben seit 771 unerwähnt. Karl erscheint in Einhards Vita nicht despotisch; er regiert zwar ohne harte Befehle, aber auch ohne Ratgeber, Mitstreiter, ohne Menschen, deren Mitwirkung er gewinnen muß. Selbst die Hofgelehrten bleiben bis auf Petrus von Pisa und Alkuin, Karls Lehrer, ungenannt. Einhard erwähnt in der *praefatio* das ihm zuteil gewordene *nutrimentum* und seine daraus erwachsene Freundschaft mit Karl und dessen Kindern, die bestand, *postquam in aula eius conversari coepi*. Doch als Einhard vom Bau der Aachener Pfalz und der Marienkirche berichtet (c. 17 und 26), verschweigt er seine Mitwirkung. Kein Hinweis auf die Wichtigkeit königlicher *missi* für die *administratio regni*. Allenfalls die Kontrolle der Bischöfe bei der Instandsetzung verfallener Kirchen könnte als Hinweis auf Karls *missi* verstanden werden (c. 17). Bischöfe? Sie sind an Karls Regierungshandlungen unbeteiligt. Er verlangt von ihnen die Instandsetzung verfallener Kirchen; nicht sie kontrollieren den König, dieser kontrolliert ihre Amtsführung. Karl verlangte von den Sachsen die Annahme des Christentums; vom Aufbau einer Kirchenorganisation, von Bischöfen ist die Rede nicht (c. 7), und so berichtet Einhard nicht von (Reform-) Synoden[40], die doch unter Ludwig so hohe Bedeutung hatten.

Karl der Große, wie Einhard ihn Ludwig ins Gedächtnis rufen wollte, war mit seinem Bruder *divino nutu* zum König erhoben worden. Dieser Wille Gottes, den Einhard auch bei der Krönung Ludwigs 813 wirken sah, war die erste Voraussetzung der Herrschaft Karls. 813 erkannten die Großen, daß Gott in Karl den Entschluß, den Sohn zum Mitkaiser zu erheben, geweckt hatte. Kein nebensächlicher Unterschied: Dieser Akt gehörte noch zu dem von Gott gewollten Regiment Karls. *Animi dotes*, Gaben Gottes, befähigten Karl zu solch erfolgreicher Herrschaft. Die Tugenden, in denen Einhard die Grundlage für Karls Herrschen sah, waren nicht überragende Intelligenz oder ähnliches: Gaben, die ein Mensch einsetzen, verkommen lassen oder mißbrauchen kann. *Magnanimitas*, *patientia*, *perseverantia* waren zugleich Gabe und Leistung. Wenn sie in Erscheinung treten, wahrnehmbar werden, sind sie auch

---

40 Zu Heinz LÖWE, Einhard, in: Reallexikon der Germanischen Altertumskunde 7 (1989) S. 20–22, zur Vita Karoli ebd., S. 21: Einhard verschweige „seine [sc. Karls] Kirchenherrschaft, die dem veränderten Zeitgeist anstößig war": Einmal ist der Karl der Vita durchaus Herr über die Bischöfe, und in dem weitgehenden Verschweigen der Bischöfe liegt ein Verschweigen ihres Einflusses; vor dem Zeitgeist weicht Einhard hier keineswegs zurück.

beständig ausgeübte Gaben, ein Zusammenspiel von Gabe, Gnade[41] und täglichem Einsatz dieser Gaben durch den Menschen. Man ahnt eine Beziehung zwischen Gott und dem Herrscher, die nicht institutionalisierbar war, die von der Kirche nicht beeinflußt oder gar gestiftet werden konnte; die nicht Folge, sondern Voraussetzung der Tätigkeit Karls für die Kirche beziehungsweise Kirchen war: der Besuch der Messen und Horen, Kirchenbau und -ausstattung, die Sorge für die *legendi atque psallendi disciplina* (c. 26), die Fürsorge für Christen in fernen Ländern.

Aus Freundschaft zu den Päpsten entsprach Karl ihren Bitten. Deshalb überwand er die langobardische Bedrohung Roms, rettete den mißhandelten Leo III., stellte in Rom die Kirchenordnung wieder her. Reich beschenkte er die Peterskirche aus eigenem Antrieb. Geistliche Personen – auch die Päpste – hatten weder Rang noch Befugnis, über Karls Herrschaft zu urteilen, ihn zur Rechenschaft zu ziehen – wozu Karl nach Einhards Vorstellung auch kaum Anlaß gab[42]. Leo III. hatte am Weihnachtstag 800 das Maß weit überschritten, das Karl zu dulden bereit war. 813 zeigt er, wie er selbst eine Kaisererhebung für richtig hielt. Leo III. hatte wohl die in Byzanz geltende Ordnung – erst die Akklamation zum Basileus, danach die geistliche Handlung – umgekehrt und sich so zum Spender des Kaisertitels gemacht. Es rührt wohl daher, daß Einhard den Kaisertitel meidet und allenfalls vom *nomen imperatoris* spricht, das Karl annahm; niemals sagt Einhard *nomen regis*[43].

Die Priesterhand zwischen Gott und dem Haupt des Herrschers hat Karl nicht gewollt, und Einhard ebensowenig. Wieweit will man nun Einhards Karlsvita als Kritik an Ludwig dem Frommen einstufen? Für Einhards beide *libelli*, von denen wir durch die *Translatio et miracula SS. Marcellini et Petri*

---

41   In diese Richtung verweist auch *felicitas* (Einhard, Vita Karoli, c. 8 und 15 [wie Anm. 1]).

42   Die Verstoßung der Tochter des Desiderius (Einhard, Vita Karoli, c. 18 [wie Anm. 1]) und der Hinweis auf eine Kebse (ebd., c. 20) hätten Anlaß für ein kirchliches Monitum sein können.

43   Insofern ist Karl keineswegs „römischer Idealkaiser", wie LÖWE, Einhard (wie Anm. 40) S. 21, formuliert. Es sei auch bezweifelt, ob der Begriff des Idealen Einhards Intention und Werk trifft. Man mag hier und an einigen anderen Stellen das *Constitutum Constantini* im Hintergrund vermuten. Freilich sehe ich in Karls karitativer Zuwendung zur Römischen Kirche nicht ein Ausgliedern Roms aus der Herrschaft Karls im Sinne der Fälschung, sondern anders als LÖWE, Religio Christiana (wie Anm. 37) S. 12 ff., eine Abwehr des dort vertretenen päpstlichen Anspruches auf die Vergabe der Herrschaft über den lateinischen Bereich.

König und Bischof

Kenntnis haben, läßt sich eine eindeutige Antwort geben. Mit der Karlsvita zeigt Einhard, was er für das Maß großen Herrschertums hielt, das Ludwig nicht erreicht, vielleicht nie angestrebt hat. Von direkten Vorwürfen gegen Ludwig ist der Text frei, wenn man auch im Hintergrund manchen Hinweis auf ein Versagen Ludwigs finden kann. Martin Lintzels[44] drastische und zugespitzte Betonung solcher Vorwürfe zeigt dies auf, doch wird daran auch zugleich erkennbar, mit welcher Noblesse Einhard sich an Ludwig gewandt hat; dieser konnte die Vita lesen, ohne sich angegriffen oder bloßgestellt zu fühlen. So aktuell die *Vita Karoli* 828/829 war – sie war zugleich ein der Zeit enthobenes Werk, eine Herrschervita, wie es sie noch nicht gegeben hat und auch später kaum geben sollte[45].

Jener *balbus et edentulus*, jener *partim morbo partim senio iam edentulus, caeculus et tremulus*[46], Notker, der große St. Galler Lehrer und Dichter des frühen Mittelalters, erzählte Karl III. anläßlich eines Aufenthaltes dort Geschichten von dessen Urgroßvater, dem großen Karl, zu geistvoller Unterhaltung[47]. Von Notker wußte Ekkehard IV., daß er *corpore non animo gratilis, voce non spiritu*

---

44   LINTZEL, Entstehung (wie Anm. 8).
45   Es sei nur beiläufig darauf hingewiesen, daß es eine Nähe zu Suetons Cäsarenviten (hier zitiert nach: C. Suetonius Tranquillus, De vita Caesarum libri VIII, ed. Hans MARTINET, in: DERS.: Sueton, Die Kaiserviten. Berühmte Männer [1997] [mit deutscher Übersetzung]) in bezug auf die Konzeption von Herrschaft kaum gibt, sofern Sueton überhaupt eine Auffassung von Herrschertum darlegen wollte. Sueton gibt in der Augustusvita noch den Spott des Antonius über seinen Gegner Augustus wieder: Diesem sei zusammen mit Hirtius und Pansa der Befehl über ein Heer übertragen worden, um dem Brutus Hilfe zu bringen. Diesen Krieg habe er im dritten Monat in zwei Schlachten beendet, jedoch *priore Antonius fugisse eum scribit ac sine paludamento equoque post biduum demum apparuisse* (Sueton, Divus Augustus X, wie oben, S. 156). Für derartigen Klatsch war in Einhards Vita Karoli kein Platz. Zur Benutzung Suetons durch Einhard und zur Einordnung der Karlsvita in die Geschichte der Herrscherdarstellung siehe BERSCHIN, Biographie (wie Anm. 9) 3, S. 209–220, und vor allem die in Anm. 4 genannten Arbeiten von Vinay und Leonardi; schließlich mit Literatur: Klaus SCHERBERICH, Zur Suetonimitatio in Einhards „vita Karoli Magni", in: Eloquentia copiosus, hg. von KÉRY (wie Anm. 29) S. 17–28.
46   Notker, Gesta Karoli, II, 17 (wie Anm. 2), und ders., Vitae s. Galli fragmenta, ed. Karl STRECKER (MGH Poetae 4/3, 1923) S. 1101. Zu Notker unverzichtbar: Wolfram VON DEN STEINEN, Notker der Dichter und seine geistige Welt. Darstellungsband (1948) S. 13–80.
47   Der Besuch fand vom 4.–6. Dezember 883 statt: Ratpert, Casus sancti Galli, c. 33, ed. Hannes STEINER (MGH SS rer. Germ. 75, 2002) S. 235.

balbulus, in divinis erectus, in adversis patiens [...], *ad repentina timidulus et inopinata praeter demones infestantes erat, quibus quidem se audenter oponere solebat*. Als dieser gebrechliche Mönch in der Krypta der Apostel und des heiligen Columban auf den *temptator* stieß, der wie ein Hund knurrte, wie ein Schwein grunzte und sich nicht vertreiben ließ, verlegte er diesem den Ausgang mit der *spera illa sanctę crucis notissima*, griff den Krummstab, den Gallus von Columban erhalten hatte – eine kostbare Reliquie also – und prügelte Satan so heftig, daß *baculum sanctum in locis confregit*[48]. Notker ist Überraschendes zuzutrauen.

Von Notkers Erzählungen beeindruckt, verlangte Karl III. eine schriftliche Fassung[49]. Auch Notker wollte drei Themenkreise behandeln, die sich mit Einhards Rubriken nicht wirklich decken: *de religiositate et ęcclesiastica domni Karoli cura* (Buch I), *sequens vero de bellicis rebus acerrimi Karoli* (Buch II). Das dritte, nicht überlieferte Buch sollte *cottidianam eius conversationem* berichten. Die beiden fast vollständigen Bücher erzählen, was der junge Notker von Adalbert und dessen Sohn Werinbert gehört hat. Adalbert, einem Krieger der Tage Karls des Großen, war Notker nach des Vaters frühem Tod zur Erziehung übergeben worden; sie mögen verwandt gewesen sein. Adalbert brachte den Knaben dem heiligen Gallus dar, wo sich Werinbert um ihn kümmerte. Auf Werinbert gehen die Berichte des ersten Buches zurück, Adalberts Kriegsgeschichten mußte der zarte Knabe wider Willen anhören – *renitentem et sepius effugientem, vi tamen coactum de his instruere solebat*[50].

Zunächst der Anteil Adalberts, ein Blick auf die Epitheta ornantia[51], die Karl charakterisierend auszeichnen: *invictissimus Karolus* (II, 1), *iustissimus Karolus* (II, 2); *magnanimus imperator* (II, 3); *indefessus Karolus, sapientissim[us] Karol[us], gloriosissimus regum Karolus* (II, 6); *quibus* [sc. persischen Gesandten] *tamen excellentissimus Karolus ita terrificus videbatur prae omnibus; opulentissim[us] Karol[us], quietis et otii impatientissimus Karolus, heros*

---

[48] Ekkehard IV., Casus sancti Galli, c. 33, ed. Hans F. HAEFELE (Ausgewählte Quellen zur deutschen Geschichte des Mittelalters 10, 1980) (mit deutscher Übersetzung); der verprügelte Satan: Ebd., c. 41.
[49] Notker, Gesta Karoli, I, 18 und II, 16 (wie Anm. 2). PATZOLD, Episcopus (wie Anm. 4), behandelt Notkers *Gesta Karoli* auf S. 442–459. Das Werk blieb wohl unvollendet, da Karl III. 887 abgesetzt wurde und 888 verstarb.
[50] Notker, Gesta Karoli, II, praef., ed. HAEFELE (wie Anm. 2) S. 48; ebd., I, 34, ed. RAU (wie Anm. 2) S. 374, hier als Teil von Buch I, c. 34.
[51] Zu diesen siehe auch BERSCHIN, Biographie (wie Anm. 9) 3, S. 401 f.

Karolus (II, 8); der *imperator Persarum* erkannte *ex rebus minimis fortiorem Karolum*. Dieser hatte ihm Hunde geschenkt, die Löwen jagten und ergriffen, und Harun erkennt *de fratre eo Karolo, quia scilicet assiduitate venendi et infatigabili studio corpus et animam exercendi cuncta, quae sub coelo sunt, consuetudinem habet edomandi* (II, 9).

Superlative, hier häufiger noch als damals üblich angewandt, schmücken fast ausschließlich Karl; den byzantinischen Herrscher zeichnet Notker nie derart aus. Karls III. Vater, Ludwig der Deutsche, ist *indicibili[s] pat[er] vest[er]*, Ludwig der Fromme dessen *genitor indulgentissimus* (II, 10). Karl der Große erkannte am Enkel künftige Größe, und Notker urteilt: [*E*]*xceptis eis rebus et negociis, sine quibus res publica terrena non subsistit, coniugio videlicet usuque armorum – per omnia simillimus immo etiam quantum potentia regni tantum religionis studio, si dici liceat, quodammodo maior exstiterit Ambrosio*[52]. Der nächste Abschnitt zeigt Ludwigs des Deutschen Tatkraft, Urteils- und Entscheidungsfähigkeit, Weisheit und Frömmigkeit; dieser Enkel kam Karl dem Großen am nächsten.

Mit den Epitheta ornantia verhält es sich im ersten Buch ganz ähnlich: *Karol[us] re[x] semper amat[or] et cupidissim[us] sapientiae* (I, 1). *Victorissimus Karolus, sapientissimus Karolus*, der faule und strebsame Schüler beurteilend, *aeterni iudicis iusticiam imitatus* diesen seine Linke und seine Rechte zur Unterscheidung anweist[53], durchbohrt mit seinen Blicken die Faulen, richtet schreckliche Worte an sie; er ist *providentissim[us] re[x], piissimus Karolus, moderatissmus imperator* (I, 4 f.), *doctissim[us] Karol[us]* (I, 7), *religiosissimus et temperatissimus Karolus* (I, 11), *districtissimus inquisitor iustitiae* (I, 25) – dies genügt, um zu erkennen, daß Notker Einhards Gedanken von den *vix imitabiles actus* Karls sehr nahe steht.

Gleich zu Beginn bezeichnet Notker Karls Rang: Daniels Vision einer großen Bildsäule aufrufend, deren tönerne Füße *omnipotens rerum dispositor ordinatorque regnorum et temporum* im Römerreich zermalmt hatte, sah Notker das so markierte Ende dadurch überwunden, daß Gott *alterius non minus admirabilis statuę caput aureum per illustrem Karolum erexit in Francis*[54]. So

---

52 Notker, Gesta Karoli, II, 10 (wie Anm. 2), ausführlicher im folgenden c. 11.
53 Berschins Formulierung „Abbild des Weltenrichters" (BERSCHIN, Biographie [wie Anm. 9] 3, S. 393) geht sehr weit und ist mit Notker, Gesta Karoli, I, 9 (wie Anm. 2), schwer zu vereinbaren.
54 Notker, Gesta Karoli, I, 1 (wie Anm. 2); vgl. Theodor SIEGRIST, Herrscherbild und Weltsicht bei Notker Balbulus (1963) S. 109–114; Hans-Werner GOETZ, Struktu-

begründete nicht Karl, sondern Gott in Karl eine neue Zeitalterfolge. Von welchem zukünftigen Herrscher würde man dies je wieder sagen können?

Als Notker von den Verfehlungen eines Priesters erzählt (I, 25), wird Karl als *episcoporum episcop[us] religiosissim[us] Karol[us]* bezeichnet, der jenen Priester zur Rechenschaft ziehen läßt – eigentlich ist damit das Verhältnis zwischen Geistlichkeit und König geklärt[55].

Einmal erscheinen auch Bischöfe in bestem Licht. In Byzanz waren fränkische Gesandte geringschätzig behandelt worden: Karl mußte reagieren. Byzantinische Gesandte wurden durch unwirtlich-wegloses Gebirge geführt, danach, im Rang aufsteigend, fränkischen Großen vorgestellt, die in Prunkräumen prunkvoll residierten und so – peinlich für die Gesandten – für Karl selbst gehalten wurden, der sie schließlich doch noch ehrenvoll empfing. Der *gloriosissimus regum* steht am Fenster, *radians sicut sol in ortu suo, gemmis et auro conspicuus innixus super Heittonem*, der als Gesandter in Byzanz gewesen war.

---

ren der spätkarolingischen Epoche im Spiegel der Vorstellungen eines zeitgenössischen Mönchs. Eine Interpretation der „Gesta Karoli" Notkers von St. Gallen (1981) S. 70 ff., siehe auch ebd., S. 76; BERSCHIN, Biographie (wie Anm. 9) 3, S. 390; siehe auch David GANZ, Humour as History in Notker's Gesta Karoli Magni, in: Monks, Nuns, and Friars in Medieval Society, hg. von Edward B. KING / Jacqueline T. SCHAEFER / William B. WADLEY (1989) S. 171–183, hier S. 174 f. Notker setzt mit Nachdruck einen anderen Akzent als Einhard und betont hier und in mehreren späteren Kapiteln, daß Rang und Macht des Herrschers in Gottes Hand liegen, daß der hohe Einsatz Karls immer der Hilfe Gottes bedarf; aber Notker zeigt auch, daß der Herrscher so über den Bischöfen in seiner Herrschaft steht; nicht sie kontrollieren ihn, er kontrolliert sie.

55 Deutungen, die in verschiedenen Kapiteln gezielte Personenkritik sehen wollen, hat sich PATZOLD, Episcopus (wie Anm. 4), zu Recht nicht angeschlossen; die Diskussion wird hier nicht wieder aufgenommen. Es ist Patzold auch darin zuzustimmen, daß Notker dem König trotz seiner Hoheit über die Bischöfe „geistliche, priesterliche Kompetenzen im eigentlichen Sinne" nicht zuerkannte (ebd., S. 450); anders sehen das offenbar Hans F. HAEFELE, Studien zu Notkers Gesta Karoli, in: Deutsches Archiv für Erforschung des Mittelalters 15 (1959) S. 358–392, hier S. 390, und BERSCHIN, Biographie (wie Anm. 9) 3, S. 401. GOETZ, Strukturen (wie Anm. 54) S. 102 ff., spricht von der „Nähe einer Gottähnlichkeit" Karls, zeigt aber zugleich deren Grenzen auf. Heinz LÖWE, Das Karlsbuch Notkers von St. Gallen und sein zeitgeschichtlicher Hintergrund, in: DERS., Von Cassiodor zu Dante (1972) S. 123–148, bemüht sich ab S. 134 nachzuweisen, daß Notker in vielen Anekdoten sich auf Personen der Zeit Karls III. bezieht (Liutward von Vercelli, Liutbert von Mainz, Karls III. Gemahlin), und sucht darin zugleich bestimmte Ratschläge an die Adresse des Kaisers. Anders als LÖWE, Karlsbuch, S. 131 f., finde ich in Notkers Werk auch kein Königspriestertum, keine Herrschaftstheologie.

König und Bischof

Rings um den König *consistebat instar militię cęlestis:* Karls schon königliche Söhne, die Töchter und deren Mutter, *pontifices forma et virtutibus incomparabiles praestantissimique nobilitate simul et sanctitate abbates,* Herzöge etc. Wichtig die Reihenfolge: Karl in einem für Einhards Karl undenkbaren Prunk, Karls Familie, danach erst die in ihrer *virtus* gerühmten Bischöfe, Äbte, schließlich Herzöge, die es zu Karls Zeiten nicht gab[56]. Diese Großen erscheinen, um Karls Ansehen und Ruhm zu erhöhen: Solche Männer standen Karl zu Gebote!

Nachdem im ersten Buch oft von unfähigen, unwürdigen Bischöfen die Rede war, spricht Notker Karl III. im Vertrauen auf dessen Schutz direkt an: *Nimium pertimesco [...], ne omnium professionum et maxime summorum sacerdotum offensionem incurram* (I, 18). Und Notker hatte wahrlich Grund, den Zorn vieler Bischöfe, vielleicht auch weltlicher Großer zu fürchten.

In dem berühmten Schulkapitel (I, 3) erkannte Karl, daß die Klosterschüler geringen Standes ihre Aufgaben mit Eifer lösten, die Söhne der Großen aber auf ihre hohe Abkunft setzten. Karl urteilte sie barsch ab; sie sollen keine hohen Ämter erhalten. *Per regem cęlorum! Non ego magnipendo nobilitatem et pulchritudinem vestram,* den Geringen versprach er Bistümer und Abteien. Ein König, der über sein Reich gebietet, den geistliche wie weltliche Große fürchten müssen, wenn sie ihren Aufgaben nicht gerecht werden; der Schüler, *ęterni iudicis iustitiam imitans, bene operatos ad dexteram segregatos,* ungeachtet ihrer Herkunft lobend anspricht, die anderen zur Linken antreten läßt und *flammante intuitu* zurechtweist[57].

So folgen Geschichten vom Versagen der Bischöfe in immer neuen Facetten. Ein Bote erzählte Karl vom Tod eines Bischofs, und Karl fragte, *utrum de rebus vel laboribus suis ante se praemitteret aliqua,* mußte aber erfahren: Herr, nicht mehr *quam duas libras de argento.* Ein dürftiges Reisegeld für solche Reise. Gefragt, ob er als Bischof für diese Reise besser sorgen wolle, sah dieser sich schon im Amt und meinte: *Domine, hoc in Dei nutu et potestate vestra situm est.* Hinter einem Vorhang durfte er miterleben, wie Höflinge, auf Vorteil bedacht, mißgünstig sich um das Bistum bewarben. Selbst Hildegard um-

---

56 GOETZ, Strukturen (wie Anm. 54), hat gezeigt, daß Notker keinesfalls die Verhältnisse der Zeit Karls des Großen wiedergibt.
57 Walter BERSCHIN, Eremus und Insula. St. Gallen und die Reichenau im Mittelalter – Modell einer lateinischen Literaturlandschaft (1987) S. 41 f.: „Er ist Abbild des Weltenrichters auf Erden".

schmeichelte ihren Gemahl zu Gunsten ihres Geistlichen. Karl aber ließ sich durch nichts von seiner Entscheidung abbringen. Ein wahrlich düsteres Bild von den Bischöfen und denen, die es werden wollten. Karl steht darüber als der herrscherlich Entscheidende (I, 4).

Karl vertraute einem durch Adel und Gelehrsamkeit ausgezeichneten Geistlichen ein Bistum an. Dieser gab daraufhin ein üppiges Gelage und versäumte im Rausch die Vigil des Martinstages. Karl wollte dessen Part schon ausfallen lassen, da stimmte ein gering geachteter Geistlicher den Gesang an und fuhr mit dem „Vater Unser" fort. Später fragte ihn Karl, warum er eingesprungen sei. Schließlich entschied Karl *coram principibus suis: Superbus ille, qui nec Deum nec praecipuum illius amicum timuit vel honoravit, ut se vel ad unam noctem a luxuria sua refrenaret, quatenus responsorium, quod sicut audio cantare debuit, saltim incipere occurrisset, divino et meo iudicio careat episcopatu, et tu illum Deo donante et me concedente iuxta canonicam et apostolicam auctoritatem regere curato*[58]. So beanspruchte Karl gegenüber den Bischöfen den Vorrang. Als ein Bischof bei Tisch das Brot segnete und selber das erste nahm, wies Karl das zweite, das der Bischof ihm anbot, zurück: *Habeas tibi totum panem illum*; und: *benedictionem illius accipere noluit* (I, 12). Auch gab er keinem Grafen mehr als eine Grafschaft, keinem Bischof eine Abtei oder Kirche *ad ius regium pertinentem*. Er gewann so mehr ihm verbundene Getreue und glaubte nicht, die Treue der Grafen oder Bischöfe durch weiteres Gut zu erhöhen (I, 13).

Karl befahl *cuidam Judeo mercatori*, einen ruhmsüchtigen, Exotisches sammelnden Bischof mit vorgeblich kostbaren Orientalia hereinzulegen. Der bot eine einbalsamierte Hausmaus als kostbares *antea non visum animal* aus Judäa an. Wie auf einem Bazar schacherte er mit allen Künsten der Empörung und erlöste einen Scheffel Silber, den der ehrliche Mann sogleich dem Kaiser gab. Bei einer Versammlung Großer begann Karl: *Vos, patres et provisores nostri episcopi, pauperibus immo Christo in ipsis ministrare non inanibus rebus inhiare debuistis*; doch: Soviel Geld habe ein Bischof gegeben für diese einbalsamierte Hausmaus! Um Gnade flehend warf sich der Überführte Karl zu Füßen; er

---

58 Notker, Gesta Karoli, I, 5 (wie Anm. 2). Auch in c. 7 kontrolliert Karl den liturgischen Gesang seiner Geistlichkeit; in c. 10 läßt er aus Rom Priester kommen, die im Frankenreich die römische Liturgie einheitlich lehren und zur Geltung bringen sollen. Er ertappt sie dabei, daß jeder an seinem Ort etwas anderes lehrt, schickt sie nach Rom zurück, wo sie bestraft werden, und läßt nun in Aachen unter seiner Aufsicht römische Geistliche fränkische Priester aus allen Regionen lehren.

König und Bischof

durfte nach einer Strafrede beschämt ziehen (I, 16). Als derselbe während eines Awarenzuges Hildegard beschützen sollte, wollte er, töricht genug, das Königszepter führen, was Hildegard verhinderte. Sie berichtete aber später dem Gemahl, der in großer Versammlung begann: *Episcopi contemptores huius mundi esse debuerunt*, vorbildhaft sollten sie andere zu himmlischem Streben anregen. Und da wollte ein Bischof, unzufrieden mit seinem Bistum, das Szepter führen[59]! Der Ertappte erlangte Verzeihung. Der König prüft Eignung und Tätigkeit der Bischöfe, er mahnt und weist zurecht. Mit solchen Menschen mußte Karl das Reich regieren; Helfer und Ratgeber zu seinen Erfolgen konnten sie kaum sein.

Angesichts dürftiger Predigttätigkeit befahl Karl den Bischöfen zu predigen. Ein Bischof, der *nihil aliud sciret nisi deliciis affluere et superbire*, lud *duos de primoribus palatinis* ein. Er bestieg die Kanzel, doch statt zu predigen, befahl er einen Armen zu sich, da er eine Kappe trug. Man zerrte ihn unter des Bischofs drohendem Geschrei her; dieser riß ihm die Kappe, unter der er seine roten Haare verbarg, vom Kopf und triumphierte: *Ecce videtis, populi, rufus est iste ignavus*. Danach führte er das Hochamt zuende. Nun genoß man in Prunkräumen ein üppiges Mahl von kostbarstem Geschirr, der Bischof purpurgewandet auf Daunenkissen, zwischen *ditissimorum militum cohortibus*. Ärmlich waren Karls *missi* dagegen. Musik, Getränke, Leckerbissen seien übergangen. Am nächsten Morgen ernüchtert, gewahrte der Bischof die maßlose Verschwendung, die selbst der König an seiner Tafel nicht zugelassen hätte. Er beschenkte die *palatini* reich, daß sie nur Löbliches berichteten, zumal über seine Predigt. Das Ausmaß der Verfehlung erfuhr Karl erst durch genaues Nachfragen. Aber jener Bischof hatte aus Furcht vor ihm wenigstens irgend etwas zu sagen versucht, um das Predigtgebot nicht zu ignorieren. So ließ Karl ihn *licet indignum retinere [...] episcopatum*[60].

In der *Francia nova* lebte ein Bischof *mirę sanctitatis et abstinentię, incomparabilis liberalitatis et misericordię*. Solche Qualität rief den *omnis iustitię hostis antiquus* auf den Plan, der diesem Bischof zur Fastenzeit ein derartiges Verlangen nach Fleisch erregte, daß er sterben zu müssen glaubte. Auf Rat

---

59 Notker, Gesta Karoli, I, 17 (wie Anm. 2). Vgl. ebd., I, 20, die Geschichte von einem Bischof, der zu Lebzeiten für einen Heiligen gelten wollte: [...] *sed ipse divinis cultibus voluit honorari*.
60 Notker, Gesta Karoli, I, 18 (wie Anm. 2); vgl. ebd., I, 19, über die Furcht desselben Bischofs, als er ein ernst gemeintes Wort Karls als Scherz aufgefaßt hatte.

würdiger Priester genoß er *de quadrupedante carne*, seine Gesundheit wiederzugewinnen, bereit, sich dafür über das Jahr hin zu kasteien. Doch der Geschmack bewirkte solchen Ekel gegen Fleisch, gegen jede Speise, daß er an seinem Leben, an seinem Seelenheil verzweifelte; ihm schwand die Hoffnung *in salvatore perditorum*. Er war Opfer satanischer Täuschung geworden und folgte dem Rat jener Priester zu strengster Buße während der Fastenzeit. Er pflegte am Ostersamstag die Gebrechen Bedürftiger, reinigte sich selbst nach Sonnenuntergang, kleidete sich für das Hochamt in weißes Linnen. Da trat ihm der *callidus adversarius* am Kircheneingang *assumpta specie fędissimi luridissimique leprosi* entgegen, als hätte der Bischof einen vergessen. Er legte die weißen Gewänder ab, ließ den Eklen in ein warmes Bad setzen, rasierte dessen wüsten Bart, der sogleich noch wüster sproß. Da wuchs Satan am Hals ein *oculus mirę magnitudinis* – vor Entsetzen bekreuzigte sich der Bischof *Christi nomine cum ingenti clamore*. Dem Kreuzeszeichen hielt Satan nicht stand, verschwand *ceu fumus [...] et abscedens dixit*: „Dieses Auge hat scharf beobachtet, als du Fleisch während der Fastenzeit verzehrtest"[61]. Die bedrohliche Beobachtung mag lehren, daß Satan auch solche Menschen vom rechten Wege abbringen kann. Dies geschehe *in exemplum verę penitentię vel cautelam nusquam et numquam in hoc saeculo tutę sed semper et ubique vanę securitatis*. Ein *episcopus ultra omnem modum tenacitate constrictus*, ein *avarus [...] negotiator*, nutzte skrupellos eine Mißernte zu hohen Gewinnen aus seinen Vorräten aus[62].

---

61 Notker, Gesta Karoli, I, 21 f. (wie Anm. 2): Der andere *pontifex incomparabilis sanctitatis* wird nach dem Genuß von zuviel Sigolsheimer von einer Frau verführt, reinigt sich am Morgen, will die Messe zelebrieren, unterbricht dies, legt die priesterlichen Gewänder auf den Altar, bekennt dem Volk seine Schuld und stürzt unter Tränen zu Boden. Das Volk bedrängt ihn fortzufahren, die *clementia Conditoris* erbarmt sich seiner, er gewinnt den Mut *ad contrectanda cęlestibus metuenda ministeria*. Ein unkeusch lebender Priester riskiert es, von Karl aufgefordert, das Sakrament zu vollziehen (*terribilia sacramenta*). Das schlechte Gewissen überwältigt ihn, kein Arzt kann sein Leben retten (ebd., I, 25).

62 Notker, Gesta Karoli, I, 23: Ein böser Geist räumt des Bischofs Weinkeller leer, um ein Abkommen mit einem Schmied zu erfüllen. Der Bischof kann diesen bösen Geist allerdings *invictę crucis signaculo* fangen und durchprügeln lassen. Notker berichtet dies, *ut sciatur, cui proveniant abiurata et in diebus necessitatis abstrusa, et quantum valeat divini nominis invocatio, etiam per non bonos adhibita*. In c. 24 erfährt man, daß *episcopus, inanium rerum valde cupidissimus* von Satan beinahe in einem Strudel mitgerissen worden wäre, *ita ut vix militari manu et industria piscatorum, qui prope navigabant, extraheretur*.

Auch Notker erzählt von Karls anspruchsvoller Bautätigkeit. Der Abt, dem Karl – so Notker – die Bauaufsicht in Aachen anvertraut hatte, war jedoch ein Betrüger; Karl hatte sich in der Person geirrt. In seiner Abwesenheit wurden Arbeiter, die sich nicht freikauften, maßlos überfordert, bedrückt wie einst Israel in Ägypten[63]. Der König entdeckte diesen Betrug nicht; eine Feuersbrunst bedrohte des Abtes unrechten Reichtum, und als dieser sein Gold retten wollte, erschlug ihn ein Balken, *et corpus quidem materiali combussit incendio, animam vero transmisit ad ignem, qui non succenditur. Ita divinum iudicium pro religiosissimo Karolo vigilavit, ubi ipse regni negotiis occupatus minus intendit.* Die wache Entscheidungsfähigkeit Karls vermochte nicht alles; aber Gottes Segen und Hilfe ruhte auf seinem Tun[64].

Den Rang der Kirche und des Papstes bezeichnet Notker mit dem berühmten Worte Christi an Petrus: „Du bist Petrus, auf diesen Felsen will ich meine Kirche bauen" (Mt 16,18). Feindselig gegen bedeutende Päpste, beschuldigten die Römer *invidia cęcati* Leo III. eines todwürdigen Verbrechens und mißhandelten ihn. Der Ostkaiser Michael verweigerte seine Hilfe, der Papst gebiete über ein trefflicheres Reich als das seine[65]. So bat Leo *divinam constitutionem secutus* Karl um Hilfe, *ut qui iam re ipsa rector et imperator plurimarum erat nationum, nomen quoque imperatoris cęsaris et augusti apostolica auctoritate gloriosus assequeretur.* Karl *causa vocationis sụę ignarus, caput orbis ad caput quondam orbis absque mora perrexit.* Rasch konnte er die Täter greifen und bestrafen. Leo *pronuntiavit* Karl *imperatorem defensoremque ęcclesię Romanę* vor einer großen Versammlung (nicht: Messe), Gottes Willen vollziehend.

---

63 Vgl. Ex 1 und 5.
64 Notker, Gesta Karoli, I, 18 (wie Anm. 2). Im folgenden c. 29 wird ein betrügerischer Glockengießer vom Klöppel seiner großen neuen Glocke erschlagen. Karl läßt die durch Betrug zurückbehaltene Silbermasse unter den Armen verteilen. Vgl. auch ebd., I, 31: Liutfrid, *praepositus domus*, hatte die Bauleute *de publicis rebus* zu entlohnen, scheffelte aber die Mittel in sein eigenes Haus. Das erkannte zuerst *quidam ergo pauperculus* im Traum. Ehe er am Morgen davon erzählt hatte, berichtete *puella eius*, Liutfrid *sanus ad latrinam exivit*, und als er nicht zurückkam, habe man ihn dort tot aufgefunden.
65 Dies klingt ironisch und liest sich, als ob Notker Kenntnis der Konstantinischen Schenkung gehabt hätte. Bereits GOETZ, Strukturen (wie Anm. 54) S. 77, Anm. 259, machte darauf aufmerksam, daß Notker hier der Argumentation dieser Fälschung folgt.

Karl ahnte Leos Absicht nicht, konnte dies nicht ablehnen, nahm den neuen Titel ungern an, da er den Neid der Griechen fürchtete[66].

Hatte Einhard Bischöfe und ihre Bedeutung für den König nahezu völlig ignoriert, so erzählte Notker munter und facettenreich vom Umgang des Königs mit Bischöfen. Nur als eine persische Gesandtschaft Karls Hof aufsucht, ist einmal anerkennend von ihnen die Rede: [P]*ontifices forma e virtutibus incomparabiles praestantisimique nobilitate et sanctitate abbates* umgeben Karl; kein Wort über ihre Bedeutung, als Teil des Hofstaates unterstreichen sie Karls Großartigkeit. Bischöfe empfangen Karls Weisungen, aber als Berater, auf die Karl hört, die er in seiner Herrschaft benötigt, die gar über ihn urteilen, treten sie in den *Gesta Karoli* nicht in Erscheinung[67]. Diese hohen Geistlichen erscheinen macht- und prunksüchtig, durch absurde Leidenschaft für jeden Betrug offen; und selbst Bischöfe, die Notker als *episcopus mirę sanctitatis et abstinentię* (I, 21), als *pontifex incomparabilis sanctitatis* (I, 22) bezeichnet, unterliegen satanischer Versuchung[68]. Würdiger erscheinen auch weltliche

---

66 Notker, Gesta Karoli, I, 26 (wie Anm. 2). Die weiteren Äußerungen zum Verhältnis Karls zum Herrscher in Byzanz (*rex Bizantinus*!) dürfen hier außer Acht gelassen werden.

67 Die Kirche unter der Kontrolle des Königs: GOETZ, Strukturen (wie Anm. 54) S. 45 ff. und 116 (zusammenfassend).

68 SIEGRIST, Herrscherbild (wie Anm. 54), erkennt nach der Betrachtung etlicher Anekdoten über fränkische Bischöfe in Notkers *Gesta Karoli* eine Exempelsammlung zu didaktischen Zwecken und vergleicht dieses Werk darin den „Dialogen" Gregors des Großen. Nun warnt Gregor gelegentlich davor, seine Geschichten als *exemplum* aufzunehmen (sogleich Gregor der Große, Dialogorum libri quatuor de miraculis patrum italicorum, I, 1, ed. Adalbert DE VOGÜÉ [Sources Chrétiennes 260, 1979] S. 22), vor allem aber diskutieren die Dialoge ein übergreifendes Thema und sind so von der Anlage her keineswegs eine Sammlung von *exempla* (dazu siehe Dieter VON DER NAHMER, Die Bedeutung der Fragen des Petrus für die Dialoge Gregors des Großen, in: Florentissima proles ecclesiae, Miscellanea hagiographica, historica et liturgica Reginaldo Grégoire O.S.B. XII lustra complenti oblata, hg. von Domenico GOBBI [1996] S. 381–416). So verhält es sich auch mit Notkers *Gesta Karoli*: Das Versagen fast aller Bischöfe ist notwendig jeweils ein Laster als Gegenstück zu einer Tugend; Siegrist legt immer wieder zu Recht den monastischen Hintergrund dafür dar. Da dies aber alles in einer Beziehung zu Karl als König steht, der beobachtet, erkennt, tadelt, geht es zunächst nicht um *exempla* – fast immer schlechte *exempla*; Notkers *Gesta Karoli* wären so eine Sammlung negativer Beispiele –, sondern um den Rang dieses Königs, der als Herrscher über den Großen, auch über den geistlichen Großen steht. Notkers Werk als didaktisch zu bezeichnen (SIEGRIST, Herrscherbild [wie Anm. 54] S. 108 und 145: „ein ‚Fürstenspiegel' in Exempelform"), birgt das Problem, daß das Entscheidende, der Wille Gottes, diesen Herrscher zu seinem

König und Bischof

Große nicht; auch sie befolgen Anordnungen des Königs, führen seine Aufträge aus. Karl begrenzt ihre Macht und läßt sie ihre Geckenhaftigkeit auf einer Jagd in Oberitalien erfahren (II, 17).

Demgegenüber ist Karl der klug Anordnende, Konzipierende, Handelnde, der kontrolliert, was seine geistlichen wie weltlichen Großen tun, ob sie seine Anordnungen befolgen; der ständig die Dürftigkeit jener erfahren muß, ohne die er nicht herrschen kann. Er weist sie zurecht, straft bisweilen, stellt gelegentlich bloß, geht aber mit diesen so unvollkommenen Personen eher gütig um. Weit heben nicht nur die superlativischen Epitheta ornantia Karl über alle anderen hinaus; seine Klugheit, Tatkraft und Frömmigkeit sind es, die ihn vor den anderen auszeichnen – und nicht zuletzt die Gnade, die Hilfe Gottes, der sich für Karl entschieden, ihm die Herrschaft aufgetragen hat. Dies zeigt Notker gleich eingangs: Gott hatte Karl als den Beginn einer neuen Zeitalterfolge, als deren goldenes Haupt emporgehoben[69].

War Notkers charakterisierende Darstellung für Bischöfe und weltliche Große nicht vernichtender als Einhards Karlsvita, die einfach über sie schwieg? Auch Notker wollte nicht die Priesterhand zwischen Gott und seinem Herrscher und erklärte Karl III. seinen königlichen Rang und Auftrag, seine auf Gott bezogene Unabhängigkeit gegenüber den Großen, die als Ausführende königlicher Entscheidungen an der Herrschaft beteiligt sein mochten. Bei Notker erscheinen sie darin bisweilen geradezu lächerlich.

Rex oder *imperator*[70]? Der Kaiser in Byzanz ist – anläßlich der üblen Behandlung einer fränkischen Gesandtschaft – *rex* (II, 6); der einem Bischof anvertraute Franke, der dort fast verhungert wäre, charakterisierte vor dem *rex* diesen Bischof: *Sanctissimus est, ait, ille vester episcopus, quantum sine Deo possibile est.* Auf die erstaunte Nachfrage des *rex* zitiert er I Io 4,16: *Deus caritas est, qua iste vacuus est.* Bischöfe sind dort nicht besser als im Westen. Nach dem

---

Werkzeug zu machen (siehe ebd., S. 82), sein Tun zu segnen, ihn zu beschirmen, gerade nicht in der Verfügung des Herrschers liegt. Aber Begriffe wie „Abbild Gottes" (S. 85) mag ich um ihrer Mißverständlichkeit willen nicht übernehmen, und ein Verwischen zwischen göttlicher und königlicher Sphäre (vgl. ebd., S. 82) sehe ich ebenfalls nicht, da doch Karls Rang, die Bedeutung seines Herrschens auf Gottes Willen beruht, nicht er diese Grenze überschreitet; siehe auch Anm. 55. LÖWE, Karlsbuch (wie Anm. 55), folgt Siegrist in der Deutung der *Gesta* als Fürstenspiegel, als didaktische *exempla*-Sammlung (z.B. ebd., S. 124 und 129 f.).

69 Notker, Gesta Karoli I, 1 (wie Anm. 2); siehe auch ebd., I, 28 f.
70 Zu *regnum* in Notkers *Gesta Karoli* siehe GOETZ, Regnum (wie Anm. 32) S. 150–154.

Attentat auf Leo III. verweigerte Michael, *imperator* des Ostens, dem Papst Hilfe (I, 26). Der Herrscher über Persien kann als *imperator* bezeichnet werden, Karl ist dann *indefessus augustus*. Doch ist von der *aula regis* die Rede (II, 9). Der *rex/imperator* Persiens muß jedoch des fernen Karl Überlegenheit freimütig anerkennen. Notker nennt auch Karl *rex*, bisweilen *imperator*, unabhängig von der Kaiserkrönung[71]. Notker sah Karl durch diese Krönung nicht zu neuem Rang, auf eine höhere Stufe des Herrschens erhoben. Er erscheint schon durch seine Hilfsbereitschaft würdiger als der Byzantiner. Leo III. befolgte mit seiner Bitte *divinam constitutionem*, und zwar: *ut qui iam re ipsa rector et imperator plurimarum erat nationum, nomen quoque imperatoris cęsaris et augusti apostolica auctoritate gloriosius assequeretur*. Karl war bereits *rex et imperator* über viele Völkerschaften, der Papst, hier ein makelloser Geistlicher, fügte dem Substantielles nicht hinzu. Eine *divina constitutio* gab Karl höheren Ruhm durch einen Titel, Gott spendete durch Leos Hand, es wurde sichtbarer, was längst bestand. Karls bedeutendes Herrschertum war Gottes Wille, beruhte auf seiner Gnade und Hilfe – und Karls unermüdlichem Einsatz, nicht auf päpstlicher Verleihung. Daraus resultierte Karls Überlegenheit gegenüber den Großen.

Notker erkannte aber am Herrschertum des so hoch erhobenen und begnadeten Karl eine Dimension, die Einhards Vita nicht kennt. Notker erzählt von einem Diakon in Italien, der *contra naturam pugnare solitus* – was immer man darunter verstehen mag. Dieser badete, reinigte sich, kleidete sich würdig und, *ut per hoc gloriosior appareret, sponte coram summo Deo et sanctis angelis et in conspectu severissimi regis [...] evangelium [...] polluta conscientia legere praesumpsit*. Während der Lesung ließ sich eine Spinne mehrfach auf das Haupt des Diakons herab und stach jedes Mal zu. Der Diakon glaubte an einen Mückenstich, Karl aber hatte alles beobachtet, ohne einzuschreiten. Der Diakon starb *infra unius horę spacium*. Der König hatte Geistliche zuweilen bloßgestellt, gar dem Spott preisgegeben – hier war er zu weit gegangen. Er selbst hielt sich *quasi homicidii reum* und tat öffentlich Buße (I, 32)[72].

---

71 GOETZ, Strukturen (wie Anm. 54) S. 79: Notker macht keinen grundsätzlichen Unterschied zwischen *rex* und *imperator*.

72 Ernst TREMP, Menschliche Größe und Schwäche bei Notker Balbulus (gestorben 912), in: Liebe und Zorn. Zu Literatur und Buchkultur in St. Gallen, hg. von Andreas HÄRTER (2009) S. 15–40, behandelt diese Geschichte auf S. 29 f. Notker sieht hier sicherlich Gewichtigeres als nur eine menschliche Schwäche!

Die folgende Geschichte (I, 9) sprengt freilich den Rahmen alles von Notker Berichteten und ist in ihrer Art und Ausrichtung vielleicht einzigartig, indem sie die Gefährdung gerade im höchsten Streben deutlich macht. Karls Bemühungen, Bildung, Wissenschaft und Kultus zu heben, in denen er nicht anders als Notker ein Zu-Gott-Streben gesehen hatte, waren weit gediehen, doch es bedrängte den König, die Höhe der Kirchenväter dabei nicht erreicht zu haben: *O utinam haberem XII clericos ita doctos, ut fuerunt Hieronimus et Augustinus!* Der mutige Alkuin antwortete *in conspectu terribili Karoli: Creator cęli et terrę similes illis plures non habuit, et tu vis habere XII!* Welche Hybris! Als wollte Karl über Gott hinaus. Die Versündigung haftet noch dem höchsten Streben an. Da ist eine Grenzlinie gezogen, von der Einhards Vita nichts weiß. Alles Versagen der geistlichen wie weltlichen Großen hatte mit dieser Gefährdung des Herrschers nichts zu tun[73].

Notker zeigte Karl III. erzählend, was einen großen Herrscher ausmacht. Karl der Große blieb in seiner Kraft und wachen Entscheidungsbereitschaft immer der Herr seiner unzulänglichen Bischöfe und Großen[74]. Doch hat Not-

---

73 „Notker [...] würdigt die Bildungseuphorie der Zeit nicht ohne Ironie", so BERSCHIN, Biographie (wie Anm. 9) 3, S. 393 f. Hans F. HAEFELE, Notker von St. Gallen, in: Die deutsche Literatur des Mittelalters. Verfasserlexikon 6 (1987) Sp. 1187–1200, zu den *Gesta Karoli* Sp. 1198–1200, spricht von Notkers Karl als einer „Idealgestalt christlich-fränkischen Königtums" und rückt den Text „in die Nähe von Mahnschrift, Tugendlehre, Fürstenspiegel"; ähnlich DERS., Studien (wie Anm. 55) S. 390, und die Literatur in Anm. 69. Aber Notker böte eher eine Negativfolie für einen Bischofsspiegel, Karls Größe als König beruht gerade nicht auf einem ethischen Normenkatalog, weshalb ich den Begriff der Idealgestalt nicht übernehmen möchte. Die Unwiederholbarkeit beruht weder bei Einhard noch bei Notker auf einem höheren ethischen Rang. Dabei sei unbestritten, daß an Karls Tun Herrschertugenden erkannt werden können, wie das GOETZ, Strukturen (wie Anm. 54), zumal in seinem Kapitel über das Kaiserbild Notkers (ebd., S. 98–113) tut. Fürstenspiegel mochten das rechte gottesfürchtige und ethische Verhalten anmahnen, Notker betont darüber hinaus, daß gerade auf Karls des Großen Herrschaft Gottes Segen ruhte: Gott wollte ihn, beschützte ihn. Dies wird nicht zuletzt deutlich an der Wirkung Karls auf Menschen, die er zurechtweist: *Deinde ad sinistros cum magna animadversione vultum contorquens et flammante intuitu conscientias eorum concutiens* (Notker, Gesta Karoli, I, 3 [wie Anm. 2]), dies nur als ein Beispiel. Dies zeigt wohl eine Kraft, über die ein Mensch nicht beliebig verfügt.

74 Vgl. dazu auch Notker, Gesta Karoli, I, 6 (wie Anm. 2): Karl hatte einen jungen Mann auf ein vakantes Bistum gesetzt. Dieser verläßt die Pfalz und verärgert, daß man ihm wie einem kranken Mann das Pferd an die Treppe führt, springt er mit einem Satz auf sein Roß, so daß er zur anderen Seite beinahe heruntergefallen wäre. Karl nimmt dies durch ein Fenstergitter wahr, läßt den jungen Mann zurückrufen

kers Begriff von Größe nichts gemein mit den „großen Männern" moderner Tage, auch nicht mit dem seit Max Weber gerne verwandten Begriff des Charismas. Auch sind Staatsaufbau und -struktur, Königtum als Institution nicht sein Thema. Seine Erzählungen zeigen eine von niemandem vermittelte Gottnähe Karls[75], die Karl III. fehlte, die in Gottes Entscheidung lag. Da der abwesende Karl den Betrug an seinen Aachener Bauten nicht bemerken konnte: *Ita divinum iudicium pro religiosissimo Karolo vigilavit, ubi ipse regni negotiis occupatus minus intendit.* Diese gnadenhafte Gottnähe findet gelegentlich besonderen Ausdruck: Jener Priester, der Bischof werden sollte, wenn er für seine letzte Reise ein großes *viaticum* voraussandte, antwortete Karl, an seinen Aufstieg denkend, *hoc in Dei nutu et potestate vestra situm est* (I, 4). Als Hildegard dann für ihren Geistlichen warb, sprang er hinter einem Vorhang heraus: „Bewahre deine Stärke", *ne potestatem a Deo tibi collatam de manibus tuis quisquam extorqueat.* Karl bestätigte selber, daß Herrschaft nur in Nähe zu Gott gedeihen kann, daß der Herrscherwille in Gottes Willen ruhen muß: Einem gerade ernannten Bischof nimmt Karl dieses Amt wegen seines kläglichen Versagens noch am selben Tage. Dieser *superbus, qui nec Deum nec praecipuum illius amicum timuit vel honoravit,* [...] *divino et meo iudicio careat episcopatu.* Ein anderer erhält das Bistum *Deo donante et me concedente* (I, 5). Der König ist immer der Zweite nach Gott; der Irdische muß Gottes Willen erkennen, aufnehmen und durchsetzen; *praecipuus illius amicus* ist biblisch: *Praecipuu[s] illius amicu[s]: memores esse debent quomodo pater noster Abraham temptatus*

---

und erklärt ihm, daß er ihn in diesen kriegerischen Zeiten zu anderen als geistlichen Aufgaben brauche. Man wird nicht leicht eine solche Geschichte zu Wachheit und spontaner Entscheidungskraft eines Herrschers finden.

75 Nach Notkers Urteil kam Ludwig der Deutsche dem am nächsten, und es ist nicht unwichtig, daß solches Herrschertum nicht eine Sache vergangener Tage ist. Ludwig der Fromme wird nie in die Nähe dieses Ranges gehoben. Bei Notker, Gesta Karoli, II, 19 (wie Anm. 2), wird er *eius* [sc. Davids] *filio Salomoni pacifico* an die Seite gestellt und von der Taufe vieler Normannen berichtet; der kraftvolle Reichsgründer wie David ist er nicht. Aus Furcht vor Karl hatten die Normannen Tribute gezahlt, und sie ehrten noch Ludwig den Frommen *simili veneratione.* Kapitel 21 zeigt den *misericordissimus Hludowicus,* den *clementissimus augustus,* Tugenden, mit denen allein kein Reich zusammengehalten werden konnte. Pippin der Jüngere verfügte da über andere Kräfte, er konnte sich mit David und Alexander vergleichen (Notker, Gesta Karoli, II, 15 [wie Anm. 2]). Siehe auch GOETZ, Strukturen (wie Anm. 54) S. 87. Zu Gott als Beschützer Karls und seiner Herrschaft, als demjenigen, der Karl das Richtige tun läßt, vgl. GOETZ, Strukturen (wie Anm 54) S. 60–62, siehe auch ebd., S. 81.

König und Bischof

est et per multas tribulationes probates Dei amicus effectus est; sic Isaac, sic Jacob, sic Moses et omnes qui placuerunt Deo[76].

Gegen die moralische Unzulänglichkeit Großer konnte man angehen; so Ludwig der Fromme mit Synoden; Einhard verfolgte dies mit Eingaben. Man konnte ein gottgefälliges Leben erstreben. Eine begnadete, wenn auch nicht makellose Herrschergestalt mußte Gott geben. Hatte nicht jede Zeit einen oder gar mehrere Geistliche im Range eines Augustinus, so galt das auch für große Herrschergestalten. Insofern waren Notker und Karl III. hilflos[77]. Notkers Werk verdeutlichte Karl III. die Größe, die unerfüllbare Größe seiner Aufgabe. Karl III. war so wenig wie sein Großvater Herrscher über Große und Bischöfe gewesen.

Widukinds *Rerum Gestarum Saxonicarum libri tres*[78] erzählen von der heidnischen Vorzeit dieses Volkes. Nach einem kurzen Karolingerkapitel (I, 15) folgen einige (I, 16–25) über Konrad I., dann die Geschichte Heinrichs I. und, sehr viel umfangreicher, Ottos I. Die Taten der Sachsen erscheinen im Wirken ihrer bedeutenden Könige konzentriert. Aber beide Herrscher sind nicht als Monumente geschildert wie Einhards Karl; sie werden auch nicht wie Notkers Karl in munter erzählten Anekdoten in ihrem Rang charakterisiert. Widukind erzählt höchst lebendig Geschichte, Ereignisse, wichtige Begegnungen, und dies, wie es anders nicht sein kann, in Auswahl – in durchaus absichtsvoller Auswahl. Karl Hauck hatte in Widukinds Werk gleichsam Herrscherviten Heinrichs und Ottos sehen wollen[79]. Dies läßt sich vertreten, zumal die Verehrung Widukinds für diese beiden Könige unbestreitbar groß ist. Aber Widukinds Absicht ist mit solcher Einschätzung nicht getroffen.

In jüngerer Zeit wurden verstärkt die Ziele erforscht, die Widukind, wohl von höchster sächsischer Herkunft, mit diesem Werk verfolgt hat[80]. Eine sy-

---

76   Idt 8,22 f.; danach wohl Iac 2,23; HAEFELE, Notker (wie Anm. 2) S. 9, verweist in seiner Ausgabe noch auf Hieronymusstellen.
77   Schwerlich suchte Notker das Heil in der Vergangenheit, wie dies Hans-Henning KORTÜM, Zur Typologie der Herrscheranekdote in der mittelalterlichen Geschichtsschreibung, in: Mitteilungen des Instituts für Österreichische Geschichtsforschung 105 (1997) S. 1–29, hier S. 20, meint.
78   Editionen siehe Anm. 3.
79   Karl HAUCK, Widukind von Korvei, in: Die deutsche Literatur des Mittelalters. Verfasserlexikon 4 (1953) Sp. 946–958.
80   Auf die Widukindforschung gehe ich hier nicht umfänglich ein; siehe dazu Dieter VON DER NAHMER, Fortuna atque mores, demnächst in den „Studi Medievali". Mo-

stematische Vorstellung, eine „Theorie" von Königsherrschaft und Legitimation, von einer Institution, hat Widukind nicht ersonnen und vertreten, aber er legt dar, was einen großen König ausmacht. Dies läßt er den sterbenden Konrad I. in der Abschiedsrede an den Bruder Eberhard aussprechen: *fortuna atque mores*. Konrad erläutert: Was zur Institution des Königtums gehört, darüber gebieten die Konradiner: *Sunt nobis, frater, copiae exercitus congregendi atque ducendi; sunt urbes et arma cum regalibus insigniis et omne quod decus regium deposcit*. Es fehlen aber *fortuna atque mores* – diese sind bei Heinrich, Herzog von Sachsen. Den Nachweis, daß „Gottes Segen und herrscherliche Leistung" bei Heinrich und Otto waren, führen dann Widukinds Erzählungen. *Fortuna*, dem Menschen nicht verfügbar, der Segen, den Gott aus freier Entscheidung gibt, war schon für die heidnischen Sachsen entscheidend. Diese dankten ihren Göttern *secundum errorem paternum* (I, 12), die christlichen Könige wußten besser, wem sie Dank schuldeten[81].

Einhards Karl wirkte nahezu allein, als hätte er Großer, geistlicher wie weltlicher, nicht bedurft. Notker schildert Karl nur im Umgang mit Großen, geistlichen wie weltlichen. Fast ausnahmslos erbärmliche Figuren; des Amtes eher unwürdige Menschen, ungeeignet als Ratgeber und Mitarbeiter. Karl kontrolliert sie, weist sie zurecht. Welche Rolle spielen bei Widukind Große? Welchen Anteil haben sie an der Herrschaft seiner Könige?

Konrad I. wollte, so Widukind, sich Heinrichs durch List entledigen, da er ihn nicht besiegen konnte. Dazu bediente er sich des Mainzer Erzbischofs (*episcopus*) Hatto, der zu Konrads Vorteil solche Fähigkeit gegen den Babenberger Adalbert bewiesen hatte (I, 22). Hattos Nachfolger Heriger schlug Heinrich die angebotene *unctio cum diademate* aus, eine geistliche Handlung,

---

derne Darstellungen des Ganges der Geschichte, der hier nicht untersucht wird: Hagen KELLER / Gerd ALTHOFF, Späte Karolinger (wie Anm. 4); Gerd ALTHOFF, Die Ottonen. Königsherrschaft ohne Staat (²2005). Philippe BUC, Noch einmal 918–919. Of the Ritualized Demise of Kings and of Political Rituals in General, in: Zeichen – Rituale – Werte, hg. von Gerd ALTHOFF (2004) S. 151–176, stellt die Frage nach den Intentionen Widukinds und der anderen von ihm zitierten Autoren nicht.

81 BUC, 918–919 (wie Anm. 80) S. 162, Anm. 49, übersetzt „luck" („Heil"). Ähnliche Formulierungen anderer, auf die er dort und ebd., S. 169, Anm. 80, verweist, zeigen, daß man wohl immer, auch in vorchristlicher Zeit, gewußt hat, daß Größe, hier herrscherliche Größe, die hohe menschliche Leistung und den Segen Gottes, die Huld der Götter voraussetzt. Widukind selbst wußte das, wie er das in Buch I, c. 12 zeigt: [S]*ecundum errorem paternum* danken die Sachsen nach dem Sieg bei Burgscheidungen der Gottheit (Widukind, Res gestae Saxonicae, I, 12 [wie Anm. 3]).

die wohl zu Mainz hätte stattfinden sollen. Hier formuliert Widukind ohne Schärfe Distanz[82]. Danach nennt er (I, 31) Brun als drittes Kind Heinrichs, *quem pontificis summi ac ducis magni vidimus officium gerentem* – ein Blick in die Zukunft. Nicht nur den Mainzer Erzbischof bezeichnet Widukind als *summus pontifex*.

Im Horizont der Herrschaft Heinrichs I. wird kein weiterer Geistlicher erwähnt. Zwar ist von den Reliquien der Märtyrer Dionysius und Vitus die Rede; davon, daß *quidam Fulradus nomine* (I, 34) die Reliquien aus Rom herbeigeschafft habe. Ob der Gesandte Karls des Einfältigen ein Geistlicher war, bleibt offen. Nach Heinrichs Sieg über die Ungarn (I, 38) *modis omnibus gratiarum actiones divino honori, ut dignum erat, solvebat pro victoria de hostibus sibi divinitus concessa*; den Ungarntribut bestimmte er *divino cultui* und zur Unterstützung der Armen[83]. Geistliche waren dabei nicht zu nennen; Heinrich war dies alles von Gott gewährt worden, und es war seine herrscherliche Pflicht, Gott dafür zu danken.

Wesentlich bedeutender die Rolle weltlicher Großer. Heinrich selber hatte in Fritzlar gesagt, es genüge ihm, *divina annuente gratia ac vestra pietate* König

---

82 Widukind, Res gestae Saxonicae, I, 26 (wie Anm. 3): *Satis, inquies, mihi est, ut pre maioribus meis rex dicar et designer, divina annuente gratia ac vestra pietate; penes meliores vero nobis unctio et diadema sit: tanto honore nos indignos arbitramur*. Zu Fritzlar 919 siehe auch Joachim OTT, Kronen und Krönungen in frühottonischer Zeit, in: Ottonische Neuanfänge, hg. von Bernd SCHNEIDMÜLLER / Stefan WEINFURTER (2001) S. 37–58. Matthias BECHER, Von den Karolingern zu den Ottonen. Die Königserhebungen von 911 und 919 als Marksteine des Dynastiewechsels im Ostfränkischen Reich?, in: Konrad I. Auf dem Weg zum „Deutschen Reich"?, hg. von Hans-Werner GOETZ (2006) S. 245–264, will auf S. 261 den Verzug zwischen dem Tod Konrads I. und der Wahl in Fritzlar im Mai 919 gegen eine Designation Heinrichs durch Konrad anführen. Daß die Designation durch einen weitgehend gescheiterten König nicht allgemeine Verbindlichkeit erlangt hat – Widukind läßt Konrad auch nur seinen Bruder anreden –, braucht allerdings nicht zu verwundern. Wenn die süddeutschen Herzöge, die wahrlich keine sicheren Gefolgsleute Konrads waren, sich gegen Heinrich sträubten, so kostete das Zeit für – erfolglose – Verhandlungen und belegt nicht, daß es jenen Rat Konrads an seinen Bruder nicht gegeben hat. Als quellenkritisches Argument reicht dies nicht.

83 Widukind, Res gestae Saxonicae, I, 39 (wie Anm. 3); die Imperatorenausrufung war in c. 38 vorbereitet worden: [*M*]*ilites imperatoremque in primis, mediis et ultimis versantem*. In c. 41 heißt es dann, Heinrich habe Otto *fratribus et omni Francorum imperio* vorangestellt; *magnum latumque imperium, non a patribus sibi relictum, sed per semet ipsum adquisitum et a solo Deo concessum* hinterlassen.

genannt zu werden[84]. Darin lag seine Verpflichtung gegenüber Gott und den weltlichen Großen. Das Verhältnis zu diesen ist dann teils von Auseinandersetzungen bestimmt. Den Herzögen Burchard und Arnulf mußte er die Anerkennung mit militärischer Drohung abfordern; sie hatten in Fritzlar gefehlt (I, 27). Den Preis dafür deutet Widukind kaum an. Die Kennzeichnung der Beziehung zwischen diesen Herzögen und dem König – *amicitia* – verschleiert den weitgehenden Verzicht auf die Ausübung königlicher Herrschaft über Bayern und Schwaben. So braucht Widukind auch von weiteren Auseinandersetzungen der Herzöge mit dem König nicht zu berichten[85]. Giselbert von Lothringen band Heinrich durch eine Ehe mit seiner Tochter Gerberga an sich[86]. Bernhard sicherte das Redarierland und erhielt zur Eroberung von Lenzen die Hilfe Thiatmars[87]. Ihr von Gott begünstigter Sieg wird stolz berichtet; König Heinrich empfing sie ehrenvoll. Auf sächsischer Seite fielen *duo Liutharii et alii nobiles viri nonnulli* – auch als Gefallene werden wichtige Helfer gerühmt und erwähnt. Heinrich aber weiß, daß sie *parvis copiis divina favente clementia* – eine urkundliche Formel – *magnificam perpetraverint victoriam*.

Der Sieg über die Ungarn war allerdings Sache des Königs. Sachsen und Thüringer werden als Krieger nur pauschal erwähnt, Heinrich *imperatoremque in primis, mediis et ultimis versantem videntes coramque eo angelum* (I, 38). Der König stattete Gott den geschuldeten Dank ab[88]. Die Ausrufung zum *imperator* ist hier nicht von Interesse. Nach allen Kämpfen ehrte Heinrich seine Helfer: *[R]arus fuit aut nullus nominatorum virorum in omni Saxonia, quem preclaro munere aut officio vela liquo quaestura non promoveret* (I, 39). Sterbend, *convocato omni populo* bestimmte er Otto zum Nachfolger und verteilte seine Güter an die Söhne – wieder sind Große nur als Gruppe, nicht mit Namen genannt, wenn auch Nachfolge und Nachlaß öffentlich geregelt wurden (I, 41). Während Geistliche, wo überhaupt erwähnt, auf Distanz gehalten werden, erscheinen weltliche Große entweder als Gegner, die Heinrich gewinnen kann, oder als tüchtige Helfer, denen er wichtige Aufgaben zu selbständiger Lösung überträgt; die er dann auch gebührend ehrt und belohnt.

---

84 Siehe Anm. 82.
85 Siehe ALTHOFF, Ottonen (wie Anm. 80) S. 42 f.
86 Im Jahr 928; Widukind, Res gestae Saxonicae, I, 30 (wie Anm. 3).
87 Widukind, Res gestae Saxonicae, I, 36 (wie Anm. 3); Thiatmar war wohl Graf des Nordthüringgaues; siehe auch ebd., I, 24.
88 Siehe oben bei Anm. 84; siehe Widukind, Res gestae Saxonicae, I, 39 (wie Anm. 3).

Ottos I. Erhebung beginnt mit der Huldigung der Großen in der Vorhalle der Pfalzkapelle, danach Weihe und Krönung; eine bedeutungsvolle Reihenfolge: Gott hat Otto erwählt, schon der designierende Vater vollzog dessen Willen. Die *principes* haben dann Otto förmlich zum König erhoben. Nun geleitete der Mainzer Erzbischof den König in die Kapelle: *adduco vobis a Deo electum et a domino rerum Heinrico olim designatum, nunc vero a cunctis principibus regem factum Oddonem; si vobis ista electio placeat, dextris in caelum levatis significate* (I, 1). Die geistliche Handlung konnte Gottes Wahl nur noch segnend, weihend bestätigen; so auch die Übergabe der Insignien. Dabei hielt der Erzbischof dem neuen König mit eindringlichen Worten zu jeder Insignie die herrscherlichen Aufgaben und Pflichten vor, für die diese Insignie ein Zeichen sein sollte[89].

Nach Weihe, Salbung und Thronsetzung wurde die Messe gefeiert, bevor man sich zum Krönungsmahl niedersetzte. Die Herzöge versahen den Tafeldienst; der Sachse Siegfried, *a rege secundus*, blieb zum Schutz Sachsens fern. Die Erzbischöfe jedoch stritten um das Recht, die geistlichen Handlungen vorzunehmen. Dies gab Widukind Gelegenheit, den Mainzer achtungsvoll zu charakterisieren. Der Kölner und der Trierer traten schließlich hinter die *not[a] almit[as]* des Mainzers zurück und führten dann Salbung und Krönung gemeinsam aus.

Von keinem Bischof handelt Widukind ausführlicher als von Friedrich von Mainz (937–954), der tief in den Streit Ottos I. mit Eberhard von Franken, dem Königsbruder Heinrich und dem Königssohn Liudolf verstrickt war. Nach Thankmars Tod riet Friedrich Eberhard, den König um Verzeihung zu bitten, die er schließlich auch erhielt. Friedrich ist hier *optim[us] imprimis vir et omni religione probatissim[us]* (II, 13). Otto setzte Friedrich erneut als Vermittler ein, als Eberhard, Heinrich und Giselbert Breisach eroberten. Friedrich hatte einen Vertrag ausgehandelt und beeidet: *[P]acto mutuo suum interposuit iuramentum, et ideo ab eo non posse desipere fertur narasse*. Otto aber wollte sich

---

89 Dazu siehe Hagen KELLER, Widukinds Bericht über die Aachener Wahl und Krönung Ottos I., in: Ottonische Königsherrschaft, hg. von DEMS. (2002) S. 91–130; DENS.: Die Einsetzung Ottos I. zum König (Aachen, 7. August 936) nach dem Bericht Widukinds von Corvey, in: Krönungen. Könige in Aachen – Geschichte und Mythos, hg. von Mario Kramp (2000) 1, S. 265–273; KELLER/ALTHOFF, Späte Karolinger (wie Anm. 4) S. 148–156. Joachim OTT, Kronen (wie Anm. 82) S. 176–184, vermißt den Verweis, daß die kirchliche Zeremonie erst stattfand, als Otto bereits König war, was die Bedeutung der geistlichen Handlung reduziert.

nicht binden lassen durch *quicquid episcopus egisset sine suo imperio* – Friedrich hatte seinen Auftrag überschritten. Widukind hatte zuvor (II, 24) erklärt, Friedrich von Mainz und Ruthard von Straßburg (*summi pontifices!*) hätten sich entfernt und seien vom König abgefallen. Nach der mißlungenen Vermittlung heißt es (II, 25): *Quia contra auctoritatem regi quasi precellenti noluit subici, sed recessit ab eo*. Friedrich wurde nach Hamburg, Ruthard nach Corvey verbannt, nach kurzer Zeit jedoch in *sui* [sc. *regis*] *gratiam suscipit et honori pristino reddidit*. Dies ist wohl ein Tadel Widukinds an Friedrich, der seinen Auftrag überschritten und sich vom Hof entfernt hatte[90].

Als die *bella intestina externaque cessarent*, zog Friedrich erneut Widukinds Kritik auf sich. Der Mönch schilt die Klosterreformer: *Gravisque persecutio monachis oritur* (II, 37). Mit ihrer Reinigung der Klöster von nachlässigen Mönchen verstießen sie gegen den Spruch des Hausvaters, der den Knechten verbot, das Unkraut auszureißen, damit nicht auch das Getreide vernichtet würde (vgl. Mt 13,24–30). Christi Gleichnis gab dem Vorwurf Gewicht. Mönche verließen ihre Klöster, *ut* [...] *grave onus sacerdotum devitarent*[91]. Und nun unvermittelt: Etliche seien der Ansicht, Friedrich habe dies *non pure, sed ficte* getan, *quatenus venerabilem virum regique fidelissimum abbatem Hadumarum quoquo modo posset dehonestaret*. Die nächsten Zeilen rühmen Hadamar (II, 38). Er habe Friedrich, erneut an einer *coniuratio* mitschuldig, in Haft gehalten und, als er *litteras ab eo scriptas* abgefangen habe, diese verschärft. Friedrich habe danach *ultionem* gesucht, was Zweifel an seinen Tugenden nährt. Er habe an unbedeutenden Klöstern seine *auctoritas* demonstriert, um dann gegen wichtige Häuser vorzugehen. Hadamar habe aber Gunst und Freundschaft des Königs nicht verloren.

Die erfolglose Mission Friedrichs von Mainz und Hartberts von Chur 951 zum Papst wegen eines Romzuges[92] übergeht Widukind wie die Kaiserkrö-

---

90   Siehe ALTHOFF, Ottonen (wie Anm. 80) S. 81–83; Althoff sieht hier eine Kritik Widukinds an Otto, was aber voraussetzt, daß der Auftrag eines Vermittlers an keine Voraussetzung gebunden war. Otto und wohl auch Widukind sahen dies wohl anders, und Friedrich von Mainz erscheint auch weiterhin bei Widukind als durchaus zwiespältige Gestalt. Im übrigen sei für die tatsächliche Bedeutung Friedrichs von Mainz für Otto I. verwiesen auf Ernst-Dieter HEHL, Kaisertum, Rom und Papstbezug im Zeitalter Ottos I., in: Ottonische Neuanfänge, hg. von SCHNEIDMÜLLER/ WEINFURTER (wie Anm. 82) S. 213–235, hier vor allem S. 217–225.
91   Jeder Hörer beziehungsweise Leser hatte Christi *iugum enim meum suave est et onus meum leve est* (Mt 11,30) im Ohr.
92   Siehe ALTHOFF, Ottonen (wie Anm. 80) S. 99.

nung von 962. Friedrichs Rolle im Aufstand Liudolfs und Konrads des Roten festigte Widukinds zwiespältiges, ja negatives Urteil. Friedrich wurde des Aufstandes wegen aus vorösterlicher Askese zum König nach Mainz gerufen; die Aufständischen erkannten so, daß ihre Pläne bekannt geworden waren. Wieder riet Friedrich zum Ausgleich, die Aufständischen sollten sich von dem Verdacht reinigen. *Qui licet sceleris manifeste arguerentur, paruit tamen rex eorum sententiis in omnibus locorum temporumque angustiis.* Mainz war für den König zu gefährlich geworden; erst außerhalb des Zugriffs der Aufständischen *irritum fecit pactum, quod coactus inire confessus est.* Friedrich aber verteidigte diesen uns unbekannten Vertrag, *tamquam paci et concordiae consulturus. Ob id regi fit suspectus, amicis regalibus consiliariisque omnimodis spernendus.* Sicher sei nur, daß er *magnus erat in oratione die noctuque*, reichlich Almosen gebe, würdig predige; *caeterum de accusatis causis qui iudicat Dominus est* – Widukind meidet ein direktes eigenes negatives Urteil über den *summus pontifex* (III, 13 und 15).

953 zu Fritzlar ist Heinrich von Bayern Wortführer der Klage gegen den Erzbischof. Wurden Aufständische zur Verbannung verurteilt, so kennt Widukind kein Urteil gegen Friedrich. Doch habe Friedrich selbst geäußert, er habe aus Furcht vor dem König das bischöfliche Amt aufgegeben, um als Eremit zu leben[93]. Zu Langenzenn 954 war Friedrich von Mainz bereit, sich einem königlichen Gerichtsverfahren zu unterwerfen, um zu zeigen, daß er dem König nie feindlich gesonnen gewesen sei, noch etwas gegen diesen getan habe. Dessen Zorn habe er gefürchtet und ihn deshalb verlassen. Seine Unschuld wolle er beeiden. Diesen Eid erließ Otto I. dem Geistlichen, er wolle nur, daß *pacis et concordiae consilium, in quantum possitis, adiuvetis* (III, 32). Schließlich meldet Widukind den nahenden Tod Friedrichs, weswegen der König ein *placitum* verschob. *Finem summi pontificis, qui interfuere, satis laudabilem predicant* (III, 42). Die Wichtigkeit eines „guten" Todes soll hier nicht unterschätzt werden.

Zwiespältig bleibt Widukinds Urteil. Friedrich hielt, wo ihm dies zur Gefahr geriet, nach Widukinds Urteil die Treue zum König nicht. Dem hohen Lob der persönlichen Frömmigkeit steht die Invektive gegen die Klosterreform entgegen, die wegen Abt Hadamar von Fulda direkt auf Friedrich bezogen

---

93 Widukind, Res gestae Saxonicae, III, 16 und 27 (wie Anm. 3); zum Ganzen ALTHOFF, Ottonen (wie Anm. 80) S. 101 ff.; KELLER/ALTHOFF, Die Zeit (wie Anm. 4) S. 193–200.

wird. Widukind wollte schwerlich die hohen Geistlichen als verläßliche und geeignete Helfer des Königs ansehen.

Brun, 953–965 Erzbischof von Köln und mit den Reichsgeschäften im Westen beauftragt, wird unter den Kindern Mathildes erwähnt, *quem pontificis summi ac ducis magni vidimus officium gerentem* (I, 31). Später rühmte Widukind seine Geistesgaben und Tugend. *Quem cum rex prefecisset genti Lotharingiorum, regionem a latronibus purgavit et in tantum disciplina legali instruxit, ut summa ratio summaque pax illis in partibus locum teneret* (II, 36). Schließlich nahm der König Ekbert, den Bruder des jüngeren Wichmann, *interventu magni pontificis Brunonis* in Gnaden wieder auf (III, 59). Bruns Tod wird nicht notiert. Ottos unehelicher Sohn Wilhelm von Mainz wird als *vir sapiens et prudens, pius et cunctis affabilis* nicht in der Widmungsfassung, sondern erst im Nachtrag erwähnt. Er verwaltete *Francorum imperium* während Ottos letztem Italienzug. Danach wird sogleich sein Tod berichtet (III, 73 f.). Bernhard von Halberstadt (924–968) wird als Ottos Gesandter von Giselbert von Lothringen ablehnend behandelt (I, 16). Nach Mathildes Tod wird auch Bernhards Tod mitgeteilt (III, 74). Die Schwierigkeiten, die Wilhelm und Bernhard Otto bei seinen Bemühungen um die Gründung des Erzbistums Magdeburg bereitet haben und an denen Otto zunächst scheiterte, werden verschwiegen.

Als verläßliche Helfer schildert Widukind hohe Geistliche nicht. An Friedrich von Mainz lobt er, was mit Ottos Herrschaft nicht zusammenhing: die persönliche Frömmigkeit, seinen Tod. Seine Vermittlung mit Aufständischen in königlichem Auftrag zeigt seine mangelnde Königstreue. Bruns bedeutende Leistung für des Bruders Herrschaft wird in einen Satz zusammengedrängt. Mit Ottos Magdeburger Plänen wird auch der Widerstand Wilhelms von Mainz und Bernhards von Halberstadt gegen diese Pläne unterdrückt. Dafür hatte der Corveyer Mönch bekanntlich auch noch andere Gründe: die Gegnerschaft gegen die Reform, für die der erste Magdeburger Erzbischof, Adalbert, stand; die Patrozinienkonkurrenz Corveys zu Magdeburg, hier wären auch Grenzen der Königsherrschaft Ottos sichtbar geworden[94]. Die Kaiser-

---

94 Dazu Gerd ALTHOFF, Magdeburg – Halberstadt – Merseburg. Bischöfliche Repräsentation und Interessenvertretung im ottonischen Sachsen, in: Herrschaftsrepräsentation im ottonischen Sachsen, hg. von DEMS. / Ernst SCHUBERT (Vorträge und Forschungen 46, 1998) S. 267–203. Zu diesem Verschweigen DERS., Ottonen (wie Anm. 80) S. 120 f., zur Magdeburgproblematik insgesamt ebd., S. 109 ff., 118–121, 125 f. und 128–131. Einen differenzierten Überblick über Ottos des Großen Magde-

krönung 962 verschweigt Widukind ebenso wie die anschließenden Auseinandersetzungen um die Besetzung der *cathedra Petri*. Statt dessen berichtet Widukind, nach dem Sieg auf dem Lechfeld, daß Otto *pater patriae imperatorque appellatus est*[95]. Schließlich bleibt auch die Rolle des Herrschers bei Bischofserhebungen ebenso unerwähnt wie kirchliche Synoden[96].

Herrschaft, königliche wie kaiserliche, sah Widukind nicht durch Päpste oder Bischöfe vermittelt, und die Mitwirkung der Bischöfe bei der Herrschaft schildert er vor allem in den zweifelhaften Vermittlungsversuchen Friedrichs von Mainz mit den Aufständischen; seine Lösungen verletzten den Rang des Königtums.

Kurz zu weltlichen Großen. Die Tafeldienste der Herzöge beim Krönungsmahl spiegelten noch Harmonie. Als Otto dann zum neuen *princeps militiae* [...] *virum nobilem et industrium satisque prudentem* Hermann Billung bestellte, schürte dies den Neid *caeterorum principum*, auch den Wichmanns, der das Heer unter Vorwand verließ – ein *vir fortis, magnanimus, belli gnarus et tantae scientiae, ut a subiectis supra hominem plura nosse predicaretur*. Hermanns Sieg in Böhmen verstärkte diesen Neid, es kam zum Kampf (II, 4).

---

burgpläne und die Probleme ihrer Verwirklichung bieten: DERS., Die Gründung des Erzbistums Magdeburg, in: Otto der Große. Magdeburg und Europa, hg. von Matthias PUHLE (2001) 1, S. 344–352; KELLER/DERS., Die Zeit (wie Anm. 4) S. 230–239; daneben auch HEHL, Kaisertum (wie Anm. 90) S. 229–235. Matthias BECHER: Rex, Dux und Gens (Historische Studien 444, 1996) S. 50–53, sieht offenbar bei Widukinds Verschweigen von allem, was mit Magdeburg zusammenhängt, keinen Zusammenhang mit der Klosterreform. Joachim EHLERS, Raumbewusstsein und Raumerfahrung in einer neuen Zentrallandschaft des Reiches, in: Ottonische Neuanfänge, hg. von SCHNEIDMÜLLER/WEINFURTER (wie Anm. 82) hier S. 50, weist darauf hin, daß Widukinds Werk die Sakraltopographie Sachsens nicht annähernd wiedergibt; so fehlen wichtige Stifte wie Gandersheim oder Herford.

95 Widukind, Res gestae Saxonicae, III, 49 (wie Anm. 3); ALTHOFF, Ottonen (wie Anm. 80) S. 106 ff.; KELLER/ALTHOFF (wie Anm. 4) S. 200–208. BECHER, Rex (wie Anm. 94) S. 52, erklärt in der Tradition der Forschung Widukind zum Vertreter eines „nichtrömischen Kaisergedankens". Man mag das vielleicht so sehen, aber mir scheint, daß es Widukind weniger um die Frage Rom oder nicht ging als um die Frage, ob ein Bischof, oder hier der Papst, ein Krone vergeben, die Herrschaft vermitteln kann. Zur Frage eines „romfreien" oder „rombezogenen" Kaisertums, die in dieser Form wohl nicht Widukinds Frage gewesen ist, siehe auch HEHL, Kaisertum (wie Anm. 90) S. 226–235.

96 So EHLERS, Raumbewusstsein (wie Anm. 94) S. 51. Die Arbeit von HEHL, Kaisertum (wie Anm. 90), zeigt besonders deutlich, wie sehr Ereignisse wie die Parallelität der Augsburger Synode und des dortigen Hoftages 952 Widukinds Konzeption zuwiderliefen (bes. ebd., S. 222 ff.).

Doch als Eberhard Ottos jüngeren Bruder Heinrich gefangennahm, *Wichmannus [...] conversus pacem fecit cum rege, quia prudentissimus erat, et utilis ac fidelis in finem permansit* (II, 11).

Wenn Otto I. die Anerkennung seiner Herrschaft einforderte und deren Einschränkung bekämpfte, so hat dies Widukinds Zustimmung. Die Söhne Arnulfs von Bayern *in superbiam elati regis iussu contempserunt ire in comitatum* nach des Vaters Tod. Otto I. zog nach Bayern und kehrte *rebus ibi rite compositis* zurück (II, 8 f.). Der heftige Streit mit Eberhard von Franken, den Konradinern und dem Bruder Heinrich sei übergangen. Als Heinrich die *milites* Ostsachsens um sich sammelte, nennt Widukind dies ein *tantum nefas* (II, 31). Bei Heinrich befand sich Erich, der Vater Hildiwards von Halberstadt. Er stellte sich dem Kampf und unterlag, *in caeteris omnium bonarum virtutum rebus absque hac noxa fortissimus optimusque Erich*. Er kämpfte *memor pristinae virtutis ac nobilitatis* (II, 31). Untreue gegen den König war eine Schuld (*noxa*), über der Widukind, wie Otto I., Tapferkeit und Edelmut des Gegners nicht übersah. Mit Heinrich versöhnte der König sich und übergab ihm das Herzogtum Bayern. Widukind aber ehrt Heinrich mit einer Beschreibung seines Charakters[97].

Otto I. hatte Konrad dem Roten seine Tochter Liudgard zur Gemahlin gegeben (I, 7 und II, 33), *qui erat adolescens acer et fortis, domi militiaque optimus, commilitonibus suis carus*. Konrad, Herzog von Lothringen, handelte 951 nach Ottos I. Rückkehr aus Italien mit dem unterworfenen Berengar von Ivrea uns unbekannte Bedingungen einer Unterwerfung aus, die Otto so nicht anerkennen wollte; offenbar hatte Konrad den Rahmen des für den König Annehmbaren überschritten. Berengar wurde in Magdeburg erst nach drei Tagen vor Otto gelassen. *Quod aegre ferens Cuonradus, qui eum adduxerat unumque cum eo sentiens filius regis Liudolfus*. Berengar gewann mit seiner *deditio* letztlich 952 Italien als Lehen (III, 10). Dieser Vorfall führte Konrad an die Seite Liudolfs, dessen Aufstand zu den Voraussetzungen des Ungarneinfalls von 954/955 gehört. Auffällig die Parallele zu Friedrich von Mainz: Beide hatten ihren Auftrag wohl weiter ausgelegt, als des Königs Ehre dies zuließ. Im Juni

---

97   Widukind, Res gestae Saxonicae, II, 36 (wie Anm. 3): *Heinricus vero morum gravitate pollebat et ob id ab ignotis minus clemens iocundusque predicaretur; constanti admodum animo, fidelis et ipse amicis, ita ut mediocris substantiae militem coniugis suae sororis matrimonio honoraret, socium sibi amicumque faceret. Erat corpore praestanti, et qui in adolescentia omnem hominem egregia forma ad se inclinaret.*

954 auf dem Tag zu Langenzenn trennten sich Friedrich und Konrad der Rote von Liudolf, den sie noch nicht zur Unterwerfung zu bewegen vermochten. *Deo regique sese iungentes* – der Aufstand gegen den König war auch eine Erhebung gegen den, der Ottos Königtum segnete: Gott (III, 33)[98]. An der Schlacht auf dem Lechfeld war Konrad dann *cum valido quoque equitatu* maßgeblich beteiligt als Anführer des fränkischen Kontingentes. Sein persönlicher Einsatz war für den Sieg wohl entscheidend, doch fand et selber dabei den Tod (III, 44 und 47).

Schließlich der jüngere Wichmann, den Liudolf gewann, der seinen Onkel Hermann Billung den Räuber seines väterlichen Erbes nannte (III, 24). Obwohl alle Wichmann verurteilen wollten, hielt Otto ihn nur *sub custodia militari* in der Pfalz. Als er gegen die Ungarn nicht mitziehen wollte, unterstellte Otto ihn dem Grafen Ibo. Dem entkam er, als er großmütig die Erlaubnis zur Jagd erhielt, und erhob die Waffen wider den König. Hermann Billung vertrieb ihn über die Elbe, wo er sich mit Slawenfürsten verband (III, 50 f.). Schließlich floh er nach Gallien (III, 55). Markgraf Gero erwirkte einen Frieden Wichmanns mit Otto I. gegen den Eid, nie wieder etwas *contra imperatorem imperatorisque regnum* zu unternehmen (III, 59 f.). Diesen Eid brach Wichmann, als sich die Rückkehr des Kaisers vom letzten Italienzug unabsehbar verzögerte. Seine Bündnisse und Kämpfe seien übergangen. Er unterlag der Übermacht des mit Otto I. verbündeten Miesko von Polen. Überwältigt und entkräftet übergab er einem Kämpfer Mieskos sein Schwert: Miesko möge es *pro signo victoriae* nehmen und dem Kaiser übersenden, *quo sciat aut hostem occisum irridere vel certe propinquum deflere. Et his dictis conversus ad orientem, ut potuit, patria voce Dominum exoravit animamque multis miseriis et incommodis repletam pietati creatoris omnium effudit. Is finis Wichmanno, talisque omnibus fere, qui contra imperatorem arma sumpserunt* (III, 69). Ein hochgeachteter Verwandter und Feind – der Aufstand gegen den Herrscher war Sünde. Von den meisten Gegnern Heinrichs und Ottos spricht Widukind aus hoher Achtung, aber sie enden wie Wichmann, so sie nicht aus dauerhafter Aussöhnung mit dem König beziehungsweise Kaiser dessen Herrschaft anerkennen[99]. Dieser hatte seinen Eid gebrochen und endete sein Leben mit einen gestammelten Gebet.

---

98 Zum Ganzen ALTHOFF, Ottonen (wie Anm. 80) S. 100–105.
99 Siehe Widukind, Res gestae Saxonicae, III, 69 (wie Anm. 3).

Widukind vermittelt, wie gezeigt, den Eindruck, daß Bischöfe an der Herrschaft Heinrichs I. und Ottos I. keinen wesentlichen Anteil gehabt haben. Unter weltlichen Großen hat zumal Otto I. heftige Gegner gehabt, darunter Bruder und Sohn. Einige, wie Eberhard, Giselbert und der jüngere Wichmann, kommen in Kämpfen um; mit anderen kann sich Otto aussöhnen: mit Heinrich, Liudolf, Konrad dem Roten und dem älteren Wichmann; einige wurden seine wichtigsten Helfer. Hermann Billung und der Markgraf Gero waren dies während ihres gesamten Wirkens, ihnen konnte Otto dauerhaft große Aufgaben zu eigener Verantwortung übertragen.

Sieht man auf Bemerkungen, die diese Männer charakterisieren, so findet man für einige Große – weltliche, nicht geistliche – dieselben Tugendbegriffe, mit denen Widukind die liudolfingischen Könige würdigt[100]. Es gibt Herrschaft in kleinerem Rahmen des Herzogtums, der Markgrafschaft und in dem übergeordneten Rahmen des Königreichs. *Constantia* beweist in seinem Handeln Otto I., vor ihm Heinrich I. oder auch Hathagat, dem Widukind kein Amt zuspricht. Die liudolfingischen Könige aber überragen als Herrscher alle anderen deutlich. Allein Heinrich I. und Otto I. bezeichnet Widukind als *dominus rerum*[101]. Vor allen anderen ist Otto I. *constantissimus* in seinem Wirken; nicht immer jedoch bringt Widukind diese und andere Eigenschaften auf den Begriff. So liest man, daß Otto nach Asiks Niederlage gegen die Böhmen *minime conturbatus, sed divina virtute roboratus* mit einem Heer ins Böhmische einrückt (II, 4). Ottos unerschrockene Beständigkeit erwächst nicht aus menschlicher Kraft, sie ist *divina virtute roboratus*. So beginnt die Schilderung Ottos I. (II, 46) mit *inprimis pietate erat clarus*: Die Hinwendung zu Gott steht vor der *constantia*. Und nicht grundlos endet diese Schilderung damit, daß der König, wann je er die Krone trug, sich darauf durch ein Fasten vorbereitete. Vor Breisach schwand die Hoffnung, daß Ottos Königtum fortdauern werde. *Rex vero ea turbatione tanta constantia ac imperio usus est acsi nichil ei difficultatis obviasse*t (II, 24). Als die Ungarn in Bayern einfielen: *At ille satis imperterritus talis necessitate numquam se gratio Dei dominum et regem*

---

100 Helmut BEUMANN, Widukind von Korvei (1950), bis heute unverzichtbare Grundlage der Widukindforschung, behandelt die Begriffe der Herrschertugenden unter „Persönlichkeitsschilderung" (ebd., S. 110–139 und 243–252). Der Gegenstand wird hier nicht in seiner ganzen Breite diskutiert, vor allem *constantia* steht im folgenden im Vordergrund.

101 Widukind, Res gestae Saxonicae, praef. I (wie Anm. 3); ebd., I, 39 und 41; ebd., II, 1 und 32. Zu Otto I. siehe ebd., II, 46.

*oblitus est*¹⁰². Ottos Unerschrockenheit, der *constantia* verwandt, beruhte auf seinem Wissen, daß sein Auftrag zur Herrschaft ihm von Gott auferlegt war, der ihn auch nicht fallen lassen wird. Folglich siegt auch nicht einfach Otto I., sondern der ihn zum König gemacht hat. Als Otto I. erfährt, daß die Ungarn den Kampf mit ihm suchen: *His auditis rex, quasi nichil laboris preterito bello toleravisset, coepit ire contra hostes* (III, 44). Seine Rede an das Heer vor der Schlacht auf dem Lechfeld zeigt dieselbe Haltung. Darin betont Otto ausdrücklich, daß die eigentliche Hoffnung ist, *auxilio Dei* zu siegen, *nobis spes et protectio divina* (III, 46)¹⁰³.

Fortuna atque mores machen den bedeutenden Herrscher aus. Heinrichs, Ottos *constantia* und der Segen, das Gelingen, das Gott gibt, nicht ein Priester vermittelt – das ist etwas anderes als die „großen Männer", von denen im 19. und 20. Jahrhundert die Rede war. Aber darin waren Heinrich und Otto nicht nur ihren Herzögen und Grafen, sondern auch legitimen Königen voraus, wie Konrad I. und Karl dem Einfältigen, auf deren Herrschaft Gottes Segen nicht ruhte, ohne daß Widukind sagen kann, oder auch nur zu ergründen versucht, weshalb ihnen der Segen, das Gelingen versagt blieb¹⁰⁴.

Einhard schuf mit seiner Karlsvita ein Monument eines bedeutenden Herrschers, dessen Leistungen in systematischer Ordnung berichtet werden, so daß die Erfahrung des Zeitablaufs, des Nach- und Nebeneinanders, des gegenseitigen Bedingens zurücktritt. Rief Einhard Karls herrscherliche Leistungen auf, so wollte er zugleich deutlich werden lassen, was einen bedeutenden Herrscher auszeichnet: die *magnanimitas regis ac perpetua tam in adversis quam in prosperis mentis constantia* (c. 7), die Unabhängigkeit gegenüber geistlichen wie welt-

---

102 Widukind, Res gestae Saxonicae, III, 30 (wie Anm. 3); *imperterritus* über Konrad den Roten: ebd., III, 17.
103 *Constantia* erkannte Widukind auch an dem Heiden Hathagat, die Sachsen erahnen so auch, *divinum animum ei inesse* (Widukind, Res gestae Saxonicae, I, 11 f. [wie Anm. 3]). Die Franken erkannten an den Sachsen *animi constantiam* (ebd., I, 9). BEUMANN, Widukind (wie Anm. 100), behandelt *constantia* auf S. 120 f. und auf S. 248.
104 Zu Karl dem Einfältigen siehe die Hilflosigkeit Widukinds: Widukind, Res gestae Saxonicae, I, 30 (wie Anm. 3). Konrad I. konstatiert ebd., I, 25, selbst, daß ihm alles, was zur Institution Königtum gehört, zur Verfügung stand, doch *fortuna atque mores* bei ihm und seiner Familie nicht sind. Es mag vielleicht Bedeutung haben, daß Widukind Konrad unrechte Machenschaften und Hatto von Mainz den Einsatz magischer, also heidnischer Praktiken vorwirft.

lichen Großen. Karl war *divino nutu* zum Frankenkönig erhoben worden, auf ihm ruhten *animi dotes*: *magnanimitas, patientia, perseverantia*: Gaben Gottes, sichtbar und wirksam nur in beständiger Ausübung. Zumal die Art, wie Einhard die Kaiserkrönung von 800 behandelt und von der Krönung Ludwigs 813 berichtet, zeigt, daß er den herrscherlichen Auftrag nicht als von Priesterhand vermittelt ansah. Der König stand als Herrscher vor Gott nicht unter dem Priester. Zudem werden gerade auch geistliche Große als Karls Mitarbeiter oder Ratgeber nahezu nicht erwähnt. Dabei ist auffällig, daß sich Einhard über das Verhältnis des Königs zu Gott sehr zurückhaltend äußert; er betont eher Karls persönliche Frömmigkeit und ordnet diese nicht dem herrscherlichen Tun, sondern den *mores et studia*, dem „Privatleben", zu.

Einhard hat Klarheit darüber gehabt, daß Königtum als Institution nicht stetig bedeutende Könige hervorbringen kann. Er erklärte einem Kaiser, dem die Herrschaft in wachsender Abhängigkeit von Großen, zumal geistlichen, entglitt, daß ein bedeutender Herrscher anders dasteht, wenn die Legitimität Ludwigs des Frommen auch nicht im Geringsten in Frage gestellt wird. Würde man Einhards Karlsvita vor allem als ein panegyrisches Werk lesen, so verfehlte man Einhards Intention. Wenn man es als an Ludwig gerichtete Kritik an dessen Herrschaft lesen will, so muß man zugleich einräumen, daß Einhard mit großer Noblesse jeden kritisierenden Ton, jedes vorwurfsvolle Wort meidet; er stellt Ludwig, dem die Herrschaft entglitt, seinen Vater als das Maß eines großen Herrschers dar.

Auch Notkers *Gesta Karoli* sollten in systematischer Ordnung – ohne Rücksicht auf die Folge in der Zeit, auf die Verquickung der Ereignisse ineinander – einem schwachen Kaiser einen großen Herrscher vor Augen führen. Auch hier bleibt das kritische Element verborgen, obwohl allgegenwärtig, so aber, daß es Karl III. nie kränken würde. Notker schuf aber kein Monument; Ereignisse wie den Sachsen- oder Langobardenkrieg kann man allenfalls erahnen. Heitere Anekdoten zeigen Karls gottgebundene Entscheidungsfähigkeit und Unabhängigkeit. Karl bewegt sich im Kreise geistlicher oder auch weltlicher Großer, wie er dies bei Einhard nie tut. Doch diese sind nicht des Ranges, daß Karl ihrer Beratung bedurft hätte oder ihnen selbständige Aufträge hätte übertragen können. Karl erkennt und rügt ihre Fehler und Mängel; er kontrolliert sie, zieht sie zur Rechenschaft. Notker kennt aber auch die Gefährdungen, die in solcher Herrschaft liegen (I, 8 und 32).

König und Bischof

Widukind schildert nach den „heidnischen" Kapiteln des ersten Buches vor allem die Herrschaft Heinrichs I. und, wesentlich umfangreicher, Ottos I. Anders als Einhard und Notker erzählt er lebendig Geschichte in ihrem Ablauf, schildert die Verquickung der Ereignisse, handelt von den Motiven und dem Charakter der Helfer und der Gegner des Königs. Von geistlichen Großen zeichnet der Corveyer Mönch ein ungünstiges Bild: Hatto und Friedrich von Mainz, alle anderen sind nur beiläufig erwähnt, so wichtig sie waren: Brun von Köln, Wilhelm von Mainz, Bernhard von Halberstadt; Adalbert von Magdeburg wird verschwiegen. Mit der Unterdrückung der Bistumsgründungen im Osten Sachsens, zumal Magdeburgs, entfiel auch die Notwendigkeit, die heftige Opposition des Mainzers und des Halberstädters gegen diesen wichtigen Teil des Lebenswerkes Ottos I. zu erwähnen. Die Invektive gegen die Reformtätigkeit der Bischöfe geriet zu massiver direkter Kritik. Für diese Reform wirkten Friedrich und Wilhelm von Mainz, Brun von Köln, Adalbert von Magdeburg und auch Otto I. Zudem trat die Imperatorenausrufung auf dem Lechfeld an die Stelle der Kaiserkrönung in Rom. Auch Widukind wollte zwischen Gott und dem König keine vermittelnde Priesterhand: *Fortuna atque mores*, zwischen Gott und dem Herrscher stand keine dritte Person. Widukind könnte diese Mahnung, die ebenfalls keine direkte Kritik an den verehrten Königen kennt, über die Äbtissin Mathilde deren Bruder Otto II. zugedacht haben. Der alte König konnte von dem eingeschlagenen Weg nicht mehr abweichen, der künftige aber war so aufgerufen, seine herrscherliche Unabhängigkeit auf Erden, seine Verpflichtung vor Gott zu leben.

Widukind würdigte Ottos I. Umgang mit den Großen. Selbst Ottos Gegner waren keine geringen Gestalten – Notker hatte das für Karl den Großen anders gesehen. In ihrer Gegnerschaft gegen den von Gott gewollten König gingen sie unter, oder aber Otto vermochte sie als künftige treue Helfer zu gewinnen, freilich auch bei selbständigen Aufträgen Otto untertan.

Auf breitester Quellenbasis hat Steffen Patzold dargelegt, wie sich während der Karolingerzeit die Vorstellung vom Bischof, seinen Aufgaben und Pflichten, die Qualitäten, die man von ihm erwartete, entwickelt haben. Dabei spielt das Verhältnis zum König eine wichtige Rolle. Zur Einordnung der hier gemachten Beobachtungen sei nur auf wenige Punkte hingewiesen:

Zunächst zur Entwicklung in den 820er Jahren bis zur Pariser Synode von 829. Dort formulierte man in Anlehnung an des Gelasius' Zweigewaltenlehre, die Welt werde geleitet von der *auctoritas sacrata pontificum et regalis potestas*.

In quibus tanto gravius est pondus sacerdotum, quanto etiam pro ipsis regibus hominum in divino reddituri sunt examine rationem. Aus Fulgentius von Ruspe übernahm man: [*I*]*n ecclesia nemo pontifice potior et in seculo Christiano imperatore nemo celsior invenitur*[105]. Da der König innerhalb der Kirche stand, ließen diese Formulierungen einiges offen. Ferner zitierte man aus Eusebius, Constantinus habe den Konzilsvätern von Nikaia gesagt: *Deus, inquit, constituit vos sacerdotes et potestatem vobis dedit de nobis quoque iudicandi; et ideo nos a vobis iudicamur, vos autem non potestis ab hominibus iudicari*[106]. Die Begriffe der *admonitio*, des *adiutorium* und des *ministerium* fanden sich schon in Ludwigs *ordinatio* von 823[107]. Was dies bedeuten konnte, zeigte sich 833 zu Soissons in St-Medard mit der Beichte, Buße und Absetzung Ludwigs des Frommen. Zu Compiègne formulierte man im Oktober 833, die Bischöfe hätten ihr *ministerium* erfüllt. *Sed quia idem princeps ministerium sibi commissum negligenter tractaverit [...].* Sie machten deutlich, *qualis sit vigor et potestas sive ministerium sacerdotale et quali mereatur damnari sententia, qui monitis sacerdotalibus obedire noluerit*[108]. Steffen Patzold hat gezeigt, daß Beichte, Buße, Absetzung sowie die Rekonziliation und Wiedereinsetzung Ludwigs innerhalb der Kriterien der Pariser Synode von 829 durchgeführt worden sind, ja daß Ludwig auf der Einhaltung dieser Bestimmungen bestanden hat. 835 zu Thionville unterschrieben die Erzbischöfe und Bischöfe, daß die Amtsenthebung von 833 unrechtmäßig gewesen sei. Dies aber mußte verwirren und zeigte, was innerhalb der Definitionen der Pariser Synode an Gegensätzlichem, einander Ausschließendem möglich war. Ebo von Reims, der Wortführer von 833, mußte die Unrechtmäßigkeit seines Tuns öffentlich erklären, sein Amt aufgeben, Beichte und Buße leisten[109].

Hier sei *brevitatis causa* nur noch auf eine Zuspitzung oder Präzisierung Hinkmars von Reims in dem Synodalbrief der Synode von Fismes (881) hingewiesen. War schon 829 von der höheren *dignitas* der Bischöfe gegenüber dem König die Rede gewesen, so stellte Hinkmar klar: Die Bischöfe können zwar Könige salben, die Könige aber keinesfalls Bischöfe weihen. Im Munde Wazos von Lüttich wird das 1046 so klingen: *Alia, inquiens, est et longe a sa-*

---

105 Dazu siehe PATZOLD, Episcopus (wie Anm. 4) S. 155 ff. mit Anm. 338 und 341.
106 Dazu siehe PATZOLD, Episcopus (wie Anm. 4) S. 163 f. mit Anm. 388.
107 Dazu siehe PATZOLD, Episcopus (wie Anm. 4) S. 140 ff..
108 Dazu siehe PATZOLD, Episcopus (wie Anm. 4) S. 189 ff.
109 Dazu siehe PATZOLD, Episcopus (wie Anm. 4) S. 193 ff.

cerdotali differens vestra [sc. Heinrichs III.] *haec, quam asseritis unctio, quia per eam vos ad mortificandum, nos auctore Deo ad vivificandum ornati sumus; unde quantum vita morte praestantior, tantum nostra vestra unctione sine dubio est excellentior*[110].

Auf diesen letzten Punkt der Herrschersalbung und -weihe, der nicht zu Steffen Patzolds Themenspektrum gehört, gehen Einhard, Notker und Widukind ein, und ihnen waren Salbung oder Weihe keine notwendige Voraussetzung königlicher oder kaiserlicher Herrschaft, und dies nicht, weil sie in königlicher Herrschaft eine „nur" weltliche Aufgabe gesehen hätten. Wenn Pippin der Jüngere *per auctoritatem Romani pontificis* König wurde, so ist von Weihe oder Salbung die Rede nicht. *Divino nutu* folgen die Söhne, die Franken erheben sie *facto solemniter generali conventu*. Nach Karlmanns Tod wird Karl alleiniger König *consensu omnium Francorum*. Über die Art, wie Leo III. ihn zum Kaiser krönte, erzürnte sich Karl und zeigte 813 an seinem Sohn, wie er sich eine Krönung vorstellte. Geistliche können die Würde eines Königs oder Kaisers nicht vergeben. Dies, wie auch Karls lange Herrschaft in Einhards Darstellung ist mit den Pariser Beschlüssen von 829 nicht zur Deckung zu bringen, schon gar nicht mit den späteren Ereignissen der 830er Jahre. Notker geht nur auf die Kaiserkrönung von 800 ein. Karl kam auf Bitten Leos III. sofort nach Rom *causae vocationis suae penitus ignarus*. Die römischen Missetäter konnte er greifen und verurteilen. Danach rief Leo III. Karl *nihil minus suspicantem* vor einer zusammengerufenen Menge zum Kaiser und Beschützer der Römischen Kirche aus. Wie? Von einer Weihe oder Salbung, von einer geistlichen Handlung berichtet er nicht. Diese Erhebung war ein Coup, somit wohl aus Notkers Sicht kaum ein korrekter Normalfall. Karl konnte nicht ablehnen, unter anderem, *quia divinitus sic procuratum crederet*. Zuvor hatte Notker deutlich erklärt, *ut qui iam re ipsa rector et imperator plurimarum erat notionum, nomen quoque imperatoris cęsaris et augusti apostolica auctoritate gloriosius assequeretur*; das *nomen* war für die *res ipsa* Dekor. Die *res ipsa*, die Herrschaft über viele Völker, verdankte Karl Gott zuerst und dann seinem Einsatz.

Widukind ist wohl der Entschiedenste. Heinrich I. lehnte eine geistliche Handlung ab; 936 zu Aachen führte der Erzbischof den soeben von den Großen erhobenen König in die Pfalzkapelle, und Otto der Große wurde Kaiser

---

110 Anselm von Lüttich, Gesta episcoporum Leodiensium, c. 66, ed. Rudolf KÖPKE (MGH SS 7, 1846) S. 229 f.

auf dem Lechfeld 955. Die römische Krönung von 962 hat es in seinem Werk nicht gegeben. Die königliche beziehungsweise kaiserliche Herrschaft liegt außerhalb des Zugriffs der Geistlichkeit.

Notker allein berichtet umfänglich vom Verhältnis des Herrschers zu Geistlichen, die aber den Kriterien von 829 schwerlich auch nur der Intention nach genügten. Auch ohne Kenntnis jener Synodalbeschlüsse waren diese Bischöfe für ihr Amt ungeeignet und nicht diejenigen, die einen König zur Rechenschaft heranziehen durften, wie 833 geschehen. Für Notker ist es selbstverständlich, daß Karl Bischöfe ernennt. Das ist in dieser Form weder mit kanonischem Recht noch mit den Pariser Beschlüssen vereinbar. Widukind handelt nur von zwei Bischöfen, Erzbischöfen, ausführlicher: von Hatto und Friedrich von Mainz. Hatto ist in finstere magische Praktiken verstrickt, Friedrich verletzt seine Treupflicht gegenüber Otto I. gravierend. Heinrich und Otto erheben bei Widukind keine Bischöfe, Otto gründet keine Bistümer. Eine Herrschaft des Königs über die Kirche in dieser Form und wie Notker sie schildert hätte Widukind an Otto I. darstellen können, doch er verschweigt diesen Bereich.

Kritik? Wie mögen die Adressaten dieser Werke die Texte gelesen haben? Was Ludwig der Fromme sich 833 in St-Medard zu Soissons anhören mußte, würden wir wohl Kritik nennen, eine massive, ja gefährliche Kritik; Ebo von Reims ging es bald darauf nicht besser. Einhard sah in Ludwig sicher einen legitimen König und hatte ihm aus der Tradition des Vaters treu gedient. Als er die Karlsvita schrieb, war Ludwigs Scheitern unübersehbar, und Einhard zog sich bald vom Hof zurück. An der Karlsvita konnte Ludwig wohl ermessen, was ihm zum großen Herrscher fehlte, was er nicht vermochte, ihm nicht gegeben war. Kritik hätte aussehen können wie der zitierte Aufsatz von Martin Lintzel[111], doch dies konnte und wollte Einhard Ludwig nicht anbieten. Er blieb loyaler Diener seines Königs und zeigte diesem die ihm gesetzten Grenzen auf, indem er das Bild des Vaters so zeichnete, daß alle die Punkte der Schwäche des Sohnes gleichsam nicht erscheinen, ein souveräner Herrscher, dem Große, dem Berater, dem Geistliche nie zu einem Problem werden konnten. Als einen kritischen Vortrag über die Mängel der eigenen Herrschaft brauchte Ludwig dies nicht zu lesen.

---

111 Siehe oben Anm. 8.

König und Bischof

Auch Notker sah in Karl III. gewiß seinen legitimen König, dessen Scheitern abzusehen war. Aus seinen Erzählungen möchte man fast einen Ton der Sympathie heraushören. Karl III. mochte hier erfahren, was es hieß, Herrscher über geistliche und weltliche Große, über mögliche Berater und Mitwirkende an der königlichen Herrschaft zu sein. Aber Notker kritisierte nicht vorwurfsvoll die mangelhafte Bekämpfung normannischer Raubüberfälle. Hieß auch Notkers Wort an den Kaiser: Du füllst das herrscherliche Amt nicht wirklich aus?

Widukinds Ausgangslage war eine andere. Der Corveyer Mönch war der Königsfamilie wohl verwandtschaftlich verbunden. Indem er über Otto I. schrieb, handelte er von einem lebenden und höchst erfolgreich herrschenden König, der eventuell diesen Text noch lesen oder hören würde. Es ist zudem nicht zweifelhaft, daß Widukind Otto I. und seinen Vater für bedeutende Herrscher gehalten und verehrt hat. Dennoch hat der Gang der Dinge im Verhältnis des Herrschers zur hohen Geistlichkeit eine Richtung genommen oder wenigstens verstärkt, die Widukind ablehnte und vor allem durch Verschweigen erkennbar machte. Er schrieb von dem, was er an Ottos Herrschaft hoch schätzte, und schwieg von dem, was besser nicht geschehen wäre, wie man dies eben in Corvey sah.

So haben alle drei Autoren die Herrscher nicht mit Vorwürfen gekränkt und dennoch artikuliert, woran es bedeutend mangelte. Sie sahen alle die Entwicklung, die das Verhältnis des Herrschers zur hohen Geistlichkeit seit den Tagen Ludwigs des Frommen genommen hatte, mit Skepsis, wenn nicht mit Ablehnung.

Matthias Becher

Das sächsische Herzogtum nach Widukind von Corvey

Widukind von Corvey ist der wohl bedeutendste Geschichtsschreiber im ostfränkisch-deutschen Reich des 10. Jahrhunderts. Kaum ein anderer Chronist hat so viel Interesse der Forschung auf sich gezogen wie er. Gründe dafür gibt es genügend, angefangen von der komplizierten Überlieferungslage über die literarische Qualität bis hin zur historischen Glaubwürdigkeit seiner *Rerum gestarum Saxonicarum libri tres*[1]. Die Forschung geht seit Helmut Beumanns grundlegender Studie über den Geschichtsschreiber fast einhellig davon aus, dass Widukind eine erste Fassung seiner Sachsengeschichte um 960 niedergeschrieben hat und Ende der 960er-Jahre eine Überarbeitung seines Werkes erstellte, die er Mathilde, Tochter Ottos des Großen und seit 966 Äbtissin von Quedlinburg, dedizierte[2]. Der Chronist gab der Hoffnung Ausdruck, dass sie durch die Lektüre der Taten ihres überaus mächtigen Vaters und ihres ruhmvollsten Großvaters „noch tugendhafter und ruhmreicher werde", als sie es ohnehin schon sei[3]. Die entsprechenden Kapitel der Chronik waren also der Unterweisung der Kaisertochter gewidmet[4]. Aber auch die Zeit vor der Herrschaft Heinrichs I. hat Widukind in seinem Werk behandelt, doch sollte Mathilde diese Abschnitte nicht zum Zwecke der Vervollkommnung lesen, son-

---

1   Vgl. zusammenfassend Matthias SPRINGER, Widukind von Corvey, in: Reallexikon der Germanischen Altertumskunde 33 (2006) S. 586–592.
2   Helmut BEUMANN, Widukind von Korvey. Untersuchungen zur Geschichtsschreibung und Ideengeschichte des 10. Jahrhunderts (1950); zu Widukind vgl. weiter Hagen KELLER, Widukinds Bericht über die Aachener Wahl und Krönung Ottos I., in: Frühmittelalterliche Studien 29 (1995) S. 390–453; Johannes LAUDAGE, Widukind von Corvey und die deutsche Geschichtswissenschaft, in: Von Fakten und Fiktionen. Mittelalterliche Geschichtsschreibung und ihre kritische Aufarbeitung, hg. von DEMS. (Europäische Geschichtsdarstellungen 1, 2003) S. 193–224.
3   Widukind von Corvey, Rerum gestarum Saxonicarum libri tres, I, praef., ed. Paul HIRSCH (MGH SS rer. Germ. 60, ⁴1935) S. 1: *Nam cum nostro labore patris potentissimi avique tui gloriosissimi res gestas memoriae traditas legens, habes, unde ex optima et gloriosissima melior gloriosiorque efficiaris.*
4   Vgl. Gerd ALTHOFF, Widukind von Corvey. Kronzeuge und Herausforderung, in: Frühmittelalterliche Studien 27 (1993) S. 253–272.

dern zu ihrer Erbauung: *Sed et de origine statuque gentis, in qua ipse rerum dominus Heinricus primus regnavit, pauca scribere curavi, ut ea legendo animum oblectes, curas releves, pulchro otio vaces*[5]. Widukind, der sich in der Widmung traditionsgemäß ohnehin bescheiden gab, stellte hier sein Licht noch einmal unter den Scheffel, indem er betonte, er habe über Herkunft und Zustand des Volkes nur wenig geschrieben. Schon der Prolog deutet an, dass Widukind vor allem seine eigene Auffassung über die Geschichte seines Volkes entwickeln wollte. Eine Annäherung an diesen Autor erfolgt daher am besten mit der Methodik, die Hans-Werner Goetz als „Vorstellungsgeschichte" bezeichnet hat[6].

Widukinds Einschätzung seiner Ausführungen über die Herkunft und die Geschichte der Sachsen vor Heinrich I. entspricht der vergleichsweise geringe Umfang dieser Ausführungen. Die zusammenhängende Darstellung der Taten Heinrichs beginnt im 20. Kapitel des ersten Buches, über dessen Erhebung zum König berichtet der Geschichtsschreiber in Kapitel 26. Die folgenden 15 Kapitel des ersten Buches sind Heinrichs Königsherrschaft gewidmet. Die Bücher zwei und drei behandeln die Regierungszeit Ottos des Großen. Allein diese Zahlen zeigen, dass die Vorgeschichte seines Volkes für Widukind tatsächlich nicht im Vordergrund stand. Der größte Teil seines Werkes ist als „Zeitgeschichtsschreibung" zu klassifizieren, auch wenn er die Zeit Heinrichs I. und vielleicht auch die Anfänge Ottos des Großen wohl nicht bewusst miterlebt hat. Für die Vorgeschichte der Sachsen aber gehört seine Chronik zur „Vergangenheitsgeschichtsschreibung"[7]. Ein großer Teil dieser Ausführungen ist der sogenannten *origo gentis*, der Herkunftserzählung, der Sachsen gewid-

---

5 Widukind, Res gestae Saxonicae, I, praef., ed. HIRSCH (wie Anm. 3) S. 1 f.
6 Hans-Werner GOETZ, „Vorstellungsgeschichte": Menschliche Vorstellungen und Meinungen als Dimension der Vergangenheit. Bemerkungen zu einem jüngeren Arbeitsfeld der Geschichtswissenschaft als Beitrag zu einer Methodik der Quellenauswertung, in: Archiv für Kulturgeschichte 61 (1979) S. 253–271, Nachdruck in: DERS., Vorstellungsgeschichte. Gesammelte Schriften zu Wahrnehmungen, Deutungen und Vorstellungen im Mittelalter, hg. von Anna AURAST u.a. (2007) S. 2–17; DERS., Wahrnehmungs- und Deutungsmuster als methodisches Problem der Geschichtswissenschaft, in: Wahrnehmungs- und Deutungsmuster im Mittelalter, hg. von Hartmut BLEUMER / Steffen PATZOLD (Das Mittelalter. Perspektiven mediävistischer Forschung 8/2, 2003) S. 23–33.
7 Zu dieser Unterscheidung vgl. Franz-Josef SCHMALE, Mentalität und Berichtshorizont, Absicht und Situation hochmittelalterlicher Geschichtsschreiber, in: Historische Zeitschrift 226 (1978) S. 1–16; DENS., Funktion und Formen mittelalterlicher Geschichtsschreibung (1985).

met, die Alheydis Plassmann umfassend analysiert und in den größeren Kontext der gesamten Sachsengeschichte eingeordnet hat[8]. Einen zweiten, weitaus weniger umfangreichen Schwerpunkt bilden die Betrachtungen Widukinds über die Geschichte der Sachsen nach der fränkischen Eroberung.

Für Widukind dürfte es entscheidend gewesen sein, die Kaisertochter Mathilde vor allem über eine Entwicklung während der Zugehörigkeit Sachsens zum Frankenreich in Kenntnis zu setzen: über den Aufstieg der Vorfahren Heinrichs I. und Ottos des Großen. Dabei hatten einige von ihnen zumindest nach seinen Vorstellungen die Position eines *dux*, in der Regel schnell übersetzt mit „Herzog", inne. Allerdings behandelt er diese Phase nur in wenigen Abschnitten. Aber gerade diese Ausführungen haben die ältere Forschung dazu veranlasst, das sogenannte Stammesherzogtum in Sachsen als das am stärksten entwickelte im gesamten Ostfrankenreich zu bezeichnen[9]. Der gesamten Lehre vom „Stammesherzogtum" hat Hans-Werner Goetz in seiner Dissertation entschieden widersprochen und ist damit trotz anfänglicher Skepsis auf große Zustimmung in der Forschung gestoßen – gerade auch was Sachsen angeht: Die Vorfahren Heinrichs I. hatten zwar in der zweiten Hälfte des 9. und im ersten Jahrzehnt des 10. Jahrhunderts eine überragende Machtstellung im östlichen Sachsen errungen, aber bis zum Jahr 919 gelang es ihnen nicht, das gesamte Sachsen königsgleich zu beherrschen, ja, sie haben dies wohl auch gar nicht angestrebt[10].

Gleichwohl bezeichnet Widukind von Corvey Heinrich und dessen Vorfahren als *duces Saxonum*. Liudolf nennt er noch ohne jeden Titel. Dessen erwähnenswerte Leistung war die Translation der Reliquien Papst Inno-

---

[8] Alheydis PLASSMANN, Origo gentis. Identitäts- und Legitimitätsstiftung in früh- und hochmittelalterlichen Herkunftserzählungen (Orbis mediaevalis 7, 2006) S. 265 ff.

[9] Vgl. etwa Georg WAITZ, Jahrbücher des Deutschen Reiches unter König Heinrich I. (^{3}1885) S. 9 ff.; DENS., Deutsche Verfassungsgeschichte 5 (1875) S. 43 ff.; Ernst DÜMMLER, Geschichte des Ostfränkischen Reiches 3 (^{2}1888) S. 564 f.; differenzierter schon Gerd TELLENBACH, Königtum und Stämme in der Werdezeit des deutschen Reiches (Quellen und Studien zur Verfassungsgeschichte des Deutschen Reiches in Mittelalter und Neuzeit 7/4, 1939) S. 79.

[10] Hans-Werner GOETZ, „Dux" und „Ducatus". Begriffs- und verfassungsgeschichtliche Untersuchungen zur Entstehung des sogenannten „jüngeren" Stammesherzogtums an der Wende vom neunten zum zehnten Jahrhundert (1977); vgl. Matthias BECHER, Rex, Dux, Gens. Untersuchungen zur Entstehung des sächsischen Herzogtums im 9. und 10. Jahrhundert (Historische Studien 444, 1996).

Das sächsische Herzogtum

zenz' I.[11]. Liudolfs älterer Sohn Brun habe bereits *ducatum totius Saxoniae* verwaltet, doch habe es ihm an *virtus* gefehlt. Daher sei er mit seinem Heer, das er gegen die Dänen führte, infolge einer Naturkatastrophe ohne Schwertschlag umgekommen. Sein Bruder Otto, der zwar jünger, ihm aber an *virtus* weit überlegen gewesen sei, habe seine Nachfolge als Herzog angetreten[12]. Welche Vorstellungen aber hatte Widukind von diesem *ducatus totius Saxoniae*? Um diese Frage zu beantworten, hat Goetz auf Widukinds Ausführungen über die Verfassung der Sachsen vor der fränkischen Eroberung verwiesen:

> *A tribus etiam principibus totius gentis ducatus administrabatur, certis terminis exercitus congregandi potestate contenti, quos suis locis ac vocabulis novimus signatos, in orientales scilicet populos, Angarios atque Westfalos. Si autem universale bellum ingruerit, sorte eligitur, cui omnes obedire oportuit, ad administrandum inminens bellum. Quo peracto, aequo iure ac lege propria contentus potestate unusquisque vivebat*[13].

Der Dukat wurde also nach Widukinds Auffassung im 8. Jahrhundert von drei *principes* verwaltet, die den drei Heerschaften der östlichen Sachsen, der Engern und der Westfalen vorstanden. Deutlich klingt bei Widukind die Heerführerschaft als ihre wichtigste Funktion an. Bei einem drohenden Krieg, der alle drei Teilvölker betraf, entschied das Los, welchem der drei *principes* der Oberbefehl zukommen sollte. Widukinds Bericht geht auf zwei Quellen zurück, auf den Poeta Saxo und auf Beda Venerabilis.

Der Poeta Saxo verfasste um 890 möglicherweise im Kloster Corvey sein historisches Gedicht über Karl den Großen[14]. Darin behandelte er auch dessen Sachsenkrieg und beschrieb im Zusammenhang mit dessen Ausbruch die drei Teilvölker der Sachsen, freilich ohne einen *dux* zu erwähnen, dem sie unter-

---

11 Widukind, Res gestae Saxonicae, I, 16, ed. HIRSCH (wie Anm. 3) S. 26: *Horum [sc. Brunonis et Oddonis] pater erat Liudulfus, qui Romam profectus transtulit reliquias beati Innocentii papae.*

12 Widukind, Res gestae Saxonicae, I, 16, ed. HIRSCH (wie Anm. 3) S. 26: *Ex quibus Brun cum ducatum administrasset totius Saxoniae, duxit exercitum contra Danos, et inundatione repentina circumfusus non habens locum pugnandi periit cum omni exercitu, fratri natu quidem minori, sed omni virtute multo potiori relinquens ducatum.*

13 Widukind, Res gestae Saxonicae, I, 14, ed. HIRSCH (wie Anm. 3) S. 23 f.; vgl. GOETZ, „Dux" (wie Anm. 10) S. 246 ff.

14 Wilhelm WATTENBACH / Wilhelm LEVISON / Heinz LÖWE, Deutschlands Geschichtsquellen im Mittelalter. Vorzeit und Karolinger 6 (1990) S. 862 ff.

standen hätten. Vielmehr konstatierte er eine erheblich unklarere Struktur: *Quot pagos tot pęne duces*[15]. Von diesem Zeugnis konnte Widukind seine Vorstellungen vom sächsischen Dukat also nicht ableiten. Aussagekräftiger für ihn waren vermutlich die Ausführungen des angelsächsischen Gelehrten Beda, der um 730 die Verfassung der sogenannten Altsachsen auf dem Festland beschrieb:

> *Non enim habent regem idem Antiqui Saxones, sed satrapas plurimos suae genti praepositos, qui ingruente belli articulo mittunt aequaliter sortes, et quemcumque sors ostenderit, hunc tempore belli ducem omnes sequuntur, huic obtemperant; peracto autem bello rursum aequalis potentiae omnes fiunt satrapae*[16].

Beda berichtete über eine Vielzahl von Satrapen, Kleinkönigen, die jeweils ihrer *gens* vorstanden. Im Kriegsfall losten die Satrapen den gemeinsamen Heerführer aus. Dieses Element münzte Widukind auf die Fürsten der drei Teilstämme. Angesichts seines Umgangs mit seinen Quellen wird man ihn daher wohl kaum zu einem Kronzeugen für ein seit Brun fest institutionalisiertes Herzogtum über ganz Sachsen machen können. Schließlich sah er im *dux* vor allem den obersten Heerführer über die drei Teilstämme oder über alle Sachsen im Kriegsfall. Dies gilt auch für Brun: Ihm ordnet Widukind nicht nur den *ducatus totius Saxoniae* zu, sondern kurz darauf erwähnt er auch dessen militärische Niederlage gegen die Normannen. Auch Brun ist daher vor

---

15   Poeta Saxo, Annales de gestis Caroli magni imperatoris a. 772, v. 43, ed. Paul von WINTERFELD (MGH Poetae 4, 1894) S. 8.
16   Beda Venerabilis, Historia ecclesiastica gentis Anglorum, V, 10, ed. Bertram COLGRAVE / Roger A.B. MYNORS (1969) S. 480 und 482; zu den Vorstellungen Bedas über die Satrapen vgl. Matthias BECHER, Non enim habent regem idem Antiqui Saxones ... Verfassung und Ethnogenese in Sachsen während des 8. Jahrhunderts, in: Sachsen und Franken in Westfalen. Zur Komplexität der ethnischen Deutung und Abgrenzung zweier frühmittelalterlicher Stämme, hg. von Hans-Jürgen HÄSSLER (Studien zur Sachsenforschung 12, 1999) S. 1–31; Matthias SPRINGER, Die Sachsen (2004) S. 131 ff.; Ian WOOD, Beyond Satraps and Ostriches: Political and Social Structures of the Saxons in the Early Carolingian Period, in: The Continental Saxons from the Migration Period to the Tenth Century: An Ethnographic Perspective, hg. von Dennis GREEN / Frank SIEGMUND (Studies in Historical archaeoethnology 6, 2003) S. 271–297; Wolfram BRANDES, The Satraps of Constantine, in: Johannes FRIED, Donation of Constantine and Constitutum Constantini. The Misinterpretation of a Fiction and its Original Meaning (Millenium-Studien 3, 2007) S. 115–127.

allem ein Heerführer, kein Herzog im Sinne eines ständigen Amtsträgers oder gar autonomen Herrschers aus eigenem Recht. Zeitgenössische Quellen vom Ende des 9. Jahrhunderts bestätigen dieses Bild. Über Bruns Kampf mit den Normannen berichten vor allem die sogenannten *Annales Fuldenses* oder „Ostfränkischen Reichsannalen":

> *In Saxonia cum Nordmannis infeliciter dimicatum est; nam Nordmanni superiores existentes duos episcopos, quorum ista sunt nomina: Thiotrih et Marcwart, et duodecim comites his nominibus appellatos: Brun ducem et fratrem reginae, Wigmannum, Bardonem, alterum Bardonem et tertium Bardonem, Thiotherium, Gerrichum, Liutolfum, Folcwartum, Avan, Thiotricum, Liutharium, cum omnibus, qui eos sequebantur, occiderunt. Praeterea XVIII satellites regios cum suis hominibus prostraverunt [...]*[17].

Diese Niederlage kam einer gewaltigen Katastrophe gleich, zumal die Normannen auch noch viele Gefangene machten. Verantwortlich dafür war Brun als Heerführer, als den ihn der Annalist eindeutig anspricht, obwohl er die Bischöfe Theoderich von Minden und Markwart von Hildesheim wegen ihres geistlichen Ranges vor dem Liudolfinger nennt. Diese temporäre Funktion macht Brun aber noch nicht zum Herzog im oben genannten Sinne. Zum einen ordnete der Annalist ihn den Grafen zu, zum anderen scheint er ein Heer angeführt zu haben, das im Auftrag König Ludwigs des Jüngeren aufgeboten worden war. Dieser dürfte auch den Feldherren bestimmt haben, und der Annalist gibt auch den Grund zu erkennen, der Brun für diese Aufgabe prädestinierte: Er war der Bruder der Königin. Deshalb – und nicht kraft eigenen Rechts – führte Brun den Befehl über die beiden Bischöfe, andere Grafen sowie die königlichen Vasallen, die, soweit sie zu identifizieren sind, aus Ostfalen und Engern stammten[18]. Der König konnte das Heer im Übrigen nicht selbst anführen, da er damals mit seinen westfränkischen Vettern den Vertrag von Ribemont schloss, der ihm die Herrschaft über ganz Lotharingien einbrachte, und außerdem in der Gegend der unteren Schelde gegen die Norman-

---

17 Annales Fuldenses sive Annales regni Francorum orientalis a. 880, ed. Friedrich KURZE (MGH SS rer. Germ. [7], 1891) S. 94.
18 Vgl. Albert K. HÖMBERG, Westfalen und das sächsische Herzogtum (Schriften der Historischen Kommission Westfalens 5, 1963) S. 14 und 102, Anm. 49; BECHER, Rex (wie Anm. 10) S. 74 f.

nen kämpfte[19]. Diesen beiden Umständen, der Abwesenheit des Königs und seiner verwandtschaftlichen Bindung zu diesem, verdankte Brun seine Stellung als Heerführer gegen die Normannen. Ein Herzog oder gar Stammesherzog war er dagegen nicht.

Letztlich schätzte auch Widukind von Corvey im Abstand von mehreren Generationen Bruns Stellung genau so ein, denn soweit man seine Vorstellungen vom *ducatus totius Saxoniae* rekonstruieren kann, meinte er damit den militärischen Oberbefehl über die Sachsen. Man wird aber ausschließen können, dass Widukind dachte, der *dux* sei unter den Karolingern noch durch Losentscheid bestimmt worden, wie angeblich vor der fränkischen Eroberung. Vielmehr dürfte der Geschichtsschreiber selbstverständlich von einem königlichen Auftrag ausgegangen sein. In diese Richtung weist auch, dass Widukind für beide liudolfingischen Brüder die Königsnähe betonte, da er die Ehe ihrer Schwester mit dem seiner Meinung nach letzten ostfränkischen Karolinger Ludwig akzentuierte, dem angeblich *ultimus vero Karolorum apud orientales Francos imperantium*[20]. Tatsächlich war Liutgard mit Ludwig dem Jüngeren, dem Großonkel Ludwigs des Kindes, verheiratet gewesen. Indem Widukind die genealogischen Zusammenhänge nicht korrekt wiedergab, stilisierte er diese Heirat mit ihren möglichen erbrechtlichen Konsequenzen zu einem wichtigen Schritt beim Aufstieg der Liudolfinger zur Königsherrschaft[21]. Allein daran war Widukind interessiert und nicht etwa an der Stellung dieser Familie am Ende des 9. und zu Beginn des 10. Jahrhunderts. Seiner Meinung nach war bereits Bruns Bruder Otto für das höchste Amt im Reich qualifiziert. Daher habe das Volk der Franken und Sachsen nach Ludwigs Tod Otto die königliche Krone angeboten. Otto habe jedoch aus Altersgründen zugunsten

---

19   Annales Fuldenses a. 880, ed. KURZE (wie Anm. 17) S. 94.
20   Widukind, Res gestae Saxonicae, I, 16, ed. HIRSCH (wie Anm. 3) S. 25.
21   Vgl. Gerd ALTHOFF, Adels- und Königsfamilien im Spiegel der Memorialüberlieferung. Studien zum Totengedenken der Billunger und Ottonen (Münstersche Mittelalter-Schriften 47, 1984) S. 224 ff.; Ernst KARPF, Herrscherlegitimation und Reichsbegriff in der ottonischen Geschichtsschreibung des 10. Jahrhunderts (Historische Forschungen 10, 1985) S. 148, Anm. 31, und 193; BECHER, Rex (wie Anm. 10) S. 45 f.; vgl. bereits Wolfgang GIESE, Der Stamm der Sachsen und das Reich in ottonischer und salischer Zeit. Studien zum Einfluß des Sachsenstammes auf die politische Geschichte des deutschen Reiches im 10. und 11. Jahrhundert und zu ihrer Stellung im Reichsgefüge mit einem Ausblick auf das 12. und 13. Jahrhundert (1979) S. 69.

Konrads verzichtet, des *dux Francorum*²². Dieser sei daraufhin zwar zum König gesalbt worden, aber das *summum imperium* habe stets bei Otto dem Erlauchten gelegen, so Widukind, der Otto an dieser Stelle den Ehrentitel eines *pater patriae* einräumte, den man „als Hinweis auf die vatergleiche, fürsorgende Beziehung der sächsischen Herrscher zu dem von ihnen regierten Land auffassen" kann²³, ganz abgesehen von antiken Vorbildern. Damit setzte er Otto in Parallele zu dessen Sohn, Heinrich I., und Enkel, Otto dem Großen, die er vor allem nach ihren Siegen über die Ungarn bei Riade 933 und auf dem Lechfeld 955 entsprechend bezeichnete²⁴.

Als Nächsten in der Genealogie der Liudolfinger erwähnt Widukind Ottos Sohn Heinrich:

> *Natus est autem ei filius toto mundo necessarius, regum maximus optimus, Heinricus, qui primus libera potestate regnavit in Saxonia. Qui cum primaeva aetate omni genere virtutum vitam suam ornaret, de die in diem proficiebat precellenti prudentia et omnium bonorum actuum gloria; nam maximum ei ab adolescentia studium erat in glorificando gentem suam et pacem confirmando in omni potestate sua*²⁵.

Widukind lässt bereits zu Beginn dieser Passage keinen Zweifel an seiner Einschätzung Heinrichs. Dieser war für ihn von Anfang an der ideale König, auch wenn er ihn noch nicht so titulierte. Besondere Bedeutung habe für Sachsen besessen, dass er als Erster aus freier Machtfülle regiert habe. Indem Widukind Heinrich auf diese Weise charakterisierte, relativierte er an dieser Stelle deutlich die Bedeutung Bruns und Ottos und verdeutlichte ihre Stellung als Amtsträger des Frankenkönigs Ludwig, ihres Schwagers. Vor allem die Stellung Ottos bleibt in der Darstellung des Chronisten ambivalent: Einerseits kam

---

22 Widukind, Res gestae Saxonicae, I, 16, ed. HIRSCH (wie Anm. 3) S. 26 f.: *Regi autem Hluthowico non erat filius, omnisque populus Francorum et Saxonum quaerebat Oddoni diadema inponere regni. Ipse vero quasi iam gravior recusabat imperii onus; eius tamen consultu Cuonradus quondam dux Francorum ungitur in regem. Penes Oddonem tamen summum semper et ubique fiebat imperium.*
23 Thomas EICHENBERGER, Patria. Studien zur Bedeutung des Wortes im Mittelalter (6. bis 12. Jahrhundert) (Nationes 9, 1991) S. 150 f.; vgl. auch PLASSMANN, Origo gentis (wie Anm. 8) S. 287.
24 Widukind, Res gestae Saxonicae, I, 39, ed. HIRSCH (wie Anm. 3) S. 58; ebd., III, 49, S. 128.
25 Widukind, Res gestae Saxonicae, I, 17, ed. HIRSCH (wie Anm. 3) S. 27.

ihm noch vor König Konrad die höchste Gewalt im Reich zu, andererseits war seine Machtstellung noch nicht völlig frei. Das sollte sich nach Widukinds Auffassung erst mit Heinrich ändern, wie bereits seinem Bericht über die Nachfolge Ottos des Erlauchten nach dessen Tod 912 zu entnehmen ist.

> *Igitur patre patriae et magno duce Oddone defuncto, illustri et magnifico filio Heinrico totius Saxoniae reliquit ducatum. [...] Rex autem Cuonradus cum saepe expertus esset virtutem novi ducis, veritus est ei tradere omne potestatem patris. Quo factum est, ut indignationem incurreret totius exercitus Saxonici; ficte tamen pro laude et gloria optimi ducis plura locutus promisit se maiora sibi daturum et honore magno glorificaturum. Saxones vero huiuscemodi simulationibus non adtendebant, sed suadebant duci suo, ut, si honore paterno eum nollet sponte honorare regi invito quae vellet obtinere posset*[26].

Heinrich sei also nach Erbrecht zum Herzog geworden, obwohl Konrad I. sich zunächst geweigert habe, ihm Macht und Würde seines Vaters zu übertragen. Erst die Furcht vor dem gesamten sächsischen Heer habe den König zum Nachgeben veranlasst. Heinrich stand nach Widukinds Auffassung anders als seine Vorgänger nicht im Einklang mit dem fränkischen König, sondern sei mit Hilfe des sächsischen *populus* zur Herzogswürde aufgestiegen[27]. Dieser Umstand erhebt ihn weit über seine Vorgänger. Aber auch die Sachsen gewinnen mit ihrem eigenen *dux* politisches Gewicht, das sie zwar in der Zeit ihrer Landnahme besessen, aber während der karolingischen Herrschaft verloren hatten. Entsprechend wird auch die *Saxonia* als Dukat zum Herrschaftsraum der Liudolfinger[28]. Gleichwohl lässt Widukind in seiner Darstellung die grundsätzliche Unterordnung Heinrichs unter den König durchscheinen. Dieser habe Heinrich und dessen Sachsen zwar nichts Gleichwertiges entgegenzusetzen gehabt und daher am Ende dessen Rangerhöhung zustimmen

---

26 Widukind, Res gestae Saxonicae, I, 21, ed. HIRSCH (wie Anm. 3) S. 30.
27 Vgl. BECHER, Rex (wie Anm. 10) S. 47 f.
28 Vgl. Hans-Werner GOETZ, „Sachsen" in der Wahrnehmung fränkischer und ottonischer Geschichtsschreiber, in: Von Sachsen nach Jerusalem. Menschen und Institutionen im Wandel der Zeiten. Festschrift für Wolfgang Giese zum 65. Geburtstag, hg. von Hubertus SEIBERT / Gertrud THOMA (2004) S. 73–94, hier S. 84, Nachdruck in: DERS., Vorstellungsgeschichte (wie Anm. 6) S. 391–408, hier S. 400.

Das sächsische Herzogtum

müssen, aber der Herrscher blieb in Widukinds Augen die ausschlaggebende Instanz und damit dem Liudolfinger übergeordnet.

Für die Folgezeit schildert Widukind einige Auseinandersetzungen zwischen Heinrich einerseits und König Konrad sowie dessen Unterstützern andererseits. Erzbischof Hatto von Mainz soll ihm eine Falle gestellt haben, wovon Heinrich aber rechtzeitig erfuhr. Daraufhin soll er die Mainzer Besitzungen in Thüringen besetzt und weitere Gefolgsleute des Königs, Burchard und Bardo, einer von ihnen sogar Konrads Schwager, angegriffen haben[29]. Widukind überliefert diese Geschichte in zwei Fassungen: In der einen wird Hatto eindeutig als Verräter gezeichnet[30], in der für die Kaisertochter gedachten Version dagegen nur sehr verklausuliert zum Schuldigen erklärt. Entscheidend aber ist, dass der Gegensatz zwischen dem Liudolfinger und dem Mainzer Erzbischof wohl kaum etwas mit Heinrichs angeblich herzoglicher Stellung in Sachsen zu tun hatte, da der Konflikt nach Widukinds Aussage in Thüringen ausgetragen wurde und sich letztlich um die dort gelegenen Besitzungen der Mainzer Kirche drehte.

Widukind bringt dann einen weiteren Konflikt in Zusammenhang mit dem Gegensatz zwischen König Konrad und dem nach größerer Eigenständigkeit strebenden Heinrich. Konrad habe seinen Bruder Eberhard gegen die Eresburg entsandt; in der folgenden Schlacht seien so viele Franken getötet worden, dass die Sänger gleichsam gefragt hätten, wo es eine solche Hölle gäbe, die so viele Getötete aufnehmen könne[31]. Angesichts der Entfernung der Eresburg vom liudolfingischen Machtzentrum im Harzgebiet und in Thüringen, dem bisherigen Schwerpunkt der Auseinandersetzungen, stellt sich die Frage, inwiefern Heinrich überhaupt in diese Auseinandersetzungen involviert war,

---

29 Zu ihnen vgl. BECHER, Rex (wie Anm. 10) S. 183.
30 Widukind, Res gestae Saxonicae, I, 22 (Handschriftenklasse B), ed. HIRSCH (wie Anm. 3) S. 31 f.; vgl. BEUMANN, Widukind (wie Anm. 2) S. 58 und 81; KARPF, Herrscherlegitimation (wie Anm. 21) S. 148 ff.; Gerd ALTHOFF, Verformungen durch mündliche Tradition: Geschichten über Erzbischof Hatto von Mainz, in: Iconologia sacra. Mythos, Bildkunst und Dichtung in der Religions- und Sozialgeschichte Alteuropas. Festschrift für Karl Hauck zum 75. Geburtstag, hg. von Hagen KELLER (Arbeiten zur Frühmittelalterforschung 23, 1994) S. 438–450, hier S. 445 ff.
31 Widukind, Res gestae Saxonicae, I, 23, ed. HIRSCH (wie Anm. 3) S. 35 f.: *Rex autem misit fratrem cum exercitu in Saxoniam eam devastandam. Qui appropians urbi qui dicitur Heresburg [...] Saxones ei occurrerunt miliario uno ab urbe, et inito certamine tanta caede Francos multati sunt, ut a mimis declamaretur, ubi tantus ille infernus esset, qui tantam multitudinem caesorum capere posset.*

zumal der Liudolfinger laut Widukind gar nicht selbst in die Kämpfe eingegriffen hat³². Es waren schlicht *Saxones*, die Eberhard Widerstand leisteten. Nur falls man die herzogliche Herrschaft Heinrichs über alle Sachsen von vornherein akzeptiert, erscheint der Liudolfinger als Konfliktpartei. Dass die Sachsen in Widukinds Vorstellung einen derart triumphalen Erfolg über die Franken erringen konnten, ohne dass Heinrich unmittelbar beteiligt war, ist jedenfalls bezeichnend für dessen angebliche Stellung als Herzog aller Sachsen. Widukind entwirft dieses Bild, vermag es aber allem Anschein nach aus der ihm bekannten Überlieferung nicht recht auszumalen.

In der Rückschau postuliert Widukind einen unmittelbaren Zusammenhang zwischen Eberhards Niederlage und einem Angriff Konrads I. auf Heinrich, der sich angesichts der fränkischen Übermacht in die Burg Grone zurückgezogen habe³³. Der König habe den Herzog durch eine Gesandtschaft zu einer *spontanea deditio* aufgefordert und ihm dafür angeboten, ihn künftig als *amicus*, nicht als *hostis* anzusehen³⁴. Widukind lässt durchscheinen, dass Heinrich dazu schon bereit gewesen sei. Doch während der Verhandlungen sei sein Vertrauter Thietmar in Grone erschienen und habe den Eindruck erweckt, er führe ein gewaltiges, aus 30 Legionen bestehendes Entsatzheer heran. Darauf seien die um ihre Hoffnungen getäuschten Gesandten zum König zurückgekehrt: Thietmar habe damit durch seine Schlauheit die Gegner des Herzogs geschlagen, die dieser mit dem Schwert nicht habe besiegen können. Laut Widukind habe sich das Heer des Königs sogleich aufgelöst³⁵. Mit der Thietmar-Anekdote wollte Widukind anscheinend die schwierige Lage, in die Hein-

---

32   Vgl. BECHER, Rex (wie Anm. 10) S. 184 f.
33   Widukind, Res gestae Saxonicae, I, 24, ed. HIRSCH (wie Anm. 3) S. 36: *Audiens autem rex male pugnatum a fratre, congregata omni virtute Francorum, perrexit ad requirendum Heinricum. Quem compertum in presidio urbis quae dicitur Grona, temptavit illud obpugnare presidium.*
34   Widukind, Res gestae Saxonicae, I, 24, ed. HIRSCH (wie Anm. 3) S. 36: *Et missa legatione pro spontanea deditione spondet [rex] se per hoc sibi amicum affuturum, non hostem experturum.*
35   Widukind, Res gestae Saxonicae, I, 24, ed. HIRSCH (wie Anm. 3) S. 36 f.: *Huic legationi intervenit Thiatmarus ab oriente [...]. Hic superveniens legatis regis presentibus interrogat, ubi vellet exercitum castra metari. At ille iam suasus cedere Francis, accepit fiduciam, audiens de exercitu, credens ita esse; Thiatmarus vero ficte loquebatur. Cum quinque enim tantummodo viris venerat. De numero autem legionum sciscitante duce, ad triginta fere legiones se producere posse respondit. Et ita delusi legati regressi sunt ad regem. Vicit vero eos calliditate sua Thiatmarus, quos ipse dux ferro vincere non potuit Heinricus. Nam antelucanum relictis castris Franci, unusquisque rediit in sua.*

rich im Jahr 915 geraten war, zum Positiven wenden[36]. Auch diesen Bericht wird man daher nicht als Beleg dafür nehmen können, dass Heinrich damals eine herzogliche Stellung über die Sachsen innehatte. Vielmehr folgte Widukind seinem Stolz als Sachse und ließ den damaligen Spitzenrepräsentanten seines Volkes, dem er den Titel *dux* gab, stets als Sieger erscheinen. Gleichwohl blieb Heinrich in dieser Funktion nach Widukinds Vorstellungen dem Frankenkönig weiterhin untergeordnet.

Dies änderte sich erst, als Konrad auf dem Totenbett die wahren Machtverhältnisse erkannt und Heinrich als Nachfolger designiert habe. Der König soll seinem Bruder Eberhard gegenüber diese Entscheidung damit begründet haben, dass ihnen – den Konradinern – *fortuna atque mores* gefehlt hätten, denn beides sei auf Heinrich übergegangen; damit liege die Entscheidung über das Reich bei den Sachsen. Wie schon in seinen Ausführungen über die Nachfolge Ottos des Erlauchten und Heinrichs setzt Widukind also die Sachsen mit Heinrich gleich: Indem dieser die besten Eigenschaften und den Erfolg in sich vereinigte, sind die Sachsen in Widukinds Augen zum entscheidenden Machtfaktor geworden. Dabei störte den Geschichtsschreiber nicht weiter, dass er bis dahin recht wenig über Heinrich und noch weniger über dessen Erfolge zu berichten hatte. Gleichwohl, so lässt er den sterbenden Konrad fortfahren, werde Heinrich ein wahrer König und *imperator multorum populorum* sein[37]. Heinrich nennt der Geschichtsschreiber dann noch einmal *imperator*: Nach seinem Sieg in der Schlacht von Riade 933 sei er von seinem Heer zum *imperator* und zum *pater patriae* ausgerufen worden[38]. Damit weist Widukind auf Otto den Großen voraus, den sein Heer nach dem Sieg auf dem Lechfeld 955 über den gleichen Gegner als *imperator* und *pater patriae* akklamiert habe.

---

36 Vgl. Gerd ALTHOFF, Amicitiae und Pacta. Bündnis, Einung, Politik und Gebetsgedenken im beginnenden 10. Jahrhundert (Schriften der MGH 37, 1992) S. 20; Johannes FRIED, Die Königserhebung Heinrichs I. Erinnerung, Mündlichkeit und Traditionsbildung im 10. Jahrhundert, in: Mittelalterforschung nach der Wende 1989, hg. von Michael BORGOLTE (Historische Zeitschrift, Beihefte N.F. 20, 1995) S. 267–318, hier S. 293 mit Anm. 112.
37 Widukind, Res gestae Saxonicae, I, 25, ed. HIRSCH (wie Anm. 3) S. 38; vgl. BEUMANN, Widukind (wie Anm. 2) S. 237 f.
38 Widukind, Res gestae Saxonicae, I, 39, ed. HIRSCH (wie Anm. 3) S. 58; vgl. BEUMANN, Widukind (wie Anm. 2) S. 228 und 233 f.; Hagen KELLER, Machabaeorum pugnae. Zum Stellenwert eines biblischen Vorbilds in Widukinds Deutung der ottonischen Königsherrschaft, in: Iconologia sacra, hg. von DEMS./STAUBACH (wie Anm. 30) S. 417–437.

Bekanntlich bezeichnete der Geschichtsschreiber den Herrscher von da an konsequent als *imperator*, als Kaiser, und negierte damit die tatsächliche Kaiserkrönung durch den Papst sieben Jahre später. Der Aufstieg der Liudolfinger lässt sich daher folgendermaßen zusammenfassen: Liudolf: ‚einfacher' Sachse – Heirat seiner Tochter mit König Ludwig – Brun: glückloser *dux* – Otto: erfolgreicher *dux* und Anwärter auf den Königsthron – Heinrich: 919 von Franken und Sachsen zum König gewählt. Das Herzogtum war also nur eine Stufe gewesen, die das Geschlecht der Liudolfinger auf seinem Aufstieg zur Königsherrschaft durchlief.

Angesichts des großen zeitlichen Abstandes sind Widukinds Vorstellungen von einem angeblichen sächsischen Herzogtum Anfang des 10. Jahrhunderts sicherlich mit Vorsicht zu bewerten. Der Chronist entwickelte ein festes hierarchisches Bild von der ‚Verfassung' jener Zeit. An der Spitze steht der König, unter ihm rangieren die Herzöge, die ihrerseits allen Franken oder Sachsen übergeordnet sind. Gerade angesichts seines verfestigten Bildes vom sächsischen Herzogtum wird man Widukinds Aussagen kaum als eine angemessene Beschreibung der Verhältnisse im ersten Viertel des 10. Jahrhunderts bewerten können. Konrad war niemals *dux Francorum*, und es ist zweifelhaft, ob auch Otto in der beschriebenen Weise *dux Saxonum* gewesen ist. Da Widukind aber ein Bild von *gentes* entwarf, die auf ihre Eigenständigkeit bedacht waren und an deren Spitze *duces* standen, liegt der Schluss nahe, dass er solche Verhältnisse aus eigener Anschauung kannte. Seine Darstellung vom sächsischen Herzogtum unter Brun, Liudolf und Heinrich war daher zu einem sehr großen Teil von seiner Kenntnis der eigenen Zeit geprägt, zu einem kleineren immerhin von seinem Wissen über die ‚Verfassung' der Sachsen vor der fränkischen Eroberung.

Matthias Springer

Sagenhaftes aus der Geschichtswissenschaft

> *Gentis Saxonum primordia et originem*
> *et (quas putant) antiquitates*
> *apud nostros relegentem*
> *pudor occupat et confusio faciei:*
> *ita puerilibus fabulis*
> *et anilibus deliramentis*
> *omnia scatent ...*
> Albert Krantz (1448–1517)

Innerhalb der Wissenschaft gibt es die Meinung, daß mittelalterliche (lateinische) Geschichtsschreiber seit dem 9. Jahrhundert „die sächsische Stammessage aufgezeichnet" hätten. Ein solches Tun (ich meine das Tun der Geschichtsschreiber) wäre literaturgeschichtlich höchst beachtenswert. Es müßte die Gelegenheit bieten, durch die Rückübersetzung der lateinischen Niederschriften mehrere altniederdeutsche und vielleicht auch mittelniederdeutsche Literaturwerke wiederzugewinnen, die nur mündlich vorhanden waren, bis sie ins Lateinische übertragen und aufgezeichnet wurden. Doch haben sich die Erforscher der altgermanischen sowie der mittelniederdeutschen Literatur (und ihrer hochdeutschen Entsprechungen) selten um die betreffenden lateinischen Geschichtswerke gekümmert, sofern wir von genau einer Quelle absehen, nämlich den Jahrbüchern von Quedlinburg.

Großer Beliebtheit erfreuen sich die betreffenden Schriften indessen bei der Geschichtswissenschaft im engeren Sinne. Die Vertreter der eingangs genannten Meinung haben die angeblichen Aufzeichnungen nämlich benutzt, um von Ereignissen des 6. Jahrhunderts (in bestimmten Fragen auch von der folgenden Zeit) ein Bild zu malen, das im genauen Gegensatz zu den Aussagen aller Quellen steht, die vom 6. bis zur Mitte des 9. Jahrhunderts entstanden sind.

Vor allem geht es darum, daß erstmals zwischen 851 und 865 behauptet worden ist, die Sachsen hätten sich als Verbündete des fränkischen Königs Theuderich I. maßgeblich an dem Krieg beteiligt, der 531/533 zum Untergang des Thüringerreichs führte; und sie hätten als Belohnung einen Teil Thüringens (oder das ganze Land) erhalten.

Das eben genannte Geschichtsbild beruht vor allem auf drei Schriftwerken; und zwar sind das:

Erstens derjenige Teil der „Übertragung der Gebeine des Heiligen Alexander" (*Translatio sancti Alexandri*), den Rudolf von Fulda (gestorben 865) verfaßt hat, worin aber über den Gottesmann, seine sterblichen Überreste und seine Wunder kein einziges Wort fällt. Mit diesen Dingen beschäftigt sich erst der von Meginhart stammende zweite Teil der Erzählung[1].

Zweitens geht es um die einleitenden Abschnitte der „Sachsengeschichte" des Widukind von Corvey (gestorben nach 973 oder wenigstens nach 968)[2].

An dritter Stelle folgen die „Jahrbücher von Quedlinburg", die im ersten Drittel des 11. Jahrhunderts entstanden sind[3], jedenfalls in ihrem Grundbestand.

Widukind schildert die sächsische Teilnahme an der Vernichtung des Thüringerreichs auf der Grundlage von Rudolfs Übertragungsbericht, hat seine Vorlage aber beträchtlich erweitert und abgewandelt. Die Abhängigkeit des Corveyer Mönchs von dem Fuldaer, die bereits Krusch gezeigt hatte, wurde 1956 von Hermann Stöbe ausführlich und hinreichend begründet[4]. Doch ist unbedingt folgendes hinzuzufügen: Schon 1952 hatte Hans Joachim Witzel

---

1   Die maßgeblichen Ausgaben der Quelle bilden Bruno KRUSCH, Die Übertragung des H. Alexander von Rom nach Wildeshausen durch den Enkel Widukinds 851 (Nachrichten von der Gesellschaft der Wissenschaften zu Göttingen, Philologisch-Historische Kl. 4, Fachgruppe II 13, 1933) S. 405–436, sowie (als Faksimileausgabe) Helmar HÄRTEL (Hrsg.), Translatio S. Alexandri auctoribus Ruodolfo et Meginharto Fuldensibus (Facsimilia textuum manuscriptorum 5, 1979). Berichtigungen zu Kruschs Angaben über die Textzeugen und -ausgaben bietet Paul LEHMANN, Eine Fuldaer Handschrift, in: Otto Glauning zum 60. Geburtstag. Festgabe aus Wissenschaft und Bibliothek 1, hg. von Heinrich SCHREIBER (1936) S. 140–144.
2   Widukind von Corvey, Rerum gestarum Saxonicarum libri tres, ed. Paul HIRSCH (MGH SS rer. Germ. [60], ⁵1935).
3   Annales Quedlinburgenses, ed. Martina GIESE (MGH SS rer. Germ. 72, 2004).
4   Hermann STÖBE, Die Unterwerfung Norddeutschlands durch die Merowinger und die Lehre von der sächsischen Eroberung, Wissenschaftliche Zeitschrift der Friedrich-Schiller-Universität Jena, Gesellschafts- und Sprachwissenschaftliche Reihe 6 (1956/57) S. 152–190 und S. 323–336, hier S. 155. Siehe auch Walter BERSCHIN, Biographie und Epochenstil im lateinischen Mittelalter 3 (1991) S. 263 f.: „Rudolfs Werk [...] ist [...] der Ausgangspunkt für die Geschichtsschreibung Widukinds von Corvey und Adams von Bremen."

bewiesen, daß bei Widukind ein regelrechtes Zitat aus Rudolfs Übertragungsbericht steht[5]. Nur findet sich diese Stelle nicht innerhalb der Erzählungen über die sächsische Urgeschichte und den Untergang des Thüringerreichs. Sie bildet vielmehr das Ende des Abschnitts, in dem Widukind die „Awaren" (also die Ungarn) beschreibt. Hier heißt es bei Widukind: *Haec ideo de hac gente dicere arbitrati sumus, ut possit tua claritas agnosc e r e [...] a quibus hostibus [...] Europa liberat a   s i t* [6]. Dieser Satz beruht auf der Bemerkung, die Rudolf an seine Ausführungen über die altsächsische Religion anschließt, um zur Bekehrungsgeschichte, also zu Karls des Großen Sachsenkrieg, überzugehen: *Haec vero ideo commemoravi, quo prudens lector agnoscat, a quantis errorum tenebris [...] sint liberati*[7]. Ich habe den Widukindschen Satz mit den Buchstabengrößen und -abständen versehen, die in der Ausgabe der MGH hätten gedruckt werden müssen, wenn den Herausgebern die Vorlage bekannt gewesen wäre. Besonders hervorzuheben ist, daß die Übernahme des Rudolfschen Satzes einen sachlichen Grund hat und nicht bloß einen lateinischen Ausdruck nachahmt. Mit den zitierten Worten rechtfertigt Widukind genauso wie Rudolf eine scheinbare oder tatsächliche Abschweifung.

Was die einschlägigen Abschnitte der Jahrbücher von Quedlinburg betrifft, so gehen sie einerseits auf Rudolf von Fulda sowie Widukind von Corvey zurück und andererseits auf den *Liber historiae Francorum*, der im 8. Jahrhundert entstanden ist[8]. Im weiteren nenne ich dieses Werk „die Frankengeschichte", denn ich möchte nicht immerzu den umständlichen lateinischen Titel wiederholen.

Einer Ergänzung bedarf meine Aussage, die Geschichtswissenschaft habe anhand der drei zu betrachtenden Schriften angebliche Ereignisse des 6. Jahrhunderts und der folgenden Zeit beschrieben: Mindestens das Werk des Widukind von Corvey hat einigen Forschern obendrein dazu gedient, eine sächsische Geschichte der Zeit vom zweiten nachchristlichen Jahrhundert bis 531 zu erfinden. Die Erzählungen des Rudolf von Fulda und der Jahrbücher von Quedlinburg sind für einen solchen Zweck weit weniger geeignet.

---

5 Hans Joachim WITZEL, Der geographische Exkurs in den lateinischen Geschichtsquellen des Mittelalters (1952) S. 167.
6 Widukind, Res gestae Saxonicae, I, 19, ed. HIRSCH (wie Anm. 2) S. 29.
7 KRUSCH, Die Übertragung (wie Anm. 1) S. 425.
8 Liber historiae Francorum, ed. Bruno KRUSCH (MGH SS rer. Merov. 2, 1888) S. 215–328. Vorher nannte man das Werk übrigens *Gesta Francorum*.

Über die sächsische Frühzeit habe ich mich anderswo ausführlich geäußert und ebenso über das unhaltbare Verfahren, anhand der betreffenden Quellen des 9., 10. und 11. Jahrhunderts den Untergang des Thüringerreichs sowie die Geschichte des vorkarolingischen Sachsens darstellen zu wollen[9].

In diesem Beitrag will ich zunächst die literarische Stellung der drei Hauptquellen näher betrachten. Zweitens möchte ich dem Fortwirken dieser Schriften bis ins 16. Jahrhundert an einigen Beispielen nachgehen. Drittens werde ich mich einer in Vergessenheit geratenen Frage widmen, die das Quedlinburger Annalenwerk betrifft.

In bezug auf den Ausgangspunkt unserer Betrachtung, also die Ereignisse von 531/533, nennt man unsere drei Erzählwerke „die sächsischen Quellen" – im Unterschied zu den angeblich „fränkischen" Quellen, also den literarischen Schöpfungen des Gregor von Tours (gestorben nach 594) und des Venantius Fortunatus (gestorben nach 600) sowie den Geschichtswerken, die während des 7. und 8. Jahrhunderts im Merowingerreich entstanden sind, nämlich der „Fredegar-Chronik" und der „Frankengeschichte". Übersehen wird bei dieser Aufzählung Prokop von Kaisareia (gestorben wohl kurz nach 555), der ein Grieche oder Oströmer oder Byzantiner war und als frühester Geschichtsschreiber über den Thüringerkrieg Theuderichs I. berichtet[10].

Nun handelt es sich bei Gregor von Tours und Venantius Fortunatus keineswegs um Franken, sondern um Galloromanen oder Romanen oder Römer – je nach den Einteilungsgrundsätzen, denen man folgt. Venantius Fortunatus stammte übrigens aus Italien.

Auf der anderen Seite sieht es mit dem Sachsentum des Rudolf von Fulda trübe aus. Nach den üblichen Zuordnungen hat er als Franke zu gelten. Seine Schilderung kann nur dann als sächsische Quelle ausgegeben werden, wenn man voraussetzt, er hätte „die sächsische Stammessage aufgezeichnet". Auf welche Weise die ihm in Fulda oder in Mainz zu Ohren gekommen sein soll, erfährt man nicht. Hat der vielseitige Mönch vielleicht volkskundliche Forschungsreisen nach Sachsen unternommen?

Jedenfalls hört sich Rudolfs „Niederschrift" auf deutsch so an:

> „Wie aus der *antiquitas* hervorgeht, nahm das Geschlecht der Sachsen von den Angeln, den Bewohnern Britanniens, seinen Ausgang. In dem Bestreben und unter dem Zwang, Sitze zu suchen, durchsegelte es das Meer und landete an den Küsten Germaniens bei

---

9   Matthias SPRINGER, Die Sachsen (2004) S. 63–96.
10 SPRINGER, Die Sachsen (wie Anm. 9) S. 61 f.

dem Ort *Haduloha*, und zwar zu der Zeit, als der Frankenkönig Theuderich im Kampf gegen seinen Schwager, den Thüringerherzog Irminfrid, das Land grausam mit Feuer und Schwert verwüstete. Und weil sie bereits in zwei Schlachten mit schwankendem Erfolg und unsicherem Ergebnis, aber unter gräßlichen Menschenverlusten gestritten hatten, schickte Theuderich, der sich in seiner Siegeshoffnung getäuscht sah, Gesandte zu den Sachsen, deren Herzog *Hadugoto* war, denn er <der König M.S.> hatte vom Grund ihrer Landung gehört. Er warb sie als Hilfstruppen an, indem er ihnen für den Fall des Sieges Wohnsitze versprach. Indem sie an seiner Seite gewissermaßen schon für Vaterland und Freiheit tapfer kämpften, überwand er die Gegner; und weil die Einheimischen niedergemetzelt und beinahe bis zur völligen Vernichtung aufgerieben waren, überließ er ihr Land gemäß seinem Versprechen den Siegern. Diese verlosten es untereinander. Da aber viele von ihnen im Krieg gefallen waren und da wegen ihrer geringen Anzahl das Land in seiner Gesamtheit von ihnen nicht in Besitz genommen werden konnte, übertrugen sie – jeder nach dem ihm zugefallenen Los – einen Teil davon (vornehmlich den östlichen) gegen die Entrichtung eines Tributs an *coloni* zur Bebauung. Die anderen Flächen nahmen sie selber in Besitz. Im Süden hatten sie nun die Franken und denjenigen Teil der Thüringer als Nachbarn, die das vorherige Wüten des feindlichen Heeres (*hostilis turbo*) nicht betroffen hat <kein Plusquamperfekt! M.S.>; und sie werden durch das Bett des Flusses Unstrut voneinander geschieden. Im Norden <haben sie als Nachbarn M.S.> aber die Normannen, die ganz wilde Leute sind, im Osten schließlich die Obodriten und im Westen die Friesen, vor denen sie zwangsläufig und ohne Unterlaß ihre Grenzräume entweder mit friedlichen Vereinbarungen oder mit Gewalt zu schützen pflegten".[11]

Literarisch betrachtet kann diese Schilderung alles Mögliche sein, nur nicht die Niederschrift einer Sage – weder einer Heldensage, noch einer Ursprungssage, noch einer Volkssage. Rudolfs Worte erinnern eher an die gefälschten Urkun-

---

11 Translatio sancti Alexandri, ed. KRUSCH (wie Anm. 1) S. 423 f.: *Saxonum gens, sicut tradit antiquitas, ab Anglis Britanniae incolis egressa per Oceanum navigans Germaniae litoribus studio et necessitate quarendarum sedium appulsa est in loco, qui vocatur Haduloha, eo tempore, quo Thiotricus rex Francorum contra Irminfridum generum suum, ducem Thuringorum, dimicans, terram eorum crudeliter ferros vastavit et igni. Et cum iam duobus proeliis ancipiti pugna incertaque victoria miserabili suorum cede decertassent, Thiotricus spe vincendi frustratus, misit legatos ad Saxones, quorum dux erat Hadugoto. Audivit enim causam adventus eorum promissisque pro victoria habitandi sedibus, conduxit eos in adiutorium; quibus secum quasi iam pro libertate et patria fortiter dimicantibus, superavit adversarios vastatisque indigenis et ad internitionem pene deletis, terram eorum iuxta pollicationem suam victoribus delegavit. Qui eam sorte dividentes, cum multi ex eis in bello cecidissent, et pro raritate eorum tota ab eis occupari non potuit, partem illius, et eam quam maxime, quae respicit orientem colonis tradebant, singuli pro sorte sua, sub tributo exercendam. Cetera vero loca ipsi possiderunt. A meridie quidem Francos habentes et partem Thuringorum, quos praecedens hostilis turbo non tetigit, et alveo fluminis Unstrotae dirimuntur. A septentrione vero Nordmannos, gentes ferocissimas: Ab ortu autem solis Obodritos, et ab occasu Frisos, a quibus sine intermissione vel foedere vel concertatione necessario finium suorum spacia tuebantur.*

den, mit denen die Umgrenzung eines Bistums und seine Ansprüche auf bestimmte Abgaben festgelegt werden sollten.

Der Fuldaer Mönch verfügte über Erfahrungen als Urkundenfälscher. Bei dieser Tätigkeit hatte er ein erhebliches Geschick entfaltet. Zum Beispiel erdichtete er den Namen *Fuldaha* (statt der richtigen Form *Fulda*)[12]; und *Fuldaha* klingt völlig echt.

Wie Stöbe festgestellt hat, erfand Rudolf die Unstrutgrenze im Zusammenhang mit dem Hersfelder Zehntstreit[13]. Den Ausgangspunkt bildete die Tatsache, daß die Unstrut von ihrer Mündung aufwärts bis zum Einfluß der Helme die Grenze zwischen dem Erzbistum Mainz und dem Bistum Halberstadt bildete. Mit seiner Unstrutgrenze hat sich Rudolf von Fulda bei der neuzeitlichen Wissenschaft größtes Ansehen erworben, obwohl in anderen Quellen von dieser angeblichen Völkerscheide keine Rede ist. Allerdings hat sich die Geschichtswissenschaft keineswegs die Nachricht zu eigen gemacht, daß die Thüringer rechts der Unstrut von dem Krieg zwischen Irminfrid und Theuderich überhaupt nicht berührt worden wären, obwohl diese Mitteilung einen notwendigen Bestandteil der Rudolfschen Lehre von dieser Flußgrenze bildet. Am Rande bemerkt, bildete die Saale ebensowenig eine Völkerscheide wie die Unstrut, obwohl Einhard ihr eine solche Rolle zuzuschreiben scheint[14].

Wer die angeblich seit dem 9. Jahrhundert „aufgezeichnete sächsische Stammessage" als Quelle für die Ereignisse der Jahre um 530 benutzt, geht von der Voraussetzung aus, daß diese Sage seit jener Zeit ein halbes Jahrtausend lang ununterbrochen mündlich weitergegeben worden wäre. Eine weitere Voraussetzung ist die, daß jeder der drei Schöpfer der Hauptquellen die Stammessage so niedergeschrieben hätte, wie sie ihm zu Ohren gekommen wäre, also ohne etwas hinzuzufügen oder wegzulassen. Es wird geradezu be-

---

12   Franz STAAB, Rudolf von Fulda und der Name seiner Abtei, Beiträge zur Namenforschung N.F. 19 (1984) S. 21–27.
13   STÖBE, Unterwerfung Norddeutschlands durch die Merowinger (wie Anm. 4) S. 154; 174; 186, Anm. 212; S. 325 ff.
14   Heinz WIESSNER, Das Bistum Naumburg 1/1 (Germania Sacra N.F. 35/1, 1997) S. 119 f.: „Die von Einhard als Grenze zwischen Thüringern und Sorben bezeichnete Saale kann nur in dem Sinne als Grenzlinie aufgefaßt werden, daß östlich des Flusses die Rechtsverhältnisse der Mark gelten. Ethnographisch bildet die Saale keine Grenze, denn schon damals haben deutsche Stämme über ihren Unterlauf ostwärts hinübergegriffen, während oberhalb von Kahla Sorben auch westlich der Saale bis zum Walde hin siedeln."

hauptet, Widukind von Corvey hätte die sächsische Stammessage „referiert"[15]. Daraus folgt als weiterer Glaubenssatz, daß der Corveyer Mönch das Werk des Rudolf von Fulda nicht benutzt hätte und daß die einschlägigen Nachrichten der Quedlinburger Jahrbücher ohne Hinzuziehung der beiden älteren Schriften „aufgezeichnet" worden wären[16]. Daß die Jahrbücher die „Frankengeschichte" benutzt haben, wird hingegen nicht bestritten.

Gänzlich verboten ist der Gedanke, daß Rudolf und Widukind ihre sagenhaften Geschichten erdichtet hätten, um ihre Leser oder Leserinnen zu beeinflussen oder sonstwie auf sie zu wirken. (Rudolf schrieb im Auftrag Waltberts, eines Enkels des Herzogs Widukind. Widukind von Corvey schrieb für die Äbtissin Mathilde von Quedlinburg.) Folglich wird den beiden Schriftstellern von der Wissenschaft auch untersagt, bei der „Aufzeichnung der Stammessage" Beziehungen zur Gegenwart herzustellen.

In neueren Darstellungen steht allerdings, daß bestimmte Sageneinschübe der Jahrbücher von Quedlinburg „das Interesse an besitzrechtlicher Legitimierung" erkennen ließen[17]. Ich bezweifle, daß es einen mündlich überlieferten Sagenschatz gegeben hätte, dessen Bestandteile einzeln für beliebige Zwecke verschriftlicht in Umlauf gebracht worden wären. Vielmehr haben die Quedlinburger Jahrbücher entsprechende Ausführungen Widukinds und Rudolfs aufgegriffen.

Ohne Zweifel machen nämlich Rudolf von Fulda und Widukind von Corvey besitzrechtliche Forderungen und politische Ansprüche geltend. Ihre geschichtliche Begründung haben sich die beiden Verfasser aber ausgedacht. Sie entstammt nicht der sächsischen Stammessage. Es ist überhaupt eine verwunderliche Vorstellung, daß altgermanische Sagen sich über Zinsen, grundherrliche Verhältnisse und politische Grenzen geäußert hätten. Das kommt mir so vor, als ob man mathematische Formelsammlungen für einen Bestandteil heutiger Liebesromane hielte.

---

15 So jüngst Erika TIMM, Frau Holle, Frau Percht und verwandte Gestalten (^{2}2010) S. 157.
16 GIESE, Annales Quedlinburgenses (wie Anm. 3) S. 104, Anm. 247: „Widukind geht der Annalistin zeitlich voraus und schöpfte seine Kenntnisse wie diese offenbar aus der mündlichen Tradition."
17 GIESE, Annales Quedlinburgenses (wie Anm. 3) S. 77. Sonderbarerweise fällt die zitierte Äußerung im Zusammenhang mit einer Stelle der Jahrbücher, die aus der „Frankengeschichte" abgeschrieben ist und letzten Endes auf Gregor von Tours zurückgeht, also keineswegs einer sächsischen Sage entstammt.

Nun weichen Rudolfs, Widukinds und die Quedlinburger Schilderungen erheblich voneinander ab. Zum Teil widersprechen sie einander ganz und gar. Der Sachverhalt führte zu dem Schluß, daß die drei Geschichtsschreiber „verschiedene Fassungen der sächsischen Stammessage aufgezeichnet" hätten, woraus folgt, daß alle drei Fassungen seit 531/533 nebeneinander bestanden hätten. Die heutigen Gelehrten, die „die aufgezeichnete sächsische Stammessage" als Geschichtsquelle fürs 6. Jahrhundert benutzen, gehen nicht davon aus, daß Widukinds Fassung jünger sei als die Rudolfs und die Quedlinburger Fassung jünger als die Widukinds. Da war man im 19. Jahrhundert weiter, denn damalige Geschichtsforscher vertraten die Ansicht, daß sich die Sage im Laufe der Zeit immer stärker mit erdichteten Bestandteilen angereichert habe.

Wie schon erwähnt, wird bestritten, daß Rudolfs Schrift von Widukind benutzt worden ist und daß Widukinds oder Rudolfs Werk oder beide in den Quedlinburger Jahrbüchern ausgebeutet worden sind. Wenn man nämlich eine solche Abhängigkeit gelten läßt, liegt die Vermutung nahe, daß die jüngeren Verfasser die Geschichten, die sie vorfanden, planmäßig verändert haben. In ihren Erzählungen träte also die Stammessage nicht mehr in unverfälschter Reinheit ans Licht. Folglich wären sie auch nicht mehr als Quellen für die Geschichte des 6. Jahrhunderts zu gebrauchen. Da hält man lieber an dem Glauben fest, daß alle drei Fassungen „schon immer" so da waren, wie wir sie lesen.

Leider erfährt man nicht, welche der verschiedenen Fassungen denn nun der Wirklichkeit entspricht. Ohnehin wird der Leser der einschlägigen Darstellungen keineswegs über die grundsätzlichen Widersprüche der drei Quellen aufgeklärt. Das sei an folgenden Beispielen gezeigt:

Nach Rudolf von Fulda betraten die Sachsen gerade zu der Zeit bei Hadeln das Festland, als Theuderich im Kampf mit Irminfrid lag. Nach Widukind von Corvey waren sie in einer grauen Vorzeit dort gelandet. Hier in Norddeutschland (dieses Wort fällt natürlich nicht) hätten sie sich dann solchen Ruhm erworben, daß die Briten sie um Hilfe baten. Dem Ersuchen seien die Sachsen gefolgt, was schließlich zur Herausbildung des Angelsachsentums geführt habe[18].

Die germanische Besiedlung Britanniens begann in den zwanziger Jahren des 5. Jahrhunderts. Nehmen wir Widukinds Mitteilungen für bare Münze,

---

18   Widukind, Res gestae Saxonicae, I, 8, ed. HIRSCH (wie Anm. 2) S. 8–10.

dann müßten die Sachsen lange vor jener Zeit und folglich weit mehr als einhundert Jahre vor 530 in Norddeutschland angekommen sein.

Nun finden sich in Widukinds Werk überhaupt keine Jahreszahlen. Das heißt, die Vergangenheit war dem Corveyer Mönch eine ungegliederte Vorzeit – wie allen Leuten, die über die Geschichte reden, ohne genaue Zeitangaben zu machen. Dementsprechend schreibt er weiter, Theuderich habe die Sachsen zu Hilfe geholt, „die seit grauer Vorzeit (*iam olim*) die erbittertsten Feinde der Thüringer waren"[19]. Als er in dem eben genannten Zusammenhang auf Britannien zu sprechen kommt, bemerkt er, dieses Land sei „in grauer Vorzeit" (*iam olim*) von dem Kaiser Vespasian zu einer römischen Provinz gemacht worden. Vespasian regierte von 69 bis 79. Auf 500 Jahre mehr oder weniger kam es Widukind nicht an. Er hatte eben keine klaren Vorstellungen von der Vergangenheit.

Nicht nur die Frühgeschichte Sachsens, sondern auch das Ergebnis des Krieges liest sich bei Rudolf wesentlich anders als bei Widukind. Nach Rudolf überließ Theuderich „den Siegern" zur Belohnung das (anscheinend bisher thüringische) Gebiet links der Unstrut. Obendrein erfahren wir, daß das Land auf dem anderen Ufer des Flusses von dem ganzen Krieg überhaupt nicht betroffen gewesen sei.

Bei Widukind ist von der Unstrutgrenze gar keine Rede. Er schaffte Thüringen ab und machte es zu einem Teil Sachsens. Dieser Zustand entsprach insofern den Verhältnissen des 10. Jahrhunderts, als das Ostfränkisch-Deutsche Reich (wie wir es nennen) aus den Reichen (*regna*) Sachsen, Franken, Schwaben, Baiern und Lothringen bestand. Da ist für Thüringen kein Platz. Widukind vermeidet den Namen *Thuringia* planmäßig[20].

Eine Einteilung Deutschlands, die ganz ähnlich ist wie die Widukinds, findet sich noch bei Eike von Repgow (um 1170 – um 1235), der schreibt: Früher waren die deutschen Länder „Sachsen, Baiern, Franken und Schwaben [...] alle [...] Königreiche". Weiter heißt es in seinem „Sachsenspiegel", die Landgrafschaft Thüringen liege im Land Sachsen[21]. Es ist übrigens gar nicht aus-

---

19   Widukind, Res gestae Saxonicae, I, 9, ed. HIRSCH (wie Anm. 2) S. 15.
20   SPRINGER, Die Sachsen (wie Anm. 9) S. 88 f.
21   Sachsenspiegel, Landrecht, III, 53, § 1, ed. Karl August ECKHARDT (MGH Fontes iuris N.S. 1/1, ³1973) S. 238: *Iewelk dudisch lant hevet sinen palenzgreven: Sassen, Beieren, Vranken unde Swaven. Dit waren alle koningrike* [...]; ebd., III, 62, § 2, S. 247: *Seven vanlen sint ok in deme lande to Sassen:* [u. a.] *de lantgraveskap to Duringen* [...].

geschlossen, daß Eikes staatsrechtliche Vorstellungen von Widukind angeregt sind.

Obwohl es eine Abschweifung bildet, wollen wir auf eine zweite Herabsetzung des Thüringertums hinweisen, die sich im Sachsenspiegel findet: Man hat schon öfter darüber gestaunt, daß er kein thüringisches Recht kennt und daß die Fürsten, Grafen und freien Herren, die er aufzählt, alle entweder „Schwaben" oder „Sachsen" oder „Franken" sind. „Thüringer" ist niemand, auch nicht die Landgrafen von Thüringen. Diese zählen zu den Franken[22]. Im Früh- und Hochmittelalter hatte sich eine solche Zuordnung eines Menschen aus dem Recht ergeben, nach dem der Mann oder die Frau lebte, wie der Fachausdruck lautete. Ein Schwabe war zum Beispiel der sächsische und zugleich bairische Herzog Heinrich der Löwe. Man kann sich fragen, ob Eike der altüberlieferten Zuordnung folgte oder ob er bei der Einteilung der Fürsten, Grafen und freien Herren andere Gesichtspunkte anwandte. Aber zurück ins 10. und 11. Jahrhundert:

Rudolf, Widukind und die Quedlinburger Jahrbücher begnügten sich nicht damit, politische Grenzen anzugeben. Sie beschließen ihre jeweilige Schilderung des Thüringerkriegs mit Ausführungen über Zinsen und Abgaben. Rudolf weist außerdem darauf hin, daß die Sachsen von Rechts wegen Tribute zu empfangen hätten, nämlich von den Obodriten. Der Sinn ist der, daß Karl der Große ein Unrecht verübt hatte, als er die Sachsen mit Zwangsabgaben belegte. Meginhart faßte den Inhalt dieser Ausführungen folgendermaßen zusammen: Rudolf habe geschildert, „wie die Sachsen auf der Suche nach festen Wohnsitzen aus England ausgezogen sind und wie sie die Gebiete, über die sie heute verfügen, von dem fränkischen König Theuderich verdientermaßen erlangt haben" (*quomodo Saxones ex gente Anglorum exierint gratia quaerendarum sedium et loca, quae moderno tempore possident, qualiter a Thiotrico Francorum rege meruerint*)[23]. Diese Aussage steht in dem Brief, mit dem Meginhart die Übersendung der *Translatio sancti Alexandri* an den nachmaligen Mainzer Erzbischof Sundrolt begleitete.

---

22 Sachsenspiegel, Landrecht, Der Herren Geburt, ed. ECKHARDT (wie Anm. 21) S. 53 f. Vgl. Matthias WERNER, Die Anfänge eines Landesbewußtseins in Thüringen, in: Aspekte thüringisch-hessischer Geschichte, hg. von Michael GOCKEL (1992) S. 81–146, hier S. 98.

23 Translatio sancti Alexandri, ed. KRUSCH (wie Anm. 1) S. 436. Zur Bedeutung dieser Stelle: DERS., Die Übertragung (wie Anm. 1) S. 407.

Bei Widukind schenkt Theuderich den Sachsen nach ihrem Sieg „das gegenwärtige Land als ewigen Besitz" (*ab eo* [...] *terra presenti in aeternam possessionem donati sunt*)²⁴. Mit dem „gegenwärtigen Land" ist Thüringen gemeint. Wie unser Geschichtsschreiber nämlich weiter ausführt, ließen sich die Sachsen „in der Burg nieder", die sie eben erobert hatten, also in Scheidungen, dem angeblichen Zufluchtsort des thüringischen Königs. Im Unterschied zu seinen Fuldaer Vorgängern Rudolf und Meginhart konnte der Corveyer Mönch auf gar keinen Fall die Auffassung vertreten, daß die Sachsen das eigentliche Sachsen vom fränkischen König „verdientermaßen erlangt" hätten, denn nach seiner Schilderung hatten sie das Land ja „in grauer Vorzeit" auf eigene Faust erobert.

Dementsprechend wandelt Widukind auch die Mitteilungen seiner Vorlage über die Tribute ab: Bei ihm waren es „die Überreste" der Thüringer, die von den Sachsen zur Entrichtung der Zwangsabgaben „verurteilt" worden sind (*Saxones* [...] *reliquias pulsae gentis tributis condempnaverunt*)²⁵. Die Aussage über die Zahlungen, mit denen „die Sachsen die Überreste des geschlagenen Volkes" belastet hätten, folgt nun nicht etwa unmittelbar auf die Nachricht von der sächsischen Niederlassung in Scheidungen. Nein, zwischen beiden Schilderungen hat Widukind die Geschichte eingefügt, wie Iring erst den König Irminfrid und dann den König Theuderich ermordete. Mußte der fränkische Herrscher sterben, damit der Corveyer Geschichtsschreiber die Sachsen in Thüringen frei schalten und walten lassen konnte? Mit anderen Worten: Auch dort, wo Widukind auf Gestalten der Heldendichtung zurückgreift (zu denen Iring gehört), haben wir keine Gewähr, daß er „bereits vorhandene Erzählungen aufgezeichnet" hätte. Es ist eher wahrscheinlich, daß er dem Helden Iring neue Taten oder Untaten andichtete.

Insgesamt hat Widukind die Schilderungen Rudolfs übel verzerrt. Am auffälligsten ist die Zerstörung der literarischen Geschlossenheit: Bei Rudolf erfolgt die Landung der Sachsen im unmittelbaren Zusammenhang mit dem Thüringerkrieg Theuderichs. Bei Widukind ist zwischen der Landung der Sachsen und ihrer Teilnahme an diesem Krieg eine längere Erzählung ein-

---

24   Widukind, Res gestae Saxonicae, I, 13, ed. HIRSCH (wie Anm. 2) S. 22.
25   Widukind, Res gestae Saxonicae, I, 14, ed. HIRSCH (wie Anm. 2) S. 23. Auch der hier ausgelassene Teil des Satzes verrät den Einfluß Rudolfs: SPRINGER (wie Anm. 9) S. 86 f.

geschoben. Warum Widukind seine Vorlage in dieser Weise entstellt hat, werden wir sehen (unten S. 137).

In den Quedlinburger Jahrbüchern ist zweimal von Theuderich sowie seinem Verhältnis zu den Thüringern und Sachsen die Rede. Wir wollen die frühere Erzählung Qu$_1$ nennen und die spätere Qu$_2$.

Qu$_1$ besagt folgendes: „Nach Chlodwigs Tod teilten seine vier Söhne das Reich gleichmäßig untereinander auf, also Chlodomer, Childebert, Chlothar und *Hugo Theodoricus* [Hugdietrich], der von einer Nebenfrau stammte, der den größten Teil des Landes der Thüringer den Sachsen gab und der die Thüringer, die auf den königlichen Ländereien übriggeblieben waren, mit einem Schweinezins belegte. Nach Theuderichs Tod regierte Theudebert." (*Post mortem Chlodovei quatuor filii eius regnum inter se diviserunt aequaliter, id est Chlodomirus, Hildibertus, Lotharius et Hugo Theodoricus de concubina genitus, qui data terra Thuringorum maxima ex parte Saxonibus, qui remanserant Thuringos regiis territoriis fecit tributarios in porcis. Mortuo Theodorico r e g n a v i t Theobertus*[26]). Man kann natürlich auch übersetzen, daß der König „die Thüringer, die übriggeblieben waren, auf den königlichen Ländereien mit einem Schweinezins belegte". Das Kleingedruckte stammt aus der „Frankengeschichte".

Vom Krieg Theuderichs ist in Qu$_1$ keine Rede. Wer die Jahrbücher bis zu dieser Stelle gelesen hat und über keine sonstigen Geschichtskenntnisse verfügt, weiß beim besten Willen nicht, wie Hugdietrich zu seinem Verhalten kam.

Besondere Beachtung verdient der Schweinezins. Diese Angabe der Quedlinburger Jahrbücher ist nach allgemeiner Auffassung aus der „Frankengeschichte" abgeleitet. Laut dieser Quelle des 8. Jahrhunderts war es allerdings der König Chlodwig (gestorben 511), der die Thüringer mit Zwangsabgaben belegt hatte[27]. Von einem S c h w e i n e zins war keine Rede (und von den Sachsen sowieso nicht).

Nun hatte der König Heinrich II. im Jahre 1002 den Thüringern einen Schweinezins erlassen, wie wir aus der Chronik des Thietmar von Merseburg erfahren[28]. Anscheinend verknüpfte Qu$_1$ diesen Sachverhalt mit der Nachricht, daß Chlodwig die Thüringer tributpflichtig gemacht habe. Obendrein verwechselte der Jahrbuchschreiber diesen Merowinger mit seinem Sohn. So

---

26 Annales Quedlinburgenses, ed. GIESE (wie Anm. 3) S. 405.
27 Liber historiae Francorum, ed. KRUSCH (wie Anm. 8) S. 253.
28 Thietmar von Merseburg, Chronicon, V, 14 (9), ed. Robert HOLTZMANN (MGH SS rer. Germ. N.S. 9, 1935) S. 236.

wurde der Schweinezins, den Heinrich II. aufgehoben hatte, zu einem von Theuderich I. eingerichteten Tribut. Bemerkenswert ist die Mitteilung der Quedlinburger Jahrbücher, daß dieser Schweinezins von den Leuten erhoben wurde, die auf den königlichen Ländereien ansässig waren. Eine allgemeine Abgabe hat er also nicht gebildet. Auf jeden Fall fiel der Zins dem König zu und nicht irgendwelchen Sachsen.

Vom Krieg Theuderichs gegen die Thüringer sprechen die Quedlinburger Jahrbücher erst an der Stelle Qu_2, sieben oder neun Druckseiten nach Qu_1. Diese spätere Erzählung ist dem Jahr 532 zugeordnet und beginnt damit, daß *Hugo Theodericus* seinem Vater Chlodwig in der Königsherrschaft folgte. Abgesehen von einem Einsprengsel aus der „Frankengeschichte" folgt Qu_2 in seinen Grundzügen (aber nicht in den Einzelheiten) der Schilderung Widukinds, jedoch nur bis zu der Stelle, die dem Auftritt der Sachsen unmittelbar vorausgeht: Nach zwei Schlachten hat Theuderich ein Standlager aufgeschlagen, um die Verwundeten behandeln zu lassen. Da erfährt er, daß die Sachsen bei Hadeln gelandet sind. Qu_2 weicht also mit einer jähen Wendung von Widukind ab und macht sich die Auffassung Rudolfs von Fulda zu eigen, der die Sachsen ja w ä h r e n d Theuderichs Krieg gegen die Thüringer bei Hadeln an Land gehen ließ. Man wird dem Verfasser von Qu_2 wohl kaum zutrauen dürfen, daß er Widukinds literarisch verunglückte Erzählung von den in grauer Vorzeit gelandeten Sachsen selbständig wieder eingerenkt hätte.

In den folgenden Sätzen werden wieder alle drei Quellen ausgebeutet. Jedoch hat der Schöpfer von Qu_2 ihre Aussagen den Verhältnissen seiner Gegenwart angepaßt. So läßt er den König Theuderich einen Zwölfereid schwören, und zwar des Inhalts, daß der Herrscher den Sachsen im Falle des Sieges „alles Land" der Thüringer „bis zum Zusammenfluß der Saale und der Unstrut geben werde". Theuderich hätte mit seinen Eideshelfern auch schwören können: „alles Land der Thüringer bis Naumburg". Dieser Ort liegt nämlich dort, wo sich die beiden Flüsse vereinen, allerdings auf dem rechten Ufer der Saale. Als Qu_2 verfaßt wurde, grenzten jedenfalls an der Flußmündung bei Naumburg das Erzbistum Mainz sowie das Bistum Halberstadt und das Bistum aneinander, das seit 968 in Zeitz bestand und dessen Sitz 1028 nach Naumburg verlegt wurde. Man hätte von einem Dreiländereck sprechen können. Anscheinend wollte der Schöpfer von Qu_2 der merkwürdigen Unstrutgrenze des Rudolf von Fulda, deren Unhaltbarkeit ihm klar war, irgendeinen Sinn verleihen.

Jedenfalls fährt Qu$_2$ folgendermaßen fort: Die Sachsen „zogen, ohne zu zaudern, zu" Theuderich. Sie „verfolgten Irminfrid und kämpften gegen ihn an der Unstrut, wobei sie ein solches Gemetzel unter den Thüringern anrichteten, daß der Fluß mit den Leichen ausgefüllt wurde und ihnen somit eine Brücke bot. Als die Sachsen in der Nacht die Burg Scheidungen einnahmen, in die Irminfrid sich zurückgezogen hatte, entkam er jedoch äußerst knapp mit seiner Frau, seinen Söhnen und einem einzigen *miles* namens Iring". Das Kleingedruckte ist unmittelbar aus der „Frankengeschichte" übernommen. Freilich waren es in dieser Quelle die Franken, von denen die Thüringer abgeschlachtet wurden; und von den Sachsen oder der Burg Scheidungen war natürlich keine Rede. Man sieht, wie in dem Bericht, den Qu$_2$ gibt, die Schilderungen der „Frankengeschichte" mit denen Widukinds vermengt sind. Zugleich werden die Angaben des Corveyer Mönchs gewissermaßen gesteigert: Bei diesem war Irminfrid „mit einem geringen Gefolge" (*raro comitatu*) entkommen und nicht bloß mit einem einzigen Begleiter (neben seiner Frau und seinen Söhnen).

Weiter geht es in Qu$_2$ mit den folgenden drei Sätzen[29]: 1) „Danach überließ Theuderich in einem den Siegern genehmen Beschluß den Sachsen das gesamte Land der Thüringer abgabenlos zu ewigem Besitz, mit Ausnahme des Gebiets, das von den Waldgebirgen der *Louvia* [wohl des Thüringer Waldes] und des Harzes umschlossen ist" (*Tunc Theodoricus accepto consilio victoribus tradidit Saxonibus omnem terram Thuringorum, excepta quam Louvia et Haertz sylvae concludunt, absque tributo perpetuo possidendam*). 2) „Den Thüringern aber, die das Gemetzel überstanden hatten, befahl er, einen Königszins in Gestalt der Lieferung von Schweinen zu zahlen" (*Thuringos vero, qui caedi superfuerant, cum porcis tributum regis stipendiis solvere iussit*). 3) „Anschließend versprach Theuderich dem Irminfrid freies Geleit, befahl aber, ihn in der Stadt Zülpich hinterlistig zu töten" (*Post haec Theodoricus data fide Irminfrido in Zulpiaco civitate illum dolo perimi iussit*).

Den ersten der drei Sätze habe ich übersetzt, als ob da stünde *consilio victoribus accepto*. Meine Übersetzung muß nicht richtig sein. Jedenfalls dürfte *victoribus tradidit* auf das *victoribus delegavit* in Rudolfs Übertragungsbericht zurückgehen (oben S. 119, Anm. 11). Theuderich erfüllte seinen Schwur, den Sachsen „alles Land der Thüringer bis zum Zusammenfluß der Saale und der Unstrut" zu geben, auf etwas sonderbare Weise, indem er das Gebiet zwischen

---

29 Annales Quedlinburgenses, ed. GIESE (wie Anm. 3) S. 414.

Sagenhaftes aus der Geschichtswissenschaft

dem Harz und dem Thüringer Wald davon ausnahm. Anscheinend war Qu_2 zwischen drei Dingen hin- und hergerissen, nämlich der Rudolfschen Unstrutgrenze, der Widukindschen Abschaffung Thüringens und den politischen Verhältnissen seiner Gegenwart: Der Harz und der Thüringer Wald haben mehrere Jahrhunderte lang als Grenzen Thüringens gegolten. Daraus folgt, daß sie diese Aufgabe schon erfüllt haben, als die entsprechende Mitteilung der Quedlinburger Jahrbücher niedergeschrieben wurde – es sei denn, man wollte den Verfasser des Satzes, der die *Louvia* und den Harz erwähnt, als den Schöpfer der fortan geltenden thüringischen Grenzen ansehen. Die Bemerkung, die Qu_2 über den Schweinezins macht, ist offensichtlich von Qu_1 angeregt.

Was Qu_2 von Rudolf, von Widukind und aus Qu_1 übernommen hat, müßte genauso im Kleindruck erscheinen wie die Übernahmen aus der „Frankengeschichte". Die Herausgeberin hat diese Kennzeichnung unterlassen, da sie glaubte, daß die betreffenden Stellen der mündlichen Überlieferung entstammten.

Die Abhängigkeit Widukinds von Rudolf und die Abhängigkeit der Quedlinburger Erzählung von ihren beiden Vorgängern läßt sich auch an der Wirksamkeit des „Gesetzes der zunehmenden Ausschmückung" beobachten: Laut Rudolf von Fulda hatte der fränkische König Theuderich den thüringischen Herzog Irminfrid in zwei Schlachten nicht besiegen können. Daraufhin holte der König die Sachsen zu Hilfe und bezwang mit ihrer Unterstützung die Thüringer (denke: in einer dritten Schlacht). Die Orte, wo die Schlachten stattgefunden haben, nennt Rudolf nicht. Übrigens hat er Irminfrids Herrscherwürde an die politischen Verhältnisse angeglichen, wie er sie kannte: Nichtkarolingische Könige gab es zu Rudolfs Lebzeiten nicht. Die tauchten erst seit 879 wieder auf. (Die Rede ist nur vom Gebiet des Karlsreichs.) Folglich wurde Irminfrid zum Herzog herabgestuft, obwohl er in den früheren Quellen ganz ohne Zweifel als König erschien.

Den Mangel, daß Rudolfs Schlachten an unbekannten Orten stattfanden, beseitigte Widukind, indem er die Kampfhandlungen zwischen Irminfrid und Theuderich mit einer dreitägigen Schlacht bei *Runibergun* beginnen ließ. Anschließend flüchtete sich der thüringische König (nicht Herzog) Irminfrid nach *Scithingi* (Burgscheidungen) an der Unstrut. Daraufhin holte Theuderich die Sachsen zu Hilfe. Diese liefern sich (ohne Beteiligung der Franken!) eine unentschiedene Schlacht mit den Thüringern unter den Mauern Scheidungens. Gleich darauf erringen die Sachsen (wieder ohne Beteiligung der Franken) den Endsieg über die Thüringer, indem sie die Burg einnehmen.

Die Jahrbücher von Quedlinburg (genauer: Qu₂) ersetzen den Ortsnamen *Runibergun* durch die Angabe „in der Landschaft namens *Maerstem*". Auf das dortige Treffen lassen sie eine Hauptschlacht bei „Ohrum an der Oker" folgen (*ad Onaccram fluvium iuxta villam Arhen vocatam*). Irminfrid wird zwar völlig besiegt; aber Theuderich sieht von einer weiteren Verfolgung ab und schlägt ein festes Lager auf, damit die Verwundeten geheilt werden können. (Bei Widukind war bloß von Verwundeten und von einem Lager im allgemeinen die Rede.) Da hört der König also von der Landung der Sachsen und holt sie zu Hilfe (siehe oben).

Wie hat man sich die Namen der Schlachtorte zu erklären? Widukind geht mit der Angabe von Ortsnamen nicht verschwenderisch um. Wenn er Örtlichkeiten nennt, waren sie zu seiner Zeit bedeutend oder kamen ihm bedeutend vor. Mit Sicherheit gilt das für *Scithingi*, also Burgscheidungen. Von der dortigen Befestigung spricht er nämlich auch im Zusammenhang mit der Geschichte Ottos I.[30]. Schwieriger ist die Lage bei *Runibergun*. Dementsprechend hat man den Namen auf verschiedene Orte bezogen, einerseits auf Ronnenberg (sw. Hannover), andererseits auf verschiedene Örtlichkeiten in Thüringen. Eines ist gewiß: Der Verfasser von Qu₂, der die erste Schlacht Theuderichs gegen Irminfrid „in die Landschaft *Maerstem*" verlegte, muß unter dem *Runibergun*, von dem er bei Widukind las, Ronnenberg bei Hannover verstanden haben. Der Ort lag nämlich *in pago Mersteme* („im Gau Marstem"), wie mindestens aus einer Urkunde des Bischofs Sigward von Minden (1124–1141) hervorgeht[31]. Zwischen 1073 und 1080 trafen hier der Bischof Egilbert von Minden und der Herzog Magnus von Sachsen eine Vereinbarung[32]. Im Hoch- und Spätmittelalter bildete Ronnenberg eine bekannte Gerichtsstätte[33]. Vermutlich hat Qu₂ zu *Runibergun* die Erläuterung hinzugefügt, in welcher Landschaft der Ort liegt. Im Zuge der handschriftlichen Überlieferung scheint der Name des Ortes ausgefallen zu sein. Es ist nämlich kaum vorstellbar, daß

---

30 Widukind, Res gestae Saxonicae, II, 18, ed. HIRSCH (wie Anm. 2) S. 83.
31 Codex diplomaticus historiae Westfaliae, ed. Heinrich August ERHARD, in: Regesta Historiae Westfaliae 1, hg. von DEMS. (1847, Nachdruck 1972) Nr. 189, S. 148 (mit eigener Seitenzählung).
32 ERHARD, Regesta (wie Anm. 31) 1, Nr. 1141, S. 192; Codex, ed. DERS. (wie Anm. 31) Nr. 156, S. 120.
33 Peter HERTEL (Hrsg.), Ronnenberg. Sieben Traditionen – Eine Stadt (2010) S. 55 f.

Qu₂ den Namen der Landschaft, nicht aber den des Ortes hingeschrieben hätte: Schlachten werden bestimmten Örtlichkeiten und nicht größeren Gebieten zugewiesen. Es wäre wahrscheinlich aufschlußreich, wenn wir wüßten, woher der Verfasser seine Kenntnisse von Ronnenberg im Gau Marstem hatte.

Ohrum, wo Qu₂ eine Schlacht zwischen der bei *Runibergun* und der bei Scheidungen einschiebt, war ein seit dem 8. Jahrhundert berühmter Ort. Er spielte bereits in den Auseinandersetzungen Pippins des Jüngeren mit seinem Halbbruder Grifo eine Rolle und lag obendrein an einem wichtigen Verkehrsweg. Der Name Ohrums begegnete jedem, der sich in die „Fränkischen Reichsannalen" vertiefte[34].

Man glaubt, einen Beweis für die Verschriftlichung der sächsischen Stammessage in den schriftlichen Quellen selber zu finden, zumindest bei Rudolf von Fulda. Am Anfang seiner Erzählung heißt es ja: [...] *sicut tradit antiquitas* [...] (siehe oben S. 119, Anm. 11). Der lateinische Nebensatz wird so wiedergegeben, als ob seine Bedeutung wäre: „Wie aus der mündlichen Überlieferung hervorgeht"[35]. *Sicut tradit antiquitas* bedeutet aber: „Wie in alten Schriften steht"[36]. Zumindest fällt die Beweislast denen zu, die behaupten, *antiquitas* meine eine mündliche Überlieferung oder eine Sage.

Rudolfs Verweis auf die *antiquitas* hat denselben Wert wie eine Wahrheitsbeteuerung. Die Wahrheitsbeteuerung bildet ein Lügenmerkmal schlechthin, es sei denn, sie erscheint „so unaufdringlich und natürlich, daß sie kaum auffällt"[37]. Nun braucht die Aussage eines Verfassers, er gebe eine Lesefrucht wieder, kein Lügenmerkmal zu sein. Aber Rudolf beruft sich bloß an dieser Stelle auf die *antiquitas*. Dort, wo er seitenlange Nachrichten aus anderen Schriftwerken übernommen hat, erfahren wir aus seinem Munde gar nichts über ihre Herkunft. So schildert er angebliche altsächsische Zustände, indem er einfach aus der *Germania* des Tacitus abschreibt. Seine geistige Abhängigkeit ist uns nur deswegen bekannt, weil die *Germania* überliefert ist.

---

34 Annales regni Francorum, ed. Friedrich KURZE (MGH SS rer. Germ. [6], 1895) S. 193 (Verweise).
35 Ein Beleg z.B. bei Matthias BECHER, Origo gentis, § 7, in: Reallexikon der Germanischen Altertumskunde 22 (2003) S. 203–206, hier S. 203.
36 Volkhard HUTH, Die karolingische Entdeckung „Deutschlands", in: Nomen et fraternitas. Festschrift für Dieter Geuenich zum 65. Geburtstag, hg. von Uwe LUDWIG (Reallexikon der Germanischen Altertumskunde, Ergänzungsbände 62, 2008) S. 625–644, hier S. 631.
37 Rolf BENDER / Armin NACK, Tatsachenfeststellung vor Gericht (1981) 1, S. 149.

Wäre die Schrift untergegangen, dann würde wahrscheinlich behauptet, die sächsische Stammessage habe besagt, daß die alten Sachsen den Gott Merkur verehrt hätten. Schließlich steht es so bei Rudolf[38], nur daß diese Weisheit aus dem Tacitus stammt.

Übrigens kann es sein, daß der Fuldaer Mönch zu seiner Dichtung über die sächsische Teilnahme am Thüringerkrieg durch eine schriftliche Quelle angeregt wurde. In der „Fredegar-Chronik" (einem Geschichtswerk des 7. Jahrhunderts) liest man nämlich von einem Bündnis der Franken und der *Saxones* – gegen Pompeius (gestorben 48 v. Chr.)[39]. Vielleicht kannte Rudolf dieses Märchen (ob aus erster Hand, ist gleichgültig). Mildernde Umstände kann er trotzdem nicht beanspruchen. Eine Fälschung liegt nämlich auch dann vor, wenn „an und für sich echte Dokumente wissentlich falsch angewandt, erklärt, gedeutet, [...] gewisse Daten aus dem Zusammenhang gerissen oder romantisch ausgeschmückt, wichtige begleitende Nebenumstände verschwiegen werden"[40].

Wenn das Wort *Saxones* vor der Karolingerzeit als Einwohnername gebraucht wurde, bezeichnete es gewöhnlich die Engländer. In denjenigen Teilen der Fredegarchronik, die aus den „Zehn Büchern Geschichte" des Gregor von Tours abgeschrieben sind, bezieht sich *Saxones* allerdings auf Leute an der gallischen Atlantikküste. Ob der sogenannte Fredegar die Heimat der *Saxones*, die den Franken im Kampf gegen Pompeius beigestanden haben sollen, hier oder in England vermutete, wollen wir nicht untersuchen. Wichtig ist aber folgendes: Zwei Abschnitte vorher hatte der merowingische Geschichtsschreiber den Makedonen dieselben Vorfahren zugeschrieben wie den Franken und in dem Zusammenhang den (makedonischen) König Philipp sowie Alexander den Großen erwähnt[41]. Die Geschichte taucht bei Otfrid von Weißenburg wieder auf (I, 1, 87-92)[42], der mitteilt, sie in einem Buch gelesen zu haben. Allerdings klingen die Verse des althochdeutschen Dichters so, als ob die Franken aus Makedonien gekommen wären. Das hatte Fredegar keineswegs behauptet. Nach seinen Worten stammten die Franken und die Makedonen

---

38 KRUSCH, Die Übertragung (wie Anm. 1) S. 424.
39 Chronicarum quae dicuntur Fredegarii libri IV, II, 6, ed. Bruno KRUSCH (MGH SS rer. Merov. 2, 1888) S. 46.
40 Hermann HAGEN, Über literarische Fälschungen (1889) S. 12.
41 Fredegar, Chronicae, II, 4, ed. KRUSCH (wie Anm. 39) S. 45 f.
42 Otfrid von Weißenburg, Evangelienbuch, ed. Oskar ERDMANN, 2. Aufl. besorgt von Edward SCHRÖDER (1934) S. 13.

von gemeinsamen Vorfahren ab. Vielleicht wollte Otfrid mit der Behauptung, er trage eine Lesefrucht vor, seiner Umdeutung der Fredegarschen Nachricht eine größere Glaubwürdigkeit verleihen. Ein solches Verfahren kommt uns bekannt vor.

Im Unterschied zum Fuldaer Rudolf verweist der Corveyer Widukind tatsächlich auf mündliche Mitteilungen. Er tut es allerdings nur bei Nachrichten, die er selber erfunden hat. Das heißt, seine Aussage „ich habe es mit eigenen Ohren vernommen" ist eine Lüge. Zum Beispiel behauptet er, als ganz junger Mensch von jemandem gehört zu haben, daß die Sachsen von den Griechen abstammten; und sein Gewährsmann habe gleich noch hinzugefügt, daß die Griechen selber diese Weisheit zu verkünden pflegten, indem sie die Sachsen als Nachkömmlinge der Überreste des makedonischen Heeres ansähen, das sich nach dem Tod Alexanders des Großen über die ganz Welt verstreut habe[43]. Wer an „aufgezeichnete" Sagen glaubt, kann sich freuen: Ihm begegnet hier nicht nur die Niederschrift einer sächsischen Sage, sondern zugleich die Aufzeichnung einer griechischen. Die Mitteilungen jenes unbekannten Kenners der griechischen Sagenwelt dienten dem Corveyer Mönch dazu, die Sachsen in bezug auf ihre Herkunft mit den Franken gleichzustellen. Widukind scheint von der makedonischen Abstammung der Franken gehört zu haben, die uns bei Otfrid von Weißenburg begegnet ist. Da fühlte er sich bemüßigt, seinen Sachsen ebenso wertvolle Ahnen anzudichten. Übrigens habe ich nicht gesagt, daß Widukind Otfrids Evangelienbuch gelesen habe. Ausschließen will ich diese Möglichkeit aber auch nicht.

In einem völlig anderen Zusammenhang beruft Widukind sich wiederum auf einen namenlosen Gewährsmann. Diesmal war es ein Einsiedler, der erzählte, gesehen zu haben, wie unzählige Engelscharen die Seelen der Königin Mathilde und des Bischofs Bernhard von Halberstadt in den Himmel geleitet hätten[44].

Bei dem von ihm erdichteten Teil der sächsischen Urgeschichte verweist der Corveyer Mönch auf die *fama*. Im gegebenen Zusammenhang meint das Wort so viel wie 'irgendwelches Gerede', 'irgendwelche Erzählungen'. Es hat nicht die Bedeutung des Fachausdrucks „Sage", denn unser Begriff der Sage war dem Geschichtsschreiber des 10. Jahrhunderts und seinen Zeitgenossen

---

43 Widukind, Res gestae Saxonicae, I, 2, ed. HIRSCH (wie Anm. 2) S. 4.
44 Widukind, Res gestae Saxonicae, III, 74, ed. HIRSCH (wie Anm. 2) S. 151.

unbekannt. Dagegen bildete die sich immer weiter verbreitende Fama seit Vergil einen Gemeinplatz der lateinischen Literatur.

An anderen Stellen gebraucht Widukind *fama* mit anderen Bedeutungen. So kündigt er an, das Ende der Könige Theuderich und Irminfrid zu schildern, „weil es sich um eine denkwürdige Geschichte handelt" (*quia memorabilis fama est*)[45]. Dann erzählt er, wie Iring beide Herrscher nacheinander umbrachte. Vorher hatte er den mörderischen Mann als Irminfrids engsten Vertrauten auftreten lassen.

Wie schon erwähnt, bildet Iring eine auch sonst bekannte Gestalt der Heldendichtung. Von der Helden s a g e sollte man in Zusammenhang mit diesem Mann nicht sprechen. Es gibt nämlich keine geschichtliche Persönlichkeit der Völkerwanderungszeit, die *Iring* geheißen hätte. Folglich konnten sich mit seinem Namen keine Geschichten verbinden, die wir „Sagen" nennen. Anders war es mit Theuderich, Amalaberga oder Irminfrid usw. Der Name *Iring* ist erst seit dem 8. Jahrhundert belegt. Vermutlich verdankt er sein Aufkommen der Selbstbezeichnung irischer Mönche und hing mit der altirischen Bezeichnung Irlands zusammen[46]. Nun hat Norbert Wagner vor wenigen Jahren gezeigt, daß man *Iring* sehr wohl aus dem Germanischen ableiten kann. Ist das Wort germanischer Herkunft, dann hat es die Bedeutung 'einer, der wütend tobt' und ergibt „einen sprechenden Namen"[47]. Vielleicht hat die deutsche Umgebung der irischen Mönche (z.B. in St. Gallen) ein seiner wahren Herkunft nach irisches Wort in dieser Weise umgedeutet. Ebenso ist der umgekehrte Vorgang denkbar, daß nämlich das germanische Wort *Iring* als Bezeichnung der Iren mißdeutet wurde. Es fragt sich nämlich, in welchen Teilen des westgermanischen Sprachgebiets (unter Einschluß Englands) das Begriffswort, von dem *Iring* nach Wagner abgeleitet ist, während des 8. Jahrhunderts noch lebendig war. Unabhängig davon könnte *Iring* der jüngere Name einer älteren Heldengestalt sein[48].

---

45   Widukind, Res gestae Saxonicae, I, 13, ed. HIRSCH (wie Anm. 2) S. 22.
46   Hellmut ROSENFELD, Völkernamen in Orts- und Personennamen und ihre geschichtliche Auswertung, Studia onomastica Monacensia 4 (1961) S. 649–655, hier S. 652.
47   Norbert WAGNER, As. *yrias ‚de pagano cursu'*. Zu dessen Etymologie und der von Iring, Beiträge zur Namenforschung N.F. 42 (2007) S. 413–416.
48   Zu solchen Umbenennungen schon Richard Constant BOER, Untersuchungen über den Ursprung und die Entwicklung der Nibelungensage 1 (1906) S. 186.

Das Nibelungenlied erzählt sowohl von dem „thüringischen Landgrafen" Irnvrit als auch von Iring; aber hier tritt Iring als Däne auf und nicht als Mitarbeiter Irnvrits. Da in der heutigen Wissenschaft eine gewisse Neigung besteht, die Heldensagen als das Eigentum einzelner Stämme oder Völker oder „Gentes" anzusehen, sollte die Frage erlaubt sein, ob die „Iring-Sage" eine dänische Sage ist. Vielen Forschern gilt sie als „thüringische Heldensage"[49]. Eines ist gewiß: Widukind hatte gewiß nicht das Bestreben, thüringisches Gedankengut festzuhalten. Das hätte gänzlich seinem Eifer widersprochen, Thüringen abzuschaffen und die thüringischen Großen gleich zweimal der Vernichtung anheimfallen zu lassen. Altgermanische Sagengestalten waren eben nicht das Eigentum eines Volkes, eines Stammes oder einer „Gens"[50].

Wo der Corveyer Mönch in Wirklichkeit auf mündlich Vorgetragenes Bezug nimmt, beteuert er keineswegs, es selber gehört zu haben. So berichtet er in Gestalt einer einfachen Tatsachenmitteilung von Sängern (*mimi*), die ein Lied (oder mehrere) auf eine Schlacht sangen, in der Heinrich I. (vor seiner königlichen Zeit) Konrads I. Bruder Eberhard besiegt hatte[51].

Auch durch seine Erzählung, wie die Sachsen zu ihrem Namen kamen, hat Widukind die Nachwelt prägend beeinflußt, obwohl er gar nicht das geistige Eigentum daran beanspruchte. Es geht um die Geschichte, daß die Sachsen so heißen, wie sie heißen, weil sie alle thüringischen Großen mit Messern umgebracht hätten. Jacob Grimm nannte diese Erfindung „eine spielende Sage, die den Namen erst auf eine besondere Waffentat des Volks zur Zeit, in welcher es ihn längst geführt haben muß, ziehen will"[52].

Wenn mittelalterliche Schriftwerke über die sächsische Frühzeit andere Dinge als Widukind erzählen, dienen sie den heutigen Forschern nur selten als Quellen für die Geschichte des 6. Jahrhunderts oder der vorhergehenden Zeit. (Zu Ausnahmen siehe unten S. 141 f.). Eigentlich müßten diese Erzählungen aber als vierte, fünfte oder sechste Fassung der sächsischen Stammessage und folglich als Trägerinnen einer lauteren Wahrheit angesehen werden. Wie be-

---

49 Z.B. Wilhelm HEIZMANN, Thüringische Heldensage, in: Reallexikon der Germanischen Altertumskunde 30 (2005) S. 530.
50 Hans KUHN, Sitte und Sittlichkeit, in: DERS., Kleine Schriften 2 (1971) S. 214: „Kein Zweig des altgermanischen Schrifttums bis hin zur isländischen Saga ist nach seiner Gesinnung national."
51 Widukind, Res gestae Saxonicae, I, 22, ed. HIRSCH (wie Anm. 2) S. 36.
52 Jacob GRIMM, Geschichte der deutschen Sprache 2, hg. von Maria HERRLICH (Jacob Grimm / Wilhelm Grimm, Werke. Forschungsausgabe 1/16/2, 1999) S. 425.

rechtigt diese Forderung ist, ergibt sich daraus, daß diejenigen jüngeren Erzählungen, die dasselbe oder Ähnliches wie Widukind verkünden, ganz genauso als Niederschriften einer mündlichen Überlieferung angesehen werden wie ihr Corveyer Urbild[53]. Wir können sogar lesen, daß Johann von Worcester im 12. Jahrhundert „die sächsische Stammessage wiedergibt"[54].

Wenn diese Sage zu jener Zeit in England gelebt hätte, müßten ihre Spuren auf sächsischem Boden doch viel leichter zu finden sein. Machen wir uns also auf die Suche: Zunächst stoßen wir auf die „Hamburgische Kirchengeschichte" des Adam von Bremen (gestorben zwischen 1080 und 1085). Er schreibt nämlich: „[D]ie Sachsen hatten anfangs ihre Sitze am Rhein {und wurden Angeln genannt}. Ein Teil von ihnen kam von dort nach Britannien und verjagte die Römer von dieser Insel. Der andere Teil griff Thüringen an und brachte dieses Gebiet in seinen Besitz"[55]. Die in geschweifte Klammern gesetzten Wörter hat ein Bearbeiter bald nach Adams Tod hinzugefügt.

Ein unvoreingenommener Leser fragt sich, warum nicht gelehrt wird, daß Adam eine vierte Fassung der sächsischen Stammessage aufgezeichnet habe. Daran ist der Mann selber schuld, denn ihn stach der Hafer seiner Gelehrsamkeit. Wenige Zeilen zuvor hatte er nämlich auf Gregor von Tours (und Orosius) verwiesen. Aus Gregors Bericht über die *Saxones*, die sich an der gallischen Atlantikküste befanden, sowie aus älteren lateinischen Quellen ergab sich für Adam, daß die Sachsen zuerst am Rhein faßbar würden. Nun benutzte der bremische Geschichtsschreiber aber auch die *Translatio sancti Alexandri*, die er sonderbarerweise für ein Werk Einhards ausgab. Die verkehrte Zuschreibung geschah wohl mit Absicht und nicht aus Versehen[56]. Mit ihr wollte Adam vermutlich seinen Angaben ein größeres Gewicht verleihen. Durch die Verknüpfung der Aussagen Gregors mit denen Rudolfs gelangte er jedenfalls zu dem Schluß, daß die Sachsen sich geteilt haben müßten.

---

53 Hilkert WEDDIGE, Heldensage und Stammessage (1989) S. 119–140.
54 Sigmund HELLMANN, Zur Sage von der Herkunft der Sachsen, Neues Archiv der Gesellschaft für ältere deutsche Geschichtskunde 41 (1919) S. 679–681.
55 Adam von Bremen, Gesta Hammaburgensis ecclesiae pontificum, I, 3, ed. Bernhard SCHMEIDLER (MGH SS rer. Germ. [2], ³1917) S. 6: *Igitur Saxones primo circa Rhenum sedes habebant [et vocati sunt Angli], quorum pars inde veniens in Britanniam Romanos ab illa insula depulit; altera pars Thuringiam oppugnans tenuit illam regionem; quod breviter conscribens Einhardus tali modo suam ingreditur Historiam.*
56 KRUSCH, Übertragung (wie Anm. 1) S. 421 f.

Wie wir wissen, wäre nach der reinen Lehre „die sächsische Stammessage" niemals aus schriftlichen Quellen geschöpft worden; und niemals hätte einer ihrer Aufzeichner sie mit den Aussagen anderer Schriftwerke verbunden. So kann Adam von Bremen also nicht den Ruhm beanspruchen, eine vierte Fassung der sächsischen Stammessage aufgezeichnet zu haben.

Bei Widukind hat man die Sünden übersehen. Dabei sind sie schlimmer, als uns bereits bekannt ist. Er hat nämlich die Erzählung der *Translatio sancti Alexandri* deswegen grundlegend verändert, weil er unter den Einfluß von Bedas „englischer Kirchengeschichte" geraten war. Auf dieses Werk verweist er ausdrücklich, allerdings ohne Nennung des Verfassers. Widukind bezeichnete das Buch als „die Geschichte der Angelsachsen": *historia* gentis eiusdem* (nämlich *Anglisaxonum**)[57]. Dort hatte er gelesen, daß die Sachsen vom Festland auf die britische Insel gekommen waren. Diese Erkenntnis brachte den Corveyer Mönch dazu, die geschlossene Erzählung seines Fuldaer Vorgängers zu zerstören: Zwar landen auch bei Widukind die Sachsen bei Hadeln, aber nicht zu der Zeit, als Theuderich gegen Irminfrid kämpfte, sondern eben in einer grauen Vorzeit. Daraus ergab sich die Notwendigkeit, einen sächsisch-thüringischen Krieg zu erfinden, der gleichfalls in einer grauen Vorzeit getobt hatte. Der hier errungene Sieg bestand darin, daß die Sachsen das Land Sachsen erwarben und alle thüringischen Großen umbrachten. Er machte die Sachsen weithin berühmt, so daß die Briten sie um Hilfe baten. Widukinds Schilderung, wie die Ursachsen sich nach ihrer Landung bei Hadeln verhielten, entspricht dem Verhalten, das die Wikinger an den Tag legten, indem sie Raub und Handel verbanden[58]. (Das erste Zeitalter der Wikingerzüge reichte noch in Widukinds Jugendzeit hinein; und im Zusammenhang mit dem „sächsischen Herzog" Brun erzählt er von ihnen.) Schließlich spiegeln Widukinds Vorstellungen vom Königtum des Theuderich die politischen Verhältnisse des 10. Jahrhunderts wider, worauf schon Wilhelm Wattenbach aufmerksam gemacht hat[59].

---

57 Widukind, Res gestae Saxonicae, I, 7, ed. HIRSCH (wie Anm. 2) S. 10.
58 Annales Fuldenses a. 882, ed. Friedrich KURZE (MGH SS rer. Germ. [7], 1891) S. 98 f.
59 Wilhelm WATTENBACH (Hrsg.), Widukinds Sächsische Geschichten, übers. von Reinhold SCHOTTIN (Die Geschichtsschreiber der deutschen Vorzeit, 10. Jh. 6, ²1891) S. VIII.

Nun haben wir gesehen, daß bei Widukind neben „der sächsischen Stammessage zugleich ein Stück thüringischer Heldensage greifbar" werden soll[60], nämlich in Gestalt der Erzählung von Iring. Wer zwei Sagenkreise verschmilzt, muß erhebliche Mühe aufwenden, damit ein literarisches Ganzes entsteht. Aber nicht einmal diese Leistung billigt man dem Corveyer Mönch zu. Auch hier kommt es so heraus, als ob er bloß etwas längst Vorhandenes „aufgezeichnet" hätte.

Mit Widukind mußten wir uns noch einmal beschäftigen, weil seine und daneben Rudolfs Erzählungen die Grundlage der späteren Berichte von der Herkunft der Sachsen und vom Untergang des Thüringerreichs bilden. Sie tun das entweder unmittelbar oder mittelbar.

Während des Mittelalters machte Widukind vor allem mit seiner Lehre von der makedonischen Abkunft der Sachsen Schule. Im 19. und 20. Jahrhundert wirkte er mehr durch seine blutrünstigen Schilderungen, auf die sich die Lehre von der sächsischen Eroberung gründete.

Frutolf von Michelsberg (gestorben 1103) hat in seiner lateinischen Weltchronik seitenlang aus Widukinds Sachsengeschichte abgeschrieben. Nachdem Georg Waitz 1844 das Frutolfsche Werk (unter dem Namen des Ekkehard von Aura) herausgegeben hatte, konnte sich jeder Leser mühelos davon überzeugen, denn Waitz hat die Entlehnungen im Druck kenntlich gemacht. Wie es Frutolfs Art war, verschmolz er die Auszüge, die er einer Hauptquelle entnommen hatte, mit Bruchstücken, die anderswoher stammten. In dem Abschnitt der Frutolfschen Weltchronik, um den es hier geht, bildete Widukind die Hauptquelle, während Rudolfs Übertragungsbericht und die „Frankengeschichte" als Nebenquellen dienten[61]. Die Verschmelzung der drei Quellen konnten wir schon bei Qu_2 beobachten.

Da Frutolf im Unterschied zu Adam von Bremen die Verfasser seiner Vorlagen nicht nannte, scheint bei einigen Forschern der völlig unhaltbare Eindruck entstanden zu sein, er hätte aus der mündlichen Überlieferung geschöpft.

Zu Frutolfs Lebzeiten geschah etwas Bedeutendes, nämlich der Übertritt der Widukindschen Erdichtungen aus der lateinischen Literatur in die deutsche – unabhängig davon, daß sie daneben in lateinischen Schriftwerken weiterlebten.

---

60   WEDDIGE, Heldensage (wie Anm. 53) S. 23.
61   Ekkehard von Aura, Chronicon universale, ed. Georg WAITZ (MGH SS 6, 1844) S. 176–178. Die Entlehnungen aus Widukind gehen ein Dutzend Seiten weiter.

Nach Hilkert Weddige ist „mit dem Annolied und der Kaiserchronik zum ersten Mal ein Teil der Sachsensage in der Volkssprache überliefert"[62]. Diese Aussage kann zu Mißverständnissen führen, denn die Sprache des „Annolieds" ist (frühmittel)hochdeutsch und nicht niederdeutsch. Folglich bringt dieses Dichtwerk keine bodenständige Überlieferung aus Sachsen. Vielmehr hat der Schöpfer des Annolieds das Widukindsche Hirngespinst von der makedonischen Herkunft der Sachsen aufgegriffen. Er fügte diese Abstammung aber in sein weltgeschichtliches Bild ein, und zwar in einem chronologisch irgendwie richtigen Verfahren, indem er die makedonischen Ahnen der Sachsen vor der Zeit Caesars an der Elbe landen ließ. Auch wandelte der Dichter Widukinds Mitteilung von den Messern, die *nostra lingua* (also in Widukinds altniederdeutscher Muttersprache) ‚sahs' geheißen hätten, in der Weise ab, daß er schreibt, es sei bei den T h ü r i n g e r n Sitte gewesen, lange Messer ‚sahs' zu nennen[63]. Weil die Neuankömmlinge solche Messer geführt hätten, seien sie nach diesen Waffen „Sachsen" genannt worden. Offensichtlich fand es der mittelhochdeutsche Dichter unlogisch, daß die Makedonen oder Griechen von Haus aus (nieder)deutsch gesprochen hätten.

Weiter erzählt das Annolied von Kämpfen Caesars gegen die Sachsen. Sonderbarerweise folgt die neuzeitliche Wissenschaft nicht, daß in diesem Bericht eine Fassung der sächsischen Stammessage ans Licht getreten sei. Eine solche Zaghaftigkeit erregt Erstaunen: Schließlich hat die mittelalterliche Geschichtsschreibung Magdeburgs mit Hartnäckigkeit behauptet, die Stadt sei eine Gründung des Diktators Caesar[64]. Schriftliche Vorlagen hatte diese *origo civitatis* bei ihrem ersten Auftreten auf gar keinen Fall. Nach der Logik, die im Fall der „Sachsensage" angewendet wird, müßte die Erzählung von Caesars Tätigkeit als Städtegründer demnach die Niederschrift einer mündlichen Überlieferung sein. In der Tat ist die Ansicht vorgetragen worden, es habe sich hier um eine „alte (Gründungs)sage" gehandelt[65]. Außerdem führte Raymond Schmittlein 1970 aus, daß der von Caesar erwähnte Schlachtort *Magetobriga*,

---

62 WEDDIGE, Heldensage (wie Anm. 53) S. 122.
63 Das Annolied, v. 350 ff., ed. Max ROEDIGER (MGH Dt. Chron. 1/2, 1895) S. 122; ed. Eberhard NELLMANN (⁷2010) S. 28 f.
64 Matthias SPRINGER, Magdeburg, das Heilige Römische Reich und die Kaiser im Mittelalter, in: Heiliges Römisches Reich Deutscher Nation 962–1806. Essays, hg. von Matthias PUHLE / Claus-Peter HASSE (2006) S. 125–134, hier S. 129 f.
65 Eberhard KESSEL, Die Magdeburger Geschichtsschreibung im Mittelalter bis zum Ausgang des 12. Jahrhunderts, Sachsen und Anhalt 7 (1931) S. 109–184, hier S. 122.

wo Ariovist die Gallier besiegte[66], Magdeburg gewesen sei[67]. Wenn Caesar in einem solchen Maße mit dem sächsischen Stammesgebiet vertraut war, sollte es uns eigentlich nicht wundern, daß er in der sächsischen Sage weiterlebte, nicht wahr? Obendrein haben nach Albert Krantz französische Verfasser den Ariovist als einen sächsischen Fürsten angesehen (*Saxonum fuisse principem*)[68].

Allerdings erzählt das Annolied auch von Feldzügen Caesars gegen die Schwaben, Baiern und Franken. Aber der Sachverhalt sollte die Erforscher der „sächsischen Sage" nicht beirren: Gerade sie könnte ja das Vorbild gewesen sein, nach dem die drei anderen Kriege des römischen Feldherrn geformt worden wären. Man braucht nur daran zu erinnern, daß die Schrift „Vom Ursprung der Schwaben" (*De origine gentis Swevorum*) die Widukindschen Erzählungen einfach auf die Schwaben übertrug[69].

Im späten 12. Jahrhundert sah sich Gottfried von Viterbo (um 1125 – nach 1202) dazu angeregt, innerhalb seines Werkes *Pantheon* Widukinds Darlegungen in gereimte lateinische Verse umzudichten: Gottfried schildert, wie die makedonischen Vorfahren der Sachsen von Babylon übers Mittelmeer und weiter durch den Ozean bis an die Weser segelten. Zum Schluß wandelt er Widukinds Bericht vom Landerwerb der Sachsen oder vielmehr Makedonen in bemerkenswerter Weise ab[70]. Aber Gottfried von Viterbo dichtete gleich noch den Schwaben eine makedonische Herkunft an[71]. Folglich standen die staufischen Kaiser den Sachsen nicht nach.

Auch Eike von Repgow machte sich Widukinds Märchen von der makedonischen Herkunft der Sachsen zu eigen, verband es aber mit der Lehre von den vier Weltreichen. Nachdem er diese aufgeführt hat, schreibt er weiter: „Unsere Vorfahren, die hierher kamen und die Thüringer vertrieben, waren in Alexanders Heer gewesen. Mit ihrer Hilfe hatte er ganz Asien bezwungen." Nach dem Tode des Königs hätten sie weichen müssen, weil sie sich den

---

66 Caesar, Bell. Gall. I, 31, 12, ed. Wolfgang HERING (1987) S. 14.
67 Raymond SCHMITTLEIN, Avec César en Gaule (1970) S. 251, Anm. 1.
68 Albert KRANTZ, Saxonia, hg. von Nicolaus CISNERUS [Nikolaus KISTNER] (1575) S. 21. Die Erstausgabe wurde 1520 in Köln gedruckt. Da sie keine Seitenzahlen enthält, sondern nur Bogen- und Blattzählungen, ist es bequemer, nach der Ausgabe von Kistner zu zitieren.
69 Diese Schrift ist gedruckt in: Widukind, Res gestae Saxonicae, ed. HIRSCH (wie Anm. 2) S. 155–161.
70 Gottfried von Viterbo, Pantheon, XVIII, 6, ed. Georg WAITZ (MGH SS 22, 1872) S. 147 f.
71 Gottfried von Viterbo, Pantheon, XV, 25, ed. WAITZ (wie Anm. 70) S. 141 f.

Haß des Landes zugezogen hatten. So seien sie auf 300 Schiffen abgefahren, die alle bis auf vierundfünfzig den Untergang gefunden hätten. Von diesen wären 18 nach Preußen gelangt und hätten dieses Land besetzt. Zwölf hätten Rügen eingenommen und 24 seien „hierher" gekommen. Die Anzahl der Neuankömmlinge habe nicht ausgereicht, die Felder zu bebauen, nachdem sie die thüringischen Herren erschlagen und vertrieben hatten. Deswegen hätten sie die Bauern am Leben gelassen und ihnen den Grund und Boden zu Lassenrecht übertragen[72]. Auf diese Weise machte Eike von Repgow die Geschichten des Corveyer Mönchs für die eigene Gegenwart geltend: 1225 bat der Herzog Konrad von Masowien den Deutschen Orden, ihm gegen die Prußen zu helfen[73]. 1169 hatte der dänische König Waldemar I., der mit Heinrich dem Löwen verbündet war, die Bewohner der Insel Rügen zur Annahme des Christentums gezwungen. Während der folgenden Jahrzehnte gewannen die rügenschen Fürsten unter dänischer Oberhoheit die Herrschaft über Teile des Festlands. 1219 nahm der Fürst Wizlaw I. als Führer einer dänischen Kriegsflotte an einem Kriegszug gegen die Heiden in Estland teil[74]. Übrigens wären Eikes Ausführungen noch bemerkenswerter, wenn er bei *Rujan* nicht an Rügen, sondern an einen Teil Rußlands gedacht hätte.

Ungewollt hat der Schöpfer des Sachsenspiegels die Lehre genährt, daß die sächsische Stammessage bis in die Neuzeit weitergelebt hätte. In diesen Bahnen wandelte Weddige der, wie er sich ausdrückte, der „etymologischen und genealogischen Ausweitung der sächsischen origo gentis im späten Mittelalter und in der frühen Neuzeit" nachging. Das heißt, er hat Stellen aus verschiedenen Literaturwerken aufgeführt, in denen die Widukindsche Erzählung aus- und umgestaltet wurde. Ebenso ist er der „Iringsage in der Landesgeschichtsschreibung des späten Mittelalters und der frühen Neuzeit" nachgegangen[75]. Weddige gehört zu den wenigen Leuten, die glauben, es hätte spätmittelalterliche Aufzeichnungen der sächsischen Stammessage gegeben (und nicht bloß früh- und hochmittelalterliche), die eine unverfälschte Kunde von der sächsischen Urzeit überliefern würden. So ist er der Meinung, daß Johann von Buch (um 1290 – nach 1356), der Verfasser der nach ihm benannten „Glosse zum Landrecht des Sachsenspiegels", eine genauere Kenntnis von Zuständen der

---

72 Sachsenspiegel, Landrecht III, 44, § 2 f., ed. ECKHARDT (wie Anm. 21) S. 230 f.
73 Hartmut BOOCKMANN, Ostpreußen und Westpreußen (1992) S. 94.
74 Ingrid SCHMIDT, Die Dynastie der Rügenfürsten (2009) S. 81.
75 WEDDIGE, Heldensage (wie Anm. 53) S. 141–151.

Völkerwanderungszeit gehabt hätte als alle früheren schriftlichen Quellen. Es geht um folgende Stelle des Sachsenspiegels: *De Swafne mach ok van wif halven nen erve nehmen, went de wif an erme slechte al ervelos sin gemaket dorch er vorvarne missedat.* Diese Angabe war schon den Zeitgenossen so unverständlich, daß die Handschrift B die Schwaben zu Schwägern macht[76].

Johann von Buch reimte sich folgendes zusammen: Unter Führung des *Esternus* seien die Sachsen nach England gezogen. Während diese Führerpersönlichkeit sich mit ihren Mannen dort aufgehalten habe, wären die Schwaben gekommen, hätten das Sachsenland an sich gebracht und mit den Frauen der Sachsen eheähnliche Beziehungen unterhalten. Als Esternus und seine Leute nach der Unterwerfung Englands zurückgekehrt seien, habe man die Kinder, die aus diesen Verbindungen hervorgegangen waren, Schwaben genannt. Die Mütter hätten mit ihren schwäbischen Beischläfern das Land verlassen[77].

Nach Weddige habe Eike diese „heikle Begebenheit der sächsischen Frühgeschichte verschleiert"[78]. Wäre das richtig, dann müßten wir Johann von Buch dankbar sein, daß er die sächsische Stammessage unverfälscht aufgezeichnet hätte, denn dank seiner Leistung wäre uns über den Beginn des 5. Jahrhunderts viel mehr bekannt, als wenn wir uns mit den seinerzeitigen Schriftquellen zu begnügen hätten. Ja, wir könnten sogar den sächsischen Anführer namens Esternus fassen, der 120 Jahre älter gewesen wäre als Hadugoto.

In Wirklichkeit war Johann von Buch, der übrigens in der Mark Brandenburg lebte und wirkte, über eine unverständliche Stelle des Sachsenspiegels gestolpert und hatte sie sich verständlich gemacht, indem er sich eine Geschichte aus den Fingern sog. Solche Erdichtungen kommen häufig vor. In vielen Fällen werden sie aus auffälligen Namen herausgesponnen. Das nächstliegende Beispiel bildet die Erzählung, wie Heinrich I. von seiner Wahl zum König erfährt, während er gerade beim Vogelfang sitzt. Diese Geschichte erwuchs aus einem anzüglichen Beinamen, der absichtlich als „der Vogelfän-

---

76 Sachsenspiegel, Landrecht, I, 17, § 2, ed. ECKHARDT (wie Anm. 21) S. 83.
77 Glossen zum Sachsenspiegel-Landrecht, Buch'sche Glosse, ed. Frank-Michael KAUFMANN (MGH Fontes iuris N.S. 7/1, 2002) S. 223: *Dit sint de, der modere vthe dem lande voren mit den Swauen, do Esternus wedder quam mit den Sassen van Engelant, do he dat bedwungen hadde. De wile he dare was, do quemen de Swauen vnd wunnen Sassen land vnd nemen der Sassen wiff; do de do wedder quemen, der wiue kindere, de mit den Swauen to lande toghen, de hete man Swauue.*
78 WEDDIGE, Heldensage (wie Anm. 53) S. 129.

ger" mißverstanden wurde[79]. Nachdem wir gesehen haben, wie Erdichtungen des 14. Jahrhunderts als Aufzeichnungen der sächsischen Stammessage angesehen worden sind, wollen wir auf diesem Weg ins 16. Jahrhundert schreiten:

Angeblich 1519 hat der Ballenstedter Mönch Heinrich Basse sich mit der Genealogie der Askanier beschäftigt. Sein kleines Buch mit dem sonderbaren Titel *Panegiricus Genealogiarum illustrium Principum dominorum in Anhalt* wurde 1716 von Johann Christoff Beckmann erneut gedruckt[80].

Nach Basse hat Julius, der ein Sohn des römischen Königs Tarquinius Priscus war und von seinem Vater vertrieben wurde, Zuflucht bei den Sachsen gefunden, ihnen die höhere Gesittung beigebracht und das Land in zwölf Toparchien eingeteilt, deren Oberhäupter *presides* oder *satrapae* hießen. Auch gründete er die Städte Hamburg, Magdeburg, Lüneburg, Salzwedel, Merseburg und Aschersleben[81]. Dieser Julius war nicht etwa der berühmte Gaius Iulius Caesar, dem wir oben begegnet sind.

Basse sah sich zur Erfindung des tarquinischen Julius aus folgendem Grund veranlaßt: Wie er an der betreffenden Stelle selber schreibt, hatte man die Gründung der genannten Städte ehemals dem Gaius Iulius Caesar zugeschrieben. Aber diese Ansicht, so fährt er fort, wurde von Albert Krantz widerlegt. So schuf Basse eben einen anderen Julius. Er verfuhr ganz ähnlich wie Widukind von Corvey 550 Jahre zuvor: Weil dieser die Behauptung des Rudolf von Fulda, daß die Sachsen zu Theuderichs I. Zeiten bei Hadeln gelandet wären, durch Bedas Geschichtswerk widerlegt sah, versetzte er ihre Ankunft in eine graue Vorzeit und machte Rudolfs Herzog *Hadugoto* zum Urvater (*pater patrum*) *Hathagat*; und wie der Ballenstedter Mönch den tarquinischen Julius in Sachsen Toparchien unter Satrapen einrichten läßt, hat sein Corveyer Vorgän-

---

79   Helmut LIPPELT, Thietmar von Merseburg (Mitteldeutsche Forschungen 72, 1973) S. 220 ff.
80   Heinrich BASSE, Panegiricus Genealogiarum illustrium Principum dominorum in Anhalt, hg. von Johann Christoff BECKMANN, in: Johann Christoff BECKMANN, Accessiones Historiae Anhaltinae (1716) S. 1–26. In der Staatsbibliothek Preußischer Kulturbesitz zu Berlin befindet sich ein Exemplar des Urdrucks. Auf dem Titelblatt ist kein Erscheinungsjahr angegeben. 1519 wird daraus erschlossen, daß Basses Begleitschreiben an den Bischof Adolf von Merseburg auf den 7. Oktober 1519 datiert ist. Dazu paßt aber nicht, daß Basse auf die *Saxonia* des Albert Krantz Bezug nimmt (BASSE, Panegiricus, S. 8). Dieses Werk ist erst 1520 gedruckt worden. Hat vielleicht *MDXXI* in der Druckvorlage gestanden; und hat der Setzer die Zahl verlesen? Im Druck wird die Jahreszahl in Wörtern angegeben.
81   BASSE, Panegiricus (wie Anm. 80) S. 8 f.

ger die vorzeitliche Landnahme der Sachsen und einen Urkrieg zwischen ihnen und den Thüringern erdichtet. Den Hathagat sparte sich Widukind für eine Hauptrolle bei der Eroberung Scheidungens auf, wobei er dem merkwürdigen *veteranus miles* gleich noch eine Rede in der Ausdrucksweise des Sallust in den Mund legte.

Über Albert Krantz wäre allerhand zu sagen. Zum Beispiel hat er darauf hingewiesen, daß sich bei dem dänischen Geschichtsschreiber Saxo Grammaticus, der um 1200 wirkte, die (in ihrem Bezug) früheste Vermutung *de Saxonum origine* findet. Krantz läßt es dahingestellt, ob der Saxo Grammaticus den Namen der Sachsen in seinen Quellen gefunden oder in die sagenhafte Urzeit vorverlegt hat[82]. Träten die neuzeitlichen Wissenschaftler der „dänischen Stammessage" mit demselben Glaubenseifer gegenüber wie ihrem sächsischen Gegenstück, dann könnten sie auf jeden Fall anhand des Saxo Grammaticus einen sächsischen König der Urzeit namens Syricus ermitteln, dessen Sohn Hunding bei Stade faßbar würde[83] – wie Rudolfs Hadugoto bei Hadeln.

Krantz hat das Ende Irings in bemerkenswerter Weise abgewandelt. Er folgt zunächst Widukind bis zu dem Punkt, daß Iring seinen Herrn Irminfrid erschlägt. Dann aber heißt es weiter: „Theuderich ergriff tiefster Abscheu vor dem Verräter; und er befahl ihm, sich auf der Stelle davonzumachen: Wie sollte jemand einem Mann vertrauen, der seinen Herrn mit der eigenen Hand durchbohrt hatte? Iring geriet vollends in Raserei. In der sicheren Gewißheit, selber sterben zu müssen, erhob er sein Schwert, um Theuderich zu fällen. Aber der Versuch schlug fehl. Iring richtete die Waffe gegen sich selbst, und fallend strebte er, seinen Herrn mit den Armen zu umschlingen. So endete der Verräter. Theuderich beschenkte die Sachsen mit dem versprochenen Land. Die Burg, die sie erobert hatten, überließ er ihnen für immer als Wohnstätte"[84]. Krantz als Geschichtsforscher hat die von Widukind angerichtete Unmöglich-

---

82 KRANTZ, Saxonia (wie Anm. 68) S. 3.
83 Saxo Grammaticus, Gesta Danorum, II, 5, 3, ed. Karsten FRIIS-JENSEN / Peter ZEEBERG (2005) 1, S. 158.
84 Albert KRANTZ, Saxonia (1520) I, 28, Blatt c iii, Rückseite: *Theodericus proditorem exosus, mox a se exire praecepit: cui enim mortalium fidum fore, qui dominum sua manu confodisset? Iringus furens iam, certus mori, gladium intorsit, ut Theodericum caederet: sed frustratus in se vertit ensem et dominum cadens amplexu petivit. Hic erat exitus proditoris. Theodericus promissam Saxonibus terram donauit. Urbem quam expugnauere, perpetuo concessit habitandam.* In der Ausgabe von 1575 ist das Wort *exire* ausgefallen (S. 24).

keit beseitigt, daß Theuderich zur selben Zeit wie Irminfrid den Tod gefunden hätte.

Es bleibt uns noch der Sonderfall der Quedlinburger Jahrbücher. Wie wir gesehen haben, hat der Abschnitt Qu$_2$ dieser Quelle, der den Untergang des Thüringerreichs behandelt, sowohl die „Frankengeschichte" als auch Rudolfs Übertragungsbericht als auch Widukinds Sachsengeschichte ausgebeutet. Hier taucht nun eine sehr merkwürdige Frage auf: Nirgendwo sonst läßt sich in den *Annales Quedlinburgenses* eine Stelle finden, die auf das Geschichtswerk des Corveyer Mönchs zurückginge[85]. Dabei hätte doch nichts näher gelegen, als daß man in Quedlinburg für die Zeit Heinrichs I. und Ottos I. auf Widukinds Ausführungen zurückgegriffen hätte. Schließlich hatte der Geschichtsschreiber sein Werk der dortigen Äbtissin Mathilde gewidmet.

Zur Erklärung der Absonderlichkeit sind drei Lösungen vorgeschlagen worden:

1) Widukinds Werk sei für die Schöpfer von Jahrbüchern kaum brauchbar gewesen, denn es enthält ja überhaupt keine Jahreszahlen. Dann bliebe zu erklären, warum es gerade an der Stelle herangezogen wurde, die dem Untergang des Thüringerreichs gewidmet ist.

2) Auch für diese Abschnitte habe Widukind nicht die Quelle gebildet. Vielmehr wären sie aus der mündlichen Überlieferung geschöpft worden. Wir haben gesehen, daß diese Meinung unhaltbar ist.

3) Qu$_2$ habe gar nicht in der ursprünglichen Fassung der Jahrbücher gestanden, sondern sei eine Hinzufügung des 12. Jahrhunderts.

Diese letzte Meinung hat 1872 Ludwig Hoffmann mit guten Gründen vorgetragen. Nach ihm „wurde [...] jene Erzählung vom Untergang des Thüringerreichs erst im zwölften Jahrhundert in die ann. quedl. eingeschoben"[86]. Widerlegt hat diese Ansicht niemand. Zwar bemühte sich Hermann Lorenz 1886, Hoffmanns Ausführungen zurückzuweisen[87]. Aber der Versuch ist völlig mißlungen. Es lohnt sich nicht, auf Lorenz näher einzugehen. Man liest bei ihm so sonderbare Dinge wie die Bemerkung, „das Jahr 532" (unter dem Qu$_2$ in den *Annales Quedlinburgenses* erscheint) sei „wahrscheinlich auch der

---

[85] GIESE, Annales Quedlinburgenses (wie Anm. 3) S. 242 f.
[86] Ludwig HOFFMANN, Zur Geschichte des alten Thüringerreiches, in: Jahresbericht über die höhere Bürgerschule zu Rathenow (1872) S. 3–28, hier S. 14.
[87] Hermann LORENZ, Das Zeugnis für die deutsche Heldensage in den Annalen von Quedlinburg, Germania 31 (1886) S. 137–150.

Volkssage nach das Jahr der Unterwerfung der Thüringer" gewesen[88]. Mit der Meinung, daß die Volkssage sich der Zählung der Jahre seit Christi Geburt bedient hätte, dürfte Lorenz allein auf weiter Flur stehen. Auch glaubte dieser Verfasser, daß „das Zeugnis für die deutsche Heldensage", zu der er die Erzählung vom Ende des Thüringerreichs rechnete, „bereits in den neunziger Jahren des zehnten Jahrhunderts aufgezeichnet wurde"[89] – was heute wohl niemand mehr behauptet: „Um 1008 griff der Chronist / die Chronistin erstmals zur Feder"[90].

Nach 1893 geriet Hoffmann in Vergessenheit. Robert Holtzmann erwähnte 1925 in seinem großen Aufsatz über die Quedlinburger Annalen Hoffmanns Beitrag überhaupt nicht[91]. Otto Gschwantler dagegen ging 1984 auf ihn ein, meinte aber, Lorenz habe Hoffmanns Darlegungen „weitgehend entkräftet"[92] (im Grunde also nicht entkräftet).

Bei Martina Giese wird Hoffmann zwar erwähnt (obwohl sein Name nicht im Literaturverzeichnis erscheint); die Verfasserin schreibt aber nur, daß er „ganze Abschnitte als Interpolationen verdächtigte"[93]. Welche das sind und welche Gründe er hatte, erfährt man nicht.

Wir müssen uns also Hoffmanns Ausführungen ansehen. Zuvor möchte ich mit Nachdruck folgendes bemerken:

Hoffmann bezweifelte in keiner Weise, „daß Sachsen bei der Eroberung Thüringens durch die Franken den Letzteren Hülfe geleistet haben und dafür mit einem Teile des eroberten Landes beschenkt worden sind. Denn" – so schrieb er weiter – „die Schicksale einzelner Personen können im Laufe der Zeit eher in unglaubwürdige Sagen umgewandelt werden als die ganzer Stämme"[94]. Leider dürften die Erfahrungen der letzten hundert Jahre das Gegenteil lehren. Aber Hoffmann ist auf jeden Fall von dem Verdacht freizusprechen, er habe die Erzählung von dem Anteil der Sachsen am Untergang des Thüringer-

---

88 LORENZ, Zeugnis für deutsche Heldensage (wie Anm. 87) S. 141.
89 LORENZ, Zeugnis für deutsche Heldensage (wie Anm. 87) S. 150.
90 GIESE, Annales Quedlinburgenses (wie Anm. 3) S. 56.
91 Robert HOLTZMANN, Die Quedlinburger Annalen, Sachsen und Anhalt 1 (1925) S. 64–125.
92 Otto GSCHWANTLER, Die Heldensagen-Passagen in den Quedlinburger Annalen und in der Würzburger Chronik, in: Linguistica et Philologica. Gedenkschrift für Björn Collinder, hg. von DEMS. (1984) S. 135–181, hier S. 138.
93 GIESE, Annales Quedlinburgenses (wie Anm. 3) S. 103, Anm. 243.
94 HOFFMANN, Zur Geschichte des alten Thüringerreiches (wie Anm. 86) S. 14.

reichs deswegen für eine spätere Ergänzung gehalten, weil er ihr jede Glaubwürdigkeit hätte absprechen wollen.

Zweitens war Hoffmann der Ansicht, daß Teile der Schilderung von Qu$_2$ aus der mündlichen Überlieferung geschöpft worden wären wie (angeblich) Widukinds ganzer Bericht, eben nur später. Allerdings wußte Hoffmann, daß eine Erzählung, die sich mündlich fortpflanzt, laufend mit Einzelheiten ausgeschmückt wird und daß sie folglich immer stärker von den Tatsachen abweicht, während einige heutige Forscher (oder Forscherinnen) zu glauben scheinen, daß Geschichten immer glaubhafter werden, je jünger sie sind und je mehr Einzelheiten sie folglich enthalten. Auch leugnete Hoffmann nicht, daß Qu$_2$ (auch) die Werke Rudolfs und Widukinds herangezogen hat (und nicht nur die „Frankengeschichte")[95].

Weil wir zu der Überzeugung gekommen sind, daß Qu$_2$ bei seiner Erzählung über das Ende des Thüringerreichs auf bekannte schriftliche Vorlagen zurückgeht und in keiner Weise als Quelle für die Geschichte des 6. Jahrhunderts benutzt werden kann, brauchten wir uns vielleicht gar nicht mit der Frage zu beschäftigen, ob Qu$_2$ zum Urbestand des Geschichtswerks gehörte oder erst im 12. Jahrhundert hinzugefügt worden ist: Unglaubwürdig ist die Erzählung so und so. Da wir uns in diesem Beitrag aber der Geschichte der Geschichtsschreibung widmen wollen, kommen wir nicht umhin, dieser Frage nachzugehen.

Jetzt werde ich Hoffmann zu Worte kommen lassen. In spitzen Klammern füge ich Erläuterungen ein, die zum Verständnis seiner Ausführungen nötig sind.

„Betrachten wir [...] zunächst die ausführliche Erzählung der Annalen über den Thüringerkrieg <also Qu$_2$>, so drängt sich uns unwillkürlich die Bemerkung auf, daß dieselbe in gar keinem Verhältnis steht zu den sonstigen, äußerst dürftigen Nachrichten in dem ersten Teil der Jahrbücher. Es wäre allerdings möglich, daß der Annalist, während er die ann<ales> hersfeld<enses> excerpierte, selbst jene Erzählung hier zugefügt hätte; allein das ist nicht der Fall. Der annalista Saxo nämlich hat den Satz *Post mortem Clodovei – fecit tributarios in porcis* übereinstimmend mit den ann. quedl.<[96]>; allein es findet sich bei ihm nicht die geringste Spur einer Benutzung des erwähnten zweiten, länge-

---

95   GIESE, Annales Quedlinburgenses (wie Anm. 3) S. 104, Anm. 247 am Ende, scheint der Meinung zu sein, daß Qu$_2$ gänzlich „aus mündlicher Tradition" geschöpft wäre. Natürlich denkt die Verfasserin nicht ans 12. Jahrhundert.
96   Annalista Saxo, Reichschronik a. 750, ed. Georg WAITZ (MGH SS 6, 1844) S. 555, Z. 40–42; jetzt ed. Klaus NASS (MGH SS 37, 2006) S. 8, Z. 18–21.

ren Berichtes über die Thüringer. Dagegen erzählt er unter dem Jahre 1002[97], König Heinrich sei nach Thüringen gekommen und habe den Bewohnern dieser Landschaft den bisherigen Zins an Schweinen erlassen. Darauf fährt der ann. Saxo fort: *qui census a tempore Theodorici filii Clodovei qui et Lodowicus dicebatur usque ad hunc regem singulis annis regiis stipendiis impendebatur per annos quingentos 82*[98]. Ferner sagt der ann. Saxo ... *Willehelmus comes – impetraverat, ut census porcorum, qui annis singulis ab ea (sc. gente Thuringorum) regiis stipendiis persolvebatur, remitteretur. Quem censum instituerat Theodoricus rex, qui eosdem Thuringos ex maxima parte delevit et terram eorum Saxonibus dedit*[99]. Diese zwei Stellen, namentlich aber der letzte Satz stimmen fast genau mit der ersten Nachricht der ann. qued. über die Thüringer <also Qu$_1$>, nicht aber mit dem zweiten Bericht <also Qu$_2$>, wie der Herausgeber des ann. Saxo, Waitz meint[100]. Daß der ann. Saxo jenen zweiten Bericht der ann. quedl. gar nicht gekannt hat, wird aber ganz offenbar, wenn wir seine Zeitbestimmung ansehn, daß nämlich der Tribut vom Jahre 1002 an <rückwärts> gerechnet 582 Jahre hindurch gezahlt sei. Danach wäre also der Tribut den Thüringern im Jahre 420 auferlegt; in den ann. quedl. dagegen, und zwar in dem zweiten Bericht, wird die Unterwerfung Thüringens ganz bestimmt in das Jahr 532 gesetzt.

Hinzu kommt noch eins. Es ist doch jedenfalls auffallend, daß die Quedlinburger Jahrbücher über denselben Gegenstand an zwei verschiedenen Stellen, die noch dazu gar nicht weit voneinander entfernt stehen, handeln sollen. Das ist um so auffallender, da der zweite Bericht eine weitere Ausführung des ersten ist, namentlich in Betreff des Hugo Theodoricus, tritt das klar zu Tage. Im ersten Bericht wird der einfach genannt, der Verfasser der zweiten Erzählung hat das wahrscheinlich gelesen und sich veranlaßt gesehn, zum Verständnis für die Leser eine Erklärung des ihm merkwürdig erscheinenden Namens zu geben, er fügt also am Rande der Handschrift hinzu: *Hugo Theodoricus iste dicitur, id est Francus, quia olim omnes Franci Hugones vocabantur a suo quodam duce Hugone.* Da der Verfasser über die Thüringer noch mehr weiß, so schreibt er an den Rand neben jene erste kurze Notiz in den ann. quedl. jene längere Erzählung von *Theodoricus rex – perimi iussi*[101]. Dieselbe mag nun am Rande der Handschrift bis zu dem Satze gereicht haben, in welchem die Jahreszahl 532 steht. Ein späterer Abschreiber hat dann vielleicht jene Randglosse dahinter eingefügt und ‚*eodem anno*' vorgesetzt.

Daß der zweite Bericht der ann. quedl. über die Thüringer nicht um das Jahr 1025, sondern viel später abgefaßt ist, darauf weisen noch manche andere Anzeichen hin, zunächst die Art, wie der Name *Hugo Theodoricus* erklärt wird[102]. [...] Ferner: Ekkehart

---

97   Annalista Saxo, Reichschronik a. 1002, ed. WAITZ (wie Anm. 96) S. 649, Z. 33–35; ed. NASS (wie Anm. 96) S. 286, Z. 30 – S. 287, Z. 1.

98   Annalista Saxo, Reichschronik a. 1002, ed. WAITZ (wie Anm. 96) S. 649, Z. 35–37; ed. NASS (wie Anm. 96) S. 287, Z. 2–4.

99   Annalista Saxo, Reichschronik a. 1046, ed. WAITZ (wie Anm. 96) S. 687, Z. 19–23; ed. NASS (wie Anm. 96) S. 388, Z. 11–15.

100 WAITZ, Annalista Saxo (wie Anm. 96) S. 687, Anm. 26.

101 Annales Quedlinburgenses, ed. GIESE (wie Anm. 3) S. 412–414.

102 In einer Anmerkung stellt Hoffmann fest, daß die „Sache", nämlich die Berufung auf den Namen Hugdietrich, „unentschieden bleiben" muß. Folglich gebe ich seine diesbezüglichen Ausführungen nicht wieder (HOFFMANN, Zur Geschichte des alten Thüringerreiches [wie Anm. 86] S. 12, Anm 57).

<also nach heutiger Auffassung Frutolf von Michelsberg, siehe oben S. 138> berichtet nach Widukind und der translatio St. Alexandri, aber kein Anklang findet sich bei ihm an die ann. quedl.; hat er nun jene oben erwähnten Stücke [...] den ann. quedl. entlehnt<[103]>, so dürfen wir annehmen, daß zu seiner Zeit in der Handschrift der Quedlinburger Jahrbücher die zweite Erzählung über die Thüringer noch fehlte [...].

Die ann<ales> magdeburgenses endlich, welche in der zweiten Hälfte des 12. Jahrhunderts geschrieben wurden, bringen unter dem Jahre 561 den Satz, welchen wir schon in den ann. quedl. trafen: *Attila rex Hunorum totius Europe terror a puella quam a patre occiso vi rapuit, cultello perfossus interiit*, von der in den ann. quedl. unmittelbar vorausgehenden längeren Erzählung über die Thüringer indes bringen sie nichts, was jedenfalls auffällig bleiben muß, wenn auch in den ann. magdeb. die Jahre 414 bis 549 fehlen. Fassen wir also die Resultate der vorhergehenden Untersuchung zusammen, so ergibt sich, da Eckehart <also Frutolf, der seine Weltchronik mit dem Jahr 1099 abschloß> [...], der Annalista Saxo um die Mitte des 12. Jahrh., der Verfasser der Ann. Magd. in der zweiten Hälfte des 12. Jahrh. schrieb, daß jene Erzählung über den Untergang des Thüringerreiches kaum vor der 2. Hälfte des 12. Jahrh. in die ann. quedl. eingeschoben sein kann, es müßte denn sein, daß die genannte Stelle in ein Exemplar der Ann. Quedl. eingeschoben ist, welches keinem von jenen dreien vorgelegen hat; jedenfalls aber ist die zweite Erzählung der ann. quedl. in späterer Zeit eingefügt".[104]

Wattenbach zeigte sich von Hoffmanns Ausführungen völlig überzeugt, hat aber Verwirrung angerichtet, indem er 1891 in der Vorrede zu seiner Neuausgabe der Übersetzung des Widukind von Corvey folgendes schrieb: „Die längere Erzählung vom Thüringerkrieg <also Qu$_2$>, welche allerdings nicht zu dem übrigen Charakter der Annalen paßt, ist für eine Zutat des 13. Jahrhunderts erklärt von L. Hoffmann [...]. Bei genauerer Beschäftigung mit derselben ist diese früher von mir angenommene Ansicht mir doch wieder zweifelhaft

---

103 Es handelt sich um die folgenden beiden Mitteilungen: *Eo tempore Ermenricus super omnes Gothos regnavit, astutior omnibus in dolo, largior in dono; qui post mortem Friderici filii sui unici, sua perpetrata voluntate, patrueles suos Embricam et Frithlam patibulo suspendit, Theodoricum similiter patruelem suum, instimulante Odoacro patruele suo de Verona pulsum, apud Attilam exulare coegit*; und: *Ermenricus rex Gothorum a fratribus Hamido et Sarilo et Odoacro quorum patrem interfecerat, amputatis manibus et pedibus tupiter, uti dignus erat, occisus est* (Ekkehard von Aura, Chronicon Wirziburgense, ed. Georg WAITZ [MGH SS 6, 1844] S. 23). Abgesehen davon, daß *omnibus* fehlt, steht die erste Stelle wortgleich in den Annales Quedlinburgenses, ed. GIESE (wie Anm. 3) S. 410. Wenige Zeilen danach die findet sich auch die zweite Mitteilung wortgetreu, allerdings mit den Lesarten *Ermanricus, Hemido, Serila, Adaccaro*. Jedoch fügen die Jahrbücher von Quedlinburg hinzu: *Theodoricus Attilae regis auxilio in regnum Gothorum reductus suum patruelem Odoacrum in Ravenna civitate expugnatum interveniente Attila, ne occideretur, exilio deputatum paucis villis iuxta confluentiam Albiae et Salae fluminum donavit.*
104 HOFFMANN, Zur Geschichte des alten Thüringerreiches (wie. Anm. 84) S. 12 f.

geworden [...]. Damit ist jedoch nicht gesagt, daß die längere Erzählung schon zum ursprünglichen Bestande der Jahrbücher gehört haben müsse, aber wenn [...] der Verfasser der ‚Chronica ducum de Brunswick', der 1282 schrieb, sie aus den Nienburger Annalen genommen hat, so war sie im 12. Jahrhundert schon vorhanden"[105]. Nun hatte Hoffmann nur ausgeführt, daß Qu_2 „kaum vor der zweiten Hälfte des 12. Jahrhunderts" in die Jahrbücher eingefügt worden ist (siehe oben). Das Jahr 1280 nannte er bloß als äußersten (also theoretischen) *terminus ante quem*, denn Qu_2 wird in dem zu jener Zeit entstandenen Braunschweiger Geschichtswerk zitiert[106].

Jedenfalls ist Wattenbach keineswegs reumütig zu der Meinung zurückgekehrt, daß Qu_2 zum Grundbestand der Quedlinburger Jahrbücher gehört hätte. In der letzten von ihm selber bearbeiteten Auflage seiner Quellenkunde schreibt er 1893 unter ausdrücklicher Berufung auf Hoffmann und unter ausdrücklicher Zurückweisung der Ansichten von Lorenz: „[Die] lange Erzählung vom Thüringerkriege, welche ganz aus dem Charakter des übrigen Werkes heraustritt, [...] muß [...] im 12. Jahrhundert vorhanden gewesen sein. Aber zum ursprünglichen Werke gehörte sie nicht [...]"[107].

Als Ernst Dümmler 1904 Wattenbachs „Geschichtsquellen" in der von ihm umgearbeiteten siebenten Auflage herausgab, nannte er zwar Hoffmann in einer Anmerkung, teilte seinen Lesern jedoch nicht mit, um welche Fragen es diesem Verfasser zweiunddreißig Jahre zuvor gegangen war[108].

In Holtzmanns Aufsatz – einundzwanzig Jahre später – war dann von Hoffmann überhaupt keine Rede mehr. Doch wies Holtzmann immerhin nach, daß der berühmt-berüchtigte Satz *Et iste fuit Thideric de Berne, de quo cantabant rustici olim* „von einem Schreiber des 15. Jahrhunderts" stammt und eine Glosse bildete, also eine Randbemerkung, die in den Text eingedrungen ist[109]. Leider hielt dieser Forscher den sozusagen spiegelgleichen Satz *Hugo Theodericus iste dicitur, id est Francus, quia olim omnes Franci Hugones vo-*

---

105 WATTENBACH, Widukinds Sächsische Geschichten (wie Anm. 59) S. XII.
106 HOFFMANN, Zur Geschichte des alten Thüringerreiches (wie. Anm. 84) S. 13.
107 Wilhelm WATTENBACH, Deutschlands Geschichtsquellen im Mittelalter 1 (^{6}1893) S. 342 f. mit Anm. 1 (S. 343).
108 Wilhelm WATTENBACH / Ernst DÜMMLER, Deutschlands Geschichtsquellen im Mittelalter 1 (^{7}1904) S. 377.
109 HOLTZMANN, Die Quedlinburger Annalen (wie Anm. 91) S. 98; Annales Quedlinburgenses, ed. GIESE (wie Anm. 3) S. 412.

cabantur a suo quondam duce Hugone nicht für eine solche Glosse, obwohl er es wahrscheinlich ist.

Hier breche ich ab. Eine weitere Untersuchung könnte oder müßte *Hugo Theodericus* („Hugdietrich") als Stichwort nehmen und den Beziehungen des uns vorliegenden Textes der Quedlinburger Annalen zur Heldendichtung nachgehen. Das ist im vorliegenden Rahmen nicht möglich. Nur auf eines sei hingewiesen:

Eine eigenartige Stelle unserer Jahrbücher besagt folgendes: „Theoderich wurde mit Hilfe des Königs Attila auf den gotischen Königsthron zurückgeführt. Er bezwang Odoaker, den Bruder seines Vaters, in der Stadt Ravenna. Auf Attilas Fürsprache bestrafte er ihn nicht mit dem Tode, sondern schickte ihn in die Verbannung, wobei er ihm einige wenige Dörfer in der Nähe des Zusammenflusses der Elbe und der Saale schenkte"[110]. Diese Sätze bilden nun keineswegs die „Aufzeichnung einer alten Sage". Darauf hat sogar Lorenz hingewiesen, denn er meinte, der Verfasser der *Annales Quedlinburgenses* „habe [...] die Person des Odoaker willkürlich eingemischt"[111]. Vermutlich gehörte die gesamte Nachricht nicht zum ursprünglichen Bestand der Jahrbücher. Das *Chronicon Wirziburgense* weiß überhaupt nichts von ihr. Doch enthält es genau den Satz, der ihr im überlieferten Text der Quedlinburger Jahrbücher vorausgeht: *Ermenricus rex Gothorum, a fratribus Hamido et Sarilo et Odoacro, quorum patrem interfecerat, amputatis manibus et pedibus, turpiter, uti dignus erat, occisus est*[112].

Die Quedlinburger Mitteilung über Odowakars Schicksale ist aus den Verhältnissen der Zeit ihrer Niederschrift zu erklären und nicht aus der Geschichte des 5. Jahrhunderts. Auf jeden Fall bildet die Nachricht ein auffälliges Gegenstück zur Angabe der Jahrbücher, Theuderich habe den Sachsen alles Land bis zum Zusammenfluß der Unstrut und der Saale überlassen (oben S. 127). Am Zusammenfluß der Elbe und der Saale liegt übrigens Barby, nach welchem Ort sich seit dem 13. Jahrhundert ein Grafenhaus nannte, das einschließlich

---

110 Annales Quedlinburgenses, ed. GIESE (wie Anm. 3) S. 411: *Theodoricus Attilae regis auxilio in regnum Gothorum reductus suum patruelem Odoacrum in Ravenna civitate expugnatum interveniente Attila, ne occideretur. exilio deputatum paucis villis iuxta confluentiam Albiae et Salae fluminum donavit.*
111 LORENZ, Zeugnis für deutsche Heldensage (wie Anm. 87) S. 149.
112 Ekkehard von Aura, Chronicon Wirziburgense, ed. WAITZ (wie Anm. 103) S. 23. Die Schreibung der Personennamen weicht in den Jahrbüchern von der des *Chronicon* ab.

seiner Vorfahren in engen Beziehungen zum Stift Quedlinburg gestanden hat[113].

Zum Schluß werfen wir noch einmal einen Blick auf Qu$_1$: Wie Hoffmann herausgearbeitet hat und Klaus Naß bestätigt, schrieb der sogenannte *Annalista Saxo* diese Stelle ab[114]. Sie muß also um 1150 im Text der Quedlinburger Jahrbücher gestanden haben. Wenn Qu$_1$ zu ihrem Grundbestand gehört hat, bringen sie den ersten Beleg für eine Gestalt namens *Hugo Theodericus*. Daraus ergibt sich die Frage, ob dem Quedlinburger Verfasser (oder der Quedlinburger Verfasserin) eine Gestalt namens Hugdietrich bekannt war oder ob der oder die Quedlinburger Geistliche den Namen *Hugo Theodericus* erfunden und damit die Grundlage für die Herausbildung der Sagengestalt namens Hugdietrich gelegt hat.

Wie am Anfang bemerkt, ziehen die Quedlinburger Jahrbücher die Aufmerksamkeit der Literaturwissenschaft auf sich. Sie tun das, weil in ihnen Gestalten der Heldendichtung in einer Art und Weise auftreten, wie sie „sonst [...] erst aus der volkssprachigen [...] Literatur des 13. Jahrhunderts bekannt sind"[115]. Eigentlich wäre zu erwarten, daß die Literaturwissenschaft diese Auffälligkeit erklärt (und nicht als selbstverständlich hinnimmt). Nun haben wir gesehen, daß sich im Text der *Annales Quedlinburgenses* Einsprengsel befinden, die nicht zu ihrem ursprünglichen Bestand gehört haben, aber aus verschiedenen Zeitaltern stammen. Die jüngsten Hinzufügungen dieser Art sind offensichtlich die *iste*-Glossen des 15. Jahrhunderts (siehe oben). Älter ist Qu$_2$. Es wäre eine Untersuchung darüber angebracht, wie die Gestalten der Heldendichtung jeweils in den Text der Quedlinburger Jahrbücher geraten sind.

---

113 Gerd HEINRICH, Die Grafen von Arnstein (1961) S. 306.
114 HOFFMANN, Zur Geschichte des alten Thüringerreiches (wie Anm. 86) S. 13, Anm. 60; Annalista Saxo, Reichschronik a. 750, ed. WAITZ (wie Anm. 96) S. 555, Z. 40 ff.; NASS, Annalista Saxo (wie Anm. 96) S. 8 mit Anm. 3. Zur Entstehungszeit des Werkes ebd., S. VIII.
115 GIESE, Annales Quedlinburgenses (wie Anm. 3) S. 103.

Thomas Zotz

Kaiserliche Vorlage und Chronistenwerk

Zur Entstehungsgeschichte der *Gesta Frederici* Ottos von Freising

Es kommt nicht häufig vor, dass ein mittelalterlicher Autor einen offenen Blick in seine Werkstatt gewährt. Immerhin ist dies ist der Fall bei dem bedeutenden Historiographen des hohen Mittelalters, Otto von Freising, dessen Geschichtsbild Hans-Werner Goetz grundlegend untersucht hat[1]. Denn Otto stellte den *Gesta Frederici*[2] einen Brief seines Neffen Friedrich Barbarossa aus dem Jahr 1157 voran, in welchem dieser eine kurze Aufzeichnung zu seiner Herrschaftsausübung während der ersten fünf Jahre seines König- beziehungsweise Kaisertums als Richtschnur für das über ihn geplante Werk seines Onkels gibt[3].

Wie ist diese ungewöhnliche Offenlegung von Arbeit und Vorgehensweise durch den Autor selbst zu verstehen? Hier haben gewiss zunächst einmal die besonderen Rahmenbedingungen der *Gesta Frederici* eine Rolle gespielt: Die *dramatis persona*, Friedrich Barbarossa, und sein Biograph standen in verwandtschaftsbegründeter Nahbeziehung zueinander: Friedrichs Vater Herzog Friedrich II. von Schwaben wie dessen jüngerer Bruder König Konrad III. waren Halbbrüder des zu den Babenbergern gehörigen Otto und seines Bruders Heinrich „Jasomirgott", des Herzogs von Bayern[4]. Zwar hatte Otto die

---

1   Hans-Werner GOETZ, Das Geschichtsbild Ottos von Freising. Ein Beitrag zur historischen Vorstellungswelt und zur Geschichte des 12. Jahrhunderts (Archiv für Kulturgeschichte, Beihefte 19, 1984).
2   Otto von Freising / Rahewin, Gesta Friderici I. imperatoris, edd. Georg WAITZ / Bernhard von SIMSON (MGH SS rer. Germ. [46], ³1912); Gesta Frederici seu rectius Cronica, ed. Franz-Josef SCHMALE (Ausgewählte Quellen zur deutschen Geschichte des Mittelalters 17, ³1965). Zur Titelfrage vgl. ebd., S. 75 f.
3   Vgl. Johann Friedrich BÖHMER / Ferdinand OPLL, Die Regesten des Kaiserreiches unter Friedrich I. 1 (Regesta imperii 4/2/1, 1980) Nr. 451, S. 141.
4   Vgl. Roman DEUTINGER, Bischof Otto I. von Freising (1138–1158). Ein Lebensbild, in: Otto von Freising, Rahewin, Conradus Sacrista. Geschichtsschreiber des 12. Jahr-

besondere Vertrauensstellung, die er noch bei dem seinen babenbergischen Halbbrüdern zugewandten Konrad III. genoss, mit dem Herrschaftsantritt des nun eher zur welfischen Seite hin orientierten Friedrich Barbarossa, Sohn der Welfin Judith, eingebüßt[5], aber Otto stand Friedrich „immer noch nahe genug, um zwischen ihm und seinen Gegnern vermitteln zu können"[6].

Dass der kaiserliche Brief seinen Platz am Kopf des Werkes gefunden hat, könnte verschiedene Gründe haben: Vielleicht erachtete Otto ihn als besonderen Zierrat für sein Werk, vielleicht sollte die mitgelieferte Selbstdarstellung des Protagonisten den Ausführungen Ottos authentischen Charakter verleihen. Es gilt weiter die besondere Konstellation zu bedenken, dass der Autor zu Lebzeiten seines Helden schrieb, so dass es überhaupt zum Austausch, zum Dialog zwischen beiden Seiten kommen konnte. Eine solche Konstellation hat es im Übrigen, blickt man auf die bis zur Mitte des 12. Jahrhunderts überlieferten Herrscherbiographien, immer wieder gegeben, so etwa bei Ludwig dem Frommen und Thegan mit dessen zwischen 835 und 838 verfassten *Gesta Hludowici imperatoris*[7] oder bei Heinrich II. und Bischof Adalbold II. von Utrecht, der wohl zwischen 1014 und 1024 die *Vita Heinrici II. imperatoris* verfasst hat[8]. In derartigen Fällen könnte durchaus ein vergleichbarer Austausch zwischen Autor und Herrscher stattgefunden haben, doch ist hiervon, anders als bei den *Gesta Frederici*, nichts überliefert.

Die hier knapp skizzierte Sonderstellung der *Gesta Frederici* hat denn auch immer wieder das Interesse der Forschung auf sich gelenkt. Robert Holtz-

---

hunderts in Freising. Beiträge zum 850. Todesjahr Bischof Ottos von Freising 2008 (Sammelblatt des Historischen Vereins Freising 41, 2010) S. 15–26.

5   Zum Verwandtschaftsgeflecht zwischen Staufern, Welfen und Babenbergern und zur Problematik des Hausbegriffs vgl. grundlegend Werner HECHBERGER, Staufer und Welfen 1125–1190. Zur Verwendung von Theorien in der Geschichtswissenschaft (Passauer historische Forschungen 10, 1996).

6   DEUTINGER, Bischof Otto I. von Freising (wie Anm. 4) S. 21.

7   Thegan, Gesta Hludowici imperatoris, ed. Ernst TREMP (MGH SS rer. Germ. 64, 1995) S. 167–277. Zur Entstehungszeit vgl. Kapitel II der Einleitung, ebd., S. 5 ff.

8   Adalbold von Utrecht, Vita Heinrici II imperatoris, ed. Hans VAN RIJ, in: Nederlandse Historische Bronnen 3 (1983) S. 7–95. Zur Entstehungszeit zuletzt Simon ELLING, Konstruktion, Konzeption und Wahrnehmung von Vergangenheit. Das Beispiel der *Vita Heinrici II imperatoris* Adalbolds von Utrecht, in: Bilder – Wahrnehmungen – Vorstellungen. Neue Forschungen zur Historiographie des hohen und späten Mittelalters, hg. von Jürgen SARNOWSKY (2007) S. 33–53, hier S. 41 ff.

mann[9] und Eberhard Otto[10] würdigten die Tatsache, dass mit dem Brief Friedrich Barbarossas eine „persönliche Äußerung des Kaisers" (Eberhard Otto) vorliege. In jüngerer Zeit sind Walther Lammers[11], Hans-Werner Goetz[12] und ausführlich Franz-Josef Schmale in der Einleitung zu seiner Edition[13] auf den Brief eingegangen; Heinz Krieg hat ihn als „einzigartiges Dokument herrscherlicher Selbstdarstellung" bezeichnet[14]. Auch ein Vergleich zwischen dem Brief des Kaisers und der ausführenden Darstellung Ottos von Freising ist ansatzweise bereits in der vorwiegend älteren Forschung zu finden[15]; es dürfte sich lohnen, im Lichte neuerer Forschungen zu Friedrich Barbarossa und zu den *Gesta Frederici*[16] einmal genauer der Frage nachzugehen, wie Otto von Freising

---

9 Robert HOLTZMANN, Das Carmen de Frederico I. imperatore aus Bergamo und die Anfänge einer staufischen Hofhistoriographie, in: Neues Archiv der Gesellschaft für ältere deutsche Geschichtskunde 44 (1922) S. 252–313, hier S. 278 f.

10 Eberhard OTTO, Friedrich Barbarossa in seinen Briefen, in: Deutsches Archiv für Geschichte des Mittelalters 5 (1942) S. 72–111, das Zitat ebd., S. 109.

11 Walther LAMMERS, Weltgeschichte und Zeitgeschichte bei Otto von Freising (Sitzungsberichte der Wissenschaftlichen Gesellschaft an der Johann Wolfgang Goethe-Universität Frankfurt am Main 14/3, 1977) S. 68–99, hier S. 76.

12 GOETZ, Geschichtsbild Ottos von Freising (wie Anm. 1) S. 50.

13 SCHMALE, Gesta Frederici (wie Anm. 2) S. 22 ff.

14 Heinz KRIEG, Herrscherdarstellung in der Stauferzeit. Friedrich Barbarossa im Spiegel seiner Urkunden und der staufischen Geschichtsschreibung (Vorträge und Forschungen, Sonderband 50, 2003) S. 22.

15 Vgl. Charles Christopher MIEROW, Otto von Freising: A Medieval Historian at Work, in: Philological Quarterly 14 (1935) S. 344–362, hier S. 349 ff.; Eberhard F. OTTO, Otto von Freising und Friedrich Barbarossa, in: Historische Vierteljahrschrift 31 (1938) S. 27–56, hier S. 50 ff., wieder in: Geschichtsdenken und Geschichtsbild im Mittelalter, hg. von Walther LAMMERS (Wege der Forschung 21, 1965) S. 247–277, hier S. 271 ff. Neuerdings Sverre BAGGE, Ideas and Narrative in Otto of Freising's *Gesta Frederici*, in: Journal of Medieval History 22 (1996) S. 345–377, hier S. 356.

16 BAGGE, Ideas and Narrative (wie Anm. 15); Knut GÖRICH, Die Ehre Friedrich Barbarossas. Kommunikation, Konflikt und politisches Handeln im 12. Jahrhundert (2001); KRIEG, Herrscherdarstellung (wie Anm. 14); DERS., Im Spannungsfeld zwischen christlichen und adligen Normvorstellungen. Zur Beurteilung Friedrich Barbarossas in stauferzeitlicher Historiographie, in: Frühmittelalterliche Studien 41 (2007) S. 447–466; Volkhard HUTH, Staufische ‚Reichshistoriographie' und scholastische Intellektualität. Das elsässische Augustinerchorherrenstift Marbach im Spannungsfeld von regionaler Überlieferung und universalem Horizont (Mittelalter-Forschungen 14, 2004); Lars HAGENEIER, Die frühen Staufer bei Otto von Freising oder Wie sind die *Gesta Friderici* entstanden?, in: Grafen, Herzöge, Könige. Der Aufstieg der frühen Staufer und das Reich (1079–1152), hg. von Hubertus SEIBERT / Jürgen DENDORFER (Mittelalter-Forschungen 18, 2005) S. 363–396; Martina GIESE,

mit der vom Kaiser gelieferten und von ihm so pointiert an den Beginn seines Werkes gesetzten ‚Werkstattvorlage' verfahren ist. Wollte er damit zeigen, wie genau er sich an die kaiserliche Richtschnur gehalten hat? Inwiefern hat der Geschichtsschreiber seine eigene Handschrift zur Geltung gebracht?

Bevor wir uns diesen Fragen zuwenden, soll der in verschiedenen Stationen greifbare Dialog zwischen Friedrich und Otto, zwischen Neffen und (Halb-) Onkel, zwischen Herrscher und Geschichtsschreiber aus dem Jahr 1157 nachgezeichnet werden, ein Dialog, der sich letztlich in die *Gesta Frederici* eingeschrieben hat. Auszugehen ist von dem der *Chronica sive Historia de duabus civitatibus* vorangestellten Widmungsbrief Ottos an Friedrich Barbarossa; er stammt aus der Zeit nach Ende März, da am Schluss von der Ankündigung des Feldzugs gegen die *Mediolanensium superbia* die Rede ist[17]. Der Chronist erwähnt hier die an ihn gerichtete Bitte des Herrschers, er möge ihm sein vor einigen Jahren *de mutatione rerum* verfasstes Werk zukommen lassen, und knüpft daran einige Worte über den Nutzen, der sich aus der Kenntnis der *antiqua regum seu imperatorum gesta* ziehen lasse[18].

Anhand der Sprüche Salomos führt Otto weiter aus, dass ein Herrscher, der seines Amtes nicht gut waltet, das härteste Gericht (*durissimum iudicium*) zu gewärtigen habe, um dann in erneuter persönlicher Ansprache den kaiserlichen Friedensfürsten zu rühmen, der einen solchen bitteren Spruch nicht zu befürchten habe. Dann blickt der Chronist nach vorn: *Itaque si vestrae placuerit maiestati gestorum vestrorum nobilissimam in posterorum memoriam stilo commendare seriem, per notarios vestrae celsitudinis digestis capitulis mihique transmissis, Deo dante vitaque comite, ea laeta laeto animo prosequi non pigritabor*[19]. Otto erbietet sich freudigen Herzens, nun auch noch die Taten Friedrich Barbarossas zum Gedächtnis der Nachwelt festzuhalten, und spricht, falls dies der kaiserlichen Majestät gefalle, sogleich an, was ihm zur Ausführung dieses Vorhabens nützlich sein könnte, dass nämlich durch kaiserliche Notare

---

Über die *Gesta Friderici* Ottos und Rahewins von Freising, in: Mitteilungen des Instituts für Österreichische Geschichtsforschung 119 (2011) S. 311–330.

17   Vgl. Regesta imperii 4/2 (wie Anm. 3) 1, Nr. 450, S. 141. Vgl. KRIEG, Herrscherdarstellung (wie Anm. 14) S. 200 ff.

18   Otto von Freising, Chronica sive Historia de duabus civitatibus, ed. Adolf HOFMEISTER (MGH SS rer. Germ. [45], ²1912) S. 1; ed. Walther LAMMERS (Ausgewählte Quellen zur deutschen Geschichte des Mittelalters 16, 1980) S. 2. Dazu vgl. GOETZ, Geschichtsbild (wie Anm. 1) S. 49.

19   Otto, Chronica, ed. LAMMERS (wie Anm. 18) S. 4.

einzelne inhaltliche Punkte (*capitula*) zusammengestellt und ihm übersandt werden.

Die Forschung hat diese Passage unterschiedlich verstanden: Während Adolf Schmidt in seiner Übersetzung des Widmungsbriefes von der Ordnung der Unterlagen durch die Notare spricht[20], erachtet Franz-Josef Schmale diese Wiedergabe als zu weitgehend[21] und paraphrasiert den Text folgendermaßen: Friedrich Barbarossa möge Otto „durch die kaiserlichen Notare einen der Reihenfolge der Geschehnisse entsprechend geordneten Brief zukommen lassen"[22]. Doch lässt sich dieses Verständnis mit der Textstruktur nicht recht in Einklang bringen; denn die Tätigkeit der Notare bezieht sich von der Wortstellung her gewiss auf das Zusammenstellen (*digerere*) und nicht auf das Übersenden (*transmittere*); es scheint, als habe sich Schmale von dem späteren Brief Friedrichs mit seinem Tatenbericht leiten und Otto genau eine solche kaiserliche Vorlage erwarten lassen. Man sollte indes das, was der Chronist im Widmungsbrief zu der an den Kaiser übersandten Chronik erbittet, von dem getrennt halten, was Friedrich dann seinem Onkel zukommen ließ.

Noch weiter in der Zusammenschau der Zeugnisse geht Robert Holtzmann, wenn er davon spricht, dass Otto vom Kaiser „persönlich eine kurze Schilderung seiner früheren Erlebnisse" und außerdem „eine auf Akten der kaiserlichen Kanzlei beruhende, durch die Notare anzufertigende Stoffsammlung" erbeten habe[23]. Dies trifft so nun gewiss nicht zu, allerdings bleibt in der Tat die Frage, welchen Anteil die kaiserliche Kanzlei an der Anfertigung des persönlich gehaltenen Tatenberichts Friedrich Barbarossas hatte. Hierzu konnte Josef Riedmann aufgrund von Analogien zu gleichzeitigen Herrscherdiplomen zeigen, dass offenkundig der Notar Rainald C seine Hand im Spiel hatte, jedenfalls im Eingangsteil, der aus dem Proömium der *Institutiones* Justinians zitiert[24]. Da Ottos Darstellung inhaltlich wesentlich mehr als die ihm

---

20 Otto, Chronica, ed. LAMMERS (wie Anm. 18) S. 5.
21 SCHMALE, Gesta Frederici (wie Anm. 2) S. 1.
22 SCHMALE, Gesta Frederici (wie Anm. 2) S. 1.
23 HOLTZMANN, Das Carmen de Frederico I. imperatore (wie Anm. 9) S. 479. Danach OTTO, Friedrich Barbarossa in seinen Briefen (wie Anm. 10) S. 109.
24 Vgl. Josef RIEDMANN, Studien über die Reichskanzlei unter Friedrich Barbarossa in den Jahren 1156 bis 1166. I. Teil, in: Mitteilungen des Instituts für Österreichische Geschichtsforschung 75 (1967) S. 322–402, hier S. 389 f. Es handelt sich um das Diplom vom 6. April 1157 zur Aufhebung ungerechter Mainzölle, gedruckt in: Die Urkunden Friedrichs I. 1152–1158, ed. Heinrich APPELT (MGH DD F I 1, 1975) Nr. 165, S. 282–284.

im Brief des Kaisers mitgeteilten Daten umfasst, ist zweifellos anzunehmen, dass der Chronist Material vom Hofe erhalten hat, wie allein schon die in das Werk eingestreuten Briefe Barbarossas anzeigen. Doch der an den Beginn der *Gesta Frederici* gestellte Brief des Kaisers hat als eine ganz andere Art Vorlage zu gelten; sie war geeignet, in das Werk integriert zu werden.

Dieser Brief ist nun eine weitere Station im Dialog zwischen Friedrich Barbarossa und Otto. Mit ihm reagierte der Kaiser, wie er zu Beginn schreibt[25], auf Ottos Bitte, indem er ihm *ea [...], que ab ingressu regni a nobis gesta sunt, [...] breviter compilata* übermittelt. Zwar könne dies im Vergleich zu den früheren Taten herausragender Männer eher als Schatten denn als Taten (*magis [...] umbra quam facta*) gelten, aber im Vertrauen auf die *laudes* des Chronisten mehr als auf seine eigenen Verdienste wolle er das Wenige, was er *in orbe Romano* im (ersten) Jahrfünft getan habe, mit wenigen Worten skizzieren. Damit ist der Zeitraum von der Krönung in Aachen am 9. März 1152 bis zum Hoftag in Regensburg im September 1156 gemeint[26], und ganz im Blick hierauf wird Otto am Ende des zweiten Buches der *Gesta Frederici*, das diese ersten Jahre von Barbarossas Herrschaft darstellt, nach Schilderung des Regensburger Tages konstatieren: *Acta sunt hec anno regni eius V., imperii secundo*[27]. So will der Chronist offenkundig zum Ausdruck bringen, dass er die ihm anvertraute Aufgabe erfüllt hat.

Die letzte Station des Dialogs zwischen Autor und Herrscher bilden die *Gesta Frederici* selbst. Am Ende von deren Prolog wendet sich Otto wiederum an Friedrich Barbarossa: Die Zustände hätten sich zum Besseren gewendet, und auf die Zeit des Krieges sei eine Zeit des Friedens gefolgt. Daher habe er es für ungeziemend (*indignum*) gehalten, *augustorum clarissime Friderice, ceterorum regum seu imperatorum gestis enumeratis tua silentio subprimere*[28]. Mehr noch: Friedrichs *virtutes* seien noch über die der Früheren zu setzen, wie der Edelstein über das Gold. Denn unter allen *Romanorum principes* habe er beinahe allein das Vorrecht, dass sich ihm, obgleich er sich von frühester Jugend an mit kriegerischen Aufgaben abgemüht hat, das Antlitz der *fortuna* noch

---

25 Otto, Gesta Frederici, ep. Frederici, ed. SCHMALE (wie Anm. 2) S. 82.
26 Das *quinquennium* umfasst nicht die Jahre 1152 bis 1157, so Otto, Gesta Frederici, ed. SCHMALE (wie Anm. 2) S. 83, Anm. 6. Korrekt hingegen SCHMALE in der Einleitung ebd., S. 2 und 13. Zu den ersten fünf Jahren der Herrschaft Friedrichs I. vgl. überblickhaft Ferdinand OPLL, Friedrich Barbarossa (⁴2009) S. 41 ff.
27 Otto, Gesta Frederici, II, 57, ed. SCHMALE (wie Anm. 2) S. 390.
28 Otto, Gesta Frederici, prol., ed. SCHMALE (wie Anm. 2) S. 118.

nicht verfinstert hat. Hieran schließt sich ein knappes, aber deshalb besonders wirkungsvolles Lob dieser kaiserlichen *virtutes* an: Friedrich sei so maßvoll im Glück, so tapfer in Widrigkeiten, so gerecht im Gericht, so klug und scharfsinnig in Streitfragen, dass all dies in seinem Miteinander ihm offenkundig von Gott zum Nutzen des ganzen Erdkreises verliehen worden sei. So dediziere er, Otto, ihm dieses Geschichtswerk und bitte Gott um seinen weiteren Segen für ihn bis zum Ende: *Hanc ergo tuae nobilitati offero historiam, ab omnium bonorum datore Deo postulans et petens, ut tuo bono principio melior finis apponatur.*

Mit dieser Widmungsadresse in den *Gesta Frederici*, deren persönliche Anrede an den Herrscher im Prolog und am Schluss des zweiten Buches ihre Fortsetzung fand, wodurch dieses quasi zu einem persönlichen Präsent wurde, schließt der Dialog zwischen Autor und Kaiser im Jahre 1157. Er begann mit der Bitte Friedrich Barbarossas um Zusendung der *Chronica sive Historia de duabus civitatibus*[29], wurde durch den Widmungsbrief Ottos im Rahmen der Übersendung dieses Werkes weitergeführt, der zugleich die Ankündigung eines anderen Werkes, dieses Mal über Friedrich, und die an diesen gerichtete Bitte um Material enthielt. Hierauf reagierte der Kaiser mit seinem Brief an Otto, der ihn an den Anfang des neuen Werks stellte, und im Prolog hierzu wandte sich Otto mit seiner Widmung erneut an den Kaiser.

Es verdient Beachtung, nicht zuletzt für die Fragen, die sich um die merkwürdige Einbeziehung der kaiserlichen Arbeitsvorlage in die *Gesta Frederici* ranken, dass in diesem Dialog zwischen Neffen und (Halb-) Onkel, zwischen Kaiser und Bischof, zwischen Auftraggeber und Historiographen die Erwartungshaltungen beider Seiten zum Ausdruck kommen: Friedrich Barbarossa dürfte, trotz aller mit *umbra* und *facta* spielenden und auf das *tantillum* seiner anfänglichen Herrschaftsausübung abhebenden Bescheidenheitsrhetorik, gewiss daran gelegen gewesen sein, durch den Geschichtsschreiber mit einem *monumentum aere perennius* ins rechte Licht gerückt zu werden. Deshalb gab er, über die von Otto brieflich geäußerte Bitte hinausgehend, selbst gern (*liben-*

---

29 Von der Forschung wird bisweilen angenommen, dass der Kaiser diese Bitte auf dem Regensburger Hoftag im September 1156 gegenüber seinem dort anwesenden Onkel persönlich geäußert haben könnte; vgl. SCHMALE, Gesta Frederici (wie Anm. 2) S. 1. Demgegenüber sieht Roman DEUTINGER, Rahewin von Freising. Ein Gelehrter des 12. Jahrhunderts (Schriften der MGH 47, 1999) S. 88 f., es eher so, dass im März 1157 Friedrich Otto in einem Zug brieflich um ein Exemplar der Chronik bat und die Ladung auf Pfingsten 1158 nach Ulm für den Italienzug aussprach.

ter) eine Skizze seiner ersten fünf Jahre, um auf diese Weise persönlich kundzutun, was ihm wichtig erschien.

Otto von Freising wiederum sprach in seinem der *Chronica sive Historia de duabus civitatibus* vorangestellten Widmungsbrief an den Kaiser deutlich an, was er von ihm als Gegenleistung, als Belohnung (*munus*) für die Schilderung der Taten Friedrichs erwarte: *nihil aliud* [...], *nisi quod ecclesiae, cui deservio, in opportunitatibus suis vestra subvenire velit imperialis clementia*[30]. Es ging Otto mithin darum, die Unterstützung des Herrschers für seine Freisinger Kirche zu erreichen, die im babenbergisch-welfischen Konflikt vor der Jahrhundertmitte in Mitleidenschaft gezogen worden war[31]. Es ist gut denkbar, dass Otto hiermit auch auf die massive Schädigung der Freisinger Kirche durch Heinrich den Löwen anspielte, der im Zuge seiner territorialpolitischen Ambitionen im Isarraum die Brücke in Föhring zerstören und den dortigen Freisinger Markt nach München verlegen ließ[32].

Vor dem Hintergrund des skizzierten dichten Dialogs zwischen Friedrich Barbarossa und Otto von Freising ist nun der eingangs aufgeworfenen Frage nachzugehen, wie der Chronist mit der kaiserlichen Vorlage, die er seinen Lesern zu Beginn des Werkes bietet, umgegangen ist. Folgt seine Darstellung

---

30 Otto, Chronica, ed. LAMMERS (wie Anm. 18) S. 4.
31 Vgl. dazu Knut GÖRICH, Friedrich Barbarossa. Eine Biographie (2011) S. 94; Jürgen DENDORFER, Von den Babenbergern zu den Welfen. Herzog und Adel in Bayern um die Mitte des 12. Jahrhunderts, in: München, Bayern und das Reich im 12. und 13. Jahrhundert. Lokale Befunde und überregionale Perspektiven, hg. von Hubertus SEIBERT / Alois SCHMID (Zeitschrift für bayerische Landesgeschichte, Beihefte 29, 2008) S. 221–247, hier S. 232 ff.
32 Das gewaltsame Vorgehen Heinrichs des Löwen, greifbar indirekt im Augsburger Vergleich von Juni 1158 und expressis verbis in der Restitutionsurkunde Friedrich Barbarossas von Juli 1180, lässt sich zeitlich nicht genauer einordnen. Bisher ging die Forschung von einem Zeitpunkt nicht lange vor dem in Augsburg gefundenen Ausgleich zwischen Otto von Freising und Heinrich dem Löwen aus und datierte das Ereignis in die Zeit nach der Einsetzung Heinrichs des Löwen als Herzog von Bayern 1156, so zuletzt Joachim EHLERS, Heinrich der Löwe. Eine Biographie (2008) S. 163, zu Herbst 1157. Demgegenüber argumentiert DENDORFER, Von den Babenbergern zu den Welfen (wie Anm. 31) S. 245 ff., für einen früheren Zeitpunkt ab 1151. Vgl. auch DEUTINGER, Bischof Otto I. von Freising (wie Anm. 4) S. 20, GÖRICH, Friedrich Barbarossa (wie Anm. 31) S. 605, und Rudolf SCHIEFFER, Heinrich der Löwe, Otto von Freising und Friedrich Barbarossa am Beginn der Geschichte Münchens, in: Staufer & Welfen. Zwei rivalisierende Dynastien im Hochmittelalter, hg. von Werner HECHBERGER / Florian SCHULLER (2009) S. 66–77.

„getreu dem Brief des Kaisers", „geht Ottos Bericht stofflich nicht im geringsten über diesen Brief hinaus", wie Franz-Josef Schmale geurteilt hat[33]?

Zunächst erscheint es angebracht, ein paar Bemerkungen über die von Friedrich Barbarossa in seinem Brief gegebene Selbstdarstellung vorauszuschicken. Dazu lässt sich an Eberhard Otto anknüpfen, der vor allem unter stilistischen Gesichtspunkten den Brieftext gemustert hat, ging es ihm doch darum zu zeigen, dass der Kaiser hier – zumindest streckenweise – persönlich zu Wort kommt[34]. Wie Otto herausgearbeitet hat, ist die Redeweise des Tatenberichts „durch das Nebeneinander einzelner Satzblöcke, den Mangel an logischer Verbindung der Sätze, den auf weite Strecken hin auffallend geringen Gebrauch schulrhetorischer Eleganz" gekennzeichnet[35], so dass die Vermutung wohl berechtigt ist, dass „aus dem vom gelehrten und gebildeten Verfasser geschriebenen Latein" die Redeweise Friedrich Barbarossas in dessen anzunehmender volkssprachiger Vorlage durchscheint[36].

Auf inhaltlicher Ebene fiel Otto auf, wie genau die Einzelheiten von Kampfhandlungen geschildert sind, wie knapp und nüchtern die Erzählung ganz auf die Tatsachen ausgerichtet ist. Diese sei von einem „stolzen, selbstsicheren, fast triumphierenden Ton" geprägt. Es erscheine besonders wichtig, dass „in allen Kämpfen die Waffenehre gewahrt wurde". Die Stärke des Gegners werde hervorgehoben, aber durchaus auch eigene Verluste bei schweren Angriffen. Im Falle eines Sieges „wurde der Feind stets völlig vernichtet, erschlagen, ertränkt, verwundet, gefangen genommen und seine Stadt dem Erdboden gleichgemacht". Das achtmal verwendete Wort *destruere* verleihe dem Schreiben „stellenweise einen eintönigen, geradezu abstoßenden Charakter"[37].

Diese in erster Linie auf militärische Ruhmestaten ausgerichtete Selbstdarstellung des Herrschers vor Augen, gestaltete Otto von Freising das zweite Buch seiner *Gesta Frederici*, nachdem er, gemäß seiner Ankündigung im Prolog

---

33   SCHMALE, Gesta Frederici (wie Anm. 2) S. 14.
34   OTTO, Friedrich Barbarossa in seinen Briefen (wie Anm. 9) S. 105 ff.; dazu RIEDMANN, Studien (wie Anm. 24), der hier das Diktat des Notars Rainald C am Werke sieht.
35   OTTO, Friedrich Barbarossa in seinen Briefen (wie Anm. 9) S. 105.
36   Hierzu und zum Folgenden OTTO, Friedrich Barbarossa in seinen Briefen (wie Anm. 9) S. 108 (dort auch alle wörtlichen Zitate).
37   Otto kann diese Eigenart des kaiserlichen Briefes an Otto von Freising im Vergleich mit dem ganz anders stilisierten Brief Friedrichs an Wibald von Corvey und Stablo vom September 1157 aufzeigen, in dem der Kaiser über seinen erfolgreich verlaufenen Polenfeldzug berichtet: Regesta imperii 4/2 (wie Anm. 3) 1, Nr. 483, S. 151.

des Werkes, im ersten Buch einiges über Barbarossas Großvater Herzog Friedrich I. von Schwaben[38], über seinen Vater Herzog Friedrich II. von Schwaben[39] und seinen Oheim König Konrad III.[40] überblickhaft (*summatim*) ausgeführt hatte, *ut* [...] *per clara clariora, que de tua persona dicenda fuerint, appareant*[41]. Barbarossas Taten sollten im Glanz der Taten seiner Vorgänger im Herzogtum Schwaben und auf dem Königsthron noch heller erstrahlen!

Im Prolog des zweiten Buches wendet sich Otto erneut direkt an den Herrscher und spricht rhetorisch übertreibend das Problem an, dass beim Versuch, die Großartigkeit (*magnificentia*) der Taten Friedrichs zu schildern, infolge der Häufigkeit der Siege seine Darstellung der Fülle des Stoffs erliegen würde[42]. Man könnte den Eindruck gewinnen, dass der Chronist hier auf die von Kämpfen und Siegen nur so strotzende Kurzfassung des kaiserlichen Tatenberichts anspielt; allerdings bleibt mit Heinz Krieg zu bedenken, dass ganz allgemein zu beobachten sei, dass „sich der herrscherliche Ruhm bei den staufischen Geschichtsschreibern vorrangig an kriegerische Heldentaten knüpft"[43].

Inwiefern diente nun die kaiserliche Vorlage als Richtschnur für die Darstellung Ottos von Freising? Wo ging er über sie hinaus, und wo hat er eigene Akzente gesetzt? Bei einem solchen Vergleich ist selbstverständlich zunächst einmal das krasse quantitative Missverhältnis zu berücksichtigen: Die Selbstdarstellung Friedrichs hat weniger als ein Zehntel vom Umfang des zweiten Buches der *Gesta Frederici*; auch dem Kaiser war klar, wie er am Ende seines Briefes sagt, dass es nun darum gehe, dass das *illustre ingenium* Ottos das Wenige, das er in knappen Worten zusammengefasst hat, zu erweitern (*dilatanda*) und zu vermehren (*multiplicanda*) habe. Doch dürfte sich, folgt man den gro-

---

38 Vgl. jetzt Friedrich I. (1079–1105). Der erste staufische Herzog von Schwaben, red. von Karl-Heinz RUESS (Schriften zur staufischen Geschichte und Kunst 26, 2007).
39 Hansmartin SCHWARZMAIER, *Pater imperatoris*. Herzog Friedrich II. von Schwaben, der gescheiterte König, in: Mediaevalia Augiensia. Forschungen zur Geschichte des Mittelalters, hg. von Jürgen PETERSOHN (Vorträge und Forschungen 54, 2001) S. 247–284.
40 Gerd ALTHOFF, Konrad III. (1138–1152). Mit Heinrich (1147–1150), in: Die deutschen Herrscher des Mittelalters. Historische Portraits von Heinrich I. bis Maximilian I. (919–1519), hg. von Bernd SCHNEIDMÜLLER / Stefan WEINFURTER (2003) S. 217–231.
41 Otto, Gesta Frederici, prol., ed. SCHMALE (wie Anm. 2) S. 118.
42 Otto, Gesta Frederici, praef., ed. SCHMALE (wie Anm. 2) S. 282. Vgl. dazu KRIEG, Herrscherdarstellung (wie Anm. 14) S. 160.
43 KRIEG, Herrscherdarstellung (wie Anm. 14) S. 164.

ßen Linien, vielleicht schon erkennen lassen, in welchem qualitativen Verhältnis Vorlage und Ausarbeitung zueinander stehen.

Wenn wir im Folgenden den Inhalt und die Aussage des kaiserlichen Tatenberichts mit der in 58 Kapitel gegliederten Darstellung Ottos von Freising vergleichen, so fällt gleich zu Beginn auf, dass Friedrichs Kurzbericht mit der *prima unctio* in Aachen und dem Empfang der *corona Teutonici regni* am 9. März 1152 einsetzt[44], während der Chronist die ersten beiden Kapitel der Königserhebung in Frankfurt am 4. März widmet[45]. Gehörte aus der Sicht des Herrschers die Wahl noch nicht zu seinen Taten? Dies würde allerdings für Salbung und Krönung genauso gelten, wurden doch auch diese Akte und Rituale am Herrscher vollzogen[46]. Aber offenbar lag Barbarossa daran, die *prima unctio* in Aachen mit Blick auf den später ausführlich dargestellten Empfang der Kaiserkrone (*corona Romani imperii*) zu erwähnen.

Demgegenüber geht Otto von Freising bekanntlich recht breit auf die Königswahl in Frankfurt ein[47]. Er hebt angesichts der Konstellation, dass nicht der (minderjährige) Sohn des verstorbenen Königs, Friedrich, sondern Konrads Neffe Herzog Friedrich III. von Schwaben erhoben wurde, das besondere Vorrecht des *Romanum imperium* hervor, dass hier die Könige nicht in der Blutslinie nachfolgen, sondern durch die Wahl der Fürsten erhoben werden[48]. Weiter nutzt Otto von Freising den Bericht von der Frankfurter Wahl, um, wie er schreibt, die Meinung der Fürsten wiederzugeben, dass Friedrich Barbarossa ihnen wegen seiner Zugehörigkeit zu den beiden *familiae* der Heinriche

---

44   Regesta imperii 4/2 (wie Anm. 3) 1, Nr. 66, S. 13 f.
45   Otto, Gesta Frederici, II, 1 f., S. 284–286; Regesta imperii 4/2 (wie Anm. 3) 1, Nr. 64, S. 12 f.
46   Vgl. Jörg ROGGE, Die deutschen Könige. Wahl und Krönung (²2011).
47   Zu ihr und zu der besonderen Situation, dass nicht der Sohn, sondern der Neffe des verstorbenen Königs im Königtum nachfolgte, vgl. zuletzt Stefanie DICK, Die Königserhebung Friedrich Barbarossas im Spiegel der Quellen – Kritische Anmerkungen zu den „Gesta Friderici" Ottos von Freising, in: Zeitschrift der Savigny-Stiftung für Rechtsgeschichte, Germanistische Abt. 121 (2004) S. 200–237; Jan-Paul NIEDERKORN, Zu glatt und daher verdächtig? Zur Glaubwürdigkeit der Schilderung der Wahl Friedrich Barbarossas (1152) durch Otto von Freising, in: Mitteilungen des Instituts für Österreichische Geschichtsforschung 115 (2007) S. 1–9. Jüngst GÖRICH, Friedrich Barbarossa (wie Anm. 31) S. 93 ff.
48   Die Wiedergabe von *per sanguinis propaginem* (Otto, Gesta Frederici, II, 1, ed. SCHMALE [wie Anm. 2] S. 284) durch „nach der Blutsverwandtschaft" in der Übersetzung (ebd., S. 285) verfehlt die Pointe; denn Friedrich Barbarossa war mit Konrad III. durchaus blutsverwandt, aber eben nicht sein Nachkomme.

von Waiblingen (d. i. der Salier und der von ihnen abstammenden Staufer) und der Welfen von Altdorf gleichsam als Eckstein geeignet erschien, die beiden seit langem zwieträchtigen Seiten (*parietes*) zum Wohle der Allgemeinheit zu vereinen; damit bemüht Otto das Bild von Christus als Eckstein, der laut Paulus (Eph. 2,20) Heiden und Juden in der Einheit des Glaubens zusammenfügt.

Auch die von Friedrich Barbarossa nur stichwortartig erwähnte Salbung und Krönung in Aachen gibt Otto von Freising Anlass, mit der Darstellung zweier Begebenheiten Akzente zu setzen: Zum einen schildert er, wie einer der Dienstleute des Königs *ob presentis diei alacritatem* von Friedrich Nachsicht wegen eines früheren Vergehens erhoffte, die dieser ihm aber trotz der Fürsprache der Fürsten verweigerte. Es geht Otto darum, den *rigor iustitie* und die *constantia* des Herrschers hervorzuheben[49]. Überdies hält er es für wichtig zu erwähnen, dass am selben Tag und in derselben Kirche auch Bischof Friedrich von Münster gesalbt worden ist. So habe man glauben können, dass der höchste König und Priester dem freudigen Ereignis beiwohnte, waren doch die beiden Personen gegenwärtig, die allein mit Recht „Gesalbte des Herrn" genannt werden[50].

In seinem Brief kommt Friedrich Barbarossa dann auf den Hoftag zu Pfingsten 1152 in Merseburg zu sprechen[51]; dies gibt ihm willkommene Gelegenheit, seine hegemoniale Rolle im dänischen Thronstreit und seine Position gegenüber der Reichskirche zu skizzieren, die er mit der Übertragung des Erzbistums Magdeburg an Bischof Wichmann von Zeitz unter Beweis stellte, nicht ohne zu erwähnen, dass in den daraus resultierenden Streitigkeiten mit der Römischen Kirche schließlich doch die *auctoritas apostolica* eingelenkt habe. Otto von Freising geht auf diese Vorgänge auch ein, ordnet aber die Bestätigung Wichmanns durch Papst Anastasius IV. 1154 zu diesem Jahr ein[52].

---

49 Vgl. BAGGE, Ideas and Narrative (wie Anm. 15) S. 356 f.; KRIEG, Im Spannungsfeld (wie Anm. 16) S. 451 ff.; Thomas ZOTZ, Die Ministerialen und der Hof Friedrich Barbarossas, in: Friedrich Barbarossa und sein Hof, red. von Karl-Heinz RUESS (Schriften zur staufischen Geschichte und Kunst 28, 2009) S. 59–77, hier S. 70. GÖRICH, Friedrich Barbarossa (wie Anm. 31) S. 602 ff., äußert die Vermutung, dass sich Otto bei diesem besonderen Lob königlicher *iustitia* von seiner Erwartung an den Herrscher in Sachen Freisinger Kirche hat leiten lassen.
50 Hierzu KRIEG, Im Spannungsfeld (wie Anm. 16) S. 452.
51 Regesta imperii 4/2 (wie Anm. 3) 1, Nr. 88, S. 21 f.
52 Otto, Gesta Frederici, II, 6, ed. SCHMALE (wie Anm. 2) S. 290–292; ebd., II, 10, S. 298–300.

Weder der Hoftag zu Regensburg[53] im Juni noch der Hoftag zu Würzburg[54] im Oktober 1152, denen beiden Otto von Freising seine Aufmerksamkeit widmet, werden in Friedrichs Selbstdarstellung angesprochen: In Regensburg verweigerten die Fürsten einen Kriegszug gegen die Ungarn, in Würzburg wurde die zwischen Heinrich Jasomirgott und Heinrich dem Löwen strittige Causa Bayern ohne Ergebnis traktiert. Beides waren keine Erfolge für den König, wohingegen vor allem die instabile Lage in Bayern den Freisinger Bischof tangierte und ihn seine Chronistenpflicht sorgfältig erledigen ließ[55]. Bereits an dieser Stelle sei angemerkt, dass Otto die zahlreichen anderen Versuche Friedrichs, eine gütliche Einigung in dieser Angelegenheit herbeizuführen, bis hin zum erfolgreichen Abschluss auf dem Regensburger Tag im September 1156[56] genau registrierte, während Friedrich nur die letztlich erzielte *concordia* am Ende des Briefes ansprach.

Der Kaiser übergeht in seinem Brief nicht nur den Regensburger und Würzburger Hoftag von 1152, sondern auch das ganze Jahr 1153 und fährt erst mit dem im Oktober 1154 begonnenen Italienzug fort[57]. Für diese Zeitspanne füllt Otto von Freising mehrere Kapitel seiner *Gesta Frederici* mit Berichten über die Scheidung des Königs von Adela von Vohburg, über eine Gesandtschaft nach Konstantinopel und nicht zuletzt über den Fortgang der Streitsache Bayern bis hin zum Hoftag in Goslar im Juni 1154, als Friedrich das Herzogtum an Heinrich den Löwen übertrug, brauchte er doch den jungen Fürsten als *miles* und *socius*, wie Otto erläutert. Die Entscheidung habe ein nicht geringes Murren anderer Fürsten verursacht, doch Friedrichs Grundsatz sei gewesen, im Vertrauen auf Gott nach vorn zu blicken[58].

Der ein Jahr dauernde Italienzug (Oktober 1154 – September 1155) ist dann der eigentliche Gegenstand des kaiserlichen Berichts; nur wenige Zeilen am Schluss sprechen noch kurz den Regensburger Hoftag vom September 1156 an. Da der Freisinger Bischof wie zahlreiche andere Große Bayerns an

---

53 Regesta imperii 4/2 (wie Anm. 3) 1, Nr. 95, S. 24.
54 Regesta imperii 4/2 (wie Anm. 3) 1, Nr. 135, S. 35 f.
55 Vgl. Rudolf SCHIEFFER, Otto von Freising. Der Geschichtsschreiber als Augenzeuge, in: Die Geburt Österreichs. 850 Jahre Privilegium minus, hg. von Peter SCHMID / Heinrich WANDERWITZ (2007) S. 167–177.
56 Regesta imperii 4/2 (wie Anm. 3) 1, Nr. 415, S. 126.
57 Regesta imperii 4/2 (wie Anm. 3) 1, Nr. 239, S. 71 f.
58 Otto, Gesta Frederici, II, 12, ed. SCHMALE (wie Anm. 2) S. 302.

dem Italienzug nicht teilgenommen hat[59], mag es Barbarossa ganz besonders darauf angekommen sein, seinen Onkel gerade über diesen Abschnitt des ersten Jahrfünfts seiner Herrschaft Genaueres mitzuteilen. Friedrich spricht vom Einmarsch in die Lombardei und erläutert dann zunächst grundsätzlich sein gewaltsames Vorgehen: Die Lombardei sei wegen der langen Abwesenheit der Kaiser unbotmäßig geworden und habe zu rebellieren begonnen; darüber entrüstet, habe er fast alle ihre Festungen durch die berechtigte Wut (*debito et iusto furore*) nicht der *milites*, sondern der *servientes* zerstören lassen.

Es erscheint erwähnenswert, wie hier Friedrich seine *indignatio* und den gerechten *furor* seiner Kriegsleute einander zuordnet. Wie Heinz Krieg festgestellt hat[60], kommt der Begriff *furor* in den Arengen der Diplome Barbarossas nicht vor; im Rundschreiben zu den Ereignissen auf dem Hoftag von Besançon 1157 steht die *debita indignatio* des Kaisers als maßvolles Verhalten dem *furor* und der *ira* der F ü r s t e n gegenüber[61]. Im kaiserlichen Tatenbericht wird hingegen der *furor* der *servientes* durch die Attribute *debitus* und *iustus* nachdrücklich in positives Licht gesetzt.

Auch Otto von Freising erwähnt in seinen exkursartig eingeschobenen Kapiteln über Italien, Mailand und die Rechte des Reiches[62] das Problem der *absentia principum*[63] und das gewaltsame Vorgehen des Königs gegen rebellische Orte; allerdings hebt er diesen Befund auf eine grundsätzliche Ebene: Weil viele Städte die Abgabe verweigern, geschehe es, *ut principe adveniente plurime civitates, oppida, castella, que huic iustitie vel omnino contradicendo vel integraliter non persolvendo reniti conantur, ad solum usque prostrata protervie sue documentum posteris ostendant*[64]. Merkwürdig losgelöst von der Situation des Jahres 1154, wird das unrechtmäßige Verhalten der Städte bei Ankunft des *princeps* und dessen Bestrafung ganz allgemein gesprochen, eine Bestrafung, die als Zeugnis von Dreistigkeit den Späteren vor Augen sein soll.

---

59   Vgl. Rudolf SCHIEFFER, Mit Barbarossa über die Alpen. Zum bayerisch-österreichischen Anteil an den Italienzügen Kaiser Friedrichs I., in: Bayern. Vom Stamm zum Staat. Festschrift für Andreas Kraus zum 80. Geburtstag (Schriften zur bayerischen Landesgeschichte 140, 2002) S. 53–66, hier S. 54 f.; DEUTINGER, Bischof Otto I. von Freising (wie Anm. 4) S. 21.
60   KRIEG, Herrscherdarstellung (wie Anm. 14) S. 99 f.
61   Das Schreiben ist gedruckt in: Die Urkunden Friedrichs I. 1152–1158, ed. Heinrich APPELT (MGH DD F I 1, 1975) Nr. 186, S. 314 f.
62   Otto, Gesta Frederici, II, 14–16, ed. SCHMALE (wie Anm. 2) S. 304–312.
63   Otto, Gesta Frederici, II, 14, ed. SCHMALE (wie Anm. 2) S. 310.
64   Otto, Gesta Frederici, II, 16, ed. SCHMALE (wie Anm. 2) S. 312.

Vor dem Italienexkurs war es Otto von Freising offensichtlich noch wichtig – vielleicht mit Blick auf die Situation seiner eigenen Kirche – zu schildern, wie Friedrich in Ausübung des *officium rectoris* auf das Wohl seines Volkes bedacht war: Als auf dem Kriegszug auch heilige Stätten zerstört wurden, veranstaltete der König im Heer eine Kollekte zur Entschädigung der Kirchen; so habe er den Zorn Gottes von seinem Volk abgewendet[65]. Breiten Raum nimmt in Ottos Darstellung im Übrigen der große Hoftag in Roncaglia Ende November bis Anfang Dezember 1154[66] ein, über den Friedrich kein Wort verliert. Ihm liegt vielmehr daran, seine Auseinandersetzung mit den *Mediolanenses versuti et superbi* anzusprechen; dies ist nicht zuletzt deshalb gut nachvollziehbar, weil der Kaiser ganz in zeitlicher Nähe zur Niederschrift seines Tatenberichts eine *expeditio* gegen das erneut unbotmäßig gewordene Mailand angekündigt hat[67].

Friedrich schildert ausführlich, wie die Mailänder ihm für die Bestätigung ihrer Hoheitsrechte über Como und Lodi viel Geld anboten, was sie aber weder auf diese Weise noch mit Bitten erreichten. Für das dann folgende schäbige Verhalten Mailands (Irreführung des königlichen Heeres, Verweigerung des Verkaufs von Waren) ließ Friedrich die Burg Rosate mit ihrer 500 Ritter starken Besatzung zerstören[68]. Er berichtet, dass auch vor den Toren Mailands *nostri milites* viele verwundeten und gefangen nahmen. Beim Weitermarsch habe das Heer zwei Mailänder Brücken über den Ticino und drei der stärksten Festungen Mailands auf dem Gebiet von Novara zerstört.

All diese militärischen Aktionen stellt auch Otto von Freising in enger Anlehnung an Friedrichs Brief dar[69]. Hier wie dort ist davon zu lesen, dass der König und sein Heer *cum maxima iocunditate* (Friedrich) beziehungsweise *cum magna alacritate* (Otto) Weihnachten feierten, wohl im Lager vor Galliate, einer der zerstörten Burgen[70]. Ebenso ist die Zerstörung der Städte Chieri und

---

65 Otto, Gesta Frederici, II, 12, ed. SCHMALE (wie Anm. 2) S. 304.
66 Otto, Gesta Frederici, II, 13, ed. SCHMALE (wie Anm. 2) S. 304; ebd., II, 17, S. 312–314; Regesta imperii 4/2 (wie Anm. 3) 1, Nr. 253, S. 76 f.
67 Regesta imperii 4/2 (wie Anm. 3) 1, Nr. 444, S. 138.
68 Regesta imperii 4/2 (wie Anm. 3) 1, Nr. 259, S. 79.
69 Otto, Gesta Frederici, II, 18 f., ed. SCHMALE (wie Anm. 2) S. 314–316.
70 Otto, Gesta Frederici, II, 19, ed. SCHMALE (wie Anm. 2) S. 316. Die deutsche Übersetzung (ebd., S. 317), der König habe wegen der Vernichtung der genannten Burgen in freudigster Stimmung Weihnachten gefeiert, ist zweifach inkorrekt: *circa predictorum excidium castrorum* hat als Zeitangabe zu gelten, die Freude wird, anders als bei

Asti Gegenstand beider Darstellungen, wobei Otto zusätzlich erwähnt, dass der König wegen der zahlreichen Unruhen (*seditiones*) im Heer ein Lagergesetz erließ[71].

Mit großer Detailgenauigkeit schildert Friedrich sodann die Belagerung und Zerstörung der *natura et arte* auf das Stärkste befestigten Stadt Tortona. Er erwähnt, dass nach der Eroberung des *burgus* auch die Erstürmung der *arx* gelungen wäre, hätten nicht der Einbruch der Nacht und ein Unwetter sie behindert. Neben der Tötung vieler Feinde spricht Friedrich auch von nicht geringen eigenen Verlusten – der nüchtern abwägende Bericht eines Feldherrn. Nach der schließlich gelungenen Zerstörung Tortonas bereitete Pavia dem König *gloriosum post victoriam triumphum*; drei Tage habe er mit der Krone auf dem Haupt *maxima letitia* in der Stadt verbracht.

Auch Otto von Freising zeichnet die Ereignisse in acht Kapiteln ausführlich nach[72]. Allein dieser Umfang der Darstellung lässt das Gewicht erkennen, das die Zeitgenossen den Vorgängen gegeben haben, und zwar von beiden Seiten; Knut Görich hat dem *honor imperii* und der Zerstörung von Tortona 1155 ein großes Kapitel seines Buches über die Ehre Friedrich Barbarossas gewidmet und dabei die facettenreiche Überlieferung berücksichtigt[73]. In deren Zusammenschau zeigt sich, dass Friedrich aufgrund seiner Zusagen gegenüber Pavia nicht der *rex iustus* war, als den ihn Otto von Freising immer wieder stilisiert, sondern parteilich agierte[74]. Des Königs Forderung nach der *deditio* Tortonas *ob regis et sacri imperii gloriam et honorem* hat die Stadt offenbar akzeptiert, wurde aber dennoch zerstört[75].

Wie Heinz Krieg herausgearbeitet hat[76], zeigt sich Otto von Freising bemüht, „die herrscherliche Unbarmherzigkeit zu rechtfertigen", doch schimmert andererseits auch Kritik an Barbarossas Verhalten durch, wenn Otto festhält, dass Friedrich angeblich inneres Mitleid mit dem schlimmen Los der Geistlichkeit empfunden, sich aber zugleich über das Schicksal des hochmüti-

---

    Friedrich, lediglich als groß bezeichnet. Vgl. Regesta imperii 4/2 (wie Anm. 3) 1, Nr. 263 f., S. 79 f.
71 Otto, Gesta Frederici, II, 20, ed. SCHMALE (wie Anm. 2) S. 316–318.
72 Otto, Gesta Frederici, II, 21–28, ed. SCHMALE (wie Anm. 2) S. 318–336.
73 GÖRICH, Die Ehre Friedrich Barbarossas (wie Anm. 16) S. 186 ff.
74 GÖRICH, Die Ehre Friedrich Barbarossas (wie Anm. 16) S. 208 ff.
75 GÖRICH, Die Ehre Friedrich Barbarossas (wie Anm. 16) S. 194 ff.
76 KRIEG, Herrscherdarstellung (wie Anm. 14) S. 208 ff., das Zitat ebd., S. 208; DERS., Im Spannungsfeld (wie Anm. 16) S. 456 ff.

gen Volkes gefreut habe[77]. Es fügt sich zu der beobachteten leichten Zurückhaltung des Chronisten, bei aller grundsätzlich positiven Einstellung gegenüber Friedrich Barbarossa, dass er bei der Schilderung der triumphalen Siegesfeier in Pavia die dort an den Tag gelegte *maxima letitia*, wie Friedrich in seinem Bericht formuliert, in eine *magna letitia* abzuschwächen scheint[78].

Im kaiserlichen Bericht geht es im Folgenden um den Weitermarsch bis Sutri, wo der Papst den König empfing und sich über die seitens des Volks von Rom erlittenen Unbilden beklagte. Beide seien dann gemeinsam reisend und gemeinsam absteigend in freundlichem Gedankenaustausch (*dulcia colloquia miscentes*) nach Rom gezogen. Otto von Freising nahm die letzte Formulierung fast wörtlich in sein Werk auf und steigerte noch das Bild der päpstlich-königlichen Harmonie mit dem Hinweis, dass aus zwei fürstlichen Höfen quasi eine *res publica* geworden sei[79].

Friedrich schildert weiter, wie die Gesandten der Römer ihm die Kaiserkrone gegen Geld anboten und wie er diese abwies; er beschreibt mit poetischen Worten die Kaiserkrönung durch den Papst (*benedictionem corone Romani imperii largiter super caput nostrum effudit*), um dann seinen Kampf mit den Römern wieder in aller Drastik wiederzugeben (*pene mille occidimus et in Tyberi submersimus et captivos deduximus*). Otto von Freising widmet diesen Vorgängen drei Kapitel[80]; auch er zeigt bei der Darstellung der Kämpfe Emphase, wenn er ausruft: *Accipe nunc, Roma, pro auro Arabico Teutonicum ferrum. Hec est pecunia, quam tibi princeps tuus pro tua offert corona. Sic emitur a Francis imperium*[81].

Drei im Zentrum der Schilderung Friedrichs stehende Ereignisse des Italienzugs verdienen noch, jeweils im Vergleich mit ihrer Darstellung durch Otto von Freising, Aufmerksamkeit: die Zerstörung Spoletos, der Aufenthalt von Kaiser und Heer in Ancona und die Kämpfe in der Veroneser Klause. Der Sturm auf die rebellische Stadt Spoleto, die den Grafen Guido Guerra und andere kaiserliche Gesandte gefangen hielt, gelang, so Friedrich, trotz der star-

---

77 Otto, Gesta Frederici, II, 27, ed. SCHMALE (wie Anm. 2) S. 334–336.
78 Otto, Gesta Frederici, II, 29, ed. SCHMALE (wie Anm. 2) S. 336–338.
79 Otto, Gesta Frederici, II, 30, ed. SCHMALE (wie Anm. 2) S. 342.
80 Otto, Gesta Frederici, II, 33–35, ed. SCHMALE (wie Anm. 2) S. 352–356.
81 Otto, Gesta Frederici, II, 35, ed. SCHMALE (wie Anm. 2) S. 356. Vgl. Jürgen PETERSOHN, Friedrich Barbarossa und Rom, in: Friedrich Barbarossa, hg. von Alfred HAVERKAMP (Vorträge und Forschungen 40, 1992) S. 129–146; DENS., Kaisertum und Rom in spätsalischer und staufischer Zeit (Schriften der MGH 61, 2010) S. 148 ff.

ken Befestigung mit fast hundert Türmen in wenigen Stunden; mit Feuer und Schwert sei die Stadt ganz und gar zerstört worden. *Mirabile et inscrutabile iudicium Dei!* Der in Anlehnung an Iob 5,9 formulierte Ausruf des Kaisers fällt stilistisch auf und aus dem Rahmen seiner nüchternen Berichterstattung. Auch Otto von Freising geht detailreich auf die *eversio Spoleti* ein, sieht den raschen Erfolg aber eher mit einem Terenz-Zitat darin, dass hierbei das Glück der Tapferkeit half, als in einem *iudicium Dei*[82]. Dabei gibt die Erwähnung kriegerischer *virtus* Otto Gelegenheit, ein Bild von der alle anderen überragenden Tüchtigkeit des Kaisers im Kampfe zu zeichnen[83].

Am Aufenthalt in Ancona erscheint Friedrich mitteilenswert, dass Gesandte des Kaisers von Konstantinopel erschienen und ihm eine unermessliche Menge Geldes anboten, damit er nach Apulien ziehe und König Wilhelm I., *hostem utriusque imperii*, niederwerfe. Doch, so Friedrich, sei das Heer durch die vielen Strapazen und Kämpfe allzu erschöpft gewesen, so dass es lieber heimkehren wollte. Nicht ohne Schadenfreude erwähnt der Kaiser, dass die Griechen dann allein nach Apulien gezogen, dort aber von König Wilhelm besiegt worden seien, der schließlich das ganze Geld erbeutet habe. Otto von Freising schildert die Station in Ancona in zwei Kapiteln, setzt aber etwas andere Akzente, indem er deutlicher herausstellt, dass sich der Kaiser in Beratung mit den Spitzen des Heeres erfolglos bemüht hat, einen Zug nach Apulien zustande zu bringen; das Nachspiel für die Griechen lässt er hier unerwähnt[84] und streift auch an späterer Stelle seiner Darstellung nur kurz die Niederlage der Griechen, als er von der griechischen Gesandtschaft im Sommer 1156 berichtet[85].

Gleichfalls knapp kommt Friedrich auf die nächste Station, Verona, zu sprechen, konstatiert dabei allerdings emphatisch, dass ihm mit Blick auf den bis dahin verlaufenen Heereszug Gott einen so gewaltigen Sieg geschenkt habe, *qualem cum mille octingentis militibus conquisitam prius numquam audivimus*. Hier greift der Kaiser die Figur des göttlichen Ratschlusses, die er bereits im Falle der Erstürmung Spoletos bemüht hat, noch einmal auf und weitet sie auf das ganze, mit lediglich 1800 Rittern so erfolgreich durchgeführte Italien-

---

82   Otto, Gesta Frederici, II, 37, ed. SCHMALE (wie Anm. 2) S. 358–360.
83   Vgl. dazu KRIEG, Herrscherdarstellung (wie Anm. 14) S. 62.
84   Otto, Gesta Frederici, II, 38 f., ed. SCHMALE (wie Anm. 2) S. 360–362.
85   Otto, Gesta Frederici, II, 51 f., ed. SCHMALE (wie Anm. 2) S. 382–386; Regesta imperii 4/2 (wie Anm. 3) 1, Nr. 408, S.123 f.

unternehmen aus. Dann folgt ein kurzer Satz darüber, dass die Veronesen an einem jäh emporragenden Felsen ihnen einen Hinterhalt gelegt hätten und dass die Gegner dabei getötet beziehungsweise zwölf von ihnen gehängt worden seien. Mit der Wendung *tu audisti* deutet Friedrich an, dass Otto hierüber bereits mündlich etwas gehört habe, so dass er sich hier ganz kurz fassen kann.

Otto von Freising widmet den Vorgängen um Verona zwei Kapitel[86]: Er schildert zunächst den heimtückischen Anschlag der Veronesen auf das Heer bei der Überquerung der Etsch, dem dieses aber *nutu Dei saluti principis exercitusque sui previdentis* entgangen sei. Hier lässt nun auch Otto Gott für Kaiser und Heer Sorge tragen! Dann folgt die ganz ins Einzelne gehende, ausführliche Darstellung des mühsamen und gefahrvollen Weges des Heeres durch die Veroneser Klause sowie der harten Bestrafung der Straßenräuber, die sich auf Veroneser Initiative hin dem Heer in den Weg gestellt hatten[87]. Der eindrucksvolle Bericht mündet in die von Erleichterung geprägte Mitteilung, dass der Kaiser *transitis locorum angustiis, iam cunctis emensis periculis* fröhlich sein Lager im Gebiet von Trient aufgeschlagen habe[88].

Die Ereignisse in den zwölf Monaten nach der Rückkehr aus Italien im September 1155 übergeht Friedrich, um am Schluss seines Berichts nur noch den Regensburger Hoftag Mitte September 1156 gegenüber Otto anzusprechen: Er wisse ja der Reihe nach, wie Friedrich zwischen seinem Bruder, dem Herzog von Österreich, und dem Herzog von Bayern die *concordia*, den Ausgleich, gestiftet habe, und weiter, wie er *gloriose* den Kandidaten Friedrich zum Erzbischof von Köln erhoben habe. Otto von Freising geht auf diese Vorgänge erst in den beiden letzten Kapiteln des zweiten Buches ein[89], nachdem er zuvor eine Fülle von Geschehnissen und Angelegenheiten des Reiches seit dem Ende des ersten Italienzugs behandelt hat. Dazu gehören die mehrfachen Anläufe zur Lösung der bayerischen Frage mit der Einweisung Heinrichs des Löwen in seine *possessio* und in die *sedes patrum* auf dem Regensburger Hoftag Mitte Oktober 1155[90], die indes noch nicht das Ende des Konflikts bedeutete.

---

86 Otto, Gesta Frederici, II, 41 f., ed. SCHMALE (wie Anm. 2) S. 364–370.
87 Regesta imperii 4/2 (wie Anm. 3) 1, Nr. 356, S. 106.
88 Otto, Gesta Frederici, II, 43, ed. SCHMALE (wie Anm. 2) S. 370.
89 Otto, Gesta Frederici, II, 57 f., ed. SCHMALE (wie Anm. 2) S. 388–390.
90 Otto, Gesta Frederici, II, 45, ed. SCHMALE (wie Anm. 2) S. 372–374; Regesta imperii 4/2 (wie Anm. 3) 1, Nr. 365, S. 108. Vgl. SCHIEFFER, Otto von Freising (wie Anm. 55) S. 171.

Daneben sind kaiserliche Akte der Begnadigung und Bestrafung Gegenstand des letzten Teils der *Gesta Frederici*[91]. Ferner nimmt der Würzburger Hoftag Mitte Juni 1156 breiten Raum ein, auf dem der Kaiser seine Hochzeit mit Beatrix von Burgund feierte; dies ist Anlass für den Chronisten, auf die Geschichte Burgunds in der ersten Hälfte des 12. Jahrhunderts unter dem zähringischen Rektorat einzugehen, auf den aus den Herrschaftsansprüchen Friedrichs resultierenden staufisch-zähringischen Konflikt und auf den 1156 mit Herzog Berthold IV. von Zähringen gefundenen Kompromiss[92]. Überdies schildert Otto den weit vorangetriebenen Plan des Kaisers, einen Heereszug gegen die Normannen zu unternehmen, einen Plan, der dann zugunsten einer erneuten Heerfahrt gegen die rebellischen Mailänder aufgegeben wurde[93].

Den Schluss des zweiten Buches der *Gesta Frederici* bilden die Ausführungen über den Regensburger Hoftag Mitte September 1156, dessen endgültiges Ergebnis für die Causa Bayern Otto auch aus persönlicher Erinnerung (*ut recolo*) beschreibt[94]. Zu Beginn des letzten Kapitels betont er, dass diese Streitfrage zwischen Heinrich dem Löwen und Heinrich Jasomirgott ohne Blutvergießen gelöst worden sei; bereits an einer früheren Stelle des Werkes[95] hat Otto zu diesem Ausgleich angemerkt, dass der Kaiser es höher als alle seine übrigen Erfolge gewertet habe, dass er diese beiden so großen und mit ihm verwandten Fürsten seines Reiches *sine sanguinis effusione* hat aussöhnen können.

Wenn Otto von Freising weiter berichtet, dass Friedrich auf dem Regensburger Hoftag einen Frieden vom nächsten Pfingstfest für ein Jahr an be-

---

91 Auf dem angesprochenen Regensburger Hoftag Buße und Begnadigung Bischof Hartwigs von Regensburg, Entschuldigung und Begnadigung der Veronesen (Otto, Gesta Frederici, II, 46 f., ed. SCHMALE [wie Anm. 2] S. 374–376); die Bestrafung Pfalzgraf Hermanns bei Rhein auf dem Wormser Hoftag an Weihnachten 1155 (ebd., II, 48, S. 376–378; Regesta imperii 4/2 [wie Anm. 3] 1, Nr. 375, S. 111 f.).
92 Otto, Gesta Frederici, II, 50, ed. SCHMALE (wie Anm. 2) S. 380–382; Regesta imperii 4/2 (wie Anm. 3) 1, Nr. 398, S. 118 f.; Ulrich PARLOW, Die Zähringer. Kommentierte Quellendokumentation zu einem südwestdeutschen Herzogsgeschlecht des hohen Mittelalters (Veröffentlichungen der Kommission für geschichtliche Landeskunde in Baden-Württemberg A 50, 1999) Nr. 390, S. 248 f.
93 Otto, Gesta Frederici, II, 52, ed. SCHMALE (wie Anm. 2) S. 384–386.
94 Otto, Gesta Frederici, II, 57, ed. SCHMALE (wie Anm. 2) S. 388–390. Vgl. SCHIEFFER, Otto von Freising (wie Anm. 55) S. 173.
95 Otto, Gesta Frederici, II, 49, ed. SCHMALE (wie Anm. 2) S. 378–380.

schwören ließ⁹⁶, so erkennt er darin nicht zuletzt einen Vorteil für „sein" Bayern, das jetzt an der Ruhe im ganzen Reich teilhaben kann. Dies gibt ihm Gelegenheit, über den für das zweite Buch gesetzten zeitlichen Rahmen hinausgehend den *ab ea die* [i.e. Pfingsten 1157] *usque inpresentiarum* dem ganzen transalpinen (i.e. nordalpinen) Reich lächelnden Frieden zu preisen und mit ihm den Kaiser als *pater patrie*⁹⁷. Mit den letzten Zeilen des zweiten Buches seiner *Gesta Frederici* wendet er sich erneut persönlich an Friedrich (*augustorum optime*) und spricht von der so großen Fülle von dessen Tatkraft (*virtus*), dass es nun besser sei, einen Schlussstrich zu ziehen und das Übrige, was noch zu berichten ist, für das dritte Buch zu reservieren.

Die Gegenüberstellung des an Otto von Freising adressierten Briefes Friedrich Barbarossas mit dessen Selbstdarstellung und des zweiten Buches der *Gesta Frederici*, das diesen Bericht Friedrichs verarbeitet, ihn aber auch gleich zu Beginn des Gesamtwerks den Lesern kundtut, hat, wie wohl deutlich geworden ist, jede der beiden Darstellungen in ihrer Eigenart, ihrem Anliegen, ihrer Auswahl und ihrer Akzentuierung schärfer profiliert: Friedrich Barbarossa ging es unverkennbar darum, seine eigenen Taten und Erfolge, insbesondere die militärischen, hervorzuheben. Er setzt mit seiner Salbung und Krönung in Aachen ein und erwähnt aus den folgenden zweieinhalb Jahren bis zum Beginn des Italienzugs im Oktober 1154 lediglich den Merseburger Hoftag, der ihm Gelegenheit gibt, seine Hegemonie über Dänemark und sein entschiedenes Handeln in der Reichskirche zur Geltung zu bringen – ein, wie er es sieht, löbliches Handeln, das schließlich auch die päpstliche Autorität akzeptieren musste.

Die Schilderung des ein Jahr dauernden ersten Italienzugs reiht einen militärischen Erfolg an den anderen; es geht um Belagerung, Erstürmung, Zerstörung, Tötung oder Gefangennahme der Gegner. Die Rede ist von den Heldentaten Friedrichs und, pauschal, des Heeres; Namen anderer werden nicht genannt. Es sind seine Erfolge, seine Siege, die er, wie er zweimal anspricht, mit Gottes Hilfe errungen hat. Eine bessere Rechtfertigung gibt es nicht! Zwischen den Heereszügen nimmt die zweite Salbung in Rom einigen Raum ein, ward doch Friedrich nun der reichliche Segen der Krone des *Romanum imperium*

---

96 Regesta imperii 4/2 (wie Anm. 3) 1, Nr. 420, S. 129. Ebd. zur Frage des Zeitpunkts, der in der Forschung strittig ist.
97 Otto, Gesta Frederici, II, 58, ed. SCHMALE (wie Anm. 2) S. 390.

zuteil, während er bislang nur die *corona Teutonici regni* trug. Aber genauso lang ist sein Bericht über seinen siegreichen und mörderischen Kampf mit den Römern. Auch hier hört man nichts von der ihm geleisteten Unterstützung, etwa der seines Vetters Heinrich des Löwen[98].

Über das Jahr nach der glücklichen Rückkehr durch die Alpen und dem Regensburger Hoftag im September 1156 schweigt sich Friedrich aus, obgleich seine Heirat mit Beatrix und sein Zugriff auf Burgund doch gewiss der Erwähnung wert gewesen wären. Oder störte ihn daran, dass er sich Herzog Berthold IV. von Zähringen gegenüber hatte kompromissbereit zeigen müssen[99]? Friedrich lässt seinen Bericht mit dem Hinweis auf seinen Erfolg, zwischen dem Herzog von Österreich und dem Herzog von Bayern Eintracht gestiftet zu haben, ausklingen. Allerdings erwähnt er dies eher beiläufig, da Otto Bescheid wisse; das wiederholte Scheitern von Friedrichs Einigungsversuchen mag bei ihm selbst nicht in bester Erinnerung gewesen sein. Immerhin steht am Ende des Berichts eine als ruhmreiche gewürdigte Tat, die Beendigung des Kölner Streits, wieder, wie ganz zu Beginn, herrscherliches Handeln in der Reichskirche[100].

Wenn Otto von Freising schreibt, dass Friedrich die von ihm schließlich in der Causa Bayern erreichte Aussöhnung der beiden Heinriche höher als alle seine übrigen Erfolge geschätzt habe[101], so kommen einem nach der Lektüre von Friedrichs Brief leise Zweifel. Damit soll noch einmal der Blick auf Ottos Darstellung und ihre Eigenart gelenkt werden. Der Chronist sah sich mit der kaiserlichen Vorlage konfrontiert und hat sie, aus welchen Gründen auch immer, an den Beginn seines Werkes gesetzt. Hat er dies in der Absicht getan, das, worauf es ihm ankam, vor dem Hintergrund der kaiserlichen Selbstdarstellung umso deutlicher werden zu lassen? Diese Frage wird sich letztlich wohl nicht beantworten lassen, wenngleich sich der in diese Richtung gehende Eindruck schon aufdrängt. Auf jeden Fall aber gibt das Gegenüber beider Schilderungen den Lesern damals wie heute die Möglichkeit des Vergleichs.

---

98   Regesta imperii 4/2 (wie Anm. 3) 1, Nr. 319, S. 94; EHLERS, Heinrich der Löwe (wie Anm. 32) S. 95.
99   Vgl. oben S. 172 mit Anm. 92.
100 Vgl. hierzu allgemein Bernhard TÖPFER, Kaiser Friedrich I. Barbarossa und der deutsche Reichsepiskopat, in: Friedrich Barbarossa, hg. von HAVERKAMP (wie Anm. 81) S. 389–433.
101 Otto, Gesta Frederici, II, 49, ed. SCHMALE (wie Anm. 2) S. 380.

Otto rahmt das zweite Buch der *Gesta Frederici* mit dem Gedanken des Friedens und des Friedensfürsten Friedrich: zu Beginn bei der auf ihn gesetzten Hoffnung, die Rivalität (*simultas*) zwischen den größten Männern des Reiches zu beseitigen, und am Ende mit der von Friedrich bewirkten *concordia* zwischen Heinrich dem Löwen und Heinrich Jasomirgott. Die ganz zum Schluss des zweiten Buches angesprochene Ausrufung eines einjährigen Friedens für das Reich verleitet Otto dann zu den poetischen Worten, dass die *iocunditas pacis* dem Reich lächle, unter dem *pater patrie* Friedrich *imperator et augustus*. Es wird deutlich und ist auch nachvollziehbar, wie wichtig Bischof Otto von Freising die Lösung der Causa Bayern sein musste; er lässt keine Gelegenheit aus, um auf den schleppenden, immer wieder von Misserfolgen Friedrichs geprägten Gang der drängenden Angelegenheit hinzuweisen[102]. In diesem Zusammenhang erscheint auch die Vermutung von Knut Görich sehr ansprechend, dass die appellative Hervorhebung von *rigor iustitie* und *constantia* des Königs ihren ‚Sitz im Leben', nämlich im Konflikt zwischen Heinrich dem Löwen und der Freisinger Kirche hatte, bei dem Otto fürchten musste, dass sich der Kaiser nicht mit dem gebührenden *rigor iustitie* für die Ahndung des der Kirche geschehenen Unrechts einsetzen würde; mit dem Augsburger Vergleich von Pfingsten 1158, in dem Friedrich Barbarossa nach Ausweis der Urkunde als Vermittler, nicht als Richter fungierte, sollte sich die Befürchtung Bischof Ottos bewahrheiten[103].

An der Darstellung des Italienzuges durch Otto von Freising fällt auf, dass er das gewaltsame und bisweilen grausame Vorgehen Friedrichs gegen rebellische Städte grundsätzlich rechtfertigt[104], doch lässt er im Fall der Belagerung Tortonas auf indirekte Weise, nämlich durch den Mund der Geistlichkeit der Stadt, die vor den königlichen Gesandten ihre Bitte um barmherzige Verschonung vortrug, massive Kritik am parteiischen Verhalten Friedrichs zu Wort kommen. Wenn Otto in diesem Zusammenhang erwähnt, dass Friedrich im Innern *misericordia* mit dem schlimmen Los des Klerus empfunden habe, nach außen aber, um den Verdacht der Schwäche zu vermeiden, *in prioris severitatis constantia* verharrt habe, so versucht er damit, die an den Tag gelegte unerbitt-

---

102 Vgl. SCHIEFFER, Otto von Freising (wie Anm. 55).
103 Vgl. Roman DEUTINGER, *Conventio* und *sententia principum*. Der Rechtsstreit um München und Föhring 1158 und 1180, in: München, Bayern und das Reich, hg. von SEIBERT/SCHMID (wie Anm. 31) S. 125–139, bes. S. 127 zur Rolle Friedrich Barbarossas im Augsburger Verfahren; SCHIEFFER, Heinrich der Löwe (wie Anm. 32).
104 Vgl. oben S. 166 mit Anm. 64.

liche Strenge Friedrichs etwas abzufedern, ruft aber gleichwohl die von einem Herrscher erwartete christliche Tugend der Sanftmut und Barmherzigkeit auf[105].

Otto ist es auch offenkundig ein Anliegen, Friedrich als einen Gott und der Kirche verpflichteten Herrscher darzustellen, wie dieser es mit seiner Kollekte für die vom Heer angerichteten Schäden an heiligen Stätten unter Beweis gestellt hat, wandte er doch dadurch Gottes Zorn von seinem Volk ab. Nicht unwichtig erscheint auch, in welcher Situation Otto Gott eingreifen sieht, im Vergleich zu Friedrich, der seine militärischen Erfolge im Einzelnen wie im Ganzen Gottes Hilfe zuschreibt. Demgegenüber hat für Otto Gott seine schützende und helfende Hand über Friedrichs Heer gehalten, als dieses wegen eines Hinterhalts der Veronesen in Not zu geraten schien.

So lässt sich, zusammenfassend gesagt, beobachten, dass Otto von Freising der kaiserliche Vorlage nur bedingt „getreu" gefolgt ist[106] und dass nicht alles „nach Barbarossas knappen Drehbuchanweisungen" ablief[107]. Otto setzt die Akzente anders und schildert, nicht zuletzt wegen der stofflichen Erweiterung, welche die von Friedrich unberücksichtigt gelassenen insgesamt dreieinhalb Jahre des *quinquennium* einbezieht, den König und Kaiser zwar einerseits als erfolgreichen Kriegsherrn, der allen Grund hatte, gegen die rebellischen Städte in der Lombardei und andernorts in Italien vorzugehen, aber andererseits als eingebunden in konsensuale Beratungsstrukturen (die bei Friedrich nirgends aufscheinen) und als einen keineswegs immer rasch zum Ziel gelangenden Vermittler.

Hier seien auch noch einmal die anfangs gemachten Beobachtungen zum Dialog zwischen Friedrich und Otto aufgegriffen, der in beiden Werken des Geschichtsschreibers fassbar ist, vor allem aber in den *Gesta Frederici* mit dem Brief Friedrichs, den Prologen Ottos zum Gesamtwerk, weiter zum zweiten Buch und mit dem wiederum an den Kaiser gerichteten Schlusswort. Diese ungewöhnlich häufige direkte Wendung des Autors an den ‚Helden' seines

---

105 GÖRICH, Die Ehre Friedrich Barbarossas (wie Anm. 16) S. 187 ff.; KRIEG, Im Spannungsfeld (wie Anm. 16) S. 459. Vgl. in weiterem Zusammenhang Thomas ZOTZ, Ludwig der Fromme oder Ludwig der Gnädige? Zur Herrschertugend der *pietas* im frühen und hohen Mittelalter, in: *Nova de veteribus*. Mittel- und neulateinische Studien für Paul Gerhard Schmidt, hg. von Andreas BIHRER / Elisabeth STEIN (2004) S. 180–192.
106 SCHMALE, Gesta Friderici (wie Anm. 2) S. 14.
107 HAGENEIER, Die frühen Staufer (wie Anm. 16) S. 395 f.

Werkes lässt den Eindruck entstehen, als habe er die *Gesta Frederici* und vor allem deren zweites Buch geradezu als Antwort auf Friedrichs Brief und Tatenbericht verstanden und verstanden wissen wollen und damit als letzte Station des intensiven Dialogs. In Ottos Darstellung von Friedrichs Taten seiner ersten fünf Jahre mischen sich, im zumeist sachlichen Stil des historiographischen Berichts, Heldenlob und Fürstenlob, aber auch Elemente eines Fürstenspiegels, einer Ermahnung zum richtigen, *virtutes*-geleiteten Handeln des *princeps*, raffiniert gekleidet in das Gewand der Beschreibung Friedrichs als eines idealen Herrschers[108].

So gibt die kaiserliche Vorlage als Vorspann zu den *Gesta Frederici* diesem Werk in mehrfacher Hinsicht ein besonderes, spannungsvolles Gepräge; man kann wohl von einem Alleinstellungsmerkmal in der hochmittelalterlichen Historiographie sprechen, deren Wesensmerkmale und Funktionen Hans-Werner Goetz in zahlreichen Studien so deutlich profiliert hat.

---

108 Dazu BAGGE, Ideas and Narrative (wie Anm. 15) S. 356 ff.; Heinz KRIEG, Gott und die Welt. Zum Geschichtsdenken im Mittelalter, in: Freiburger Universitätsblätter 179 (2008) S. 29–50, hier S. 48.

Peter Segl

Felix qui potuit rerum cognoscere causas

Bemerkungen zu den Vorstellungen Ottos von Freising vom Wesen des Menschen und den Gesetzen der Weltgeschichte

Es hieße Eulen nach Athen tragen, wollte man die Vorstellungen Ottos von Freising über den Geschichtsablauf sowie die ihn bei dessen Darstellung leitenden Ideen erneut ausbreiten. Unser Jubilar, den das Werk dieses hochmittelalterlichen Geschichtsschreibers eigenem Bekunden nach bereits als Student faszinierte[1], hat schon vor drei Jahrzehnten nach mehreren sich mit dem Gegenwartsbild Ottos[2] sowie mit dem Einfluß Augustins[3] und auch der Scholastik[4] auf dessen Denken beschäftigenden Vorarbeiten dem Geschichtsbild dieses bis vor kurzem bekanntesten und erst in unserer Gegenwart durch Joseph Ratzinger, seinen 51. Nachfolger, an Berühmtheit übertroffenen Freisinger Bischofs und dessen Verortung in der historischen Vorstellungswelt des 12. Jahrhunderts seine inzwischen zum weltweit anerkannten Referenzwerk avancierte Bochumer Habilitationsschrift[5] gewidmet. Trotz vielfacher anderer Interessen und Forschungsfelder hat er sich seitdem immer wieder

---

1 Vgl. dazu die Ankündigung der von Hans-Werner Goetz mit einer aktualisierten Bibliographie versehenen 6. Auflage der Freiherr vom Stein-Gedächtnisausgabe von Ottos Chronik (vgl. Anm. 34) in: WBG. Mitglieder express 5/11 (2011) S. 18, wo Goetz bekennt: „Dieses Werk hat mich seit meinem Studium immer wieder fasziniert".

2 Hans-Werner GOETZ, „Gespaltene Gesellschaft" und Einheitsideal. Bemerkungen zum Gegenwartsbild Ottos von Freising, in: Zeitschrift für bayerische Kirchengeschichte 50 (1981) S. 14–21.

3 Hans-Werner GOETZ, „Empirisch" – „metaphysisch"? Zum Verständnis der Zweistaatenlehre Ottos von Freising im Hinblick auf Augustin, in: Augustiniana 30 (1980) S. 29–42.

4 Hans-Werner GOETZ, „Ratio" und „Fides". Scholastische Philosophie und Theologie im Denken Ottos von Freising, in: Theologie und Philosophie 56 (1981) S. 232–243.

5 Hans-Werner GOETZ, Das Geschichtsbild Ottos von Freising. Ein Beitrag zur historischen Vorstellungswelt und zur Geschichte des 12. Jahrhunderts (Archiv für Kulturgeschichte, Beihefte 19, 1984).

nicht nur in weiterführenden Spezialstudien[6] und zusammenfassenden Lexikon-Artikeln[7] mit diesem Autor beschäftigt, sondern ihn und seine Geschichtsauffassung und Geschichtsschreibung auch in den Gesamtzusammenhang der mittelalterlichen Historiographie eingeordnet[8]. Deutlicher noch als in den verdienstvollen Forschungen eines Johannes Spörl[9], Josef Koch[10] oder

---

6   Stellvertretend sei lediglich verwiesen auf Hans-Werner GOETZ, Geschichtsbewußtsein und Frühscholastik in der spätsalischen und frühstaufischen Weltchronistik, in: Vom Umbruch zur Erneuerung? Das 11. und beginnende 12. Jahrhundert. Positionen der Forschung, hg. von Jörg JARNUT / Matthias WEMHOFF (MittelalterStudien 13, 2006) S. 197–218, über Otto von Freising bes. ebd., S. 202–210; DENS., Der Umgang mit der Geschichte in der lateinischen Weltchronistik des hohen Mittelalters, in: Julius Africanus und die christliche Weltchronistik, hg. von Martin WALLRAFF (Texte und Untersuchungen zur Geschichte der altchristlichen Literatur 157, 2006) S. 179–205, bes. S. 189–196; DENS., Die Rezeption der augustinischen *civitas*-Lehre in der Geschichtstheologie des 12. Jahrhunderts, in: Nibelungenlied und Klage. Ursprung – Funktion – Bedeutung, hg. von Dietz-Rüdiger MOSER / Marianne SAMMER (Literatur in Bayern, Beihefte 2, 1998) S. 131–167, bes. S. 161–167; Nachdruck in: DERS., Vorstellungsgeschichte. Gesammelte Schriften zu Wahrnehmungen, Deutungen und Vorstellungen im Mittelalter, hg. von Anna AURAST u.a. (2007) S. 89–113, bes. S. 109–113.

7   Hans-Werner GOETZ, Otto von Freising (um 1112–1158), in: Theologische Realenzyklopädie 25 (1995) S. 555–559; DERS., Otto von Freising, in: Neue Deutsche Biographie 19 (1999) S. 684–686.

8   Hans-Werner GOETZ, Geschichtsschreibung und Geschichtsbewußtsein im hohen Mittelalter (Orbis mediaevalis 1, ²2008) bes. S. 59 f., 81 f., 127 f., 188–199 und passim.

9   Johannes SPÖRL, Grundformen hochmittelalterlicher Geschichtsanschauung. Studien zum Weltbild der Geschichtsschreiber des 12. Jahrhunderts (1935, Nachdruck: Libelli 203, 1968); DERS., Wandel des Welt- und Geschichtsbildes im 12. Jahrhundert? Zur Kennzeichnung der hochmittelalterlichen Historiographie, in: Unser Geschichtsbild 1 (1955) S. 99–114, Neufassung aus dem Jahr 1960 in: Geschichtsdenken und Geschichtsbild im Mittelalter. Ausgewählte Aufsätze und Arbeiten aus den Jahren 1933 bis 1959, hg. von Walther LAMMERS (Wege der Forschung 21, 1961) S. 278–297; DERS., Die „Civitas Dei" im Geschichtsdenken Ottos von Freising, in: La Ciudad de Dios 167 (1956) S. 577–596, Nachdruck in: Geschichtsdenken, hg. von LAMMERS, S. 298–320; DERS., Vom Weltbild Ottos von Freising. Eine Gedenkrede, in: Otto von Freising. Gedenkgabe zu seinem 800. Todesjahr, hg. von Joseph A. FISCHER (1958) S. 1–13; DERS., Bischof Otto von Freising (1111/15 – 22. September 1158), in: Bavaria Sancta. Zeugen christlichen Glaubens in Bayern 3, hg. von Georg SCHWAIGER (1973) S. 213–218.

10 Josef KOCH, Die Grundlagen der Geschichtsphilosophie Ottos von Freising, in: Münchener Theologische Zeitschrift 4 (1953) S. 79–94, Neufassung aus dem Jahr 1960 in: Geschichtsdenken und Geschichtsbild, hg. von LAMMERS (wie Anm. 9)

Franz-Josef Schmale[11], um nur diese drei stellvertretend für die ältere und von Goetz weitergeführte Forschung zu nennen, hat er in seinen Arbeiten Motivation und Methode Ottos sowie dessen theologisches und politisches Weltbild herausgearbeitet und gewürdigt. Dabei war es ihm stets ein besonderes Anliegen, Otto nicht nur als heilsgeschichtlichen Systematiker und Verfechter beziehungsweise Umformer der augustinischen *civitas*-Lehre vorzustellen, sondern ihn auch als auf der Höhe der zeitgenössischen Diskussion stehenden Gelehrten sowie als Historiker zu profilieren und auf die didaktische Funktion und ethische Tendenz von dessen Geschichtsschreibung hinzuweisen, die er gelegentlich knapp und präzise so auf den Punkt gebracht hat: „Der mit der Fähigkeit der Wahrheitserkenntnis begabte Mensch soll mit Hilfe der *ratio* das Wesen der wandelhaften Geschichte begreifen, dank seines Glaubens die Wahrheit erkennen, dank seiner freien Entscheidungskraft (*liberum arbitrium*) das Richtige wählen, sich dank richtigen Handelns vom Irdischen abkehren und dem unveränderlichen Jenseits zuwenden"[12]. Ottos „dem figuralen Denken verpflichtete, theologisch-philosophische Deutung der Welt und der planvoll gelenkten Geschichte als der Offenbarung Gottes (Heilsgeschichte)"[13] und seiner von Goetz in dessen Hamburger Antrittsvorlesung apostrophierte Bemühungen um das Aufzeigen der „Hand Gottes in der Geschichte"[14] räumen dem Menschen in der Geschichte, so seine Interpretation von Ottos Vorstellungen, „nur innerhalb des abgesteckten Rahmens des göttlichen Geschichtsplans [...] eine gewisse Handlungsfreiheit" ein[15]. Die gegenteilige, ebenfalls auf Ottos Reflexionen über das Wesen Gottes und des Menschen sowie dem analog zur Kurve der menschlichen Lebenslinie verlaufenden Prozeß der Ge-

---

      S. 321–349, Nachdruck in: DERS., Kleine Schriften (Storia e Letteratura 127, 1973) 1, S. 87–113.
11 Franz-Josef SCHMALE, Otto von Freising, in: Die deutsche Literatur des Mittelalters. Verfasserlexikon 7(1989) Sp. 215–223; dort auch Schmales einschlägige frühere Arbeiten.
12 GOETZ, Otto, in: TRE 25 (wie Anm. 7) S. 557.
13 GOETZ, Otto, in: NDB 19 (wie Anm. 7) S. 685; ähnlich schon DERS., Geschichtsbild (wie Anm. 5) S. 69–72 und passim.
14 GOETZ, Die Gegenwart der Vergangenheit im früh- und hochmittelalterlichen Geschichtsbewußtsein, in: Historische Zeitschrift 255 (1992) S. 61–97, hier S. 75: „Otto wollte mit seiner Chronik vor allem aber die ‚Hand Gottes in der Geschichte' aufzeigen, um damit zugleich zum Abwenden von der Wandelbarkeit (*mutabilitas*) und Vergänglichkeit alles Historischen zu erziehen".
15 GOETZ, Geschichtsbild (wie Anm. 5) S. 129; ähnlich auch ebd., S. 304.

schichte basierende Ansicht des bereits erwähnten Josef Koch, der zufolge Otto seine Leser nicht in Unkenntnis darüber lasse, „daß er – im Unterschied zu Augustin – den Menschen als das eigentlich in der Geschichte handelnde Subjekt ansieht"[16], hat Goetz mit dem Argument zurückgewiesen, hier werde „übersehen, daß für Otto göttliche Unzeitlichkeit und geschichtliches Wirken durchaus vereinbar sind", und er hat hinzugefügt: „Selbstverständlich ist die Geschichte letztlich von Gott (allein) bewirkt und sogar vorherbestimmt"[17]. Goetz hat damit nur noch einmal unterstrichen, was sich ihm schon nach der Analyse von Ottos Geschichtsbild als Teil seines Gottesbildes als dessen Quintessenz ergeben hatte: „Gott bewirkt die Geschichte [...], ohne seine Lenkung ist sie nicht so denkbar, wie sie tatsächlich abläuft, da er immer wieder in das aktuelle Geschehen eingreift"[18].

Gegen diese Interpretation von Gott als dem Subjekt der Geschichte im Geschichtsbild Ottos von Freising ist von dem italienischen Philosophie-Historiker Loris Sturlese, dessen innovative regionale Perspektive bei der Erforschung mittelalterlicher Philosophien[19] hier ebensowenig gewürdigt werden kann wie seine Verdienste um ein neues Meister Eckhart-Bild[20], bereits vor zwanzig Jahren mit Rückgriff auf Ottos von Koch aufgezeigtes „Kurvengesetz"[21] energischer Widerspruch formuliert und als Ottos zwar nicht ausgesprochene, aber deutlich erkennbare Überzeugung („evidente convinzione") herausgestellt worden, „che storia, scienza, imperi e civiltà abbiano come soggetto l'uomo (e non Dio, come par credere il Goetz [...])"[22]. Obwohl Sturleses

---

16 KOCH, Grundlagen (wie Anm. 10) S. 326.
17 GOETZ, Geschichtsbild (wie Anm. 5) S. 129.
18 GOETZ, Geschichtsbild (wie Anm. 5) S. 109.
19 Sturleses Ansatz sowie seine beachtliche Produktion sowohl im Bereich der Edition als auch der Interpretation skizziert Pasquale PORRO, Regionale Philosophie, Mikrologie, Intertextualität. Loris Sturlese und die Geschichte der mittelalterlichen Philosophie, in: Per perscrutationem philosophicam. Neue Perspektiven der mittelalterlichen Forschung. Loris Sturlese zum 60. Geburtstag gewidmet, hg. von Alessandra BECCARISI / Ruedi IMBACH / DEMS. (Corpus philosophorum Teutonicorum medii aevi, Beihefte 4, 2008) S. 1–11.
20 Exemplarisch genannt sei lediglich Loris STURLESE, Homo divinus. Philosophische Projekte in Deutschland zwischen Meister Eckhart und Heinrich Seuse (2007).
21 KOCH, Grundlagen (wie Anm. 10) S. 348; ähnlich auch ebd., S. 327 und 347.
22 Loris STURLESE, Storia della filosofia tedesca nel medievo 1: Dagli inizi alla fine del XII secolo (1990) S. 141.

faszinierendes Buch seit 1993 auch auf deutsch vorliegt[23] und sich dort ebenfalls der Hinweis auf Ottos offensichtliche Überzeugung vom Menschen als dem Subjekt der Geschichte sowie auf dessen Übertragung des Prinzips der Lebenskurve („la legge della parabola vitale") auch auf den Bereich der Geschichte findet[24], ist in der nachfolgenden Otto von Freising-Forschung darauf, wenn ich recht sehe, nicht reagiert worden. Weder in den gehaltvollen Studien Sverre Bagges von 1996[25] und 2002[26], noch in den diversen Otto gewidmeten Aufsätzen von Elisabeth Mégier aus den Jahren 1996 bis 2002[27] oder in den anläßlich der 850. Wiederkehr seines Todestages vorgelegten schönen neuen Lebensbildern Ottos von Gertrud Thoma[28], Roman Deutinger[29] und Marc-Aeilko Aris[30], um wenigstens ein paar Beispiele zu nennen, findet eine Auseinandersetzung mit Sturleses der bisher als allgemein akzeptierten und von Hans-Werner Goetz geprägten und repräsentierten Otto-Interpretation grundstürzend widersprechenden Deutung von Ottos Geschichtsbild statt. Auch Goetz selbst hat weder in den Otto gewidmeten Passagen von „Geschichtsschreibung und Geschichtsbewußtsein im hohen Mittelalter", noch in

---

23   Loris STURLESE, Die deutsche Philosophie im Mittelalter. Von Bonifatius bis zu Albert dem Großen (748–1280) (1993).
24   STURLESE, Deutsche Philosophie (wie Anm. 23) S. 177: „In der impliziten, aber offensichtlichen Überzeugung, daß Geschichte, Wissenschaft, Kaiserreiche und Zivilisationen den Menschen zum Subjekt haben (und nicht Gott, wie H.-W. Goetz meint, denn Gott ist *genuinum*, unveränderlich und steht außerhalb der Zeit), erweiterte Otto die Gültigkeit dieses Gesetzes [– gemeint ist das ‚Prinzip der Lebenskurve', P.S. –] auch auf den Bereich der Geschichte".
25   Sverre BAGGE, Ideas and Narrative in Otto of Freising's *Gesta Frederici*, in: Journal of Medieval History 22 (1996) S. 345–377.
26   Sverre BAGGE, Kings, Politics, and the Right Order of the World in German Historiography c. 950–1150 (Studies in the History of Christian Thought 103, 2002) S. 364–388: „Otto of Freising: *Gesta Frederici*".
27   Alle fünf jetzt zusammengestellt in: Elisabeth MÉGIER, Christliche Weltgeschichte im 12. Jahrhundert: Themen, Variationen und Kontraste (Mediaevistik, Beihefte 13, 2010).
28   Gertrud THOMA, Otto von Freising – Reichsbischof und Chronist, in: Beiträge zur altbayerischen Kirchengeschichte 51 (2008) S. 5–27.
29   Roman DEUTINGER, Bischof Otto I. von Freising (1138–1158). Ein Lebensbild, in: Otto von Freising, Rahewin, Conradus Sacrista. Geschichtsschreiber des 12. Jahrhunderts in Freising. Beiträge zum 850. Todesjahr Bischof Ottos von Freising 2008 (Sammelblatt des Historischen Vereins Freising 41, 2010) S. 15–26.
30   Marc-Aeilko ARIS, Orientierung am Mönchtum, in: Otto von Freising. Bischof, Geschichtsschreiber, Seliger, hg. von Peter PFISTER (Ausstellungskataloge der Diözesanbibliothek des Erzbistums München und Freising N.F. 2, 2008) S. 24–30.

denen seines großartigen neuen Buches über „Gott und die Welt"[31] zu Sturleses ‚Paukenschlag' Stellung genommen, ebensowenig sein die Zeitvorstellungen Ottos von Freising erforschender Schüler Fabian Schwarzbauer[32].

Angesichts dieser Forschungslage mag es deshalb nicht unangebracht erscheinen, Hans-Werner Goetz zu Ehren Ottos Vorstellungen vom Wesen des Menschen und den Gesetzen der Weltgeschichte erneut in den Blick zu nehmen und nach der Brauchbarkeit der Metapher ‚Lebenskurve' zur Verdeutlichung der von Otto thematisierten Korrelation von menschlichem Lebensverlauf und Geschichtsprozeß zu fragen, wobei es der Verfasser dieser Zeilen als glückliche Fügung erachtet, daß das Erscheinen der Festschrift zum 65. Geburtstag des Kollegen und Freundes mit der Erinnerung an den 35. Todestag des von diesem durch seine Würdigung als Pionier der Geschichtsbildforschung in den wissenschaftlichen Diskurs zurückgeholten[33] langjährigen (1947–1975) mediävistischen Lehrstuhlinhabers der LMU München, Johannes Spörl (gestorben 1977), zusammenfällt, in dessen Vorlesung vom Sommersemester 1963 über „Geschichtsschreibung des frühen und hohen Mittelalters" er den Namen „Otto von Freising" zum ersten Mal gehört hat.

---

31   Hans-Werner GOETZ, Gott und die Welt. Religiöse Vorstellungen des frühen und hohen Mittelalters 1/1: Das Gottesbild (Orbis mediaevalis 13/1, 2011) S. 69–72, 96, 99, 128, 135 f., 170, 200–203 und passim.

32   Fabian SCHWARZBAUER, Geschichtszeit. Über Zeitvorstellungen in den Universalchroniken Frutolfs von Michelsberg, Honorius' Augustodunensis und Ottos von Freising (Orbis mediaevalis 6, 2005) S. 47–50, 73–86, 170–177, 184 f., 220 f., 229–239 und passim.

33   Hans-Werner GOETZ, Moderne Mediävistik. Stand und Perspektiven der Mittelalterforschung (1999) S. 266 f., sowie DERS., Geschichtsbild (wie Anm. 5) S. 7 f. Eine feinsinnige und informationsreiche Gesamtwürdigung von Leben und wissenschaftlichem Werk Johannes Spörls verdanken wir seiner Schülerin und späteren Kollegin Laetitia BOEHM, Johannes Spörl (1904–1977). *In mutatione temporum initium conversationis*. Zum Gedenken an den langjährigen Herausgeber des Historischen Jahrbuchs, in: Historisches Jahrbuch 97–98 (1978) S. 1*–54*.

II. ... rerum cognoscere causas

Sowohl in seiner 1143–1146 erarbeiteten grandiosen *Historia de duabus civitatibus*[34] wie in den zehn Jahre später verfaßten *Gesta Frederici*[35], auf deren beider Titelproblematik hier nicht einzugehen ist[36], hat Otto von Freising „bewußt Geschichtsschreibung und Geschichtsphilosophie miteinander verb[unden]", wie niemand eindringlicher dargestellt hat als unser Jubilar[37]. Um dem verständigen Leser (*prudens lector*) beziehungsweise aufmerksamen Hörer (*religiosus auditor*) seines Geschichtswerkes nicht einfach eine „ungeordnete Reihe vergangener Geschehnisse" (*confusam rerum preteritarum seriem*) vorzusetzen, wählte Otto die von ihm gemäß dem Verlauf der Geschichte (*tenorem*

---

34 Otto von Freising, Chronica sive Historia de duabus civitatibus, ed. Adolf HOFMEISTER (MGH SS rer. Germ. [45], ²1912); ed. Walther LAMMERS (Ausgewählte Quellen zur deutschen Geschichte des Mittelalters 16, 1960), mit deutscher Übersetzung von Adolf Schmidt.

35 Otto von Freising / Rahewin, Gesta Friderici I. imperatoris, ed. Georg WAITZ / Bernhard von SIMSON (MGH SS rer. Germ. [46], ³1912); Gesta Frederici seu rectius Cronica, ed. Franz-Josef SCHMALE (Ausgewählte Quellen zur deutschen Geschichte des Mittelalters. Freiherr vom Stein-Gedächtnisausgabe 17, 1965), mit deutscher Übersetzung von Adolf Schmidt. Wegen des von Schmale gegenüber der MGH-Ausgabe deutlich vermehrten Sachkommentars wird im folgenden stets nach seiner Edition zitiert. Dringlich erwünscht wäre allerdings eine Neuedition, wie jüngst wieder betont hat Martina GIESE, Über die *Gesta Friderici* Ottos und Rahewins von Freising. Anmerkungen zur Editions- und Überlieferungsgeschichte, in: Mitteilungen des Instituts für Österreichische Geschichtsforschung 119 (2011) S. 311–330. – Belege im Obertext unter Verwendung des Kurztitels „Gesta".

36 Otto selbst hat beide Werke als *historia* bezeichnet, die Belege dafür finden sich zusammengestellt bei Hans-Werner GOETZ, Die „Geschichte" im Wissenschaftssystem des Mittelalters, in: Franz-Josef SCHMALE, Funktion und Formen mittelalterlicher Geschichtsschreibung. Eine Einführung (1985) S. 165–213, hier S. 189, Anm. 118. Daß er seinem ursprünglich *De duabus civitatibus* betitelten ersten Werk in der für seinen kaiserlichen Neffen überarbeiteten Fassung elf Jahre später die Überschrift *De mutatione rerum* gegeben hat, betont Anna-Dorothee von den BRINCKEN, Studien zur lateinischen Weltchronik bis in das Zeitalter Ottos von Freising (1957) S. 223. Zur noch nicht beendeten Diskussion um die richtige Bezeichnung von Ottos Werken in der Forschung sei verwiesen auf Karl Ferdinand WERNER, Gott, Herrscher und Historiograph. Der Geschichtsschreiber als Interpret des Wirkens Gottes in der Welt und Ratgeber der Könige (4. bis 12. Jahrhundert), in: *Deus qui mutat tempora*. Menschen und Institutionen im Wandel des Mittelalters. Festschrift für Alfons Becker zu seinem fünfundsechzigsten Geburtstag, hg. von Ernst-Dieter HEHL / Hubertus SEIBERT / Franz STAAB (1987) S. 1–31, bes. S. 7–9.

37 GOETZ, Geschichtsbild (wie Anm. 5); das Zitat ebd., S. 55.

hystoriae) zu behandelnden Vorgänge sorgfältig aus (– „weniges nur von vielem": *pauca de multis* –)[38], wobei er sich dem Wahrheitsprinzip verpflichtet fühlte (*ad observandam veritatem*), von dem abzuweichen seiner Ansicht nach das „Amt des Geschichtsschreibers" (*scriptoris officium*) verraten hieße, wie er Rainald von Dassel im Zusammenhang einer grundsätzlichen Erörterung der auf *fuga* und *electio* beruhenden Methode des Geschichtsschreibers und überhaupt jedes Wissenschaftlers erläutert[39]. Immer wieder hat Otto, wie längst bekannt, in seine den einzelnen Büchern sowohl von *Historia* wie *Gesta* vorangestellten Prologe, aber auch in deren darstellende Partien solche und ähnliche Reflexionen über sein Tun und Lassen als Geschichtsschreiber eingestreut, dabei auch nicht verschwiegen, wenn er etwas übergehen wollte, weil dessen Erzählung ihm widerstrebte[40] oder dessen Erörterung und Beurteilung seine Kräfte zu übersteigen drohte[41]. Gelegentlich haben sich seine in die Geschichtserzählung eingepaßten Reflexionen sogar zu regelrechten, bisweilen recht ausführlichen Grundsatzerörterungen ausgewachsen und sind unter der Bezeichnung *excursus* als solche in der Kapitelgliederung des Gesamtwerkes auch bereits vorab angekündigt worden[42]. Erinnert sei etwa an die Erläuterung der Daniel-Prophetie und den daran anschließenden Bericht über das Schicksal Papst Gregors VII. am Ende des sechsten Buches der *Historia*[43] oder an die

---

38   Dieses und die drei vorangehenden Zitate stammen alle aus Otto, Chronica, I, prol., ed. HOFMEISTER (wie Anm. 34) S. 6–10.
39   Otto, Chronica, ep. dedic. II, ed. HOFMEISTER (wie Anm. 34) S. 5, Z. 8–16. An späterer Stelle versichert Otto erneut, dass er sich an die Wahrheit (*veritatis seriem*) halten und von dieser weder nach rechts noch nach links abweichen wolle, ebd., VI, 18, S. 278, Z. 23 f.
40   Otto, Chronica, VI, 36, ed. HOFMEISTER (wie Anm. 34) S. 305, Z. 24 – S. 306, Z. 3: *Quanta tamen mala, quot bella bellorumque discrimina inde subsecuta sint, quociens misera Roma obsessa, capta, vastata, quod papa super papam sicut rex super regem positus fuerit, tedet memorare.*
41   Otto, Chronica, VII, prol., ed. HOFMEISTER (wie Anm. 34) S. 309, Z. 4 f.: *Quod iudicare vel discutere supra nostras vires est.*
42   Daneben gibt es auch das zwar in der Werkgliederung als *Excursus* angekündigte Kapitel III, 2 der *Chronica* (Otto, Chronica, III, 2, ed. HOFMEISTER [wie Anm. 34] S. 136–138), das allerdings rein narrativ nach Orosius und anderen Geschichte ohne eingestreute Grundsatzerwägungen einfach erzählt und deshalb hier vernachlässigt werden darf.
43   Otto, Chronica, VI, 36, ed. HOFMEISTER (wie Anm. 34) S. 305, Z. 1 – S. 306, Z. 30, angekündigt als: *Excursus, qualiter intelligi possit, quod in Daniele legitur, lapidem excisum de monte sine manibus statuam in pedibus, qui ex parte ferrei, ex parte fictiles*

im 24. Kapitel des siebten Buches mit der Erzählung von Konrads III. Wahl zum König verknüpften theologischen Erörterungen über die Erniedrigung der Hoffärtigen und die Erhöhung der Demütigen[44], ein biblischer Gedanke, den Otto auch anderswo in seine Geschichtsdarstellung einfließen ließ[45], in der Kapitelübersicht zu Buch VII allerdings unter der Formulierung *excursus de fortuna regis Conradi. De rebellione Saxonum* noch eher versteckt gehalten hat[46].

Wie in der *Historia* finden sich auch in den *Gesta* immer wieder Abschweifungen vom reinen Ereignis- oder Tatenbericht und Aufschwünge „zu höheren und gleichsam philosophischen Gipfeln" (*ad altiora velut philosophica acumina*), worauf der Autor schon im Prolog im Anschluß an seine zur Verdeutlichung der Ursache (*causa*) seiner Rede vom „Atem des Pilgergottes" (*spiritus peregrini Dei*) mit boethio-porretanischer Begrifflichkeit untermauerte Erläuterung der unterschiedlichen Begründung von Aussagen über Formen, Gattungs- und Artbegriffe[47] seine Leser und speziell den von ihm direkt angesprochenen „erhabensten Kaiser Friedrich" ausdrücklich aufmerksam machte. Zur Absicherung solcher mit einem Wechsel des Sprachstils verbundener Abschweifungen führt er an, auch Lucan, Vergil und die übrigen römischen Schriftsteller hätten in ihre in schlichter oder auch, im Falle der Taten von Fürsten und Herren der Welt, höherer Sprache gestalteten Ereignisberichte oft auch (*frequenter*) nahe an die tiefsten Geheimnisse der Philosophie rührende Erörterungen eingeschoben, wodurch nicht nur historisch,

---

    erant, percussisse. Mala temporis illius obitusque Gregorii et terminus libri (ebd., capit., S. 31, Z. 8–12).

44 Otto, Chronica, VII, 24, ed. HOFMEISTER (wie Anm. 34) S. 347, Z. 16 – S. 348, Z. 17.

45 Einschlägige Stellen hat zusammengestellt und ausgewertet Manfred MÜLLER, Beiträge zur Theologie Ottos von Freising (St. Gabrieler Studien 19, 1965) S. 62–64.

46 Otto, Chronica, ed. HOFMEISTER (wie Anm. 34) S. 33, Z. 4 f. Zu Ottos und anderer mittelalterlicher Historiographen Vorstellung von Fortuna vgl. GOETZ, Geschichtsbild (wie Anm. 5) S. 75 f., sowie DENS., Fortuna in der hochmittelalterlichen Geschichtsschreibung, in: Das Mittelalter 1 (1996) S. 75–89.

47 Otto, Gesta Frederici, prol., ed. SCHMALE (wie Anm. 35) S. 118, Z. 2–11: *Sicut enim iuxta quorumdam in logica notorum positionem, cum non formarum, sed subsistentium proprium sit predicari seu declarari, genera tamen et species predicamento transumpto ad causam predicari dicuntur, vel, ut communiori utar exemplo, sicut albedo clara, mors pallida, eo quod claritatis altera, palloris altera causa, sic appellatur, utque dicitur: Eurus fundit aquas, sic et causam dicti considerantes spiritum peregrini Dei dicimus, qui, ut tot et tanti propter Deum peregrinandi habitum assumerent, causa fuit.*

sondern auch philosophisch Interessierte zur Lektüre angelockt würden[48]. Solche Liebhaber der lichten Höhe scharfsinniger Gedankengänge (*quos rationum amplius delectat subtilitatis sublimitas*) vermochte Otto wohl schon mit der an den Anfang gestellten Gliederung des ersten Buches der *Gesta* neugierig zu machen. Kapitelüberschriften wie *Excursus philosophicus vel potius theologicus* (Gesta I, 5) beziehungsweise *Theologicus excursus* (Gesta I, 56) zielten direkt auf solche Leser, wie sie Otto auch beim Abfassen seines Briefes an Rainald von Dassel im Auge hatte, dem er nicht als einem Ungebildeten, sondern als Philosophen (*non ut rudi, sed ut philosopho*) schrieb und den er als hilfreichen Interpreten (*bonum interpretem*) für sein dem Kaiser übersandtes Geschichtswerk zu gewinnen suchte. Als mehr für philosophisch beziehungsweise theologisch als nur für historisch Interessierte gedacht erweist sich auch das der Ursachenforschung für das desaströse Scheitern des von Otto mitgemachten Kreuzzuges gewidmete 66. Kapitel des ersten *Gesta*-Buches, das in der Gliederung ebenfalls als Exkurs angekündigt ist[49] und sich in der Durchführung als eine tief eindringende Reflexion über das Gute erweist, an die dann noch wenige Zeilen über das auf Hoffart und Zügellosigkeit (*ob superbiam lasciviamque nostram*) zurückgeführte klägliche und unschöne Ende (*humilem et non bonum exitum*) des Kreuzzuges sowie eine behutsame Distanzierung von der Prophetengabe Bernhards von Clairvaux angehängt worden sind[50].

Für die in diesem Beitrag erneut aufgeworfene Frage nach den Vorstellungen Ottos von Freising vom Wesen des Menschen und den Gesetzen der Weltgeschichte stellen gerade diese als *excursus* angekündigten drei Kapitel im ersten Buch der *Gesta Frederici* eine Reihe von Antworten bereit[51], worauf in

---

48   Otto, Gesta Frederici, prol., ed. SCHMALE (wie Anm. 35) S. 120, Z. 2–14: *Nec, si a plana historica dictione ad evagandum opportunitate nacta ad altiora velut philosophica acumina attollatur oratio, preter rem eiusmodi estimabuntur, dum et id ipsum Romani imperii prerogative non sit extraneum rebus simplicioribus altiora interponere. Nam et Lucanus, Virgilius ceterique Urbis scriptores non solum res gestas, sed etiam fabulosas, sive more pastorum vel colonum summissius vel principum dominorumque orbis altius narrando, stilum tamen frequenter ad intima quedam philosophie secreta attingenda sustulerunt. Sic enim non solum hi, quibus rerum gestarum audiendi seriem inest voluptas, sed et illi, quos rationum amplius delectat subtilitatis sublimitas, ad eiusmodi legenda seu cognoscenda trahuntur.*

49   Otto/Rahewin, Gesta Frederici, capit., ed. SCHMALE (wie Anm. 35) S. 96, Z. 7: *Excursus ad excusandum eventum illius expeditionis* (zu Gesta I, 66).

50   Otto, Gesta Frederici, I, 66, ed. SCHMALE (wie Anm. 35) S. 226–270.

51   In Buch II der *Gesta* hat Otto keine als *excursus* bezeichneten Kapitel mehr eingefügt. In den von Rahewin verfaßten beiden anderen Büchern begegnet das Wort nur ein

erschöpfender Weise einzugehen hier schon aus Umfangsgründen nicht möglich ist. Zumindest aber der erste von ihnen, den Otto bereits ziemlich am Anfang der *Gesta* eingebaut und als philosophische beziehungsweise vielmehr theologische Abschweifung angekündigt hat, muß ein wenig genauer vorgestellt und (– wie schon so oft in der Literatur –) analysiert werden, um auf diese Weise Ottos Vorstellungen vom Subjekt der Geschichte näherkommen zu können.

Voraus geht diesem berühmten Exkurs ein auf Hörensagen (*fertur*) beruhender, fabulöser, von Otto aber offenbar als aussagekräftiges Exempel angesehener Bericht über den Anlaß des von Heinrich IV. in jugendlichem Übermut (*lascivia*) provozierten Aufstandes (*rebellio*) der Sachsen[52]. Nach dem Hinweis auf die daraus unzähligen Völkern und Stämmen (*innumeris populis et gentibus*) erwachsene Todesgefahr fügt Otto an:

> Daraus mögen die auf dem höchsten Gipfel stehenden Fürsten der Welt lernen, sich den Allerhöchsten, ihren Schöpfer, vor Augen haltend, Maß zu bewahren, damit sie sich nach Cicero desto bescheidener benehmen, je höher sie stehen. Denn von den Ärzten, die die Hinfälligkeit der Leiblichkeit beobachten, kennt man das Wort: Besser ist zur Höhe als auf der Höhe. Denn der Mensch, zur Arbeit geboren und nur kurze Zeit lebend, von Natur aus gleichsam aus vielem zusammengesetzt und zur Auflösung neigend, kann niemals in dem gleichen Zustand bleiben, und wenn er auf dem Gipfel ist, muß er bald wieder herabsteigen.[53]

Und im direkten Anschluß daran bittet Otto mit dem von Vergil geborgten, als Obertitel dieses Beitrages gewählten Vers über das Glück dessen, der den Urgrund allen Geschehens zu erkennen vermag, um die Erlaubnis, über das

---

    einziges Mal in einer Kapitelüberschrift (Otto/Rahewin, Gesta Frederici, capit., ed. SCHMALE [wie Anm. 35] S. 104, Z. 22, zu Gesta III, 41), meint dort aber weder eine philosophische noch eine theologische Abschweifung, sondern bezeichnet eine kriegerische Aktion der Mailänder.

52 Otto, Gesta Frederici, I, 4, ed. SCHMALE (wie Anm. 35) S. 126, Z. 14–20.

53 Otto, Gesta Frederici, I, 4, ed. SCHMALE (wie Anm. 35) S. 126, Z. 30 – S. 128, Z. 8:
Discant ergo principes orbis in summo positi omnium summum creatorem suum pre mente habendo moderantiam servare, ut iuxta Ciceronem, quanto maiores sunt, tanto se gerant summissius. Optime enim a phisicis fallaciam complexionum considerantibus dictum cognoscitur: Melius est ad summum quam in summo. Cum enim homo natus ad laborem, brevi vivens tempore, natura tamquam ex multis composita ad dissolutionem tendente, numquam in eodem statu manere valeat, si in summo fuerit, mox eum declinare oportebit. Die Übersetzung habe ich von Adolf Schmidt übernommen (ebd., S. 127, Z. 34 – S. 129, Z. 8).

eben Ausgeführte ein wenig philosophieren zu dürfen[54], was er im folgenden Abschnitt (Gesta I, 5) dann auch ausgiebig tut.

Gegenstand dieser durch das Vergil-Zitat besondere Aufmerksamkeit beanspruchenden, auch im Vergleich mit Ottos sonstigen Abschweifungen ungewöhnlich langen philosophischen Erörterung, die in der Forschung als Schlüsseltext für die geschichtsphilosophischen Grundannahmen Ottos gilt[55], ist eine von Platon, Aristoteles und der Bibel ausgehende und in Anlehnung an Boethius und vor allem Gilbert von Poitiers weitergedachte Analyse der ontischen Konstitution des Menschen, der als „Entstandener" (*nativus*) wie alle Geschöpfe im Gegensatz zum „aus sich selbst stammenden" (*genuinus*) Schöpfer nicht „einfach" (*simplex*), sondern „zusammengesetzt" (*compositus*) ist, nicht „einzigartig" (*singulare*), sondern mit anderen „artgleich" (*conformis*), nicht „in sich eins" (*solitarius*), sondern aus gegensätzlichen Bestandteilen „zusammengewachsen" (*concretus*)[56]. Da alles Zusammengesetzte stets von Auflösung bedroht ist, brauche man sich nicht zu wundern, so Otto weiter, daß der Mensch als das am meisten zusammengesetzte aller Geschöpfe besonders leicht von Auflösung bedroht und wie alles Geschöpfliche einem ständigen Wandel unterworfen ist, weshalb (*ergo*!) von denjenigen, und damit lenkt Otto zu dem am Ende des vorhergehenden Kapitels angeführten hippokratischen Aphorismus zurück, die diese Veränderlichkeit (*mutabilitas*) betrachteten, mit gutem Grund (*bene*) behauptet werde:

> Besser zur Höhe als auf der Höhe, denn wenn es nichts mehr gibt, wohin man weiterwachsen kann, ist es notwendig abzunehmen. Wie aber schon von den Ärzten gelehrt wird, daß gute Gesundheit, wenn sie auf dem Höhepunkt ist, wieder aufgelöst wird, so wird nicht zu Unrecht von erfahrenen Ärzten der Seele geraten, daß der Geist, der, wenn er durch die Gunst der Dinge auf die Höhe geführt wurde, sich zu erheben pflegt, im Anblick der Übel wieder niedergedrückt werden möge.[57]

---

54 Otto, Gesta Frederici, I, 4, ed. SCHMALE (wie Anm. 35) S. 128, Z. 8–10: *Cuius rei causa paulisper philosophari liceat, etenim Felix qui potuit rerum cognoscere causas.*
55 Zum Forschungsstand vgl. GOETZ, Geschichtsbild (wie Anm. 5) S. 110–130; SCHWARZBAUER, Geschichtszeit (wie Anm. 32) S. 73–86, sowie, über beide hinausführend, STURLESE, Deutsche Philosophie (wie Anm. 23) S. 167–182.
56 Otto, Gesta Frederici, I, 5, ed. SCHMALE (wie Anm. 35) S. 128–140. Auf den Unterschied von *compositio* („Zusammengesetztsein") und *concretio* („Zusammengewachsensein") kann hier nicht näher eingegangen werden; verwiesen sei auf die Erläuterung von Schmidt ebd., S. 128 f., Anm. 30.
57 Otto, Gesta Frederici, I, 5, ed. SCHMALE (wie Anm. 35) S. 140, Z. 25 – S. 142, Z. 2: *Melius est ad summum quam in summo, quia, cum amplius, quo crescat, non habeat,*

Nachdem Otto die Richtigkeit dieses Satzes noch durch ein etwas abgewandeltes Bibelzitat (Koh 7,14) unterstrichen hat, kehrt er wieder zu seinem sieben Seiten vorher verlassenen Thema (*propositum*) zurück.

Indem Otto, dessen ontologische und sprachlogischen Erörterungen über *substantia* und *subsistens*, *materia*, *forma*, *accidentalia* und die durch die *compositio* beziehungsweise *concretio* alles Geschaffenen verursachte dauernde Bewegung der Formen und der Zeitumstände jetzt nicht in extenso ausgebreitet werden können[58], in dem diese Fragen erörternden, an das Zitat des Vergil-Verses anschließenden Kapitel (Gesta I, 5) die von den Ärzten diagnostizierte Hinfälligkeit der menschlichen Verfassung und die Kurve des Auf und Ab des Lebens unmißverständlich mit *mutabilitas tam nature quam more*, dem „Leitmotiv seiner geschichtlichen Darstellungen"[59], verbunden hat, ist er weit über die noch ganz in der Tradition der *historia magistra vitae* stehende Propagierung von Geschichtskenntnissen (*historiarum cognitio*) speziell für Kaiser hinausgelangt, wie er sie nicht nur im Widmungsbrief der *Historia* an Barbarossa[60], sondern auch in der eben zitierten Überleitung (*Discant enim principes orbis* [...]) zu seiner philosophisch-theologischen Abschweifung in Gesta I, 5 vorgebracht hat. Denn nicht um Faktenwissen oder historische Exempel ging es Otto in diesem Exkurs, sondern wirklich, wie er mit seinem einleitenden Vergil-Zitat signalisierte, um den Zusammenhang der Dinge, um den Grund für die sein ganzes Denken beschäftigende *mutabilitas rerum*.

Vergil, dessen christliche Vereinnahmung ja schon mit den ersten lateinischen Apologeten einsetzte[61] und der im Mittelalter nicht bloß als Dichter, sondern seit dem 12. Jahrhundert auch als Prophet und Weiser des Altertums

---

decrescere necesse est. Sicut autem a medicis precipitur, ut bone habitudines, cum in summo fuerint, solvantur, sic non immerito a probatis animarum medicis suadetur, ut mens, que rerum prosperitate in summo posita elevari assolet, malorum intuitu reprimatur. Übersetzung nach Schmidt (ebd., S. 141, Z. 31 – S. 143, Z. 2).

58 Verwiesen sei für die Gewinnung eines schnellen Überblicks auf die auch Ottos philosophische „Gewährsmänner" nachweisende (freilich nicht immer ganz zufriedenstellende) Übersetzung des wegen seiner elaborierten Fachterminologie nicht leicht zugänglichen Kapitels I, 5 durch Schmidt in SCHMALE, Gesta (wie Anm. 5) S. 129–142.

59 KOCH, Grundlagen (wie Anm. 10) S. 345.

60 Otto, Chronica, ep. dedic. I, ed. HOFMEISTER (wie Anm. 34) S. 2, Z. 25 f.: *Honesta ergo erit et utilis excellentiae vestrae historiarum cognitio.*

61 Stefan FREUND, Vergil im frühen Christentum. Untersuchungen zu den Vergilzitaten bei Tertullian, Minucius Felix, Novatian, Cyprian und Arnobius (Studien zur Geschichte und Kultur des Altertums N.F., 1. Reihe 16, 2000).

sich hoher Wertschätzung erfreute[62], ist von Otto an dieser für die Darlegung seiner Auffassung von Gott, Mensch und Geschichte so exzeptionellen Stelle sicher nicht unbedacht herangezogen worden. Otto schätzte Vergil sehr, vor allem die *Aeneis* hat er oft und gern zitiert, wo, und ob als Autoritäts-, Argumentations- oder Schmuckzitat, mag jetzt dahingestellt bleiben. Ebenso wie von Lucans *Pharsalia*, die Ottos Blick für menschliche und politische Katastrophen zu schärfen vermochten[63], hat er auch von Vergils *sacrum poema* an seinem Schreibtisch beziehungsweise Diktierplatz ein Exemplar griffbereit gehabt, wie man das für seine Arbeit an der *Historia* bereits nachgewiesen hat[64] und was sich mit Hinweis auf auch in den *Gesta* wörtlich und fehlerfrei zitierte längere Passagen für diese ebenfalls aufzeigen läßt[65]. Die *Georgica* scheint Otto eher auswendig zitiert zu haben, obwohl auch dieses zur Schullektüre[66] zählende Werk zu seiner Zeit in Freising zum Nachschlagen wohl vorhanden gewesen sein dürfte[67]. Möglicherweise hat er das uns hier interessierende *Georgica*-Zitat (Verg. georg. 2,490) aber auch einfach aus Augustins *De civitate Dei* übernommen, wo gleich zu Beginn von fünf sich mit Jupiter beschäftigenden Kapiteln des siebten Buches[68] dieser *nobilissimus Vergilii uersus* rezipiert worden ist. Augustin, der in diesen Abschnitten die römische Jupiter- und Januskonzeption gegeneinander auszuspielen versuchte, apostrophierte mit Rückgriff auf Varro *Iouem* [...] *qui etiam Iuppiter dicitur* als den Gott, der die Macht über die Ursachen (*potestas causarum*) habe, durch die beziehungsweise wodurch alles in der Welt geschehe. Und das, so fährt Augustin fort, sei etwas

---

62 Antonie WLOSOK, Rollen Vergils im Mittelalter, in: Frühmittelalterliche Studien 42 (2008) S. 253–269.
63 Peter von MOOS, Lucans *tragedia* im Hochmittelalter. Pessimismus, *contemptus mundi* und Gegenwartserfahrung, in: Mittellateinisches Jahrbuch 14 (1979) S. 127–186, bes. S. 147–161.
64 Klaus KRÖNERT, Rezeption klassischer Dichtung in der Weltchronik Ottos von Freising, in: Mittellateinisches Jahrbuch 37 (2002) S. 33–73, bes. S. 43 f. (Vergil) und S. 47 (Lucan).
65 Vgl. etwa Otto, Gesta Frederici, II, 42, ed. SCHMALE (wie Anm. 35) S. 366, Z. 26–28.
66 Günter GLAUCHE, Schullektüre im Mittelalter (Münchener Beiträge zur Mediävistik und Renaissance-Forschung 5, 1970) S. 62–100.
67 Zu den heute in München verwahrten, teils sicher, teils vermutlich aus Freising stammenden Vergilhandschriften vgl. Sigrid KRÄMER, Handschriftenerbe des deutschen Mittelalters 1 (Mittelalterliche Bibliothekskataloge Deutschlands und der Schweiz, Ergänzungsbände 1/1, 1989) S. 261 f.
68 Augustinus, De civitate Dei, VII, 9–13, edd. Bernhard DOMBART / Alfons KALB (Corpus christianorum, Series latina 47, 1955), das Vergil-Zitat ebd., VII, 9, S. 193.

Großes (*Hoc quam magnum sit*), wie Vergil mit dem berühmten Vers bezeuge: *Felix qui potuit rerum cognoscere causas*.

Während der Kirchenvater in seinem Bemühen um eine Aufwertung Jupiters gegenüber Janus den Vergil-Vers aus der menschlich-philosophischen Sphäre in die göttliche überträgt[69], bleibt bei Otto das Zitat wie bei Vergil ganz auf den Menschen bezogen, wobei der vergilische Kontext der aus dem Erkennen der „Urgründe des Seienden" resultierenden Befreiung des Menschen von Lebensangst und Todesfurcht bei ihm freilich nicht mehr thematisiert wird. Beabsichtigt war bei ihm im Unterschied zum Dichter ja nicht eine Glücklichpreisung des Epikureischen Naturwissenschaftlers vom Schlag eines Lukrez; vielmehr gilt Ottos von Vergil übernommener und auf den Menschen (– nicht wie bei Augustin auf den ‚abgetakelten' Jupiter –) bezogener Lobpreis auf den philosophischen Durchblick, so meine ich Gesta I, 4–5 in Zusammenschau auch mit Ottos in Gesta I, 56 im Anschluß an den von ihm hoch geschätzten Gilbert von Poitiers gegebenen Erläuterungen der Begriffe Person, Natur und Individuum verstehen zu dürfen, jenem Menschen (– und damit indirekt natürlich auch sich selbst –), der die Korrelation von *mutabilitas tam nature quam more* und ontischer Konstitution des Menschen erkannt hat und das Wesen des Menschen und die Gesetze der Weltgeschichte in ihrer ursächlichen Bezogenheit aufeinander zu sehen vermag. Ottos von dem Vers Vergils ausgehende Reflexionen über die *causas rerum* sind damit in Dimensionen vorgedrungen, die erheblich über diejenigen hinausreichen, die von den Herausgebern einer bekannten Berliner Zeitung angepeilt werden, auf deren Titelseite täglich das Motto erscheint: RERUM COGNOSCERE CAUSAS[70]. Beiden jedoch, dem die Geschichte von ihren paradiesischen Anfängen bis zur

---

69 In Aug. civ. 7,30 macht Augustinus das in analoger Weise auch für den christlichen Gott, worauf mit Anführung der Belegstellen hingewiesen hat Gerhard Anselm MÜLLER, Formen und Funktionen der Vergilzitate bei Augustin von Hippo (Studien zur Geschichte und Kultur des Altertums N.F., 1. Reihe 18, 2003) S. 272, Anm. 258.

70 Mir liegt vor „Der Tagesspiegel" vom Donnerstag, 1. Dezember 2011, 67. Jahrgang, Nr. 21173. Die neuzeitliche Rezeptionsgeschichte dieses schon 1895 zum Motto der neu gegründeten London School of Economics sowie 1945 für den Neuanfang des Berliner „Tagesspiegels" gewordenen Vergilverses ist noch ebensowenig geschrieben wie seine antike oder mittelalterliche. Sie hätte neben Voltaire, Victor Hugo, Walter Scott, Lord Dahrendorf und vielen anderen Schriftstellern, Gelehrten und Politikern auch „Asterix auf Korsika" (1973) und „Obelix auf Kreuzfahrt" (1996) zu behandeln, womit Hans-Werner Goetz zu erfreuen hier leider der Platz nicht reicht.

himmlischen Vollendung beschreibenden Freisinger Bischof wie den im aktuellen Tagesgeschehen dessen Gründe erkennen wollenden Zeitungsmachern, ist eines gemeinsam: Es geht ihnen um den Menschen, den Menschen in seiner Welt und Geschichte.

III. ... terram autem dedit filiis hominum

Lange bevor Otto in Gesta I, 4–5 die Kurve des Auf und Ab menschlichen Lebens und die *mutabilitas temporum* ontologisch begründet und in Korrelation zueinander gesetzt hat, ist diese ihm aus zwingenden Vernunftgründen (*necessariis [...] rationibus*) sowie aus seiner Kenntnis der Geschichte (*cognitio historiarum*) erwachsene Einsicht bereits als ordnendes Strukturprinzip seiner Darstellung der Weltgeschichte (– sit venia verbo –) wirksam gewesen. Das läßt sich schon an Benennung und Aufbau seiner *De mutatione rerum* betitelten *Historia* erkennen, deren einzelne Bücher nach großen geschichtlichen Perioden eingeteilt sind, die fast immer mit der Schilderung einer Krise, eines Unglücks oder dem Zerfall einer Herrschaft enden, wobei Otto in seinem Begleitbrief an Rainald von Dassel die Abfolge der von ihm genauer in den Blick genommenen vier, alle anderen überragenden, Hauptreiche (*quattuor principalia regna*) als nach dem Gesetz des Ganzen (*secundum legem tocius*) vor sich gehend bezeichnet, dem aber ebenfalls auch die kleineren Reiche unterlägen, von denen er allerdings, wie er betont, nur beiläufig (*incidenter tantum*) und nur deshalb handle, um auch an ihnen den beständigen Wandel aller Dinge aufzuzeigen (*et ob ostendendam rerum mutationem disputans*)[71]. Aber nicht nur an Einteilung und Struktur der *Historia* läßt sich Ottos Vorstellung vom analog zur ontischen Konstitution des Menschen in unaufhörlichem *fluxus formarum* verlaufenden Geschichtsprozeß ablesen, sondern auch an seiner Behandlung der ihm so wichtigen These von der dreifachen Ost-West-Wanderung von Herrschaft (*potentia*), Wissenschaft (*sapientia* beziehungsweise *scientia*) und Frömmigkeit (*religio*), die schon so oft die Aufmerksamkeit der Otto von Freising-Erforscher auf sich gezogen hat, daß sie hier nicht weiter ausgeführt zu werden braucht. Gelegentlich spielt Otto beim Bericht über

---

71 Otto, Chronica, ep. dedic. II, ed. HOFMEISTER (wie Anm. 34) S. 5, Z. 19–29. Ähnlich äußert sich Otto auch an anderen Stellen, die der Editor ebd., S. 5, Anm. 5, sowie im Index, ebd., S. 571, aufgelistet hat.

historische Ereignisse auch direkt auf das hippokratische Diktum vom parabolischen Verlauf der Gesundheit (*melius est ad summum quam in summo*) an und läßt deutlich erkennen, daß ihm dieses seinen philosophischen Exkurs in Gesta I, 4–5 motivierende und von Forschern wie Koch und Sturlese „Gesetz der Lebenskurve" genannte medizinische Adagium nicht nur zur Erläuterung des Wesens des Menschen als Individuum, sondern auch zum Verständlichmachen des Grundgesetzes der Geschichte dient. Nach Ansicht von Sturlese hat er sogar „sein Gesamtwerk [...] auf dem Fundament dieses Gesetzes errichtet"[72].

Ohne diese These, zu deren Begründung ihr Urheber auf zwei aufschlußreiche Passagen der *Historia* verweist[73], jetzt am Text von Ottos historiographischem Doppelwerk weiter zu exemplifizieren (– was sich machen ließe –), sei im Blick auf die durch den Titel dieses Beitrages aufgeworfene Fragestellung lediglich herausgestellt, daß Ottos Vorstellungen von den Gesetzen der Geschichte das Resultat seines Nachdenkens über das Wesen von deren eigentlichem Protagonisten, des Menschen, bilden: Ohne den Menschen gibt es keine Geschichte, analog zu dessen ontischer Konstitution verläuft sie, und große historische Leistung kann ebensowenig auf Dauer gestellt werden wie gesundheitliche Höchstform. Eine „rein immanente Geschichtssicht" wird man dem Bischof von Freising trotz solcher Ansichten freilich nicht attestieren wollen[74], denn bei aller Betonung des durch das ständige Werden und Vergehen der Akzidentien (– in deren Bereich ontologisch betrachtet jegliche menschliche Aktivität gehört[75] –) bedingten *fluxus formarum* und der dadurch verursachten *mutabilitas rerum* durchbricht Otto an keiner Stelle den Rahmen des traditionellen, von der Bibel geprägten providentialistischen Geschichtsbildes seiner Zeit und läßt neben den Menschen beziehungsweise statt ihrer

---

72 STURLESE, Deutsche Philosophie (wie Anm. 23) S. 175.
73 STURLESE, Deutsche Philosophie (wie Anm. 23) S. 175 f., verweist auf den Mordanschlag auf den auf dem Höhepunkt (*in summo*) seiner Macht stehenden Cäsar (Otto, Chronica, II, 50, ed. HOFMEISTER [wie Anm. 34] S. 128) sowie auf den ebd., V, 36, S. 260 f., geschilderten Niedergang des Frankenreiches.
74 Anders Markus VÖLKEL, Geschichtsschreibung. Eine Einführung in globaler Perspektive (2006) S. 129, der an Ottos Weltchronik die „rein immanente Geschichtssicht" als „einzigartig" rühmt.
75 Darauf hat ebenso wie bereits KOCH, Grundlagen (wie Anm. 10) S. 344, auch Joseph STABER, Eschatologie und Geschichte bei Otto von Freising, in: Gedenkgabe, hg. von FISCHER (wie Anm. 9) S. 106–126, hier S. 116, hingewiesen. Vgl. auch GOETZ, Geschichtsbild (wie Anm. 5) S. 123 f.

immer wieder Gott (– ebenso auch den Teufel sowie Engel und Dämonen –) in der Geschichte agieren[76]. Vor allem die im achten Buch der Chronik prophetisch geschaute Vollendung der Weltgeschichte ist von Gott als Akteur bestimmt, doch nach Ottos eigenen Worten gehört diese Zukunftsschau nicht mehr zur eigentlichen Geschichtsdarstellung[77]. Dieser sind die Bücher I–VII gewidmet, und in diesen geht es Otto schwerpunktmäßig eindeutig um die vom Menschen gemachte Geschichte, speziell um Herrscher- und Machtgeschichte, auch wenn er gleichsam als „basso continuo" immer auch den Anteil Gottes an der Geschichte aufscheinen läßt, öfter in der Weise, daß Gott etwas zuläßt, als daß er direkt in sie eingreift.

Die Fokussierung seiner Darstellung auf Herrscher- und Machtgeschichte hat Otto im Prolog zum ersten Buch der *Historia*, dem sogenannten „Vorwort an Isingrim" (– eine problematische und hier leider nicht weiter zu hinterfragende Bezeichnung –) mit seiner Inhaltsangabe für das Gesamtwerk bereits selbst angekündigt:

> Das erste Buch erstreckt sich bis zu Arbaces und der Übertragung des babylonischen Reiches auf die Meder sowie bis zu den Anfängen des Römertums; das zweite bis zum römischen Bürgerkrieg zwischen Julius [Cäsar] und Pompejus, der Ermordung Cäsars und bis zur unmittelbar bevorstehenden Geburt des Herrn; das dritte bis zu Konstantin und der Zeit des christlichen Kaisertums bis zur Übertragung des Reichs auf die Griechen; das vierte bis zu Odoakar und dem Einfall der Rugier ins Reich; das fünfte bis zu Karl und dem Übergang des Reichs auf die Franken sowie bis zur Teilung des König- und Kaiserreichs unter seinen Enkeln; das sechste bis zu Heinrich IV. und der Spaltung zwischen Kaisertum und Papsttum, der Bannung des Kaisers, der Vertreibung Papst Gregors VII. aus Rom bis zu seinem Tod in Salerno; das siebente bis zum Aufstand des römischen Volkes und zum neunten Jahr König Konrads. Das achte handelt vom Antichrist, von der Auferstehung der Toten und vom Ende beider Staaten.[78]

Mit dieser Kurzfassung seines (– unbestreitbar durch die Rezeption und Weiterentwicklung der augustinischen *civitates*-Lehre dann eine in obiger Inhalts-

---

76   Zahlreiche Belege dafür bei GOETZ, Geschichtsbild (wie Anm. 5) S. 62–180.
77   Daß Otto von Freising sein die Eschatologie behandelndes achtes Chronikbuch selbst von den vorangehenden *historicis narrationibus* (Otto, Chronica, VIII, prol., ed. HOFMEISTER [wie Anm. 34] S. 392, Z. 7) abgehoben hat, betonte schon GOETZ, „Geschichte" im Wissenschaftssystem (wie Anm. 36) S. 190. Vgl. auch DENS., Geschichtsbild (wie Anm. 5) S. 77.
78   Otto, Chronica, I, prol., ed. HOFMEISTER (wie Anm. 34) S. 10, Z. 18 – S. 11, Z. 2. Übersetzung nach Schmidt in: LAMMERS, Chronica (wie Anm. 34) S. 17, Z. 22–35.

angabe nicht einmal angedeutete geschichtstheologische Tiefendimension gewinnenden –) großen Werkes hat Otto gleich zu Beginn dem Leser signalisiert, daß für ihn die Menschen (– bekanntlich setzt sein erstes Buch dann auch nicht mit der Schöpfung, sondern mit Adam und dessen Ungehorsam [*factus inobediens*] ein –) im Zentrum seiner Geschichtsschreibung stehen werden, und zwar deshalb, so wird man hinzufügen dürfen, weil sie für ihn die eigentlichen Akteure der Geschichte darstellen, während Gott in ihr sich weitgehend zurückhält. Wenige Zeilen vor der eben zitierten langen Passage hat Otto dies bereits angesprochen und die Taten (*acta*) der Menschen als sein Thema benannt. Nach einer eher auszugsweisen Zusammenfassung der von Augustinus und Orosius dargestellten Epochen, so schreibt Otto, habe er geschildert, was in den Zeiten danach „zum Nutzen oder Schaden der Kirche von den Bürgern dieser Welt getan worden ist"[79]. An gleicher Stelle und fast im selben Atemzug kommt er auch auf Gott zu sprechen, *qui huius turbulentam confusionem patienter tolerat*[80]: Gott läßt zu, was durch die Aktivitäten des Menschen und die immanenten Gesetze der Geschichte (– erinnert sei an die oben erwähnte *lex tocius* –) in der Welt geschieht, und in dieser seiner Zulassung besteht seine Lenkung der Welt, wie Otto mehrfach anklingen läßt[81]. Zwar ist in seinem Werk immer wieder und nicht nur beim Bericht *de mysterio incarnationis* ganz selbstverständlich auch von direkten Eingriffen Gottes in die Geschichte die Rede, und gelegentlich fragt angesichts einschneidender Wechselfälle auch Otto mit dem Psalmisten (Ps 77,1): „Wer sollte hier nicht staunend den Umschwung durch die rechte Hand des Höchsten erkennen?"[82]. Doch bei aller Akzeptanz der traditionellen christlichen Lehre von Gott als dem Lenker der Geschichte, die Otto als studierter Theologe, Mönch und Bischof voll inter-

---

79 Otto, Chronica, I, prol., ed. HOFMEISTER (wie Anm. 34) S. 9, Z. 30–33: [*E*]*a, quae post ipsorum tempora* [gemeint sind die von Augustinus und Orosius beschriebenen Zeiten] *ecclesiae Dei profutura seu contraria a civibus mundi huius acta sunt, quamvis inculto stilo executus fuerim.*
80 Otto, Chronica, I, prol., ed. HOFMEISTER (wie Anm. 34) S. 10, Z. 14 f.
81 So auch Otto, Chronica, VII, prol., ed. HOFMEISTER (wie Anm. 34) S. 307, Z. 11 – S. 308, Z. 4: *Proinde non iuxta quosdam Deum negligere mundum, sed potentissima maiestate quae non erant creasse, sapientissima providentia creata gubernare [...] nichilque eorum quae fiunt sine eius nutu fieri potest, si potestates omnes ordinat, multo magis regna, per quae alia minora disponit, eorumque mutationes fieri permittit.*
82 Otto, Chronica, IV, 2, ed. HOFMEISTER (wie Anm. 34) S. 186, Z. 31: *Hanc mutationem dexterae excelsi quis non miretur?* Übersetzung nach Schmidt in: LAMMERS, Chronica (wie Anm. 34) S. 305.

nalisiert hatte, denkt er als Historiker bei der Erklärung konkreter Geschehnisse auch noch in andere Richtungen, wodurch der Gedanke an Gott und seine *providentia* zeitweise aus seiner Darstellung geradezu verdrängt wird, wie sich nicht zuletzt an seinen diversen Meeresgleichnissen[83], den nicht wenigen, oft kritischen Hinweisen auf die je individuelle Verantwortung der Akteure für bestimmte geschichtliche Entwicklungen[84] oder auch an dem von Lucan übernommenen Bild der sich selbst zerstörenden Großmacht (*in se ipsam ruere debuit*[85]) aufzeigen ließe.

Die Vorstellung von den sich durch ihre Größe selbst zerstörenden Herrschaften beziehungsweise Reichen zeigt ebenso wie jene von den *translationes*, der dreifachen Ost-West-Wanderung und dem parabolischen Verlauf von menschlichem Leben und Geschichtsprozeß Ottos neuartige Sicht der Geschichte und ihrer Gesetze, die er, noch einmal sei es betont, nicht aus der Exegese von Bibel und Kirchenvätern, sondern durch historiographische Studien und eigenes Nachdenken über Gott, Mensch und Geschichte gewonnen hat. Wie selbständig beziehungsweise neuartig Otto über dieses ‚Dreiecksverhältnis' nachgedacht hat, läßt sich unter anderem auch daran erkennen, daß er bei offensichtlicher (– und von der Forschung immer schon besonders betonter –) heilsgeschichtlicher Orientierung seiner Geschichtsdarstellung die ihm vertraute (– und nicht in Frage gestellte –) christliche Lehre von Gott als dem Schöpfer und Lenker der Welt[86] mit seiner Vorstellung von der Geschichte immanenten Gesetzen und dem Menschen als dem eigentlichen Subjekt dieser Geschichte für sich (– für den modernen Leser freilich inkonsistent –) in Einklang zu bringen vermochte. Dabei mag ihm auch seine aus *cognitio*

---

83   Hingewiesen sei lediglich auf die Meeresmetaphern in den Prologen zum ersten und sechsten Buch der *Historia* sowie die im 51. Kapitel von deren zweitem Buch.

84   Aufschlußreiche Belege dafür ließen sich leicht in großer Zahl aus allen Büchern von Ottos historiographischem Doppelwerk beibringen, worauf hier jedoch verzichtet wird, um den Verdacht der „Belegstellenzählerei" gar nicht erst aufkommen zu lassen. Zur „heutigen Abneigung gegen ‚Belegstellenzählerei'" sei verwiesen auf Martin KINTZINGER, Ordnungskonfigurationen im hohen Mittelalter. Zusammenfassung, in: Ordnungskonfigurationen im hohen Mittelalter, hg. von Bernd SCHNEIDMÜLLER / Stefan WEINFURTER (Vorträge und Forschungen 64, 2006) S. 413–432, das Zitat ebd., S. 430.

85   Otto, Chronica, II, 49, ed. HOFMEISTER (wie Anm. 34) S. 127, Z. 10 f. Zum Motiv und seiner Verwendung bei Lucan und anderen antiken Schriftstellern vgl. VON MOOS, Lucans *tragedia* (wie Anm. 63) S. 152–154.

86   Für das frühe und hohe Mittelalter sind diese Vorstellungen jetzt umfassend dargestellt bei GOETZ, Gott und die Welt (wie Anm. 31) 1/1, S. 77–132.

historiarum gewonnene Einsicht geholfen haben, daß in der von Gott dem Menschen als Aktionsraum zur Verfügung gestellten Welt (*terra*)[87] die Geschehnisse nach anderen als den von ihm für die Bewohner des Himmelsraumes vorgesehenen Gesetzen ablaufen konnten, wenn der Mensch für seinen ihm gegebenen Wirkungsraum die volle Handlungs- und Entscheidungskompetenz beanspruchte.

An einer einzigen, bisher von der Forschung wenig beachteten[88] Passage der *Gesta Frederici* soll dieser von Otto seinem Onkel Heinrich V. in den Mund gelegte Anspruch verdeutlicht werden, wobei das Problem, woher Otto seine Information über das Diktum des Kaisers bezogen hat, ebenso ausgeblendet bleiben muß wie die in den letzten Jahren wieder verstärkt diskutierten Fragen nach der Entstehungszeit dieses Werkes[89] oder nach dem Historiographen Otto als Zeitzeugen[90]. Für die in der eben apostrophierten und nun näher zu betrachtenden Passage der *Gesta* (I, 11) berichtete Auseinandersetzung Heinrichs V. mit dem lothringischen Grafen Reginald im Jahre 1113 kommt ihm Zeitzeugenschaft ohnehin nicht zu, doch durch die Art seiner unterschiedlich gestalteten Darstellung des Ereignisses verdient sie im Rahmen unseres Themas Beachtung.

In dem bekanntlich primär dem Aufstieg der Staufer von Friedrich von Büren bis zu Friedrich I. Barbarossa gewidmeten ersten Buch seiner *Gesta Frederici* hat Otto diesem an sich eher unbedeutenden Vorgang ein ganzes,

---

87 Ottos teils differenzierende, teils synonyme Verwendung der Begriffe *terra* und *mundus* sowie der davon abgeleiteten Adjektive braucht hier nicht ausgebreitet zu werden.

88 Hingewiesen hat darauf freilich bereits Joachim EHLERS, Freiheit des Handelns und göttliche Fügung im Geschichtsverständnis mittelalterlicher Autoren, in: Die abendländische Freiheit vom 10. zum 14. Jahrhundert. Der Wirkungszusammenhang von Idee und Wirklichkeit im europäischen Vergleich, hg. von Johannes FRIED (Vorträge und Forschungen 39, 1991) S. 205–219, hier S. 209 f., der das Diktum Heinrichs V. als „ein klares Zeugnis für das Verlangen nach weltimmanent freiem Handeln" (ebd., S. 210) interpretiert, daraus aber keine Konsequenzen für eine Neubewertung von Ottos Geschichtsbild zieht.

89 Lars HAGENEIER, Die frühen Staufer bei Otto von Freising oder wie sind die „Gesta Friderici" entstanden?, in: Grafen, Herzöge, Könige. Der Aufstieg der frühen Staufer und das Reich (1079–1152), hg. von Hubertus SEIBERT / Jürgen DENDORFER (Mittelalter-Forschungen 18, 2005) S. 363–396. Vgl. auch GIESE, Über die *Gesta Friderici* (wie Anm. 35) S. 311–313, mit weiteren Literaturhinweisen.

90 Rudolf SCHIEFFER, Otto von Freising. Der Geschichtsschreiber als Augenzeuge, in: Die Geburt Österreichs. 850 Jahre Privilegium minus, hg. von Peter SCHMID / Heinrich WANDERWITZ (Regensburger Kulturleben 4, 2007) S. 167–177.

knapp 27 Zeilen umfassendes Kapitel gewidmet, wohingegen er in seinem früheren Geschichtswerk (*in priori historia*) für dessen Behandlung nicht einmal fünf volle Zeilen benötigte, in denen er sich mit dem Hinweis auf Heinrichs Kriegserklärung an Graf Reginald (– die Gründe dafür werden von Otto nicht genannt, ließen sich aber angeben –), die Eroberung von dessen Burg Bar, die Entgegennahme seiner *deditio* und die Abführung des Gefangenen begnügte[91]. Aus diesen spärlichen Informationen der *Historia* gestaltete er in den späteren *Gesta* das längste aller Heinrich V. überhaupt erwähnenden Textstücke, da er mit Hinweis auf die Behandlung von dessen Taten in dem früheren Werk Heinrichs Leistungen *tam Rome quam in Italia* hier übergeht und es für ausreichend hält, nur folgendes anzuführen, nämlich:

> Als er auf der Höhe seiner Macht stand und alle Welschen vor ihm zitterten, eroberte er gegen die Erwartung vieler die Burg Bar(-le-Duc) im Sturm und führte den dort ergriffenen Grafen Reginald als Gefangenen mit sich; dann schlug er in der Nähe der Burg Mouzon sein Lager auf. Diese lag auf einem sehr hohen Berge und war durch ihre Lage von Natur außerordentlich gut geschützt. Da er sie weder mit List noch Gewalt nehmen konnte, ließ er einen Galgen errichten und erklärte, wenn die Burg sich nicht unverzüglich ergäbe, werde er den Grafen selber hängen lassen. Die Burginsassen baten um Aufschub bis zum folgenden Tage. In der Nacht gebar die Gräfin einen Sohn. Nun versammelten sich die Burgbewohner und verpflichteten sich dem Neugeborenen eidlich zur Treue. Als dann am nächsten Morgen der Kaiser die Burgbewohner wieder zur Übergabe aufforderte und er ihren Herrn, den Grafen, vorführen ließ, während der Galgen drohend zwischen ihnen aufragte, da erklärten jene, sie wollten die Burg nicht übergeben, um den Tod des Grafen zu verhindern, zumal da sie ja nun einen neuen Herrn hätten, den ihnen dessen Gemahlin in dieser Nacht geboren habe. Da befahl der Kaiser in loderndem Zorn, den Grafen auf den Galgen zu ziehen. Obwohl die anwesenden Fürsten ihn baten, das zu unterlassen, beharrte er bei seinem Entschluß, und als einige sagten, er solle doch wenigstens im Hinblick auf die göttliche Strafe von seinem Vorhaben abstehen, soll er mit zorngetrübtem Blick erwidert haben: „Der Himmel gehört dem Herrn des Himmels, die Erde aber hat er den Menschenkindern gegeben". Schließlich aber kühlte sich seine Wut durch eine unergründliche Regung ab, und der Kaiser ließ sich durch die allgemeinen Bitten erweichen und widerrief das Todesurteil. Indem er den Grafen mit sich führte, kehrte er dann auf seine Familienbesitzungen zurück.[92]

---

91 Otto, Chronica, VII, 15, ed. HOFMEISTER (wie Anm. 34) S. 329, Z. 3–10: *Imperator [...] Belgas ingressus Reginaldum comitem hostem iudicans bello petiit. Quem in castro Barra in termino regni sito obsidione clausum ad ultimum cum expugnato castro in deditionem accepit et captivum abduxit.*

92 Otto, Gesta Frederici, I, 11, ed. SCHMALE (wie Anm. 35) S. 150, Z. 4–29: *Hoc tantum ad presens ponere sufficit, quod, in summo statu positus, omnibus Gallicanis trepi-*

Ohne diesen von Otto offensichtlich als Exempel gestalteten und durch eine seiner im ersten Buch der *Gesta* an wichtigen Stellen gerne eingebauten fiktiven Reden besonders hervorgehobenen Abschnitt nun lege artis vollständig auswerten zu wollen, sei lediglich festgehalten, daß er (– wie auch zahlreiche andere –) nicht nur erneut am konkreten Beispiel verdeutlicht, wie und von welchen Akteuren auf Erden Geschichte ‚gemacht' wird, sondern mit dem in einen Psalmvers (Ps 115,16) verpackten und auf die Hybris Heinrichs V. (– parallel zu jener wenige Kapitel zuvor herausgestellten Heinrichs IV. –) zielenden Gedanken des sich auf seinen Himmel beschränkenden und die Erde den Menschen überlassenden Gottes auch die Schlußfolgerung zuläßt, daß Otto die Vorstellung von „weltimmanent freiem Handeln", um die Formulierung von Joachim Ehlers aufzugreifen[93], keinesfalls fremd gewesen ist. Darüber hinaus liefert dieser Abschnitt der *Gesta* mit seiner Anspielung auf das hippokratische Axiom (*melius ad summum quam in summo*) nochmals einen Hinweis darauf, welch hohe Bedeutung in Ottos Geschichtsdarstellung dem oben beschriebenen „Kurvengesetz" zukommt. Denn nachdem er Heinrich V. zu Beginn seines Lothringen-Feldzuges ausdrücklich als *in summo statu positus* charakterisiert und sogleich nach dessen Beendigung des Kaisers glanzvolle Hochzeit in Mainz erwähnt hat, bringt er in unmittelbarem Zusammenhang damit, wie auch schon in der *Historia*, den Hinweis auf eine Spaltung des Reiches (*imperium [...] scinditur*), und wenige Seiten später, in denen nicht Taten

---

dantibus, castrum Barum contra opinionem multorum assultu cepisset ibique comitem Reinaldum comprehensum captivum abduxisset, iuxta eiusdem comitis arcem Munzun dictam castra posuit. Quam in altissimo monte sitam naturaque locorum munitissimam dum nulla arte vel vi capere valeret, patibulum erigi precepit, dicens, quod, nisi velociter castrum redderetur, comitem ipsum suspendio perimeret. Oppidani usque in alterum diem inducias petunt. Illa in nocte comitissa filium genuit. Itaque oppidani convenientes infantulo recenter genito sacramento fidelitatis astringuntur. Mane facto, cum imperator ad deditionem castri oppidanos exposceret, dominoque illorum comite coram ducto, suspendium interminaretur, ipsi responderunt se propter mortem illius castrum reddere nolle, presertim cum novum dominum, quem illa nocte uxor eius sibi peperisset, haberent. Qua de re inflammatus princeps predictum comitem ad patibulum trahi iussit. Cumque a principibus, qui aderant, ne id faceret, rogaretur, ipsoque in proposito perseverante, a quibusdam, ut saltem divina animadversione a cepto desisteret, diceretur, turbato pre ira oculo, respondisse fertur:Celum celi domino, terram autem dedit filiis hominum. Tandem tamen irrationabili motu defervescente, cunctorum precibus augustus inclinatus a mortis sententia animum revocavit predictumque comitem secum captivum ducens ad familiaria domicilia rediit. Übersetzung nach Schmidt, ebd., S. 151, Z. 6–34.

93 Vgl. oben Anm. 88.

Heinrichs, sondern die das geschwundene Ansehen des Reiches stabilisierenden und Heinrich wieder die unbeschränkte Herrschaft über das Reich (*libere potitus imperio*) verschaffenden militärischen Aktionen des ihm als einer der wenigen Fürsten treu gebliebenen Herzogs Friedrich von Schwaben (– Ottos Halbbruder –) berichtet werden (Gesta I, 12–14), heißt es nach einer kurzen Notiz über den von Heinrich an Pfingsten (17. Mai 1125) in Utrecht gefeierten Hoftag lapidar: *Ubi morbo correptus, rebus humanis exemptus*[94] – Aufstieg und Fall: ein die Weltgeschichte bestimmendes Gesetz.

Bei seinem Nachdenken über die Gesetze der Weltgeschichte und das Wesen des Menschen hat Bischof Otto von Freising, so darf abschließend und mit Rückgriff auf die bereits oben benützte Musik-Metapher festgestellt werden, auf der Basis des ihm aus der historiographischen Tradition des Christentums und aus seinem Glauben (– um es so verkürzt zu sagen –) vertrauten Generalbasses *providentia dei* und Heilsgeschichte neuartige Töne und sogar Melodien entwickelt, die man so von keinem der anderen Geschichtsschreiber des frühen und hohen Mittelalters zu hören bekommt. Vergleichbares findet man im 12. Jahrhundert am ehesten bei ‚Physikern' wie Adelard von Bath, Bernhard von Chartres, Wilhelm von Conches oder Thierry von Chartres, die ebenfalls nach den *causas rerum* fragten und „Strukturen, Konstitution und Eigengesetzlichkeit der physisch-physikalischen Realität" mit Vernunftgründen zu erfassen versuchten[95], ähnlich wie Otto als Historiograph das für die ‚Geschichte' versuchte. Er steht damit der sogenannten „Schule von Chartres" vielleicht doch näher, als Hans-Werner Goetz das bereits angedeutet hat[96]. Ottos Eingeständnis, nur dank späterer Geburt viele Gründe (*multae causae*) erkennen zu können, die seinen Vorgängern noch verborgen geblieben waren[97], findet sich in ähnlicher Weise auch in dem Bernhard von Chartres zugeschriebenen Diktum von den Zwergen auf den Schultern von Riesen (*Nani gigantum humeris insidentes*), auf das der Jubilar bereits in seiner Habilitations-

---

94   Otto, Gesta Frederici, I, 15, ed. SCHMALE (wie Anm. 35) S. 156, Z. 19 f.
95   Grundlegend dazu Andreas SPEER, Die entdeckte Natur. Untersuchungen zu Begründungsversuchen einer „scientia naturalis" im 12. Jahrhundert (Studien und Texte zur Geistesgeschichte des Mittelalters 45, 1995), das Zitat ebd., S. 1.
96   GOETZ, Geschichtsbild (wie Anm. 5) S. 12, 39 f., 125, 135 und 191.
97   Otto, Chronica, V, prol., ed. HOFMEISTER (wie Anm. 34) S. 226, Z. 25–28: *Hinc est, quod multae antecessores nostros, preclarae sapientiae ac excellentium ingeniorum viros, latuerunt causae, quae nobis processu temporum ac eventu rerum patere ceperunt.*

schrift[98] sowie in seiner umfassenden, von ihm allzu bescheiden als „Aufriß" bezeichneten Darstellung des hochmittelalterlichen Geschichtsbewußtseins hingewiesen hat[99] und das nahezu zwangsläufig jedem wieder in die Erinnerung tritt, der sich auf den Schultern von Hans-Werner Goetz mit Otto von Freising zu beschäftigen beginnt und dabei der eigenen Zwergenähnlichkeit sich je länger je mehr bewußt wird.

Ad multos annos felicissimos, Gigas carissime!

---

98 GOETZ, Geschichtsbild (wie Anm. 5) S. 135, Anm. 13.
99 GOETZ, Geschichtsschreibung und Geschichtsbewußtsein (wie Anm. 8) S. 59 f.

Verena Epp

Historia Constantinopolitana

Der Vierte Kreuzzug aus der Sicht des Zisterziensermönches Gunther von Pairis (ca. 1150–1210?)

Der folgende Beitrag bezieht sich in doppelter Hinsicht auf Begegnungen mit Hans-Werner Goetz: Ich lernte ihn persönlich nach meinem ersten Vortrag überhaupt auf dem Historikertag 1988 in Bamberg kennen, als ich über die Chronistik des Ersten Kreuzzugs sprach, und er verfolgt ein Forschungsinteresse, welches mich in Fortsetzung seiner theoretischen Überlegungen zur „Vorstellungsgeschichte" fortan nicht mehr losließ: die Frage nach historischen Mentalitäten und nach der Perspektivität unserer Quellen.

Nach einer kurzen Vergegenwärtigung des historischen Kontextes werde ich vor allem die Intentionen beleuchten, aus denen heraus die *Historia Constantinopolitana* entstand, und daraus Hinweise auf legitimatorische und identitätsstiftende Funktionen des Textes ableiten. Gegenstand werden also nicht die bekannten und vielfach gedeuteten weltlichen Hauptzeugen der Ereignisse des Vierten Kreuzzugs sein: weder die *Conquête de Constantinople*, der altfranzösische Bericht des erfolgreichen Militärs und Profiteurs der Eroberung, Geoffroy de Villehardouin (vor 1150–1212/18), des Marschalls der Champagne und später der Romania[1], noch derjenige Roberts de Clari[2], des kleinen Ritters aus der Picardie, der sich bitter darüber beklagte, dass die Anführer nach der Eroberung Konstantinopels alles Gold, Silber, Edelsteine, edle Gewänder und Häuser behalten hätten und nur gewöhnliche Silberteile an die Gefolgsleute verteilt hätten. Auch nicht die *Devastatio Constantinopolitana*, deren Verfasser, wohl ein Weltgeistlicher aus dem Rheinland, sich mit den kleinen Kreuzfahrern als den *pauperes Christi* identifizierte und aus deren

---

1   Geoffroy de Villehardouin, La Conquête de Constantinople, ed. Edmond FARAL, 2 Bde. (^{2}1961).
2   Robert de Clari, La Conquête de Constantinople, ed. Albert PAUPHILET, in: Historiens et Chroniqueurs du Moyen Âge, hg. von DEMS. (1952).

Sicht die Reichen und Mächtigen kritisierte. Besonders die Venezianer hätten die Kreuzfahrer erniedrigt, indem sie sie aus der Stadt verbannten, auf einer vorgelagerten Insel in Zelten hausen ließen und ihnen Getreide nur zu überhöhten Preisen verkauften. *Quasi captivis per omnia eis dominantur*, wie Gefangene seien sie gehalten worden[3].

Nein, Gegenstand ist die *Historia Constantinopolitana*, der Bericht eines Zisterziensermönches aus dem Elsass, der ihn nach den Erzählungen seines Abtes verfasste, welcher Teilnehmer und Augenzeuge der Eroberung Konstantinopels am 12. April 1204 gewesen war[4].

1. Einführung: Historischer Kontext

Wir erinnern uns: Die Einnahme Konstantinopels war nicht von Anfang an vorgesehen, sondern Ergebnis einer prekären Zwangslage, in welche die Kreuzfahrer geraten waren, noch bevor sie sich überhaupt auf den Weg machen konnten[5]. Um ihre Schulden bei den Venezianern zu bezahlen, die die Flotte für die Expedition zur Verfügung gestellt hatten und dadurch hofften, ihre maritime Überlegenheit im östlichen Mittelmeer weiter zu entfalten, waren die Lateiner bereits im November 1202 gezwungen gewesen, den christlichen Adriahafen von Zara in Dalmatien zu erobern, um genügend finanzielle Mittel für den ursprünglich geplanten Kreuzzug nach Ägypten zur Verfügung zu haben. Sie hatten sich 1203 sogar überreden lassen, den flüchtigen Thronanwärter Alexios Angelos wieder auf den byzantinischen Thron zu setzen, weil er ihnen wertvolle Hilfe in Gestalt von Proviant und Söldnern zugesagt hatte. Er brach jedoch sein Versprechen, wurde in der Folge abgesetzt und ermordet, und der neue Kaiser weigerte sich, die Zusagen seines Vorgängers anzuerken-

---

3 Devastatio Constantinopolitana, ed. Georg Heinrich PERTZ (MGH SS 16, 1859) S. 9–12; vgl. dazu auch Alfred J. ANDREA, The Devastatio Constantinopolitana. A Special Perspective on the Fourth Crusade. An Analysis, New Edition, and Translation (Historical Reflections 19, 1993) S. 131–138.

4 Benutzt wird die *Historia* in folgender Edition: Gunther von Pairis, Hystoria Constantinopolitana, ed. Peter ORTH (1994).

5 Zum Vierten Kreuzzug vor allem: Jonathan PHILLIPS, The Fourth Crusade and the Sack of Constantinople (2004); Donald E. QUELLER / Thomas F. MADDEN, The Fourth Crusade – The Conquest of Constantinople (1997); Pierantonio PIATTI (Hrsg.), The Fourth Crusade Revisited. Atti della conferenza internazionale nell'ottavo centenario della IV Crociata 1204–2004 (2008).

Historia Constantinopolitana

nen, und befahl im Frühjahr 1204 den Kreuzfahrern den Abzug. Um dem Verderben zu entgehen und die ihnen zugesagte Entschädigung doch noch zu erhalten, entschlossen sie sich, die Stadt zu belagern. Ihr Hass auf die Griechen, der seit dem Ersten Kreuzzug gewachsen war, führte schließlich zur blutigen Eroberung und einer dreitägigen Plünderung der prächtigen Kaiserstadt. Sogar Kirchenbesitz wurde zur Beute der Eroberer.

2. Abt Martins Reliquiendiebstahl

Hören wir der Erzählung des Augenzeugen zu, wie sie Gunther wiedergibt: „Als sie die Stadt plünderten, die sie nach Kriegsrecht (*iure belli*) zu der ihren gemacht hatten, dachte Abt Martin an seine eigene Beute und entschloss sich, seine heiligen Hände dem Raub hinzugeben (*sacratas manus suas ad rapinam extendere*)" (c. 19, S. 158). Der Zisterzienserabt Martin von Pairis wollte endlich seinen Anteil an der Beute haben. Er bedrohte einen griechischen Priester des Pantokrator-Klosters und zwang ihn, ihm wertvolle Reliquien auszuhändigen. Indem er die Gier des Abtes lächerlich macht, illustriert der Autor des Textes den Widerspruch zwischen Frömmigkeit und Habgier seines Helden. Dabei verwendet er die sprachlichen Mittel der Alliteration und des Oxymoron, wenn er schreibt: [*P*]*erfide senex, ostende michi, quas pociores servas reliquias, vel scias te statim mortis supplicio puniendum.* [...] [*A*]*bbas festinanter et cupide utrasque manus inmersit et* [...] *sacro sacrilegio sinus suos implens* [...] *sagaciter occultavit et protinus egressus est* (c. 19, S. 159 f.). Martin muss ein kräftiger und gesunder Diener Christi gewesen sein. Er brachte zu seinem Heimatkloster bei Sigolsheim im Elsass als *suae militiae spolia* einen Teil des wahren Kreuzes Christi, einen Arm des Heiligen Jakob, einen Zahn des Heiligen Laurentius, Reliquien von 28 männlichen und acht weiblichen Heiligen und Steine 16 verschiedener heiliger Stätten.

3. Autor und Protagonist

Welchem Autor verdanken wir diese – und andere – Geschichten? Welche Perspektive bestimmte seine Geschichtsschreibung? Das sind die Fragen, die ich an die *Historia Constantinopolitana* Gunthers von Pairis richten werde[6].

Gunther, der wahrscheinlich aus einer eher unbedeutenden staufertreuen Ritterfamilie stammte[7], war ein Zisterziensermönch einer elsässischen Abtei bei Colmar, und seine Erzählung beruht auf den Erinnerungen seines Abtes Martin, der anscheinend das Werk in Auftrag gab, in dem er selbst eine prominente Rolle spielt. Der Zisterzienserorden unterstützte in dieser Zeit bekanntlich besonders engagiert die bewaffnete Pilgerfahrt in den Osten auch mit finanziellen Mitteln. Mindestens fünf seiner Äbte predigten den Kreuzzug, und nicht umsonst nahm Bonifaz von Montferrat 1201 am Generalkapitel dieses Ordens teil, kurz nachdem er zum Leiter des Unternehmens bestimmt worden war[8].

Der Abt von Pairis hatte den Kreuzzug in seiner Geburtsstadt Basel 1201 gepredigt und sich danach im Sommer 1202 der Kreuzfahrerarmee in Venedig angeschlossen. Er verließ die Kreuzfahrer in Zara und segelte über Italien ins Heilige Land, um sein Pilgergelübde zu erfüllen. Dort kam er im Frühjahr 1203 an. Später schloss er sich wieder dem Haupttheer an und erreichte Konstantinopel am 1. Januar 1204, gerade rechtzeitig, um die Endphase der Belagerung zu erleben und sich im April 1204 an der Einnahme der Stadt zu beteiligen. Während der anschließenden Plünderung raubte Martin aus der Abteikirche des Pantokrator-Klosters eine ganze Anzahl heiliger Reliquien, die er in einer feierlichen Zeremonie im März 1205 in sein Kloster im Elsass brachte.

Gunther, sein Mitbruder, den er bat, seine Erinnerungen aufzuzeichnen, war wahrscheinlich auch in Basel geboren. Er studierte in Frankreich und Italien, und er war ein Kleriker am Hof Friedrich Barbarossas, vor allem unterrichtete er dessen vierten Sohn Konrad. Während er sich am Stauferhof auf-

---

[6] Zur Edition s. oben Anm. 4; vgl. die Übersetzung bei Alfred ANDREA (Hrsg.), The Capture of Constantinople – the Hystoria Constantinopolitana of Gunther of Pairis (1997).
[7] ANDREA, Constantinople (wie Anm. 6) S. 4.
[8] Villehardouin, c. 44 (wie Anm. 1) 1, S. 44 f.; Ludwig SCHMUGGE, Zisterzienser, Kreuzzug und Heidenkrieg, in: Die Zisterzienser – Ordensleben zwischen Ideal und Wirklichkeit, hg. von Kaspar ELM / Peter JOERISSEN / Hermann Josef ROTH (1980) S. 57–68 (bes. S. 64 f.).

hielt, wahrscheinlich um 1186, dichtete er die *Historia Hierosolymitana* Roberts des Mönchs in Verse um, eine Chronik des Ersten Kreuzzugs[9]. Das erklärt den sehr ähnlichen Titel seines eigenen Berichts über den Vierten Kreuzzug. Er scheint eine Beziehung oder Ähnlichkeit zwischen den beiden Zügen wahrgenommen zu haben. Darauf kommen wir später zurück. Auch Gunthers Verfasserschaft am *Ligurinus*, der kurz danach erschien und Barbarossa und seinen fünf Söhnen gewidmet wurde, ist inzwischen gesichert[10]. Es handelt sich um eine Versifikation der Bücher II–IV der *Gesta Friderici* Ottos von Freising und Rahewins. Thema sind die frühen Versuche Friedrichs, Kontrolle über Nord- und Mittelitalien zu gewinnen. Gunther vertritt im ganzen Gedicht das Konzept des *sacrum imperium*, welches die Kanzlei Barbarossas seit 1154 im diplomatischen Verkehr verwandte. Barbarossa wird als Cäsar und Karl der Große apostrophiert, der zu Recht Macht über das korrupte Rom erwerbe (I, 33 f., S. 153). Der für Barbarossa ungünstige Verlauf der Auseinandersetzungen mit Alexander III. bis zum Frieden von Venedig mag dazu beigetragen haben, dass das Werk wenig rezipiert wurde.

Nach dem Tod Barbarossas entschied sich Gunther, Mönch zu werden, und trat in das Kloster Pairis bei Colmar ein, wahrscheinlich weil es für einen Kleriker in seiner Position der Königsnähe unmöglich war, Philipp von Schwaben als König zu dienen, der nicht die Approbation Papst Innozenz' III. besaß. Ein möglicher Grund ist auch die Enttäuschung darüber, dass er mit seinen Werken nicht die erhoffte Beförderung in ein Hofamt erreicht hatte. Sein letztes Werk, *De oratione, ieiunio et eleemosyna*, welches kurz vor dem Tod Gunthers entstand, ist ein Traktat, der die theologische Bildung des Autors unter Beweis stellt.

In den letzten zehn Jahren des 12. Jahrhunderts erfüllte Gunther die Aufgaben eines *scholasticus*, das heißt, er lehrte an einer Kathedralschule im Mittel- oder Oberrheintal. Seine außergewöhnliche Bildung war eine gute Voraussetzung, um Geschichtsschreiber zu werden, ein *divinorum relator operum*, wie er es am Ende seines Werkes formuliert. Kurz nach der Rückkehr des Abtes Martin aus dem Osten 1205 hat Gunther im Wesentlichen sein Hauptwerk,

---

9   Seine nur bruchstückhaft erhaltene und Konrad gewidmete Versfassung trägt den Titel „Solimarius, der Eroberer von Jerusalem" (ANDREA, Constantinople [wie Anm. 6] S. 3).
10 Gunther von Pairis, Ligurinus, ed. Erwin ASSMANN (MGH SS rer. Germ. 63, 1987) S. 151–495. Zur Diskussion um die Verfasserfrage: ORTH, Guntherus Parisiensis (wie Anm. 4) S. 65.

die *Historia Constantinopolitana,* abgeschlossen, ein Schlusskapitel fügte er noch 1207 oder 1208 hinzu.

Die *Historia* nimmt es, wie die Analyse von Francis Swietek gezeigt hat, mit der faktischen Authentizität nicht so genau[11]. Er legt zum Beispiel die Schuld für die Umleitung des Zuges allein auf die Schultern der Venezianer, ohne zu erwähnen, dass es die Kreuzfahrer waren, die ihre Schulden nicht begleichen konnten. Er erweckt den Eindruck, dass die Kreuzfahrer Konstantinopel in einem raschen Zugriff erobert hätten, bei dem sie nur einen Kämpfer verloren hätten[12]. Solche Verzerrungen sind häufig und betreffen auch die Rolle Abt Martins, der in Wirklichkeit keineswegs der Inbegriff von *humilitas* war, als den ihn Gunther beschreibt[13]. Ebenso wenig wurde er mit so verantwortungsvollen Aufgaben bedacht, wie sie ihm Gunther zuschreibt, etwa der Gesandtschaft nach Rom, die von Zara aus an Papst Innozenz III. geschickt wurde.

Doch weshalb greift Gunther zu solchen Korrekturen? Welches ist die zugrundeliegende Absicht?

4. Apologetische Zielsetzung der *Historia*

Gunthers Ziel war es, Abt Martin von allen Vorwürfen, sich unrechtmäßig Eigentum angeeignet zu haben, freizusprechen. Denn Martin war gezwungen worden, sich wegen einer Anklage, die Ordensregeln verletzt zu haben, 1206 in einem Prozess zu verantworten[14]. Doch Gunther ließ es nicht bei der Rechtfertigung seines Abtes bewenden. Er verfolgte einen weitaus umfassenderen Plan.

Er rechtfertigte die Eroberung des christlichen Konstantinopel als das Werk der göttlichen Vorsehung[15]. Er benutzte sein bemerkenswertes literarisches Talent und seine geistige Kraft, um ein dicht gewebtes Meisterstück von abwechselnder Dichtung und Prosa, ein so genanntes Prosimetrum, nach dem – nicht nur äußeren – Modell des Boethius zu verfassen, um eine Geschichtsphilosophie, wie sie sich darin manifestierte, darzustellen. Alfred Andrea cha-

---

11 Francis R. SWIETEK, Gunther of Pairis and the Historia Constantinopolitana, in: Speculum 53 (1978) S. 49–79.
12 Weitere Beispiele für faktische Irrtümer: ANDREA, Constantinople (wie Anm. 6) S. 57 f.
13 ANDREA, Constantinople (wie Anm. 6) S. 26.
14 SWIETEK, Gunther (wie Anm. 11) S. 75.
15 So schon ANDREA, Constantinople (wie Anm. 6) S. 38 ff.

rakterisiert ihn als einen Vertreter des Humanismus des 12. Jahrhunderts, welcher ihm während des Studiums in Chartres nahegebracht worden sein könnte. Einen stringenten Beweis dafür bleibt er jedoch schuldig. Die Anknüpfung an Boethius hingegen beschränkt sich nicht auf das Formale, die prosimetrische Form. Die *Consolatio philosophiae*, das Modell der *Historia*, vermittelte die Botschaft, dass trotz der anscheinenden Verwirrung und Zufälligkeit irdischer Ereignisse allem ein göttlicher Plan innewohne, den die Menschen freilich nicht immer verstünden[16]. Analog die *Historia*: Alle Taten, die im Zuge der Expedition vorkommen, sogar solche, die auf den ersten Blick frevelhaft erscheinen, wurden nach Gunther auf Gottes Veranlassung getan, um eine bemerkenswerte historische Wendung der Ereignisse herbeizuführen und den Dienern Gottes eine Gelegenheit zu bieten, an der Rettung ihrer Seelen mitzuwirken. *Deo [...] auctore hec gesta sunt [...] nisi divino iussu nullatenus vel fieri vel accidere potuerunt. Unde et lectorem volumus esse admonitum, ut si qua eciam a populo nostro contra pietatem facta videbuntur, ea tamen voluntate divina, semper utique iusta facta esse non dubitet* (c. 1, S. 107).

Die apologetische Zielsetzung des Textes entspricht der Absicht vieler Translationsberichte, die *furta sacra* zum Gegenstand haben, transzendiert jedoch mit seinen philosophischen Implikationen deren Horizont[17].

5. Dreifache Rechtfertigung des Kreuzzuges

Gunther betont die Rechtmäßigkeit des Handelns des Abtes, der Kreuzfahrer und der westlichen Kirche, und zwar durch die parallele Verwendung dreier verschiedener Argumentationsstränge: Gegenwärtige Ereignisse werden bewusst zu solchen der Heilsgeschichte in Beziehung gesetzt (a), die ciceronisch-augustinische Tradition des *bellum iustum* wird in die Betrachtung einbezogen (b), und die antike Mythologie wird dazu herangezogen, Vergleichspunkte für die Leistungen der Kreuzfahrer zu finden (c).

(a) Am Anfang des Textes wird Abt Martin, dem die *cura animarum* der deutschen Kreuzzugsteilnehmer übertragen worden war, mit Moses verglichen, der

---

16 Frederick P. PICKERING, Augustin oder Boethius (1967) 1, S. 138–141.
17 Zur Tradition der Gattung: Patrick GEARY, Furta sacra. Thefts of Relics in the Central Middle Ages (1990).

das Volk Israel aus seiner Gefangenschaft in Ägypten befreite und es ins Gelobte Land führte. Die Einnahme Konstantinopels wird auf diese Weise mit der biblischen Geschichte verbunden. Gunther suggeriert, dass der Kreuzzug ein Zug ins Gelobte Land sei, indem die Kreuzfahrer jetzt das Gottesvolk darstellten. Diese religiöse Perspektive wird noch stärker betont durch Martins Versprechen, sich selbst zu einem *socius itineris ac laboris* der Kreuzfahrer zu machen (c. 3, S. 114). Dies greift wörtlich eine Anspielung Papst Urbans II. auf, der in seinem Brief nach Flandern 1095 den päpstlichen Legaten Adhemar von Le Puy *huius itineris ac laboris dux* genannt hatte (1. Mose 12, 1; 2. Mose 12, 27)[18]. Dies bezog sich auf den Zug Abrahams aus Ur und den Exodus des Gottesvolkes aus Ägypten. Indem Gunther diese Formel zitiert und leicht, aber in bemerkenswerter Weise ändert, verbindet er den Kreuzzug mit den Ereignissen der biblischen Zeit, insbesondere mit dem erfolgreichen Ersten Kreuzzug, den er als *celebris ista expeditio* feiert. Nachdem er die *Historia Hierosolymitana* Roberts des Mönchs versifiziert hatte, dürften die Ereignisse des Ersten Kreuzzugs noch in seiner Erinnerung lebendig gewesen sein.

Dies sind nicht die einzigen präfigurierenden Bezüge, in welche Abt Martin von Gunther gerückt wird: in Kapitel 5 wird er mit dem Heiligen Martin verglichen. Hier berichtet Gunther, dass Martin *post illum Turonensem* [...] *quadam similitudinis racione* vom Heer der Kreuzfahrer als ein zweiter Martin bezeichnet worden sei. So sehr sei der Abt ein Freund der Armen gewesen, dass er aus Mitgefühl beim Übergang über die Alpen mit einem Armen seinen Mantel geteilt habe. [S]*ic et iste de his, que vel secum detulit vel postea volente Deo copiose adeptus est, indigentibus sociis largas distribuit porciones*. An dieser Stelle wird bereits auf den späteren Erwerb der Reliquien vorausgewiesen, vorsorglich mit der Bemerkung, dass Gott es so gewollt habe. Unter Verzicht auf weltliche Beute oder große Ämter, die ihm angetragen wurden, sei Martin *expleta peregrinacione ad fratres suos, pauper quidem spiritu, sed celestis thesauri opibus dives et plenus*, nach Pairis zurückgekehrt (c. 5, S. 119).

Die biblischen Bezüge des Textes der *Historia* spiegeln sich auch in der Einteilung in 24 Kapitel (zweimal die Zahl 12 als Symbol der Vollkommenheit), indem 24 Prosakapitel je von einem Gedicht von ca. 20 Zeilen gefolgt

---

18 Rudolf HIESTAND, Der Erste Kreuzzug in der Welt des ausgehenden 11. Jhs., in: Der Erste Kreuzzug 1096 und seine Folgen, hg. von der Evangelischen Kirche im Rheinland (1996) S. 1–36, hier S. 34.

werden und indem jeweils zwei Kapitel, ausgehend von den zentralen 12 und 24, thematisch aufeinander bezogen werden.

```
              12
    11                13
    10                14
     9                15
     8                16
     7                17
     6                18
     5                19
     4                20
     3                21
     2                22
     1                23
              24
```

In Kapitel 12 entfaltet Gunther seine Grundauffassung, dass der göttliche Geist alle menschliche Geschichte beherrsche, belebe und ihr Form gebe. *Itaque ex illa irrefragabili Dei disposicione illud processisse credendum est, quod exercitus noster [...] mutato proposito huic tante civitati bellum indixit.* Damit sind die Kreuzfahrer exkulpiert. Indem er die griechischen Begriffe *nous* und *idea* mit den lateinischen Entsprechungen *mens divina* und *forma* verwendet und eingangs des Textes die *Platonis scientia* bewundert, offenbart er eine neuplatonische Weltsicht, die ihm wahrscheinlich während des Studiums in Chartres oder Paris nähergebracht wurde. In Kapitel 24 greift er die These der göttlichen Geschichtslenkung wieder auf. Alle, die seine Schrift läsen oder hörten, müssten das auf dem Kreuzzug Geschehene als *opus dei, quo auctore facta sunt,* verehren, so formuliert er am Schluss des Textes.

Kommen wir zu den Entsprechungen der Kapitel 8 und 16. In Kapitel 8 bietet Gunther eine Beschreibung eines päpstlichen Konsistoriums ca. Anfang 1203, die wahrscheinlich der Wahrheit sehr nahe kommt und teilweise durch Parallelquellen bestätigt wird. Während Abt Martin und andere erfolgreich um Absolution von den Sünden nachsuchten, die sie sich bei der Eroberung von Zara, einer christlichen Stadt, zugezogen hatten, erreichten laut Gunther Gerüchte die Kurie, die von den Angeboten des Prinzen Alexius an die Kreuzfahrer kündeten, sie möchten ihm helfen, den Thron zu erobern. Innozenz III. sei entsetzt gewesen, da er fürchtete, ein solches Abenteuer würde die Armee der Kreuzfahrer gefährden. Gunther legt in diesem Zusammenhang Wert auf die Feststellung, dass der Papst und seine Vorgänger Konstantinopel hassten, weil es in Glaubensfragen wie zum Beispiel dem Filioque-Streit von der Auffassung der römischen Kirche abwich. Deshalb sei dort einst ein Kardinal, der als Vertreter der römischen Sache gesandt worden war, kopfüber aufgehängt worden. Aus diesem Grund hätte es Innozenz gern gesehen, so Gunther, wenn die Stadt von Katholiken erobert würde, aber ohne Blutvergießen. Da ihm dies nicht erreichbar schien, befahl er den Kreuzfahrern, direkt nach Alexandria zu segeln. Dabei dürfe sich die Armee Vorräte für bis zu einem halben Jahr durch Plünderungen entlang der griechischen Küste verschaffen. Soweit die *Historia*. Gunther platziert die Geschichte nicht nur deshalb hier, weil sie sich so zugetragen hat, sondern auch, weil sie den apologetischen Absichten seines Werkes dienlich war. Obwohl der Papst den Umweg nach Konstantinopel verbot, gab er ihm gleichzeitig eine Rechtfertigung, denn die Gründe für die Ablehnung erweisen sich in Gunthers Darstellung als nichtig: Die Stadt konnte angeblich ohne Blutvergießen durch die Kreuzfahrer eingenommen werden und die Armee wurde nicht aufgerieben. Deshalb konnten sich die Kreuzfahrer partiell im Recht fühlen, weil sie um die im Grunde feindliche Einstellung des Papstes gegenüber den Griechen wussten.

Doch es gibt noch einen weiteren triftigen Grund, weshalb Gunther die Geschichte genau an dieser Stelle einfügt: Das korrespondierende Kapitel 16 berichtet die Konstantinische Schenkung und die Gründung Konstantinopels, des zweiten Rom, die zwei Träumen des Kaisers gefolgt seien. In beiden erschien, so Gunther, der heilige Silvester dem Kaiser und eröffnete ihm den göttlichen Plan der Stadtgründung. Auf den ersten Blick erscheint diese Passage als eine Abschweifung, doch das ist sie mitnichten. Mit wenigen Strichen skizziert Gunther mit der kontrastierenden Gegenüberstellung dieser Kapitel seine Auffassung von der Geschichte der Stadt seit der Spätantike. In Kapitel 16 wurde Byzanz in eine christliche Stadt verwandelt, in ein zweites Rom, und zwar durch einen frommen Kaiser, der gute Beziehungen zum Heiligen Stuhl unterhielt. Kapitel 8 hingegen wies ausdrücklich auf die zeitgenössische Dekadenz der griechischen Nachfolger Konstantins hin, die dessen Tradition aufgegeben hatten. Sie hatten keinen Respekt mehr vor dem Papsttum, und deshalb sah sie Innozenz nicht mehr als würdig an, die Stadt zu besitzen.

Das gleiche Mittel kontrastierender Gegenüberstellung verwendet Gunther, indem er in den Kapiteln 7 und 17 die Eroberungen von Konstantinopel und Zara zueinander in Beziehung setzt. Vor Konstantinopel ist es der Doge der Venezianer, eben derjenigen, die die sündhafte Umleitung des Kreuzfahrerheeres nach Zara verschuldet hatten, der sich als überlegener Stratege erweist. Er ordnet an, dass die Kreuzfahrer bewegliche Schiffsbrücken errichten sollten, die Gunther, der sich in militärischen Dingen nicht auskennt, fälschlich Leitern nennt. Diese Angriffsplattformen ermöglichten es den Kreuzfahrern, die Stadtmauern und Türme Konstantinopels zu bezwingen. Während ihre Armee Zara nur zögerlich und sorgenvoll attackiert hatte, beseelte sie jetzt ein ungeahnter Schwung bei ihrem Angriff. Sie wetteiferten miteinander, wer der erste sein würde, der seinen Fuß über die Mauer setzte, sie stürzten sich in die Reihen der Feinde und feuerten alle Arten von Wurfgeschossen und für die Griechen furchterregende, weil weithin unbekannte Pfeile auf die Feinde ab. Bald sind die Tore geöffnet und die Armee strömt in die Stadt. Als die Griechen zum Gegenangriff übergehen, greifen die Kreuzfahrer zum Mittel der Brandstiftung – eine Methode, die sie in Zara noch nicht anzuwenden gewagt hatten.

Das Kapitel 17 endet mit folgender Feststellung: „Aus Gottes Ratschluss geschah dies, wenn wir uns nicht täuschen, um den Palmsonntag, damit am gleichen Tag das Heer Christi im Triumph in diese treulose Stadt einbräche, an dem Christus die heilige Stadt zum Triumph seiner Passion betreten hat." Obwohl die Eroberung der Stadt in Wahrheit auf den 12. April fiel und Palmsonntag auf den 18., musste das Datum zurechtgebogen werden, um auf die heilsgeschichtliche Präfiguration des Geschehens hinweisen zu können. Jerusalem und Konstantinopel werden durch diese Parallelisierung zueinander in Beziehung gesetzt, der Kreuzzug ins Heilige Land und derjenige nach Konstantinopel werden gleichgesetzt – denen zum Trotz, die wie Abt Martin ursprünglich die Abkehr vom geplanten Ziel kritisiert hatten. Gefeiert wird die Eroberung anschließend in einem Gedicht, das emphatisch die Leistungen der Kreuzfahrer und ihre wohlverdienten Belohnungen besingt:

> „Vorwärts, voran jetzt, voran, du ehrbarer Streiter für Christus!
> Vorwärts, hinein in die Stadt, die Christus dem Sieger gegeben!
> Stell dir vor, dass Christus der Herr, das sanfte Maultier reitend,
> König und Friedensfürst, mit frohem Antlitz voranschreitet!
> Christi Kriege führst du, Rache übst du im Angesicht Christi des Richters,
> der Wille Christi geht deinen Waffen voraus.

> Vorwärts, bedroh' sie, bedrücke die Feigen, setz heftiger nach,
> donnernd sei dein Ruf, zücke dein Schwert, aber – vergieße kein Blut!
> Jag' ihnen einen Schrecken ein, aber vergiss nicht, dass sie Brüder sind,
> die du bedrängst, sie haben durch ihre Schuld längst verdient, was geschieht.
> Christus will dir die Schätze der Schuldigen schenken,
> damit nicht ein anderes Volk im Triumphe des Siegers sie ausraubt [...].
> Erst wenn der Feind seine Stadt bis zum letzten Winkel geräumt hat,
> dann ist zur Beute erst Zeit, dann kannst die Besiegten du plündern."

Gunthers Mahnungen, das Blutvergießen und Plündern einzudämmen, hatten in Wirklichkeit nicht gefruchtet. Aus Niketas Choniates, Villehardouin und der *Devastatio* ist zu entnehmen, dass die Eroberung von Massakern an der griechischen Bevölkerung begleitet war. Es war keineswegs so, wie Gunther glauben machen will, dass nur etwa 2000 Griechen getötet wurden. Und auch dies versucht er noch zu bemänteln: Nicht etwa die Kreuzfahrer hätten sie umgebracht, sondern die lateinischen Bewohner der Stadt, aus Rache dafür, dass sie von den Griechen vertrieben worden waren, weil diese Verrat fürchteten.

Zusammengenommen zeigt Gunthers Bericht über die Eroberung Konstantinopels eine Auffassung, die Stolz auf die Leistungen der Kreuzfahrer mit der Überzeugung verbindet, dass diese Gottes Willen ausführten. Obwohl die Griechen als Schuldige bezeichnet werden, die eine Reihe religiöser und weltlicher Verfehlungen begangen haben und daher eine gerechte Bestrafung durch das Kreuzheer erfahren, werden sie doch auch weiterhin als Glaubensbrüder gesehen, die Schutz verdienen.

(b) Zum zweiten Argumentationsstrang, mit dem der Kreuzzug gerechtfertigt wird, der römisch-rechtlichen Tradition, insbesondere der Theorie des *bellum iustum*. Hierauf wird im Text der *Historia* insbesondere Bezug genommen, als es um Abt Martin und seine Kreuzzugspredigt 1201 in Basel geht: *Christus [...] hodie [...] suas vobis deplorat iniurias. [...] Hec est illa Christi necessitas [...]. Vobis hodie causam Christi committo, vobis ipsum, ut ita loquar, in manus trado, ut eum in hereditatem suam, de qua crudeliter eiectus est, restituere studeatis.* („Christus beklagt vor euch heute das an ihm begangene Unrecht. [...] Darin besteht die aus Christus kommende Notwendigkeit [...]. Euch übertrage ich heute die Sache Christi, in eure Hände gebe ich ihn sozusagen, damit ihr ihn – ihr müsst es – in sein Erbe, aus dem er grausam vertrieben wurde, wiedereinsetzt"; c. 3, S. 111–113.) *Iniurias ulcisci*, Ungerechtigkeiten rächen, *heredi-*

tatem restituere, in eine Erbschaft wieder einsetzen, deren eine Person beraubt worden ist, sind beides Denkfiguren der römisch-rechtlichen Tradition des *bellum iustum*, wie sie insbesondere von Cicero entfaltet wurden[19]. Es war dann Augustin, der zusätzlich behauptete, dass alle Kriege, die *Deo auctore*, auf Gottes Veranlassung, geführt wurden, und alle, die Rache für eine angetane Ungerechtigkeit suchten, gerechtfertigt seien[20]. Ähnlich wie es Baudri de Bourgueil, der Abt von Dol-de-Bretagne, Geschichtsschreiber und Dichter (1046–1130), der in seinem Bericht über den Ersten Kreuzzug die Vorstellung der *hereditas Christi*, welche die Kreuzfahrer zurückfordern, zum Ausdruck bringt, benutzt Gunther das Argument des *bellum iustum*, um die Berechtigung des Umwegs der Kreuzfahrer über Zara zu beweisen und die blutige Einnahme Konstantinopels zu unterstreichen – während er die schweren Verluste auf beiden Seiten verschweigt, die es in diesen Kämpfen gab[21].

(c) Ein drittes Argument zur Rechtfertigung der Gewalttaten der Kreuzfahrer ist der historische Vergleich, den Gunther zwischen der Eroberung Konstantinopels und dem trojanischen Krieg zieht. Während des 12. Jahrhunderts war das Thema im Westen populär, und seit der Jahrhundertmitte wurde es sogar dazu benutzt, westliche Ansprüche auf byzantinisches Gebiet zu legitimieren. *Desinat incautos vexare poeticus error, desinat et veterum cessent mendacia vatum. Nec Maro Romanos nec Grecos fallit Homerus. [...] Et maiora tamen certo veroque relatu promimus his, tanti que confinxere poete [...]. Desinat ergo vetus Troyani fabula belli et nova narrentur preclari gesta triumphi.* („Der dichterische Irrtum soll aufhören, die Unvorsichtigen zu quälen, aufhören sollen auch die Lügen der alten Seher. Weder soll Vergil die Römer noch Homer die Griechen täuschen. Größeres und sicher Wahres erzählen wir anstelle dessen, was die Dichter phantasierten. Aufhören soll also die alte Geschichte des troja-

---

19 Cic. off. I, 34–40; 80–82; II,18; III, 35; 46.
20 Aug. loc. 6, 10; ep. 138, 15; ep. 189, 4, 6; civ. 1, 21, 26; ebd., 3, 10; Frederick RUSSELL, The Just War in the Middle Ages (1975); Raymond H. SCHMANDT, The Fourth Crusade and the Just War Theory, in: The Catholic Historical Review 61 (1975) S. 191–221.
21 Balderich von Bourgueil, Historia Jerosolimitana, I, 4 (Recueil des Historiens des Croisades, Historiens occidentaux 4, 1879) S. 9–111, hier S. 14B–15E.

nischen Krieges und neue Tatenberichte des leuchtenden Triumphes sollen erzählt werden"; c. 19, S. 162 f.[22])

Wir haben hier einen dichterischen Teilabschnitt vor Augen, der klarmachen soll, dass nicht nur die Taten der Kreuzfahrer erfolgreicher waren als die der Griechen in Troja, denn sie wurden von weniger Leuten vollbracht, sie wurden vollbracht ohne auf eine List zurückzugreifen, aus ehrenhaften Motiven und keineswegs einer Frau zuliebe. Außerdem sagt der Chronist, dass die Geschichtsschreibung wahrer sei als die antiken epischen Fiktionen. Die Griechen würden, so stellt er fest, von den Kreuzfahrern in vielerlei Hinsicht übertroffen. Diese Griechen sind dann auch die Hauptzielscheibe der Angriffe Gunthers: Sie weigerten sich, der westlichen Kirche Untertan zu sein. Sie werden als *Romane sedis rebelles* bezeichnet, als Rebellen gegen das Papsttum in Rom. Das allein rechtfertige ihre Niederlage. Ihr Glaube weiche ebenfalls vom westlichen Credo ab: *Spiritu[m]* [...] *de Filio procedere negant* [...] *a fide catholica dissidebant* (c. 8, S. 129). Sie sagten, dass der Heilige Geist nur vom Vater ausgehe und nicht auch vom Sohn, wie das seit dem Filioque-Streit der Karolingerzeit im Westen geglaubt wurde.

Die Hauptabsicht der *Historia Constantinopolitana*, die darin besteht, die Eroberung Konstantinopels als Ergebnis göttlichen Willens darzustellen, entspricht weithin der mittelalterlichen Vorstellung von Geschichte, die nicht nur ein „deutscher" Autor wie Gunther, sondern auch französische oder italienische Autoren im Hinterkopf hatten. *Historia* und ihre Interpretation waren im christlichen lateinischen Westeuropa seit der Spätantike eine gemeinsame Anschauung und Praxis. Im Mittelalter war Geschichtsschreibung ein Teil der Theologie und gehörte nicht wie in der Antike vorwiegend zur Rhetorik. Geschichtsschreibung war im Mittelalter der erste Schritt der Deutung der Heiligen Schrift, der den Literalsinn der Bibel beschrieb[23]. Deshalb hatte der berühmte Bischof Isidor von Sevilla Moses auch den ersten Geschichtsschreiber

---

22   Sibyll KINDLIMANN, Die Eroberung von Konstantinopel als politische Forderung des Westens im Hochmittelalter (1969) S. 156. Der *dolus Graecorum* ließ sich bis auf das trojanische Pferd zurückführen! Schon während des Zweiten Kreuzzugs war das Sprichwort aus Vergil, wie der Chronist Odo von Deuil berichtet, in aller Munde: *Timeo Danaos et dona ferentes* (Aen. II, 29).

23   Hans-Werner GOETZ, „Geschichte" im Wissenschaftssystem des Mittelalters, in: Funktion und Formen mittelalterlicher Geschichtsschreibung, hg. von Franz-Josef SCHMALE ([2]1993) S. 165–213.

genannt. Noch im Hochmittelalter, etwa von Hugo von St-Victor, wurde diese Auffassung geteilt. Die Heilsgeschichte der Bibel mit ihrem Thema der Weltherrschaft Gottes blieb das Modell der Historiographie, wie auch deren Funktionen, denn es war ihre Aufgabe, den Lesern und Hörern die Zeichen göttlichen Handelns in der Folge der Ereignisse verständlich zu machen. Die Wahrheit war nicht in der Erzählung von *gesta* zu finden, sondern in ihrer drei- oder vierfachen Interpretation, der Suche nach dem Schlüssel zu ihrer spirituellen Bedeutung. Ein Merkvers verdichtete diese Auffassung: *Littera gesta docet, quid credas allegoria, moralis quid agas, quo tendas anagogia*[24].

Wenn man voraussetzt, dass dieses gemeinschaftliche Verständnis von Geschichte von allen christlichen Autoren geteilt wurde, gibt es dennoch Hinweise in unserem Text, die zeigen, dass Gunther auch einen parteilichen, prostaufischen Blick auf die Dinge gehabt hätte? Man muss dies genau prüfen, denn die Kreuzzüge hatten im 12. Jahrhundert eine katalysierende Wirkung auf die entstehenden nationalen Identitäten von Deutschen und Franzosen. Deren Kreuzfahrerarmeen lagen ständig in Konflikt, und sie begannen einander als verschiedene Gruppen wahrzunehmen[25]. Dies kam auch darin zum Ausdruck, dass beide den Anspruch erhoben, allein die wahren Erben der karolingischen Tradition zu sein. Man denke zum Beispiel an Albert von Aachen und Guibert von Nogent als gegensätzliche Pendants.

Albert schrieb eine lebhaft erzählte Chronik des Ersten Kreuzzugs und eine etwas nüchternere, ziemlich annalistische Geschichte der Kreuzfahrerstaaten bis etwa 1119[26]. Seine Welt teilte sich auf in eine Pluralität ethnischer und sprachlicher Gemeinschaften: Alemannen, Bayern, Sueven, Sachsen und andere *gentes* formten sich zur größeren Einheit der *Theutonici*, welche sich durch eine gemeinsame Sprache von den *Francigenae/Galli* und den *Romani* abhoben. Während die *Theutonici* vor allem für ihre kämpferischen Qualitäten

---

24 Henri DE LUBAC, Exégèse médiévale 1 (1959) S. 23; Verena EPP, Von Spurensuchern und Zeichendeutern. Zum Selbstverständnis mittelalterlicher Geschichtsschreiber, in: Von Fakten und Fiktionen. Mittelalterliche Geschichtsdarstellungen und ihre kritische Aufarbeitung, hg. von Johannes LAUDAGE (Europäische Geschichtsdarstellungen 1, 2003) S. 43–62.

25 Verena EPP, „Importabiles Alemanni omnia perturbant" – The Empire and the Germans as Reflected in Twelfth Century Latin Crusaders' Reports, in: Storia della Storiographia 23 (1993) S. 3–23.

26 Albert von Aachen, Historia Hierosolymitana (Recueil des Historiens des Croisades, Historiens Occidentaux 4, 1879) S. 265–713.

gepriesen wurden, nannte er die Franzosen fast immer *Francigenae* oder *Galli* und mied den Begriff *Franci* als gemeinsames Etikett für die gesamte Kreuzfahrerarmee, wie es sonst üblicherweise von den Chronisten der Zeit gebraucht wurde. Denn schon bei Einhard genauso wie später in der *Voyage de Charlemagne*, einer Chanson, die etwa zwischen 1160 und 1175 entstand, wurde die Befreiung des Heiligen Landes als wesentlicher Bestandteil der karolingischen Politik verstanden. Gottfried von Bouillon, der *Advocatus s. sepulchri*, war für Albert von Aachen der geborene Fortsetzer dieser Tradition.

Die Erzählung Alberts von Aachen muss als eine Antwort auf Guibert von Nogent (1055–1125) verstanden werden. Der französische Adlige und Schüler Anselms von Canterbury hatte zwischen 1104 und 1108 eine Chronik des Ersten Kreuzzugs mit dem Titel *Dei Gesta per Francos* verfasst, die er ab 1111 fortsetzte[27]. Seine Erzählung schrieb die besonderen Leistungen von Karl Martell und Pippin für die Christenheit den *Franci* zu als den Ahnen der Franzosen. Aber trotz dieser sich entwickelnden nationalen Vorurteile haben die Kreuzzüge gleichzeitig eine Weltsicht erstarken lassen, die von der Vorstellung einer allgemeinen Errettung geprägt war im Sinne einer spirituellen Interpretation der Heilsgeschichte. Die Menschen sahen sich selbst als Teil einer internationalen Unternehmung *ad maiorem christianitatis gloriam*. Derselbe Guibert, der die *Teutonici* kritisiert, die nicht die rechtmäßigen Päpste ehren und bei denen kaiserliche Herrschaft und Beherrschung sich allzu eng verbinden, und der diese *Teutonici* von den *Franci* abhebt, mit denen er *libertas*, Freiheit und Wildheit gleichzeitig verbindet, bekennt in seinem Prolog, dass er zur Geschichtsschreibung motiviert werde durch *historiae spiritualis auctoritas*, durch die Autorität der Heilsgeschichte. An einer Schlüsselstelle seiner Darstellung erhält die Eroberung Jerusalems eine allegorische Bedeutung, die in diesem Kontext wichtig ist. Die Stadt wird als *superliminare* bezeichnet, das heißt als das Licht über der Schwelle, die den Eingang ins Haus Gottes markiert. Das bedeutet, dass das wahre Ziel des Kreuzzugs der Eintritt in das Reich Gottes ist. Wenn man dieses Bild wörtlich nimmt, wäre es gleichbedeutend damit zu sagen, dass die Kreuzzugsteilnehmer erleuchtet werden, um den Weg zu Gott zu finden. Wenn der Kreuzzug in diesem Licht gesehen wird, als eine gemeinsame Unternehmung für ein ebenso gemeinsames Ziel, nämlich das Gottesreich, dann folgt daraus, dass alle nationalen Unterschiede unbedeutend wer-

---

27 Guibert von Nogent, Dei Gesta per Francos et cinq autre textes, ed. Robert HUYGENS (1996).

den: Das Reich, das in Guiberts Vorstellung das wichtigste ist, ist das Gottesreich. In einer einzigen Chronik also erscheinen universale und partikulare Motive gleichzeitig und formen verschiedene Schichten historischen Bewusstseins, konzentrische Kreise, die in verschiedener Weise die Identität des Autors prägen.

Aus den Texten Alberts und Guiberts gibt es viele Beispiele, die ich hier nicht alle anführen kann, die darauf hinweisen, dass die Absicht eines Autors von einer Verschiedenheit unterschiedlicher Prägungen beeinflusst sein kann. Gibt es eine solche Ambivalenz auch im vorliegenden Fall der *Historia Constantinopolitana*?

6. Gunthers Loyalitäten und deren Spiegelungen in der *Historia*

Wem gegenüber zeigt sich Gunther feindlich und zu wem oder zu welchen Gruppen oder Institutionen fühlt er sich zugehörig?

In erster Linie gehörte Gunther zu seiner monastischen Kommunität. Als *vir humilis* wie Moses und Sankt Martin, so erklärt er im Prolog des Werkes, hat sein Abt *ad laudem [...] et gloriam nominis sui et piam [...] memoriam et presentis loci nostri felicitatem perpetuam* gelebt, *ymmo certe ad honorem et gaudium tocius Teutonice nacionis, vel quod verius et maius est, ad solacium et tutelam universe occidentalis ecclesie* (c. 1, S. 107). Diese Aufzählung zeigt die konzentrischen Kreise der Loyalität, die ihn und Martin umgeben. Der Abt erweitert zunächst durch seine Taten den eigenen Ruhm, das Ansehen seines Klosters: Denn nur in diesem Fall fügt Gunther das Possessivpronomen hinzu, um seine eigene Zugehörigkeit zu dieser Gruppe zu zeigen. Weiterhin steigert Martin den Ruhm der *nacio Teutonica* oder Deutschlands als einer politischen Einheit und als Teil des Reiches, und schließlich geht es um die westliche Kirche und ihr Haupt, Papst Innozenz III., der in mehreren Teilen der *Historia* gelobt wird. Das Kloster als *locus noster* wird überwölbt von der westlichen Kirche als der beherrschenden geistlichen Gemeinschaft, zu der Gunther gehört. Es scheint keinerlei Widerspruch zwischen diesen konzentrischen Kreisen der Loyalität zu geben, nur Überschneidungen.

Der zweite und dritte Kreis der Zugehörigkeit zeigt sich in Gunthers Beschreibung der Rückkehr seines Abtes aus Konstantinopel. Martin hat die gestohlenen Reliquien in seiner Schiffskabine verborgen – *in cubiculo suo quod habebat honestum et mundum*, so schreibt es Gunther und vermittelt damit den Eindruck, dass Martin nichts Falsches getan habe, obwohl das Plündern nach der Einnahme der Stadt offiziell verboten war und Martin in Wirklichkeit strenge Bestrafung zu fürchten hatte (c. 19, S. 160). Die einzige Person, welcher der Abt sein Geheimnis des Schatzes anvertraut, war Werner von Egisheim, *nacione Theutonicus, patria vero Elsaciensis*, der zur Familie der Stifter von Pairis gehörte und der der wichtigste Berater des Königs von Jerusalem geworden war. Gunther betont Werners gutes Verhältnis zu seinem Protagonisten Martin: [*H*]*ic abbati nostro* (hier wieder das Possessivpronomen) *semper valde familiaris extiterat, qui eum et in terra sua noverat*. Er hatte also den Abt sogar schon vor seiner Abreise zum Kreuzzug in seinem Gebiet, das heißt im Elsass, der *patria Alsaciensi*s, gekannt. Diese warme persönliche Konnotation des Possessivpronomens und der Begriff *patria* unterstreichen die emotionale Beziehung Gunthers zu seinem Heimatland. Ganz ähnlich hatte Wilhelm von Tyrus begründet, *amore patriae* Geschichte zu schreiben[28]. Für Gunther machte ein gemeinsames Heimatland eine Person offensichtlich vertrauenswürdig. Aber Abt Martin weigerte sich, Abt des Klosters auf dem Mons Carmel zu werden, und er weigerte sich, als Kompensation von Werner von Egisheim viel Geld anzunehmen. Die Tatsache, dass hier *Terra Sancta* und *terra Theotonica* einander gegenübergestellt werden und dass sich Abt Martin für sein Heimatkloster entschied als den Ort, an dem die Reliquien aufzubewahren seien, betont, wie stark er seine Verpflichtungen gegenüber Pairis empfand. Offensichtlich teilte Gunther Martins Gefühle für das Kloster und die umgebende Region.

Aber wie steht es mit dem dritten Kreis der Loyalität, der *nacio Teutonica*? Identifizierte sich Gunther mit ihr und gibt es in seiner Schrift Zeichen für antifranzösische Vorurteile? Es ist richtig: Gunther vermeidet den Begriff *Franci* als Bezeichnung für die gesamte Kreuzzugsarmee, und er unterscheidet die *Franci* von den *Theutonici* (c. 3, S. 113). Wie Albert von Aachen in seinem lothringischen Bericht über den Ersten Kreuzzug Gottfried von Bouillon pries, so betonte auch Gunther die Leistungen der *Theutonici*. In Gunthers *Historia* wird Martin mit dem berühmten französischen Prediger Fulco von Neuilly verglichen, einem *Francigena*, zu dem Martin *in superiori Germania*, in Ober-

---

[28] Wilhelm von Tyrus, Historia, Prolog, ed. Robert HUYGENS (Corpus christianorum, continuatio mediaevalis 63, 1986) S. 78: *Urgentissimus instat amor patriae* [...] *imperiose praecipit* [...].

deutschland, als ebenbürtiges Gegenüber gezeichnet wird. Gunther schreibt: [S]*icut pares essent officio, ita ambo Parisienses [...] dicerentur* (c. 2, S. 109). Die erwähnte Rivalität von Franzosen und Deutschen wird hier nur leicht reflektiert, und im Ganzen konzentriert sich Gunther auf die deutschen Teilnehmer der Kreuzzugsarmee (c. 9, S. 131). Wie er stolz auf die Leistungen der *Theutonici* war, so ist es wahrscheinlich kein großer Zufall, dass ein *comes Theutonicus*, Berthold von Katzenellenbogen, bei ihm die Idee hat, Teile Konstantinopels zu verbrennen, was dann schließlich zur Einnahme der Stadt führte. Aber Gunther macht die Franzosen nie verächtlich (c. 17, S. 154). Das rührt möglicherweise aus der Allianz, die zwischen Philipp von Schwaben, in dessen Gebiet Pairis lag, und dem französischen König Philipp Augustus II. bestand. Ein gemeinsames christliches Ziel verband in den Augen Gunthers alle Kreuzfahrer – paradoxerweise gegen die Griechen und nicht gegen die Muslime.

Die Sprache spielte eine weitere wichtige Rolle in der Unterscheidung zwischen Franzosen und Deutschen. Im Fall Fulcos von Neuilly wird die Etymologie des Namens *Pairisius*, das eben Pairis und Paris bedeuten kann, auf Französisch und auf Deutsch erklärt (c. 2, S. 109). Die gleiche Betonung der Sprache taucht in der schon zitierten Passage über Martins Reliquiendiebstahl auf. Der griechische Priester *verba intelligere non valebat*, „konnte die Worte nicht verstehen", die Martin zu ihm sagte, um die Reliquien zu erhalten. Er war nur erschrocken von dessen Gebrüll. Der Priester wusste, wie Gunther festhält, dass Martin kein Griechisch sprach, und deshalb wählte er Französisch, das er ein wenig konnte, um dessen Zorn zu mildern. Er schreibt: *Ad hec vero abbas in pauca eiusdem lingue verba vix potuit eluctari.* Martin konnte in der französischen Sprache kaum ausdrücken, was er wollte, aber er schaffte es am Ende dann doch (c. 19, S. 159). Der Abt aus dem Elsass konnte wenigstens ein bisschen Altfranzösisch, obwohl es nicht seine Muttersprache war.

Gibt es angesichts dieses ausgewogenen Blicks dennoch politische Vorurteile, die man in der *Historia Constantinopolitana* erkennen kann? Wie steht es mit dem deutschen Thronstreit zwischen Philipp von Schwaben und Otto IV., die um die päpstliche Gunst und die Kaiserkrone rivalisierten? Obwohl Pairis ja in Philipps von Schwaben Gebiet lag, übergeht Gunther diesen Konflikt mit Schweigen. Vielleicht hat das mit der Tatsache zu tun, dass Abt Martin, auf dessen Erinnerungen sein Bericht basiert, nicht zum inneren Kreis mächtiger Magnaten, die über Politik entschieden, gehörte und somit nicht gut über diese Angelegenheiten informiert war. Erst nachdem Papst Innozenz III. sich mit dem erfolgreicheren Kaiserkandidaten Philipp etwa 1206/07 geeinigt hatte, nennt Gunther Philipp *imperator*, was er bekanntlich nie wurde.

Sehen wir uns diese interessante Passage am Schluss des Werkes genauer an. Sie muss vor dem Mord an Philipp im Juni 1208 vollendet worden sein. Gunther berichtet, dass Philipp einen großen Teil der Reliquien erhielt, die Abt Martin nach Pairis gebracht hatte. Das Kloster übergab sie dem König *ad honorem Dei et tocius Romani imperii domino Philippo serenissimo imperatori*! Nehmen wir dazu, dass der griechische *basileus* im gleichen Atemzug beleidigt wird, indem er *Grecorum imperator* genannt wird, ist darin eine klare Stellungnahme zugunsten einer staufischen Fortsetzung der römischen imperialen Tradition zu sehen. Etwas noch Wichtigeres aber folgt darauf. Neben den Reliquien erhielt Philipp eine wertvolle *tabula*. Es handelte sich um einen Anhänger, der an einem goldenen Halsband hing und mit Gold und Edelsteinen geschmückt war, den der *basileus* früher an Festtagen getragen hatte *velut quoddam certum pignus imperii*, als sicheres Zeichen seiner kaiserlichen Herrschaft! Indem dieses kaiserliche Symbol an Philipp übergeht, wird dieser damit als berechtigt gezeigt, die römische Kaiserherrschaft zu übernehmen. Byzanz hat, so folgt daraus, seine Macht verloren. Dieser wertvolle Anhänger umfasste einen Jaspis mit eingravierter Passion Christi und ebenso einen Saphir mit einer *maiestas domini*-Darstellung. Dass Philipp die kaiserliche Macht erhielt, wird auf diese Weise dargestellt, als sei es Gottes Willen. Als Gegengeschenk, so berichtet Gunther, nahm Philipp von Schwaben das Kloster von Pairis unter seinen Schutz und bestätigte ihm 1207 den rechtmäßigen Besitz der Reliquien in einem feierlichen Priveleg (*imperiali* [!] *privilegio*)[29].

Könnte Gunthers Text einen besseren Abschluss haben? In diesen wenigen Sätzen zeichnet er das Bild einer *translatio imperii*, die durch die *translatio* der Reliquien symbolisiert wird, für die Abt Martin verantwortlich war. So werden am Ende des Textes die drei Begründungslinien zusammengebunden, die den Vierten Kreuzzug und Martins Reliquiendiebstahl rechtfertigten. Ein religiöses Symbol, das die *maiestas domini* darstellt, markierte den Anfang der kaiserlichen Herrschaft Philipps, und dieser Anfang war mit dem Heimatkloster Pairis aufs engste verbunden. Weil es Martin gelang, die Reliquien von Konstantinopel nach Pairis zu holen, konnte Philipp den griechischen *basileus* als Kaiser der Römer ablösen. Das Kloster als *locus noster, patria Alsaciensis, terra*

---

29   Acta imperii inedita saeculi XIII, Nr. 8, ed. Eduard WINKELMANN (Acta imperii inedita 1, 1880) S. 7.

Teutonica, Romanum imperium und *ecclesia occidentalis* sind in diesem einzigen Akt des Schenkens und Erhaltens am Schluss der Erzählung zusammengebunden. In „Kaiser" Philipp und dem Abt von Pairis reichen sich weltliche Herrschaft und deren geistliche Vorbereitung und Gründung durch den Kreuzzug, an dem Martin teilgenommen hatte, schließlich die Hände. Die Kreise der Loyalität, die Gunther umgeben, vereinigen sich in diesem großartigen Schlussbild.

Jürgen Sarnowsky

Das Bild der „Anderen" in der frühen Chronistik des Deutschordenslandes Preußen

Das Deutschordensland Preußen war ohne Zweifel eine multiethnische Gesellschaft[1]. Neben den indigenen Prußen waren im Zuge der Eroberung und Christianisierung des Landes zahlreiche Deutsche aus den Nachbarregionen, aber auch aus Westfalen, Norddeutschland und Schlesien eingewandert. Dazu kamen polnische und kaschubische sowie litauische Untertanen im Westen und Süden beziehungsweise im Osten des Ordenslandes, die teils durch Eroberung und teils durch Einwanderung unter die Ordensherrschaft gelangt waren. Die historiographischen Zeugnisse aus dem Preußen des 13. und 14. Jahrhunderts entstammen dagegen durchgängig entweder dem Umfeld des Deutschen Ordens oder dem Kreis seiner deutschsprachigen Untertanen[2]. Neben

---

1   Vgl. Jürgen SARNOWSKY, Preußen und Rhodos als multiethnische Gesellschaften des 15. Jahrhunderts, in: Beiträge zur Geschichte Westpreußens 20–21 (2006–2008 [2009]) S. 175–188; allgemein siehe Marian BISKUP / Gerard LABUDA, Die Geschichte des Deutschen Ordens in Preußen. Wirtschaft, Gesellschaft, Staat, Ideologie (Klio in Polen 6, 2000); Hartmut BOOCKMANN, Ostpreußen und Westpreußen (Deutsche Geschichte im Osten Europas, 1992); Klaus NEITMANN, Deutsche und „Undeutsche" im Preußenland: die Politik des Deutschen Ordens gegenüber den Prußen, in: Tausend Jahre Nachbarschaft. Die Völker des baltischen Raumes und die Deutschen, hg. von Wilfried SCHLAU (1995) S. 46–57.

2   Allgemein und zum Kontext vgl. Ralf G. PÄSLER, Deutschsprachige Sachliteratur im Preußenland bis 1500. Untersuchungen zu ihrer Überlieferung (Aus Archiven, Bibliotheken und Museen Mittel- und Osteuropas 2, 2003); Jarosław WENTA, Studien über die Ordensgeschichtsschreibung am Beispiel Preußens (2000); Jürgen SARNOWSKY, Das historische Selbstverständnis der geistlichen Ritterorden, in: Zeitschrift für Kirchengeschichte 110 (1999) S. 315–330; DENS., Historical Writing in the Military Orders, in: As Ordens Militares e as Ordens de la Cavaleria entre o Ocidente e o Oriente, hg. von Isabel Cristina FERNANDES (Colecção Ordens Militares 2, 2009) S. 109–119; Marian DYGO, Die heiligen Deutschordensritter. Didaktik und Herrschaftsideologie im Deutschen Orden in Preußen um 1300, in: Die Spiritualität der Ritterorden im Mittelalter, hg. von Zenon H. NOWAK (Ordines militares 7, 1993) S. 165–176; Hans PATZE, Mäzene der Landesgeschichtsschreibung im späten Mittelalter, in: Geschichtsschreibung und Geschichtsbewußtsein im späten Mittelalter, hg. von DEMS. (Vorträge und Forschungen 31, 1987) S. 331–370. Problematisch ist die eine These verallgemeinernde Sicht in Edith FEISTNER / Michael NE-

einigen kleineren Berichten bildet dabei insbesondere die „Chronik des Preußenlandes" des Deutschordenspriesters Peter von Dusburg einen „Block" der Überlieferung, der um 1326 entstand und bald auch – durch Nikolaus von Jeroschin – in einer Versfassung ins Deutsche übertragen wurde³. Es stellt sich die Frage, wie die in der deutschstämmigen Oberschicht entstandene Historiographie die anderen Bevölkerungsgruppen wahrnimmt und welches Bild sie vom Prozess der Christianisierung und Eroberung sowie vom Zusammenleben in Preußen entwickelt. Im Sinne des von Hans-Werner Goetz formulierten Ansatzes der „Vorstellungsgeschichte" sollen die in den Chroniken entwickelten Bilder nicht nur als Sichtweisen eines einzelnen Autors, sondern als Äußerungen verstanden werden, die Rückschlüsse auf die Vorstellungen des Ordens, der deutschen Oberschicht und der christlichen Zeitgenossen allgemein erlauben⁴.

ECKE / Gisela VOLLMANN-PROFE, Krieg im Visier. Bibelepik und Chronistik im Deutschen Orden als Modell korporativer Identitätsbildung (Hermaea 114, 2007).

3   Für Peter von Dusburg siehe die leicht korrigierte zweisprachige Ausgabe: Peter von Dusburg, Chronica Terre Prussie, edd. Klaus SCHOLZ / Dieter WOJTECKI (Ausgewählte Quellen zur deutschen Geschichte des Mittelalters 25, 1984); sowie: Helmut BAUER, Peter von Dusburg und die Geschichtsschreibung des Deutschen Ordens im 14. Jahrhundert (Historische Studien 272, 1935, Nachdruck 1965); Maria POLLAKÓWNA, Kronika Piotra z Dusburga (1968); Jarosław WENTA, Kronika Piotra z Dusburga. Szkic zródloznawczy (2003). – Für Nikolaus von Jeroschin siehe: Nikolaus von Jeroschin, Di Kronike von Pruzinlant, ed. Ernst STREHLKE (Scriptores rerum Prussicarum 1, 1861) S. 291–648; sowie die ältere Ausgabe, ed. Franz PFEIFFER, in: DERS., Die Deutschordenschronik des Nicolaus von Jeroschin. Ein Beitrag zur Geschichte der mitteldeutschen Sprache und Literatur (1854, Nachdruck 1966); vgl. grundlegend PÄSLER, Sachliteratur (wie Anm. 2) S. 277–284.

4   Exemplarisch siehe Hans-Werner GOETZ, „Vorstellungsgeschichte". Menschliche Vorstellungen und Meinungen als Dimension der Vergangenheit. Bemerkungen zu einem jüngeren Arbeitsfeld der Geschichtswissenschaft als Beitrag zu einer Methodik der Quellenauswertung, in: Archiv für Kulturgeschichte 61 (1979 [1982]) S. 253–271, Nachdruck in DERS., Vorstellungsgeschichte. Gesammelte Schriften zu Wahrnehmungen, Deutungen und Vorstellungen im Mittelalter, hg. von Anna AURAST u.a. (2007) S. 3–29, hier S. 13: „Das Interesse der ‚Vorstellungsgeschichte' beschränkt sich freilich nicht auf das absichtlich weiter vermittelte Wissen der zeitgenössischen Autoren, sondern schließt auch das unabsichtlich überlieferte, weil für den Verfasser selbstverständliche und bei den Zeitgenossen als bekannt vorausgesetzte Wissen ein; hier öffnet sich dem Historiker das Bewußtsein weiter Kreise über den einzelnen Autor hinaus".

Das Thema an sich ist nicht neu, sondern hat gerade im letzten Jahrzehnt einige Aufmerksamkeit gefunden[5]. Abgesehen davon, dass dabei im Wesentlichen die Prußen im Vordergrund standen, gab es allerdings durchaus problematische Interpretationen, die den Autoren und Texten nicht gerecht werden. Das gilt insbesondere für den Ansatz von Edith Feistner, die – gemeinsam mit Michael Neecke und Gisela Vollmann-Profe, mit denen sie eine Forschergruppe bildete – gewissermaßen die preußische und Deutschordens-Historiographie im Gleichschritt und mit Verve in den Krieg ziehen lässt, dem alles andere untergeordnet werde. So findet für sie, um nur eine Überschrift zu zitieren, beim Deutschen Orden jeder „Kulturkontakt unter dem Vorzeichen des Krieges" statt[6], und demzufolge müssen die Prußen immer die „Anderen", die von Grund auf Bösen bleiben, Vertreter einer niederen Kultur, denen man nur gewaltsam entgegentreten kann[7]. Die Chroniken sind so nichts anderes als „Meisterwerke der Kriegsrhetorik"[8].

Es kann hier nicht darum gehen, Jahrhunderte zurückliegende Kämpfe neu auszutragen und das Recht der einen gegen das der anderen Seite abzuwägen. Aber methodisch bleibt einzuwenden, dass Menschen – und das galt auch für die des Mittelalters – nicht alle so fanatisch sind, dass sie sich ohne Rücksicht auf andere Dinge einem einzigen Ziel unterordnen lassen. Die Wirklichkeit ist

---

5 Rasa J. MAZEIKA, Violent Victims? Surprising Aspects of the Just War Theory in the Chronicle of Peter von Dusburg, in: The Clash of Cultures on the Medieval Baltic Frontier, hg. von Alan MURRAY (2009) S. 123–137; Edith FEISTNER, Krieg und Kulturkontakt: Zur „Ethnologie" der Prussen und Litauer bei Peter von Dusburg und Nikolaus von Jeroschin, in: Mittelalterliche Kultur und Literatur im Deutschordensstaat in Preußen: Leben und Nachleben, hg. von Jarosław WENTA / Sieglinde HARTMANN / Gisela VOLLMANN-PROFE (Sacra bella septentrionalia 1, 2008) S. 529–539; DIES., Vom Kampf gegen das „Andere". Pruzzen, Litauer und Mongolen in lateinischen und deutschen Texten des Mittelalters, in: Zeitschrift für deutsches Altertum und deutsche Literatur 132 (2003) S. 281–294; Mary FISCHER, Des tûvils kint? The German Order's Perception of its Enemies as Revealed in the Krônike von Prûzinlant, in: Archiv für das Studium der neueren Sprachen und Literatur 244 (2007) S. 260–275; Vera I. MATUZOVA, Mental Frontiers: Prussians as Seen by Peter von Dusburg, in: Crusade and Conversion on the Baltic Frontier, 1150–1500, hg. von Alan V. MURRAY (2001) S. 253–259.
6 FEISTNER, Krieg (wie Anm. 5) S. 535.
7 So z.B. auch FEISTNER, Kampf (wie Anm. 5) S. 284–286; DIES./NEECKE/VOLLMANN-PROFE, Krieg (wie Anm. 2) S. 38.
8 FEISTNER, Krieg (wie Anm. 5) S. 538; mit verräterischem Bezug auf moderne Thesen vom „Kampf der Kulturen", gegen die hier offenbar mit einer Vereinfachung der Vergangenheit zu Felde gezogen werden soll.

immer so vielgestaltig, dass sie sich nicht monokausal erfassen lässt. Zudem muss man die Äußerungen unserer Autoren immer erst einmal aus ihrem Kontext zu verstehen suchen, ehe man moderne Interpretationsmuster anlegt. So hat etwa Rasa Mažeika unlängst zu Recht gegen die Thesen von Edith Feistner eingewandt, dass Irrtümer im mittelalterlichen und frühmodernen Verständnis nicht per se Sünden sind, dass also mit dem Verweis auf Unkenntnis und Irrtümer keine Verurteilung oder gar strikte Ausgrenzung der Prußen verbunden war. Ebenso entsprechen teilweise die berichteten alltäglichen Verhaltensweisen der Prußen durchaus denen der Brüder des Ordens und bilden keine „Perversion" positiver Eigenschaften, wie es Feistner postuliert[9]. Vor diesem Hintergrund soll im Folgenden zunächst eine Auswahl relevanter Berichte (zu den Prußen insgesamt, zu einzelnen Beispielen, zu besonders gut fassbaren Personen, sowie vergleichend zu Litauern und Polen) in den Blick genommen werden, bevor eine Einordnung des Bilds der „Anderen" in den Texten erfolgt. Dabei wird die Chronik Peters von Dusburg im Zentrum stehen, da die anderen, meist kürzeren Werke wie die *Annales expeditialis Prussici*[10], die Fragmente einer Reimchronik von Preußen[11] oder der *Annalista Thorunensis*[12] über allgemeinere Aussagen nicht hinausgehen und die Übersetzung Peters bei Nikolaus von Jeroschin nur zum Teil andere Akzente setzt.

Obwohl die Chronik Peters von Dusburg die Ereignisse nahezu bis zum Beginn der regelmäßig wiederkehrenden Litauer-Feldzüge in den 1330er-Jahren abdeckt, finden dort eindeutig die Prußen die größere Aufmerksamkeit. Der umfangreiche dritte Teil beginnt mehr oder weniger direkt mit einer Beschrei-

---

9   MAŽEIKA, Victims (wie Anm. 5) S. 124–126; sie verweist zudem kritisch darauf, dass auch Vera MATUZOVA, Frontiers (wie Anm. 5) S. 257, bei Peter von Dusburg eine Schwarz-Weiß-Darstellung von Deutschem Orden und Prußen ausmacht.
10 Annales expeditialis Prussici, ed. Ernst STREHLKE (Scriptores rerum Prussicarum 3, 1866) S. 5–12.
11 Zwei Fragmente einer kurzen Reimchronik von Preußen, ed. Ernst STREHLKE (Scriptores rerum Prussicarum 2, 1863) S. 2–8.
12 Annalista Thorunensis, ed. Ernst STREHLKE (Scriptores rerum Prussicarum 3, 1866) S. 57–316. – Die in ihrer Überlieferung schwierige Reimchronik Wigands von Marburg ist hier nicht herangezogen, enthält aber durchaus relevante Passagen, vgl. Krzystof KWIATKOWSKI, Die Selbstdarstellung des Deutschen Ordens in der Chronik Wigands von Marburg, in: Selbstbild und Selbstverständnis der geistlichen Ritterorden. Die Rezeption der Idee und die Wirklichkeit, hg. von Roman CZAJA / Jürgen SARNOWSKY (Ordines militares 13, 2005) S. 127–138, hier S. 129 f. (Darstellung des litauischen Fürsten Kestutis).

bung Preußens sowie der Religion und Gebräuche seiner Bewohner[13]. So werden die Grenzen Preußens umrissen, und zusammen mit dem Kulmerland werden elf Landesteile und die darin wohnenden Stämme benannt. Allgemein wird vermerkt, die Stämme könnten fast alle mindestens 2000 Reiter und zahlreiche Fußkämpfer stellen. Allerdings werden nur zwei Regionen näher charakterisiert. So heißt es über das Samland, es sei wohlhabend und so bevölkerungsreich, dass die Samländer 4000 Reiter und 40000 Mann zu Fuß aufbieten könnten. Dies wird nur noch von den Sudauern übertroffen, die 6000 Reiter und zahllose Fußkämpfer in den Kampf führen könnten. Diese werden aber auch als besonders edel oder vornehm (*generosus*) beschrieben. Sie würden sich von den anderen Stämmen nicht nur durch ihren Reichtum und ihre Macht, sondern gleichermaßen auch durch ihre besonders edlen Sitten (*nobilitas morum*) unterscheiden[14].

Wenn im gleichen Zusammenhang noch auf die Vielzahl der Burgen verwiesen wird, die die Prußen errichtet hatten, ist es zunächst offensichtlich, dass in diesem Kapitel die Leistung des Ordens hervorgehoben werden soll, der, wie es weiter heißt, innerhalb von 53 Jahren (das heißt bis 1283) eine solche „wohlhabende und schier zahllose Menge" an Heiden besiegen konnte[15]. Aber die Funktion dieses Kapitels geht zweifellos darüber hinaus. Es wird der eigentliche Gegenstand der Chronik umrissen, das Preußenland, mit dem sich die Ordensbrüder zunehmend als „ihrem" Territorium identifizierten und das zum wichtigsten Raum ihres Wirkens wurde[16]. Es ist kein Zufall, wenn ein entsprechendes Kapitel über Litauen fehlt. Hier lässt sich wohl auch die etwas überraschende Formulierung von der besonderen *nobilitas morum* der Sudauer

---

13   Peter von Dusburg, Chronica, III, 2 f., edd. SCHOLZ/WOJTECKI (wie Anm. 3) S. 98–100, und ebd., III, 5, S. 102–106; Nikolaus von Jeroschin, Kronike, ed. STREHLKE (wie Anm. 3) S. 346–351; zu diesen Passagen vgl. Michael BRAUER, Die Entdeckung des ‚Heidentums' in Preußen. Die Prußen in den Reformdiskursen des Spätmittelalters und der Reformation (Europa im Mittelalter 17, 2011) S. 200–206.

14   Peter von Dusburg, Chronica, III, 3, edd. SCHOLZ/WOJTECKI (wie Anm. 3) S. 98; Nikolaus von Jeroschin, Kronike, ed. STREHLKE (wie Anm. 3) S. 346.

15   Zum Ende der Kämpfe in Preußen 1283 vgl. BISKUP/LABUDA, Geschichte (wie Anm. 1) S. 206–209.

16   Vgl. unter anderem Jürgen SARNOWSKY, Identität und Selbstgefühl der geistlichen Ritterorden, in: Ständische und religiöse Identitäten in Mittelalter und früher Neuzeit, hg. von Stefan KWIATKOWSKI/Janusz MAŁŁEK (1998) S. 109–130, hier S. 125 f.

einordnen[17]: Man tritt den potentiellen Untertanen offenbar zunächst relativ neutral gegenüber.

Dies setzt sich im Kapitel *De ydolatria et ritu et moribus Pruthenorum* fort[18]. Wie schon die Einordnung der prußischen Religion als „Götzendienst" andeutet, beginnt der Text mit einer negativen Feststellung, nämlich, dass die Prußen keine Kenntnis von Gott gehabt hätten. Dies wird auf ihre Einfältigkeit – die im christlichen Verständnis nicht per se negativ ist – und auf ihre Unkenntnis der Schrift zurückgeführt. In Konsequenz hätten sie alle Geschöpfe als göttlich verehrt, von der Sonne bis zu Wäldern und Tieren. In Nadrauen habe es einen nach Rom benannten Ort *Romow* gegeben, der Sitz ihres Criwe genannten Papstes gewesen sei. Criwe habe sowohl bei den Prußen wie bei den Litauern und anderen baltischen Völkern großes Ansehen besessen und hohe Verehrung erfahren. Er sei auch von Verwandten von Verstorbenen nach diesen befragt worden.

Die Prußen hätten bereits an die Auferstehung der Toten geglaubt, aber unter Beibehaltung der – zuvor als dreiteilig (Könige, Adlige, Volk) beschriebenen – Sozialordnung. Die toten Adligen seien daher mit ihren Waffen, Pferden, ihrer Ausstattung und ihrem Personal verbrannt worden. Verbrannt werde auch ein Drittel der Beute aus Kriegszügen, um es so den Göttern zu opfern. Diese wurden vor jedem Kriegszug durch Los befragt. Hervorgehoben wird die Einfachheit der Kleidung und der Lebensweise der Prußen, ebenso ihre Gastfreundschaft, die aber in maßlosen Trinkgelagen geendet habe; kritisiert wird weiter die Stellung der Frauen, die von ihren Männern gekauft und wie Mägde behandelt würden. Erwähnt wird zudem, dass die Prußen keinen Kalender gekannt und deshalb Tage mit einfachen Hilfsmitteln gezählt hätten. Neben dieser vergleichenden Beschreibung der Stämme wird auch pauschal auf Unterschiede hingewiesen, die die Badesitten, das Material für das Spinnen (Leinen oder Wolle) und die bevorzugte Farbe von Pferden beträfen.

Dies ist wohl kaum eine „‚Ethnologie' unter dem Vorzeichen des Krieges", auch kann man nicht mit gutem Grund von einer „Präsentation der fremden Kultur als Zerrform der ‚eigenen'" und von Gegnern, die man nur „militärisch

---

17 Bei Nikolaus von Jeroschin, Kronike, ed. STREHLKE (wie Anm. 3) S. 346, heißt es ähnlich, die Sudauer seien *di edilstin vor in allin*.
18 Peter von Dusburg, Chronica, III, 5, edd. SCHOLZ/WOJTECKI (wie Anm. 3) S. 102–106; Nikolaus von Jeroschin, Kronike, ed. STREHLKE (wie Anm. 3) S. 348–351.

in Schach halten" kann, sprechen[19]. Vielmehr finden sich christliche Stereotype, die auch in anderen Zusammenhängen begegnen. Die Kennzeichnung paganer Religionen als „Götzendienst" geht schon auf das Alte Testament und das frühe Christentum zurück[20] und kehrt ähnlich zum Beispiel bei den Asienreisenden des 15. und 16. Jahrhunderts wieder, die in Indien und Südostasien auf Hindus und andere Glaubensrichtungen trafen[21]. Nahezu typisch ist im selben Zusammenhang der Vergleich der anderen Religionen mit dem Christentum, der das Fremde gewissermaßen der eigenen Vorstellungswelt annähert. Auch wenn dies hier durch die Benennung des geistlichen Zentrums als „Romow"[22] auf die Spitze getrieben wird, dient doch der Vergleich Criwes mit dem Papst eher der Verdeutlichung seiner Stellung. Der Bericht über den Glauben der Prußen an die Auferstehung des Fleisches lässt sich als Ansatzpunkt für eine Mission verstehen, die nur noch den Unterschied deutlich machen muss. So lässt sich auch die Unwissenheit der Prußen begreifen: Ihre Irrtümer, die zur Hinwendung zur alten Religion führen, sind nicht per se schlecht, sondern es fehlt ihnen nur die richtige Unterweisung, damit sie zum rechten Glauben finden. Erst das hartnäckige Beharren auf der heidnischen Religion rechtfertigte ein gewaltsames Vorgehen, und selbst das war im Spätmittelalter umstritten[23]. Heiden waren weniger sündhaft als Häretiker, die es eigentlich besser wüssten, aber trotzdem an ihren Irrtümern festhielten[24].

Wenn für die Beschreibung der Lage von Romow für die Prußen der Begriff der *nacio perversa* fällt, muss das genau in diesem Kontext verstanden werden. *Perversus* meint eben nicht nur „schlecht", sondern hat – in Bezug auf die Gebräuche – auch die Bedeutung „falsch" und „töricht"[25]. Die Prußen

---

19 So FEISTNER, Krieg (wie Anm. 5) S. 530 und 533.
20 Vgl. Ludwig HÖDL, Heidentum, in: Lexikon des Mittelalters 4 (1989) Sp. 2011–2013.
21 Etwa bei dem Italiener Ludovico de Varthema, der Anfang des 16. Jahrhunderts Indien bereiste, siehe Joan-Pau RUBIÉS, Travel and Ethnology in the Renaissance. South India through European Eyes, 1250–1625 (2000) S. 156 f. u.ö.
22 Außer dem Bericht Peters finden sich dafür keine weiteren Anzeichen.
23 Zum Kontext vgl. unter anderem die Beiträge in: Ludger GRENZMANN u.a. (Hrsg.), Wechselseitige Wahrnehmung der Religionen im Spätmittelalter und in der Frühen Neuzeit (2009), insbes. Hans-Jürgen BECKER, Die Stellung des kanonischen Rechts zu den Andersgläubigen: Heiden, Juden und Ketzer, ebd., S. 101–123.
24 Siehe Alexander PATSCHOVSKY, Toleranz im Mittelalter – Idee und Wirklichkeit, in: Toleranz im Mittelalter, hg. von DEMS. / Harald ZIMMERMANN (Vorträge und Forschungen 45, 1998) S. 391–402, hier S. 395.
25 Gegen FEISTNER, Krieg (wie Anm. 5) S. 532.

bedürfen noch der Unterweisung, um eine durchweg positive Bewertung erfahren zu können. Dennoch enthält ihre Beschreibung bei Peter bereits positive Elemente: ihre Gastfreundschaft, auch wenn sie in Gelage ausartet; ihre einfache Lebensweise, die als Entsprechung zu den Idealen der Frühzeit des Deutschen Ordens gelesen werden muss, ebenso wie ihre einfache Kleidung und Ernährung[26]; und ihre Frömmigkeit, die eben nur den falschen Instanzen gilt. Auf Letzteres scheint auch die zwischen die Kapitel über die Stämme sowie die Religion und Gebräuche der Prußen eingeschobene Episode über den Untergang der Galinder hinzuweisen, die klare alttestamentliche Bezüge aufweist[27]. Die Galinder hätten danach angesichts zu dichter Bevölkerung ihres Landes beschlossen, für die Kriegführung nur noch männliche Säuglinge überleben zu lassen, und dies auch gegen ihre Frauen durchgesetzt, denen die Brüste abgeschnitten worden seien. Diese aber hätten Rat bei einer Prophetin geholt, die den Anführern des Stammes empfahl, ohne Waffen gegen die Christen in den Krieg zu ziehen. Als die Krieger nach einem Anfangserfolg sämtlich von den Christen erschlagen wurden, hätten die Sudauer die Frauen und Kinder der Galinder zu sich genommen und versklavt. Die Verblendung der Stammesführer schlägt letztlich auf das gesamte Volk zurück, weil man dem Rat einer falschen Prophetin folgte. Die Geschichte spiegelt damit auch das Schicksal derer wider, die sich gegen die Bekehrung zum Christentum wehren[28].

Das ambivalente Bild der Prußen zieht sich durch die gesamte Chronik, da Peter von Dusburg – und mit ihm Nikolaus von Jeroschin – immer wieder direkt oder indirekt zum Handeln Einzelner oder von Gruppen Stellung bezieht. Das betrifft weniger die Berichte über die Verwüstungen und Mordtaten, die die Chronisten fast durchgängig kommentarlos für beide Seiten erwähnen

---

26 Peter von Dusburg, Chronica, III, 5, edd. SCHOLZ/WOJTECKI (wie Anm. 3) S. 104; Nikolaus von Jeroschin, Kronike, ed. STREHLKE (wie Anm. 3) S. 350; dies erinnert zumindest teilweise an die Beschreibung, die Bernhard von Clairvaux von der Lebensweise der ersten Templer gibt, vgl. BRAUER, Entdeckung (wie Anm. 13) S. 204; für die Templer siehe Jürgen SARNOWSKY, Die Templer (2009) S. 28.
27 Peter von Dusburg, Chronica, III, 4, edd. SCHOLZ/WOJTECKI (wie Anm. 3) S. 100; Nikolaus von Jeroschin, Kronike, ed. STREHLKE (wie Anm. 3) S. 346–348; FEISTNER, Krieg (wie Anm. 5) S. 531, wertet diese Episode als „hochgradig suggestive Verkehrung des Beginns von Buch Exodos I".
28 BRAUER, Entdeckung (wie Anm. 13) S. 201 f., folgt hier weitgehend der Interpretation Feistners.

und die für sie offenbar zum Alltag des Krieges gehörten. In den meisten Fällen geht es vielmehr um Entscheidungen für oder gegen den christlichen Glauben, die mit Werturteilen verbunden werden. So wird zu 1273 berichtet, die Pogesanier hätten in ihrer Halsstarrigkeit verharrt und die Stadt Elbing angegriffen; und als es zu einem Waffenstillstand kam, hätten sie diesen kurz darauf gebrochen[29]. Der Unbelehrbarkeit und dem Vertragsbruch der Pogesanier entspricht an anderer Stelle die Bosheit der Samländer, die der Orden vor allem durch Burgenbau im Zaum halten will und die sich noch 1295 in einer Verschwörung insbesondere der samländischen Bauern gegen den Orden äußerte[30].

Führt hier der Widerstand gegen die Annahme des Christentums und der Ordensherrschaft zu einem deutlich negativen Urteil, bleibt die Darstellung anderer Stämme eher neutral. So heißt es einmal über die – eingangs ja als besonders edel beschriebenen – Sudauer, sie hätten mit Unwillen auf die Unterwerfung der Barter, Warmier und anderer reagiert, deshalb die vom Orden den Bartern überlassene Burg Bartenstein erobert, die Einwohner getötet und die Burg niedergebrannt[31]. Später wird berichtet, die Sudauer hätten dem Bruder Ludwig von Liebenzell – wohl eher zufällig – das Leben gerettet, indem sie ihn nach einer fast tödlichen Verletzung quer übers Pferd legten und sich dabei die schon verstopften Wunden öffneten[32]. In beiden Fällen enthält sich Peter ähnlich wie Nikolaus einer klaren Stellungnahme. Ganz anders dagegen erscheinen in einem früheren Kapitel die Nadrauer. Als sie sich bei den Brüdern zur Taufe einfinden, werden sie als „mächtige und edle Männer" beschrieben, und kurz darauf ist von der „Klugheit und Treue" dieser Gruppe die Rede, die man zur weiteren Absicherung der Herrschaft einsetzen

---

29 Peter von Dusburg, Chronica, III, 170, edd. SCHOLZ/WOJTECKI (wie Anm. 3) S. 288–290; Nikolaus von Jeroschin, Kronike, ed. STREHLKE (wie Anm. 3) S. 477 f.; ein dramatischer Bericht auch in den Annales expeditialis Prussici, ed. STREHLKE (wie Anm. 10) S. 8 (das Blut der Opfer sei durch die Stadt geflossen).
30 Peter von Dusburg, Chronica, III, 112, edd. SCHOLZ/WOJTECKI (wie Anm. 3) S. 233; Nikolaus von Jeroschin, Kronike, ed. STREHLKE (wie Anm. 3) S. 442, spricht von *irre valscheite haz und ire vientliche drow*; zum Aufstand von 1295 siehe Peter von Dusburg, Chronica, III, 262, S. 378–380.
31 Peter von Dusburg, Chronica, III, 173, edd. SCHOLZ/WOJTECKI (wie Anm. 3) S. 292; Nikolaus von Jeroschin, Kronike, ed. STREHLKE (wie Anm. 3) S. 480; zu den Sudauern siehe oben zu Anm. 14.
32 Peter von Dusburg, Chronica, III, 212, edd. SCHOLZ/WOJTECKI (wie Anm. 3) S. 326–328; Nikolaus von Jeroschin, Kronike, ed. STREHLKE (wie Anm. 3) S. 505 f.

Das Bild der „Anderen"   233

wolle³³. Bei den Schalauern sind es die „würdigen Herren" (*pociores domini*) des Landes, die einsehen, dass Gott ihnen zürnt, und sich taufen lassen³⁴. Der Übertritt zum Christentum und das Eingreifen zugunsten des Ordens führt somit zu einer völlig anderen, durchaus positiven Sicht auf die Prußen.

Das findet sich ähnlich für viele, meist namentlich genannte prußische Krieger. Ein frühes Beispiel ist Pomanda, von dem es heißt, er habe einst bei den Prußen einen guten Ruf gehabt, sich aber nun dem Glauben an Christus und dem Orden zugewandt. Er sei, so zumindest in der Version bei Peter von Dusburg³⁵, von Christus bewegt worden, den bedrängten Brüdern in einer schwierigen Lage nach Errichtung der Burg Balga (1239) zu Hilfe zu kommen³⁶. Auf sein Betreiben versammelten Warmier, Natanger und Barter ein Heer und zogen vor die Burg, wurden dann aber von dem zuvor informierten Heer von Kreuzfahrern unter Herzog Otto von Braunschweig vernichtend geschlagen.

Mehrfach wird die Tapferkeit bekehrter Prußen hervorgehoben. Zu 1263 berichtet Peter von der Belagerung der Burg Bartenstein durch 1 300 kampfbereite Prußen³⁷. Zu den Verteidigern der Burg zählte neben 400 Brüdern und Kriegern aber auch ein Pruße, Miligedo, der bei seinen Landsleuten als Kämpfer einen herausragenden Ruf hatte. Die Prußen beschlossen deshalb, ihm einen Hinterhalt zu legen, indem sie zum Zweikampf außerhalb der Burg aufforderten, aber weitere Krieger verborgen hielten. Miligedo konnte der Falle entkommen, indem er seinen Gegner erschlug und dann in den Wald floh. In die Burg zurückgekehrt, wurde er aber erneut gefordert und nach mehreren Kämpfen schließlich von den Prußen erschlagen³⁸. Von einem anderen

---

33 Peter von Dusburg, Chronica, III, 175 f., edd. SCHOLZ/WOJTECKI (wie Anm. 3) S. 294–296; Nikolaus von Jeroschin, Kronike, ed. STREHLKE (wie Anm. 3) S. 486 f.
34 Peter von Dusburg, Chronica, III, 188 (wie Anm. 3) S. 306; Kronike, ed. STREHLKE (wie Anm. 3) S. 492; nach dem Übertritt der Oberschicht unterwirft sich auch das Volk dem Christentum.
35 Nach Peter von Dusburg, Chronica, III, 26, edd. SCHOLZ/WOJTECKI (wie Anm. 3) S. 126–128; ohne diese Form göttlichen Eingreifens bei Nikolaus von Jeroschin, Kronike, ed. STREHLKE (wie Anm. 3) S. 364.
36 Zum historischen Kontext siehe BISKUP/LABUDA, Geschichte (wie Anm. 1) S. 164.
37 Peter von Dusburg, Chronica, III, 119, edd. SCHOLZ/WOJTECKI (wie Anm. 3) S. 236–238; Nikolaus von Jeroschin, Kronike, ed. STREHLKE (wie Anm. 3) S. 445–447; die Belagerung fand statt im Rahmen des zweiten Prußenaufstandes, siehe BISKUP/LABUDA, Geschichte (wie Anm. 1) S. 204–206.
38 Die Brüder hätten, als die Prußen den Erfolg feierten, ihrerseits den Tod Miligedos und eines weiteren Kämpfers gerächt, indem sie 30 prußische Geiseln an einem Gal-

Prußen, Stanteko, erfährt man, dass er 1262 zusammen mit anderen als Späher für ein Heer von Kreuzfahrern ausgesandt wurde und als Einziger, schwer verletzt und mit einem blutigen Schwert, zurückkehrte, um dann von einem Hinterhalt zu berichten[39]. Ein ähnlicher, aber doch wieder besonderer Fall ist der des Pomesaniers Sirenes, der dem Orden während des zweiten „Prußenaufstands" bei der Verteidigung von Christburg zu Hilfe kam[40]. Er war nämlich, wie es bei Peter heißt, wegen gewisser Vergehen selbst auf der Burg inhaftiert gewesen. Als nur noch drei Brüder und wenige Diener auf der Burg verblieben und die Prußen schon kurz vor der Eroberung standen, befreite er sich von den Fesseln, griff Schwert und Lanzen und kämpfte „wie ein unerschrockener Löwe", um den Feinden den Zugang zur Burg zu verwehren.

Gelegentlich wird selbst den heidnischen Feinden die Tugend der Tapferkeit zuerkannt. So fand wohl in der ersten Hälfte des Jahres 1263 ein Überfall der Prußen auf das Kulmerland statt. Der Landmeister in Preußen, Helmerich, entschloss sich zur Verfolgung des prußischen Heers und stellte es im Land Löbau zur Schlacht[41]. Die Prußen, die sich durch Verhaue schützten, „wehrten sich", wie Peter ausdrücklich schreibt, „zunächst tapfer" (*fortiter in primo restiterunt*), und obwohl sie danach zur Flucht gezwungen wurden, sammelten sie sich erneut und konnten das Ordenskontingent besiegen. Dabei seien der Landmeister, der Marschall Dietrich, 40 Brüder und das gesamte Heer getötet worden. Ähnlich wird im selben zeitlichen Kontext, bei der Aufgabe der Burg Wiesenburg, berichtet, Diwan, der Anführer der Barter, habe die sich zurückziehenden, entkräfteten Brüder mit einem kleinen prußischen Kontingent auf schnellen Pferden verfolgt und sie schließlich „mannhaft" angegriffen (*viriliter eos invasit*), bis er selbst schwer verletzt worden sei[42].

---

      gen vor dem Burgtor aufhängten, Peter von Dusburg, Chronica, III, 119, edd. SCHOLZ/WOJTECKI (wie Anm. 3) S. 236–238; Nikolaus von Jeroschin, Kronike, ed. STREHLKE (wie Anm. 3) S. 445–447.

39 Peter von Dusburg, Chronica, III, 98, edd. SCHOLZ/WOJTECKI (wie Anm. 3) S. 218; Nikolaus von Jeroschin, Kronike, ed. STREHLKE (wie Anm. 3) S. 435.

40 Peter von Dusburg, Chronica, III, 143, edd. SCHOLZ/WOJTECKI (wie Anm. 3) S. 264; Nikolaus von Jeroschin, Kronike, ed. STREHLKE (wie Anm. 3) S. 463, verstärkend ist hier vom Sprengen der Fesseln die Rede.

41 Peter von Dusburg, Chronica, III, 123, edd. SCHOLZ/WOJTECKI (wie Anm. 3) S. 242; Nikolaus von Jeroschin, Kronike, ed. STREHLKE (wie Anm. 3) S. 449–451.

42 Peter von Dusburg, Chronica, III, 117, edd. SCHOLZ/WOJTECKI (wie Anm. 3) S. 236; die Formulierung fehlt bei Nikolaus von Jeroschin, Kronike, ed. STREHLKE

Diese mindestens teilweise positive Darstellung der nicht getauften Prußen bleibt zwar die Ausnahme, doch werden daneben einzelne positive Handlungen von heidnischen Prußen besonders hervorgehoben. Als etwa bei den Kämpfen nach 1274 die Komture von Elbing und Christburg von den Pogesaniern gefangen genommen wurden, wurden sie unmittelbar darauf von einem Pogesanier namens Powida wieder befreit[43], und ein namentlich nicht genannter Pruße warnte den Komtur von Balga, Heinrich Zuckschwert, vor einem Hinterhalt der Litauer[44]. Bei einem erneuten Aufstand der Natanger 1295, bei dem es zu Übergriffen gegen die deutschen Siedler und die Kirchen kam, entschieden sich einige der Aufständischen, den Komtur von Königsberg über die Ereignisse zu informieren, so dass dieser zu Hilfe kommen konnte. Wie es ausdrücklich heißt, habe Gott ihre Herzen erleuchtet (*corda divinitus illustravit*)[45], was man als besondere Form göttlichen Einflusses werten kann, der von Grund auf bösen Menschen nicht zuteil wird. In der Folge gaben dann die Aufständischen die dem Orden geraubten Pferde zurück und bekannten sich wieder zum Christentum. Ähnlich ließ sich der Samländer Dorge durch mehrfache Geschenke des Ordensvogts Dietrich vom rechten Glauben überzeugen und wurde „ein großer Eiferer für den Glauben und die Gläubigen und ein glühender Verehrer Gottes"[46].

Der spätere Übertritt (oder die Rückkehr) zum Christentum lässt einige Prußen schon zuvor in besonderem Licht erscheinen. Das gilt zum Beispiel für Nalubo, den Sohn des Samländers Sclodo von Quednau, dessen Familie sich beim Beginn des zweiten „Prußenaufstands" auf die Seite des Ordens gestellt

---

(wie Anm. 3) S. 443, vielmehr wird hier nur die Schwäche der verfolgten Brüder hervorgehoben.

43 Peter von Dusburg, Chronica, III, 189, edd. SCHOLZ/WOJTECKI (wie Anm. 3) S. 306; Nikolaus von Jeroschin, Kronike, ed. STREHLKE (wie Anm. 3) S. 491 f., hier deutlicher als Pogesanier bezeichnet: *Doch was einre undir in, den man nante Powidde, der si der bande quidde und half in schire dan.*

44 Peter von Dusburg, Chronica, III, 249, edd. SCHOLZ/WOJTECKI (wie Anm. 3) S. 364; Nikolaus von Jeroschin, Kronike, ed. STREHLKE (wie Anm. 3) S. 532 f.

45 Peter von Dusburg, Chronica, III, 262, edd. SCHOLZ/WOJTECKI (wie Anm. 3) S. 378; so nicht bei Nikolaus von Jeroschin, Kronike, ed. STREHLKE (wie Anm. 3) S. 542.

46 Peter von Dusburg, Chronica, III, 6, edd. SCHOLZ/WOJTECKI (wie Anm. 3) S. 106; etwas anders bei Nikolaus von Jeroschin, Kronike, ed. STREHLKE (wie Anm. 3) S. 351 f.

hatte⁴⁷. Nalubo, der als *vir ferocis animi et indomiti* beschrieben wird, wollte sich nach der Darstellung Peters nicht so schnell dem Orden unterwerfen, weil er es als Schande ansah, und verließ, nach einer Warnung durch seinen Bruder Wargullo, seine Heimat. Deshalb wurde sein Besitz vom Orden verteilt. Schließlich zwangen ihn, wie es heißt, die Angriffe zur Unterwerfung, und er wurde ein Mann, der nach Glauben und Lebenswandel nur Lob verdiene (*vir fide et conservacione laudabilis*).

Gerade getaufte Prußen werden mehrfach für ihre besondere Verbundenheit mit dem Glauben und dem Orden herausgestellt. So wird Girdaw, der während des zweiten Aufstands seine nach ihm benannte Burg gegen die Aufständischen verteidigte, aber aufgeben und diese niederbrennen musste, als „Eiferer für den Glauben und die Gläubigen" beschrieben (*zelator fidei et fidelium*)⁴⁸. Ein frühes Beispiel ist der adlige Pomesanier Matto, dessen Vater Pippin den Orden nach der Ankunft im Kulmerland 1230 bekämpft hatte und von den Brüdern gefasst und hingerichtet worden war⁴⁹. Peter hebt ähnlich wie bei Girdaw Mattos Eifer für den Glauben und die Gläubigen hervor, für deren Verteidigung er „unerschrocken" (*intrepidus*) bis zu seinem Tode eingetreten sei. Sein Einsatz erscheint dabei wie eine Wiedergutmachung der Taten seines Vaters. Einen Höhepunkt der positiven Darstellung von Prußen auf Ordensseite bildet der Bericht über Nalubos Vater, Sclodo von Quednau, und dessen Gefolge, die dem Orden in der Niederlage in der Schlacht bei Durben 1260 die Treue hielten⁵⁰. Als die Brüder von ihren kurischen Verbündeten verlassen worden waren, soll Sclodo seine Verwandten und Freunde zusammengerufen und ermahnt haben, zum „Bekenntnis des wahren Glaubens an die ewige Dreieinigkeit" bis zum Tode auszuharren. Sie sollten sich an die schönen Kleider erinnern, die ihnen der Orden geschenkt habe, an deren Stelle

---

47 Peter von Dusburg, Chronica, III, 101, edd. SCHOLZ/WOJTECKI (wie Anm. 3) S. 222; Nikolaus von Jeroschin, Kronike, ed. STREHLKE (wie Anm. 3) S. 437.
48 Peter von Dusburg, Chronica, III, 113, edd. SCHOLZ/WOJTECKI (wie Anm. 3) S. 232; wiederum geht Nikolaus von Jeroschin, Kronike, ed. STREHLKE (wie Anm. 3) S. 442 f., nicht so weit, sondern schreibt ihm nur *cristinlichin mut* zu und nennt ihn *achtber unde rich irkant*.
49 Peter von Dusburg, Chronica, III, 7, edd. SCHOLZ/WOJTECKI (wie Anm. 3) S. 108; Nikolaus von Jeroschin, Kronike, ed. STREHLKE (wie Anm. 3) S. 353.
50 Peter von Dusburg, Chronica, III, 84, edd. SCHOLZ/WOJTECKI (wie Anm. 3) S. 204; Nikolaus von Jeroschin, Kronike, ed. STREHLKE (wie Anm. 3) S. 426; zur Schlacht, die zum Auslöser des zweiten „Prußenaufstandes" wurde, vgl. BISKUP/LABUDA, Geschichte (wie Anm. 1) S. 203 f. und 209.

nun ihre Kleider vom Blut gefärbt würden, ebenso an den empfangenen süßen Met, der sich nun in die Bitternis des Todes wandle. Die wörtlich eingefügte Rede wird durch eine Beschreibung der Kämpfer ergänzt, die sonst den Brüdern des Deutschen Ordens und der anderen Ritterorden vorbehalten war: Es heißt dort, sie seien mannhaft in den Kampf gezogen und hätten „wie neue Makkabäer gestritten" (*tanquam alteri Machabei pugnaverunt*)[51].

Das Beispiel Sclodos zeigt noch einen anderen Zusammenhang auf. Es gab, zumindest in den früheren Jahren, prußische Familien, die weitgehend geschlossen, auch mit ihren Verwandten und dem Gefolge, zum Orden hielten und im Gegenzug offenbar als selbstständig organisierte Verbände akzeptiert wurden. Ein weiteres Beispiel bildet die Gens Candeym, die bei Peter von Dusburg unter eher tragischen Vorzeichen Erwähnung findet[52]. Ihr Oberhaupt Gedune, Vater des Wissegaudus von Medenau, habe 1255 König Ottokar von Böhmen bei seinem Kreuzzug in Preußen beraten und dafür die Zusage erhalten, dass seine Besitzungen und die seiner Verwandten geschont würden. Da er aber zu lange damit zögerte, das ihm vom König zum Zeichen seiner Treue übergebene Banner in seine Heimat bringen zu lassen, fand er seinen Bruder Ringelus und die gesamte Sippe erschlagen, ihren Besitz verwüstet vor. Eine ähnliche Bindung an den Orden zeigt sich bei der Familie der, so Peter von Dusburg latinisierend, *Monteminores*, die bei ihm interessanterweise über die Mutter des Posdraupotus, Nameda, eingeführt wird[53]. Als 1275 die Sudauer, Nadrauer und Schalauer die Burg Beseleda bei Bartenstein belagerten, soll sie ihren Söhnen gegenüber geklagt haben, sie bedaure, sie geboren zu haben, wenn sie nicht das Leben und den Besitz der Familie verteidigten. Dies habe die Söhne und die Verteidiger der Burg so erregt und angestachelt, dass sie erfolgreich in den Kampf gezogen seien und über 2000 Gegner getötet hätten; schließlich sei danach die Burg Bartenstein endgültig wieder aufgebaut worden.

---

51 Zum Vergleich der Ritterorden mit den Makkabäern siehe unter anderem SARNOWSKY, Identität (wie Anm. 16) S. 112.
52 Peter von Dusburg, Chronica, III, 71, edd. SCHOLZ/WOJTECKI (wie Anm. 3) S. 190–192; Nikolaus von Jeroschin, Kronike, ed. STREHLKE (wie Anm. 3) S. 417 f.; allgemein vgl. Reinhard WENSKUS, Die gens Candein. Zur Rolle des prußischen Adels bei der Eroberung und Verwaltung Preußens, in: DERS., Ausgewählte Aufsätze zum frühen und preußischen Mittelalter. Festgabe zu seinem siebzigsten Geburtstag, hg. von Hans PATZE (1986) S. 435 f.
53 Peter von Dusburg, Chronica, III, 174, edd. SCHOLZ/WOJTECKI (wie Anm. 3) S. 294; Nikolaus von Jeroschin, Kronike, ed. STREHLKE (wie Anm. 3) S. 480.

Auf eine Bindung einer Familie an Christentum und Orden verweist auch der Bericht über den pomesanischen Adligen Namile, der als Vater des Tussinus eingeführt wird und für seinen Glauben schreckliche Qualen überstehen muss, bevor er zu den Brüdern gelangt und genesen kann[54].

Das negative, vielfach deutlich verzerrte Gegenbild dazu bilden jene Prußen, die schon das Christentum angenommen hatten, sich dann aber wieder ihrem alten Glauben zuwandten. In den Chroniken finden sich dazu zahlreiche Geschichten über mangelnde Treue. Neben einer anonymen, unfreien prußischen Frau, die wegen ihres Verrats der Abwesenheit der Brüder von der Burg Brandenburg bei Peter von Dusburg in biblischem Bezug als „Tochter Belials", bei Nikolaus von Jeroschin allgemeiner als *des tûvils tochter* gebrandmarkt wird[55], betrifft das zumeist Vertreter der prußischen Oberschicht, die zuvor mit dem Orden zusammengearbeitet hatten. Ein Beispiel ist der Schalauer Girdilo, von dem es heißt, er habe vor der Taufe bei seinem Volk einen hohen Rang eingenommen. 1285 habe er dann den Brüdern versprochen, mit nur 100 Mann große Erfolge gegen die Litauer zu erreichen, doch als er diese gestellt bekam, habe er sich als Verräter erwiesen und die kleine Truppe in einen Hinterhalt geführt[56]. Eine ähnliche Geschichte wird kurz vorher von den Bartern Numo und Dersko berichtet. Sie hätten sich nach einem erfolgreichen Feldzug des Ordens gegen die Litauer und mit ihnen verbündete Barter mit der Bitte um Gnade an die Brüder gewandt und einen friedlichen Ausgleich und die Rückgabe der Frauen und Kinder bewirkt. Danach schlossen sie sich jedoch wieder den Litauern an, bevor sie auch diese hintergingen[57]. Dabei hatte Dietrich, der Vogt des Samlands, schon zuvor vor einem Verrat der beiden gewarnt.

---

54 Peter von Dusburg, Chronica, III, 145, edd. SCHOLZ/WOJTECKI (wie Anm. 3) S. 266; Nikolaus von Jeroschin, Kronike, ed. STREHLKE (wie Anm. 3) S. 465 f., dort bezeichnet als Samile, mit nachträglicher Erwähnung des Sohns: *Ouch einin sun liz er nach im, den man sint nante Tustim.*

55 Nach I Sm 1,16; Peter von Dusburg, Chronica, III, 130, edd. SCHOLZ/WOJTECKI (wie Anm. 3) S. 248; Nikolaus von Jeroschin, Kronike, ed. STREHLKE (wie Anm. 3) S. 454 f.

56 Peter von Dusburg, Chronica, III, 226, edd. SCHOLZ/WOJTECKI (wie Anm. 3) S. 342; dagegen bezeichnet Nikolaus von Jeroschin, Kronike, ed. STREHLKE (wie Anm. 3) S. 518, Girdilo allgemeiner als *bôsewicht*.

57 Peter von Dusburg, Chronica, III, 225, edd. SCHOLZ/WOJTECKI (wie Anm. 3) S. 340; Nikolaus von Jeroschin, Kronike, ed. STREHLKE (wie Anm. 3) S. 517 f.

Die eigentliche treibende Kraft bei einem Verrat benennt Peter beim erneuten Abfall der Natanger 1295 unter ihren Anführern Gauwina, Stanto, Trinta, Missino und anderen. Von ihnen und ihrem Volk heißt es, sie hätten, „angestachelt vom Geist des Teufels, erneut ihre gewohnte Bosheit" unter Beweis gestellt[58]. Es ist also wie im Fall der unbekannten prußischen Frau der Teufel, der bei den Machenschaften gegen den Orden seine Hand im Spiel hat und sich seiner Gegner bedient. Mindestens in einem Fall wird aber auch ein konkretes Motiv für die Abkehr vom Orden benannt. So wurde der Samländer Bonse 1277 für einen Abfall verantwortlich gemacht, der zu vielen Toten und Zerstörungen führte[59]. Als Kämmerer von Pobethen besaß er zwar offenbar auch unter dem Orden eine einflussreiche Stellung, doch sei es zum Konflikt gekommen, als er – in prußischer Tradition – öffentlich mit zwei Ehefrauen leben wollte. Als ihm die Brüder dies verweigerten, habe er die Prußen heimlich zum Abfall vom Christentum bewegt. Am Ende wurde er deshalb, wie Peter betont, zu Recht zum Tode verurteilt. Ohnehin scheint für ihn der Tod, vielleicht sogar ein grausamer, die angemessene Strafe für „Verrat" gewesen zu sein. So berichtet er zu 1284 vom Tod eines namentlich nicht genannten Barters, der die Gefangennahme der Komture von Christburg und Elbing verschuldet hatte und dessen Leichnam durch seinen eigenen Hund verstümmelt wurde. Dabei „zog er ihm aus dem Körper das Herz heraus, das Mitwisser von so viel Verrat und Betrug war, und verschlang es in Gegenwart von vielen Christen"[60].

In einigen Fällen lassen sich die Angaben in der Chronik zu kleineren Biographien verdichten, die die differenzierte Wahrnehmung der Prußen deutlich machen. Das gilt insbesondere für die Anführer der Barter, Diwan, der Natan-

---

58 Peter von Dusburg, Chronica, III, 262, edd. SCHOLZ/WOJTECKI (wie Anm. 3) S. 378, der Nennung der Namen folgt die Wendung „und mehrere andere, deren Angedenken der ewigen Vergessenheit anheimfallen möge" (jeweils in Übersetzung durch Scholz/Wojtecki); Nikolaus von Jeroschin, Kronike, ed. STREHLKE (wie Anm. 3) S. 541.
59 Peter von Dusburg, Chronica, III, 190, edd. SCHOLZ/WOJTECKI (wie Anm. 3) S. 308; Nikolaus von Jeroschin, Kronike, ed. STREHLKE (wie Anm. 3) S. 493 f.; eine Darstellung der Ereignisse entlang des Berichts bei Peter findet sich bei Johannes VOIGT, Geschichte Preußens von den ältesten Zeiten bis zum Untergange der Herrschaft des Deutschen Ordens 3 (1828) S. 347 f.
60 Peter von Dusburg, Chronica, III, 223, edd. SCHOLZ/WOJTECKI (wie Anm. 3) S. 338; Nikolaus von Jeroschin, Kronike, ed. STREHLKE (wie Anm. 3) S. 516.

ger, Heinrich Monte, und der Sudauer, Skomand. Diwan wird zuerst zu 1260 bei seiner Wahl zum Anführer erwähnt, dann folgen Berichte über seine kriegerischen Unternehmungen, so über einen Feldzug ins Kulmerland. Dabei wird er, wie erwähnt, zunächst als tapfer beschrieben, am Ende aber doch negativ charakterisiert. So soll er vor der Burg Schönsee erschienen sein und „bei der Macht seiner Götter" geschworen haben, die Verteidiger eigenhändig zu töten, wenn sie nicht kapitulierten. Es kam dennoch zum Kampf, und schließlich wurde Diwan durch einen Pfeil getötet. Sein Ende, das eines „Gotteslästerers", wird ausführlich mit dem Tod Heliodors im zweiten Makkabäerbuch verglichen[61].

Ähnlich ambivalent erscheint der Natanger Heinrich Monte[62]. Auch er ist 1260 erstmals belegt und wird bald darauf in eher positiver Weise dargestellt. Als nach einem Erfolg der Natanger einer der Gefangenen den prußischen Göttern geopfert werden sollte, sei das Los auf einen Magdeburger Bürger namens Hirtzhals gefallen. Dieser habe sich hilfesuchend an Heinrich Monte gewandt, den er aus Magdeburg kannte. Heinrich habe tatsächlich dafür gesorgt, dass das Los noch einmal geworfen wurde, aber auch beim zweiten und dritten Mal habe es Hirtzhals getroffen, der sich schließlich in sein Schicksal ergeben habe und auf seinem Pferd sitzend verbrannt wurde. Heinrich Monte wird ausdrücklich als Zeuge dafür benannt, dass aus dem Munde des Bürgers bei dessen Tod eine weiße Taube emporgeflogen sei, als Symbol seiner zum Himmel aufgestiegenen Seele[63]. Die weiteren Textstellen zu Heinrichs Leben bleiben weitgehend neutral. Nach Angriffen gegen Königsberg und das Kulmerland ereilt ihn der Tod in der Wildnis, durch den Komtur von Christburg und seine Begleiter[64]. Einen besonderen Akzent bekommt seine Biographie

---

61 Peter von Dusburg, Chronica, III, 89, edd. SCHOLZ/WOJTECKI (wie Anm. 3) S. 210; ebd., III, 117, S. 236; ebd., III, 143, S. 262; ebd., III, 165, S. 282–284 (dort Letzteres, mit Bezug auf II Mcc 3,27–8); vgl. dazu wiederum Nikolaus von Jeroschin, Kronike, ed. STREHLKE (wie Anm. 3) S. 420, 444 f., 462 und 474 f.

62 Was FEISTNER, Krieg (wie Anm. 5) S. 536 f., in ihrer einseitigen Darstellung übersieht.

63 Diese Geschichte bei Peter von Dusburg, Chronica, III, 91, edd. SCHOLZ/WOJTECKI (wie Anm. 3) S. 212–214; Nikolaus von Jeroschin, Kronike, ed. STREHLKE (wie Anm. 3) S. 432.

64 Die weiteren Stellen zu Heinrich Montes Leben sind: Peter von Dusburg, Chronica, III, 89, edd. SCHOLZ/WOJTECKI (wie Anm. 3) S. 210; ebd., III, 104, S. 224–226; ebd., III, 123, S. 242; ebd., III, 135, S. 254 (dort die unten erwähnte Todesart); Nikolaus von Jeroschin, Kronike, ed. STREHLKE (wie Anm. 3) S. 420, 439, 450 f. und 457.

jedoch durch die später ergänzte Nachricht, Heinrich Monte sei wie viele andere Prußen als Jugendlicher bei den Brüdern erzogen worden (*a puericia nutriti fuerant circa fratres*). Dies habe er wie die anderen dazu benutzt, seine Gegner mit Hilfe der deutschen Sprache in Sicherheit zu wiegen und aus ihren sicheren Verstecken zu locken[65]. Zwar ist eindeutig von den *multa mala* die Rede, die Heinrich und die anderen begangen hätten, und es dürfte in diesem Bericht auch die Enttäuschung der Brüder fassbar werden. Auf eine abwertende Beschreibung wie bei Diwan wird aber verzichtet, und die Stellen über seine Rolle beim Tod des Magdeburger Bürgers und über seine Sprachkenntnisse lassen Heinrich durchaus in kultureller Nähe zum Christentum erscheinen. Nur die Todesart, das unehrenhafte Erhängen, setzt hier einen anderen Akzent.

Eine letztlich weitaus positivere Darstellung findet der dritte, Skomand. Er ist bei Peter erst seit 1277 als Anführer der Sudauer belegt und wird zuerst bei Angriffen auf das Kulmerland genannt. Dabei ist von schweren Verwüstungen, auch als Rache für eigene Opfer, die Rede, aber ebenso von einer Abmachung mit den Verteidigern einer Burg, an die sich Skomand hielt[66]. Die folgenden Stellen behandeln dann Skomands Bekehrung. So berichtet Peter, dass der in Gefangenschaft geratene Bruder Ludwig von Liebenzell vor Skomand gebracht und von diesem, weil er seinen Mut schätzte, wie ein Gleichgestellter behandelt worden sei. Als dies den Zorn eines prußischen Adligen erregte, habe Skomand es zugelassen, dass Ludwig die erfahrenen Beleidigungen rächte. Schließlich sei Ludwig durch einen Knecht Skomands freigelassen worden. Skomand sei vor den Angriffen des Ordens zwar zunächst nach Russland geflohen, habe sich dann aber nach seiner Rückkehr mit seiner Familie und seinem Gefolge dem Glauben und den Brüdern unterworfen (*fidei et fratribus se subiecit*)[67]. Zum Jahr 1284 erscheint Skomand schließlich als Führer eines Ordensheers, das unter dem preußischen Landmeister Konrad von Tierberg zur Burg Grodno (Garthen) zog. Die Nachricht über seinen Tod fasst noch

---

65 Peter von Dusburg, Chronica, III, 167, edd. SCHOLZ/WOJTECKI (wie Anm. 3) S. 286; Nikolaus von Jeroschin, Kronike, ed. STREHLKE (wie Anm. 3) S. 476.
66 Peter von Dusburg, Chronica, III, 164, edd. SCHOLZ/WOJTECKI (wie Anm. 3) S. 282; ebd., III, 166, S. 284; ebd., III, 192, S. 308–312; Nikolaus von Jeroschin, Kronike, ed. STREHLKE (wie Anm. 3) S. 474–476, 494–497.
67 Peter von Dusburg, Chronica, III, 210 f., edd. SCHOLZ/WOJTECKI (wie Anm. 3) S. 324–326; Nikolaus von Jeroschin, Kronike, ed. STREHLKE (wie Anm. 3) S. 504–506.

einmal die Entwicklung von jemandem, „der vorher die Kirche maßlos verfolgt hatte, [...] zu einem Eiferer für den Glauben, zu einem ruhmreichen Führer des Christenvolkes" zusammen. Als er von einem Priesterbruder namens Konrad nach dem Grund für die ihm gewährte göttliche Gnade gefragt worden sei, habe Skomand, so Peter, geantwortet, vor seiner Bekehrung habe er nur eine gute Tat vollbracht, die Rettung eines bei einem Feldzug in Polen geschändeten Marienbildes. Nach Nikolaus von Jeroschin rief Skomand dann auch Maria im Sterben an[68].

Das positive Bild Skomands ist sicherlich kein Zufall, steht seine Geschichte doch für ein Beispiel gelungener Integration prußischer Adelsfamilien in die Ordensherrschaft[69]. So erhielt Skomand nach einer Urkunde von 1285, in der der Priesterbruder Konrad als Zeuge erscheint, gegen Kriegsdienstleistung ein Freiengut, aus dem sich später der Ort Groß Steengen entwickelte, und 1361 gründete einer seiner Nachfahren, Dietrich Skomand, aufgrund einer Verleihung von 50 Hufen durch den Orden ein Dorf namens Dietrichsdorf. Auf die enge Bindung anderer prußischer Familien an den Orden war ja schon hingewiesen worden[70]. Es ist diese Bindung und die Treue zum Christentum, die wie im Falle Skomands letztlich zu einem positiven Bild führt. Im Umkehrschluss ist es der Rückfall in das Heidentum, der die Darstellung Diwans und Heinrich Montes in negativer Hinsicht bestimmt. Diwan ist trotz seiner Tapferkeit ein „Gotteslästerer", der aufgrund seines Hochmuts den verdienten Tod findet, und bei Heinrich kann die schon im Namen fassbare Nähe zu den Christen, die sich auch in seiner Großzügigkeit gegenüber dem Magdeburger Kaufmann und dem Erkennen eines Wunders äußert, das böse Ende nicht verhindern, weil er auf der falschen Seite bleibt.

---

68 Peter von Dusburg, Chronica, III, 223 f., edd. SCHOLZ/WOJTECKI (wie Anm. 3) S. 338–340; Nikolaus von Jeroschin, Kronike, ed. STREHLKE (wie Anm. 3) S. 515–517; Skomand als Führer eines Ordensheers, das Grodno belagert, auch in den Annales expeditialis Prussici, ed. STREHLKE (wie Anm. 10) S. 8.
69 Dazu und zum Folgenden: Hartmut BOOCKMANN, Der Deutsche Orden. Zwölf Kapitel aus seiner Geschichte (⁴1994) S. 101 f. und 112 f.; Reinhard WENSKUS, Eine prussische Familie in Pommerellen und ihre Erben, in: Europa slavica, Europa orientalis. Festschrift für Herbert Ludat zum 70. Geburtstag, hg. von Klaus-Detlev GROTHUSEN / Klaus ZERNACK (1980) S. 391–422.
70 Zu den Familien Sclodos, Namiles, zur gens Candeym und den Montéminores vgl. oben zu Anm. 51–54.

Das mit diesen Beispielen angedeutete Ergebnis lässt sich ähnlich auch für andere ethnische Gruppen bestätigen. Das gilt zunächst für die Litauer, die nach den Prußen am häufigsten in den Chroniken erwähnt sind, für die aber eine ähnlich ausführliche Beschreibung des Landes, der Religion und der Gebräuche fehlt[71]. Die andere politische Struktur Litauens, die während langer Perioden einem Fürsten unterstanden, führt dazu, dass es die Fürsten sind, die die meiste Aufmerksamkeit auf sich ziehen – und durchgängig negativ beurteilt werden[72].

Der Fürst, der bei Peter von Dusburg am häufigsten Erwähnung findet, ist Witen (Vytenis, regiert 1292–1315/16). Peter berichtet vor allem über die militärischen Unternehmungen des Fürsten so, dass dabei auch seine Ablehnung des christlichen Glaubens deutlich herausgearbeitet wird. Zu 1292 (eigentlich 1294) wird ein Überfall Witens auf Polen geschildert, bei dem er in Lentschütz während der Pfingstfeiern über eine Prozession hergefallen sein, Christen auch in der Kirche getötet und Kleriker sowie die gesamte Ausstattung mit sich weggeführt haben soll. Dabei ist nicht zufällig von der Verachtung die Rede, die er (dem christlichen) Gott entgegenbrachte[73]. Eine zweite Stelle bezieht sich auf einen Überfall auf das Bistum Ermland. Witen wird hier mit Bezügen auf die Makkabäer und das Buch Judith als hochmütiger Gewaltherrscher und „Lästerer des Namens Jesu Christi" (*blasphemus nominis Iesu Christi*) beschrieben[74]. So soll er die christlichen Gefangenen gefragt haben: „Wo ist denn euer Gott? Warum hilft er euch nicht so, wie unsere Götter uns

---

71 Zweimal werden die Litauer im Kapitel über die Religion und Sitten der Prußen erwähnt: einmal für ihre Orientierung auf den Priester Criwe, zum anderen für ihre ähnlichen Opfer an die Götter, siehe Peter von Dusburg, Chronica, III, 5, edd. SCHOLZ/WOJTECKI (wie Anm. 3) S. 104–106; Nikolaus von Jeroschin, Kronike, ed. STREHLKE (wie Anm. 3) S. 348–350. Auf die Gründe dafür habe ich schon hingewiesen; Peters Chronik ist eine preußische Landesgeschichte, in der Litauen eine Nebenrolle spielt.

72 Zum Kontext vgl. unter anderem Alvydas NIKŽENTAITIS, Die litauische Gesellschaft der vorchristlichen Zeit (13.–14. Jahrhundert) zwischen Rom und Byzanz, in: Rom und Byzanz im Norden: Mission und Glaubenswechsel im Ostseeraum während des 8.–14. Jahrhunderts, hg. von Michael MÜLLER-WILLE (1998) S. 115–130.

73 Peter von Dusburg, Chronica, III, 250, edd. SCHOLZ/WOJTECKI (wie Anm. 3) S. 366; Nikolaus von Jeroschin, Kronike, ed. STREHLKE (wie Anm. 3) S. 534, spricht dagegen von Witen als *des tuvils bote*.

74 Peter von Dusburg, Chronica, III, 310, edd. SCHOLZ/WOJTECKI (wie Anm. 3) S. 418–420; Nikolaus von Jeroschin, Kronike, ed. STREHLKE (wie Anm. 3) S. 574 f., mit anderen Formulierungen.

jetzt und sonst zur Seite gestanden haben?"[75] Die Strafe für diesen Hochmut folgte jedoch unmittelbar. Als der Großkomtur Heinrich von Plötzkau mit 150 Brüdern und einem größeren Heer anrückte, seien die Litauer zunächst erfolgreich gewesen, aber bald aufgrund der Größe des Heeres erschrocken, hätten schließlich die Flucht ergriffen und seien dabei fast alle umgekommen. Nur der Fürst sei mit wenigen Getreuen entflohen. Wie eine Verstärkung der Schmach wirkt die Nachricht, die gefangenen christlichen Frauen hätten im Vertrauen auf himmlische Unterstützung „die Schwäche ihres Geschlechtes" vergessen und ihre Bewacher überfallen und getötet. Peter nutzt ähnlich auch an anderer Stelle die Furchtsamkeit der Litauer und ihres Fürsten, um ein Gegenbild zu ihrem grausamen Vorgehen in Preußen zu zeichnen[76]. Danach sollen die angreifenden Ordenskontingente den Fürsten und sein Heer bei Kämpfen im Jahr 1305 so erschreckt haben, dass sie die Waffen wegwarfen und flüchteten. Nur einmal, bei der Belagerung der Burg Christmemel 1315, werden die militärischen Handlungen der Litauer unter Witen mit positiven Eigenschaften, großem Einsatz und Geschick, verbunden, wohl, um die deshalb erforderlichen Mühen des Ordens besonders groß erscheinen zu lassen[77].

Auch Witens Nachfolger Gedimin (Gediminas, 1316–1341) findet einige Male Erwähnung, so im Zusammenhang mit Kämpfen gegen die Kreuzfahrer und den Markgrafen von Brandenburg[78]. Ein negatives Bild wird insbesondere aus dem umfangreichen Bericht über die päpstlichen Bemühungen um eine Taufe Gedimins erkennbar, die von Erzbischof Friedrich von Riga 1323 initiiert worden waren[79]. Es gelang zwar der Abschluss eines Friedens, doch noch während die Legaten mit dem Fürsten über eine Taufe verhandelten, habe Gedimin einem Heer unter dem Kastellan David von Grodno befohlen, auszuziehen, um Masowien zu verwüsten. Wie Peter schreibt, folgte der Fürst so

---

75 Ich folge hier wiederum der Übersetzung von SCHOLZ/WOJTECKI, Chronica (wie Anm. 3) S. 419.
76 Peter von Dusburg, Chronica, III, 291, edd. SCHOLZ/WOJTECKI (wie Anm. 3) S. 406; ähnlich Nikolaus von Jeroschin, Kronike, ed. STREHLKE (wie Anm. 3) S. 567 f.
77 Peter von Dusburg, Chronica, III, 324, edd. SCHOLZ/WOJTECKI (wie Anm. 3) S. 434; Nikolaus von Jeroschin, Kronike, ed. STREHLKE (wie Anm. 3) S. 586 f.
78 Peter von Dusburg, Chronica, III, 340, edd. SCHOLZ/WOJTECKI (wie Anm. 3) S. 446–448, und ebd., III, 361, S. 464–466; vgl. Nikolaus von Jeroschin, Kronike, ed. STREHLKE (wie Anm. 3) S. 599 f. und 608–610.
79 Peter von Dusburg, Chronica, III, 356–359, edd. SCHOLZ/WOJTECKI (wie Anm. 3) S. 458–462; entsprechend Nikolaus von Jeroschin, Kronike, ed. STREHLKE (wie Anm. 3) S. 605–607.

„den Spuren seiner Vorfahren und wandte sein ganzes Bemühen auf die Vernichtung des Glaubens und der Gläubigen"[80]. Dies steigert er im Folgenden, wenn er Gedimin wegen seiner Haltung zum Taufsakrament und wegen der Aussendung eines zweiten Heeres, das Teile Livlands verwüstete, als Betrüger bezeichnet. Allerdings wird das im nächsten Kapitel durch den Bericht relativiert, dass Gedimin im Anschluss Boten nach Riga entsandt haben soll, die in seinem Namen erklärt hätten, er habe niemals seine Taufe angeboten. Vielmehr habe er „bei der Kraft seiner Götter geschworen [...], niemals einen anderen Glauben annehmen zu wollen als den, in dem seine Vorfahren verstarben"[81]. Gedimin erscheint so zwar als heidnischer „Erbfeind", dem man nicht trauen kann, der aber zumindest nachträglich zu seinem Vorgehen steht.

Ähnlich negativ ist das Bild der Litauer, die zu ihrem Fürsten und ihrem Glauben stehen. Das gilt einmal für den genannten David von Grodno, dessen Taten, Überfälle, Morde, die Entweihung von Kirchen, ausführlich, wenn auch ohne Wertung der Person dargestellt werden[82]. Nur am Ende, bei seiner Ermordung durch einen Polen (bei Nikolaus von Jeroschin als masowischer Adliger namens Andreas Gost eingeführt), wird er als Heerführer beschrieben, der für die zahllosen Gewalttaten gegen die Christen verantwortlich war. Ein zweites Beispiel bietet ein ehemaliger Kämmerer des litauischen Fürsten, der versprach, den Brüdern bei seiner Freilassung die Burg Grodno zu übergeben. Als sich jedoch das kleine Ordensheer der Burg näherte, lagen schon große litauische Kontingente im Hinterhalt bereit. Nur die Warnung durch einen alten Mann verhinderte eine Katastrophe[83]. Die Überschrift spricht (bei Peter und Nikolaus von Jeroschin gleichermaßen) klar von einem Verrat.

Eine positive Darstellung finden dagegen die Litauer, die sich zum Christentum bekennen und dem Orden von ihnen kontrollierte Burgen übergeben. So heißt es etwa über Drayko, der auf der Burg Oukaym Dienst tat, es sei ihm

---

80 Leicht korrigiert nach der Übersetzung von SCHOLZ/WOJTECKI, Chronica (wie Anm. 3) S. 461.
81 Nach der Übersetzung von SCHOLZ/WOJTECKI, Chronica (wie Anm. 3) S. 463.
82 Peter von Dusburg, Chronica, III, 322, edd. SCHOLZ/WOJTECKI (wie Anm. 3) S. 433; ebd., III, 337, S. 444; ebd., III, 343, S. 450; ebd., III, 357, S. 460–462; ebd., III, 361, S. 466; vgl. Nikolaus von Jeroschin, Kronike, ed. STREHLKE (wie Anm. 3) S. 584–586, 591 f., 600, 605–607 und 610 f.
83 Peter von Dusburg, Chronica, III, 312, edd. SCHOLZ/WOJTECKI (wie Anm. 3) S. 422; entsprechend Nikolaus von Jeroschin, Kronike, ed. STREHLKE (wie Anm. 3) S. 579 f.

schmerzlich bewusst geworden, wie lange er durch den Teufel getäuscht worden sei, und so habe er sich für die Annahme des wahren Glaubens entschieden[84]. In der Folge sandte er 1301 zum Komtur von Ragnit, der mit einem Heer anrückte, mit Hilfe Draykos in die Burg eindrang und sie zerstörte, nachdem er die Besatzung getötet hatte. Drayko wurde danach zu Ragnit mit seinem Gesinde getauft. Ganz ähnlich fiel dieselbe Burg, offensichtlich zwischenzeitig wieder aufgebaut, 1305 erneut in die Hände des Ordens und wurde zerstört, nachdem sie den Brüdern durch den Burgmann Swirtil übergeben worden war. Swirtil erscheint folgerichtig als *fidei et fidelium amicus*[85]. Ein drittes Beispiel bildet die Übergabe der Burg Putenicka durch den Litauer Spudo, der als *zelator fidei et fidelium* eingeführt wird[86].

Ähnlich wie die Prußen erscheinen später getaufte Litauer schon vor der Bekehrung in besserem Licht. So wird zu 1290 von einem Litauer namens Nodam berichtet, der eine List angewandt habe, die zum Tod des Komturs von Ragnit, Erneko, führte. Dennoch wird er als *vir in armis strenuis* beschrieben, der sich später zum Christentum bekannt habe und darin „selig entschlief"[87]. Umgekehrt erfahren Litauer eine negative Darstellung, die sich trotz zeitweiliger Zuwendung zum Orden nicht zum Übertritt zum Christentum entschließen können. Im unmittelbaren Kontext der geschilderten Ereignisse heißt es von einem gewissen Jesbuto, er habe mit 500 Mann einen Raubzug nach Polen geführt, aber zugleich den Orden von diesem Feldzug unterrichtet, weil er „im Verborgenen die Brüder geschätzt habe"[88]. Am Ende aber findet er den Tod durch die Lanze des Bruders Heinrich Zuckschwert, wobei er hier

---

[84] Peter von Dusburg, Chronica, III, 280, edd. SCHOLZ/WOJTECKI (wie Anm. 3) S. 392–394; Nikolaus von Jeroschin, Kronike, ed. STREHLKE (wie Anm. 3) S. 559 f.

[85] So nur bei Peter von Dusburg, Chronica, III, 290, edd. SCHOLZ/WOJTECKI (wie Anm. 3) S. 404. Nikolaus von Jeroschin, Kronike, ed. STREHLKE (wie Anm. 3) S. 567, berichtet nur von der Übergabe der Burg und Swirtels Taufe zusammen mit seinem Gesinde.

[86] Peter von Dusburg, Chronica, III, 301, edd. SCHOLZ/WOJTECKI (wie Anm. 3) S. 412–414; ähnlich bei Nikolaus von Jeroschin, Kronike, ed. STREHLKE (wie Anm. 3) S. 571.

[87] Peter von Dusburg, Chronica, III, 239, edd. SCHOLZ/WOJTECKI (wie Anm. 3) S. 354; ohne diese Charakteristik als kampferprobt, aber mit demselben Bericht über die spätere Taufe Nikolaus von Jeroschin, Kronike, ed. STREHLKE (wie Anm. 3) S. 526.

[88] Peter von Dusburg, Chronica, III, 241, edd. SCHOLZ/WOJTECKI (wie Anm. 3) S. 357; *was in der zît der brûdre vrûnt*, heißt es bei Nikolaus von Jeroschin, Kronike, ed. STREHLKE (wie Anm. 3) S. 527.

durch den Zusatz *qui ante fuit amicus nunc hostis* eingeführt wird[89]. Nur selten findet sich dagegen ein positives Bild von Litauern, ohne dass sie mit dem Christentum oder dem Orden in Beziehung standen. Eine bemerkenswerte Ausnahme ist die Charakterisierung mehrerer litauischer Adliger im Bericht über den Einfall des Komturs von Brandenburg, Gebhard von Mansfeld, in Litauen zum Jahr 1311. Mansto, Masio, Sudargus und andere seien, so heißt es dort nach dem Bericht über die Mordtaten, Plünderungen und Verwüstungen durch das Ordensheer, „voller Bewunderung für die Brüder [gewesen], als sie deren Tollkühnheit sahen"[90]. Mansto, der in der folgenden Beratung von einer Verfolgung des Ordens abriet, wird hier als *vir sapiens et experientia doctus* beschrieben.

Andere ethnische Gruppen sind in den Chroniken seltener angesprochen, selbst die polnischen Nachbarn des Ordenslandes, die als Christen besonderes Interesse verdienen. Zumindest lassen sich die wenigen polnischen Beispiele aber vergleichend heranziehen. So erscheinen die polnischen Herzöge, die dem Orden im früheren 13. Jahrhundert zu Hilfe eilten, etwa Bolesław von Kalisch und Kasimir von Kujawien 1243 gegen Swantopolk von Pommerellen[91], durchaus in positivem Licht. Eine besondere Rolle spielen hier naturgemäß Konrad von Masowien und seine Gattin, die die verletzten Brüder nach einem ersten schweren Angriff der Prußen pflegte[92]. Aber auch später finden sich positiv beschriebene Polen, wie jener, der den Kastellan David von Grodno

---

[89] Peter von Dusburg, Chronica, III, 246, edd. SCHOLZ/WOJTECKI (wie Anm. 3) S. 458–462; Nikolaus von Jeroschin, Kronike, ed. STREHLKE (wie Anm. 3) S. 531. – Der faktische Zusammenhang der beiden Berichte ist nicht völlig klar. Heinrich Zuckschwert war der Anführer des Ordenskontingents, das die aus Polen zurückkehrenden Litauer unter Jesbuto (wie Anm. 88) angriff und vernichtend schlug. Möglicherweise war es dieser Angriff, der Jesbutos Haltung zum Orden umkehrte; die erneute Erwähnung Heinrich Zuckschwerts erscheint nicht als Zufall, zumal Jesbuto seinen Angriff direkt auf den Bruder richtete und dabei dessen Pferd verletzte.

[90] Peter von Dusburg, Chronica, III, 311, edd. SCHOLZ/WOJTECKI (wie Anm. 3) S. 420–422; wesentlich knapper Nikolaus von Jeroschin, Kronike, ed. STREHLKE (wie Anm. 3) S. 579.

[91] Peter von Dusburg, Chronica, III, 38, edd. SCHOLZ/WOJTECKI (wie Anm. 3) S. 144; Nikolaus von Jeroschin, Kronike, ed. STREHLKE (wie Anm. 3) S. 381 f.; zum Kontext BISKUP/LABUDA, Geschichte (wie Anm. 1) S. 166–168.

[92] Peter von Dusburg, Chronica, II, 5, edd. SCHOLZ/WOJTECKI (wie Anm. 3) S. 60–62; Nikolaus von Jeroschin, Kronike, ed. STREHLKE (wie Anm. 3) S. 323–325; dies bezieht sich auf Ereignisse noch vor der Schenkung des Kulmerlands.

tötete[93]. Es heißt von ihm (nach dem Bericht über den litauischen Einfall in der Mark Brandenburg), er habe Schmerz empfunden über die Tötung so vieler Christen und sich als Freund der Heiden gegeben, um dann David töten zu können.

Das Gegenbild sind die späteren Herrscher, insbesondere der spätere polnische König Władysław Łokietek, auch wenn es dabei im Text keine eindeutigen Urteile gibt. So wird zu 1291 (eigentlich 1292) berichtet, der Orden sei ihm und Herzog Kasimir gegen einen Angriff der Litauer zu Hilfe gekommen, aber als sich das christliche Heer den Litauern stellen wollte, hätten die Herzöge mit „all ihren Polen die Flucht" ergriffen[94]. Zu 1326 wird der mehrfach angesprochene, von Władysław Łokietek initiierte litauische Angriff auf Brandenburg beschrieben[95], der als besonders verwerflich erscheint, weil der christliche Herrscher sich im Konflikt mit einem anderen christlichen Herrscher heidnischer Truppen bedient. Auf derselben Ebene liegt die Schilderung eines – so auch in der Quelle gekennzeichneten – „Verrats" durch einen polnischen Ritter namens Nineric, der dem Sudauer-Anführer Skomand bei einem Feldzug ins Kulmerland die Stadt Kulmsee übergeben wollte, aber vorzeitig erkannt und schließlich von den Bürgern zusammen mit seinem Sohn und seinem Knecht vor dem Stadttor erhängt worden sei[96].

Diese Beispiele lassen deutlich erkennen, dass der christliche Glaube nicht das einzige Kriterium für eine positive Darstellung bildet. Vielmehr geht es auch immer um die Haltung gegenüber dem Orden und seiner Stiftungsaufgabe, dem „Heidenkampf". Wer immer den Orden bei seinen Kämpfen unterstützte, wurde positiv beurteilt – bei den Litauern überraschend etwa als Freund des oder Eiferer für den Glauben[97]. Wer aber mit den heidnischen Gegnern zusammenarbeitete und so der Mission entgegenwirkte, erfuhr eine mehr oder minder negative Charakterisierung.

---

93 Peter von Dusburg, Chronica, III, 361, edd. SCHOLZ/WOJTECKI (wie Anm. 3) S. 466; vgl. Nikolaus von Jeroschin, Kronike, ed. STREHLKE (wie Anm. 3) S. 610 f.; oben zu Anm. 82.

94 Peter von Dusburg, Chronica, III, 248, edd. SCHOLZ/WOJTECKI (wie Anm. 3) S. 362–364; Nikolaus von Jeroschin, Kronike, ed. STREHLKE (wie Anm. 3) S. 532.

95 Peter von Dusburg, Chronica, III, 361, edd. SCHOLZ/WOJTECKI (wie Anm. 3) S. 464–466; vgl. Nikolaus von Jeroschin, Kronike, ed. STREHLKE (wie Anm. 3) S. 608–610; oben zu Anm. 78, 82 und 93.

96 Peter von Dusburg, Chronica, III, 166, edd. SCHOLZ/WOJTECKI (wie Anm. 3) S. 284; vgl. Nikolaus von Jeroschin, Kronike, ed. STREHLKE (wie Anm. 3) S. 475 f.

97 Wie Anm. 85 f.

Wie Volker Scior zu Recht betont hat, sollte bei der Betrachtung mittelalterlicher Texte gelten, „daß weder die Fremddarstellungen an ihrem (vermeintlich) realistischen Gehalt noch die Autoren an modernen Toleranzvorstellungen zu messen sind"[98]. Das muss auch für die preußische Chronistik des 13. und 14. Jahrhunderts und insbesondere die Chronik Peters von Dusburg Anwendung finden. Auf der Grundlage einer intensiven Auseinandersetzung mit den Texten lässt sich so feststellen, dass sie keineswegs durch ein klares Feindbild geprägt sind, in dem die Prußen und die Litauer durchweg die Anderen, die von Grund auf Bösen, Fremden, bleiben, denen man nur mit den Mitteln des Krieges begegnen kann[99]. Vielmehr ist das Bild der Anderen durchaus ambivalent. Das wird schon an der Beschreibung der Stämme, Religion, Sitten und Gebräuche der Prußen deutlich, die Peter von Dusburg dem dritten Buch voranstellt. Unabhängig von der Bewertung der eingeschobenen Episode über das Land Galinden[100] finden die prußischen Stämme zumindest teilweise eine positive oder mindestens neutrale Bewertung, wie die Formulierung von der *nobilitas morum* der Sudauer, aber auch die Charakterisierung der Nadrauer und Schalauer erkennen lässt[101]. Auch die Darstellung der prußischen Religion ist nicht nur negativ zu lesen, vielmehr als Versuch, das Fremde mit eigenen, vertrauten Kategorien zu verstehen[102]. Das betrifft sowohl die Identifikation Criwes mit dem Papst und die seines Sitzes mit Rom als auch das Wissen der Prußen um die Auferstehung. Die negativen Züge, der „Götzendienst" und die göttliche Verehrung aller Geschöpfe, die Bräuche wie die Opfer an die Götter sowie die falsche Behandlung der Frauen, beruhen letztlich auf der Unwissenheit der Prußen, die durch die Mission beseitigt werden soll.

In der Haltung zur Mission beziehungsweise zum erfolgreichen Abschluss des „Heidenkampfes" liegt dann auch die eigentliche Scheidelinie in den Darstellungen von Gruppen und Personen. Diejenigen, die sich zum christlichen Glauben bekehren und ihm treu bleiben, erhalten positive Charakterisierungen, bis hin zu einer Stilisierung zu Helden, die auch Späteren zur Identifikati-

---

98 Volker Scior, Das Eigene und das Fremde: Identität und Fremdheit in den Chroniken Adams von Bremen, Helmolds von Bosau und Arnolds von Lübeck (Orbis mediaevalis 4, 2002) S. 22.
99 Wie es nicht zuletzt Edith Feistner postuliert; zu Anm. 6–8.
100 Zu Anm. 27.
101 Zu Anm. 14 und 33 f.
102 Oben zu Anm. 18–28.

on und als Vorbild dienen können. Das gilt zum Beispiel für die Prußen Pomanda, Miligedo, Stanteko und Sirenes, für Girdaw und Matto, letztlich auch für den prominenten Skomand[103], ebenso, wenn auch nur in eingeschränktem Sinne, für die Litauer Drayko, Swirtil und Spudo[104]. Ein besonderer Rang kommt dabei auch den prußischen Familien zu, die ihre Treue zum Christentum unter Beweis stellten, allen voran die Familie Sclodos, die in der Schlacht bei Durben auf Ordensseite aushielt. Sie werden durch den sonst eher den Ritterorden vorbehaltenen Vergleich mit den Makkabäern ausgezeichnet, wenn es heißt, sie hätten *tanquam alteri Machabei* gekämpft[105].

Daneben finden auch ungetaufte Prußen und Litauer eine positive Darstellung. Das betrifft in erster Linie jene, von denen später der Übertritt zum Christentum berichtet wird, wie Dorge, Nalubo und die genannten Litauer[106]. Daneben gibt es aber einige Ausnahmen. So wird mehrfach die Tapferkeit und die Erfahrenheit der Gegner in Kämpfen hervorgehoben, bei den Prußen etwa zu 1263 und für Diwan, bei den Litauern für Nodam[107]. Da dies zugleich die Leistung der Brüder in besserem Licht erscheinen lässt, darf diese positive Beurteilung nicht überbewertet werden. Einen Sonderfall stellt daher die Betonung der Weisheit des Litauers Mansto dar[108], die mit der Unwissenheit der Heiden kontrastiert. Hervorzuheben ist schließlich der nicht näher begründete, daher nicht einzuordnende Einsatz des Prußen Powida für die gefangenen Komture von Elbing und Christburg[109].

Aufschlussreich sind aber auch die negativen Charakterisierungen. So sind es bei den Prußen der Abfall vom Christentum und die damit verbundene Täuschung der Brüder, die als besonders verwerflich dargestellt werden. Das gilt individuell für Girdilo, Numo und Dersko sowie für Bonse[110], für Diwan und Heinrich Monte[111], ebenso kollektiv für einzelne Stämme. In diesen Kon-

---

103 Zu Anm. 35–40, 48 f. und 66–68.
104 Vgl. zu Anm. 84–86.
105 Siehe zu Anm. 50 f.; für die Familien Namiles, zur *gens* Candeym und den Monteminores siehe oben Anm. 52–54.
106 Anm. 46 f. sowie oben.
107 Zu Anm. 41 f. und 87.
108 Zu Anm. 90.
109 Zu Anm. 43.
110 Zu Anm. 56 f. und 59. – Bei Bonse kommt noch ein ganz anderer, gewissermaßen handgreiflicher Grund für die Abkehr vom Christentum hinzu, der hier nicht näher diskutiert werden soll: dass er sich keine zweite Frau nehmen darf.
111 Wie Anm. 61–65.

text gehört es, wenn Peter von Dusburg die Unbelehrbarkeit der Pogesanier oder die Bosheit der Samländer und Natanger hervorhebt[112]. Es ist kein Zufall, dass dafür – ausdrücklich im letzten Fall sowie für den „Verrat" der unfreien prußischen Frau[113] – der Einfluss des Teufels verantwortlich gemacht wird. In der Sicht der Chronisten und in gewissem Sinne auch seiner Gegner agiert der Orden im Namen Gottes und des christlichen Glaubens; und seine Gegner stellen sich damit, unbelehrbar und boshaft, gegen Gott und den Glauben, das heißt auf die Seite des Teufels. Es entsteht damit eine starke Identität von Orden und Glauben.

Dies macht deutlich, dass der Blick auf die „Anderen" immer auch Rückschlüsse auf das Selbstbild, auf das Eigene erlaubt. Volker Scior hat in seiner Untersuchung norddeutscher Chronisten des 11.–13. Jahrhunderts unterschiedliche „Kreise" des Eigenen in kirchlicher und weltlicher Hinsicht ausgemacht, im kirchlichen Bereich etwa die Identifikation mit dem Christentum allgemein, mit dem eigenen Bistum oder dem eigenen Kloster, im weltlichen die mit *Teutonici* und *Saxones*[114]. Folgt man der Darstellung in der frühen Chronistik Preußens, scheinen die weltlichen, das heißt politischen und ethnischen, Differenzen in der besonderen Situation des Ordenslandes eine untergeordnete Rolle gespielt zu haben[115]. In erster Linie identifizierten sich die Chronisten mit dem Christentum[116], und in zweiter – und praktisch ebenso intensiv – mit dem eigenen Orden, dem Deutschen Orden, dessen Brüder als Vorkämpfer für den Glauben präsentiert werden. Das jeweilige Ordenshaus spielt dabei keine Rolle, ebenso wenig die (regionale oder ethnische) Herkunft.

Interessanterweise gibt es offenbar aber in den preußischen Chroniken einen dritten „Kreis" der Identifikation, der eng mit den beiden ersten verbunden ist. Dies sind diejenigen Prußen und Litauer, die sich zum Christentum bekannt haben und ihm trotz schwerer Anfechtungen treu geblieben sind. Sie bilden jenen Teil des Eigenen, der den besonderen Charakter des Deutschen Ordens als Institution deutlich werden lässt – und dem die Chroniken letztlich gewidmet sind: die eigene Landesherrschaft über Preußen. Gerade die Chronik Peters von Dusburg ist als Landesgeschichte angelegt, die die Ent-

---

112 Zu Anm. 29 f. und 58.
113 Zu Anm. 55.
114 SCIOR, Das Eigene (wie Anm. 98) S. 333.
115 Edith FEISTNER hat hier die entgegengesetzte Position bezogen, vgl. Anm. 6–8.
116 Vgl. dazu die positiven Beschreibungen Einzelner jeweils als *zelator fidei et fidelium*.

stehung der Ordensherrschaft beschreibt. Dies schließt ein, dass die Untertanen, egal ob Prußen, Litauer oder Deutsche, nicht per se als Böse gezeichnet werden können. Der universale Anspruch des Christentums wie auch des Deutschen Ordens führt so dazu, dass die ethnischen Differenzen in der Sicht der Chronisten ihre Schärfe verlieren[117]. Das sollte sich erst im 15. Jahrhundert ändern, als der Orden endgültig in territoriale Streitigkeiten mit seinen Nachbarn Polen und Litauen eintrat[118].

---

117 Es ist demnach kein Zufall, dass es im Ständekrieg von 1454–1466 oftmals gerade die Prußen waren, die dem Orden die Treue hielten, während sich die Deutschen abwandten; vgl. Reinhard WENSKUS, Der deutsche Orden und die nichtdeutsche Bevölkerung des Preußenlandes mit besonderer Berücksichtigung der Siedlung, in: Die deutsche Ostsiedlung des Mittelalters als Problem der europäischen Geschichte, hg. von Walter SCHLESINGER (Vorträge und Forschungen 18, 1975) S. 417–438, hier S. 428 f.

118 Frauke SCHMITZ, Eine Deutschordenschronik berichtet: Beschreibung von Personen und Gruppen in der ‚Geschichte wegen eines Bundes', in: Bilder – Wahrnehmungen – Vorstellungen. Neue Forschungen zur Historiographie des hohen und späten Mittelalters, hg. von Jürgen SARNOWSKY (Nova mediaevalia 3, 2007) S. 165–201, entdeckt in der Beschreibung der Verbündeten und (ständischen) Gegner des Ordens ähnliche Elemente, wie sie bereits bei Peter von Dusburg fassbar werden; die hier ausgesparten polnischen Gegner werden jedoch fast durchgängig negativ charakterisiert.

Anne-Marie Helvétius

L'image de l'abbé à l'époque mérovingienne

Il y a quelques années, Hans-Werner Goetz a publié un article très stimulant sur l'image de l'abbé dans les chroniques monastiques alémaniques du Moyen Âge central[1]. Afin de rendre hommage à ce grand spécialiste de l'histoire des représentations mais aussi de célébrer l'anniversaire du collègue et de l'ami, il m'a semblé opportun de proposer une étude sur l'image de l'abbé dans les sources de l'époque mérovingienne. Divers travaux ont enrichi notre compréhension de la position de l'abbé durant cette période, aussi bien comme *pater* à l'intérieur de sa communauté[2] que comme *dominus* dans l'Église et dans le monde[3]. En revanche, la question de la représentation qu'en offrent les sources de l'époque a été relativement négligée, sauf dans la perspective plus large des modèles de sainteté monastique[4] ou dans le contexte restreint d'un corpus limité[5].

---

1   Hans-Werner GOETZ, Das Bild des Abtes in alamannischen Klosterchroniken des hohen Mittelalters, dans : Ecclesia et regnum. Beiträge zur Geschichte von Kirche, Recht und Staat im Mittelalter. Festschrift für Franz-Josef Schmale zum 65. Geburtstag (1989) p. 139–153.

2   Adalbert DE VOGÜE, La communauté et l'abbé dans la règle de saint Benoît (1961) ; Pierre SALMON, L'abbé dans la tradition monastique. Contribution à l'histoire du caractère perpétuel des supérieurs religieux en Occident (Histoire et sociologie de l'Église 2, 1962) ; Kym HARRIS, Abbatial Obedience in : Tjurunga 62 (2002) p. 47–68.

3   Franz J. FELTEN, Äbte und Laienäbte im Frankenreich. Studie zum Verhältnis von Staat und Kirche im früheren Mittelalter (Monographien zur Geschichte des Mittelalters 20, 1980) p. 59–98 ; ID., Herrschaft des Abtes, dans : Friedrich PRINZ (dir.), Herrschaft und Kirche. Beiträge zur Entstehung und Wirkungsweise episkopaler und monastischer Organisationsformen (Monographien zur Geschichte des Mittelalters 33, 1988) p. 147–296 ; malgré son titre prometteur, l'étude de Klaus SCHREINER, Legitimation, Repräsentation, Schriftlichkeit. Gedankliche Begründungen und symbolische Formen mittelalterlicher Abtsherrschaft, dans : Joseph CANNING, Otto Gerhard OEXLE (dir.), Political Thought and the Realities of Power in the Middle Ages / Politisches Denken und die Wirklichkeit der Macht im Mittelalter (Veröffentlichungen des Max-Planck-Instituts für Geschichte 147, 1998) p. 67–111, n'aborde guère la période mérovingienne.

4   L'étude pionnière reste celle de František GRAUS, Volk, Herrscher und Heiliger im Reich der Merowinger. Studien zur Hagiographie der Merowingerzeit (1965)

Si l'on se place du point de vue de l'histoire des pouvoirs, les travaux de Joachim Wollasch, de Franz Felten et d'autres historiens ont bien établi que le rôle de l'abbé a considérablement évolué entre l'époque mérovingienne et l'époque carolingienne : tandis que la position dominante des évêques en Gaule franque avait maintenu les abbés dans un rôle subalterne jusqu'au VIIIe siècle, ils furent ensuite beaucoup plus étroitement associés au pouvoir royal et à l'Église du royaume, au point de devenir de véritables agents du roi et de se trouver assimilés aux évêques dans la définition du haut clergé[6]. Cette évolution a certes reçu une impulsion décisive lors du changement de dynastie de 751 et des nouvelles orientations politiques qui l'ont accompagné, mais il apparaît néanmoins manifeste qu'elle ne s'est pas faite en un jour. En se plaçant du point de vue de l'histoire des représentations, il est permis de se demander dans quelle mesure et de quelle manière les sources mérovingiennes ont pu se faire l'écho de cette lente évolution politique de la fonction abbatiale. Une telle enquête est aujourd'hui rendue possible grâce aux progrès réalisés par la recherche, en particulier en matière de datation des sources hagiographiques, qui ont permis de mieux identifier le corpus des sources écrites à l'époque mérovingienne et leur contexte de rédaction[7].

---

      p. 105–114, mais voir aussi Friedrich PRINZ, Heiligenkult und Adelsherrschaft im Spiegel merowingischer Hagiographie, dans : Historische Zeitschrift 204 (1967) p. 529–544, et Reginald GRÉGOIRE, Manuale di Agiologia : introduzione alla letteratura agiografica (1987).

5   Par exemple : Christine MCCANN, Abbots and Monks in the Dialogues of Gregory the Great, dans : Studia Monastica 40 (1998) p. 11–21.

6   Voir surtout Joachim WOLLASCH, Mönchtum des Mittelalters zwischen Kirche und Welt (Münstersche Mittelalterschriften 7, 1972), et les travaux de Franz FELTEN cités n. 3. Sur le plan juridique, voir toujours Terence P. MCLAUGHLIN, Le très ancien droit monastique de l'Occident. Étude sur le développement général du monachisme et ses rapports avec l'Église séculière et le monde laïque de saint Benoît de Nursie à saint Benoît d'Aniane (Archives de la France monastique 38, 1935). À une époque où les définitions ne sont pas encore figées, il convient à mon sens de ne pas opposer de manière trop systématique les abbés des basiliques martyriales à ceux des monastères. Voir sur ce point Hélène NOIZET, Les basiliques martyriales au VIe et au début du VIIe siècle, dans : Revue d'Histoire de l'Église de France 87 (2001) p. 329–355, à nuancer par Angelus A. HÄUSSLING, Mönchskonvent und Eucharistiefeier. Eine Studie über die Messe in der abendländischen Klosterliturgie des frühen Mittelalters und zur Geschichte der Messhäufigkeit (Liturgiewissenschaftliche Quellen und Forschungen 58, 1973) p. 114–173.

7   Voir la synthèse récente de ces travaux par Martin HEINZELMANN, L'hagiographie mérovingienne. Panorama des documents potentiels, dans : Monique GOULLET /

Sans prétendre à l'exhaustivité, la présente contribution vise à mettre en évidence, à partir d'une série d'exemples de sources – principalement hagiographiques – bien datées, la manière dont l'image de l'abbé évolue au cours de l'histoire mérovingienne tout en reflétant les débats qui existent tout au long de la période sur la question du rôle politique des abbés dans le monde franc. L'abbé devait-il se concentrer sur son rôle de *pater* à l'intérieur de sa communauté tout en restant soumis à son évêque diocésain, comme le préconisaient implicitement le concile de Chalcédoine de 451 et, plus explicitement, les conciles francs ultérieurs, ou pouvait-il assumer pleinement un rôle de *dominus* au sein de la société ?

Avant que Clovis et ses fils n'établissent fermement leur pouvoir royal sur la majeure partie de la Gaule, la question du rôle des abbés faisait déjà l'objet de discussions. En plaçant les monastères sous l'autorité des évêques diocésains, le concile de Chalcédoine avait suscité des conflits[8] dont les conciles gaulois se font l'écho. Vers 456, au concile d'Arles, l'abbé Fauste de Lérins obtient ainsi la première reconnaissance officielle de son autorité abbatiale sur sa communauté face aux prétentions de son évêque diocésain. Peu de temps plus tard, le concile de Vannes (461–471) – repris ensuite par celui d'Agde (506) – réaffirme le contrôle des évêques sur les monastères, interdit le cumul des abbatiats et impose le regroupement des membres d'une communauté en un même lieu à l'intérieur de *septa* sous l'autorité d'un seul abbé[9]. C'est dans ce contexte tendu qu'apparaissent les premiers textes normatifs qualifiés de « Règles »[10], mais

---

ID. / Christiane VEYRARD-COSME (dir.), L'hagiographie mérovingienne à travers ses réécritures (Francia, Beihefte 71, 2010) p. 27–82.

8   Les canons du concile de Chalcédoine relatifs aux monastères ont été commentés par Gilbert DAGRON, Les moines et la ville. Le monachisme à Constantinople jusqu'au concile de Chalcédoine (451), dans : Travaux et mémoires 4 (1970) p. 229–276.

9   Concile d'Arles a. 456, ed. Charles MUNIER (Corpus christianorum, Series latina 148, 1963) p. 133–134 ; concile de Vannes a. 461–471, c. 7–8, ibid., p. 153 ; concile d'Agde a. 506, c. 38, ibid., p. 208–209. Sur la place des abbés dans la législation conciliaire mérovingienne, voir FELTEN, Äbte (cf. n. 3) p. 61–70.

10 Sur cette question, je me permets de renvoyer à Anne-Marie HELVETIUS, Normes et pratiques de la vie monastique en Gaule avant 1050 : présentation des sources écrites, dans : Olivier DELOUIS / Maria MOSSAKOWSKA-GAUBERT (dir.), La vie quotidienne des moines en Orient et en Occident (IVe–Xe siècle) 1 : Les sources (2012, sous presse).

aussi une série de sources hagiographiques reflétant les points de vue variés de leurs auteurs sur le sujet.

D'un côté, les milieux lériniens s'efforcent de promouvoir les valeurs monastiques comme modèles pour toute la société[11] ; de leur point de vue, l'abbé idéal doit être prêtre et terminer sa carrière ecclésiastique comme évêque. Ce modèle d'évêque monastique, déjà mis à l'honneur par Sulpice Sévère dans la Vie de saint Martin de Tours[12], se retrouve notamment dans les Vies des évêques d'Arles Honorat et Hilaire[13]. Dans cette dernière, écrite vers 470–480 par l'évêque Honorat de Marseille, l'auteur raconte ainsi qu'à l'occasion d'une visite rendue à Lérins par l'évêque Hilaire et deux autres évêques, Hilaire voulut honorer tout spécialement l'abbé Fauste, *presbyterum pariter et abbatem* : pressentant l'avenir – à savoir que Fauste deviendrait bientôt évêque de Riez –, il le fit siéger entre lui-même et les deux autres évêques[14]. À la lecture de ce passage, les évêques devaient comprendre qu'ils avaient tout intérêt à respecter les abbés car ceux-ci étaient susceptibles de devenir un jour leurs confrères.

Cette vision des choses n'était pas unanimement partagée. À la même époque, Sidoine Apollinaire nous apprend que certains s'opposaient à l'élection d'abbés sur les sièges épiscopaux au prétexte qu'ils étaient plus compétents pour s'occuper du salut des âmes dans l'au-delà que de celui des corps ici-bas[15]. Dans le même sens, l'évêque Constance de Lyon explique dans sa Vie de Germain d'Auxerre que son héros avait reçu la meilleure formation possible pour devenir évêque, puisque son mariage l'avait préparé à la chasteté et son métier d'avocat, à la prédication et à l'exercice de la justice[16]. Dans cette per-

---

11   En dernier lieu, voir Stéphane GIOANNI, Une figure suspecte de la sainteté lérinienne : saint Antoine d'après la *Vita Antoni* d'Ennode de Pavie, dans : Recherches augustiniennes et patristiques 35 (2007) p. 133–187 ; ID., « Être véritablement moine » : les représentations de l'identité ascétique dans la pastorale lérinienne (V^e–VIe siècles), dans : Yann CODOU / Michel LAUWERS (dir.), Lérins, une île sainte de l'Antiquité au Moyen Âge (2009) p. 141–165.
12   Sulpice Sévère, Vita Martini Turonensis [BHL 5610], ed. Jacques FONTAINE, 3 vol. (Sources chrétiennes 133–135, 1967–1969).
13   Hilaire d'Arles, Vita Honorati [BHL 3975], ed. Marie-Denise VALENTIN (Sources chrétiennes 71, 1977). Honorat de Marseille, Vita Hilarii [BHL 3882], ed. Paul-André JACOB (Sources chrétiennes 404, 1995).
14   Honorat, Vita Hilarii, c. 12, ed. JACOB (cf. n. 13) p. 118.
15   Sidoine Apollinaire, Epistulae, VII, 9, ed. Christian LUETJOHANN (MGH Auct. ant. 8, 1887) p. 114.
16   Constance de Lyon, Vita Germani Autisiodorensis [BHL 3453], c. 1, ed. René BORIUS (Sources chrétiennes 112, 1965) p. 122–124.

spective toute chalcédonienne, la fonction abbatiale devait se cantonner à sa dimension spirituelle et s'exercer à l'écart du monde ; elle était donc perçue comme nettement différente de celle, séculière, des évêques.

Au tournant des Ve et VIe siècles, quelques sources hagiographiques véhiculent une représentation différente de la fonction abbatiale. La célèbre Vie de Séverin du Norique, rédigée par l'abbé Eugippe en 511, nous offre le portrait d'un guide spirituel libre et indépendant, qui dirige plusieurs monastères sans être clerc et refuse de devenir évêque. Qualifié de *pater* et de *doctor*, il ne se contente pas d'enseigner à ses moines mais étend son action pastorale à toute la population. Il n'hésite pas à prêcher dans l'église devant les prêtres, les clercs et les fidèles, à racheter les captifs, à intercéder pour libérer des prisonniers, etc. Sans relâche, il prodigue ses conseils et ses prophéties aux grands de ce monde, rois, nobles et évêques, qui le tiennent en haute estime[17]. La Vie de Séverin contribue ainsi au succès de l'image classique du saint homme tenant tête au roi ou à l'empereur, d'inspiration vétérotestamentaire et déjà présente notamment dans la Vie d'Antoine et dans celle de Martin[18].

Deux autres sources, écrites cette fois dans le royaume des Burgondes, présentent elles aussi l'image d'abbés plutôt indépendants, qui n'entendent pas se soumettre à l'autorité de leurs évêques et n'hésitent pas à fréquenter les rois. La Vie des Pères du Jura offre ainsi trois portraits d'abbés très différents les uns des autres, Romain, Lupicin et Oyend[19]. L'auteur insiste sur la complémentarité des deux premiers, qui sont des frères : l'aîné, Romain est doux, simple, accueillant et miséricordieux envers tous, tandis que le cadet, Lupicin se montre intransigeant et sévère envers lui-même comme envers les autres. En fin de compte, le troisième père présenté, Oyend, celui que l'auteur reconnaît comme son maître, réalise la synthèse et l'aboutissement de l'enseignement des deux

---

17   Eugippe, Vita Severini [BHL 7655], ed. Philippe RÉGERAT (Sources chrétiennes 374, 1991). Voir en dernier lieu : Walter POHL / Maximilian DIESENBERGER (dir.), Eugippius und Severin : der Autor, der Text und der Heilige (Akademie der Wissenschaften in Wien, Denkschriften, Philosophisch-Historische Kl. 297, 2001).

18   Athanase d'Alexandrie, Vita Antonii, c. 81, ed. Gerard J.M. BARTELINK (Sources chrétiennes 400, ^{2}2004) p. 340–344 ; Sulpice, Vita Martini, c. 20, ed. FONTAINE (cf. n. 12) p. 294–298. Sur ce thème, voir aussi Adalbert DE VOGÜE / Paul ANTIN, Grégoire le Grand, Dialogues 2 (Sources chrétiennes 260, 1979) p. 182, n. 1.

19   Vita patrum Jurensium [BHL 7309, 5073, 2665], ed. François MARTINE (Sources chrétiennes 142, 1968). Sur ce texte, voir en dernier lieu Alain DUBREUCQ, Lérins et la Burgondie dans le haut Moyen Âge, dans : CODOU/LAUWERS (dir.), Lérins (cf. n. 11) p. 195–227.

premiers en proposant à ses moines une réforme régulière, et c'est cette *via media* que les lecteurs sont invités à imiter. Au-delà de ces trois images de l'abbé-*pater* de ses moines, qui se font l'écho des « Règles » monastiques contemporaines, l'auteur admet qu'un abbé puisse avoir à jouer parfois un rôle politique dans le monde. Ce fut le cas de Lupicin, qui n'hésita pas à intercéder avec audace auprès du roi Chilpéric pour obtenir la libération de personnes injustement réduites en esclavage ; le roi arien, charmé par son éloquence, lui offrit des présents pour son monastère[20]. Toutefois, l'hagiographe estime qu'un abbé ne doit pas être ordonné prêtre car cette dignité est incompatible avec le renoncement et le retrait du monde[21]. Il explique ainsi que l'abbé Oyend refusa toute sa vie de se plier aux injonctions des évêques, qui voulaient lui imposer la prêtrise ; en outre, cet abbé ordonna aux prêtres de son monastère de vivre à l'écart de la communauté des moines[22]. Comme on peut le constater, cette conception diffère nettement de celle que véhiculaient les sources lériniennes à la même époque. Exclusivement adressée à des moines et de portée purement locale, cette œuvre n'a toutefois connu qu'une diffusion limitée.

Une autre Vie tripartite écrite peu de temps plus tard, la Vie des abbés d'Agaune, nous offre une description des circonstances de la refondation du monastère des saints de la légion thébaine en 515. L'auteur explique qu'une série d'abbés de la région ont été priés de quitter leur monastère pour s'installer à Agaune sur l'ordre de Sigismond, fils du roi Gondebaud, malgré les réticences de leurs évêques diocésains. Celui qui fut choisi pour prendre la tête de la communauté, Hymnemode, abbé-prêtre d'origine burgonde, avait occupé jadis une haute fonction à la cour du roi Gondebaud[23]. Compte tenu de la liturgie particulière de prière perpétuelle instituée dans ce monastère, l'image de l'abbé telle qu'elle est présentée dans ce texte est celle d'un chef des chœurs de moines, organisés hiérarchiquement sur le modèle des milices célestes.

---

20 Vita Lupicini, c. 92–95, dans : Vita patrum Jurensium, ed. MARTINE (cf. n. 19) p. 336–340.
21 Vita Eugendi, c. 133, dans : Vita patrum Jurensium, ed. MARTINE (cf. n. 19) p. 382.
22 Vita Eugendi, c. 151, dans : Vita patrum Jurensium, ed. MARTINE (cf. n. 19) p. 400–402.
23 Vita abbatum Acaunensium [BHL 142], ed. Bruno KRUSCH (MGH SS rer. Merov. 3, 1896) p. 171–183 ; ed. ID. (MGH SS rer. Merov. 7, 1920) p. 322–336. Sur ce texte, voir en dernier lieu Anne-Marie HELVETIUS, L'abbaye de Saint-Maurice d'Agaune dans le haut Moyen Âge, dans : Nicole BROCARD / Françoise VANOTTI / Anne WAGNER (dir.), Autour de saint Maurice (2012, sous presse).

Au début du VIᵉ siècle, il semble donc que l'image de l'abbé-*dominus* indépendant et actif dans le monde ait connu davantage de succès à l'extérieur du monde franc, dans des régions où les évêques étaient moins puissants du fait de leur cohabitation avec des rois ariens. Dans la Gaule romaine passée sous domination franque, en revanche, l'abbé n'occupait qu'une position secondaire dans la hiérarchie ecclésiastique ; il était censé se soumettre à l'autorité de son diocésain. La production hagiographique du VIᵉ siècle reflète aussi ce constat : par rapport à l'abondance de Vies écrites durant ce siècle pour célébrer des évêques, force est de constater la rareté des Vies d'abbés conservées, à l'exception de celles que nous venons de présenter. Nous savons cependant que des Vies d'abbés ont été produites à cette époque, mais elles sont aujourd'hui perdues ou ne nous sont parvenues que sous la forme de réécritures postérieures[24] ; quelques textes controversés ou mal édités mériteraient de faire l'objet de nouvelles recherches[25]. Du côté féminin, le silence des sources est encore plus absolu puisque aucune Vie d'abbesse n'est conservée ni même mentionnée[26].

En fin de compte, indépendamment des œuvres de Venance Fortunat et de Grégoire de Tours sur lesquelles je reviendrai, la seule autre Vie du VIᵉ siècle qui présente un réel intérêt pour notre propos est celle de l'abbé Marius de

---

24 C'est le cas notamment de la Vie de saint Maixent du Poitou, attestée par le témoignage de Grégoire de Tours, Historiarum libri decem, II, 37, edd. Bruno KRUSCH / Wilhelm LEVISON (MGH SS rer. Merov. 1/1, ²1951) p. 86–87, mais aussi sans doute de plusieurs Vies en relation avec Micy et Orléans ; voir Charles VULLIEZ, L'abbaye de Micy-Saint-Mesmin et Clovis dans la tradition et l'histoire, dans : Michel ROUCHE (dir.), Clovis. Histoire et mémoire (1997) 1, p. 129–145. Selon une recherche récente, la Vie de saint Avit d'Orléans (BHL 879) pourrait bien remonter au VIᵉ siècle : Birgit AUERNHEIMER, Étude de cas : proposition d'une méthode de datation de la Vita Aviti fondée sur l'analyse syntaxique, dans : GOULLET/HEINZELMANN/VEYRARD-COSME (dir.), L'hagiographie mérovingienne (cf. n. 7) p. 287–322.

25 À mon avis, les Vies des abbés Caprais de Lérins (BHL 1559) et Lautein du Jura (BHL 4800) ne sont pas mérovingiennes. D'autres Vies, dédiées à des confesseurs ou à des ermites dont rien n'indique qu'ils aient été abbés, mériteraient des recherches plus approfondies : HEINZELMANN, L'hagiographie (cf. n. 7) p. 61–62.

26 Pour un état de la question sur le monachisme féminin, voir Anne-Marie HELVETIUS, L'organisation des monastères féminins à l'époque mérovingienne, dans : Gert MELVILLE / Anne MÜLLER (dir.), Female « vita religiosa » between Late Antiquity and High Middle Ages. Structures, Developments and Spatial Contexts (Vita regularis, Abhandlungen 47, 2011) p. 151–169.

Sisteron, écrite sans doute par le patrice Dynamius vers 585[27]. Selon l'auteur, Marius, devenu moine dans un monastère d'Orléans vers 500, fut pressenti pour devenir l'abbé d'un monastère situé dans le diocèse de Sisteron. Soucieux d'exposer sa conception des hiérarchies, l'hagiographe précise que Marius obtint l'accord du roi des Burgondes Gondebaud avant que son élection par les moines locaux ne soit confirmée par la consécration de leur évêque diocésain[28]. L'abbé est présenté comme un *pater* spirituel humble et doux, soucieux de la bonne formation de ses moines ; dans le même temps, la Vie nous le montre constamment en voyage – à Saint-Martin de Tours, à Lyon, à Paris et Saint-Denis – et en visite chez des « fils de l'Église » aussi bien que chez des nobles laïcs. Surtout, il reçoit la visite d'un évêque, Lucrèce de Die, qui fut jadis l'un de ses moines et le vénère toujours comme son père. Aux yeux de cet hagiographe laïc, la hiérarchie ecclésiastique qui place les abbés sous l'autorité de leur évêque diocésain n'enlève donc rien au prestige intrinsèque de la dignité abbatiale, qui relève elle aussi du pouvoir royal et mérite la déférence des évêques.

Si l'on examine à présent l'image de l'abbé dans les œuvres des deux grands auteurs de la fin du VIe siècle, Venance Fortunat et Grégoire de Tours, on ne peut manquer d'être frappé par l'absence totale de saint abbés dans l'hagiographie du premier : seuls des évêques et la moniale royale Radegonde ont retenu l'attention de l'auteur italien, ce qui confirme la tendance générale déjà constatée pour toute l'hagiographie de cette époque. Quant à son œuvre poétique, si l'on excepte les *carmina* dédiés à Radegonde et à l'abbesse Agnès de Sainte-Croix de Poitiers qui furent ses amies intimes, elle ne contient que deux

---

27   Vita Marii abbatis Bodanensis [aujourd'hui Val-Benoît, dioc. Sisteron ; BHL 5540] (Acta Sanctorum, Ian. 2, 1643) p. 774–776 ; voir en dernier lieu HEINZELMANN, L'hagiographie (cf. n. 7) p. 57 avec n. 133.

28   On notera la confusion commise par l'auteur entre l'époque des faits racontés et la sienne propre : de fait, si le roi Gondebaud vers 500 ne régnait ni sur Orléans ni sur Sisteron, tel était cependant le cas du roi Gontran vers 585. Cf. Eugen EWIG, Die fränkischen Teilungen und Teilreiche (511–613) in : Hartmut ATSMA (dir.), Eugen EWIG, Spätantikes und fränkisches Gallien. Gesammelte Schriften 1 : 1952–1973 (1976) p. 114–171. Remarquons aussi que Dynamius, patrice de Provence, ne fait aucune allusion à un éventuel accord requis de l'abbé ni de l'évêque d'Orléans : seules comptent à ses yeux les autorités de Sisteron. Sur Dynamius et ses liens avec la Provence burgonde, voir en dernier lieu Bruno DUMEZIL, Le patrice Dynamius et son réseau : culture aristocratique et transformation des pouvoirs autour de Lérins dans la seconde moitié du VIe siècle, dans : CODOU/LAUWERS (dir.), Lérins (cf. n. 11) p. 167–194, qui ne parle cependant pas de notre Vie de Marius de Sisteron.

épitaphes et trois poèmes, assez convenus, adressés à des abbés[29]. À l'inverse, Grégoire de Tours accorde quant à lui, dans son œuvre tant historique qu'hagiographique, une place plus importante aux abbés, même si elle reste minime au regard de l'omniprésence des évêques. Parmi l'hagiographie, le *De vita patrum* est le plus intéressant de notre point de vue[30]. Sur les vingt chapitres qui le composent, six sont consacrés à des évêques, neuf à des abbés et cinq à des reclus – auxquels on peut associer la seule femme, Monégonde. Toutefois, l'objectif de Grégoire étant de montrer dans ce livre que la sainteté est accessible à tous les chrétiens, quels que soient leur origine géographique, leur statut social et leur parcours individuel, les portraits d'abbés qu'il nous propose ici sont trop hétérogènes pour refléter ce que nous pourrions considérer comme sa représentation de l'abbé – d'autant qu'il se fonde parfois sur des textes aujourd'hui perdus[31].

Au détour des différents portraits, nous pouvons néanmoins constater que Grégoire reprend à plusieurs reprises l'image du saint abbé confronté au roi, même si, conformément à la conception ecclésiologique de l'évêque de Tours, ce n'est plus par l'éloquence mais par les miracles que le saint parvient à gagner le roi à sa cause. Au moins Grégoire admet-il implicitement que la fonction d'abbé confère à son détenteur une autorité suffisante pour intervenir directement auprès des rois[32]. Nous voyons ainsi Lupicin quémander des dons au roi des Burgondes Chilpéric, tandis que Portien, ancien esclave devenu clerc puis abbé, intercède auprès du roi Thierry Ier pour faire libérer des captifs[33]. Quant au rôle de l'abbé-*pater*, l'évêque Grégoire insiste surtout sur le respect de la

---

29   Venance Fortunat, Carmina, IV, 11, ed. Friedrich LEO (MGH Auct. ant. 4/1, 1881) p. 87 ; ibid., IV, 14, p. 89 (épitaphes) ; ibid., III, 25, p. 75 ; ibid., V, 19, p. 123 ; ibid., IX, 11, p. 217 (poèmes).
30   Pour une présentation rapide de l'œuvre de Grégoire (avec bibliographie), cf. en dernier lieu HEINZELMANN, L'hagiographie (cf. n. 7) p. 64–66.
31   C'est le cas, de toute évidence, pour ses portraits des abbés du Jura Lupicin et Romain, fondés non pas sur la Vie des Pères du Jura que nous connaissons, mais sur une version antérieure aujourd'hui perdue.
32   En théorie, les conciles interdisaient aux abbés de se rendre auprès du roi sans l'autorisation de leur évêque diocésain : voir déjà le concile d'Orléans a. 511, c. 7, ed. Charles DE CLERCQ (Corpus christianorum, Series latina 148A, 1963) p. 7, et cf. FELTEN, Äbte (cf. n. 3) p. 69.
33   Grégoire de Tours, De vita patrum, I, 5, ed. Bruno KRUSCH (MGH SS rer. Merov. 1/2, 1885) p. 222, et ibid., V, 2, p. 228–229.

règle, sur la sévérité requise des abbés pour la faire appliquer et sur l'intervention épiscopale nécessaire en cas de manquement[34].

Les mêmes caractéristiques se retrouvent dans les « Dix livres d'histoires » de Grégoire. Les épisodes qui mettent en scène des abbés dans leur rôle de père spirituel semblent souvent destinés à servir d'*exempla* pour illustrer ce que doit être un bon abbé : non pas un dépravé, ivrogne et adultère comme Dagulf[35], mais un modèle de sainteté comme Salvius ou Aredius[36]. Ici encore, l'abbé trop conciliant avec ses moines est exhorté à s'endurcir, comme Sunniulf[37], et les évêques veillent au grain pour faire respecter les règles monastiques et combattre les excès, comme ceux du stylite Wulfilaïc[38]. Par ailleurs, les abbés des « Dix livres d'histoires » sont aussi des *domini* engagés dans les affaires du siècle. À propos de Saulve d'Albi, Grégoire nous explique que son humilité l'aurait incité à vivre caché parmi les moines plutôt que d'assumer sa dignité d'abbé aux yeux du monde. La fonction abbatiale apparaît ici explicitement comme un *honor*, une dignité publique[39].

Dans les « Histoires », les abbés n'occupent certes pas autant de place que les évêques et ne sont pas aussi directement impliqués que ces derniers dans les troubles politiques du royaume[40]. Pourtant, on les voit assez fréquemment intervenir dans la vie publique : certains sont envoyés en ambassade, d'autres interviennent auprès des rois ou des comtes pour différentes causes, d'autres encore sont accusés de complots voire de crimes de lèse-majesté. Tel est le cas de l'abbé de Saint-Remi de Reims, Épiphane, qui fut destitué de sa fonction lorsque fut révélé le rôle de principal complice qu'il avait joué auprès de son évêque Egidius de Reims, condamné pour haute trahison contre le roi Childebert II[41]. Quelques décennies plus tôt, sous le règne de Childebert Ier, l'abbé

---

34   Grégoire, De vita patrum, XII, 3, ed. KRUSCH (cf. n. 33) p. 264 ; ibid., XV, 2, p. 272 ; ibid., XVIII, 3, p. 285.
35   Grégoire, Historiae, VIII, 19, edd. KRUSCH/LEVISON (cf. n. 24) p. 385–386.
36   Grégoire, Historiae, VII, 1, edd. KRUSCH/LEVISON (cf. n. 24) p. 323–327 ; ibid., X, 29–30, p. 522–525.
37   Grégoire, Historiae, IV, 33, edd. KRUSCH/LEVISON (cf. n. 24) p. 166.
38   Grégoire, Historiae, VIII, 15, edd. KRUSCH/LEVISON (cf. n. 24) p. 380–383.
39   Grégoire, Historiae, VII, 1, edd. KRUSCH/LEVISON (cf. n. 24) p. 324 : *Denique accepto honore, cum in hac contentus parsimonia orationi et lectioni vacaret, illud plerumque revolvebat, melius sibi fieri, si esset inter monachos occultus, quam nomen acciperit abbatis in populos.*
40   Voir aussi FELTEN, Äbte (cf. n. 3) p. 79–82.
41   Grégoire, Historiae, X, 19, edd. KRUSCH/LEVISON (cf. n. 24) p. 512–513.

Domnolus de Saint-Laurent de Paris avait pris part aux affaires politiques de manière encore plus autonome, puisqu'il était un fidèle du roi Clotaire dont il cachait les espions. Il fut récompensé après la mort de Childebert lorsque, en 559, Clotaire lui proposa – en vain – l'évêché d'Avignon puis – avec succès – celui du Mans[42]. En ce qui concerne les abbesses, à part celles de Poitiers qui ne sont mentionnées que dans le cadre du scandale dans lequel Grégoire prit une part active et qu'il raconte longuement au livre X, la seule mention intéressante pour notre propos concerne le monastère Saint-Jean d'Arles. Lorsque Théodogilde, veuve du roi Charibert en 567, voulut se faire épouser par Gontran, Grégoire nous apprend que ce roi la relégua dans ce monastère arlésien ; et lorsque la même reine tenta ensuite de s'enfuir en Espagne, l'abbesse d'Arles la punit et la garda enfermée jusqu'à sa mort[43]. Dès le VIe siècle, les rois utilisaient certains monastères comme cachette ou comme prison, lorsqu'ils savaient pouvoir compter sur le dévouement et la fidélité des abbés ou abbesses qui les régissaient[44]. Ce « pouvoir de l'ombre » exercé par certains abbés au service des rois a sans doute joué un rôle dans la montée en puissance progressive de la fonction abbatiale dans le royaume.

Au tournant des VIe et VIIe siècles, deux événements importants vont contribuer à l'évolution de l'image de l'abbé dans la société franque. D'une part, le pape Grégoire le Grand se fait le promoteur d'une réforme monastique en Italie et confie à des moines l'évangélisation des Anglo-Saxons[45] ; d'autre part, l'Irlandais Colomban s'installe en 591 dans le monde franc et s'y fait remarquer

---

42 Grégoire, Historiae, VI, 9, edd. KRUSCH/LEVISON (cf. n. 24) p. 279. Au livre VI, 37, Grégoire raconte aussi les malheurs de l'abbé Lupentius de Saint-Privat, accusé par le comte Innocent de lèse-majesté devant la reine Brunehaut et finalement exécuté par le même comte.

43 Grégoire, Historiae, IV, 26, edd. KRUSCH/LEVISON (cf. n. 24) p. 159. Grégoire ne précise pas le nom de cette abbesse, qui devait être alors Liliola.

44 Pour d'autres exemples, voir Mayke DE JONG, Monastic Prisoners or Opting out ? Political Coercion and Honour in the Frankish Kingdoms, dans : EAD. / Frans THEUWS / Carine VAN RHIJN (dir.), Topographies of Power in the Early Middle Ages (The Transformation of the Roman World 6, 2001) p. 291–328.

45 Parmi une bibliographie très abondante, voir notamment Georg JENAL, Gregor der Grosse und die Anfänge der Angelsachsenmission (596–604), dans : Angli e Sassoni al di qua e al di là del mare (Settimane di studio del Centro italiano di studi sull'alto medioevo 32, 1986) 2, p. 793–849 ; ID., In cerca di ordine quando l'apocalisse sembra vicina : Gregorio Magno e il monachesimo del suo tempo in Italia, dans : Gregorio Magno nel XIV centenario della morte (Atti dei convegni Lincei 209, 2004) p. 221–246 ; MCCANN, Abbots (cf. n. 5).

pour son indiscipline et son indépendance d'esprit au point de se faire exiler en 610[46]. L'action du premier gagnera une postérité exceptionnelle par la diffusion, un peu plus tardive, des « Dialogues » qui incluent la « Vie de Benoît de Norcia », puis de la « Règle de saint Benoît »[47] ; l'action du second sera surtout médiatisée par la diffusion de la *Vita Columbani et discipulorum eius*, écrite en 641–642 par Jonas de Suse[48]. Toutefois, dans les deux cas, leur action connut en Gaule un retentissement immédiat que l'on peut mesurer, notamment, grâce aux lettres qu'ils ont écrites. Ainsi, les deux groupes de moines envoyés par Grégoire en Angleterre successivement en 596 et 601 sous la conduite des abbés Augustin puis Mellitus ne passèrent pas inaperçus, puisqu'ils firent l'objet de nombreuses lettres adressées par l'évêque de Rome aux rois

---

46 Parmi une bibliographie non moins pléthorique ; voir surtout Howard B. CLARKE / Mary BRENNAN (dir.), Columbanus and Merovingian Monasticism (BAR International Series 113, 1981) ; Alain DIERKENS, Prolégomènes à une histoire des relations culturelles entre les îles britanniques et le continent pendant le haut Moyen Âge. La diffusion du monachisme dit colombanien ou iro-franc dans quelques monastères de la région parisienne au VIIe siècle et la politique religieuse de la reine Bathilde, dans : Hartmut ATSMA (dir.), La Neustrie. Les pays au Nord de la Loire de 650 à 850 (Francia, Beihefte 16 1989) 2, p. 371–394 ; Michael LAPIDGE (dir.), Columbanus. Studies on the Latin Writings (1997).

47 Grégoire le Grand, Dialogi, edd. Adalbert DE VOGÜE / Paul ANTIN, 3 vol. (Sources chrétiennes 251, 260 et 265, 1978–1980) ; la Vie de Benoît dans Livre II, ibid. 2 (Sources chrétiennes 260, 1979) p. 120-249 ; Regula Benedicti, edd. Jean NEUFVILLE / Adalbert DE VOGÜE, 7 vol. (Sources chrétiennes 181–186, 1971–1972). Synthèse récente : Johannes FRIED, Le passé à la merci de l'oralité et du souvenir. Le baptême de Clovis et la vie de Benoît de Nursie, dans : Jean-Claude SCHMITT / Otto Gerhard OEXLE (dir.), Les tendances actuelles de l'histoire du Moyen Âge en France et en Allemagne (2002) p. 71–104.

48 Jonas de Suse, Vita Columbani et discipulorum eius [BHL 1898], ed. Bruno KRUSCH (MGH SS rer. Germ. [37], 1905) p. 144–224. Voir surtout Ian WOOD, Jonas, the Merovingians, and Pope Honorius : *Diplomata* and the *Vita Columbani*, dans : Alexander C. MURRAY (dir.), After Rome's Fall. Narrators and Sources of Early Medieval History. Essays Presented to Walter Goffart (1998) p. 99–120 ; Albrecht DIEM, Was bedeutet « regula Columbani » ?, dans : Walter POHL / Maximilian DIESENBERGER (dir.), Integration und Herrschaft. Ethnische Identitäten und soziale Organisation im Frühmittelalter (Akademie der Wissenschaften in Wien, Denkschriften, Philosophisch-Historische Kl. 301, 2002) p. 63–89 ; Alexander O'HARA, The Vita Columbani in Merovingian Gaul, dans : Early Medieval Europe 17 (2009) p. 126–153.

Théodebert et Thierry, à la reine Brunehaut, à différents évêques et à d'autres destinataires du monde franc, afin d'organiser leur traversée de la Gaule[49].

Au même moment, vers 595–600, Colomban écrit au même Grégoire une lettre lui demandant de changer d'avis sur la date de Pâques et se plaignant de la discipline relâchée de nombreux évêques de Gaule[50]. De toute évidence, ce Colomban venu d'Irlande réintroduit dans le monde franc la conception ancienne d'un monachisme libre et indépendant, fondée pour lui avant tout sur les enseignements de Jérôme. Entre ce père spirituel très érudit et les évêques qui le mettent en cause à propos de la date de Pâques, le malentendu est complet : à ceux-ci qui lui reprochent son orgueil, celui-là rappelle que Jérôme a enseigné « aux évêques d'imiter les apôtres et aux moines de suivre les pères parfaits ». Aux yeux de Colomban, le monde des clercs et celui des moines doivent être nettement séparés, bien que tous suivent le Christ d'une seule âme[51]. Dans cette perspective, l'opinion d'un abbé ne compte pas moins que celle des évêques et il ne voit pas pourquoi les moines, retirés au « désert », devraient se plier aux règles ecclésiastiques. Rien ne l'empêche par conséquent d'adresser ses conseils, voire ses virulents reproches, aux rois comme aux évêques – y compris les papes Grégoire puis Boniface[52]. Il se comporte comme un nouveau Jérôme, selon le modèle du saint ascète charismatique de l'Antiquité tardive, encore vivace en Orient et en Irlande, mais que le contrôle plus étroit des évêques avait rendu anachronique en Gaule[53]. C'est ce qui lui valut l'exil en 610.

Le tournant du VIe et du VIIe siècle semble marquer l'entrée dans une nouvelle ère pour les abbés du monde franc. Du point de vue institutionnel, la victoire de Clotaire II en 613 entraîne une réaffirmation de l'autorité royale sur les

---

49   Synthèse : Bruno JUDIC, Grégoire le Grand et son influence sur le haut Moyen Âge occidental, dans : François BOUGARD (dir.), Le christianisme en Occident du début du VIIe au milieu du XIe siècle. Textes et documents (1997) p. 9–32.
50   Colomban, Epistulae, ep. 1, ed. G.S. Murdoch WALKER, dans : ID., Sancti Columbani opera (Scriptores latini Hiberniae 2, 1957) p. 2–12, également accessible en ligne sur le site du Corpus of Electronic Texts : http://celt.ucc.ie.
51   Colomban, Epistulae, ep. 2 (cf. n. 50) p. 12–22.
52   Colomban, Epistulae (cf. n. 50), passim.
53   Voir notamment Michael J. ENRIGHT, Iromanie-Irophobie Revisited : A Suggested Frame of Reference for Considering Continental Reactions to Irish peregrini in the Seventh and Eight Centuries, dans : Jörg JARNUT / Ulrich NONN / Michael RICHTER (dir.), Karl Martell in seiner Zeit (Francia, Beihefte 37, 1994) p. 367–380.

grands du royaume – évêques inclus. S'inspirant de l'exemple de Grégoire le Grand, Clotaire II prend pour conseiller l'abbé Eustaise et envoie les moines de Luxeuil en mission[54]. De plus en plus de familles aristocratiques prennent l'initiative de fonder des monastères, dont les supérieurs se voient dotés d'un rôle politique accru[55]. Ce succès monastique entraîne dans son sillage l'octroi des premiers privilèges de grande liberté, qui permettent à certains monastères de s'émanciper par rapport à l'autorité de leur évêque diocésain[56]. C'est d'ailleurs dans la première moitié du VIIe siècle que les abbés se trouvent pour la première fois associés aux évêques dans une liste d'agents royaux, selon un formulaire qui deviendra la norme à l'époque carolingienne[57].

Cette évolution se traduit aussi par des changements dans l'image de l'abbé, telle qu'elle apparaît dans une série de sources hagiographiques du VIIe siècle. Si la chronologie de la diffusion, en Gaule, des « Dialogues » de Grégoire le Grand est encore débattue[58], il n'en reste pas moins que cette source présente quelques portraits d'abbés qui apparaissent comme bien plus libres et indépendants que dans les œuvres franques de la période précédente. Ainsi, par

---

54 Ian WOOD, The Missionary Life. Saints and the Evangelisation of Europe, 400–1050 (2001) p. 36–39. Sur la position privilégiée d'Eustaise à la cour de Clotaire II, voir Frédégaire, Chronica, IV, 44, ed. John Michael WALLACE-HADRILL, dans : Olivier DEVILLERS / Jean MEYERS, Frédégaire, Chronique des temps mérovingiens (Livre IV et continuations) (2001) p. 126–127.

55 Pour le contexte, voir en dernier lieu Anne-Marie HELVETIUS, Hagiographie et réformes monastiques dans le monde franc du VIIe siècle, dans : Médiévales 62 (2012) p. 33–48.

56 Sur les privilèges de grande et de petite liberté, les nombreux articles publiés par Eugen Ewig de 1968 à 1973 ont été réédités dans EWIG, Gesammelte Schriften (cf. n. 28) 1. On y ajoutera ID., Bemerkungen zu zwei merowingischen Bischofsprivilegien und einem Papstprivileg des 7. Jahrhunderts für merowingische Klöster, dans : Arno BORST (dir.), Mönchtum, Episkopat und Adel zur Gründungszeit des Klosters Reichenau (Vorträge und Forschungen 20, 1974) p. 215–250. Pour une synthèse récente, on préférera DIERKENS, Prolégomènes (cf. n. 46) p. 388–393, à la thèse moins convaincante de Barbara H. ROSENWEIN, Negotiating Space. Power, Restraint, and Privileges of Immunity in Early Medieval Europe (1999) p. 74–96.

57 Il s'agit de l'adresse d'une lettre envoyée par l'évêque Didier de Cahors aux agents publics et ecclésiastiques du royaume wisigothique, vers 630–655. Didier de Cahors, Epistulae, II, 8, ed. Wilhelm ARNDT (MGH Epp. 3, 1892) p. 207 : *Domnis episcopis et abbatibus, necnon et sublimibus atque magnificis viris, comitibus, tribunis, defensoribus, centenis et hominibus publica vel ecclesiastica cura agentibus Desiderius servus servorum Dei, urbis Cadurcae episcopus.*

58 La bibliographie relative à la querelle sur l'authenticité des « Dialogues » se trouve dans FRIED, Le passé (cf. n. 47) p. 85–102.

exemple, l'abbé Honorat dirige son monastère sans jamais avoir été lui-même instruit par un maître ; quant à l'abbé Equitius, il voyage, dirige plusieurs monastères et ose prêcher sans être prêtre[59]. Mais le plus beau modèle est certes Benoît de Norcia, tel qu'il est dépeint dans le livre II des « Dialogues ». Selon la Vie, Benoît reçoit l'habit monastique d'un humble moine rencontré par hasard sur son chemin, devient abbé d'un monastère sans qu'il soit fait mention de l'intervention d'une quelconque autorité, puis décide de quitter ce monastère tout aussi librement pour aller ensuite fonder douze autres monastères dont il établit lui-même les supérieurs, tout en prêchant à toute la population[60].

À partir du VIIe siècle, parallèlement aux Vies d'évêques qui demeurent nombreuses, les hagiographes n'hésitent plus à prendre la plume pour honorer des abbés ou des abbesses, dont le rôle politique est de plus en plus souligné. La vie de Rusticule d'Arles, écrite vers 632–650 par le prêtre Florentius, nous montre ainsi une abbesse soupçonnée de nourrir un roi en cachette et convoquée pour cette raison à la cour de Clotaire II[61]. Comme plusieurs autres, ce récit hagiographique semble bien avoir été rédigé dans le but de réhabiliter une personnalité controversée. De fait, Rusticule avait été proche de la reine Brunehaut et de l'évêque Domnolus de Vienne, lui-même qualifié de *pseudosacerdos* et *servus diabuli* par le roi Sisebut dans la Vie qu'il dédia vers 610 à l'évêque-martyr Didier de Vienne, exécuté sur l'ordre de Brunehaut[62]. Désormais,

---

59   Grégoire le Grand, Dialogi, I, 1, edd. Adalbert DE VOGÜE / Paul ANTIN (Sources chrétiennes 260, 1979) p. 18–23 ; ibid., I, 4, p. 38–59.
60   Grégoire le Grand, Dialogi (cf. n. 59) II, passim.
61   Florentius, Vita Rusticulae [BHL 7405], ed. Bruno KRUSCH (MGH SS rer. Merov. 4, 1902) p. 337–351 ; pour la date, cf. Pierre RICHE, Note d'hagiographie mérovingienne : la *Vita S. Rusticulae*, dans : Analecta Bollandiana 72 (1954) p. 369–377 : entre 632, date supposée de la mort de Rusticule, et 647–653, date du concile de Chalon et de la déposition de l'évêque Théodose d'Arles, qui fut présent à ses funérailles selon la Vie.
62   Sisebut, Vita Desiderii Viennensis prima [BHL 2148], ed. Bruno KRUSCH (MGH SS rer. Merov. 3, 1896) p. 630–637. Voir Janet L. NELSON, Queens as Jezebels : The Careers of Brunhild and Balthild in Merovingian History, dans : EAD., Politics and Ritual in Early Medieval Europe (1986) p. 1–48, aux p. 27–28, et Jacques FONTAINE, King Sisebut's *Vita Desiderii* and the Political Function of Visigothic Hagiography, dans : Edward JAMES (dir.), Visigothic Spain : New Approaches (1980) p. 93–129.

l'hagiographie sert de plus en plus souvent de support à la propagande politique[63].

La Vie de Colomban et de ses disciples rédigée par Jonas de Suse vers 641–642 offre un autre exemple de réhabilitation d'un personnage controversé[64]. Dans ce texte très diffusé dans le monde franc, Jonas présente Colomban à la fois comme un modèle de père spirituel pour les moines et comme un *dominus* dans le monde, puissant parmi les puissants tant laïcs qu'ecclésiastiques. Si Jonas emploie le terme d'abbé pour désigner les supérieurs de Bobbio et d'autres monastères, il ne l'utilise jamais pour Colomban lui-même, qu'il préfère appeler *pater*, *doctor* ou *magister* conformément à l'ancienne tradition ascétique[65]. Juste après la mort de Dagobert, l'hagiographe entend illustrer par de nombreux exemples ce que doit être à ses yeux le monachisme régulier, dont il attribue la paternité à Colomban. Contre le modèle, répandu en Gaule, du monastère-basilique ouvert et accessible à tous, dont les moines prient sans cesse pour les rois et le salut du monde, il plaide en faveur de communautés monastiques partiellement fermées au public, où les moines ne prient pas pour les rois mais peuvent vaquer librement à leurs occupations sans être dérangés. S'ils acceptent de prendre en charge certaines tâches relevant du service public, ces fonctions ne peuvent s'effectuer qu'à l'extérieur de la clôture. Dans cette perspective fondée sur les modèles de Luxeuil et de Bobbio, Jonas propose entre autres à ses lecteurs un véritable manuel du père spirituel idéal, qui s'occupe avant tout de l'édification de son troupeau[66]. Colomban apparaît ainsi comme un supérieur charismatique, à la fois doux et autoritaire, qui exige de ses moines une obéissance absolue[67].

---

63 Voir notamment Paul FOURACRE, Merovingian History and Merovingian Hagiography, dans : Past and Present 127 (1990) p. 3–38, et ID. / Richard A. GERBERDING, Late Merovingian France. History and Hagiography 640–720 (1996).
64 Jonas, Vita Columbani, ed. KRUSCH (cf. n. 48).
65 Voir Adalbert DE VOGÜE, Les offices nocturnes de saint Colomban et des « Catholiques », dans : ID., Regards sur le monachisme des premiers siècles. Recueil d'articles (Studia Anselmiana 130, 2000) p. 501–521, à la p. 503.
66 Voir notamment le catalogue des vertus de Colomban et d'Athala de Bobbio : Jonas, Vita Columbani, I, 5, ed. KRUSCH (cf. n. 48) p. 161–162 ; ibid., II, 4, p. 236.
67 Exemples : Jonas, Vita Columbani, I, 9, ed. KRUSCH (cf. n. 48) p. 168–169 ; ibid., I, 11–12, p. 171–173 ; ibid., I, 16, p. 179–181 ; et passim.

Dans le monde, les abbés semblent occuper une place équivalente à celle des évêques, les uns et les autres étant considérés comme des *praesules*[68], et Jonas ne cesse d'insister sur le fait que nombre d'évêques de son temps sont, selon lui, des héritiers spirituels de Colomban. Cette position de Jonas s'explique certes en partie par son souci de défendre la mémoire d'un homme qui avait été lui-même condamné par un concile. Néanmoins, elle se fait aussi l'écho des anciennes traditions ascétiques auxquelles se référait d'ailleurs Colomban lui-même. Chez Jonas, cette vision de l'*honor* abbatial est liée au statut qu'il préconise pour les monastères qui, à l'exemple de Bobbio, devraient bénéficier de la protection royale voire pontificale contre les prétentions des évêques diocésains[69]. Jonas plaide ainsi pour un monachisme libre et indépendant, guidé par des abbés qui, à l'exemple de Colomban, joueraient le rôle de conseillers des rois, des évêques et des grands aristocrates au nom de la supériorité des valeurs monastiques, susceptibles de régir l'ensemble de la société[70].

Près d'une vingtaine d'années plus tard, Jonas, devenu lui-même abbé, sera amené à modifier sensiblement sa conception de l'abbé idéal, comme en témoigne la Vie qu'il rédige en 659 en l'honneur de Jean, abbé et fondateur du monastère de La Réôme (Moutiers-Saint-Jean)[71]. À cette époque, la reine Bathilde, veuve de Clovis II, gouverne le royaume avec son fils Clotaire III et une série de conseillers, parmi lesquels figurent des évêques mais aussi des abbés, tels Genesius[72] et Jonas lui-même, qui effectue pour elle des missions diploma-

---

68 Ce terme est utilisé par Jonas pour qualifier des abbés (dans la lettre dédicatoire de Jonas, Vita Columbani, ed. Krusch [cf. n. 48] p. 145), des évêques (ibid., II, 8, p. 245) ou les deux (ibid., I, 5, p. 161).

69 Jonas, Vita Columbani, II, 23, ed. KRUSCH (cf. n. 48) p. 282–283.

70 Jonas, Vita Columbani, I, 5, ed. KRUSCH (cf. n. 48) p. 161–162. Voir aussi HELVETIUS, Hagiographie (cf. n. 55). Notons que le rôle actif attribué par Jonas aux abbés dans le monde séculier ne semble pas s'appliquer aux abbesses : dans la partie de la Vie consacrée aux moniales de Faremoutiers, Jonas présente la communauté féminine idéale comme soumise à une stricte clôture et placée sous la responsabilité de moines masculins (II, 11–22). Il nous prive cependant d'un portrait d'abbesse idéale en choisissant de ne rien dire de Fare, toujours vivante au moment de la rédaction.

71 Jonas de Suse, Vita Iohannis abbatis Reomaensis [BHL 4424], ed. Bruno KRUSCH (MGH SS rer. Germ. [37], 1905) p. 321–344. Sur ce texte, voir en dernier lieu Albrecht DIEM, The Rule of an « Iro-Egyptian » Monk in Gaul : Jonas' *Vita Iohannis* and the Construction of a Monastic Identity, dans : Revue Mabillon 80 (2008) p. 5–50.

72 Vita Balthildis prima [BHL 905], c. 2, ed. Bruno KRUSCH (MGH SS rer. Merov. 2, 1889) p. 486. Pour le contexte, voir notamment Eugen EWIG, Die fränkische Teilreiche im 7. Jahrhundert (613–714), dans : ID., Gesammelte Schriften (cf. n. 28) 1,

tiques[73]. Dans la continuité de la politique de Clovis II et afin d'apaiser les tensions entre les évêques et les abbés, la reine recommandait, pour les monastères réguliers, ce que Eugen Ewig a appelé les privilèges de petite liberté, qui représentaient un compromis entre le désir d'autonomie des moines et le contrôle épiscopal[74].

Dans ce contexte, Jonas plaide toujours pour un monachisme régulier, fondé non plus sur les modèles de Luxeuil et de Bobbio mais sur les traditions anciennes et bien gauloises d'Honorat de Lérins et de Jean Cassien de Marseille. Contrairement à la Vie de Colomban qui exaltait l'autorité de l'abbé, la Vie de Jean nous offre le portrait d'un père plus humble, qui préfère « se soumettre à tous en obéissant que diriger en dominant ». Par conséquent, il n'hésite pas à abandonner son troupeau pour se retirer à Lérins afin d'y apprendre l'obéissance[75]. En outre, cette obéissance de l'abbé s'applique désormais aussi aux évêques en général et à l'évêque diocésain Grégoire de Langres en particulier. Si Jonas défend toujours l'idée que les moines doivent vivre en paix dans leur clôture en refusant les visites des laïcs, il préconise ici une solution de compromis en matière d'accueil des fidèles et de promotion du culte de Jean[76]. Soucieux de concilier l'intérêt des moines, ceux des évêques et ceux de la reine, Jonas n'hésite donc pas à proposer une représentation de l'abbé idéal différente de celle qu'il avait préconisée dans la Vie de Colomban, mais plus adaptée aux circonstances politiques du temps[77].

Plusieurs autres sources hagiographiques de cette époque témoignent de l'existence de ces tensions entre évêques et abbés. Comme l'avait déjà souligné Franz Felten, la Vie de l'abbesse Anstrude de Saint-Jean de Laon présente son évêque diocésain Madelgaire comme un usurpateur animé par une *vana cupiditas*[78]. Dans le même ordre d'idée, la Vision du moine Barontus rédigée au mo-

---

      p. 172–230, aux p. 207–208 ; NELSON, Queens (cf. n. 62) p. 17–23 ; DIERKENS, Prolégomènes (cf. n. 46) p. 383–385 et 391–393.
73 Jonas, Vita Iohannis, prol., ed. KRUSCH (cf. n. 71) p. 326.
74 Voir n. 56.
75 Jonas, Vita Iohannis, c. 3–4, ed. KRUSCH (cf. n. 71) p. 330–332.
76 Jonas, Vita Iohannis, c. 20, ed. KRUSCH (cf. n. 71) p. 343–344.
77 Ces aspects ont été développés dans HELVETIUS, Hagiographie (cf. n. 55) p. 42–44.
78 Vita Anstrudis [BHL 556], c. 16, ed. Wilhelm LEVISON (MGH SS rer. Merov. 6, 1913) p. 73. Cf. FELTEN, Äbte (cf. n. 3) p. 66. Sur cette Vie écrite en plusieurs strates à partir de c. 714–720, voir Régine LE JAN, Monastères de femmes, violence et compétition pour le pouvoir dans la Francie du VIIe siècle, dans : EAD., Femmes, pouvoirs et société dans le haut Moyen Âge (Les Médiévistes français 1, 2001) p. 89–107 ; Mi-

nastère de Saint-Cyran-en-Brenne vers 678–679 nous offre une image du paradis, où demeurent en paix l'abbé Francard et les moines du monastère, et de l'enfer où il rencontre les évêques Vulfoleude de Bourges et Didon de Poitiers[79]. Dans la Vie tripartite dédiée aux pères de Remiremont vers 675–680[80], Romary, prosterné devant la reine Brunehaut, reçoit de l'évêque Aridius de Lyon un coup de pied au visage[81].

À l'inverse, certaines Vies d'évêques dépeignent des portraits d'abbés extrêmement négatifs, surtout lorsque ces abbés semblent jouir de la faveur royale. Dans la Vie de Loup de Sens, par exemple, le pire ennemi de l'évêque est l'abbé Médegisile, du monastère de Saint-Remi[82]. Selon l'hagiographe, cet homme mauvais et jaloux briguait l'évêché de Sens, raison pour laquelle il se répandit en médisances contre Loup auprès du roi Clotaire II et contribua à le faire exiler. Loup fut finalement grâcié par le roi suite à l'intervention d'un autre abbé, Winebaud de Saint-Loup de Troyes. Si les faits racontés peuvent être sujets à caution, l'hagiographe propose en tout cas à ses lecteurs deux figures abbatiales, l'une négative et l'autre positive, dont le point commun est l'immense crédit dont ils bénéficient auprès du roi.

---

chèle GAILLARD, De l'Eigenkloster au monastère royal : l'abbaye Saint-Jean de Laon, du milieu du VIIe au milieu du VIIIe siècle à travers les sources hagiographiques, dans : Martin HEINZELMANN (dir.), L'hagiographie du haut Moyen Âge en Gaule du Nord. Manuscrits, textes et centres de production (Francia, Beihefte 52, 2001) p. 249–262.

79 Visio Baronti [BHL 997], ed. Wilhelm LEVISON (MGH SS rer. Merov. 5, 1910) p. 377–394 ; voir Yitzhak HEN, The Structure and Aims of the Visio Baronti, dans : Journal of Theological Studies 47 (1996) p. 477–497.

80 Vita Amati Habendensis [BHL 358], ed. (partim) Bruno KRUSCH (MGH SS rer. Merov. 4, 1902) p. 215–221 ; (Acta Sanctorum, Sept. 4, 1753) p. 103–107 ; Vita Romarici Habendensis [BHL 7322], ed. (partim) ID. (MGH SS rer. Merov. 4, 1902) p. 221–225 ; ed. Jean MABILLON, dans : Acta sanctorum ordinis sancti Benedicti 2 (1669) p. 415–420 ; Vita Adelphii Habendensis [BHL 73], ed. Bruno KRUSCH (MGH SS rer. Merov. 4, 1902) p. 225–228. Sur leur date, voir Monique GOULLET, Les saints du diocèse de Toul (Sources hagiographiques de la Gaule, VI), dans : L'hagiographie (cf. n. 78) p. 48–50. La structure tripartite rappelle la Vie des Pères du Jura et la Vie des abbés d'Agaune, dont il a été question supra.

81 Vita Romarici, c. 3, ed. KRUSCH (cf. n. 80) p. 222.

82 Vita Lupi Senonici [BHL 5082], c. 11–13, ed. Bruno KRUSCH (MGH SS rer. Merov. 4, 1902) p. 182–183. Bien que l'éditeur l'ait datée du IXe siècle, cette Vie est en réalité mérovingienne : voir Isabelle REAL, Vies de saints, vie de famille. Représentation et système de la parenté dans le Royaume mérovingien (481–751) d'après les sources hagiographiques (Hagiologia 2, 2001) p. 53 ; HEINZELMANN, L'hagiographie (cf. n. 7) p. 72. Je ne peux développer ici les arguments qui me conduisent à la situer vers le milieu du VIIe siècle.

La première Vie de Léger d'Autun, rédigée vers 680–692[83], présente sous un jour négatif le personnage de Marcolin, qui apparaît comme le supérieur du monastère de Saint-Symphorien. D'après l'hagiographe, c'était un homme avide de louanges et d'honneurs humains, dont il vaut mieux taire les mauvaises mœurs plutôt que d'en parler puisque tout le monde les connaît. Cependant, le roi Childéric II, qui l'appréciait beaucoup et le tenait quasiment pour un prophète, accorda foi à ses accusations contre Léger et se laissa même convaincre de fêter Pâques dans sa basilique le samedi plutôt que le dimanche[84]. Comme dans la Vie de Loup, l'abbé apparaît comme le traître qui use de son influence auprès du roi pour provoquer la chute de l'évêque. Ici s'ajoute en outre le soupçon d'une déviance relative à la fête de Pâques, qui n'est pas sans rappeler l'histoire de Colomban.

Dans une perspective plus irénique, certaines Vies d'évêques présentent leur héros comme un homme imprégné des valeurs monastiques et respectueux des moines. Ainsi, la Vie d'Éloi de Noyon, dont une première version fut écrite à la fin du VIIe siècle par l'évêque Ouen de Rouen, nous offre le portrait d'un Éloi qui se comportait déjà comme un moine lorsqu'il servait le roi à la cour et demeura ensuite toujours fidèle aux idéaux monastiques, bien qu'il n'ait jamais été moine lui-même. Ouen nous montre par exemple Éloi, encore laïc, se prosterner jusqu'à terre devant les moines de Luxeuil[85]. Certains évêques, tels Arnoul de Metz, Amand de Maastricht ou Bonnet de Clermont, conduits par les circonstances à démissionner de leur charge épiscopale, sont présentés comme heureux de pouvoir se retirer au monastère conformément à leur vocation originelle[86]. Cette tendance tend à se renforcer à la fin du VIIe et au début du

---

83   Passio Leudegarii prima [BHL 4849b], ed. Bruno KRUSCH (MGH SS rer. Merov. 5, 1910) p. 282–322. Synthèse et bibliographie dans HEINZELMANN, L'hagiographie (cf. n. 7) p. 51, n. 105.

84   Passio Leudegarii, c. 10, ed. KRUSCH (cf. n. 83) p. 292 : *De cuius conversatione, maxime dum omnibus patuit, melius puto silere quam loqui.*

85   Vita Eligii Noviomensis [BHL 2474–2475] I, 21, ed. Bruno KRUSCH (MGH SS rer. Merov. 4, 1902) p. 685. Synthèse et bibliographie : HEINZELMANN, L'hagiographie (cf. n. 7) p. 69–70.

86   Vita Arnulfi Mettensis [BHL 689–692], ed. Bruno KRUSCH (MGH SS rer. Merov. 2, 1888) p. 426–446 ; Vita Amandi prima [BHL 332], ed. ID. (MGH SS rer. Merov. 5, 1910) p. 428–449 ; Vita Boniti Arvernensis [BHL 1418], ed. ID. (MGH SS rer. Merov. 6, 1913) p. 110–139. Ces textes sont présentés par HEINZELMANN, L'hagiographie (cf. n. 7) p. 69–71.

VIIIe siècle, tandis qu'apparaissent parallèlement les premiers abbés-évêques, tels Ursmer de Lobbes[87].

Dans cette même perspective irénique, certaines Vies dédiées à des abbés insistent toujours sur l'obéissance due aux évêques, comme celle de Wandrille de Fontenelle, qui insiste vers 700 sur le fait que cet abbé respectait les canons conciliaires et ne voyageait jamais sans l'autorisation de son évêque diocésain, Ouen de Rouen[88]. Plus complexe, la Vie de Philibert de Jumièges, conservée sous la forme d'une réécriture produite vers 750[89], expose les relations en dents de scie entretenues par l'abbé Philibert et l'évêque Ouen de Rouen, qui se soldent finalement par une réconciliation entre les deux hommes. Nénamoins, au passage, l'auteur nous montre les *sacerdotes* confluer chez Philibert afin d'imiter son exemple ; en particulier, l'évêque Ansoald de Poitiers y est décrit comme un fervent admirateur de l'abbé, prêt à se recommander à son conseil[90].

Indépendamment des tensions qui existent entre évêques et abbés, nombre de Vies produites en milieu monastique aux VIIe et au début du VIIIe siècles présentent des portraits d'abbés et d'abbesses plutôt libres et autonomes, qui ne cessent de voyager, de fréquenter les grands et les rois, de prêcher librement et qui semblent pleinement conscients de la place importante que leur confère l'*honor* abbatial dans l'Église et dans le monde. Les Vies des abbés Fursy de

---

87   Anson, Vita Ursmari Lobbiensis prima [BHL 8416], ed. Wilhelm LEVISON (MGH SS rer. Merov. 6, 1913) p. 445–461. Cette Vie carolingienne se fonde sur un texte perdu du début du VIIIe siècle. Cf. Alain DIERKENS, Abbayes et chapitres entre Sambre et Meuse (VIIe–XIe siècles). Contribution à l'histoire religieuse des campagnes du Haut Moyen Âge (Francia, Beihefte 14, 1985) p. 95–98 et 289–291. Sur les abbés-évêques, voir toujours Hieronymus FRANK, Klosterbischöfe des Frankenreiches (1932).

88   Vita Wandregisili Fontanellensis [BHL 8804], c. 14, ed. Bruno KRUSCH (MGH SS rer. Merov. 5, 1910) p. 20. Sur cette Vie, voir John HOWE, The Hagiography of Saint-Wandrille (Fontenelle) (Province of Haute-Normandie) (Sources hagiographiques de la Gaule, VIII), dans : HEINZELMANN (dir.), L'hagiographie (cf. n. 78) p. 127–192. L'interdiction de voyager sans autorisation est rappelée par le concile d'Arles a. 554, c. 2, ed. Charles DE CLERCQ (Corpus christianorum, Series latina 148A, 1963) p. 171 ; voir aussi FELTEN, Äbte (cf. n. 3) p. 68.

89   Vita Filiberti Gemeticensis [BHL 6805], ed. Wilhelm LEVISON (MGH SS rer. Merov. 5, 1910) p. 583–604. Pour la date, voir en dernier lieu HEINZELMANN, L'hagiographie (cf. n. 7) p. 78.

90   Vita Filiberti, c. 26, ed. LEVISON (cf. n. 89) p. 597 : *Cognoscens igitur electus Dei sacer Ansoaldus virum Dei spiritu prophetiae repletum, culmine sanctitatis erectum, in eius se consilio commendavit ex integro et sub religionis norma episcopalem coepit inclinare potentiam.*

Lagny, Riquier ou Germain de Grandval en offrent d'éloquents exemples parmi d'autres[91]. Quant aux femmes, si les simples moniales sont généralement soumises à une clôture plus stricte que les hommes, l'abbatiat n'en est pas moins considéré comme un *honor*, un *privilegium* impliquant des contacts étroits avec le monde séculier[92]. Qualifiées de mères spirituelles, elles enseignent à leurs disciples et sont en charge de la *cura animarum* de toute la communauté, y compris lorsque celle-ci est mixte et qu'elle accueille des enfants des deux sexes[93]. D'après les hagiographes, la plupart des saintes abbesses, inspirées par le Saint-Esprit, sont fréquemment sujettes à des visions et à des révélations divines, qu'elles sont parfaitement capables d'interpréter par elles-mêmes sans recourir à la médiation d'un prêtre. Certains présentent même leurs héroïnes comme des personnes « ecclésiastiques », capables de procéder à des rites liturgiques à la manière des évêques ou des prêtres[94].

Au terme de cet aperçu forcément lacunaire, la chronologie traditionnellement admise qui situait vers 750 la promotion de la fonction abbatiale dans le

---

91   Vita Fursei Latiniacensis [BHL 3209-3210], ed. (partim) Bruno KRUSCH (MGH SS rer. Merov. 4, 1902) p. 434-440, et Claude CAROZZI, Le voyage de l'âme dans l'Au-delà d'après la littérature latine (Ve-XIIIe siècle) (Bibliothèque de l'École Française de Rome 189, 1994) p. 677-692. Vita Richarii prima [BHL 7245], ed. Bruno KRUSCH (MGH SS rer. Merov. 7, 1920) p. 438-453. Bobolène, Vita Germani Grandivallensis [BHL 3467], ed. Bruno KRUSCH (MGH SS rer. Merov. 5, 1910) p. 33-40. Voir HEINZELMANN, L'hagiographie (cf. n. 7) p. 50 et 75-77.

92   Au VIIe siècle, les Vies de Gertrude de Nivelles et de Rusticule d'Arles présentent leur abbatiat comme un *honor* : cf. Vita Geretrudis prima [BHL 3490], c. 6, ed. Bruno KRUSCH (MGH SS rer. Merov. 2, 1888) p. 459-460 ; Florentius, Vita Rusticulae, c. 7, ed. KRUSCH (cf. n. 61) p. 343. L'abbatiat d'Aldegonde de Maubeuge, au début du VIIIe siècle, est un *privilegium* : Vita Aldegundae prima [BHL 244], ed. Jean MABILLON (Acta Sanctorum ordinis Sancti Benedicti 2, 1669) p. 807-815 ; extraits ed. Wilhelm LEVISON (MGH SS rer. Merov. 6, 1913) p. 79-90, ici ibid., c. 4, p. 88.

93   Par exemple à Nivelles : voir la Vita Geretrudis, ed. KRUSCH (cf. n. 92), et les Virtutes Geretrudis [BHL 3495], ed. ID. (MGH SS rer. Merov. 2, 1888) p. 464-471. Sur la maternité spirituelle, voir aussi Florentius, Vita Rusticulae, c. 17, ed. KRUSCH (cf. n. 61) p. 347, d'après Ps 112,9.

94   Aux exemples cités dans Anne-Marie HELVETIUS, *Virgo et virago*. Réflexions sur le pouvoir du voile consacré d'après les sources hagiographiques de la Gaule du Nord, dnas : Stéphane LEBECQ et. al. (dir.), Femmes et pouvoirs des femmes à Byzance et en Occident (VIe-XIe siècle) (1999) p. 200-201, on ajoutera Vita Aldegundae, c. 25, ed. MABILLON (cf. n. 92) p. 814, où une moniale voit en vision Aldegonde procéder au rite eucharistique à la place du prêtre, et Vita Anstrudis, c. 4, ed. LEVISON (cf. n. 78) p. 68, où Anstrude est dite « ecclésiastique par son mode de vie ».

monde franc mérite d'être nuancée. S'il est vrai que le statut de l'abbé se trouve institutionnellement et juridiquement mieux défini à l'époque carolingienne, l'étude de l'image ou de la représentation de l'abbé mérovingien qu'offrent les sources contemporaines permet d'éclairer les étapes progressives qui ont conduit à ce changement de statut.

Cette évolution progressive s'est concrétisée en trois étapes. Dans un premier temps, on peut constater que le concile de Chalcédoine et les conciles francs ultérieurs n'ont que partiellement réussi à imposer la soumission des abbés à leur évêque diocésain. Comme en témoignent les sources du VIe siècle, le point de vue des évêques francs en la matière se heurtait à la résistance d'une partie du monde monastique qui, forte de la tradition des pères du désert, considérait les abbés comme des pères spirituels indépendants des hiérarchies temporelles et n'ayant de compte à rendre qu'à Dieu. Si nul ne peut contester que les évêques francs du VIe siècle occupent une position nettement supérieure à celle des abbés dans l'Église et dans le monde, il n'en est pas moins vrai que la course aux honneurs conduit déjà certains abbés à fréquenter et à servir les rois, dans l'espoir sans doute d'obtenir un évêché. Les rois eux-mêmes, inquiets devant l'attitude du corps épiscopal, pouvaient trouver quelque avantage à accorder leur confiance à des abbés ; rappelons que, en Neustrie, Chilpéric Ier accusait les évêques de piller le fisc et de saper l'autorité royale et il en allait de même en Burgondie, où Gontran avait l'intention d'en exiler beaucoup[95].

Dans un deuxième temps, des influences venues de l'extérieur contribuèrent à imposer l'idée que les abbés puissent avoir une plus grande autonomie : le fait que Grégoire le Grand confie à des abbés et à leurs moines la mission d'évangéliser les Anglo-Saxons, le fait aussi que l'Irlandais Colomban ose tenir tête et même s'opposer aux rois et au concile ont sans doute renforcé le poids des abbés par rapport aux évêques. Après 613, Clotaire II et son fils Dagobert firent clairement le choix de s'appuyer sur les monastères davantage que ne l'avaient fait leurs prédécesseurs, entraînant les familles aristocratiques à suivre leur exemple. L'accroissement du rôle politique des monastères s'accompagna d'une possibilité d'émancipation des abbés par rapport à leurs évêques diocésains par le biais des privilèges de liberté qui, au cas par cas, permettait à leurs bénéficiaires de contourner la législation chalcédonienne.

---

95 Grégoire, Historiae, VI, 46, edd. KRUSCH/LEVISON (cf. n. 24) p. 320 ; ibid., VIII, 20, p. 387.

Enfin, dans un troisième temps, le développement de l'hagiographie dédiée à des abbés et à des abbesses au cours du VIIᵉ siècle consolida encore davantage à la fois l'influence des vertus monastiques et la position des fondateurs de monastères dans la société franque, non sans attiser les tensions entre évêques et abbés. Le succès de certaines œuvres de propagande, telles que la Vie de Colomban par Jonas ou, un peu plus tard, celle d'Éloi par Ouen, conservées dans un grand nombre de manuscrits, participa de cette évolution continue qui prépara le terrain à l'action des premiers carolingiens. Le système des abbés-évêques, qui semble avoir été développé spécialement par Pépin II et ses successeurs, et la part prise par les moines dans les missions germaniques renforcèrent encore cette émancipation des abbés.

Si l'histoire des représentations permet de contribuer à une meilleure compréhension des évolutions politiques, il n'en reste pas moins qu'elle demeure souvent hypothétique en raison des difficultés que pose la datation des sources. Dans le cas de l'histoire mérovingienne, malgré les progrès considérables réalisés au cours des dernières décennies, de nombreuses recherches restent à mener en matière de critique des sources hagiographiques. À n'en pas douter, les quelques pistes ébauchées ici mériteront d'être approfondies voire nuancées par des travaux ultérieurs.

Hedwig Röckelein

Matrona

Zur sozialen, ökonomischen und religiösen Stellung einer Gruppe von Laienfrauen im Frühmittelalter

Matronen, Königinnen, Aristokratinnen

Während einer Reise nach Friesland sei der Missionar Liudger (geboren um 742, gestorben 809) mit seinen Schülern im Haus der *matrona* Meinsuit gastfreundlich aufgenommen worden, berichtet dessen Hagiograph Altfrid[1]. Meinsuit wohnte im Dorf *Helewyret* (Holwyrde) bei Delfzyl im Hunusgau, im niederländischen Teil Ostfrieslands. Kurz nach diesem Ereignis verwiesen die friesischen Fürsten die Missionare des Landes. Bevor Liudger Friesland verließ, setzte er den einheimischen Sänger Bernlef als „verdeckten Agenten" ein. Bernlef war bereits bekehrt und genoss in der Bevölkerung großes Ansehen und Vertrauen. Liudger beauftragte ihn, in die Häuser der Friesen zu gehen und dort die „Matronen" davon zu überzeugen, dass sie ihre vom Tod gezeichneten Kinder taufen lassen sollten[2]. In der *Vita secunda s. Liudgeri* wurde Meinsuit eliminiert und die Episode ganz auf Bernlef zugeschnitten.

Die Frage, die uns hier beschäftigen soll, lautet: Wer waren diese gastfreundlichen Matronen und Missionshelferinnen? Heinrich Schmidt interpretiert sie als Angehörige der friesischen Führungsschicht[3]. In deutschen

---

1 Altfrid, Vita prima s. Liudgeri, I, 25, ed. Wilhelm DIEKAMP (Geschichtsquellen des Bistums Münster 4, 1881) S. 30: *Cum euangelizandi gratia in Fresia ad quandam villam nomine Helewyret pervenisset, matrona quaedam Meinsuit nomine except illum in domum suam.*

2 Altfrid, Vita prima s. Liudgeri, I, 26, ed. DIEKAMP (wie Anm. 1) S. 31: *[I]ussit sanctus vir Liudgerus eundem Bernlevum [...] per singulorum domos discurrere et, persuasis matronis, morituros illorum baptizare infantulos.*

3 Heinrich SCHMIDT, Über Christianisierung und gesellschaftliches Verhalten in Sachsen und Friesland, Niedersächsisches Jahrbuch für Landesgeschichte 49 (1977) S. 1–44, hier S. 35: „Die Bezeichnung der zu gewinnenden Mütter als matronae deutet darauf, dass der Missionar an den vornehmeren Häusern besonderes Interesse nahm und in ihm am ehesten Zugang für seinen Helfer erhoffte."

Übersetzungen der lateinischen mittelalterlichen Quellen wird *matrona* in der Tat mit „vornehme Frau" oder „Adelige" wiedergegeben; vorsichtigere Interpreten bevorzugen das neutrale „Frau".

Die Forschung hat sich in den letzten Jahrzehnten durchaus mit der Rolle von Frauen in den Missionsprozessen der Merowinger- und Karolingerzeit befasst[4]. Ihr Interesse richtete sich dabei aber vor allem auf die Königinnen und Klostergründerinnen wie Chlothild, Radegund, Balthild und Irmingard, auf die Frauen aus den politischen und sozialen Führungsschichten wie Burgundofara, Begga und Ansfledis sowie auf die Frauen um Bonifatius, seine angelsächsischen Briefpartnerinnen Eadburg von Thanet, Egburg, Eangyth, Bugga und Leobgytha[5] sowie seine Missionshelferinnen auf dem Kontinent, Thekla, Cynehild, Berhtgit und Leoba[6].

Die Matronen wurden in diesen Untersuchungen nicht berücksichtigt. Deren Rolle im Prozess der Christianisierung soll daher an dieser Stelle geklärt werden. Welche Funktionen übernahmen sie in der Mission? Wodurch waren sie autorisiert? Welchen sozialen Gruppen und welchem rechtlichen Stand gehörten sie an? Antworten bieten hagiographische, historiographische, urkundliche und gesellschaftstheoretische Texte, die sich mit Hilfe des Instru-

---

[4] Cordula NOLTE, Conversio und Christianitas. Frauen in der Christianisierung vom 5. bis 8. Jahrhundert (Monographien zur Geschichte des Mittelalters 41, 1995), bes. Kapitel 2 B: „Königliche Ehefrauen als Bekehrerinnen ihrer Männer?" (S. 69–134) und S. 291 ff.; Lisa Marie BITEL, Women in Early Medieval Europe, 400–1100 (2002), Kapitel 3: „The Theory and Practice of Religion", bes. S. 116–125; Janet L. NELSON, Les femmes et l'évangélisation au IXe siècle, Revue du Nord 68 (1986) S. 471–485; Jo Ann MCNAMARA, Living Sermons: Consecrated Women and the Conversion of Gaul, in: Medieval Religious Women 2: Peaceweavers, hg. von John NICHOLS / Lillian Thomas SHANK (Cistercian Studies Series 72, 1987) S. 19–37.

[5] Bonifatius, Epistulae, ed. Reinhold RAU (Ausgewählte Quellen zur deutschen Geschichte des Mittelalters 4b, 1968) Nr. 10, S. 30–42; Nr. 13–15, S. 48–62; Nr. 28–30, S. 96–104; Nr. 65–67, S. 202–208; Nr. 94, S. 316–318; Nr. 96, S. 318–320; Albrecht CLASSEN, Frauenbriefe an Bonifatius. Frühmittelalterliche Literaturdenkmäler aus literarhistorischer Sicht, Archiv für Kulturgeschichte 72 (1990) S. 251–273; Hans-Werner GOETZ, Frauen im frühen Mittelalter. Frauenbild und Frauenleben im Frankenreich (1995) S. 376–381; William Patrick HYLAND, Missionary Nuns and the Monastic Vocation in Anglo-Saxon England, American Benedictine Review 47/2 (1996) S. 141–174.

[6] Rudolf von Fulda, Vita Leobae abbatissae Biscoffesheimensis, ed. Georg WAITZ (MGH SS 15/1, 1887) S. 118–131.

mentariums der qualitativen historisch-semantischen Wortfeldanalyse erschließen lassen[7].

Die Rolle der Matronen im Christianisierungsprozess

Das Schicksal der *matrona* Burgunda als einer der ersten Christinnen in Ostfranken wird in den diversen Fassungen der Vita des heiligen Bischofs Kilian erzählt[8]. In der *Passio prior*, die Hans-Werner Goetz um 788, Alfred Wendehorst dagegen um 840 datiert[9], wird sie als *matrona* tituliert. Die jüngere Vita aus dem 9. Jahrhundert bezeichnet sie als *nobilis mulier*[10].

Burgunda wurde Zeugin der Enthauptung der drei irischen Missionare Kilian, Totnan und Kolonat. Diese hatten sich den Unwillen Herzog Gozberts zugezogen, als sie ihn der Leviratsehe mit Geilana, der Frau seines verstorbenen Bruders, bezichtigten. Das Levirat war zwar nach römischem und germani-

---

[7] Das „Mittellateinische Wörterbuch" ist noch nicht bis zum Buchstaben „M" publiziert. Daher danke ich der Redaktion des Wörterbuchs in München für die Überlassung der Stellennachweise zum Lemma *matrona*. Steffen Patzold hat mich dankenswerterweise von Zeit zu Zeit mit Fundstellen aus der merowingerzeitlichen Hagiographie versorgt. Das „Lexikon des Mittelalters", Niermeyers *Mediae latinitatis lexicon minus*, das „Handwörterbuch zur deutschen Rechtsgeschichte" führen das Lemma *matrona* nicht. Der Eintrag „Matronen" im „RGA" (Günter NEUMANN, Matronen, in: Reallexikon der Germanischen Altertumskunde 19 [2001] S. 438–440) behandelt ausschließlich den Kult der „Matronen" beziehungsweise „Matrones".

[8] Passio Kiliani martyris Wirziburgensis, ed. Wilhelm LEVISON (MGH SS rer. Merov. 5, 1910) S. 722–728. Für Burgunda relevant ist das 11. Kapitel. Die Burgundageschichte ist in der *Passio II s. Kiliani* (entstanden im 9. Jahrhundert), c. 14–15, weiter ausgeschmückt, vgl. Passio Kiliani, ed. LEVISON, S. 726, Anm. 4. Edition und Übersetzung der *Vita II s. Kiliani*, ed. Franz EMMERICH, in: DERS., Der Heilige Kilian, Regionarbischof und Martyrer. Historisch-kritisch dargestellt (1896) S. 11–25; Andreas BIGELMAIR, Die Passio des heiligen Kilian und seiner Gefährten, in: Herbipolis jubilans. 1200 Jahre Bistum Würzburg. Festschrift zur Säkularfeier der Erhebung der Kiliansreliquien (Würzburger Diözesangeschichtsblätter 14–15, 1952–1953) S. 1–25 (Übersetzung der *Passio maior*: ebd., S. 12 ff.). Zu den verschiedenen Versionen der Kiliansvita vgl. Hans-Werner GOETZ, Die Viten des heiligen Kilian, in: Kilian. Mönch aus Irland, aller Franken Patron. Aufsätze, hg. von Johannes ERICHSEN (Veröffentlichungen zur bayerischen Geschichte und Kultur 19, 1989) S. 287–297.

[9] GOETZ, Kilian (wie Anm. 8) S. 287–297; Alfred WENDEHORST, Kilian, in: Lexikon des Mittelalters 5 (1991) Sp. 1136.

[10] Vita II s. Kiliani, c. 14, ed. EMMERICH (wie Anm. 8) S. 19.

schem Recht erlaubt, mit den strengen Moralvorstellungen der Iren aber nicht vereinbar. Nachdem Gozbert auf den Rat der Iren hin Geilana entlassen hatte, rächte sich diese an den Ratgebern des Herzogs und ließ die drei Missionare um 789 enthaupten.

Die heimliche Zeugin Burgunda hob das mit dem Blut der Märtyrer getränkte Leintuch auf und vergrub es in der Erde. Geilana ließ über dem Grab der Märtyrer Christi einen Pferdestall errichten, um alle Spuren zu verwischen. Burgunda indes hielt bis an ihr Lebensende als Klausnerin die Totenwache bei den Exekutierten. Hätte sie den Begräbnisort nicht kurz vor ihrem Tod preisgegeben, so der Hagiograph, wäre die Grabstätte der Märtyrer in Vergessenheit geraten. Außer Burgunda ehrten nur die Tiere, die in dem Stall untergebracht waren, die drei Heiligen, indem sie die Grabstätte von Kot und Urin verschonten. Der Autor spielt hier auf Isaia 1,3 an: „Der Ochse kennt seinen Besitzer und der Esel die Krippe seines Herrn. Israel aber hat keine Erkenntnis, mein Volk hat keine Einsicht"[11]. Burgunda übernimmt in dieser Erzählung im ersten Stadium der Christianisierung Ostfrankens mehrere Funktionen: Sie ist Zeugin des Martyriums, sie ist selbst standhaft wie eine Märtyrerin, sie ist Trägerin der Memoria des Martyriums wie der Toten und sie führt als Eremitin ein religiöses Leben.

Ansgar, der Missionsbischof von Hamburg(-Bremen), wurde wie Liudger durch eine ortsansässige *matrona* unterstützt. Auf seiner Reise nach Schweden lernte er um 849 in Birka die *matrona [...] valde religiosa* Frideburg kennen. Sie gehörte zu den ersten Christen der Fernhändlersiedlung und hielt auch an ihrem Glauben fest, als die Schweden im Thing die Ausweisung der christlichen Missionare beschlossen und in den folgenden sieben Jahren die Priesterstelle in Birka unbesetzt blieb[12]. Als sie ihren Tod herannahen fühlte, kaufte die *femina religiosa* etwas Wein und füllte ihn in einen Krug, weil sie gehört hatte, dass dies die Wegzehrung der Christen im Jenseits sei. Frideburg hatte

---

11 Is 1,3: *[C]ognovit bos possessorem suum et asinus praesepe domini sui / Israhel non cognovit populus meus non intellexit.*
12 Rimbert, Vita Anskarii, c. 20, ed. Georg WAITZ (MGH SS rer. Germ. [55], 1884) S. 44: *Illis quoque temporibus apud eos matrona quaedam fuit valde religiosa. [...] Praedicta itaque religiosa femina nomine Frideburg, in bonitate vitae et fidei constantia laudabilis, dies vitae suae usque ad tempus perduxit senectutis.*

durch ihre Handelstätigkeit ein beträchtliches Vermögen angesammelt[13]. In den letzten Tagen ihres Lebens beauftragte sie ihre Tochter Catla, den gesamten Besitz zu verkaufen und einen angemessenen Teil des Erlöses unter den Armen von Birka zu verteilen. Mit dem übrigen Geld hieß sie Catla in die friesische Handelsmetropole Dorestad zu reisen, um dort das Geld zur Rettung der Seele ihrer Mutter an die Kirchen, Priester, Geistlichen und Armen zu verteilen[14]. Diese Seelgerätstiftung könnte ein Hinweis sein, dass Frideburg aus Dorestad stammte.

Als Ansgar 845 nach dem Normanneneinfall in Hamburg seinen Bischofssitz aufgeben musste, bot ihm eine *matrona* Ikia ein *predium* in Ramesloh südlich der Elbe an[15], um seine Kleriker und die geflüchteten Reliquien der Reimser Heiligen Sixtus und Sinnicius in Sicherheit zu bringen. Dieter Brosius deutet Ikia als eine sächsische Adelige, die mit ihrer Familie in der nahe gelegenen Burg im Seevetal wohnte[16]. Auch die Dotierung des Frauenstifts Bassum, das Ansgar um 860 errichtet haben soll, stammte von einer *matrona*. Sie hieß Liutgart und hatte dem Konvent der Sanktimonialen ihr ganzes väterliches Erbe (*totum patrimonium suum*) überlassen[17]. Die Nachrichten über die Mäzeninnen Ikia und Liutgart finden sich, anders als die Erzählung über die Fernhändlerin Frideburg, nicht in Rimberts *Vita Anskarii*. Vielmehr wird ihre Geschichte in Urkunden, die auf das späte 9. Jahrhundert datieren, aber spätere Fälschungen sind, und in den Bischofsgesten Adams von Bremen erzählt[18].

---

13 Es ist anzunehmen, dass sich die beiden Friesinnen als Fernhändlerinnen in Birka niedergelassen hatten. Vgl. Dirk JELLEMA, Frisian Trade in the Dark Ages, Speculum 30 (1955) S. 15–36, hier S. 28.
14 Rimbert, Vita Anskarii, c. 20, ed. WAITZ (wie Anm. 12) S. 45.
15 Adam von Bremen, Gesta Hammaburgensis ecclesiae pontificum, I, 23, ed. Bernhard SCHMEIDLER (MGH SS rer. Germ. [2], ³1917) S. 29: [...] *matrona* [...] *nomine Ikia*.
16 Dieter BROSIUS, Zur Geschichte des Stifts Ramesloh im Mittelalter, Lüneburger Blätter 25–26 (1982) S. 27–70, hier S. 31 f.
17 Adam von Bremen, Gesta, c. 30, ed. SCHMEIDLER (wie Anm. 15) S. 35 f.: *Terciam sanctarum virginum congregationem in Birxinon adunavit. Ubi devota Christi matrona Liutgart totum patrimonium suum offerens celesti sponso magnum chorum castitatis suo ducatu nutrivit*. Gegenüber der Gründungsgeschichte Bassums gelten dieselben Vorbehalte wie für Ramesloh. Beide Gründungen sind nicht in der Ansgarvita Rimberts erwähnt.
18 Die *matrona quedam nomine Ikia* wird in der unechten Urkunde Ludwigs des Deutschen vom 8. Juni 842, ed. Paul KEHR (MGH DD LD, 1934) Nr. 175, S. 247–249, genannt. König Ludwig bestätigt darin der Hamburger Kirche als Ersatz für das von seinem Bruder, König Karl (von Westfranzien), entzogene Kloster Turnhout mit Zustimmung Bischof Waldgars von Verden den von der *matrona* Ikia geschenkten

Dass die Stifte Ramelsloh und Bassum bereits im 9. Jahrhundert gegründet wurden, zweifelt die Forschung hingegen nicht an[19].

Matronen, die Wanderprediger, Missionsbischöfe und Missionsstationen unterstützen, sind nicht nur im Norden des Karolingerreiches zu finden, sondern auch in Baiern, Rätien und Alemannien. Der Reichenauer Priestermönch Meinrad zog sich um 828 aus seiner Klostergemeinschaft zurück, um als Einsiedler zu leben. Der Hagiograph berichtet, dass Meinrad auf der Suche nach einem geeigneten Ort für seine Zelle[20] in Cham (Kanton Zug, Schweiz) von einer *matrona* gastlich aufgenommen worden sei, die ihm Speise und Trank geboten habe. Meinrad erkannte sofort, dass er eine gläubige Christin vor sich hatte, und sprach sie als *cara Christo femina* an. Er gestand ihr, dass er in der Nähe eine Eremitenzelle errichtet habe und sich dem Gottesdienst in Fasten und Gebet widmen wolle. Die *matrona* versprach, sein Geheimnis zu wahren und ihn mit allem Lebensnotwendigen zu versorgen[21].

Während die angelsächsischen Missionarinnen, die Bonifatius auf den Kontinent gefolgt waren, durch aktive Glaubensverkündung, durch die Verbreitung der Schriftkultur und die Einrichtung beziehungsweise Leitung von Klöstern zur Christianisierung auf dem Kontinent beitrugen, unterstützten die Matronen auf dem Kontinent die Missionare und Wanderprediger logis-

---

    Besitz im Wald Ramelsloh zur Errichtung eines Klosters. Er befreit dessen Leute vom Heeresdienst und verleiht dem Bistum Verden wie dem Kloster Ramelsloh Immunität. Es handelt sich hierbei um eine Fälschung, die wahrscheinlich zwischen 876 und 888 entstand und der Abwehr des Konkurrenten Verden diente. Vgl. dazu Gerhard THEUERKAUF, Urkundenfälschungen des Erzbistums Hamburg-Bremen vom 9. bis zum 12. Jahrhundert, Niedersächsisches Jahrbuch für Landesgeschichte 60 (1988) S. 71–140, hier S. 126–130.

19 BROSIUS, Ramelsloh (wie Anm. 16) S. 27, vermutet das letzte Drittel des 9., vielleicht sogar schon die Mitte des 9. Jahrhunderts als Gründungszeit.

20 Zunächst auf dem Etzelpass, seit 835 im Finsterwald, dem heutigen Einsiedeln. Vgl. Sabine KIMPEL, Meginrat / Meinrad, in: Lexikon der christlichen Ikonographie 7 (1994) Sp. 625–628.

21 Vita s. Meginrati, c. 5, ed. Oswald HOLDER-EGGER (MGH SS 15/1, 1887) S. 446: *Ibi [ad villam Chamam] cuiusdam matronae hospitium intrantes, paululum quieverunt, reficientes se cibo et potu. Vir autem Dei [i.e. Meginrat] praedictam matronam cernens Dei timore plenam et ad obsequendum hospitibus promptissimam, ardorem sui animi occultum ei aperuit, his verbis incipiens: ‚O cara Christo femina, si velles audire, secretum cordis mei tibi manifestarem [...].' [...] [N]on longe ab ipsa villa, in qua eadem femina commanebat, in heremo sibi habitaculum construxit, atque ibidem ieiuniis et orationibus indefessus Creatori servivit, necessaria prebente ei praedicta matrona necnon et aliis religiosis viris.*

tisch und materiell. Sie nahmen die Fremden als Gäste in ihren Häusern auf, versorgten sie mit Lebensmitteln, gewährten ihnen Sicherheit und fundierten ihre Niederlassungen großzügig und dauerhaft aus ihrem familiären Erbe. Als Ortsansässige erleichterten sie ihnen den Einstieg in die fremde Gesellschaft, die Errichtung von Missionsstationen, Zellen und Schulen. Sie beteten für sie und hielten die Erinnerung an ihre Taten und ihr Opfer wach.

Es mag hier genügen, die Beispiele von Meinsuit, Burgunda, Frideburg, Ikia und Liutgart aufzuführen, wenngleich sich die Reihe der Helferinnen fortsetzen ließe, denn solche agierten auch in Baiern, Sachsen, Friesland, Alemannien und Rätien.

Das Lexicon von *matrona*

Im klassischen Latein ist der Begriff *matrona* vielschichtig[22]. Er kann eine angesehene, sittsame Frau (*femina honestis moribus*) bezeichnen, eine Verheiratete = Ehefrau (*coniux, uxor, femina nupta*), eine Witwe (*vidua*); wenn das Appellativum einer jüngeren Frau zugeteilt wird, kann es sich auch um eine unverheiratete Frau, eine Jungfrau, handeln (*non nupta, puella, virgo*). Sozial gesehen kann *matrona* sowohl eine „adelige" Frau meinen (*femina nobilis, ordine nobilitatis, virgo nobilis*) als auch eine Jungfrau aus dem Stand der Plebejer (*virgines plebeiorum*). Schließlich kann *matrona* auf den Status der verheirateten Frau in der Familie und im Haus hindeuten im Sinne der Vorsteherin des Haushaltes, der *patrona* und *mater familias* in Analogie zum *pater familias*.

Die Brücke von der Antike zum Mittelalter schlagen die „Etymologien" des Isidor von Sevilla (gestorben 636). Im Kapitel *De coniugiis* befasst sich Isidor mit der *matrona* und den angrenzenden Begriffen *mater* und *materfamilias*: *Matrona est quae iam nupsit, et dicta matrona, quasi mater nati, vel quia iam mater fieri potest, unde et matrimonium dictum. Distinguitur autem inter matronam et matrem, et matrem et matremfamilias. Nam matronae, quia iam in matrimonium convenerunt: matres, quia genuerunt: matresfamilias, quia per quandam iuris sollemnitatem in familiam mariti transierunt*[23].

---

22   Thesaurus linguae latinae 8 (1966) S. 484–490.
23   Isidor von Sevilla, Etymologiarum sive originum libri XX, IX, 7, 13, ed. Wallace M. LINDSAY (1911) 1, o.S.

Der Konstanzer Schulmeister und Kleriker Johannes Kotmann (gestorben 1350) übersetzte 1328 in seinem lateinisch-deutschen *Vocabularius optimus* das Wort *matrona* mit „hausfraw". In der lateinischen Definition holt er weiter aus: *Matrona est nomen honoris et castitatis coniugalis; et proprie [matrona] dicitur mulier, que legittime nupsit et iam genuit. Et dicitur [matrona] quasi mater nati; uel quia iam potest fieri mater*[24]. In dieser Definition, in der er am Ende Isidor ausschreibt, schwingen mehrere Konnotationen mit: der ehrbare Lebenswandel, die eheliche Keuschheit, die legitime Eheschließung und die Mutterschaft.

Obwohl die mittelalterlichen Enzyklopädisten und Wörterbuch-Autoren in ihren Definitionen *matrona* auf die Ehefrau und Mutter einschränken, wurde der Begriff im Mittelalter – wie schon in der Antike – auch weiterhin Frauen aller drei Stände zugedacht: den *virgines*[25], den *uxores*[26] und den *viduae*[27].

Dazu gesellt sich seit der Spätantike eine religiös-christliche Dimension der *matrona*. Der Prototyp einer religiös konnotierten *matrona* ist Lucina, eine römische Aristokratin und Witwe, die nach einer legendarischen Tradition des 5./6. Jahrhunderts die Märtyrer Petrus und Paulus auf ihrem Grundstück bestattet haben soll. Wie Kate Cooper gezeigt hat, tritt Lucina in Konkurrenz zum römischen Bischof, der seinerseits die Erstbestattung und die Memoria der Apostel für sich reklamiert[28]. In der Erzählung über Lucina sind bereits

---

24 Vocabularius optimus, ed. Ernst BREMER, in: DERS., Vocabularius optimus 2 (Texte und Textgeschichte 29, 1990) S. 79.

25 Francesco ARNALDI, Latinitatis Italicae medii aevi Lexicon imperfectum 1 (1939) S. 326: *matrona = mulier, virgo*.

26 Charles DU FRESNE DU CANGE, Glossarium mediae et infimae Latinitatis 4–5 (1883–1887) S. 310.

27 Abarhilda, die den Angelsachsen Lebuin und seinen Gefährten Markelm während ihrer Missionsreise durch Friesland gastfreundlich aufnahm und für diese an den Ufern der Ijssel ein Oratorium errichtete, wird in der Vita Lebuini antiqua, c. 3, ed. Adolf HOFMEISTER (MGH SS 30/2, 1934) S. 792, als *vidua* bezeichnet: *Susceptus est [...] a quadam vidua Abarhilda* [Varianten: *Abarchilda, Avaerhilda*] *nomine et in eius hospicio aliquamdiu mansit*. In der Vorlage der *Vita Lebuini*, bei Altfrid, Vita Liudgeri, I, 13, ed. DIEKAMP (wie Anm. 1) S. 18, wird dieselbe Frau als *matrona* tituliert: *Susceptus igitur presbiter Liafwinus a matrona quadam Avaerhilda nomine a ceteris fidelibus, seminabat documenta salutis et rigabat prata mentium*.

28 Kate COOPER, The Martyr, the *matrona* and the Bishop: the Matron Lucina and the Politics of Martyr Cult in Fifth- and Sixth-Century Rome, Early Medieval Europe 8/3 (1999) S. 297–317. Der Streit um den Erstbestattungsanspruch wird in einer Reihe von Passiones ausgetragen, die den Aussagen des *Liber pontificalis* wider-

eine Reihe von Elementen enthalten, die sich in den Kiliansviten der Karolingerzeit über Burgunda wiederfinden.

Die *matrona* im Sinne der *religiosa femina* erhält in der Merowingerzeit aber noch eine andere Bedeutung, nämlich die der *cara Christo femina*, der *Deo devota*. Gregor von Tours berichtet von einer *matrona*, einer *mulier devota*, die in Aridium mit einem Mann eine Debatte über die Wunderkraft des Öles vom Grab des heiligen Martin führt[29]. In der *Vita Bertuini* wird von *quaedam matrona religiosa nomine Roga in villa Hlopanna* erzählt, die den *servus Christi* Bertuin als Gast einlud, damit er sie vor den Fallstricken des Teufels beschütze[30]. Bischof Bertuin empfahl der begüterten Frau, an diesem Platz ein *habitaculum* zu errichten. Nachdem sie ihre Einwilligung gegeben hatte, begann der Bischof mit Hilfe der Hörigen und der Nachbarn eine kleine Zelle und eine Kirche zu bauen.

In einer im 9. Jahrhundert legendarisch ausgeschmückten Passage der Pirminsvita erzählt der Hagiograph, dass Bonifatius als Bischof von Mainz eines Abends in der Behausung einer Matrone eingekehrt und gastfreundlich aufgenommen worden sei, die im Habit der Sanktimonialen auf ihrem Eigengut ein religiöses Leben geführt habe. Dieser geistlichen Frau habe eine Kapelle zur Verfügung gestanden, in der sie ihre Gebete verrichtete und in der eine Glocke gehangen habe, an der ihr Gast besonderen Gefallen gefunden habe[31].

---

    sprechen. Hintergrund der Varianten ist die Konkurrenz zwischen dem Vatikan und der Via Appia um die Erinnerung an den Apostel Petrus. Eine andere Frau, Lucilla, soll die Märtyrer Marcellinus und Petrus auf ihrem Grundstück in der Via Labicana bestattet haben.

29   Gregor von Tours, Libri octo miraculorum, III, 24, ed. Bruno KRUSCH (MGH SS rer. Merov. 1/2, 1885) S. 188 f.

30   Vita Bertuini episcopi et sancti Maloniensis, c. 7 f., ed. Wilhelm LEVISON (MGH SS rer. Merov. 7, 1920) S. 181. Die *villa Hlopanna* (vielleicht Flawinne bei Namur) befand sich im Besitz der Matrone.

31   Vita et miracula s. Pirmini, c. 9, ed. Oswald HOLDER-EGGER (MGH SS 15/1, 1887) S. 29: *Contigi ergo, [...] ut quadam die declinatus ad mansionem venit, ubi quaedam matrona in sanctimoniali habitu vitam ducebat religiosam, quae in suo proprio praedio voluntarium servitium fecit sancto episcopo Bonifacio. Quae etiam habebat capellam, in qua suas solebat Deo agere preces, in qua pendebat vas fusile unum, quod nostra lingua skellam vocamus, iocundum habens sonum, quod vir sanctus sibi revertenti petiit dari a praedicta sanctimoniali.* Die Begegnung Pirmins mit Bonifatius ist historisch nicht belegt. Es handelt sich hier um eine spätere, legendarische Ausschmückung. An den Glocken waren besonders die Iren interessiert.

Der gottgeweihte Status der *matrona Deo devota* verlangt von ihr *castitas*. Keuschheit, Ehe und Mutterschaft schließen sich dabei jedoch nicht aus, wie wir schon bei Johannes Kotmann gesehen hatten, der von der *castitas coniugalis*, der ehelichen Keuschheit, spricht.

Wie sich das Leben einer Sanktimoniale mit der Mutterschaft vereinbaren ließ, zeigt eine Wunderepisode der heiligen Gertrud von Nivelles. In der Erzählung wird die *religiosa femina* [...] *cui nomen erat Adula* vorgestellt, *ex nobile genere orta* [...], *in omnibus vere ancilla Christi, in habitu casta, in humilitate religiosa, in caritate non ficta, in elimosinis senibus ac pauperibus larga, egenis et peregrinis hospitalis*[32]. Diese Adula, die alle Tugenden einer gottgeweihten Jungfrau besitzt, lebt mit ihrem Sohn im Kloster: *Erat autem ei filius parvulus, quem multum diligate diligebat*. Wohl aus diesem Grund wird sie in der weiteren Erzählung als *matrona* tituliert. Da sie nach überstandenem Strafwunder, das die heilige Gertrud wegen des Zweifels an ihrer Wunderkraft über sie verhängt hatte, den Schrein der Heiligen reich mit Gold und kostbaren Edelsteinen dekorierte, muss man sich Adula zudem als eine reiche Frau vorstellen.

Im Mittelalter verengt sich die soziale Reichweite des Begriffs *matrona*. Anders als im klassischen Latein werden nun Plebejerinnen nicht mehr als *matrona* tituliert. Stattdessen werden Matronen des Öfteren mit den Epitheta *illuster*, *honestis* oder *nobilis* bedacht, manchmal sogar als *de genere regiae potestatis*[33] kategorisiert. Hochrangig war die *illustris matrona* Plectrud, die zusammen mit ihrem Gemahl, dem *vir illuster* und fränkischen Hausmeier Pippin dem Mittleren, die Gründungsausstattung des Klosters Echternach stellte[34]. Den allerhöchsten Rang schließlich repräsentierte Irmingard, seit 821

---

32   De virtutibus s. Geretrudis, c. 11, ed. Bruno KRUSCH (MGH SS rer. Merov. 2, 1888) S. 469–471.
33   Passio Aureae, c. 1, 8 (Acta Sanctorum, Aug. 4, 1739) S. 758E. Weitere frühmittelalterliche Belege für *matronae* aus der Aristokratie und aus dem Umfeld des königlichen Hofes in: Novum glossarium mediae latinitatis ab anno DCCC usque ad annum MCC [11] (1969) Sp. 268.
34   Urkunden Pippins und Plectruds, ed. Camille WAMPACH, in: DERS., Geschichte der Grundherrschaft Echternach im Frühmittelalter. Untersuchungen über die Person des Gründers, über die Kloster- und Wirtschaftsgeschichte auf Grund des Liber aureus Epternacensis (698–1222) 1/2 (1930) Nr. 14 f., S. 38–43: *Ego in Dei nomine illuster vir Pippinus, filius Ansgiseli quondam necnon et illustris matrona mea Plectrudis*. Vgl. dazu Ingrid HEIDRICH, Von Plectrud zu Hildegard. Beobachtungen zum Besitzrecht adliger Frauen im Frankenreich des 7. und 8. Jahrhunderts und zur politischen Rolle der Frauen der frühen Karolinger, Rheinische Vierteljahrsblätter 52 (1988) S. 1–15, hier S. 5–7.

Gemahlin Kaiser Lothars I., die Regino von Prüm in seinem Nachruf auf die soeben Verstorbene als *Hirmingardis regina, coniux Lotharii imperatoris, venerabilis et Deo acceptabilis matrona, que tres filios Lothario genuerat, videlicet Ludowicum, Lotharium et Carolum*[35] pries. Als Mutter nennt Regino Irmingard *matrona*; in Bezug auf Lothar versieht er sie dagegen mit dem Appellativum *coniux*; ehrbar und von Gott angenommen ist sie wegen ihrer Verdienste um die Gründung des Klosters Erstein im Elsaß, wo sie sich bestatten ließ.

Während die kontinentale Latinitas durchgängig dem beschriebenen Pfad folgt, geht die Lexik und Semantik Englands und Irlands eigene Wege. *Matrona* übersetzt man dort mit „ewe" (nach 1290) oder mit „thistle" (14. Jahrhundert)[36]. Dass man von der Mutter-*matrona* die Brücke zum Mutterschaf schlagen kann, leuchtet ein. Wie man jedoch von der *matrona* zur Diestel findet, vermag ich nicht zu sagen.

Der ethische, soziale, rechtliche und ökonomische Status der Matronen

In einem zweiten Schritt soll nun der ethische, soziale, rechtliche und ökonomische Status der *matrona* ermittelt werden, bevor ich abschließend zur religiösen Dimension des Begriffs zurückkehre.

a) Ehre und Ansehen, Nobilität, Hausvorstand

Der Titel *matrona* war im Frühmittelalter eine moralische Kategorie. Die *matrona* Iustina, bei der die austrische Pilgerin Pusinna während ihres dreimonatigen Romaufenthaltes wohnt, wird *ob probitatem morum* gerühmt[37].

---

35   Regino von Prüm, Chronicon a. 851, ed. Friedrich KURZE (MGH SS rer. Germ. [50], 1890) S. 75.
36   Ronald Edward LATHAM, Revised Medieval Latin Word-List from British and Irish Sources (1965) Sp. 293.
37   Vita s. Pusinnae virginis, ed. Baudouin DE GAIFFIER, in: DERS., La plus ancienne vie de Sainte Pusinne de Binson, honorée en Westphalie, in: Analecta Bollandiana 76 (1958) S. 188–223, hier S. 219: [...] *ob probitatem morum in eadem civitate habebatur famossissima matrona*. Pusinna lebte an der Wende vom 5. zum 6. Jahrhundert. Ihre Vita verfasste erst der Trierer Erzbischof Dietrich (965–977).

Als moralische Kategorie und als sozialer Rang ist der Begriff zu verstehen in der Darstellung des Adventus, den die Stadtrömer Papst Leo III. bei seiner Rückkehr aus Paderborn im November 799 gewährten[38]. Die Prozession der Römer, die den Papst und sein Gefolge an der Milvischen Brücke empfing, wurde von Klerikern unterschiedlicher Weihegrade, Optimaten, Senatoren und Milites angeführt. Ihnen folgte die Riege der Frauen: an der Spitze die Sanktimonialen (*sanctimoniales*) und Diakonissen (*diaconissae*), dann die *nobilissimae matronae* und erst nach ihnen die *universae feminae*, die gemeinen Frauen. Ganz am Ende gingen die Vertreter der *scholae peregrinorum*. Der *Liber pontificalis* stellt die adeligen Frauen zwar den geistlichen Frauen nach, aber er führt sie an erster Stelle unter den weiblichen Laien auf.

Die herausgehobene Stellung einer Matrone lässt sich auch an ihrem Habitus erkennen. Im 9. Jahrhundert kamen viele Frauen (*mulieres*) zum heiligen Vitus in der Hoffnung auf Heilung. Von den gemeinen Frauen, die zu Fuß nach Corvey kamen, hob sich eine *matrona nomine Hogardis* ab[39], die in Begleitung ihrer Diener in einem Wagen reiste. Nur ihr erschien der Heilige in einer Vision, um ihre Gesundung mitzuteilen. Hogard war mit dem *vir* [...] *Wigo ex nobili progenie* verheiratet. Wenn die Aussage Rudolfs von Fulda, dass die sächsischen *nobiles* Ehen nur mit Frauen ihres Standes eingingen[40], die tatsächliche Praxis beschreibt, so dürfte auch Hogard eine *matrona nobilis* gewesen sein.

---

38 Vita Leonis III., ed. Louis DUCHESNE, in: DERS., Le Liber Pontificalis. Texte, introduction et commentaire 2 (1892) S. 6: *Qui Romani, prae nimio gaudio, suum recipientes pastorem* [...] *tam proceres clericorum cum omnibus clericis quamque optimates et senatus cunctaque militia, et universo populo Romano cum sanctimonialibus et diaconissis et nobilissimis matronis seu universis feminis, simul etiam et cuncte scole peregrinorum, videlicet Francorum, Frisonorum, Saxonorum atque Langobardorum, simul omnes conexi, ad pontem Molvium, cum signis et vandis, canticis spiritualibus susceperant, et in ecclesia beati Petri apostoli eum deduxerant* [...].

39 Translatio sancti Viti martyris, c. 32, ed. Irene SCHMALE-OTT (Veröffentlichungen der Historischen Kommission für Westfalen 41 / Fontes minores 1, 1979) S. 66.

40 Rudolf von Fulda / Meginhart von Fulda, Translatio sancti Alexandri, c. 2, ed. Bruno KRUSCH, in: DERS., Die Übertragung des H. Alexander von Rom nach Wildeshausen durch den Enkel Widukinds 851 (Nachrichten von der Gesellschaft der Wissenschaften zu Göttingen, Philologisch-Historische Kl. 4, Fachgruppe II 13, 1933) S. 405–436, hier S. 424, nach Tacitus, Germania, c. 4: *Generis quoque ac nobilitatis suae providissimam curam habentes, nec facile ullis aliarum gentium vel sibi inferiorum conubiis infecti, propriam et sinceram et tantum sui similem gentem facere conati sunt.*

Wie *nobilis*, so zeigt auch das Epitheton *illustris* den hohen sozialen Rang einer *matrona* an[41]. Die *illustris matrona* ist in den gallischen Stadtgesellschaften des Frühmittelalters die Gemahlin eines senatorischen Aristokraten, des *illuster* oder *illustris vir*, mit dem sie gemeinsam den Haushalt führt. Die *matrona nobilis*, so erläutert Jonas von Orléans in seinem Traktat über den Laienstand, teilt sich mit ihrem Ehemann die Pflicht des Hausvorstandes[42]. Die *matrona* ist demnach das weibliche Pendant zum *patronus*[43]. In ihren Aufgabenbereich fiel die Sorge um das Seelenheil der Hausbewohner und die Bewirtung der Gäste.

Die *nobilis vel illustris matrona* führte die Aufsicht über die im Haushalt und auf den Feldern tätigen, abhängigen Personen, die *servi* und *coloni*. So beaufsichtigte die *matrona* Sigiburg aus dem westfälischen Sudergo eine Kolonenfamilie, die auf ihrem Besitz wirtschaftete[44].

b) Verfügungsrechte über mobilen und immobilen Besitz

Wie jede verheiratete Frau, so verfügte auch die *matrona* uneingeschränkt über ihren *apparatus*, die „Fahrhabe" oder „Gerade". Dazu gehörte auch eine kost-

---

41   Vgl. Venantius Fortunatus, Vita sancti Germani, c. 34, ed. Bruno KRUSCH (MGH SS Auct. ant. 4/2, 1885) S. 18 f.: Die *matrona* des *inlustris vir* Pientus in Tours rief, als ihre kleine Tochter im Sterben lag, den *sanctus vir* Germanus durch einen Boten herbei. NOLTE, Conversio und Christianitas (wie Anm. 4) S. 173: „Bei einigen ‚Hausbesuchen' [von Heiligen] scheint der hohe soziale Rang der Bittenden – und in Verbindung damit eine persönliche Bekanntschaft mit dem Heiligen – eine Rolle zu spielen."
42   Vgl. das Kapitel *Ut coniugati in domibus suis pastorale se noverint exercere debere ministerium* bei Jonas von Orléans, De institutione laicali, II, 16 (Jacques-Paul MIGNE, Patrologia latina 106, 1864) Sp. 197A: *Existunt in utroque sexu, qui in sibi subjectis plus animarum lucrum, quam commodum terrenum quaerunt: sunt etiam e contrario nonnulli potentes, et quaedam nobiles matronae, qui ab eis quaestum tantum terrenum avare exigunt, et salvationem animarum illorum aut dissimulant, aut certe penitus parvipendunt: putantes se nullum in illorum lapsibus periculum subituros, nullamque pro eis Deo rationem reddituros […].*
43   Vita b. Columbae Reatinae, c. 13 (Acta Sanctorum, Mai. 5, 1685) S. 360F.
44   Altfrid, Vita Liudgeri, II, c. 3, ed. DIEKAMP (wie Anm. 1) S. 40: *In pago Sudhergoe matrona quaedam nomine Sigiburg colonum habuit Ricmoldum vocabulo cuius uxor eius longa aegritudine depressa iacebat.*

bare Fibel, die einer *matrona nobilis* verloren ging, als sie im Jahr 836 den Reliquienzug des heiligen Venantius von Rimini nach Solnhofen begleitete[45].

Im Unterschied zu vielen anderen Frauen konnten die Matronen auch über den Grundbesitz mitbestimmen. Die *illustris matrona* Egydia stellte für die Basilika St. Peter und Paul in Le Mans, die Grablege Bischof Berthramns, eine *donatio per titulum* aus[46]. Sie schenkte der Basilika die Hälfte der *Colonica Vatinolonno* unter Vorbehalt des Nießbrauchs.

Die *nobilis matrona* Huna (gestorben um 687), eine weitläufige Verwandte des elsässischen *dux* At(t)icho/Adalricus, des „Stammvaters" der Etichonen, übergab die Hälfte ihres Allods in Sigolsheim und Mittelweier an den heiligen Mauritius in Ebersheim, die andere Hälfte und ihren Besitz in Ungersheim an den heiligen Mauritius in Saint-Dié[47]. Eine *matrona* [...] *nomine Herrad* (Harirad) beteiligte sich 782 an einem Gütertausch mit dem Kloster Lorsch[48]. Zwischen 769 und 804 (um 790?) schenkte oder tauschte sie in mehreren Transaktionen vier Mansen in der Gemarkung Eisesheim nördlich von Heilbronn am Neckar, teilweise mit Zubehör, an das beziehungsweise mit dem Kloster des heiligen Nazarius zugunsten ihres Seelenheils[49].

Unter den *venerabiles vel illustres vel nobiles matronae* der frühmittelalterlichen Traditionsurkunden ist eine ganze Reihe äußerst begüterter Frauen zu

---

45 Rudolf von Fulda, Miracula sanctorum in ecclesias Fuldenses translatorum, I, 6, ed. Georg WAITZ (MGH SS 15/1, 1887) S. 334: [...] *fibulamque suam auream, quam lingua Francorum spangam vocant*.

46 Testament des Bischofs Berthramn von Le Mans, ed. Margarete WEIDEMANN, in: DIES., Das Testament des Bischofs Berthramn von Le Mans vom 27. März 616. Untersuchungen zu Besitz und Geschichte einer fränkischen Familie im 6. und 7. Jahrhundert (Römisch-Germanisches Zentralmuseum 9, 1986) Nr. 25, S. 21.

47 Albert BRUCKNER (Hrsg.), Regesta Alsatiae aevi Merovingici et Karolini, 496–918 1 (1949) Nr. 69, S. 28 = Chronicon Ebersheimense, c. 10, ed. Ludwig WEILAND (MGH SS 23, 1874) S. 436. Zur Verwandtschaft Hunas mit Atticho vgl. Franz VOLLMER, Die Etichonen. Ein Beitrag zur Frage der Kontinuität früher Adelsfamilien, in: Studien und Vorarbeiten zur Geschichte des großfränkischen und frühdeutschen Adels, hg. von Gerd TELLENBACH (Forschungen zur Oberrheinischen Landesgeschichte 4, 1957) S. 137–184, hier S. 143.

48 Codex Laureshamensis, ed. Karl GLÖCKNER,.(Arbeiten der Historischen Kommission für den Volksstaat Hessen, 1929–1936), hier 3 (1936) Nr. 2719, S. 72, vom 2. Juni 782.

49 Codex Laureshamensis, ed. GLÖCKNER (wie Anm. 48) 3 (1936) Nr. 2437, S. 35; Nr. 2719, S. 72; Nr. 2727, S. 73; Nr. 2741, S. 75. Nur in der Commutation Nr. 2719 wird Herrad als *matrona* tituliert.

finden. Oft lag ihr Besitz weit verstreut[50], vielleicht wegen der erbrechtlichen Gewohnheiten, vielleicht aufgrund der Patrilokalität der Ehen und weiträumiger Heiraten.

Unter den Matronen gab es ausgesprochen vermögende Frauen. Die *venerabilis matrona* Theotbirg stiftete dem Kloster Lorsch im Jahr 778 als Seelgerät für sich und ihre Mutter 13 Hufen mit 59 Hörigen im Lahngau, in der Nähe von Wetzlar, und eine Kirche in Nauborn mit dem dazugehörigen Grundbesitz[51]. Theotbirgs Bruder Cancor, der als Graf im oberen Rheingau amtierte, hatte um 762/63 an der Peterskirche zu Lorsch zusammen mit seiner Mutter Williswinth ein Kloster gegründet[52]. Diese schloss sich als Witwe dem Konvent an und wurde dort begraben. Ihre Tochter Theotbirg trat dem Konvent 778 bei. Die reiche Dotierung dürfte ihr Eintrittsgeld gewesen sein. Der Titulus *venerabilis*, den sich Theotbirg in der Bestätigung der Schenkung von 781 zulegte, ist einerseits als Ehrentitel aufzufassen, andererseits als Zeichen ihres hohen sozialen Ranges; schließlich stammte sie aus der Familie der Rupertiner, der auch Bischof Chrodegang von Metz angehörte[53].

---

50 Streubesitz an sieben verschiedenen Orten des oberen Aargaus übergab Ende des 9. Jahrhunderts die *nobilis matrona Pirin*an das Kloster St. Gallen. Vgl. eine Urkunde König Arnulfs für St. Gallen vom 26. August 894, ed. Paul KEHR (MGH DD Arn, 1940) Nr. 130, S. 193–195. Dass Arnulf damit die Schenkung bestätigte, unterstreicht den hochrangigen Status der Schenkerin.

51 Codex Laureshamensis, ed. GLÖCKNER (wie Anm. 48) 3 (1936) Nr. 3047, S. 192; Nr. 3058, S. 190; Nr. 3696a, ebd.; Nr. 3700, S. 192. Die Güter lagen in Wanendorf (wüst), Nauborn, Breitenbach und Haiger. Am 12. Juni 781 bestätigte Theotbirg die Traditionen: ebd. Nr. 3700, S. 192. Vgl. Hermann SARTOR, War Theutbirg die Tochter von Williswinda, der Stifterin des Klosters Lorsch? Ersterwähnung von Nauborn, Haiger, Breitenbach an der Lemp und Wallendorf, Heimat an Lahn und Dill 259 (1992) S. 1.

52 Vgl. dazu Heinrich BÜTTNER, Ein Gedenken zur Gründung des Klosters Lorsch vor 1200 Jahren, in: Beiträge zur Geschichte des Klosters Lorsch. Karl Josef Minst zur Vollendung des 80. Lebensjahres am 26. April 1978 (Geschichtsblätter Kreis Bergstraße, Sonderband 4, 1980) S. 25–39. Nachdem die Mönche im Jahr 765 Reliquien des heiligen Nazarius erhalten hatten, setzte sich schnell das Patrozinium dieses Heiligen gegen Petrus durch. Selbst die nach 765 erfolgten Schenkungen aus der Gründerfamilie werden Nazarius dediziert, nicht Petrus.

53 Zum Wandel des Eigenklosters in eine Reichsabtei und den damit verbundenen Konflikten vgl. BÜTTNER, Lorsch (wie Anm. 52) S. 25–39, und Josef SEMMLER, Die Geschichte der Abtei Lorsch von der Gründung bis zum Ende der Salierzeit (764–1125), in: Die Reichsabtei Lorsch. Festschrift zum Gedenken an ihre Stiftung 764 1, hg. von Friedrich KNÖPP (1973) S. 75–173, bes. S. 75–84. Chrodegangs Bruder Gundeland stand dem Kloster Lorsch seit 765 als Abt vor.

Als *venerabilis matrona* wird auch Imma tituliert, die im Jahr 818 ihre *dos* zum Seelenheil ihres Ehemannes und ihrer Kinder an das Freisinger Marienstift übergab[54].

Eine großzügige Mäzenatin der Freisinger Stiftskirche war auch die *matrona* Peretkund, die in den Traditionsurkunden zwar nicht mit dem Ehrentitel einer *venerabilis* bedacht wird, aber einer der mächtigsten Familien der Zeit angehörte. Sie schenkte 869 den Kanonikern und Mönchen am Freisinger Stift Güter in Rohrbach (Kreis Pfaffenhofen) und Rudlfing (Kreis Freising), im selben Jahr zusammen mit ihrem Bruder Manegolt weiteren Besitz in Pitten (südlich Wiener-Neustadt) und 870 ihren Besitz diesseits des Leithagebirges[55]. Die Tradition erfolgte unter dem Vorbehalt eines *beneficium* zu lebenslänglicher Nutzung[56]. Die Donatorin reservierte außerdem ihren beiden Brüdern Manegolt und Egino Teile ihres Besitzes in Rohrbach und Rudlfing sowie Güter am Leithagebirge und gab ihnen jeweils 40 Hufen mit allem Zubehör als *beneficium*[57]. Die Besitzübergabe von Pitten musste sie in einem Inquisitionsverfahren vor König Karlmann gegen die Ansprüche des Grafen Kundhar verteidigen, der behauptete, Ratpot, der Präfekt der Ostmark (833–854), habe ihm diese Güter vererbt[58]. Erst als ein gewisser Hato unter Eid schwor, dass die Güter Fridarad und dessen Tochter Peretkund übergeben

---

54 Die Traditionen des Hochstifts Freising 1: 744–926, ed. Theodor BITTERAUF (Quellen und Erörterungen zur bayerischen und deutschen Geschichte 4, 1905) Nr. 392, 818 Jan. 29, S. 332 f.: Die *dos* der Imma lag *in loco nuncupante Stargina* (Bauern[Hof]starring). Zum Freisinger Stift, das zum Domkapitel gehörte und in dem Kleriker und Mönche zusammen lebten, vgl. Josef SEMMLER, Das Klosterwesen im bayerischen Raum vom 8. bis zum 10. Jahrhundert, in: Das Christentum im bairischen Raum. Von den Anfängen bis ins 11. Jahrhundert, hg. von Egon BOSHOF / Hartmut WOLFF (Passauer Historische Forschungen 8, 1994) S. 291–324, hier S. 302 f.
55 Freisinger Traditionen, ed. BITTERAUF (wie Anm. 54) 1, Nr. 898a, S. 702; Nr. 898b, ebd.; Nr. 899, S. 703 f. Die Güter lagen in Kienberg, Allershausen, Langenpettenbach und Weil.
56 Zum Begriff *beneficium* in dieser Zeit vgl. Brigitte KASTEN, Beneficium zwischen Landleihe und Lehen – eine alte Frage, neu gestellt, in: Mönchtum – Kirche – Herrschaft 750–1100, hg. von Dieter BAUER u.a. (1998) S. 243–260.
57 Freisinger Traditionen, ed. BITTERAUF (wie Anm. 54) 1, Nr. 898b, S. 702; Nr. 899, S. 703 f. Zu Ratpot vgl. Michael MITTERAUER, Karolingische Markgrafen im Südosten. Fränkische Reichsaristokratie und bayerischer Stammesadel im österreichischen Raum (Archiv für österreichische Geschichte 123, 1963) S. 91–103.
58 Freisinger Traditionen, ed. BITTERAUF (wie Anm. 54) 1, Nr. 898c, S. 702 f.

worden seien, zog jener seinen Einspruch zurück[59]. Die Traditionsurkunden beziffern zwar nicht die Höhe der Schenkungen Peretkunds an das Stift Freising, auch geben diese Rechtsakte keine Auskunft über den Umfang ihres gesamten Besitzes. Aber aus dem Umstand, dass sie allein ihren Brüdern 80 Hufen als *beneficium* überlassen konnte, lässt sich ersehen, dass sie beträchtlichen Grundbesitz hatte und die Verantwortung für eine große Zahl von Hörigen trug[60]. Peretkund gehörte einer hochrangigen, politisch aktiven Familie an. Ihr Bruder Manegolt hatte das Amt eines Grafen inne und für die Beglaubigung ihrer Schenkung von 870 konnte sie mit Pfalzgraf (*comes palatii*) Fritilo einen hochrangigen Zeugen aufbieten[61]. Es wurde vermutet, dass Peretkund und ihre Brüder aus dem westbairischen Geschlecht der Huosi stammten und dass sie mit Bischof Arbeo von Freising verschwägert waren[62]. Die Huosi werden in der *Lex Baiuvariorum* unter den fünf großen Familien (*primores*) unterhalb des *genus ducale* der Agilolfinger genannt[63]. Als die Franken nach

---

59 Zu diesem Vorgang vgl. Wilhelm STÖRMER, Früher Adel. Studien zur politischen Führungsschicht im fränkisch-deutschen Reich vom 8. bis 11. Jahrhundert, 2 Bde. (Monographien zur Geschichte des Mittelalters 6, 1973), hier 1, S. 229–231, zur Huosi-Sippe ebd., S. 45 f. Carl PLANK, Siedlungs- und Besitzgeschichte der Grafschaft Pitten (Veröffentlichungen des Instituts für Österreichische Geschichtsforschung 10, 1946) S. 21–28 und Stammtafel nach S. 28, vertritt die These, Ratpot sei der Vater des Friderat und der Großvater der Peretkund gewesen. MITTERAUER, Karolingische Markgrafen (wie Anm. 57) S. 91–103, hingegen nimmt für Friderat und Ratpot aufgrund der Namen friesische statt bairische Herkunft an. Zu Peretkund und ihren Brüdern Manegolt und Egino, ihrem Vater Fridarad und dem Großvater Rodold vgl. die genealogische Tafel bei Gottfried MAYR, Studien zum Adel im frühmittelalterlichen Bayern (Studien zur bayerischen Verfassungs- und Sozialgeschichte 5, 1974) S. 18.

60 Freisinger Traditionen, ed. BITTERAUF (wie Anm. 54) 1, Nr. 898a, S. 702: [...] *terris pratis mancipiis silvis pascuis aquis aquarumve decursibus.*

61 Zur Funktion der Pfalzgrafen in Freising und zu Fritilo vgl. STÖRMER, Früher Adel (wie Anm. 59) 2, S. 415 ff.

62 Vgl. dazu Josef STURM, Bischof Arbeos von Freising bayerische Verwandte, Zeitschrift für bayerische Landesgeschichte 19 (1956) S. 568–572; Friedrich PRINZ, Arbeo von Freising und die Agilulfinger, ebd. 29 (1966) S. 580–590.

63 Lex Baiuvariorum, ed. Ernst Freiherr von SCHWIND (MGH LL nat. Germ. 5/2, 1926) S. 312 f.: *De genealogia qui vocantur Hosi Drazza Fagana Hahilinga Annioria: isti sunt quasi primi post Agilolfingos qui sunt de genere ducali.* Vgl. STÖRMER, Früher Adel (wie Anm. 59) 1, S. 45, und DENS., Adelsgruppen im früh- und hochmittelalterlichen Bayern (Studien zur bayerischen Verfassungs- und Sozialgeschichte 4, 1972) S. 90.

Baiern expandierten, schlugen sich die Huosi auf die Seite der Karolinger und stellten sich gegen die Agilolfinger[64].

Ähnlich potent wie Peretkund dürfte die *matrona* Werdni gewesen sein, die ihre *dos* als Seelgerät an das Stift Passau übergab. Sie modifizierte und bestätigte die Stiftung über einen Zeitraum von fast 50 Jahren mehrfach[65]. 788 gab sie ihren Besitz an der Andiesen ohne Vorbehalt an das Stift; 805 schränkte sie die Dotierung um den Vorbehalt lebenslänglicher Nutzung ein; nach 818, als sie schwer erkrankte, bestätigte sie die Übergabe erneut, am 26. Juli 834 zum vierten und letzten Mal. Vermutlich starb sie kurz darauf. Den Titel *matrona* führte Werdni bereits 788, zu einem Zeitpunkt, als ihr Ehemann, der Graf Engilpreht, noch am Leben war[66].

Noch einmal: zur religiösen Bedeutung des Begriffs *matrona*

Auf dem Hintergrund dieser sozial hochstehenden und ökonomisch potenten Matronen kehre ich noch einmal zur religiösen Bedeutung des Begriffs *matrona* zurück. Eine Reihe der bisher genannten Matronen galt als fromme Christinnen, die als *virgines* oder als *viduae* in einen geistlichen Konvent eintraten oder als Reklusinnen lebten. Die Gönnerin der Freisinger Kirche, Peretkund, wird in den Traditionsurkunden als *matrona Christi*[67] und *sanctamonialis*[68] bezeichnet. Da dort nur von ihren beiden Brüdern, aber nicht von einem Ehemann die Rede ist, trat sie vermutlich als Unverheiratete in den geistlichen Stand ein. Abt Radbert von Corbie (843/44–851) setzt die *matrona Christi*

---

64 Vgl. dazu Friedrich PRINZ, Frühes Mönchtum im Frankenreich, Kultur und Gesellschaft in Gallien, den Rheinlanden und Bayern am Beispiel der monastischen Entwicklung (4.–8. Jahrhundert) (²1988) S. 364 f.; STÖRMER, Adelsgruppen (wie Anm. 63) S. 107 f.: Aus dem Verwandtenkreis der Huosi stammten Bischöfe von Auxerre und Langres unter Pippin dem Jüngeren.
65 Die Traditionen des Hochstifts Passau, ed. Max HEUWIESER (Quellen und Erörterungen zur bayerischen Geschichte N.F. 6, 1930) Nr. 28a–d, S. 23 ff.
66 Passauer Traditionen, ed. HEUWIESER (wie Anm. 65) Nr. 28a (S. 23): [...] *vir suus Engilpreht comis*.
67 Freisinger Traditionen, ed. BITTERAUF (wie Anm. 54) 1, Nr. 898a, S. 702; Nr. 900, S. 704.
68 Freisinger Traditionen, ed. BITTERAUF (wie Anm. 54) 1, Nr. 899, S. 703 f.

gleich mit der *sponsa Christi*⁶⁹. Welcher geistlichen Gemeinschaft sich Peretkund anschloss, wissen wir nicht. Ihr Familienverband, die Huosi, gründete mehrere Klöster für Mönche, aber keines für Nonnen⁷⁰. Bei den Männerklöstern in Altomünster, Benediktbeuren, Tegernsee, Scharnitz-Schlehdorf, Schäftlarn, Ilmmünster und Moosburg lebten aber – wie wir aus der Memorialüberlieferung wissen – religiöse Frauen und Inklusen in kleinen Gemeinschaften⁷¹. Einem dieser Zirkel wird sich wohl auch Peretkund angeschlossen haben.

Auch Theotbirg, die Eigentümerin der Kirche in Nauborn, die das Kloster Lorsch begünstigte, hatte ihr Leben Gott geweiht: *Theotbirc deo sacrata diuino amore conpuncta*⁷². Sie lebte wahrscheinlich, wie schon ihre Mutter Williswinth als Witwe, in einer kleinen Frauengemeinschaft im Schutz des Männerklosters Lorsch⁷³.

---

69   Paschasius Radbertus, De partu virginis (Jacques-Paul MIGNE, Patrologia latina 120, 1852) Sp. 1366C, vgl. auch ebd., Sp. 1366B. Radbert verfasste den Traktat um 845 für die Nonnen des Marienklosters zu Soissons.
70   Zur Gründung von Frauenklöstern in Baiern im Frühmittelalter vgl. Hedwig RÖCKELEIN, Bairische, sächsische und mainfränkische Klostergründungen im Vergleich (8. Jahrhundert bis 1100), in: Nonnen, Kanonissen und Mystikerinnen. Religiöse Frauengemeinschaften in Süddeutschland, hg. von Helmut FLACHENECKER / Ingrid GARDILL / Eva SCHLOTHEUBER (Veröffentlichungen des Max-Planck-Instituts für Geschichte 235 / Studien zur Germania Sacra 31, 2008) S. 23–55, hier S. 30–40 und Abb. 2 im Anhang. Dass das Frauenkloster Kochel eine Gründung der Huosi gewesen sei und schon im 8./9. Jahrhundert bestanden habe, wie früher angenommen, hat Ludwig HOLZFURTNER, Gründung und Gründungsüberlieferung. Quellenkritische Studien zur Gründungsgeschichte der bayerischen Klöster der Agilolfingerzeit und ihrer hochmittelalterlichen Überlieferung (Münchner Historische Studien, Abt. Bayerische Geschichte 11, 1984) S. 71 ff., als narrative Fiktion der Benediktbeurer Mönche des 11. Jahrhunderts entlarvt. Das Frauenkloster Polling wurde als Gründung sowohl der Huosi wie auch der Agilolfinger in Anschlag gebracht.
71   Zu den Männerklöstern der Huosi vgl. STÖRMER, Adelsgruppen (wie Anm. 63) S. 91–112. Zur Memorialüberlieferung und den Frauengemeinschaften vgl. RÖCKELEIN, Klostergründungen (wie Anm. 70) S. 31 f.
72   Codex Lauresamensis, ed. GLÖCKNER (wie Anm. 48) 3 (1936) Nr. 3696a, S. 190.
73   Von dieser Frauengemeinschaft ist in der Forschung nirgends die Rede. Hier wären – wie in anderen Fällen auch – die Memorialzeugnisse zu befragen. Zwischen 784 und 795 unterstellten sich die Äbtissinnen Aba von Roden und Hiltisnot von Baumerlenbach der Leitung des Abtes Richbod von Lorsch (ebd. 1 [1929] Nr. 12 f., S. 289–292), die *deo sacrata* Berthild übergab ihre Zelle dem heiligen Nazarius (ebd. 3 [1936] Nr. 2590, S. 55). Vgl. dazu SEMMLER, Abtei Lorsch (wie Anm. 53) S. 85.

Die *matrona* Liutgart, die – laut Adam von Bremen – für die Gründung des Frauenstiftes Bassum ihr *patrimonium* gespendet hatte, trat selbst in den Konvent ein und leitete ihn bis zu ihrem Tod[74]. Zur Zeit der Äbtissin Agnes kam in das Kloster Nivelles eine *christianissima matrona* namens Becganis (Begga) und bat diese um Unterstützung für die Gründung ihres Klosters[75], wahrscheinlich in Andenne bei Namur gelegen. Agnes stattete die Bittstellerin mit Reliquien, heiligen Büchern und einer Regel aus und überließ ihr sogar Teile des Sterbebetts der heiligen Gertrud.

Andere Matronen begaben sich erst nach einer säkularen Lebensphase als Ehefrau und Mutter in eine geistliche Gemeinschaft, oft nach ihrer Verwitwung[76], wie die *matrona Christi* Suuanahilda, die in einer Freisinger Traditionsurkunde als *vidua* tituliert wird[77].

Fazit

Der Begriff *matrona* wurde im Frühmittelalter auf Frauen aller Familienstände angewandt: auf die unverheiratete, junge Frau (*puella*, *virgo*), auf die Verheiratete (*coniux*, *uxor*) und die Verwitwete (*vidua*). Gemeinsam war ihnen allen, dass sie ökonomisch und sozial zur Schicht der *potentes* gehörten. Sie vermochten viel, weil sie reich waren, und sie vermochten viel, weil sie Macht und Ansehen besaßen. Ihre *potestas* leitete sich aus dem Vermögen und Besitz sowie aus den Herrschafts- und Schutzrechten über andere Personen ab. Die Grundlage ihrer *potestas* war das Vermögen in Form von Immobilien, die sie geerbt hatten (*hereditas*, *patrimonium*), oder die sie als *dos* empfangen hatten, sei es im Rahmen eines Ehevertrages oder als Ausstattung für den Eintritt ins Kloster. Die *matronae* konnten ihren Immobilienbesitz verschenken, gegen andere

---

74 Adam von Bremen, Gesta, c. 30, ed. SCHMEIDLER (wie Anm. 15) S. 36: *Ubi devota Christi matrona Liutgart totum patrimonium suum offerens celesti sponso magnum chorum castitatis suo ducatu nutrivit.*
75 De virtutibus s. Geretrudis, ed. KRUSCH (wie Anm. 32) S. 469.
76 Rudolf von Fulda, Vita Leobae, c. 16, ed. WAITZ (wie Anm. 6) S. 129: *[M]ultaeque matronae, relicta saeculari conversatione, castitatem profitebantur, et suscepto velamine sacro, monasticam vitam elegerunt.*
77 Freisinger Traditionen, ed. BITTERAUF (wie Anm. 54) 1, Nr. 900, S. 704: Die Schenkung der *matrona Christi* Suuanahilda ist überschrieben mit: *Traditio Svvanahildae viduae.*

Güter tauschen und in prekarischer Leihe mit dem Recht der lebenslänglichen Nutzung oder als *beneficium* ausgeben.

Die Matronen besaßen – gleich ob unverheiratet, verheiratet oder verwitwet – die *potestas* der Haus- und Schutzherrschaft. Als Haushaltsvorstand waren sie verantwortlich für das Wohlbefinden der Gäste, der Hausbewohner inklusive der unbehausten Abhängigen (*servi non casati*) und der auf den Gütern beschäftigten Hörigen (*mancipia*). Die Epitheta *venerabilis, illustris, nobilis* sind in Bezug auf die Matronen sowohl ethisch wie sozial zu verstehen.

Seit merowingischer Zeit nimmt die Zahl der Devoten zu, die als *matrona* bezeichnet werden. Im 9. Jahrhundert wird die *matrona Deo devota* explizit zur *matrona Christi* im Sinne einer *sponsa Christi*, einer Sanktimonialen. In den ersten Phasen der Christianisierung gewährten die Matronen den Missionaren Gastfreundschaft, sie stellten ihr Haus als Anlaufstelle für die Missionspredigt und die Taufe zur Verfügung, sie schenkten den Missionaren Güter zur Errichtung von Oratorien, Zellen, Kleriker- und Mönchsgemeinschaften. Später traten sie selbst als unverheiratete (*virgines*) oder verwitwete (*viduae*) Frauen in diese Klöster ein oder sie lebten als Religiose bei einem Männerkloster.

Die Matronen, die fränkische, angelsächsische und irische Missionare unterstützten, gehörten den ökonomischen, sozialen und politischen Führungsschichten an, den *optimates, proceres* und *nobiles*. Anhand der ihnen beigefügten Epitheta und der ihnen zugeschriebenen Funktionen zeichnet sich ab, dass die Matronen in merowingischer und karolingischer Zeit der Nobilität zuzurechnen sind[78]. Sie stehen in der sozialen Hierarchie teilweise auf einer Stufe mit den *senatores* und *principes*, teilweise direkt unter ihnen. Dass sich diese Eliten[79] nicht nur durch Besitz und Herrschaft auszeichneten, sondern auch durch bestimmte Tugenden, darauf hat – zumindest für den männlichen Teil dieser sozialen Gruppen – Hans-Werner Goetz bereits 1983 hingewiesen[80].

---

78 Zur Begrifflichkeit vgl. Hans-Werner GOETZ, „Nobilis". Der Adel im Selbstverständnis der Karolingerzeit, Vierteljahrschrift für Sozial- und Wirtschaftsgeschichte 70 (1983) S. 153–191.

79 Die französische Frühmittelalterforschung bevorzugt den Begriff „élite" anstelle von Adel („noblesse"), Aristokratie („aristocratie"). Vgl. die diversen Projekte der Forschergruppe LAMOP Paris, Sorbonne I, unter der Leitung von Régine Le Jan.

80 GOETZ, Nobilis (wie Anm. 78) S. 183–188.

An sie wandten sich Bonifatius[81], Liudger und andere, die die Mission der kontinentalen Gentes bei den Führungsschichten ansetzten.

---

81 Willibald, Vita Bonifatii, c. 5, ed. Wilhelm LEVISON (MGH SS rer. Germ. [57], 1905) S. 23: *Sanctus itaque vir in Thyringea iuxta insitum sibi mandatum apostolici pontificis senatores denique plebis totiusque populi principes verbis spiritalibus affatus est eosque ad veram agnitionis viam et intellegentiae lucem provocavit* [...].

Volker Scior

Das offene Ohr des Herrschers

Vorstellungen über den Zugang zum König in der Karolingerzeit

Einhard, der berühmte Biograph Karls des Großen, berichtet in seiner *Vita Karoli Magni* aus dem ersten Drittel des 9. Jahrhunderts von nächtlichen Audienzen des Kaisers: Karl habe für gewöhnlich vier- bis fünfmal seinen Schlaf unterbrochen und sei dabei nicht nur aufgewacht, sondern auch aufgestanden. Während er sich Schuhe und Kleidung anzog, habe er seine Freunde vorgelassen; zudem habe er, wenn der Pfalzgraf von einem Rechtsstreit sprach, der nicht ohne königlichen Richterspruch entschieden werden könne, die miteinander in Streit geratenen Parteien unverzüglich hereinführen lassen und nach einer Untersuchung des Falles ein Urteil gesprochen, als säße er auf dem Richterstuhl. Gleichzeitig habe er noch Anweisungen für den folgenden Tag an einen seiner Diener erteilt[1].

Aus dieser Beschreibung gewinnt man den Eindruck, dass Karl immer, sogar nachts und nahezu über die Grenzen der körperlichen Belastbarkeit hinaus, seiner Regierungstätigkeit nachging und Audienzen gewährte. Doch obwohl man weiß, dass Einhard Karl persönlich gut gekannt hat und einen unmittelbaren Zutritt zu ihm hatte[2], lässt sich aus seiner Darstellung doch nicht mit

---

1 Einhard, Vita Karoli Magni, c. 24, ed. Oswald HOLDER-EGGER (MGH SS rer. Germ. [25], ⁶1911) S. 29: *Noctibus sic dormiebat, ut somnum quater aut quinquies non solum expergescendo, sed etiam desurgendo interrumperet. Cum calciaretur et amiciretur, non tantum amicos admittebat, verum etiam, si comes palatii litem aliquam esse diceret, quae sine eius iussu definiri non posset, statim litigantes introducere iussit et, velut pro tribunali sederet, lite cognita sententiam dixit; nec hoc tantum eo tempore, sed etiam quicquid ea die cuiuslibet officii agendum aut cuiquam ministrorum iniungendum erat expediebat.* Zum Werk siehe Matthias M. TISCHLER, Einharts Vita Karoli. Studien zur Entstehung, Überlieferung und Rezeption, 2 Bde. (Schriften der MGH 48, 2001).
2 Zu Einhard vgl. statt Vieler die Beiträge in: Hermann SCHEFERS (Hrsg.), Einhard. Studien zu Leben und Werk. Dem Gedenken an Helmut Beumann gewidmet (Arbeiten der Hessischen Historischen Kommission N.F. 12, 1997), sowie zusammen-

Gewissheit ableiten, wie Karl seine Amtsgeschäfte nachts tatsächlich ausübte. Mindestens zwei gewichtige Gründe scheinen mir gegen einen prinzipiell möglichen realistischen Gehalt der Passage zu sprechen. Zum Ersten handelt es sich bei der Schlaflosigkeit des Herrschers, die man in eine selbst nächtens ausgeübte Wachsamkeit wenden und deshalb als Inbegriff einer permanenten Sorge für die Untertanen lesen kann, um einen Topos. Es ist möglich, diesen Topos vom gottgleich nimmermüden Herrscher, der anstatt zu schlafen beschirmt, beschützt und seiner Regierungstätigkeit nachgeht, von der Antike bis heute nachzuzeichnen[3] und ihn auch in anderen mittelalterlichen Kulturen als in der lateinisch-christlichen aufzuspüren, in der byzantinischen[4] genauso wie in der muslimischen[5]. Unter den Texten, in denen die Schlaflosigkeit von Herrschern thematisiert wird, finden sich unter anderem ausgerechnet die Kaiserviten Suetons, die Einhard nachweislich für die Darstellung Karls des Großen verwendet hat[6]. Zum Zweiten lässt sich trotz der letztlich ungeklärten

---

fassend Philippe DEPREUX, Prosopographie de l'entourage de Louis le Pieux (781–840) (Instrumenta 1, 1997) Nr. 82, S. 177–182 (s.v. „Éginhard").

3   Vgl. aus der Perspektive eines Rechtshistorikers mit dem Schwerpunkt auf der Neuzeit: Michael STOLLEIS, Das Auge des Gesetzes. Geschichte einer Metapher (²2004) S. 36 f. mit S. 82, Anm. 52 f. Ein berühmtes zeitgenössisches Beispiel für den schlaflosen, wachenden Herrscher findet sich bei Erich WEINERT, Gesammelte Gedichte 5 (1975) S. 473: „Spät leg ich meine Feder aus der Hand, / Als schon die Dämmerung aus den Wolken bricht. / Ich schau zum Kreml. Ruhig schläft das Land. / Sein Herz bleibt wach. Im Kreml ist noch Licht."

4   Vgl. etwa Herbert HUNGER, Prooimion. Elemente der byzantinischen Kaiseridee in den Arengen der Urkunden (Wiener Byzantinische Studien 1, 1969) S. 77 f. und S. 202 f.

5   Vgl. z.B. das aus dem 11./12. Jahrhundert und aus dem arabisch-islamischen Raum stammende sunnitische, von Kalîla und Dimna beeinflusste Werk Löwe und Schakal (Al-asad wa'l-'gawwâs), c. 1, in: Löwe und Schakal – Altarabische Fabeln, hg. von Gernot ROTTER (1980) S. 9 (in deutscher Übersetzung), in dem es über den als König über die wilden Tiere herrschenden Löwen heißt: „Sein Auge blieb schlaflos, damit ihre Augen [sc. die der Untertanen] Schlaf fanden, und sein Körper war müde, wenn ihre Körper ruhten." Vgl. hierzu auch den griechischen Physiologus, c. 1, ed. Otto SCHÖNBERGER (2001) S. 4, und Lothar KOPF, The Zoological Chapter of the Kitāb al-Imtā' wal-Mu'ānasa of Abu Hayyān al-Tauhidi (10th Century), in: Osiris 12 (1956) S. 390–466, hier S. 431.

6   Vgl. unten, Anm. 9 und 13, sowie Paul Edward DUTTON, The Politics of Dreaming in the Carolingian Empire (Regents Studies in Medieval Culture, 1994) S. 6 f. Dio von Prusa (Chrysostomos), De regno, I, 13 f., ed. J. VON ARNIM, in: Dionis Prusaensis quem vocant Chrysostomum quae exstant omnia (1962) 1, S. 3, leitete um die erste Jahrhundertwende n. Chr. aus dem Verhalten der Helden Homers und aus der Sage des Herakles einen regelrechten Fürstenspiegel ab, in dem er vom König neben

Abfassungszeit der Vita mit Sicherheit sagen, dass Einhard sie während der Regierungszeit Ludwigs des Frommen verfasste, dem er zunehmend kritisch gegenüberstand. Daher hat die Annahme einiges für sich, dass die skizzierte Passage ein Beleg für die von der Forschung seit langem vertretene Ansicht darstellt, nach der Einhard Karl zum Vorbild stilisierte, ihn regelrecht idealisierte, um die Zustände zur Abfassungszeit der Vita unter Ludwig dem Frommen zu kritisieren[7].

Folgt man dieser Ansicht, so erfahren wir hier also womöglich nicht so sehr etwas Realitätsnahes, Wahrheitsgetreues über die nächtlichen Aktivitäten Karls, sondern erhalten eher einen Einblick in die Vorstellungen, die Einhard sich und seinen Lesern von einem idealen Herrscher machte[8]. Das mögen nicht nur die Übernahmen aus der antiken Literatur und die Verwendung von Topoi, sondern auch die Unterschiede zu den Quellen Einhards verdeutlichen. Nur zwei Beispiele: Anders als Kaiser Vespasian, der laut Sueton oft bereits nachts, mindestens jedoch sehr früh wach war, ebenfalls noch in der Nacht Freunde vorließ und Amtshandlungen vornahm, sich aber auch der Bewegung an der frischen Luft hingab und Gespielinnen zu sich nahm[9], fehlen in Ein-

---

vielen anderen Dingen forderte, seinen Schlaf zu begrenzen. Zur bisweilen ambivalenten Bewertung der Schlaflosigkeit antiker Herrscher, die nicht nur als Zeichen der Sorge für die Untertanen, sondern auch als Gefahr angesehen werden konnte, weil sie Raum schuf, etwas für die Untertanen Nachteiliges zu ersinnen, vgl. Gregor WEBER, Kaiser, Träume und Visionen in Prinzipat und Spätantike (Historia, Einzelschriften 143, 2000) S. 104 und 115.

[7] Vgl. summarisch Josef FLECKENSTEIN, Einhard, in: Lexikon des Mittelalters 3 (1986) Sp. 1737–1739. Die Entstehungszeit der Vita wird noch immer kontrovers diskutiert. Es existieren diverse Früh- und Spätdatierungen, darunter 817, 821, 825/26, 830, 836. Zuletzt hat Karl Heinrich KRÜGER, Neue Beobachtungen zur Datierung von Einhards Karlsvita, in: Frühmittelalterliche Studien 32 (1998) S. 124–145, hier S. 145, für eine Entstehung „schon bis Sommer 823", TISCHLER, Einharts Vita Karoli (wie Anm. 1) Bd. 1 S. 151–239 (mit intensiver Diskussion), hingegen für 828 plädiert.

[8] Zur Vorstellungsgeschichte vgl. vor allem Hans-Werner GOETZ, „Vorstellungsgeschichte": Menschliche Vorstellungen und Meinungen als Dimension der Vergangenheit. Bemerkungen zu einem jüngeren Arbeitsfeld der Geschichtswissenschaft als Beitrag zu einer Methodik der Quellenauswertung, in: Archiv für Kulturgeschichte 61 (1979) S. 253–271, sowie die weiteren Studien des Autors, zusammengestellt in: DERS., Vorstellungsgeschichte. Gesammelte Schriften zu Wahrnehmungen, Deutungen und Vorstellungen im Mittelalter, hg. von Anna AURAST u.a. (2007).

[9] Vgl. Suet. Vesp. 21 (Gaius Suetonius Tranquillus, De vita Caesarum, ed. Otto WITTSTOCK [Schriften und Quellen der Alten Welt 39, 1993] S. 136) zu Vespasian,

hards Darstellung Karls genau jene Aktivitäten, die nichts mit der Regierungspraxis zu tun haben. Und anders als Augustus, der nach Sueton höchstens sieben Stunden schlief und seinen Schlaf drei- bis viermal unterbrach, dabei aber im Bett liegen blieb[10], stand Karl nach Einhards Darstellung auf. Dieser Unterschied ist nicht, wie vorgeschlagen worden ist, mit einer angeblichen Naivität des karolingerzeitlichen Dichters zu erklären[11]. Viel näher liegt die Annahme, dass es Einhard eben genau darum ging, nicht nur die schon fast kaisertypische Schlaflosigkeit, sondern im Besonderen auch das nächtliche Aufstehen Karls zu akzentuieren. Unterstellt man einen realistischen Gehalt und geht man vom Kontext des entsprechenden Abschnitts in der Vita sowie von der Bedeutung des verwendeten Terminus *desurgere* aus, dann mag es sein, dass Karls tatsächliche Motivation im Aufsuchen eines Aborts bestand[12]. Unabhängig von dieser Frage jedoch erhält das nächtliche Aufstehen bei Einhard zudem eine Funktion für die Charakterisierung Karls, weil dieser damit nachts einer ganz anderen Tätigkeit nachging (und nachgehen konnte) als zum Beispiel Augustus. Während Letzterer nämlich im Bett liegen blieb, Vorleser kommen ließ und Erzählungen anhörte, mit dem erklärten Ziel, den Schlaf wiederzuerlangen, den er dann, so Sueton, im Übrigen auch bis in die hellen Morgenstunden fortgesetzt habe[13], gewährte Karl Audienzen, sprach Recht und plante den folgenden Tag. Für den Gelehrten Einhard und die Rezipienten seines Werkes gehörte es also, so würde ich es interpretieren, offenbar zu den Facetten eines idealen Herrschers, dass dieser nahezu ständig Regierungsaufgaben wahrnahm, dass er fortwährend, sogar nachts, erreichbar war und ein offenes Ohr für die Belange seiner Untertanen hatte.

---

      der oft bereits nachts, grundsätzlich aber mindestens früh wach war. Auch andere Kaiser, wie Caligula, schliefen nach Sueton höchstens drei Stunden.

10   Suet. Aug. 78 (Sueton, De vita Caesarum, ed. WITTSTOCK [wie Anm. 9] S. 156). Vgl. das Zitat in Anm. 13.

11   Vgl. Louis H. HALPHEN, Éginhard, Vie de Charlemagne (³1947) S. 73, Anm. 4: „Éginhard a cru, naïvement, devoir souligner que Charlemagne, lui, se levait à chaque interruption de son sommeil."

12   So Heinz Erich STIENE, *Desurgo* bei Horaz und Einhart, in: Rheinisches Museum für Philologie 148 (2005) S. 423–427.

13   Vgl. Suet. Aug. 78 (Sueton, De vita Caesarum, ed. WITTSTOCK [wie Anm. 9] S. 156): *in lectum [...] transgressus non amplius cum plurimum quam septem horas dormiebat, ac ne eas quidem continuas, sed ut in illo temporis spatio ter aut quater expergisceretur. si interruptum somnum recipere, ut evenit, non posset, lectoribus aut fabulatoribus arcessitis resumebat producebatque ultra primam saepe lucem.*

Gewendet, und aus der Perspektive derjenigen formuliert, die Karl um Audienz baten, suggeriert das, es sei verhältnismäßig leicht gewesen, einen Zugang zum König zu finden, wenn dieser sogar nachts auf Anliegen seiner Untertanen einging. Damit umfassen die Vorstellungen über den Zugang zum Herrscher, die Einhard in dem erwähnten Abschnitt äußert, drei Komponenten, die zumindest für Freunde und Rechtsparteien galten: (1.) die Behauptung, der Herrscher sei nahezu jederzeit erreichbar, es sei also fast immer möglich, einen Zutritt zu ihm zu erhalten; (2.) die Behauptung, der Herrscher sei prinzipiell bereit, sich den Begehren seiner Untertanen zuzuwenden, er sei also willens, den Zugang und die Anliegen zu gewähren; (3.) schließlich die Erwähnung des Pfalzgrafen als einer Person, die einen direkten Zugang zum König hatte und anderen, hier streitenden Parteien, diesen Zugang vermittelte.

Für die Zeitgenossen war die Frage, wie man einen Zutritt zum König erhielt, von zentraler Bedeutung. Anlässe dazu fanden sich in großer Zahl. Bitten und Beschwerden, Wünsche und Informationen, Anliegen jeglicher Art mussten vor den König gelangen, nicht nur von auswärtigen Gesandten, sondern auch von anderen Personen, von den Großen und Untertanen. Für eine Vielzahl von Menschen stellte sich daher die Frage, wie und in welcher Form man außerhalb von Reichsversammlungen und zufälligen Treffen diese Anliegen vor den Herrscher tragen könne. Diversen Texten ist zu entnehmen, dass sich der Zugang oft aus mehreren Gründen schwierig gestaltete. Ein Teil des Problems ist sicherlich räumlich-logistischer Art. Denn der König, der oft und über weite Strecken des Jahres unterwegs war, musste überhaupt erst einmal im Reich lokalisiert werden. Zwar stellte er durch die ambulante Regierungsweise eine örtliche Präsenz her, doch verursachte er dadurch genauso auch Abwesenheit[14]. Manchmal bot erst eine bisweilen umfangreiche Kommunikation die Möglichkeit, den König anzutreffen und ein Anliegen vortragen zu lassen[15].

---

14   Für die Ottonenzeit vgl. den instruktiven Aufsatz von Andreas KRÄNZLE, Der abwesende König. Überlegungen zur ottonischen Königsherrschaft, in: Frühmittelalterliche Studien 31 (1997) S. 120–157. Immerhin verliefen viele Reisen des Königs und seiner Entourage planvoll. Insbesondere kirchliche Hochfeste wie Ostern und Weihnachten bildeten vorhersagbare Anhaltspunkte im Königsitinerar.

15   Zahlreiche Passagen in der Geschichtsschreibung und in Briefen zeigen, dass man den König oft verpasste, dass der König Reisepläne änderte und schon aus diesem Grund der Zugang zu ihm oft schwierig war. Nimmt man hinzu, dass auch die anderen Großen, die Anliegen an den König richten wollten, häufig unterwegs waren, dass Mobi-

Allerdings umfasst die Zugangsproblematik mehr Facetten als diese räumlich-logistische. Ein weiterer Aspekt ist personeller Art. Denn nicht jeder gelangte überhaupt vor das Antlitz des Herrschers. Vielmehr war der Zutritt personell eingeschränkt, waren die Wege zum König verengt oder kanalisiert. Auch Einhard begrenzt in dem skizzierten Abschnitt die nächtlichen Audienzen auf die Freunde des Kaisers, auf Rechtsparteien und mit dem Pfalzgrafen auf einen hohen Amtsträger am Hof[16]. Gerade aufgrund der Einschränkungen und Kanalisierungen sind Fragen danach, wer diesen Zutritt erhielt und mit welchen Mitteln man ihn erreichen konnte, von Bedeutung, weil von ihrer Beantwortung zu einem hohen Grad die Teilhabe an politischen Entscheidungsprozessen abhing.

Die Regelung des Zugangs zum König und die Definition von Spielräumen, die sich in der Kommunikation zwischen Herrscher und Untertanen ergeben, kann man als Ausdruck eines soziokulturellen Organisationsmodells auffassen, das mit zahlreichen Zuweisungen, Ausschlüssen und Einschränkungen verbunden ist und das daher wesentlich reguliert, wie unterschiedliche Menschen an Entscheidungsprozessen und an der Gestaltung der politischen Ordnung teilhaben können, wie sie also etwa an der Vergabe von Rechten, Privilegien, Vermögen und vielem mehr partizipieren. Insofern geht es bei dem Problem des Zugangs zum König auch um die Funktionsweise der politischen Ordnung und um die Funktionsmechanismen der Gesellschaft. Die Forschung hat sich diesem Themenkreis bereits angenommen. So hat Gerd Althoff anhand von Beispielen vorrangig aus der ottonenzeitlichen Historiographie aufgezeigt, wie aus einem Konglomerat persönlicher Beziehungen ein regelrechtes Geflecht von Einflussnahme entstehen konnte. Ganze Netzwerke von Personen operierten auf der Grundlage von verwandtschaftlichen, freundschaftlichen und herrschaftlichen Beziehungen, um den schwierigen Weg zum Ohr des Königs

---

lität zur Grundtätigkeit von Amtsträgern jeglicher Kategorie gehörte, kann man das Ausmaß der logistischen Bemühungen um die Erreichbarkeit des Königs erahnen. Vgl. zu diesem Komplex die in Kürze erscheinende Habilitationsschrift des Verfassers.

16 Zum Hof Karls vgl. aus der Fülle der Literatur die einschlägigen Aufsätze von Josef FLECKENSTEIN, in: DERS., Ordnungen und formende Kräfte des Mittelalters (1989), sowie Werner RÖSENER, Königshof und Herrschaftsraum: Norm und Praxis der Hof- und Reichsverwaltung im Karolingerreich, in: Uomo e spatio nell'alto medioevo (Settimane di studio del Centro italiano di studi sull'alto medioevo 50, 2003) S. 443–478, und Rosamond MCKITTERICK, Charlemagne. The Formation of a European Identity (2008) S. 137–213.

zu ebnen[17]. In einer längsschnittartig angelegten Untersuchung hat Claudia Garnier unter anderem auch die Zugangsproblematik behandelt und kurz, vorwiegend von Urkunden ausgehend, die Merowinger- und Karolingerzeit thematisiert. Sie hat herausgearbeitet, dass in frühmittelalterlichen Herrscherdiplomen die Metapher vom Ohr des Königs, das sich nicht verschließt, häufig verwendet wurde[18].

Von diesen Studien ausgehend, möchte ich für die Karolingerzeit die Frage nach dem Zugang zum König stellen und dabei von beiden Seiten aus denken, die Einhard in der eingangs erwähnten Passage anspricht, das heißt, ich werde (1.) zunächst in einem kürzeren Teil die Spielräume des Königs beleuchten, einen Zugang zu gewähren beziehungsweise ein Anliegen abzulehnen. Aus dem Bild vom idealen Herrscher ergaben sich bestimmte Erwartungen an die Verhaltensweisen des Königs, wenn Anliegen an ihn herangetragen wurden. Daran anschließend werde ich (2.) die Spielräume der Untertanen skizzieren, einen Zugang zu erhalten. Das schließt die Frage nach den Strategien ein, die gewählt wurden, um das Ohr des Königs zu erreichen. Dabei werde ich auch auf andere Quellengruppen als Urkunden zurückgreifen, immer unter der Prämisse, dass sich in den Texten, die uns Einblick in diese Thematik geben, Vorstellungen und Deutungen ihrer Verfasser äußern.

1. Erwartungen an das Verhalten des Königs

Zu den gängigen Forderungen an einen König, der seine Regierung vorbildlich ausüben will, gehört im gesamten Mittelalter, dass er für Anliegen, die von den Großen des Reiches an ihn herangetragen werden, ein offenes Ohr hat. Die Urkundenarengen bereits der Merowingerzeit enthalten Formulierungen, nach denen es der *regia consuetudo*, der königlichen Gewohnheit, entspreche, wenn der Herrscher den *iustae petitiones*, also den gerechten, an generell akzep-

---

17 Vgl. Gerd ALTHOFF, Verwandtschaft, Freundschaft, Klientel. Der schwierige Weg zum Ohr des Herrschers, in: DERS., Spielregeln der Politik im Mittelalter (1997) S. 185–198.
18 Claudia GARNIER, Die Kultur der Bitte. Herrschaft und Kommunikation im mittelalterlichen Reich (2008) S. 16–24, mit Nachweisen der merowinger- und karolingerzeitlichen Diplome.

tierten, christlichen Normen orientierten Bitten[19] nachgibt. Zunächst beziehen sich diese Äußerungen auf die Bitten von Klerikern[20]. Die Begründung, mit welcher der König ihre Anliegen gewähren sollte, wurde ebenfalls konkret genannt: Sie lag zum einen im persönlichen Erwerb des ewigen Lohns durch den Herrscher sowie zum anderen in der Sicherung der *stabilitas regni*, des Bestands und der Ordnung des Reiches. Mit der Bereitschaft, ein offenes Ohr zu gewähren, zielte der König also, nach solchen in den Arengen geäußerten Vorstellungen zu urteilen[21], sowohl auf die Erlangung seines eigenen Seelenheils als auch auf die Sicherung und Ordnung seiner Herrschaft. Wenngleich diese Vorstellungen sich vor allem auf die Haltung gegenüber Anliegen von Klerikern beziehen, so gilt dies doch auch prinzipiell für die Ersuche weltlicher Großer. Auch ihren *iustae petitiones* zu entsprechen, war der König grundsätzlich gehalten. Vergleichbar mit Gott, der nach neutestamentlichen Ausführungen, etwa in der Bergpredigt, bittenden Gläubigen zugewandt war[22], sollte auch der Herrscher handeln, jedenfalls dann, wenn die Bitten im oben genannten Sinn gerecht waren. Der Herrscher verhielt sich demnach, wenn er Zugang gewährte und Anliegen erfüllte, im Einklang mit Erwartungen, die man an ihn stellte und die man auch an ihn stellen durfte, weil sie im Rahmen einer christlichen Herrscherethik definiert und akzeptiert wurden. Der Begriff der *iustitia* spielte bei der Konturierung der ‚gerechten' Anliegen eine wichtige Rolle, doch wurde die *iustitia* noch flankiert von anderen (erwünschten) Eigenschaften wie der *pietas* und der *humilitas*[23]. Die in den Urkundenarengen transportierten Vorstellungen vom idealen Herrscher beinhalten somit Forderungen nach dem geneigten Ohr, nach den *aures inclinatae*, die sich auch schon in der Antike nachweisen lassen. Zudem bilden die echten Diplome – als Rechtsdokumente, in denen erbetene Rechte und Ausstattungen (meist) an Kleriker ver-

---

19   Zur *iustitia* vgl. bereits Hans FICHTENAU, Arenga. Spätantike und Mittelalter im Spiegel von Urkundenformeln (Mitteilungen des Instituts für Österreichische Geschichtsforschung, Ergänzungsbände 18, 1957) S. 53 ff.; Hans Hubert ANTON, Fürstenspiegel und Herrscherethos in der Karolingerzeit (Bonner historische Forschungen 32, 1968) S. 49 ff.
20   Vgl. zum Folgenden die Beispiele bei GARNIER, Die Kultur der Bitte (wie Anm. 18) S. 16 mit Anm. 1.
21   Zur Interpretierbarkeit und Interpretation von Arengen vgl. bereits FICHTENAU, Arenga (wie Anm. 19).
22   Mt 7,7 f. Vgl. auch Lk 11,9 f.
23   Vgl. etwa die Beispiele bei GARNIER, Die Kultur der Bitte (wie Anm. 18) S. 18, Anm. 12, und S. 19, Anm. 13. Zum Folgenden vgl. ebd., S. 19–24.

geben wurden – die Übertragung dieser ethischen Vorstellungen und Erwartungen an einen idealen Herrscher in konkreter Regierungspraxis ab. Die Diplome können daher selbst als Ausweis des offenen und geneigten Herrscherohres gelten, das wiederum als Zeichen für einen an der Sorge um die *stabilitas regni* orientierten König stand. Auf diese Weise wurde das Verhalten des Königs gegenüber den gerechten Anfragen und Bitten in Verbindung mit der (richtigen) politischen Ordnung gebracht.

In der Karolingerzeit galten die Vorstellungen vom offenen und geneigten Ohr des Herrschers weiter. Das manifestiert sich zum Beispiel in der in verschiedenen Quellen angesprochenen *affabilitas* des Königs, die hier als eine Zugänglichkeit und Bereitschaft zur Kommunikation aufgefasst werden kann, mittels deren sich unter anderem der Herrscher die zur Ausübung seiner Regierung wichtige Liebe seiner Untertanen sichern sollte[24].

Den in Urkunden getätigten programmatischen Erwähnungen lässt sich, wie in der Merowingerzeit, kontinuierlich die Auffassung entnehmen, dass die Erhörung klerikaler Bitten durch den König notwendig sei und dass ihre Gewährung mit der *regia consuetudo* und *stabilitas regni* begründet werden könne. Für die Bewilligung von Anliegen weltlicher Großer lautete die Begründung meist anders. Hier wurden eher die Belohnung für die Treue gegenüber dem König oder für Dienste in der Vergangenheit hervorgehoben oder Erwartungen an das zukünftige Verhalten des Bittenden ausgedrückt. Immer noch sollten auch in der Karolingerzeit die vorgetragenen Anliegen gerecht sein, wie die Wendungen *recta petitio* oder *iustae petitiones* verdeutlichen, doch wird von nun an die Freiwilligkeit des Herrschers bei der Gewährung von Bitten öfter betont. Die Termini *libenter* / *libenti animo* tauchen nun häufiger auf[25]. Diese Akzentuierung der königlichen Bereitwilligkeit, anderen ein offenes Ohr zu gewähren und (gerechte) Bitten anzuhören, sowie der Freiwilligkeit, ihnen auch stattzugeben, darf man wohl weniger lediglich als Äußerung eines freien Willens lesen, also so, als habe der König etwaigen Ansinnen seiner Untertanen tatsächlich nur aus freiem Willen zugestimmt. Vielmehr dürfte es sich hier eher um einen Aspekt der inszenierten Freiwilligkeit handeln, der dem König die Möglichkeit ließ, im Rahmen einer auf Einhaltung von Rang und Ehre abzielenden ‚öffentlichen' Kommunikation seinen Status zu wahren. Die

---

24 Vgl. GARNIER, Die Kultur der Bitte (wie Anm. 18) S. 20.
25 Vgl. GARNIER, Die Kultur der Bitte (wie Anm. 18) S. 22 mit Anm. 28.

Betonung der Freiwilligkeit charakterisierte den König sowohl in seinen eigenen Augen als auch in denen seiner Großen als Person, die den Erwartungen an einen idealen Herrscher entsprach. So verbreiten die Könige in ihren Urkunden das Bild, sie hätten den gerechten Ansinnen freiwillig nachgegeben, womit sie einerseits im Rahmen einer sakralen Amtsauffassung und Herrschaftsausübung handelten und andererseits ihre Ranghöhe gegenüber den Bittenden unterstrichen. Ab dem 8. Jahrhundert häufen sich zudem die Verweise auf die *clementia* als zentrale Herrschertugend, die insbesondere seit der Regierungszeit Karls des Großen nicht nur, wie etwa von Alkuin, hervorgehoben[26], sondern auch im Zusammenhang mit der Gewährung von Anliegen geradezu als Argument verwendet wurde. Sie gehört in der spätkarolingischen Epoche zum üblichen Inventar in Königsurkunden[27]. Diese Verweise können als Beleg für ein zunehmend mit christlichen Tugenden argumentierendes königliches Handeln im Rahmen eines entsprechend konnotierten Herrscherideals gelten[28].

Auch außerhalb von Urkunden und der eingangs erwähnten Passage in der *Vita Karoli Magni* idealisierten Personen aus dem Umkreis Karls den König als Zugang gewährenden Herrscher[29]. Am Ende des 9. Jahrhunderts, 882, verfasste Hinkmar von Reims sein Werk *De ordine palatii*, das auf einer älteren Beschreibung des Hofs Karls des Großen fußt und das er dem jungen west-

---

26 Vgl. etwa Alkuin, Epistolae, ep. 249, ed. Ernst DÜMMLER (MGH Epp. 4, 1895) S. 403: *Maxime, quia specialis virtus bonitas atque laus imperatorum semper fuit clementia in subiectos suos.*
27 GARNIER, Die Kultur der Bitte (wie Anm. 18) S. 23 f.
28 Mayke DE JONG, Sacrum palatium et ecclesia. L'autorité religieuse royale sous les Carolingiens (790–840), in: Annales ESC 58 (2003) S. 1243–1269, hier S. 1243 ff.; ANTON, Fürstenspiegel (wie Anm. 19) S. 80 ff. und 84 ff.
29 Dafür ist jedoch das Gedicht des Bischofs Theodulf von Orléans, Theologe und Berater des Königs, anders als MCKITTERICK, Charlemagne (wie Anm. 16), S. 140 („Theodulf mentioned [...] the king's palace where he gives audience to the common people"), vorgeschlagen hat, kein gutes Beispiel. Denn letztlich wird nicht die kurz zuvor noch anwesende *plebs*, sondern nur eine kleine Anzahl von Personen durch die geöffneten Türen ein- und zum König vorgelassen. Das Gedicht richtet sich an den inneren Zirkel der Eliten, der im Folgenden auch genannt wird. Theodulf von Orléans, Carmen 25, ed. Ernst DÜMMLER (MGH Poetae 1, 1881) S. 483–489. Zur Person: Hans SAUER, Theodulf, in: Lexikon des Mittelalters 8 (1997) Sp. 647 f.

fränkischen König Karlmann widmete³⁰. In diesem Werk wird der Hof Karls des Großen als mustergültige Institution bewertet und als vorbildlich dargestellt. Hinkmar schreibt ausdrücklich, dass jede Person, gleich woher sie aus dem Reich stamme und wie arm sie sei, zu den „milden Ohren des Herrschers" vordringen können solle; je nach Bedürftigkeit und Stand solle man am Hof, bei den Dienern und Ratgebern, Erbarmen und Zuwendung vorfinden³¹.

Verschiedene karolingerzeitliche Texte also transportieren den Gedanken, dass ein König den Zugang zu ihm ermöglichen und den Anliegen seiner Untertanen Gehör schenken soll. Geistliche wie weltliche Personen durften – nach den programmatischen Erwähnungen in Urkunden – aus Erfahrung gemäß den Vorstellungen über die ideale Regierungsausübung erwarten, dass der König ein offenes Ohr für ihre Anliegen hatte und dass er diesen auch entsprach³². Dieser Sachverhalt blieb im frühen Mittelalter (und darüber hinaus) erhalten, wenngleich die Begründungen im Einzelnen unterschiedlich und einem Wandel unterworfen waren. Auf der Grundlage solcher Erwähnungen in den Quellen lässt sich festhalten, dass von einem idealen König eine grundsätzlich positive Haltung gegenüber den Anliegen seiner Untertanen erwartet wurde. Unter dem Strich heißt das also: Ein König, der sich vorbildlich verhielt, verschloss sich nicht den (gerechtfertigten) Anliegen seiner Großen.

Nach den Texten, die insbesondere Karl den Großen als vorbildlichen Herrscher propagieren, hat es fast den Anschein, als sei es ausgesprochen leicht gewesen, einen Zugang zum König zu erhalten. Was lässt sich darüber aussagen,

---

30 Vgl. Hinkmar von Reims, De ordine palatii, edd. Thomas GROSS / Rudolf SCHIEFFER (MGH Fontes iuris 3, 1980). Zur Abfassungszeit vgl. die Einleitung, ebd., S. 10. Zur Person Hinkmars vgl. aus der umfassenden Literatur hier neben der Einleitung von Gross und Schieffer lediglich Martina STRATMANN, Hinkmar von Reims als Verwalter von Bistum und Kirchenprovinz (Quellen und Forschungen zum Recht im Mittelalter 6, 1991); Jean DEVISSE, Hincmar, archevêque de Reims 845–882, 3 Bde. (1975–1976).

31 Hinkmar, De ordine palatii, c. 5, edd. GROSS/SCHIEFFER (wie Anm. 30) S. 78: [T]am seniorum quamque et mediocrium uniuscuiusque secundum suam indigentiam vel qualitatem, dominorum vero misericordiam et pietatem semper ad manum haberet, per quem singuli ad pias aures principis perferre potuissent.

32 Es ist vielleicht noch stärker als bislang zu berücksichtigen, dass die Hinweise in überlieferten Urkunden immer nur Erfolgsfälle bezeugen, also die Fälle, in denen Anliegen als gerecht eingestuft und Erwartungen an den Herrscher erfüllt wurden. Die anderen wurden nicht (in Urkunden) bezeugt.

welche Wege zum König beschritten und welche Strategien dabei verfolgt wurden?

2. Der Zugang zum König

Dass Einhard ausgerechnet den Pfalzgrafen als Vermittler des Zugangs zum König nannte, ist kein Zufall[33]. Er befindet sich hier im Einklang mit anderen Schriften, was zum Beispiel deutlich wird, wenn man Hinkmars oben bereits genannte Schrift *De ordine palatii* betrachtet. In diesem ebenso oft wie letztlich unzutreffend als „Hofordnung" bezeichneten Werk spricht Hinkmar unter anderem die Möglichkeiten und Strategien an, den König zu kontaktieren, wobei man freilich in Rechnung stellen muss, dass Hinkmar hier im Jahr 882 dem jungen westfränkischen König Karlmann ältere Zustände vor Augen gehalten haben dürfte. Zunächst einmal seien die Anliegen, so Hinkmar, vor die jeweils zuständigen Amtsinhaber der Hofverwaltung gebracht worden. Hinkmar zählt verschiedene Personen auf, die Kontrolle über den Zugang zum König ausübten. Er erwähnt etwa den Seneschall, den Mundschenk und den Stallgrafen beziehungsweise Marschall[34]. Allerdings hatten noch nicht einmal diese Amtsträger am Hof alle den gleichen Zugang zum König. Vielmehr sei jeder von ihnen auf seinen Bereich beschränkt gewesen und habe immer dann, wenn es die Sache erforderte, die Vermittlung des anderen in Anspruch genommen. Hier, so Hinkmar, hatten Personen also den Zugang zum König, sie nutzten ihn jedoch nur dann für die Vermittlung, wenn das jeweilige Anliegen in ihrem Verantwortungsbereich lag.

Insbesondere die Inhaber zwei bestimmter Ämter kontrollierten nach Hinkmar den Zugang zum König: zum einen der Apocrisiar – das ist ein Ausdruck, den Hinkmar auf die Zeit Karls des Großen rückprojizierte[35] –, zum anderen eben jener Pfalzgraf, der Karl den Großen angeblich auch nachts stören durfte, wenn miteinander in Rechtsstreit liegende Parteien vortraten.

---

33 Zum Amt des Pfalzgrafen vgl. zuletzt Philippe DEPREUX, Le rôle du comte du Palais à la lumière des sources relatives au règne de l'empereur Louis le Pieux (814–840), in: Frühmittelalterliche Studien 34 (2000) S. 94–111.

34 Hinkmar, De ordine palatii, c. 4 f., edd. GROSS/SCHIEFFER (wie Anm. 30) S. 64–68.

35 Vgl. Heinz LÖWE, Hinkmar von Reims und der Apocrisiar. Beiträge zur Interpretation von *De ordine palatii*, in: Festschrift für Hermann Heimpel zum 70. Geburtstag am 19. September 1971 3 (1972) S. 197–225.

Apocrisiar und Pfalzgraf bildeten nach Hinkmars Darstellung gemeinsam die Spitze der Hofverwaltung. Und beiden fielen unterschiedliche Aufgabenbereiche zu: Während der Apocrisiar sich um geistliche Angelegenheiten kümmern sollte, auch um Streitigkeiten zwischen Mönchen, und um alles, was in kirchlichen Dingen den Hof erreichte, war der Pfalzgraf vor allem mit Rechtsprechungskompetenzen ausgestattet und widmete sich den weltlichen Streitfällen und Angelegenheiten. Beide gemeinsam sollten dafür Sorge tragen, dass niemand, weder ein Geistlicher noch ein Laie, gezwungen war, den König zu belästigen, bevor sie die Notwendigkeit geprüft hatten[36].

Je nach Zuständigkeit bildete also entweder der Apocrisiar oder der Pfalzgraf die letzte Instanz vor dem König. Selbst bei vertraulichen Anliegen, die für niemanden als den König bestimmt waren, galten Apocrisiar und Pfalzgraf als erste Ansprechpartner. An ihnen führte, nach der Darstellung Hinkmars, kein Weg vorbei. Wenn man diesen Weg nicht einhalte, dann könne der König die Mitteilung nicht „je nach Rang der Person mit Ehrerbietung, mit Geduld oder gar mit Mitleid entgegennehmen"[37]. Die Kontrolle über den Zugang zum König war nach diesem Modell also notwendig, damit der König sich über den Rang der Person informieren konnte, die vor ihm stand, und so sein Verhalten nach diesem Rang ausrichten konnte.

Hinweise darauf, dass es hochstehenden Personen und ihren Boten leichter gelang, einen Zugang zum König zu erlangen als rangniedrigeren, finden sich zur Genüge, so zum Beispiel in den *Gesta Karoli* des Notker Balbulus. Fast aus demselben Jahr stammend wie Hinkmars *De ordine palatii*, geben auch die *Gesta* einen Einblick in die spätkarolingische Epoche und die Regierungszeit Karls III., indem sie die (angeblichen) Zustände unter Karl dem Großen beschreiben[38]. Notker schildert, wie ein Geistlicher Karl dem Großen die Ver-

---

36 Hinkmar, De ordine palatii, c. 19, edd. GROSS/SCHIEFFER (wie Anm. 30) S. 68: *E quibus praecipue II, id est apocrisiarius, qui vocatur apud nos capellanus vel palatii de omnibus saecularibus causis vel iudiciis, suscipiendi curam instanter habebant, ut nec ecclesiastici nec saeculares prius domnum regem absque eorum consultu inquietare necesse haberent, quousque illi praeviderent, si necessitas esset, ut causa ante regem merito venire deberet.*
37 Hinkmar, De ordine palatii, c. 19, edd. GROSS/SCHIEFFER (wie Anm. 30) S. 68: *[S]i vero secreta esset causa, quam prius congrueret regi quam cuiquam alteri dicere, eundem dicendi locum eidem ipsi praepararent, introducto prius rege, ut hoc iuxta modum personae vel honorabiliter vel patienter vel etiam misericorditer susciperet.*
38 Vgl. zum Folgenden Notker den Stammler, Gesta Karoli Magni imperatoris, II, 12, ed. Hans F. HAEFELE (MGH SS rer. Germ. N.S. 12, 1959) S. 72. Zur Einordnung des

schwörungspläne Pippins des Buckligen zutragen will und dafür nachts den Kaiser in der Pfalz Regensburg aufsucht. Mit sehr großer Schwierigkeit habe er zunächst einmal sieben Schlösser und Türen geöffnet, um zum Schlafgemach Karls vorzudringen. Dort habe er an die Tür geklopft und den „immer wachsamen" Kaiser in sehr großes Erstaunen darüber versetzt, wer es wage, ihn zu dieser Stunde zu beunruhigen. Karl habe nun den anwesenden Dienerinnen der Königin und seiner Töchter befohlen hinauszugehen und nachzuschauen, wer an der Tür sei und was sein Anliegen sei. Die Dienerinnen hätten eine „sehr geringe Person" angetroffen, die sie nach Inaugenscheinnahme nicht hineinließen. Vielmehr hätten sie die Tür wieder verschlossen und versucht, sich „mit unendlichem Gelächter" in einer Ecke des Gemachs zu verstecken. Der kluge Kaiser hingegen, „dem nichts auf der Erde zu entgehen vermochte", habe die Frauen gefragt, wer den Zutritt wünsche. Daraufhin hätten ihm die Dienerinnen geantwortet, es handle sich um einen „abgeschorenen, dummen, verrückten Schelm, der nur Hemd und Hosen anhabe und unverzüglich" vorgelassen zu werden wünsche. Karl habe ihn daraufhin hereinführen lassen, und der Geistliche habe sogleich und vor dem Kaiser zu Füßen gefallen von den Verschwörungsplänen berichtet[39].

Neben vielen anderen Aspekten in dieser Passage, die einer Interpretation wert wären, ist mit Blick auf die hier interessierende Frage des Zugangs zum

---

Textes vgl. Hans-Werner GOETZ, Strukturen der spätkarolingischen Epoche im Spiegel der Vorstellungen eines zeitgenössischen Mönchs. Eine Interpretation der ‚Gesta Karoli' Notkers von Sankt Gallen (1981); Hans-Joachim REISCHMANN, Die Trivialisierung des Karlsbildes der Einhard-Vita in Notkers „Gesta Karoli Magni". Rezeptionstheoretische Studien zum Abbau der kritischen Distanz in der spätkarolingischen Epoche (1984).

39 Notker, Gesta Karoli, II, 12, ed. HAEFELE (wie Anm. 38) S. 72: [*Clericus...*] *ad palatium properavit. Cumque cum maxima difficultate per VII seras et ostia tandem ad cubiculum imperatoris penetrasset, pulsato aditu vigilantissimum semper Karolum ad maximam perduxit admirationem, quis eo tempore eum praesumeret inquietare. Praecepit tamen feminis, quae ad obsequium reginae vel filiarum eum comitari solebant, ut exirent videre, quis esset ad ianuam vel quid inquireret. Quae exeuntes cognoscentesque personam vilissimam, obseratis ostiis cum ingenti risu et chachinno se per angulos, vestibus ora repressae, conabantur abscondere. Sed sagacissimus imperator, quem nihil sub caelo posset effugere, diligenter a mulieribus exquisivit, quid haberent vel quis ostium pulsaret. Responsumque accipiens, quia quidam coctio derasus, insulsus et insaniens, linea tantum et femoralibus indutus, se absque mora postularet alloqui, iussit eum intromittere. Qui statim corruens ad pedes illius cuncta patefecit ex ordine.* Übersetzung nach: Otto ABEL / Wilhelm WATTENBACH, Leben und Taten Karls des Großen. Einhard und Notker der Stammler (1965) S. 88 f.

König zunächst einmal auffällig, dass Karl, ähnlich wie bei Einhard und erzählerisch ausgeschmückt, als schlafloser und auch des Nachts wachsamer König beschrieben wird, dem „nichts entgeht". Neben dieser Wachsamkeit werden auch die prinzipielle Zugänglichkeit Karls und seine Bereitschaft, einen Boten zu empfangen, in dieser Episode hervorgehoben. Der nimmermüde König entdeckt nachts, als fast alle anderen schlafen, die Verschwörung, die seine Herrschaft kosten würde. Deutlicher kann man die Verbindung zwischen dem offenen Ohr des Herrschers und der *stabilitas regni* kaum zum Ausdruck bringen. Zugleich wird aber durch die symbolische Nennung von sieben Schlössern und Türen klargestellt, dass der Zugang mit Schwierigkeiten verbunden ist. Das Haupthindernis, das es zu überwinden gilt, besteht jedoch nach Notker in den Dienerinnen, die den Geistlichen explizit wegen seines Aussehens, seiner Kleidung und seines geringen Standes schlichtweg für nicht wert befinden, dem Kaiser vorgeführt zu werden. Notker stellt den klugen, vorausschauenden Kaiser den einfältigen und dummen Frauen, Dienerinnen, gegenüber. Während diese nach dem Äußeren der Person entscheiden, scheint Karl aufgrund seiner Weitsicht die politische Brisanz der Botschaft fast schon zu ahnen, zumindest richtet er seine Entscheidung, den Zugang zu gewähren, nicht an den Bemerkungen der Dienerinnen aus. Für die Frage nach dem Zutritt zum Herrscher offenbart diese Episode das Idealbild des Kaisers, der stets wacht und *affabilitas* ausstrahlt. Doch bringt Notker zudem (seine spätkarolingischen) Vorstellungen zum Ausdruck, nach denen der Zugang zum König auch für rangniedrige Personen nicht prinzipiell unmöglich sein sollte, durchaus aber mit diversen Schwierigkeiten verbunden sein konnte.

Anders als die Episode vom Geistlichen, der Karl direkt aufsucht und seine Botschaft mündlich überbringt, zeugen einige Urkunden von schriftlicher Kommunikation mit dem Herrscher. Die echten Diplome, in denen Herrscher Petenten Besitz oder Rechte übertrugen, können nicht nur als Beleg dafür gewertet werden, dass einem Anliegen stattgegeben worden war. Manchmal weisen sie auch explizit darauf hin, dass der Urkundenausstellung eine Interaktion, etwa in Form von Bittschreiben, vorausgegangen war[40]. Zwar sind diejenigen Schreiben, in denen ein Anliegen formuliert wurde, kaum mehr erhalten, doch kann man hier mit Hilfe so genannter *formulae* einen

---

40 Vgl. GARNIER, Die Kultur der Bitte (wie Anm. 18) S. 24; ebd., Anm. 36, mit Beispielen für Hinweise auf eine vorherige *missa petitio*.

Schritt weiterkommen. Solche ‚Formeln', die in Sammlungen zusammengestellt und in nordalpinen Handschriften aus der Zeit vom 8. bis zum 10. Jahrhundert überliefert worden sind, jedoch inhaltlich teilweise bis ins 6. Jahrhundert zurückgehen, stellen nicht Briefe dar, die so abgeschickt wurden, wie sie auf uns gekommen sind. Zumindest in vielen Fällen handelt es sich um Musterdokumente, um Vorlagen für offizielle Schreiben und Urkunden zu unterschiedlichen Anlässen[41]. Diejenigen *formulae*, die potentiell für eigene Schreiben an den König genutzt werden konnten, um seine Zustimmung zu einem Anliegen zu erhalten, können einen Eindruck vom Wortlaut vermitteln, mit dem man beim König vorstellig wurde. Nach dem Entfernen der Hinweise auf konkrete Personen wie Aussteller und Adressat und auf spezifische Orte sammelte man diese Schreiben als Formel für Briefe, herrscherliche Diplome und Privaturkunden, um sie später in einem ähnlich gelagerten Fall unter Einsetzung der eigenen persönlichen Angaben als Muster verwenden zu können. Wenngleich der eigentliche Zweck der Zusammenstellung solcher Formeln bis heute nicht immer völlig klar ist[42], bleibt somit doch ein Vorteil zu-

---

41 Vgl. die Edition: Formulae Merowingici et Karolini aevi, ed. Karl ZEUMER (MGH Formulae Merowingici et Karolini aevi 1, 1886). Zu Formel- und Formelsammlungen vgl. Gerhard SCHMITZ, Formel, Formular, Formelsammlung, in: Handwörterbuch zur deutschen Rechtsgeschichte 1 (²2008) Sp. 1616–1626; Warren BROWN, Konfliktaustragung, Praxis der Schriftlichkeit und persönliche Beziehungen in den karolingischen Formelsammlungen, in: Rechtsverständnis und Konfliktbewältigung. Gerichtliche und außergerichtliche Strategien im Mittelalter, hg. von Stefan ESDERS (2007) S. 31–53; DENS., When Documents are Destroyed or Lost: Lay People and Archives in the Early Middle Ages, in: Early Medieval Europe 11 (2002) S. 337–366; Christian LAURANSON-ROSAZ / Alexandre JEANNIN, La résolution des litiges en justice durant le haut Moyen Âge: L'example de l'apennis à travers les formules, notamment celles d'Auvergne et d'Angers, in: Le règlement des conflits au Moyen Âge (2001) S. 21–33, hier S. 23–25; Ian WOOD, Administration, Law and Culture in Merovingian Gaul, in: The Uses of Literacy in Early Medieval Europe, hg. von Rosamond MCKITTERICK (1990) S. 63–81, hier S. 64 f.; Rosamond MCKITTERICK, The Carolingians and the Written Word (1989) S. 25; Werner BERGMANN, Die Formulae Andecavenses. Eine Formelsammlung auf der Grenze zwischen Antike und Mittelalter, in: Archiv für Diplomatik 24 (1987) S. 1–53; Peter HERDE u.a., mel, -sammlungen, -bücher, in: Lexikon des Mittelalters 4 (1986) Sp. 646–655; Peter CLASSEN, Fortleben und Wandel spätrömischen Urkundenwesens im frühen Mittelalter, in: Recht und Schrift im Mittelalter, hg. von DEMS. (Vorträge und Forschungen 23, 1977) S. 13–54, hier S. 15; Rudolf BUCHNER, Deutschlands Geschichtsquellen im Mittelalter. Beiheft: Die Rechtsquellen (1953) S. 49–55.

42 Vgl. BROWN, Konfliktaustragung (wie Anm. 41) S. 36, der zu Recht darauf hinweist, dass nicht alle *formulae* als Muster gedient haben dürften.

mindest zahlreicher *formulae* in den Sammlungen für spätere mittelalterliche Benutzer einsichtig. Es lässt sich also aus den *formulae* zwar nicht der realistische Gehalt des ereignisgeschichtlich Berichteten rekonstruieren, doch vermitteln die Schreiben gerade aufgrund ihrer Formelhaftigkeit einen Eindruck von den zeitgenössischen Vorstellungen über die Art und Weise, wie Schreiben an den König formuliert werden konnten.

In einer kleinen Formelsammlung aus dem späten 9. Jahrhundert, die aus dem südfranzösischen Raum stammt, ist ein ursprünglich wohl aus der Zeit Kaiser Ludwigs des Frommen kommendes Schreiben überliefert. Es ist vom Verfasser an einen Freund gerichtet, der sich am Hof aufhält. Der Verfasser berichtet darin, er habe einen Boten – der dieses Schreiben überreicht – an den Freund gesandt, und bittet ihn nun darum, diesen Boten zu empfangen, sein Anliegen anzuhören und schließlich vor den König zu bringen, damit er dort möglichst schnell seine Angelegenheit vortragen und dadurch seinen Auftrag erfüllen könne[43]. Die Strategie des Absenders, die den Weg zum Ohr des Königs öffnen soll, besteht in diesem Fall darin, einen eigenen Vertrauten bei Hof, hier einen *amicus*, als Vermittler des Kontakts mit dem König auszuwählen[44]. Die *formula* zeigte späteren Benutzern einen möglichen Weg zum Ohr des Herrschers auf, und deshalb, in ihrer Eigenschaft als Muster für die Kontaktaufnahme mit dem König, dürfte sie auch Eingang in die Sammlung gefunden haben. Ein anderer Weg wird in einer *formula* für eine kaiserliche Urkunde aus der Zeit Ludwigs des Frommen beschrieben[45]. Ihr Verfasser berichtet von einem *fidelis* des Kaisers, der bei Ludwig dem Frommen für die Restituierung von zuvor konfisziertem Besitz eingetreten war. Der *fidelis* trat demnach als Fürsprecher am kaiserlichen Hof auf. Insofern bezeugt die Briefformel, dass es neben dem Weg über eigene Freunde am Hof auch die Möglichkeit gab, über Vertraute des Königs seinem Anliegen Gehör zu verschaffen und Entscheidungen zu seinen Gunsten zu erreichen. Aus einer weiteren *formula* wird er-

---

43   Vgl. Formularum epistolarum collectiones minores, in: Formulae, ed. ZEUMER (wie Anm. 41), hier Collectio codicis Havniensis 1943, Nr. 10, S. 524; zu dieser *formula* (mit anderem Erkenntnisinteresse) BROWN, Konfliktaustragung (wie Anm. 41) S. 46.

44   BROWN, Konfliktaustragung (wie Anm. 41) S. 46, nennt das Eintreten dieses *amicus* „Fürsprache", doch weiß man letztlich nicht, ob der Freund tatsächlich als Fürsprecher, der das Anliegen des Absenders und seines Boten unterstützte, fungierte. Dass er den Kontakt zum König vermitteln sollte, geht hingegen aus dem Schreiben hervor.

45   Formulae imperiales ex curia Ludovici Pii, in: Formulae, ed. ZEUMER (wie Anm. 41), hier Nr. 49, S. 323 f.

sichtlich, dass auch die Frau des Herrschers, in diesem Fall Kaiserin Judith, eine zentrale Rolle bei der Fürsprache spielen konnte und so für andere Personen den Kontakt zum König herstellte, hier für eine Frau, die mitsamt ihrer Familie zu Unrecht in den Status von Unfreien geraten und mittlerweile dem Fiskalgut der Kaiserin zugeschlagen worden war[46].

Alle drei hier erwähnten Formeln thematisierten Konfliktfälle, in denen sich die Absender schriftlich und mündlich (nämlich mittels der Unterstützung von Boten) an Personen wandten, die einen Zugang zum König vermittelten. Diese gehörten zum persönlichen Umkreis des Königs, wie in den genannten Beispielen der *fidelis* und die Königin, und manchmal zusätzlich auch zum Umkreis des Bittenden, wie im genannten Beispiel der *amicus*.

Im Zusammenhang mit der Erforschung außergerichtlicher Konflikte im Frühmittelalter, für welche die Formelsammlungen eine wichtige Grundlage bilden, ist zu Recht darauf hingewiesen worden, dass die meisten *formulae* gar nicht erkennen lassen, ob sie von Personen stammen, die direkt in die thematisierten Streitigkeiten involviert waren[47]. Zumindest wird aus ihnen im Regelfall nicht erkennbar, dass jemand sich direkt an die konfliktbereinigende Instanz wandte. Was jedoch zumindest diese von Konfliktfällen handelnden Formeln weit überwiegend und eindrucksvoll belegen können, sind Möglichkeiten und Wege des Zugangs zum König. Die Personen, die ein Anliegen vorbringen wollten, etwa weil sie Rechte und Besitzungen erhalten oder bestätigt bekommen wollten, wandten sich zunächst an ihren Herrn, um ihm ihr Ansinnen darzulegen; dieser verfasste dann (ausweislich der schriftlichen Überlieferung) einen Brief, der an einen Vermittler gerichtet war, der wiederum frühestens jetzt, sonst über weitere Vermittler, den Zugang zum König herstellte. Geht man vom Mustercharakter der *formulae* aus, so belegen die Formeln nicht nur das Ineinandergreifen von Mündlichkeit und Schriftlichkeit, sondern auch die Wege, einen Zutritt zum König zu erlangen; zugleich aber manifestieren sich in ihnen auch die Strategien, die man zu diesem Zweck wählte, sowie die Spielräume, die sich ergaben und die letztlich in den skizzier-

---

46 Formulae imperiales, ed. ZEUMER (wie Anm. 45) Nr. 51, S. 324 f. Zur Intervention von frühmittelalterlichen Königinnen vgl. zusammenfassend Martina HARTMANN, Die Königin im frühen Mittelalter (2009) S. 167–177, mit weiteren Nachweisen.
47 Vgl. BROWN, Konfliktaustragung (wie Anm. 41) S. 49 f.

ten, wenn man das so nennen will, Umwegen in der Kommunikation mit dem König bestanden[48].

Andere Dokumente aus Formelsammlungen belegen zwar nicht explizit die eingeschlagenen Zugangskanäle, stellen jedoch konkrete Beispiele für eine idealtypische Kommunikation mit dem König dar, so etwa eine wahrscheinlich vor dem Jahr 800 entstandene *formula*, die eine Vorlage für einen Bittbrief von Mönchen an den König (*Indiculum supplicatorium ad regem*) enthält[49]. Sie diente wohl als Muster für die Abfassung von Schreiben, in denen Geistliche den Hof um materielle Ausstattung, um Nahrungsmittel und Kleidung, baten. In dem Brief wird die Gewährung des Anliegens mit einem Appell an die königliche *clementia* verknüpft und darauf hingewiesen, dass die Mönche die erbetenen materiellen Gaben mit spirituellen Leistungen aufwiegen würden, indem sie Tag und Nacht für das Seelenheil des Königs und seiner Familie sowie für die *stabilitas regni* beteten[50]. Die Formulierungen knüpften also direkt und wörtlich an die herrscherliche *clementia* und an die Sorge um die *stabilitas regni* an, die im urkundlichen Begründungszusammenhang für die Gewährung von Anliegen durch den König eine große Bedeutung hatten. Die Mönche erhielten die *stabilitas regni* durch ihre Gebete aufrecht, der König durch die Gewährung ihrer Bitten. Geschickt wurde hier der königliche Adressat an die in ihn aufgrund seiner *clementia* gesetzten Erwartungen erinnert, wurde zugleich aber auch versucht, ihn auf sie zu verpflichten. Insofern kann man diese Formel als Argumentationshilfe für spätere Mönche ansehen, die in einer vergleichbaren Situation ähnlich vorgehen wollten.

Nicht nur für die Argumentation, sondern auch für den Stil einer Bitte an den König konnte diese *formula* als Hilfe dienen. Denn in ihr wird die Bitte durch unterwürfige Formulierungen, die auch den metaphorischen Fußfall enthalten, untermauert. Die Mönche appellieren an den König explizit, als ob

---

48 Grundsätzliche Unterschiede zwischen Laien und Klerikern beziehungsweise Mönchen ergaben sich dabei offenbar nicht. Vgl. BROWN, Konfliktaustragung (wie Anm. 41) S. 50.
49 Formulae Salicae Merkelianae, in: Formulae, ed. ZEUMER (wie Anm. 41), hier Nr. 61, S. 261 f. Zur Entstehungszeit vgl. ebd., S. 240. Zu dieser Formel vgl. auch bereits GARNIER, Die Kultur der Bitte (wie Anm. 18) S. 25.
50 Formulae Salicae Merkelianae, ed. ZEUMER (wie Anm. 49) Nr. 61, S. 261 f.: *Denique, domne, innotuimus clementiae vestrae, qualiter nos Deus scit, qui cordis rimatur archana, quod pro vobis vel pro domna regina et pro filiis et filiabus vestris vel pro stabilitate regni vestri die noctuque non cessamus in missas et in psalmodia Domini misericordia exorare.*

(*quasi*) sie ausgestreckt vor seinen Füßen lägen[51]. Man muss berücksichtigen, dass diese *formula* wie andere ein Beispiel für eine idealtypische Kommunikation darstellt – es handelt sich eben um ein Muster –, doch zeigen die Formulierungen Lesern, wie in einem vergleichbaren Fall argumentiert werden konnte, um das Ohr des Königs zu erreichen. Es lag an der Argumentation im Brief und am Boten, am Überbringer und/oder Verleser eines solchen Schreibens, in der entsprechenden Situation vor Ort das Anliegen des Absenders dem Adressaten und den Umstehenden glaubwürdig zu vermitteln und wahrnehmbar zu machen. Es gibt diverse weitere Formeln, die zum Beispiel Bitten an hohe Geistliche am Hof enthalten, sich beim König zu verwenden[52]. Der Umstand, dass diese Schreiben von ihren Sammlern und späteren Lesern als Vorlagen für eigene Briefe verwendet worden sein dürften, zeigt, dass man nicht nur die Inhalte, die Argumentationsweise und den Stil als musterhaft ansah, sondern auch generell die Kommunikation über Vermittler. Anders ausgedrückt: Nicht nur der Inhalt der Bitten an den Hof, die Argumentation gegenüber dem König und der (zuweilen unterwürfige) Stil folgten formelhaften Wendungen, sondern auch das Verfahren, über Umwege zu kommunizieren, erscheint hier formalisiert.

Das wird auch deutlich, wenn man sich einer anderen Quellengruppe zuwendet und Briefe betrachtet[53]. Die Bedeutung von Briefen ist sowohl für die

---

51 Formulae Salicae Merkelianae, ed. ZEUMER (wie Anm. 49) Nr. 61, S. 262: *Domne, supplicamus misericordiam vestram, quasi omnes nos ad gloriosissimas pedes vestros prostrati iacerimus, ut nos clementia vestra adiuvare dignetur.*
52 Formulae Salzburgenses, in: Formulae, ed. ZEUMER (wie Anm. 41), hier Nr. 66, S. 455. Vgl. auch, wohl vom Ende des 7. Jahrhunderts: Marculfi formulae, II, 51, ebd., S. 105 f.: *Indecolum ad homines potentes palatines, maxime ad cognitos sibi*, an potentielle einflussreiche Fürsprecher am Hof.
53 Der Verfasser bereitet derzeit eine Studie zu frühmittelalterlichen Brief- und Formelsammlungen vor. Vgl. bislang vor allem Jürgen HEROLD, Die Interpretation mittelalterlicher Briefe zwischen historischem Befund und Medientheorie, in: Text, Bild, Schrift. Vermittlung von Information im Mittelalter, hg. von Andres LAUBINGER u.a. (MittelalterStudien 14, 2007) S. 101–126; DENS., Empfangsorientierung als Strukturprinzip: Zum Verhältnis von Zweck, Form und Funktion mittelalterlicher Briefe, in: Medien der Kommunikation im Mittelalter, hg. von Karl-Heinz SPIESS (2003) S. 265–287; Hartmut HOFFMANN, Zur mittelalterlichen Brieftechnik, in: Spiegel der Geschichte, Festschrift für Max Braubach zum 10. April 1964, hg. von Konrad REPGEN / Stephan SKALWEIT (1964) S. 141–170; Sita STECKEL, Kulturen des Lehrens im Früh- und Hochmittelalter. Autorität, Wissenskonzepte und Netzwerke von Gelehrten (Norm und Struktur 39, 2011) S. 295–396.

Funktionsweise des karolingischen Hofes als auch für die Netzwerkbildung – zwischen Herrschern und Abhängigen, zwischen Lehrern und Schülern und zwischen Freunden – erkannt[54], doch werden Briefe oft als problematische Quellengruppe angesehen. Das hat diverse Gründe, darunter einen überlieferungshistorischen: Briefe, die aus dem Frühmittelalter kaum einmal im Original, sondern fast ausschließlich als Abschriften und in Briefsammlungen überliefert sind, stellen schon aufgrund dieser Problematik keine einfach zu verwendende Quellengattung dar. Aber auch die Tatsache, dass frühmittelalterliche Briefe, in Stil und Rhetorik antiken Mustern folgend, von Topik oftmals geradezu durchsetzt sind, kommt erschwerend hinzu. Auch vor der eigentlichen Zeit der *ars dictaminis* beziehungsweise *ars dictandi* im 11. und 12. Jahrhundert folgten die Briefe Konventionen aus der Antike, besonders in der Sprache und im Aufbau, die sich auch auf die Inhalte auswirkten[55]. Das hatte zur Konsequenz, dass sie unter Verwendung eines nunmehr älteren, an Fragen der Originalität und Ästhetik ausgerichteten Toposbegriffs Gefahr liefen, als inhaltlich gehaltlose Aneinanderreihung von Wiederholungen und Stereotypen, eben als ‚reine Rhetorik', eingestuft zu werden[56]. Gewichtet man hingegen den argumentativen Charakter von Topoi höher, lässt sich sagen, dass Briefe die ihnen zugrunde liegenden typischen Argumentationsformen der Zeitgenossen widerspiegeln, dass sie den Blick auf typische Vorstellungen von sozialer Interaktion freigeben und zumindest in Teilen so etwas wie ritualisierte verschriftlichte Kommunikation darstellen[57]. Briefe sind dann einer-

---

54 Vgl. Mark MERSIOWSKY, Regierungspraxis und Schriftlichkeit im Karolingerreich: Das Fallbeispiel der Mandate und Briefe, in: Schriftkultur und Reichsverwaltung unter den Karolingern, hg. von Rudolf SCHIEFFER (1996) S. 109–166; Patrick J. GEARY, Extra-Judicial Means of Conflict Resolution, in: La giustizia nell'alto medioevo (secoli V–VIII) (Settimane di studio del Centro italiano di studi sull'alto medioevo 42/1, 1995) S. 569–601, hier S. 585–594; auch die Ausführungen von STECKEL, Kulturen des Lehrens (wie Anm. 53), beruhen zum großen Teil auf der Analyse von Briefen.
55 Zum Überblick vgl. Martin CAMARGO, Ars dictaminis, ars dictandi (Typologie des sources du moyen âge occidental 60, 1991).
56 Vgl. vor allem Ernst Robert CURTIUS, Europäische Literatur und lateinisches Mittelalter (^{2}1954).
57 Vgl. hierfür vor allem Lothar BORNSCHEUER, Topik. Zur Struktur der gesellschaftlichen Einbildungskraft (1976); Wilhelm SCHMIDT-BIGGEMANN / Anja HALLACKER, Topik: Tradition und Erneuerung, in: Topik und Tradition. Prozesse der Neuordnung von Wissensüberlieferungen des 13. bis 17. Jahrhunderts, hg. von Thomas

seits als eine in wichtigen Teilen formalisierte Kommunikationsform aufzufassen, andererseits zugleich auch als eine die Kommunikation formalisierende Ausdrucksform.

Aus Briefen lässt sich unter Berücksichtigung ihrer Toposhaftigkeit erschließen, welche Kanäle man nutzte, um an den König heranzutreten. Auch hier mag Einhard als ein erstes Beispiel dienen[58]. Aus dem Jahr 829 sind gleich drei Schreiben von ihm überliefert[59]. Sie gehören alle in denselben Ereigniskontext und haben alle im Wesentlichen denselben Inhalt. Es handelt sich um Entschuldigungsbriefe, in denen Einhard um Nachsicht dafür bittet, dass er nicht, wie eigentlich vereinbart, zu Kaiser Ludwig dem Frommen reisen könne. Einhard hatte jahrelang selbst im engsten Umkreis Ludwigs verkehrt, nun, etwa sechzigjährig und erkrankt, wollte er sich vom Hofleben zurückziehen. Zunächst schrieb er an die Kaiserin. Er beteuerte, seine Schmerzen seien zu groß, um zum Hof zu gelangen. Er bat um die Erlaubnis, sich in seinem Kloster in Seligenstadt am Main ausruhen zu dürfen. Einhard bat die Kaiserin, sie solle ihn beim Kaiser entschuldigen[60]. Kurz darauf schrieb er einen weiteren Brief, diesmal an einen nicht mehr überlieferten Empfänger im Umkreis des Hofes, wahrscheinlich an den Pfalzgrafen. Der Inhalt war im Wesentlichen derselbe[61]. Erst das dritte Schreiben richtete Einhard an den Kaiser selbst. Darin bat er, noch einmal unter Berufung auf die erwähnten Gründe, um die Erlaubnis, nach Seligenstadt reisen zu dürfen[62]. Mindestens diese drei überlieferten Briefe also schickte Einhard an den Hof – an Kaiser, Kaiserin und Pfalzgrafen –, um eine Erlaubnis für die Änderung von Plänen zu erwirken. Ähnliche Entschuldigungs- oder Rechtfertigungsbriefe wie diese verfasste Einhard auch in anderen Fällen, manche davon an den Hof und an Personen im königlichen Umfeld wie an den Hofbibliothekar[63].

     FRANK u.a. (Berliner Mittelalter- und Frühneuzeitforschung 1, 2007) S. 15–28. Ähnlich STECKEL, Kulturen des Lehrens (wie Anm. 53) S. 41.
58   Zu Einhards Briefen vgl. Martina STRATMANN, Einhards letzte Lebensjahre (830–840) im Spiegel seiner Briefe, in: Einhard. Studien zu Leben und Werk (wie Anm. 2) S. 323–339, hier S. 324, ferner die Einleitung zu Einhard, Epistolae, ed. Karl HAMPE (MGH Epp. 5, 1899) S. 105–147, hier S. 105–108.
59   Einhard, Epistolae, ep. 13–15, ed. HAMPE (wie Anm. 58) S. 116–118.
60   Einhard, Epistolae, ep. 13, ed. HAMPE (wie Anm. 58) S. 116 f.
61   Einhard, Epistolae, ep. 14, ed. HAMPE (wie Anm. 58) S. 117.
62   Einhard, Epistolae, ep. 15, ed. HAMPE (wie Anm. 58) S. 118.
63   Einhard, Epistolae, ep. 52, ed. HAMPE (wie Anm. 58) S. 135.

Um Unterstützung für Anliegen zu erhalten, die er an Ludwig den Frommen herantrug, benutzte Einhard demnach mehrere Kanäle. Das ist nicht außergewöhnlich. Diverse Briefe aus der Karolingerzeit enthalten zwar Anliegen an den König, sind jedoch nicht direkt an diesen gerichtet, sondern an hohe Funktionsträger oder auch an die Königin, in anderen Fällen an die Kinder des Königs. Diese Personen aus der Familie des Herrschers oder aus dem engeren Kreis am Hof verschafften letztlich den Zugang zum König. Die Königin erweist sich dabei oft als Ansprechpartnerin. Die Historiographie hält frühere Beispiele für die Vermittlung des Zugangs zum Herrscher durch weibliche Familienmitglieder bereit[64], doch taucht die Königin seit der Karolingerzeit als Intervenientin in Urkunden und das heißt – soweit die Diplome echt sind –, als erfolgreiche Fürsprecherin und Zugangsvermittlerin, auf[65].

Einhard nutzte in der letzten Phase seines Lebens – nur aus ihr sind Briefe aus seiner Feder überliefert – verschiedene Kanäle gleichzeitig, um seine Anliegen bei Hof vorzutragen. Auch er wählte dafür den Umweg über einen Vertrauten bei Hof. Einhard verfügte damit durchaus über das, was wir einen direkten Draht nennen würden. Seine Empfehlungsschreiben für andere, die ihn als Vermittler eines Zugangs zum König in Anspruch nahmen, belegen das. In einem solchen Brief bittet Einhard zum Beispiel darum, dem Überbringer den Zugang zum König zu ermöglichen[66]. Das Empfehlungsschreiben richtete er an den schon einmal genannten Pfalzgrafen. Einhard versäumte es nicht, sich nach dessen Gesundheitszustand zu erkundigen und seine Hoffnung auf ein baldiges Wiedersehen auszudrücken. Der Ton Einhards ist geradezu familiär und deutet auf ein vertrauliches Verhältnis zum Pfalzgrafen hin. Weitere Fälle, in denen Einhard solche Empfehlungsschreiben mitgab, um den Kontakt mit dem König herzustellen, lassen sich den Briefen leicht entnehmen[67]. Diese Schreiben bieten demnach Aufschluss über Einhard als Vermittler des Zugangs

---

64 Vgl. z.B. Gregor von Tours, Historiarum libri decem, VIII, 28, ed. Bruno KRUSCH / Wilhelm LEVISON (MGH SS rer. Merov. 1/1, ²1951) S. 391, über Leuba, die Schwiegermutter des Herzogs Bladast.

65 Vgl. zusammenfassend HARTMANN, Die Königin (wie Anm. 46).

66 Vgl. Einhard, Epistolae, ep. 6, ed. HAMPE (wie Anm. 58) S. 112, für einen gewissen David, den Einhard *pagensis noster* nennt. Vgl. auch zu zwei anderen Fällen ebd., ep. 19, S. 120; ebd., ep. 30, S. 124.

67 Vgl. Einhard, Epistolae, ep. 19, ed. HAMPE (wie Anm. 58) S. 120. Vgl. ebd.: [...] *amicorum optimę atque karissime*. Vgl. ebd., ep. 30, S. 124: *Opto, ut mei memor semper bene valeas in Domino et parvitatem meam piissimo imperatori commendare digneris.* Dass es sich um Lothar I. handelt, vermutet HAMPE, ebd., S. 124, Anm. 9 f.

und als Fürsprecher für die Anliegen Dritter beim König. Einhard wurde als Verbindungsmann zum König genutzt, und er nutzte andere. Insofern hat man es hier in der Tat mit einem wechselseitigen persönlichen Einsatz und einer Verflechtung von persönlichen Bindungen zu tun, die in dieser Kommunikation über Umwege sichtbar wird. Auch Einhard konnte jedoch, wenn er ein eigenes Anliegen verfolgte, einen personellen Umweg wählen und verschiedene Personen zwischenschalten.

Wie Einhard kann man auch Alkuin als Beispiel für einen einflussreichen, am Hof Karls des Großen ein- und ausgehenden Gelehrten sehen, der vom König als Ratgeber geschätzt wurde und einen direkten Zugang zum Herrscher hatte[68]. Trotzdem hat sich auch Alkuin seinerseits oft an andere Personen aus der Umgebung des Königs gewandt, damit diese seine Anliegen beim König unterstützten. Freilich bildet die Überlieferungssituation seiner Briefe seine Königsnähe geradezu ab: Weit mehr als in anderen Briefsammlungen des frühen Mittelalters manifestieren sich in Alkuins Schreiben intensive Kontakte zum Herrscher und zu dessen Familie, namentlich zu den Frauen; und selbst bei der Auswahl seiner Boten konnte Alkuin auf Personen aus königlichem Umfeld zurückgreifen[69]. Gleichzeitig fungierte auch Alkuin wie Einhard als Fürsprecher für andere, als Beschleuniger der Kommunikation mit dem König und als Wegbereiter. Als etwa Abt Usuald und die Mönche von S. Salvatore in Rieti Karl den Großen um Schutz und Privilegien für ihr Kloster bitten wollten und Alkuin dafür als Fürsprecher und Vermittler einspannten, beteuerte Alkuin, er habe sich selbst als Helfer, als *adiutor*, für die Belange des Klosters eingesetzt, so sehr er konnte, und er habe das Anliegen wiederum seiner Helferin, *adiutrix*, der Königin Liutgard, weitergegeben[70]. Die Kommunikation

---

68 Aus der äußerst umfangreichen Literatur über Alkuin sei hier lediglich verwiesen auf die Bibliographie in: Philippe DEPREUX / Bruno JUDIC (Hrsg.), Alcuin, de York à Tours. Écriture, pouvoir et réseaux dans l'Europe du haut Moyen Âge (Annales de Bretagne et des Pays de L'Ouest 111/3, 2004) S. 471–507; zu den Briefen vgl. Alkuin, Epistolae, ed. Ernst DÜMMLER (MGH Epp. 4, 1895) S. 1–493 (inkl. des bei Zählungen der Briefe oft übersehenen Appendix, ebd., S. 482–493, der vier Briefe enthält); unerlässlich ist: Donald A. BULLOUGH, Alcuin. Achievement and Reputation (2004). Vgl. zudem STECKEL, Kulturen des Lehrens (wie Anm. 53).
69 Vgl. zu diesen Aspekten eingehend die in Anm. 15 genannte Studie.
70 Alkuin, Epistolae, ep. 90, ed. DÜMMLER (wie Anm. 68) S. 134: *Vestrae petitionis et voluntatis ad domnum regem, quantum valui, fui adiutor, secundum quod mihi fraternitatis vestrae missus suggessit; mihi adiutricem Liudgardam piissimam in Deo feminam adduxi.*

erfolgte hier also vom Abt über Alkuin über die Königin an den König. Die Kommunikation mit dem König war in aller Regel darauf ausgelegt, Umwege zu gehen. Das Anliegen selbst mochte gerecht sein und in der adäquaten Form vorgebracht werden. Es bedurfte jedoch vor allem des persönlichen mündlichen Nachdrucks durch eine einflussreiche Person. Das vor allem sicherte den Zugang zum König.

Während sich anhand der Adressierungen, mit denen die an den Hof gesandten Briefe versehen waren, die Ansprechpartner der Absender vor Ort und die Vermittler eines Kontakts zum König ablesen lassen, gibt bisweilen der Inhalt zu erkennen, dass der Zugang zum Herrscher versperrt war. Darüber beschwerte sich Erzbischof Agobard von Lyon, von dem bekannt ist, dass er in keinem guten Verhältnis zu Ludwig dem Frommen stand, in einem Schreiben aus dem Jahr 823 oder 824[71]. Agobard hatte einflussreiche Räte Ludwigs dafür eingespannt, beim Kaiser für die Rückerstattung von Kirchengut einzutreten. Nun beklagte er sich bei einem Freund darüber, dass er gar nicht wisse, ob diese Vertrauten dem Kaiser seinen Vorschlag überhaupt vermittelt hätten. Dem Erzbischof blieb hier nichts anderes übrig als zu warten. In einem anderen Brief, zwischen 818 und 828 verfasst, beschwerte er sich beim Grafen Matfried von Orléans, einem der wichtigsten Ratgeber des Königs, viele Große seien der Meinung, dass er wie eine Mauer zwischen dem König und ihnen stehe[72]. In diesem plastischen Bild erscheint der Ratgeber des Königs, der ja eigentlich als Zugang zum Herrscher nutzbar sein sollte, als Verweigerer, als Verhinderer eines solchen Kontakts. Ein Ratgeber als Mauer zwischen den Großen und dem König – das ist kontraproduktiv für die Herrschaft wie für die Kommunikation, denn es widerspricht dem auf Fürsprache und Vermittlung abhebenden System, einen Zugang zum Herrscher zu finden. Die Ratgeber, die *consiliarii*, die auch in erzählenden Quellen auftauchen, sind hinlänglich bekannt. Es

---

71 Agobard von Lyon, Epistolae, ep. 5, ed. Ernst DÜMMLER (MGH Epp. 5, 1899) S. 168: *Cum haec igitur a me dicerentur; responderunt pie reverentissimi viri Adalardus et Helisacar abbates. Utrum vero audita retulerint domno imperatori, nescio.* Zu der Stelle vgl. bereits ALTHOFF, Verwandtschaft (wie Anm. 17) S. 188 f.

72 Agobard, Epistolae, ep. 10, ed. DÜMMLER (wie Anm. 71) S. 202: *Quodque sine periculo dicere nequeo, multi talium putant vos esse murum inter se et imperatorem, per quem defendantur a correctione.* Vgl. hierzu ALTHOFF, Verwandtschaft (wie Anm. 17) S. 189. Agobard hatte freilich auch andere Möglichkeiten, Zugang zum König zu erlangen, doch schreibt er hier auch über die Mauer zwischen dem König und anderen Großen.

handelt sich fast immer um Männer, die über einen besonderen Einfluss am Hof verfügten. Sie bekleideten hohe Ämter, es konnten auch Geistliche sein wie die Leiter der Hofkapelle, sie besaßen ‚Königsnähe' und entstammten den besonders angesehenen und mächtigen Familien im Reich[73]. Die politische Funktion solcher Ratgeber für den König ist evident. Ebenso zentral war jedoch ihre zugangsvermittelnde Funktion für andere. Ein Ratgeber als Mauer zwischen König und Großen, der vielleicht auch noch eigene Interessen obenan stellte, widersprach den Erwartungen und durchkreuzte die Strategie, einen Zugang zum König zu finden. Er unterschied sich im Verwehren des Zutritts zum König im Endeffekt kaum noch von den Dienerinnen, die nach Notker Balbulus einem wichtigen Boten den Zugang zu Karl dem Großen verweigerten.

3. Resümee

Verschiedene karolingerzeitliche Quellengattungen gewähren einen Einblick in zeitgenössische Vorstellungen über den Zugang zum König, der komplex ist und in zweierlei Hinsicht formalisiert erscheint. Zum einen waren korrekte Formulierungen vonnöten, wie sie aus Briefen und Formeln ersichtlich werden, zum anderen mussten bestimmte Wege eingeschlagen werden, die den Zugang überhaupt erst ermöglichten. Meist überwog eine indirekte Variante über eine den Zutritt vermittelnde Person, so dass die Interaktion mit dem Herrscher von vornherein (in unserem Sinne) indirekt gedacht wurde.

Zwar konnte man aufgrund eines entsprechenden Herrscherethos mit einer wohlwollenden Haltung gegenüber den vorgetragenen Anliegen rechnen, mit einem offenen und geneigten Ohr, das sich aus den Erwartungen an den vorbildlichen König ergab und das dem Bild entsprach, das dieser selbst von sich in seinen Urkunden verbreitete, doch war ein direkter Weg zum König nur den wenigsten vorbehalten. Aufgrund eigener persönlicher Beziehungen konnte man den Zugangsweg allerdings verbreitern. Deshalb gab es hinsichtlich der Möglichkeit, einen Zutritt zum König zu erlangen, große Unterschie-

---

[73] Hagen KELLER, Zur Struktur der Königsherrschaft im karolingischen und nachkarolingischen Italien. Der „consiliarius regis" in den italienischen Königsdiplomen des 9. und 10. Jahrhunderts, in: Quellen und Forschungen aus italienischen Archiven und Bibliotheken 47 (1967) S. 123–223, hier S. 125–130.

de. Zahlreich sind die Belege, in denen man auf das Prestige und das Ansehen anderer setzte, um die Erfolgsaussichten des eigenen Vorhabens zu steigern. Die Teilhabe am politischen Entscheidungsprozess war, soweit sie den Zutritt zum Herrscher betraf, hierauf geradezu angewiesen. (Zugangs-) Vermittlung bildete einen Teil der Strategie in einer hierarchisch orientierten Kommunikationssituation, einen Ausweis der geltenden politischen Ordnung, die kommunikative Spielräume schuf und begrenzte, sowohl für den König als auch für die Großen. Die Königin, die Familie des Königs, die Inhaber hoher Ämter wie der Pfalzgraf, die Ratgeber, manchmal auch Diener(innen) bildeten gewissermaßen die Kommunikationsfilter, die der Interaktion mit dem König vorgeschaltet waren. Das macht neben anderen Aspekten verständlich, warum die ‚Königsnähe', die eine unmittelbarere Teilhabe an politischen Entscheidungsprozessen garantierte, so attraktiv und wechselseitigen Einflüssen verschiedener Familien und Amtsträger unterworfen war. Ihre Filterfunktion ausnutzen oder missbrauchen durften die zugangsvermittelnden Personen aber nicht, wie die in entsprechenden Fällen geäußerte Kritik zeigt, die hier als Bestätigung der auf Vermittlung und Fürsprache abhebenden Strategie der Kommunikation mit dem König gelten kann.

Die bei Hinkmar von Reims geradezu geordnet und formalisiert scheinenden Zugangsregelungen passen in das lange vorherrschende Bild, das die Forschung sowohl allgemein von der Karolingerzeit als Epoche als auch im Besonderen vom Hof Karls des Großen gezeichnet hat: Beides habe sich durch das Vorhandensein von Institutionen, einer recht straffen Hierarchie und Verwaltung, einer ‚staatlichen' Ordnung gewissermaßen, von den Jahrhunderten davor und danach unterschieden. Doch scheint mir, was den Zugang zum König betrifft, die so charakterisierte Karolingerzeit nicht so sehr aus dem Rahmen zu fallen und etwa einem Klientelismus der Ottonenzeit gegenübergestellt werden zu können. Liest man die Bemerkungen etwa eines Hinkmar von Reims als Ausdruck einer Wunschvorstellung für die eigene Gegenwart und ergänzt man sie um die Vorstellungen und Deutungen in Formeln, Briefen und in der Historiographie, so zeigt sich die enorme Bedeutung persönlicher Netzwerke und Verbindungen auch für die Karolingerzeit. Auch in ihr sind Mündlichkeit und persönlicher Einsatz, man könnte von Seilschaften sprechen, als Strategien stark zu gewichten, verhalfen sie den Untertanen doch oft überhaupt erst zu einem Zugang zum König.

Rosamond McKitterick

Werden im Spiegel seiner Handschriften (8./9. Jahrhundert)

Einleitung: Die *Scolica enchiriadis* – ein fränkischer Musiktraktat

Die *Scolica enchiriadis*, ein bekannter fränkischer Musiktraktat aus dem 9. Jahrhundert, zeigt uns eine Darstellung der Musik, die die überlieferte Musiktheorie an die Gesangspraxis im Frankenreich des 9. Jahrhunderts anpaßt. Das älteste Fragment dieser Abhandlung (jetzt in Düsseldorf, Universitäts- und Landesbibliothek, Fragm. K 3: H 3) gilt allgemein als Handschrift Werdener Provenienz, und vielleicht sogar Werdener Ursprungs[1]. Es gibt außerdem Hinweise, daß auch der Text selbst in Werden verfaßt worden ist[2]. Die Abhandlung paßt die geistigen und praktischen Wissensbestände an, um die musikalischen Bedürfnisse einer konkreten Gemeinschaft zu befriedigen, und erlaubt uns damit, sowohl die Rolle der Musik im kulturellen Gedächtnis einer bestimmten Gruppe von Menschen als auch die verschiedenen Erscheinungsformen eines Gefühls der Identität und Gemeinschaft in der Überlieferung des

---

1   Klaus ZECHIEL-ECKES, Katalog der frühmittelalterlichen Fragmente der Universitäts- und Landesbibliothek Düsseldorf. Vom beginnenden achten bis zum ausgehenden neunten Jahrhundert (2003) S. 33; Dieter TORKEWITZ, Das älteste Dokument zur Entstehung der abendländischen Mehrstimmigkeit. Eine Handschrift aus Werden an der Ruhr: Das Düsseldorfer Fragment, in: Beihefte zum Archiv für Musikwissenschaft 44 (1999) S. 11–16 (argumentiert mit Nachdruck für Werden); Michael WALTER, Das Düsseldorfer Fragment der *Scolica enchiriadis*. Ein musiktheoretischer Traktat aus der Abtei Werden um 900, in: Das Jahrtausend der Mönche. Klosterwelt Werden 799–1803, hg. von Jan GERCHOW (1999) S. 218–222, mit Abbildungen von fol. 1v und 4r; Susan RANKIN, XI.47 Musiktraktat (Fragment der Scolica enchiriadis), in: 799. Kunst und Kultur der Karolingerzeit. Karl der Große und Papst Leo III. in Paderborn, hg. von Christoph STIEGEMANN / Matthias WEMHOFF (1999) 2, S. 858–860, ebenfalls mit Abbildungen von fol. 1v und 4r. Vgl. Bernhard BISCHOFF, Katalog der festländischen Handschriften des neunten Jahrhunderts (mit Ausnahme der wisigotischen) 1 (1998) Nr. 1074, S. 231, der die weitere Angabe „Nordwestdeutschland" vorzieht.

2   Siehe unten S. 328–330.

9. Jahrhunderts zu untersuchen. Das kulturelle und geistige Umfeld, in dem diese Abhandlung verfaßt und benutzt wurde, kann uns darüber hinaus zeigen, wie der charakteristische Gebrauch des kulturellen Erbes, der in diesem Text ersichtlich wird, und die kulturellen Bindungen, die durch ihn entstehen, zusammenwirken können, um ein Gefühl der Identität hervorzubringen, das stärker und dauerhafter ist als die Bindung an eine spezifische *gens* oder *natio*[3].

Die *Scolica enchiriadis* wurde für den Unterricht im Kirchengesang und für die Bedürfnisse eines Sängers geschrieben[4]. Auch wenn sie auf älteren Texten fußt, ist die *Scolica* doch inhaltlich wie formal ein originelles Werk, und sie dürfte eine spezifische Aufführungspraxis widerspiegeln: Insbesondere die Vorstellung der Tetrachorde weicht deutlich vom griechischen System ab[5]. Die *Scolica enchiriadis* und die damit verbundene Abhandlung *Musica enchiriadis* enthalten das älteste Beispiel für Notationen mit festen Tonhöhen; eine Art von Notenlinien, um aufsteigende Töne anzudeuten, und stufenpyramidenartige Diagramme helfen, Töne und Halbtöne bildlich darzustellen – letztere sollen gemäß dem Text die Melodie „in der Süße der Harmonie" (*in concordiae suavitate*) zusammenhalten[6]. Töne und Halbtöne werden auch dem Gehör vorgeführt, indem im Dialog der Lehrer bestimmte Noten und Kombinatio-

---

3   Das ist ein Schwerpunkt eines laufenden HERA-Forschungsprojekts, das von Walter Pohl, Mayke de Jong, Ian Wood und der Verfasserin geleitet wird: Cultural memory and the resources of the past in the early middle ages; siehe die Website: http://cmrp.oeaw.ac.at/index.htm. Für grundlegende Diskussion dieser Konzepte siehe Hans-Werner GOETZ / Jörg JARNUT (Hrsg.), *Regna* and *Gentes*. The Relationship between Late Antique and Early Medieval Peoples and Kingdoms in the Transformation of the Roman World (2003). Siehe auch Walter POHL / Helmut REIMITZ (Hrsg.), Strategies of Distinction. The Construction of Ethnic Communities, 300–800 (1998); Richard CORRADINI / Maximilian DIESENBERGER / Helmut REIMITZ (Hrsg.), The Construction of Communities in the Early Middle Ages. Texts, Resources and Artifacts (2003).

4   Ich verwende hier die Begriffe „zusammenhängendes musikalisches Denken" in Verbindung mit „empirischer Praxis" in bezug auf die Komponisten gregorianischen Gesangs der Zeit von 900, wie von Christopher PAGE, The Christian West and its Singers. The First Thousand Years (2010) S. 415, beschrieben.

5   Siehe Charles ATKINSON, The Critical Nexus. Tone System, Mode and Notation in Early Medieval Music (2009) S. 118–136.

6   Der lateinische Text: Musica enchiriadis, ed. Hans SCHMID, in: DERS., Musica et scolica enchiriadis una cum aliquibus tractatulis adiunctis (1981) S. 1–59; Scolica enchiriadis, ebd., S. 60–15. Das Zitat ebd., pars I, S. 65; eine Übersetzung bieten Raymond ERIKSON / Claude V. PALISCA, Musica Enchiriadis and Scolica Enchiriadis (1995) S. 37.

nen vorsingt und der Student dann das Gelernte wiederholt. Die sogenannte Dasein-Notation, die vom Schreiber oder Verfasser des Textes verwendet wird, dient als Mittel, um die Tetrachorde symbolisch zu beschreiben. Außerdem enthält das Werk Fassungen der behandelten Gesangsstücke mit Noten (anstelle bloßer Incipit-Texte), eine technische Diskussion der Modus-Theorie des Gregorianischen Chorals und eine Beschreibung mehrstimmigen Gesanges. Letztere geht von der Idee des Singens allein in parallelen Quintharmonien und Oktaven ab und schließt Gesang in Quartharmonien ein.

Interessant ist die Art und Weise, wie der Verfasser ältere Musiktheorie – wie die Werke von Chalcidius, Augustinus, Cassiodor und Boethius – verwendet, diese aber in einer Weise dem Choral anpaßt, die typisch ist für das Frankenreich des frühen Mittelalters. Die Auffassung des Verfassers der *Scolica* über die Gregorianik und seine Behandlung der *modi* weichen auch von späteren Erklärungen, etwa bei Guido von Arezzo, ab. Das Werk darf deshalb als spezifisch karolingischer Zugang zur Musik gelten – das heißt konkret: als ein im Karolingerreich entworfener und deswegen im weitesten Sinne ‚fränkischer' Zugang. So ist diese Abhandlung ein wichtiges Beispiel für jenen außergewöhnlich schöpferischen Umgang mit liturgischer Musik, den wir in der Karolingerzeit beobachten. Zu diesem Umgang gehören außerdem größere Beiträge zum musikalischen Repertoire, neue Melodien und neue Gattungen der Gregorianik, wie Tropen und Sequenzen, auch eine besondere Geschicklichkeit, Texte zu vertonen, eine Theorie der *modi*, Regeln zum mehrstimmigen Gesang und natürlich die Neumen[7]. Kurzum: Die *Scolica enchiriadis* und die damit verbundene Abhandlung der *Musica enchiriadis* sind eigenständige fränkische Beiträge zur Geschichte der westlichen Musik.

Über den Ursprung der *Scolica enchiriadis* wissen wir folgendes: Die Abhandlung selbst und der mit ihr in allen Handschriften gemeinsam überlieferte Text der *Musica enchiriadis* wurden seit 1895 üblicherweise jenem Hoger (gestorben 906) zugeschrieben, der zwischen 898 und 902 Abt von Werden war. Raymond Erikson und Claude Palisca nehmen dagegen zwar an, daß die beiden Texte von zwei verschiedenen, unbekannten und nicht identifizierbaren Autoren stammen; sie räumen aber ein, daß beide Abhandlungen „products of

---

7 Siehe die hilfreichen Zusammenfassungen von ERIKSON/PALISCA, Musica (wie Anm. 6) S. liv, und Susan RANKIN, Carolingian Music, in: Carolingian Culture: Emulation and Innovation, hg. von Rosamond MCKITTERICK (1994) S. 274–316.

a single intellectual and musical milieu" seien[8]. Die Zuschreibung an Hoger wird bereits in zwei Handschriften des 10. Jahrhunderts vorgenommen, die die *Scolica enchiriadis* und ihr Gegenstück, die *Musica enchiriadis*, enthalten und aus St-Amand beziehungsweise Canterbury stammen[9]. Die Verbindung zu Werden wird außerdem durch eine weitere Kopie der Textfassung des eingangs erwähnten Düsseldorfer Fragments bekräftigt, die um das Jahr 1000 gleichfalls in Werden hergestellt wurde und sich heute in Bamberg befindet[10].

Früher konnte eine Lokalisierung der *Musica enchiriadis* und der *Scolica enchiriadis* nach Werden fragwürdig erscheinen, weil man die kulturellen und geistigen Aktivitäten in Werden nicht hinreichend genau kannte; die Herstellung zweier so eigenwilliger Abhandlungen dort schien deshalb nicht plausibel. Zu wenig war bekannt über die Gelehrsamkeit, die literarische Produktion und die Schreibtätigkeit in Werden, als daß die Forschung ohne weiteres hätte annehmen können, daß die *Musica* und die *Scolica enchiriadis* selbst entscheidende Beweise für die Gelehrsamkeit wie auch für den Unterricht in dem Kloster seien. In den letzten dreißig Jahren wurden jedoch zahlreiche neue Fragmente des 9. Jahrhunderts entdeckt, die in Werden entstanden sind oder aus der dortigen Bibliothek stammen. Außerdem gibt es mittlerweile hilfreiche Zusammenstellungen von Einzelbeobachtungen aus der älteren Literatur. Strüwers Sammlung von Material zu Werden für seinen Eintrag in der *Germania sacra* von 1980 fußte beispielsweise auf der früheren Studie von Richard Drögereit[11]. Die Ausstellung zu Werden im Jahr 1999, Gerhard Karpps Über-

---

8   Germain MORIN, Un essai d'autocritique, in: Revue Bénédictine 12 (1895) S. 385–396, hier S. 394. TORKEWITZ, Das älteste Dokument (wie Anm. 1) S. 12 f., faßt die Verfasserdebatte zusammen. Für Hoger siehe Heinrich ENGEL, Ruhrchristen. Geschichte und Geschichten von Ludgerus und den Liudgeriden, von Reichsäbten und Pfarrern in Werden an der Ruhr (1997). ERIKSON/PALISCA, Musica (wie Anm. 6) S. xxii f., ziehen es vor, von zwei unterschiedlichen, anonymen Verfassern zu sprechen, und geben eine hilfreiche Zusammenstellung der stilistischen Unterschiede, die sie zwischen den beiden Texten beobachten.

9   Valenciennes, Bibliothèque Municipale, Ms. 337 (335) und Cambridge, Corpus Christi College Library, Ms. 260. Siehe TORKEWITZ, Das älteste Dokument (wie Anm. 1) S. 13.

10 Bamberg, Staatsbibliothek, Ms. HJ. IV. 20 (Var. 1), besprochen von Hartmut HOFFMANN, Bamberger Handschriften des 10. und des 11. Jahrhunderts (Schriften der MGH 39, 1995) S. 15.

11 Wilhelm STÜWER, Das Erzbistum Köln 3: Die Reichsabtei Werden a.d. Ruhr (Germania sacra N.F. 12/3, 1980); Richard DRÖGEREIT, Werden und der Heliand. Studien zur Kulturgeschichte der Abtei Werden und zur Herkunft des Heliand

sicht über die frühmittelalterliche Bibliothek des Klosters und Jan Gerchows Liste von 25 Handschriften, die in der Karolingerzeit aus England nach Werden gekommen oder mit Liudger und Werden verbunden sind – all das hat unser Wissen über das Kloster erfreulich erweitert[12]. Gerchows Entscheidung, in seine Liste eine liturgische Miszellenhandschrift aus Werden aufzunehmen (Köln, Dombibliothek, Ms. 106, zuerst von Drögereit identifiziert), und sein Vorschlag, ein Fragment einer Handschrift des *Sacramentarium Gelasianum* aus dem 8. Jahrhundert ebenfalls nach Werden zu lokalisieren, geben uns zugleich Hinweise auf die gesungenen Teile der Liturgie; das macht es wahrscheinlicher, daß auch die *Musica* und die *Scolica enchiriadis* in Werden entstanden sind[13]. Außerdem steht schon die Handschrift Köln 106 selbst, die abwechselnd in insularer und kontinentaler Minuskel geschrieben ist, für mehr als eine Phase der Kompilation: Denn der Codex enthält heute eine Litanei, einen *libellus precum*, einige zusätzliche Hymnen, *confessiones*, die *Notitia provinciarum ecclesiae*, sämtlich aus dem 9. Jahrhundert, und zusätzlich etwa ein Dutzend Texte von Alkuin und Beda, die in seinem Inhaltsverzeichnis auf fol. 6r aufgezählt werden. Der bedeutendste Beitrag zur Geschichte Werdens war aber die Entdeckung und Beschreibung zahlreicher weiterer Fragmente, oft Teile von Bucheinbänden, die im Jahr 2003 von dem kürzlich verstorbenen Klaus Zechiel-Eckes katalogisiert wurden. So bin ich nun in der Lage, nicht weniger als 82 Texte zusammenzustellen (davon manche in mehreren Exemplaren und andere, bei denen Gebete und *confessiones* zu einer Einheit zusammengefaßt sind, obwohl man sie auch getrennt zählen könnte), für die man eine – wenn auch in einigen Fällen unsichere – Verbindung mit Werden vorschlagen kann[14].

(1951). Siehe auch Sigrid KRÄMER, Handschriftenerbe des deutschen Mittelalters 2 (Mittelalterliche Bibliothekskataloge Deutschlands und der Schweiz, Ergänzungsbände 1/2, 1989) S. 826–828.

12 Gerhard KARPP, Die Bibliothek der Benediktinerabtei Werden im Mittelalter, in: Das Jahrtausend, hg. von GERCHOW (wie Anm. 1) S. 241–247; Jan GERCHOW, Liudger, Werden und die Angelsachsen, ebd., S. 49–58, hier S. 55–57.

13 Für eine volle Beschreibung und Faksimiles aller Texte in Köln, Dombibliothek, Ms. 106 siehe die Website *Codices electronici Colonienses* (www.ceec.uni-koeln.de, aufgerufen am 9.8.2011). Siehe auch die Hinweise bei Bruce BARKER-BENFIELD, The Werden ‚Heptateuch', in: Anglo-Saxon England 20 (1991) S. 43–64, hier S. 58.

14 Siehe unten den Anhang dieses Beitrags sowie Rosamond MCKITTERICK, The Uses of Literacy in Carolingian and Post-Carolingian Europe: Literate Conventions of Memory, in: Scrivere e leggere nell'alto medioevo (Settimane di studio del centro Ital-

Das Textcorpus, das im Anhang zu diesem Aufsatz aufgelistet ist, enthält Handschriften und Fragmente in einer Vielzahl von insularen und karolingischen Minuskelschriften teils insularer, teils kontinentaler Herkunft. Hier ist kein Raum für eine umfassende paläographische Untersuchung, doch sollte man zumindest eines hervorheben: Die Bücher dieses Corpus, die in Werden hergestellt worden sind, zeigen im Vergleich mit jenen, die von anderswo erworben wurden, wie schnell hier eine ganze Reihe von Schreibtechniken aufgegriffen wurde, die im karolingischen Frankenreich üblich waren[15]. Der rasche Erwerb der Schriftlichkeit ist ein weiterer Beleg für den Prozeß der Akkulturation und Assimilation römischer und christlicher Kultur im Karolingerreich[16]. Ohne einer künftigen Studie über das Skriptorium von Werden vorzugreifen, erlaubt diese Liste von Texten, die aus Werden kommen und im 9. Jahrhundert dort wohl Teil der Klosterbibliothek waren, das kulturelle und geistige Umfeld der ältesten Handschrift der *Scolica enchiriadis* zu erschließen.

Werden als Missionsgebiet: Sprache und Identität

Das Kloster Werden an der Ruhr wurde um das Jahr 799 von dem Friesenmissionar Liudger in einem Landstrich gegründet, der erst kurz zuvor von Karl

---

iano di Studi sull'alto medioevo 59, 2012, im Druck). Damals umfaßte meine Liste erst 55 Texte. Die weiteren 27 Texte in neun zusätzlichen Fragmenten und der liturgischen Miszelle in Köln, Dombibliothek, Ms. 106 wurden als Resultate der von Jan GERCHOW, Liudger (wie Anm. 12), erschlossenen Funde zu meiner Liste ergänzt.

15 Siehe die einschlägigen Beobachtungen in BARKER-BENFIELD, The Werden ‚Heptateuch' (wie Anm. 13) S. 59–62, sowie für den größeren Zusammenhang Rosamond MCKITTERICK, The Anglo-Saxon Missionaries in Germany: Reflections on the Manuscript Evidence, in: Transactions of the Cambridge Bibliographical Society 9 (1989) S. 291–329, nachgedruckt in: DIES., Books, Scribes and Learning in the Frankish Kingdoms, 6th–9th Centuries (1994) Kap. 4.

16 Von den zahlreichen Studien zu dieser Entwicklung siehe Dieter HÄGERMANN / Wolfgang HAUBRICHS / JÖRG JARNUT (Hrsg.), Akkulturation. Probleme einer germanisch-romanischen Kultursynthese in Spätantike und frühem Mittelalter (Reallexikon der germanischen Altertumskunde, Ergänzungsbände 41, 2004); Michel BANNIARD, Genèse culturelle de l'Europe: V^e–VIIIe siècle (1989); Rosamond MCKITTERICK, The Carolingians and the Written Word (1989); DIES., History and Memory in the Carolingian World (2004); François BOUGARD / Régine LE JAN / DIES. (Hrsg.), La culture du haut moyen âge. Une question d'élites? (Collection Haut Moyen Âge 7, 2009).

dem Großen erobert worden war[17]. Liudger selbst hatte seine Ausbildung in Utrecht und York erhalten und wurde im Jahre 805 der erste Bischof der neuerrichteten Diözese Münster. Er und seine Familie waren entscheidend an der Mission und Christianisierung im Bistum Münster, in Friesland südlich von Deventer und in Nordostfriesland beteiligt. Die Namen im Werdener Urbar[18] und die Urkunden in einem Chartular von Werden aus der Mitte des 9. Jahrhunderts zeigen einen beachtlichen Grad von Loyalität, Frömmigkeit und Unterstützung, die dieser neuen Stiftung seitens der fränkischen und sächsischen Bevölkerung im näheren Umkreis zuteil wurde; viele der Familien und Sippen bedachten das Kloster mit Land und mit beweglichen Gütern[19].

Mit der Einführung einer neuen Religion und neuer religiöser Institutionen im Ruhrgebiet und im frisch gegründeten Bistum Münster kamen selbstverständlich auch Menschen von außerhalb Westfalens, um zusammen mit sächsischen Neubekehrten diese neuen Stiftungen zu unterstützen. Wie ihre Namen, die Orthographie in ihren Urkunden und zahlreiche volkssprachliche Glossen, die in den Handschriften ergänzt wurden, belegen, kamen diese Einwanderer aus Friesland, England, vielleicht Irland und aus verschiedenen Ge-

---

17 Viktor H. ELBERN / Basilius SINGER (Hrsg.), St. Liudger und die Abtei Werden (1962); Gabriele ISENBERG / Barbara ROMMÉ (Hrsg.), 805: Liudger wird Bischof. Spuren eines Heiligen zwischen York, Rom und Münster (2005); Eckhard FREISE, Liudger und das Kloster Werden. Über Gründerväter, Gründerjahre und Gründungstradition, in: Das Jahrtausend, hg. von GERCHOW (wie Anm. 1) S. 59–64. Zur Chronologie der Eroberungen Karls des Großen siehe Rosamond MCKITTERICK, Charlemagne: The Formation of a European Identity (2008) S. 103–106.

18 Werdener Urbar, ed. Rudolf KÖTZSCHKE, in: DERS., Die Urbare der Abtei Werden a.d. Ruhr A (Rheinische Urbare 2, 1906).

19 Heinrich TIEFENBACH, Werden und die Anfänge der altniederdeutschen Sprachgeschichte, in: Das Jahrtausend, hg. von GERCHOW (wie Anm. 1) S. 212–217, hier S. 216; DERS., Xanten – Essen – Köln. Untersuchungen zur Nordgrenze des Althochdeutschen an niederrheinischen Personennamen des neunten bis elften Jahrhunderts (1984); die einschlägigen Urkunden, ed. Erich WISPLINGHOFF, in: DERS., Rheinisches Urkundenbuch. Ältere Urkunden bis 1100 2 (Publikationen der Gesellschaft für Rheinische Geschichtskunde 57/2, 1994); Karl Eduard VERHOEFF, Das Cartularium Werthinense: Geschichte der Stiftung der ehemaligen Benediktiner-Abtei in Werden an der Ruhr im 8. und 9. Jahrhundert (1848); Dirk P. BLOK, Een diplomatisch Onderzoek van de oudste particuliere oorkonden van Werden (1960) S. 156–219; die einschlägigen Urkunden, ed. Theodor LACOMBLET, in: DERS., Urkundenbuch für die Geschichte des Niederrheins 1 (1840) S. 2–64; MCKITTERICK, Literate Conventions (wie Anm. 14).

genden des Karolingerreiches[20]. Einwanderer sind zwangsläufig Mischwesen: Ihre Identität, zumal ihre ethnische Zugehörigkeit, muß als Synthese von Identitäten beschrieben und im Zusammenhang mit der Migration betrachtet werden[21]. Die zahlreichen neuen christlichen Zentren in Sachsen, die von den Karolingern und ihrem Klerus während des 9. Jahrhunderts errichtet worden waren, führten zu lokalen Konzentrationen von Einwanderern, die durch ein gemeinsames Ziel zusammengeführt worden waren[22].

Aus dieser außergewöhnlichen Situation ergeben sich jene vielen Fragen, die sich letztlich für alle Einwanderer stellen. Welches Gefühl der Zugehörigkeit können die Immigranten gehabt haben, die für eine Idee ihre Heimat verließen und beschlossen, in einer Gemeinschaft zu leben, die anfänglich wenig vom kulturellen Milieu wußte, aus dem die Neuankömmlinge kamen? Wie weit fühlten sich diese eingewanderten Missionare und Mönche heimatlos, wie weit gaben sie die Verbindung zu ihrem Ursprungsland auf und verloren das Zuge-

---

20   Für Liudgers Beziehungen zu Friesland siehe Wilhelm LEVISON, England and the Continent in the Eighth Century (1946) S. 62, und Marco MOSTERT, The Early History of Written Culture in the Northern Netherlands, in: Along the Oral-Written Continuum. Types of Texts, Relations and their Implications, hg. von Slavica RANKOVIC / Leidulf MELVE / Else MUNDAL (Utrecht Studies in Medieval Literacy 20, 2010) S. 449–488, hier S. 462–466.

21   Ich danke Jennifer SCAPPETTONE für ihren ‚shop talk' (d.h. Forschungsbericht) an der American Academy in Rom vom 21.4.2011 über die italienischen postfaschistischen und Nachkriegsdichter Emilio Villa und Amelia Rosselli, in dem sie den Hybridcharakter der Identität von Einwanderern erörterte. Beispielsweise war die Dichterin Rosselli eine italienische Gegnerin der Faschisten und Flüchtling in Vichy-Frankreich, deren Vater auf Mussolinis Befehl ermordet worden war. Nach dem Krieg ging sie nach England und studierte dort Musik, später emigrierte sie nach Amerika und kehrte von dort nach Rom zurück. Sie schrieb Gedichte in Englisch und Italienisch.

22   Einen hilfreichen Überblick über den größeren Zusammenhang mit Zitaten aus der älteren Literatur bietet Arnold ANGENENDT, Die Christianisierung Nordwesteuropas, in: 799. Kunst und Kultur, hg. von STIEGEMANN/WEMHOFF (wie Anm. 1) 2, S. 420–433, mit den zugehörigen Katalogeinträgen ebd., S. 434–491. Zur Festigung der fränkischen Kirchenorganisation siehe Peter JOHANEK, Der Ausbau der sächsischen Kirchenorganisation, ebd., S. 494–506, zu den Exponaten ebd., S. 507–591; Christopher CARROLL, The Bishoprics of Saxony in the First Century after Christianisation, in: Early Medieval Europe 8 (1999) S. 219–246; sowie Hedwig RÖCKELEIN, Reliquientranslationen nach Sachsen im 9. Jahrhundert. Über Kommunikation, Mobilität und Öffentlichkeit im Frühmittelalter (Francia, Beihefte 48, 2002).

hörigkeitsgefühl zu denen, die sie zurückließen, auch wenn sie später zurückkehren sollten? Zweifellos hatte ihre Erfahrung sie verändert; überdies können wir annehmen, daß sie sich nun auch in einer Sprache verständigten, die kaum noch etwas mit der ihrer Heimat zu tun hatte. Das half ihnen nicht nur, sich in ihrer neuen Heimat einzufügen, sondern war auch ein Ausdruck ihrer neuen Identität. In welcher Hinsicht trug das Christentum zu dieser neuen Identität bei?

Wie in Werden, so verbanden Gemeinschaften auch anderswo unterschiedliche Sprachtraditionen und ein komplexes kulturelles Erbe im Dienst der neuen Religion. Paradoxerweise wurde gerade das Lateinische, das viele der Mitarbeiter an diesem Unternehmen erst als zweite Sprache erlernten, das wichtigste Hilfsmittel für die Verschmelzung und Akkulturation im gesamten Frankenreich[23]. Latein war die Sprache, die die meisten Autoren für ihre Texte wählten; in dieser Eigenschaft war es ein mögliches Mittel für den Ausdruck von Identitäten, vor allem aber das Mittel schlechthin, durch das die Einwanderer Zugang zum Schatz der Texte aus der Vergangenheit erhielten. Wenn sie in der geliehenen Sprache schrieben, waren sie dann angenommen und aufgenommen? Oder blieben sie Mischwesen, weder völlig fremd noch völlig einheimisch?

Im Zuge der Bemühungen, die neue Religion und die lateinische Kultur in Sachsen zu verbreiten, wurde Werden (zusammen mit Essen) außerdem auch zu einem Zentrum für die Entwicklung schriftlicher Formen des Altsächsischen und zu einem Ort, an dem Althochdeutsch geschrieben und gesprochen wurde[24]. Es ist daher völlig angemessen, daß sowohl der *Heliand*, das altsächsi-

---

23 Siehe MCKITTERICK, Charlemagne (wie Anm. 17) S. 315–320 (deutsche Übersetzung: DIES., Karl der Große [2008] S. 273–277); Wolfgang HAUBRICHS, Die Angelsachsen und die germanischen Stämme des Kontinents: Sprachliche und literarische Beziehungen, in: Irland und die Christenheit / Ireland and Christendom, hg. von Próinséas NÍ CATHÁIN / Michael RICHTER (1987) S. 387–412; für interessante Kommentare wie die Vermutung, daß das „Programm der karolingischen Renaissance" vom Lateinischen auf die Volkssprachen übergegangen sein könnte, siehe ferner Theodore M. ANDERSON, A Carolingian Pun and Charlemagne's Languages, in: Along the Oral-Written Continuum, hg. von RANKOVIC/MELVE/MUNDAL (wie Anm. 20) S. 357–369.
24 TIEFENBACH, Werden und die Anfänge (wie Anm. 19); Steffen KROGH, Die Stellung des Altsächsischen im Rahmen der germanischen Sprachen (1996).

sche stabreimende Versepos über das Leben Christi[25], als auch das sogenannte „Werdener lateinische Glossar" mit Werden verbunden werden, auch wenn die Argumente für die Herstellung des Glossars in Werden überzeugender sind als diejenigen für den *Heliand*.

Wie andere erhaltene lateinische Glossare aus dem 8. und 9. Jahrhundert sollte das Werdener lateinische Glossar – ein einsprachiges lateinisches Wörterbuch (das heißt Latein–Latein) – offenbar zur Verbesserung der Lateinkenntnisse dienen. Das Werdener Glossar, von dem nur verstreute Einzelblätter erhalten sind, dürfte Lücken in Glossaren aus der Kölner Gegend, die als Erfurt II und III bekannt sind, schließen und enthält drei verschiedene alphabetische Glossare in ‚AB-Anordnung'[26]. Der Schreiber des Werdener Glossars markierte zudem volkssprachliche Wörter mit der Abkürzung *sax* oder einer waagerechten Linie über dem Wort, andere wiederum mit den Abkürzungen *pop[ulariter]* und *mem[orande]*[27]. Das Glossar enthält sowohl viele ziemlich seltene lateinische Wörter als auch Grundbegriffe. Beispielsweise ist *baccula* mit *vitula* und *cu caelf* glossiert. *Buccula*, der Schildbuckel, ist mit lateinisch *umbo* und dem Wort *randbaeg* glossiert[28]. Letzteres Wort kommt nicht nur im Altenglischen, sondern auch im Fränkischen und Altsächsischen vor, und es wirft neue Fragen auf zur Rolle und Identität derer, die die volkssprachlichen

---

25 Der *Heliand* wurde auch mit Corvey, Fulda und anderen Zentren in Verbindung gebracht. Siehe die verschiedenen Editionen des Heliand, ed. Otto BEHAGHEL (Altdeutsche Textbibliothek 4, 1984); ed. James CATHEY (2002); ed. Ronald G. MURPHY (1992); dazu Robert PRIEBSCH, The Heliand Manuscript Cotton Caligula A.viii in the British Museum. A Study (1925). Siehe auch ISENBERG/ROMMÉ, Liudger (wie Anm. 17) S. 77, und DRÖGEREIT, Werden und der Heliand (wie Anm. 11) S. 93–110. Eine immer noch hilfreiche Zusammenfassung der Debatte zum Ursprung des *Heliand* bietet John KNIGHT BOSTOCK, A Handbook of Old High German Literature (²1976) S. 176–181.

26 The Épinal, Erfurt, Werden and Corpus Glossaries. Épinal Bibliothèque Municipale 72 (2), Erfurt, Wiss. Bibliothek Amplonianus 2° 42, Düsseldorf Univ.-Bibliothek Fragm. K 19: Z 9/1; Munich Bayer. Staatsbibliothek Cgm 187. III (e. 4), Cambridge Corpus Christi College 144, hg. von Bernhard BISCHOFF, u.a. (Early English Manuscripts in Facsimile 22, 1988). Vgl. Henry SWEET, The Epinal Glossary, Latin and Old-English of the Eighth Century (1883), der gegenüber jeder Seite des Glossars eine Transkription abdruckte.

27 Zum Werdener Glossar siehe auch ZECHIEL-ECKES, Katalog (wie Anm. 1) S. 62, der die Handschrift in das erste Drittel des neunten Jahrhunderts datiert und in das Rheinland, nahe Köln, lokalisiert, gleichwohl er als Provenienz Werden angibt.

28 Eckhard FREISE, VII.42 Corpus Glossarum, in: 799. Kunst und Kultur, hg. von STIEGEMANN/WEMHOFF (wie Anm. 1) 2, S. 490 f.

Glossen in dieser Sammlung schufen, wie auch derer, die sie benötigten. Beide Texte – das Glossar und das *Heliand*-Epos – sind demnach recht klare Zeugen für die Sprachenvielfalt in der Werdener Gemeinschaft. Ein weiteres faszinierendes Indiz für das Interesse an Sprachen und der kulturellen Vielfalt in dieser Gemeinschaft könnte der Besitz jener prunkvollen gotischen Bibel des 6. Jahrhunderts sein, die heute als *Codex argenteus* in Uppsala aufbewahrt wird – falls diese Handschrift denn wirklich zur Bibliothek Karls des Großen gehörte und später von Liudger erworben wurde[29].

Texte und Fragmente

Für eine kulturelle Vielfalt in Werden sprechen auch die anderen Texte, die mit der Abtei in Verbindung gebracht werden. Dazu gehören zunächst alle grundlegenden biblischen und liturgischen Texte, die für den christlichen Gottesdienst und die religiöse Unterweisung nötig waren, wie man sie von einem Kloster erwarten darf, dessen Abt zugleich auch Bischof und aktiv in der Missionsarbeit war. Aus den erhaltenen Bibelfragmenten geht hervor, daß das Kloster Zugang zu den wichtigsten biblischen Texten für die christliche Unterweisung hatte, nämlich zum Heptateuch, zum Psalter, zu den Großen und Kleinen Propheten, den Evangelien und den Paulusbriefen. Die liturgischen Fragmente sind Zeugen sowohl der öffentlichen Liturgie als auch des monastischen *officium*. Der Besitz eines Sakramentars in der sogenannten gelasianischen Fassung weist auf die im Kern fränkische Ausrichtung der Werdener Liturgie hin, obwohl man vermutet, daß das *Sacramentarium Gelasianum* auch im angelsächsischen England in Gebrauch war. Neben neueren Kompilationen wie der fränkischen Fassung des Gelasianischen und des Gregorianischen Sakramentars, die von Karl dem Großen und seinen Ratgebern gefördert wurde, war dieser Text im Frankenreich weit verbreitet[30].

---

29   Siehe Bernhard BISCHOFF, Die Hofbibliothek Karls des Großen, in: Mittelalterliche Studien. Ausgewählte Aufsätze zur Schriftkunde und Literaturgeschichte 3 (1981) S. 149–171, hier S. 155.

30   Cyril VOGEL, Medieval Liturgy. An Introduction to the Sources (1986), übersetzt und revidiert von William Storey und Niels Krogh Rasmussen, ist immer noch eine unentbehrliche Einführung. Siehe auch Yitzhak HEN, The Royal Patronage of the Frankish Liturgy (2001); Éamonn Ó CARRAGÁIN, The Periphery Rethinks the Centre: Inculturation, ‚Roman' Liturgy and the Ruthwell Cross, in: Rome across Time

Die Bearbeitung der Litanei, die Formulierung der Gebete und der Einschluß von Hymnen und Gebeten Bedas und Alkuins deuten darauf hin, daß Liudger den Mönchen auch Texte zur Verfügung stellte, die er in York kennengelernt hatte. Wegen der Anzahl von Büchern in insularer Schrift – einige wohl englischer, andere kontinentaler Herkunft – wird gewöhnlich vermutet, daß einige Texte von Liudger oder seinen Begleitern aus England mitgebracht oder auch von Kollegen von dort her übersandt worden waren[31]. Dazu gehören das Gelasianische Sakramentar, Johannes Chrysostomus, der Galaterkommentar des Hieronymus, die *Expositio psalmorum* des Cassiodor, die *Ecloga moralium* des Lathcen, Pastor Hermae, *Mandatum VIII* und *IX*, die *Vitae sanctorum*, Dionysius Exiguus, die Etymologien und das *De ortu et obitu patrum* des Isidor, auch Orosius' und Bedas *Historia ecclesiastica*. Ein Exemplar der Paulusbriefe und das Evangeliar in einer klar insularen Minuskel sind sogar der Hand des Liudger selbst zugeschrieben worden, während ein anderes Exemplar der Paulusbriefe und die Homilien Gregors des Großen als Werke seines Bruders Hildigrim galten[32]. Andere Handschriften verdanken sich wohl den Beziehungen, die Werden zu Zentren im westlichen und nordwestlichen Frankenreich und in Friesland geknüpft hatte, vor allem zu Utrecht, Corbie, Tours und St-Amand, aber auch zu benachbarten Klöstern wie Essen oder zu weiter östlich gelegenen wie Fulda. Zu diesen Handschriften gehören die Abschriften der Großen und Kleinen Propheten, die *Moralia in Iob* Gregors des Großen und seine Briefe, aber auch die *Ammonitiones* des Caesarius von Arles[33]. Wahrscheinlich war Liudgers Bruder Hildigrim als Bischof von Châlons-sur-Marne in der Lage, solche Texte zur Verfügung zu stellen. Wie oben erwähnt, fertigte das Werdener Skriptorium eigene Kopien von Texten wie dem Heptateuch, Gregors Dialogen, Bedas Evangelienhomilien und Hymnen sowie von Alkuins Traktaten zur Moral und zum Kirchenrecht in der *Collectio Quesnelliana*. Wir müssen uns ein Netzwerk von Orten vorstellen, von denen die Vorlagen be-

---

and Space. Cultural Transmission and the Exchange of Ideas, c. 500–1400, hg. von Claudia BOLGIA / Rosamond MCKITTERICK / John OSBORNE (2011) S. 63–83; Jesse D. BILLETT, The Liturgy of the Roman Office in England from the Conversion to the Conquest, ebd., S. 84–110; sowie Yitzhak HEN, The Romanisation of the Frankish Liturgy: Ideal, Reality, and the Rhetoric of Reform, ebd., S. 111–123.

31 Siehe Anhang, Nr. 8, 20, 21, 23, 26, 40, 43, 53, 68, 69, 71, 79 und 80 (b).
32 Siehe Anhang, Nr. 2 (a) und (b), 6 (a) und 28.
33 Siehe Anhang Nr. 5, 27 (a), 32 und 42; siehe auch KARPP, Die Bibliothek (wie Anm. 12).

schafft wurden und mit denen Werden und seine Äbte in Verbindung standen[34].

Werden bewegte sich schnell von solchen Grundlagenwerken, die zum Unterricht im christlichen Glauben und zur liturgischen Feier unverzichtbar waren, zum Studium der Theologie, patristischer Exegese und moralischer Abhandlungen. Auch wenn viel verlorengegangen sein dürfte, ist die Spanne der erhaltenen Texte und patristischer Autoren doch noch beeindruckend genug: Sie reicht von Hieronymus, Johannes Chrysostomus und Augustinus bis zu Gregor dem Großen, Beda und Caesarius von Arles. Allerdings bleibt sie insgesamt dem ähnlich, was man auch in anderen Bibliotheken der Karolingerzeit findet. Obgleich biblische Texte, Bibelexegese, Theologie und Heiligenleben dominieren, gehörten Werke zur Geschichte – Orosius und Beda –, aber auch wichtige Texte für die Vermittlung klassischen Wissens in das Frühmittelalter – wie die *Etymologiae* des Isidor von Sevilla – zu den Werken, die man in Werden schon früh erwarb. Im 10. Jahrhundert wurde die Auswahl der Texte erweitert durch ältere Schriften wie die *Thebais* des Statius, Virgils *Aeneis*, Bedas Schultext über den Computus, *De ratione temporum*, Isidors *De viris illustribus* und die *Carmina* des Prudentius, aber auch durch Werke zeitgenössischer Verfasser wie Reginos von Prüm *De disciplinis ecclesiasticis* und die *Scolica enchiriadis de arte musica*. Diese Texte sind der Wissensspeicher eines ganzen Jahrtausends[35]. Die *Musica* und die *Scolica enchiriadis* aber liefern uns darüber hinaus auch eine vollständige Dokumentation, wie solch ein Speicher gefüllt wurde. Ihr Verfasser – sei es nun Hoger von Werden oder nicht – verwendete laut Erikson, Palisca und Schmid mehrere spätantike und frühmittelalterliche Werke für seine Abhandlungen, so *De musica* des Augustinus, Platos *Timaeus* in der lateinischen Übersetzung des Chalcidius, die *Milologiae* des

---

34   Siehe Anhang Nr. 3, 14, 15, 30, 35, 45–51 und 61. Zum Kirchenrecht siehe Rosamond MCKITTERICK, Knowledge of Canon Law in the Frankish Kingdoms before 789: The Manuscript Evidence, in: Journal of Theological Studies N.S. 36/1 (1985) S. 97–117; nachgedruckt in: DIES., Books, Scribes and Learning (wie Anm. 15) Kap. 2.

35   Ich verwende hier das Konzept, das im Forschungsprojekt „Storehouses of wholesome learning" von Groningen, Leiden und Palermo erforscht wird; siehe Rolf H. BREMMER Jr. / Kees DEKKER (Hrsg.), Foundations of Learning. The Transfer of Encyclopaedic Knowledge in the Early Middle Ages (2007), und DIES. (Hrsg.) Practice in Learning: The Transfer of Encyclopaedic Knowledge in the Early Middle Ages (2010).

Fulgentius, Censorinus' *De die natali*, Cassiodors *Institutiones*, *De musica* und *De arithmetica* von Boethius, die *Etymologiae* des Isidor von Sevilla und gebräuchliche Grammatiken wie den „Donat"[36]. Die *Musica enchiriadis* verdeutlicht das in dem Abschnitt, der grundlegende Informationen zur Kunst der Musik für die Verzierung des liturgischen Gesangs gibt (*superficies quaedam artis musicae*), und hier besonders im ersten Satz, in dem die Buchstaben als „Elemente des Artikulierten und unteilbare Teile des Klangs oder der Stimme" beschrieben werden, die Teile der Silben sind, während die Silben wiederum Worte und Namen formen, die den vollständigen Text bilden. In gleicher Weise seien die *phthongi*, lateinisch „Klänge" (*soni*) genannt, die Quellen des gesungenen Klanges (*vox canora*); und der Inhalt aller Musik liege in ihrer Auflösung[37]. Wer auch immer der Verfasser dieses Traktats war – er hatte die Werke des Boethius und die anderen Texte wohl in Werden selbst studiert. Die älteste bekannte Handschrift von *De musica* des Boethius stammt beispielsweise aus St-Amand (Paris, Bibliothèque nationale de France, Ms. lat. 7201, um 820), wie auch Valenciennes, Bibliothèque Municipale, Ms. 337 (325), die älteste vollständige Kopie der *Musica enchiriadis* und *Scolica enchiriadis*[38]. Die Übersetzung von Platos *Timaeus* durch Chalcidius existiert eben-

---

36 Siehe Marie-Elisabeth DUCHEZ, Jean Scot Erigène premier lecteur du *De institutione musica* de Boèce, in: Eriugena. Studien zu seinen Quellen, hg. von Werner BEIERWALTES (1980) S. 165–187, wenn auch ihr Versuch, aus dieser Information die Entstehungszeit des Taktates abzuleiten, weiterer Diskussion bedarf. Vgl. John CALDWELL, The De Institutione Arithmetica and the De Institutione Musica, in: Boethius. His Life, Thought and Influence, hg. von Margaret GIBSON (1981) S. 135–154. Zur Rolle der Grammatik siehe Charles ATKINSON, Glosses on Music and Grammar and the Advent of Music Writing in the West, in: Western Plainchant in the First Millennium. Studies in the Medieval Liturgy and its Music, hg. von Sean GALLAGHER u.a. (2003) S. 199–216; Charles ATKINSON, *De accentibus toni oritur nota quae dicitur neuma*: Prosodic Accents, the Accent Theory and the Palaeofrankish Script, in: Essays on Medieval Music in Honor of David G. Hughes, hg. von Graeme M. BOONE (1995) S. 17–42; sowie PAGE, Singers (wie Anm. 4) S. 364 f.

37 Ich verwende hier die Übersetzung, die von PAGE, Singers (wie Anm. 4) S. 366, vorgeschlagen wird, vgl. aber ERIKSON/PALISCA, Musica (wie Anm. 6) S. 1, und Musica enchiriadis, c. 1, ed. SCHMID (wie Anm. 6) S. 3: *Sicut vocis articulatae atque individuae partes sunt litterae, ex quibus compositae syllabae rursus component verba et nomina eaque perfectae orationis textum, sic canorae vocis ptongi, qui Latine dicuntur soni, origines sunt et totius musicae continentia in eorum ultimam resolutionem desinit.*

38 Susan RANKIN, XI.48 (Musica enchiriadis, Scolica enchiriadis und andere), in: 799. Kunst und Kultur, hg. von STIEGEMANN/WEMHOFF (wie Anm. 1) 2, S. 860–862: Valenciennes 337 (325).

falls in einer Handschrift aus Valenciennes aus dem 9. Jahrhundert[39]. Verbindungen zwischen Werden und St-Amand sind zudem noch aus anderen Handschriften klar erkennbar, und die musikalische Aktivität in St-Amand, die ihren Gipfel in der Lehrtätigkeit Hucbalds erreichte, ist wohlbekannt[40].

Alle diese Texte und Bücher müssen als Teil der kulturellen Identität Werdens gesehen werden – zusammen mit den Viten Liudgers, dem Chartular, den Urkunden, dem Glossar, den Inschriften in leoninischen Hexametern und möglicherweise dem Entstehen des *Heliand* und anderer Fragmente literarischer und liturgischer Texte. Diese musikalischen Abhandlungen bereichern nicht nur unser Wissen über die intellektuellen Ressourcen und Verbindungen der Abtei Werden, sie zeigen darüber hinaus, wie ein Gelehrter und Sänger des 9. Jahrhunderts sein eigenes kulturelles Erbe verstehen konnte, aber auch, warum dieses Erbe so wichtig war: „[D]as gleiche Prinzip, das den Einklang der Stimmen verändert, möge auch das Wesen der Sterblichen verändern. Durch diese numerischen Verhältnisse, durch welche die ungleichen Klänge miteinander übereinstimmen, mögen auch die ewige Harmonie des Lebens mit den Körpern und die widerstreitenden Elemente der ganzen Welt verbunden werden [...]. Laßt uns daher, was wir von dieser Kunst durch Gottes Gabe verstehen, nur zum Lobe des Herren gebrauchen und uns das, was für uns durch die mühevollen Forschungen der Alten entdeckt wurde, im Frohlocken, Feiern und Singen aneignen"[41].

---

39 Rosamond MCKITTERICK, Knowledge of Plato's *Timaeus* in the Ninth Century: Valenciennes, Bibliothèque Municipale MS 293, in: From Athens to Chartres. Neoplatonism and Medieval Thought, hg. von Haijo Jan WESTRA (1992) S. 85–95, nachgedruckt in MCKITTERICK, Books, Scribes and Learning (wie Anm. 15) Kap. 10.
40 Siehe KARPP, Die Bibliothek (wie Anm. 12).
41 Muscia enchiriadis, c. 18 f., hg. von SCHMID (wie Anm. 6) S. 56–58: [Q]*uod eiusdem moderationis ratio, quae concinentias temperat vocum, mortalium naturas modificet, quodque isdem numerorum partibus, quibus sibi collati inaequales soni concordant, et vitae cum corporibus et compugnantiae elementorum totiusque mundi concordia aeterna coierit* [...]. *Igitur quae in hac arte Deo donante sapimus, utamur eis tantum in laudibus Dei, et ea, quae laboriosa veterum indagatione nobis inventa sunt, assumamus in iubilando, celebrando, canendo.* Vgl. ERIKSON/PALISCA, Musica (wie Anm. 6) S. 30–32.

Schluß

Am Beispiel Werdens wurde in diesem Beitrag der Inhalt der schriftlichen Tradition in einer gegebenen Region zu einer bestimmten Zeit vorgestellt. Auch ohne einen Bibliothekskatalog aus dem 9. Jahrhundert – wie er für Lorsch, die Reichenau, Murbach, St. Gallen oder Fulda vorliegt – erlauben uns die erschütternd fragmentarischen Reste der Werdener Bibliothek in Einbandfragmenten, Palimpsesten, Vorsatzblättern und Einzelblättern, nur gelegentlich auch in vollständigen Codices, wenigstens eine Ahnung von den Methoden zu erhalten, durch die Erinnerungen, Weisheit und Wissen der Vergangenheit überliefert und erhalten wurden, und von der Rolle, die die Ressourcen der Vergangenheit bei der Formung der Identität von Gemeinschaften im frühmittelalterlichen Westmitteleuropa spielten. Wie die Bücher und Texte von anderen Orten in den fränkischen Reichen des 8. und 9. Jahrhunderts zeigt auch das Werdener Material das Fundament der biblischen Vergangenheit, der römischen Vergangenheit und des christlichen Glaubens, auf welchem Identitäten von Gemeinschaften im Frühmittelalter errichtet wurden. Neue kulturelle und religiöse Modelle wurden übernommen, und neue Texte entstanden, nicht zuletzt die *Scolica enchiriadis* und die *Musica enchiriadis*.

Ich habe versucht zu zeigen, wie in Werden ein Gefühl der Identität und der Gemeinschaft in den erhaltenen Quellen aus dem Frühmittelalter sichtbar wird. Eine ganze Reihe von Quellen erhellt, wie es einer bestimmten Gruppe gelang, ein Gefühl der Identität zu entwickeln und so eindrucksvoll auszudrücken, daß es auch von kommenden Generationen anerkannt wurde. Geschichte, Heiligenleben, *libri memoriales* und Chartulare sind alle bekannte Zeichen der Identität einer Gemeinschaft[42]. Ich habe aber auch angeregt, daß das kulturelle Gedächtnis einer Gemeinschaft, der ihr eigene Gebrauch der Ressourcen der Vergangenheit und die dadurch betonten kulturellen Zugehörigkeiten ein wichtiges Element dieser Identität darstellen. Ich habe vorgeschlagen, daß die Ressourcen der Vergangenheit, die dem Kloster von Werden, das hier als Fallbeispiel untersucht wurde, zur Verfügung standen und von ihm im Laufe des 9. Jahrhunderts verwendet wurden, uns dabei helfen festzustellen, in welchem Maße das kulturelle Gedächtnis einer Gemeinschaft die Kriterien von *natio*

---

42 Siehe Rosamond MCKITTERICK, History and Memory in the Carolingian World (2004); Peter ERHART / Jakob KURATLI HÜEBELIN (Hrsg.), Bücher des Lebens – lebendige Bücher (2010).

oder *gentes* verdrängt, aber auch mit ihnen zusammenwirkt. Werden, mit seinen friesischen, westfälischen, nordfränkischen, sächsischen, angelsächsischen und möglicherweise auch irischen Verbindungen, seiner raschen Annahme der karolingischen christlichen Kultur, seinen Handschriften antiker, biblischer und christlicher Texte, seiner Verbindung insularer und kontinentaler Schreibtraditionen und der germanischen Volkssprachen mit dem Lateinischen, auch seiner Verwendung von schriftlichen Konventionen des Gedenkens und Gedächtnisses für seine juristischen Aufzeichnungen, ist in seiner Nutzung des geschriebenen Worts, der Verbreitung von Ideen und der über Ort und Zeit ausgedehnten Kommunikation durch Texte und Melodien alles andere als einzigartig in der karolingischen Welt. Das Beispiel Werdens gibt uns daher eine neue Perspektive, aus der man die besonderen literarischen und musikalischen Beiträge der Franken im Zusammenhang der geistigen und kulturellen Milieus anderer Zentren in ganz Europa im Frühmittelalter analysieren kann.

Anhang: Handschriften des 8. und 9. Jahrhunderts, die mit Werden in Verbindung gebracht werden[43]

Bibel

1. Gotische Bibel
   Uppsala, Universitetsbibliotek, Ms. DG 1 + Speyer, Dombibliothek, Fragment s.n., s.VI[44]
2. Paulusbriefe (zwei Exemplare)
   (a) Berlin, Staatsbibliothek, Preußischer Kulturbesitz, Ms. theol. lat. fol. 366, s.IX1/4[45]
   (b) Hannover, Kestner-Museum, Ms. 3926, s.VIII/IX[46]
3. Fragmente des Heptateuch
   Düsseldorf, Universitäts- und Landesbibliothek, Fragm. K 16: Z 1/1[47] + Düsseldorf, Universitäts- und Landesbibliothek, Fragm. A. 19, s.VIII/IX[48] + Tokyo, Sammlung Takamiya[49]

---

43 Dieses Inventar ist aus den Folgenden versammelt: DRÖGEREIT, Werden und der Heliand (wie Anm. 11); revidiert durch Bernhard BISCHOFF, Besprechung von Drögereit, Werden und das Heliand, in: Anzeiger für deutsches Altertum und deutsche Literatur 66 (1952) S. 7–12; DEMS., Panorama der Handschriftenüberlieferung aus der Zeit Karls des Großen, in: DERS., Mittelalterliche Studien (wie Anm. 29) 3, S. 5–38, hier S. 7, Anm. 8; Elias Avery LOWE, Codices Latini Antiquiores (fortan: CLA) 8 (1959), 9 (1959) und 12 (1971), sowie CLA Addenda [1], hg. von Bernhard BISCHOFF / Virginia BROWN (1985). Die vom Herausgeber besorgte Übersetzung von Bernhard BISCHOFF, Manuscripts in the Age of Charlemagne, in: DERS., Manuscripts and Libraries in the Age of Charlemagne, hg. von Michael GORMAN (1994) S. 20–55, hier S. 22, Anm. 8, bietet die Signaturen für alle erwähnten Handschriften. Siehe auch DENS., Katalog (wie Anm. 1) 1. Weitere Informationen bei STÜWER, Die Reichsabtei (wie Anm. 11) S. 61–69, ZECHIEL-ECKES, Katalog (wie Anm. 1), GERCHOW, Liudger (wie Anm. 12), BARKER-BENFIELD, The Werden ‚Heptateuch' (wie Anm. 13). Ich hoffe, daß andere Kollegen weitere Werdener Handschriften ausfindig machen können.
44 Ein Vollfaksimile ist unter www.ub.uu.se/codexargenteus verfügbar.
45 BISCHOFF, Katalog (wie Anm. 1) 1, Nr. 463, S. 98. Nach GERCHOW, Liudger (wie Anm. 12) Nr. 20, S. 56, von Liudger selbst geschrieben.
46 Nach GERCHOW, Liudger (wie Anm. 12) Nr. 23, S. 56, von Hildigrim, Bruder Liudgers und von 820 bis 827 Bischof von Châlons-sur-Marne, geschrieben.
47 CLA (wie Anm. 43) 12, Nr. 1685, *olim* Düsseldorf, Staatsarchiv, Z 4/4; Z 4/3; Z 1/1; ZECHIEL-ECKES, Katalog (wie Anm. 1) S. 49.
48 CLA (wie Anm. 43) 12, Nr. 1685; siehe auch BARKER-BENFIELD, The Werden ‚Heptateuch' (wie Anm. 13) S. 43–64.
49 GERCHOW, Liudger (wie Anm. 12) Nr. 14, S. 56.

4. Altes Testament, Psalmen
   Hannover Kestner-Museum, Ms. 3926, letztes Blatt, um 800[50]
5. Altes Testament, Große und Kleine Propheten
   Düsseldorf, Universitäts- und Landesbibliothek, Ms. A 6, s.IXin[51]
6. Neues Testament, Evangeliar (zwei Exemplare)
   (a) Berlin, Staatsbibliothek, Preußischer Kulturbesitz, Ms. theol. lat. qu. 139, s.IX1/3, s.IX/X (mit Perikopenliste und Reliquienverzeichnis)[52]
   (b) Berlin, Staatsbibliothek, Preußischer Kulturbesitz, Ms. theol. lat. fol. 359, s.X
7. Neues Testament, Episteln mit Glossen
   Berlin, Staatsbibliothek, Preußischer Kulturbesitz, Ms. theol. lat. fol. 481, s.X

Liturgie

8. *Sacramentarium Gelasianum*
   Universitätsbibliothek Münster, Fragm. IV. 8, s.VIII/1[53]
9. *Sacramentarium*
   Bonn, Universitätsbibliothek, Ms. S 366, 15 Blätter (fol. 171, 173, 174, 176, 181, 182, 186–194), untere Schrift des Palimpsests, s.IX[54]
10. Kalender (möglicherweise von einem Sakramentar)
    Bonn, Universitätsbibliothek, Ms. S 366, fol. 66, 73, 2 Blätter, Palimpsest, s.IX[55]
11. Litanei
    Köln, Dombibliothek, Ms. 106, fol. 73r–74v, s.IX1/3[56]

---

50   GERCHOW, Liudger (wie Anm. 12) Nr. 19, S. 56.
51   Geschrieben in einer Hand von St-Amand, später in Münster, aber s.IX/X in Essen; siehe KARPP, Die Bibliothek (wie Anm. 12) S. 243.
52   BISCHOFF, Katalog (wie Anm. 1) 1, Nr. 473, S. 100. Nach GERCHOW, Liudger (wie Anm. 12) Nr. 21, S. 56, von Liudger selbst geschrieben.
53   Als Werdener Handschrift vorgeschlagen von GERCHOW, Liudger (wie Anm. 12) Nr. 2, S. 55.
54   BISCHOFF, Katalog (wie Anm. 1) 1, Nr. 656, S. 139.
55   BISCHOFF, Katalog (wie Anm. 1) 1, Nr. 655, S. 139.
56   GERCHOW, Liudger (wie Anm. 12) Nr. 25, S. 56, vermerkt, daß diese Litanei Liudger und andere angelsächsische Heilige wie Bonifatius, Lebuin und Willibrord erwähnt; ferner finden sich hier aber auch zahlreiche nordfränkische Heilige wie Bavo, Aman-

12. *Libellus precum*
    Köln, Dombibliothek, Ms. 106, fol. 1r–v, s.IX1/3
13. Hymnen des Offiziums
    Köln, Dombibliothek, Ms. 106, fol. 44r, s.IX1/3
14. Beda Venerabilis, *Hymnus de sex dierum opere et de sex aetatibus mundi*
    Köln, Dombibliothek, Ms. 106, fol. 44v – 45r, s.IX1/3
15. Beda Venerabilis, *Hymnus Aethilrythae reginae*
    Köln, Dombibliothek, Ms. 106, fol. 45v–46r, s.IX1/3
16. Hymnen, *Sanctae sator suffragator* und andere *ad matutina et ad completorium*
    Köln, Dombibliothek, Ms. 106, fol. 59r, s.IX1/3
17. *Versus, „Ad dominum camaveram'*
    Köln, Dombibliothek, Ms. 106, fol. 60r–v, s.IX1/3
18. *Hymnus Luricae*
    Köln, Dombibliothek, Ms. 106, fol. 60v–62r, s.IX1/3
19. *Confessiones et orationes*
    Köln, Dombibliothek, Ms. 106, fol. 62r–64v, 71r–v, s.IX1/3

Theologie und Exegese

20. Iohannes Chrysostomus, *De reparatione lapsi*
    Düsseldorf, Universitäts- und Landesbibliothek, Fragm. K 1: B 215, s.VIIImed[57]
21. Iohannes Chrysostomus, *De compunctione cordis*
    Düsseldorf, Universitäts- und Landesbibliothek, Fragm. K 1: B 215 + Ms. K 15: 009 + Ms. K 19: Z 8/8, s.VIIImed[58]
22. Hieronymus, *Commentarii in Isaiam*
    Düsseldorf, Universitäts- und Landesbibliothek, Fragm. K 19: Z 8/1, s.VIII/IX[59]

---

dus, Remaclus, Arnulf, Medardus, Vedastus, Eligius, Genovefa oder Geretrudis und die üblichen römischen Heiligen.

57 CLA (wie Anm. 43) 8, Nr. 1187; ZECHIEL-ECKES, Katalog, (wie Anm. 1) 1, S. 27 f., 47 und 60.
58 Es handelt sich um die gleiche Sammlung von Fragmenten wie die in Nr. 20.
59 *Olim* Düsseldorf, Hauptstaatsarchiv, Z. 4 Nr. 1; CLA (wie Anm. 43) 12, Nr. 1686; ZECHIEL-ECKES, Katalog (wie Anm. 1) S. 58.

23. Hieronymus, Kommentar zum Galaterbrief
    Kloster Gerleve, Bibliothek, s.n., s.VIII/2[60]
24. Nicht identifiziertes theologisches Fragment
    Berlin, Staatsbibliothek, Preußischer Kulturbesitz, Fragm. 34[61]
25. Augustinus, *Tractatus in evangelium Iohannis*
    Berlin, Staatsbibliothek, Preußischer Kulturbesitz, Ms. theol. lat. fol. 346, s.VIII/IX[62]
26. Cassiodorus, *Expositio psalmorum*
    Düsseldorf, Universitäts- und Landesbibliothek, Fragm. K 16: Z 3/1, s.VIII1/2[63]
27. Gregor der Große, *Moralia in Iob* (zwei Exemplare)
    (a) Berlin, Staatsbibliothek, Preußischer Kulturbesitz, Ms. theol. lat. fol. 354, s.VIII/2[64]
    (b) Berlin, Staatsbibliothek, Preußischer Kulturbesitz, Ms. theol. lat. fol. 338, s.IX2/3[65]
28. Gregor der Große, *Homiliae in Ezekielem*
    Berlin, Staatsbibliothek, Preußischer Kulturbesitz, Ms. theol. lat. fol. 356, s.IX1/4[66]
29. Gregor der Große, Homilien
    Düsseldorf, Universitäts- und Landesbibliothek, Ms. B 81, 2 Blätter
30. Gregor der Große, *Dialogi* (Fragment)
    Düsseldorf, Universitäts- und Landesbibliothek, Fragm. K 1: B 213, s.VIII/IX + Bonn, Universitätsbibliothek, S 366, fol. 34 und 41[67]

---

60 CLA Addenda (wie Anm. 43) 1, Nr. 1826, vorgeschlagen von GERCHOW, Liudger (wie Anm. 12) Nr. 10, S. 56.
61 CLA (wie Anm. 43) 8, Nr. 1045, aus dem Einband von Berlin, Staatsbibliothek, Preußischer Kulturbesitz, Ms. theol. lat. fol. 346.
62 CLA (wie Anm. 43) 8, Nr. 1066; vgl. BISCHOFF, Katalog (wie Anm. 1) 1, Nr. 456, S. 96, in Corbie geschrieben.
63 CLA (wie Anm. 43) 12, Nr. 1786; ZECHIEL-ECKES, Katalog, S. 50–52.
64 BISCHOFF, Katalog (wie Anm. 1) 1, Nr. 457a, S. 96 f.
65 BISCHOFF, Katalog (wie Anm. 1) 1, Nr. 454, S. 96.
66 BISCHOFF, Katalog (wie Anm. 1) 1, Nr. 97, S. 406. Nach GERCHOW, Liudger (wie Anm. 12) Nr. 22, S. 56, von Hildigrim von Werden geschrieben.
67 CLA (wie Anm. 43) 8, Nr. 1070 und 1186; ZECHIEL-ECKES, Katalog (wie Anm. 1) S. 26.

31. Gregor der Große, *Cura pastoralis*
    Berlin, Staatsbibliothek, Preußischer Kulturbesitz, Ms. theol. lat. fol. 362, s.IXmed[68]
32. Gregor der Große, *Registrum*
    Berlin, Staatsbibliothek, Preußischer Kulturbesitz, Ms. theol. lat. fol. 322, s.IX2/3[69]
33. Iohannes Diaconus, *Vita Gregorii* (Gregors des Großen)
    Berlin, Staatsbibliothek, Preußischer Kulturbesitz, Ms. theol. lat. fol. 338, s.X
34. Beda Venerabilis, *Expositio in Apocalypsin*
    Berlin, Staatsbibliothek, Preußischer Kulturbesitz, Ms. theol. lat. fol. 361, s.X
35. Beda Venerabilis, *Homiliae evangelii*
    Düsseldorf, Universitäts- und Landesbibliothek, Fragm. K 16: Z 4/2[70], s.VIII/IX[71]
36. Beda Venerabilis, *Dicta de psalmis*
    Köln, Dombibliothek, Ms. 106, fol. 65r–71r, s.IX1/3[72]
37. Smaragdus, *Expositio libri comitis*
    Berlin, Staatsbibliothek, Preußischer Kulturbesitz, Ms. theol. lat. fol. 344, s.IX3/3[73]
38. *Sententiae de libro genesis*
    Düsseldorf, Universitäts- und Landesbibliothek, Ms. B 3
39. Pseudo-Augustinus, *Sermo* 215
    Düsseldorf, Universitäts- und Landesbibliothek, Fragm. K 16: Z 4/1 + Ms. K 16: Z 4/2, s.IXin[74]

---

68 BISCHOFF, Katalog (wie Anm. 1) 1, Nr. 461, S. 97 f.
69 BISCHOFF, Katalog (wie Anm. 1) 1, Nr. 453, S. 95, in Corbie geschrieben.
70 *Olim* Düsseldorf, Hauptstaatsarchiv, Z. 4 Nr. 8, Z 4/2; CLA (wie Anm. 43) 12, Nr. 1688; ZECHIEL-ECKES, Katalog (wie Anm. 1) S. 52.
71 CLA (wie Anm. 43) 12, Nr. 1688.
72 GERCHOW, Liudger (wie Anm. 12) Nr. 25, S. 56; vgl. BISCHOFF, Katalog (wie Anm. 1) 1, Nr. 1919, S. 398, der die Handschrift vorsichtiger in das „nördliche[...] Rheinland" setzt.
73 BISCHOFF, Katalog (wie Anm. 1) 1, Nr. 455, S. 96.
74 ZECHIEL-ECKES, Katalog (wie Anm. 1) S. 51 f.

40. Lathcen, *Ecloga moralium*
    Düsseldorf, Universitäts- und Landesbibliothek, Fragm. K 1: B 212, s.VIII/1 + Werden Pfarrarchiv, s.n. + New York, Columbia University Library, Ms. Plimpton 54[75]
41. Philippus, *Commentarius in Iob*
    Düsseldorf, Universitäts- und Landesbibliothek, Fragm. K 1: B 212, s.VIII/1[76]
42. Caesarius von Arles, *Ammonitiones*
    Berlin, Staatsbibliothek, Preußischer Kulturbesitz, Ms. theol. lat. fol. 355, s.IX2/3[77]
43. Hermas, *Mandatum VIII und IX*
    Düsseldorf, Universitäts- und Landesbibliothek, Fragm. K 2: C 118[78]
44. Nicht identifizierter Kommentar
    Düsseldorf, Universitäts- und Landesbibliothek, Fragm. K 19: Z 8/8, um 800[79]
45. Alkuin, *Epistola ad Arnonem* (Ep. Nr. 243)
    Köln, Dombibliothek, Ms. 106, fol. 2r–5r
46. Alkuin, *De octo vitiis principalibus*
    Köln, Dombibliothek, Ms. 106, fol. 5v
47. Alkuin, *Versus de contemptu mundi*
    Köln, Dombibliothek Ms. 106, fol. 17r–v
48. Alkuin, *Orationes de septem psalmis poenitentialibus*
    Köln, Dombibliothek, Ms. 106, fol. 22r–v
49. Alkuin, *De oratione dominica*
    Köln, Dombibliothek, Ms. 106, fol. 22v
50. Alkuin, *Epistola ad pueros sancti Martini de confessione peccatorum*
    Köln, Dombibliothek, Ms. 106, fol. 23r–26v
51. Alkuin, *Ad regem, admonitiones et aenigmata*
    Köln, Dombibliothek, Ms. 106, fol. 26v–44r

---

75 CLA (wie Anm. 43) 8, Nr. 1185; ZECHIEL-ECKES, Katalog (wie Anm. 1) S. 24 f.
76 Es handelt sich um die gleiche Sammlung von Fragmenten wie in Nr. 40.
77 BISCHOFF, Katalog (wie Anm. 1) 1, Nr. 459, S. 97.
78 ZECHIEL-ECKES, Katalog (wie Anm. 1) S. 30 f.
79 GERCHOW, Liudger (wie Anm. 12) Nr. 18, S. 56.

52. Homiliar
Bonn, Universitätsbibliothek, Ms. S 366 + Ms. S 367, fol. 67, 68 und 84, 134 Blätter, untere Schrift des Palimpsests, s.IX/1[80]

Hagiographie

53. *Vitae sanctorum*
Berlin, Staatsbibliothek, Ms. theol. lat. fol. 355, Einbandfragment, s.VIII/2[81]
54. *Passiones et vitae sanctorum*
   (a) Berlin, Staatsbibliothek, Preußischer Kulturbesitz,
       Ms. theol. lat. fol. 346, Fragmente, s.VIII/IX[82]
   (b) Berlin, Staatsbibliothek, Preußischer Kulturbesitz, Ms. theol. lat.
       fol. 364, s.IX3/4[83]
55. *Passionale*
Düsseldorf, Universitäts- und Landesbibliothek, Fragm. K 2: C 119 + Berlin, Staatsbibliothek, Preußischer Kulturbesitz, Ms. theol. lat. fol. 355 (Blatt 1) + Ms. theol. lat. fol. 362 + Bonn, Universitätsbibliothek, Ms. S 367 (Blatt 100), s.IXin[84]
56. Prudentius, *Passio Romani* und *Apotheosis* (Fragmente)
Düsseldorf, Universitäts- und Landesbibliothek, s.IX/X[85]
57. *Passio S. Iusti pueri*
Düsseldorf, Universitäts- und Landesbibliothek, Fragm. K 2: C 118 + M.Th.u.Sch.29a (ink.) Bd.4, vorderer Spiegel + M.Th.u.Sch.29a (ink.) Bd.4, hinterer Spiegel[86]
58. Walafrid Strabo *Vita et miracula s. Galli*
Berlin, Staatsbibliothek, Preußischer Kulturbesitz, Ms. lat. qu. 505, s.X
59. *Vita Liudgeri I*
Leiden, Universiteitsbibliotheek, Ms. Voss lat. Q 55, s.X

80　BISCHOFF, Katalog (wie Anm. 1) 1, Nr. 654, S. 139.
81　CLA (wie Anm. 43) 8, Nr. 1068; GERCHOW, Liudger (wie Anm. 12) Nr. 9, S. 56.
82　CLA (wie Anm. 43) 8, Nr. 1066; BISCHOFF, Katalog (wie Anm. 1) 1, Nr. 457, S. 96.
83　BISCHOFF, Katalog (wie Anm. 1) 1, Nr. 462, S. 98.
84　ZECHIEL-ECKES, Katalog (wie Anm. 1) S. 31; BISCHOFF, Katalog (wie Anm. 1) 1, Nr. 348 f., S. 97.
85　STÜWER, Die Reichsabtei Werden (wie Anm. 11) Nr. 26, S. 66.
86　ZECHIEL-ECKES, Katalog (wie Anm. 1) S. 31.

60. *Vita Liudgeri III*
    Beuron, Erzabtei, Bibliothek, Ms. 29, s.X

Kirchenrecht und andere juristische Texte

61. *Collectio Quesnelliana*
    Düsseldorf, Universitäts- und Landesbibliothek, Fragm. K 2: E 32, s.VIIIex[87]
62. *Dionysio-Hadriana (canones apostolorum)*
    Düsseldorf, Universitäts- und Landesbibliothek, Ms. E 2, s.IX/1[88]
63. Aachener Konzil (816)
    Berlin, Staatsbibliothek, Preußischer Kulturbesitz, Ms. theol. lat. fol. 355, s.IX2/3
64. Regino von Prüm, *De disciplinis ecclesiasticis*
    Düsseldorf, Universitäts- und Landesbibliothek, Ms. E 3, s.X
65. Werdener Chartular
    Leiden, Universiteitsbibliotheek. Ms. Voss. lat. Q 55, s.IXmed
66. Werdener Urbar
    Düsseldorf, Hauptstaatsarchiv, H 88, s.IX/X[89]
67. Formularbuch für Briefe
    Essen, Diözesanbibliothek (Fragment s.n.), s.IX/X[90]

---

[87] CLA (wie Anm. 43) 8, Nr. 1188; ZECHIEL-ECKES, Katalog (wie Anm. 1) S. 32 f. Siehe auch Lotte KÉRY, Canonical Collections of the Early Middle Ages (ca. 400–1140). A Bibliographical Guide to the Manuscripts and Literature (1999) S. 27–29.

[88] Vgl. KÉRY, Canonical Collections (wie Anm. 88) S. 15; siehe auch ebd., S. 25, zu Düsseldorf, Universitäts- und Landesbibliothek, Ms. E 1, eine Kopie der *Collectio Vaticana*, s.IX/2, identifiziert von Klaus ZECHIEL-ECKES, Die Concordia canonum des Cresconius. Studien und Edition (Freiburger Beiträge zur Mittelalterlichen Geschichte 5, 1992) 1, S. 218–223, als vielleicht römischen Ursprungs, aber Essener und nicht Werdener Provenienz. Siehe auch Eckhard FREISE, Exponat Nr. 113, in: Das Jahrtausend, hg. von GERCHOW (wie Anm. 1) S. 387.

[89] Werdener Urbar, ed. KÖTZSCHKE (wie Anm. 18) A. Siehe auch Hans-Jürgen HÜBNER, Exponat Nr. 255, in: Das Jahrtausend, hg. von GERCHOW (wie Anm. 1) S. 452.

[90] Marcus SIGISMUND, Exponat Nr. 124, in: Das Jahrtausend, hg. von GERCHOW (wie Anm. 1) S. 391 f.; Hartmut HOFFMANN, Das Fragment einer karolingischen oder ottonischen Briefsammlung, in: Deutsches Archiv zur Erforschung des Mittelalters 50 (1994) S. 145–158.

‚Schulbücher'

68. Dionysius Exiguus, Ostertafeln
 Münster, Staatsarchiv, Msc. I 243, fol. 3–10, s.VIII (Jarrow)/ s.VIIIex (Fulda)/ s.IXin (Werden)[91]
69. Isidor von Sevilla, *Etymologiae* (Fragment)
 Düsseldorf, Universitäts- und Landesbibliothek, Fragm. K 15: 017 + K 19: Z 8/7b, s.VIII1/2[92]
70. Isidor von Sevilla, *Viri illustres* (Fragmente)
 Berlin, Staatsbibliothek, Preußischer Kulturbesitz, um 900[93]
71. Isidor von Sevilla, *De ortu et obitu patrum*
 Düsseldorf, Universitäts- und Landesbibliothek, Fragm. K 1: B 210 (*olim* B 210), s.VIII/2 + San Marino, Huntington Library, Ms. RB 99513[94]
72. Fragmente eines Glossars
 Düsseldorf, Universitäts- und Landesbibliothek, Fragm. K10: Z 9/1 + Werden, Propsteiarchiv, Fragm. 2 + München, Bayerische Staatsbibliothek, Cgm 187 III (e. 4) + Münster, Universitätsbibliothek, Ms. 271 (719) + Köln-Rath, Sammlung Dr. C. Füngling, s.IX1/3[95]
73. Statius, *Thebais* (Fragmente), s.X
 Düsseldorf, Universitäts- und Landesbibliothek, Fragmente[96]
74. Beda Venerabilis, *De ratione temporum*
 Berlin, Staatsbibliothek, Preußischer Kulturbesitz, s.X[97]

---

91 CLA (wie Anm. 43) 9, Nr. 1233 f., und GERCHOW, Liudger (wie Anm. 12) Nr. 24, S. 56.
92 CLA (wie Anm. 43) 8, Nr. 1189 (*olim* Düsseldorf, Staatsarchiv, Fragm. 28); ZECHIEL-ECKES, Katalog (wie Anm. 1) S. 48 und 59.
93 STÜWER, Die Reichsabtei Werden (wie Anm. 11) Nr. 36, S. 68.
94 CLA (wie Anm. 43) 8, Nr. 1184; ZECHIEL-ECKES, Katalog (wie Anm. 1) S. 23.
95 ZECHIEL-ECKES, Katalog (wie Anm. 1) S. 62; BISCHOFF u.a., Glossaries (wie Anm. 26); Eckhard FREISE, Exponat Nr. 85, in: Das Jahrtausend, hg. von GERCHOW (wie Anm. 1) S. 376.
96 STÜWER, Die Reichsabtei Werden (wie Anm. 11) Nr. 27, S. 66. Zur Überlieferung von Statius siehe Leighton Durham REYNOLDS, Texts and Transmission. A Survey of the Latin Classics (1983) S. 394–396.
97 STÜWER, Die Reichsabtei Werden (wie Anm. 11) Nr. 35, S. 68, gibt keine Signatur an; dieses Manuskript stimmt offenbar mit keiner der Handschriften von Beda, De temporum ratione, ed. Charles JONES (Corpus christianorum, Series latina 123B,

75. Prudentius, *Carmina*
    Düsseldorf, Universitäts- und Landesbibliothek, Ms. F 1, s.IX3/3[98]
76. Hoger von Werden, *Scholia enchiriadis de arte musica* (Fragmente)
    Düsseldorf, Universitäts- und Landesbibliothek Fragm. K 3: H 3, um 900[99]
77. Virgil, *Aeneis* mit Glossen, *Bucolica*, *Georgica*
    Budapest, Magyar Nemzeti Múzeum, Ms. CLMAE, s.X/XI
78. *Carmina Uffingi monachi Werdensis*
    Budapest, Magyar Nemzeti Múzeum, Ms. CLMAE, s.X/XI[100]

Geschichte und religiöse Epik

79. Orosius, *Historiarum adversus paganos libri VII*
    Düsseldorf, Universitäts- und Landesbibliothek, Ms. M 041 + Hauptstaatsarchiv, Z 11/1, s.VIII/2[101]
80. Beda Venerabilis, *Historia ecclesiastica gentis anglorum*
    Düsseldorf, Universitäts- und Landesbibliothek, Fragm. K 1: B 216, s.IX1/3[102] + Münster, Universitätsbibliothek, Fragm. I 3[103]
81. Anonymus, *Heliand*
    Leipzig, Universitätsbibliothek, Heliand-Fragment P, um 830, vergleiche Berlin, Deutsches Historisches Museum, Heliand-Fragment P (Acc. No. R 56/2537)[104]

    1977), überein, die der Herausgeber ebd., S. 243, angibt. Eine Verifizierung dieser Information war mir nicht möglich.

98   STÜWER, Die Reichsabtei Werden (wie Anm. 11) Nr. 39, S. 69, datiert die Handschrift auf s.Xex; vgl. aber BISCHOFF, Katalog (wie Anm. 1) 1, Nr. 1073, S. 231.
99   ZECHIEL-ECKES, Katalog (wie Anm 1) S. 33.
100 STÜWER, Die Reichsabtei Werden (wie Anm. 11) Nr. 40, S. 69.
101 *Olim* Düsseldorf, Hauptstaatsarchiv Z. 4 Nr. 2, CLA (wie Anm. 43) 12, Nr. 1687, ZECHIEL-ECKES, Katalog (wie Anm. 1) S. 64.
102 ZECHIEL-ECKES, Katalog (wie Anm. 1) S. 29.
103 CLA Addenda (wie Anm. 43) 1, Nr. 1848, Werdener Provenienz vorgeschlagen von GERCHOW, Liudger (wie Anm. 12) Nr. 11, S. 56.
104 Siehe Hans SCHMID, Ein neues ‚Heliand'-Fragment aus der Universitätsbibliothek Leipzig, in: Zeitschrift für deutsches Altertum und deutsche Literatur 135 (2006) S. 309–323; Gesine MIERKE, Memoria als Kulturtransfer: Der altsächsische ‚Heliand' zwischen Spätantike und Frühmittelalter (2008); sowie die Vorschläge in Timothy B. PRICE, The Old Saxon ‚Heliand' Manuscript (MS L): New Evidence Concerning Luther, the Poet, and Ottonian Heritage (Univ.-Diss., University of

82. *Notitia provinciarum Galliae*
 Köln, Dombibliothek, Ms. 106, fol. 71v–72v, s.IX1/3[105]

 California, Berkeley, 2010), online verfügbar unter http://gradworks.umi.com/34/13/3413462.html, aufgerufen am 30.4.2011.
105 Es handelt sich um eine Liste der Kirchenprovinzen mit ihren römischen Namen, im Fall der *Germania prima* enthält sie die lateinischen und volkssprachlichen Namen von Mainz, Straßburg, Speyer und Worms.

Bruno Reudenbach

Gestörte Ordnung – deformierte Körper

Beobachtungen an mittelalterlichen Darstellungen des Sündenfalls

Im christlich geprägten Geschichtsverständnis des Mittelalters beginnt Geschichte als Heilsgeschichte nach dem Entwurf der Bibel mit dem Schöpfungswerk Gottes. Den eigentlichen Beginn von Geschichte, verstanden als Erzählung und Abfolge menschlichen Handelns und Interagierens, markierte freilich im mittelalterlichen Geschichtsbild nicht die Weltschöpfung als vielmehr der Sündenfall. Alles das, was die mittelalterlichen Geschichtsschreiber vom Leben der Menschen auf Erden berichteten, das menschliche Handeln zwischen Gut und Böse, die Taten und Untaten, die Wirkungen von Herrschaft und Gewalt, von Arbeit und Krankheit, von Mühsal, Krieg und den Widrigkeiten der Natur – diese Geschichte stand als Teil der Heilsgeschichte unter dem Zeichen der Sünde und der Suche nach Erlösung. Der Sündenfall erforderte die Erlösungstat Christi am Kreuz, und so setzt das Vergehen der ersten Menschen die Geschichte einer erlösungsbedürftigen Menschheit in Gang. Die Vertreibung aus dem Paradies, der Schritt durch das Paradiestor in die Welt, ist der Schritt in die Geschichte.

Schon in der ausgehenden Antike ließ Orosius deshalb seine Weltgeschichte programmatisch mit dem Sündenfall beginnen[1]. Fast gleichzeitig sah Augustinus in *De civitate Dei* die Geschichte der beiden Reiche, der *civitas Dei* und der *civitas terrena*, in den ersten Menschen und ihrem Vergehen begründet[2]. Otto von Freising schließlich verstand die Geschichte explizit als eine

---

1   Hans-Werner GOETZ, Die Geschichtstheologie des Orosius (Impulse der Forschung 32, 1980) S. 18 f.; vgl. dazu und zum Folgenden auch DENS., Gott und die Welt. Religiöse Vorstellungen des frühen und hohen Mittelalters 1/1: Das Gottesbild (Orbis mediaevalis 13/1, 2011) bes. S. 8 f.
2   Augustinus, De civitate Dei, XII, 28, edd. Bernhard DOMBART / Alfons KALB (Corpus christianorum, Series latina 48, 1955) S. 385: [*I*]*n hoc primo homine, qui primitus factus est,* [...] *exortas fuisse existimemus in genere humano societates tamquam ciuitates*

Geschichte der Folgen des Sündenfalls[3]. Theologisch grundiert hatte die Vorstellung von einer lange andauernden Wirkung des von Adam und Eva begangenen Vergehens vor allem Augustinus durch die von ihm formulierte Lehre von der Erbsünde[4]. Damit verbunden war eine alle Lebensbereiche erfassende Wirkungsgeschichte des Sündenfalls. Auf ihn gingen in der Sicht christlicher Denker des Mittelalters die Grundbedingungen menschlicher Existenz zurück, die Konstitution des menschlichen Körpers ebenso wie das Verhältnis der Geschlechter, die Herrschaft von Menschen über Menschen oder das Verhältnis menschlicher Willensfreiheit zum göttlichen Heilsplan[5]. Nicht nur im Mittelalter, sondern noch weit darüber hinaus hat man sich daher mit der Bedeutung der Ursünde Adams und Evas für die „soziale, seelische und körperliche Verfaßtheit des Menschen" auseinandergesetzt[6].

Dass diese Dimension des Sündenfalls auch für seine Darstellungsgeschichte von Belang sein kann, ist bisher nur punktuell bedacht und noch nicht systematisch in größerem Zusammenhang behandelt worden. Vor allem galt in dieser Hinsicht das Interesse weniger mittelalterlichen als frühneuzeitlichen Darstellungen, bei denen es offenbar näher lag, mit der Epochengrenze auch

---

duas. Ex illo enim futuri erant homines, alii malis angelis in supplicio, alii bonis in praemio sociandi, quamuis occulto dei iudicio, sed tamen iusto.

3   Hans-Werner GOETZ, Das Geschichtsbild Ottos von Freising. Ein Beitrag zur historischen Vorstellungswelt und zur Geschichte des 12. Jahrhunderts (Archiv für Kulturgeschichte, Beihefte 19, 1984) S. 133.

4   Leo SCHEFFCZYK, Urstand, Fall und Erbsünde von der Schrift bis Augustinus (Michael SCHMAUS [Hrsg.], Handbuch der Dogmengeschichte 2/3a/1, 1982); Michael STICKELBROECK, Urstand, Fall und Erbsünde in der nachaugustinischen Ära bis zum Beginn der Scholastik: Die lateinische Theologie (ebd., 2/3a/3, 2007).

5   Klaus SCHREINER, Si homo pecasset ... Der Sündenfall Adams und Evas in seiner Bedeutung für die soziale, seelische und körperliche Verfaßtheit des Menschen, in: Gepeinigt, begehrt, vergessen. Symbolik und Sozialbezug des Körpers im späten Mittelalter und in der frühen Neuzeit, hg. von DEMS. / Norbert SCHNITZLER (1992) S. 41–84; DERS., Das verlorene Paradies – Der Sündenfall in Deutungen der Neuzeit, in: Erfindung des Menschen. Schöpfungsträume und Körperbilder 1500–2000, hg. von Richard van DÜLMEN (1998) S. 43–71; Kurt FLASCH, Eva und Adam. Wandlungen eines Mythos (2004). Zum Sündenfall im Herrschaftsdiskurs des Mittelalters grundlegend Wolfgang STÜRNER, Peccatum und potestas. Der Sündenfall und die Entstehung der herrscherlichen Gewalt im mittelalterlichen Staatsdenken (Beiträge zur Geschichte und Quellenkunde des Mittelalters 11, 1987); zum göttlichen Schöpfungsplan und zum Wirken Gottes in der Geschichte vgl. GOETZ, Gott (wie Anm. 1) 1/1, bes. S. 95–101.

6   SCHREINER, Si homo pecasset (wie Anm. 5).

einer Veränderung des Geschlechterverhältnisses nachzugehen, an der Antike geschulte neuzeitliche Körperideale aufzuspüren oder eine Erotisierung des Geschehens aufzuzeigen[7]. Dies mag auch daran liegen, dass einem Interesse an kultur-, mentalitäts- und vorstellungsgeschichtlichen Fragen die mittelalterliche Ikonographie des Sündenfalls wenig Anhaltspunkte zu bieten scheint, beschränkt sie sich doch meist auf ein recht schmales Repertoire von Motiven und Bildelementen: Adam und Eva, der Baum, die Frucht und die Schlange[8]. Dennoch, so banal diese Feststellung erscheinen mag, auch hier kann die genaue Analyse der szenischen Disposition wie der physiognomischen oder gestischen Verfassung der Protagonisten mehr zu erkennen geben als eine bloße Umsetzung des Bibeltextes ins Bild, nämlich zeitspezifische Vorstellungen von den existentiellen Bedingungen der Menschheit zwischen Schuld und Erlösung, vom Charakter der Schuld und deren Folgen, von nachparadiesischer Körperlichkeit und Geschlechterdifferenz. In diese Richtung zielende Überlegungen sind vor allem, ja fast ausschließlich an isoliert betrachteten Darstellungen Evas angestellt worden, wie zum Beispiel an der berühmten und exzeptionellen liegend-kriechenden Eva, die auf dem Fragment des ehemaligen Nordportal-Türsturzes der Kathedrale St-Lazare in Autun dargestellt ist[9].

---

7   Sabine BARK, Auf der Suche nach dem verlorenen Paradies. Das Thema des Sündenfalls in der altdeutschen Kunst (1495–1545) (Europäische Hochschulschriften, Reihe 28 [Kunstgeschichte] 203, 1994); Franz-Joachim VERSPOHL, Die Entdeckung der Schönheit des Körpers. Von seiner maßästhetischen Normierung zu seiner bewegten Darstellung, in: Erfindung des Menschen. Schöpfungsträume und Körperbilder, 1500–2000, hg. von Richard van DÜLMEN (1998) S. 139–157. Zu Adam und Eva auf dem Genter Altar vgl. die bahnbrechende Studie von Daniela HAMMER-TUGENDHAT, Jan van Eyck – Autonomisierung des Aktbildes und Geschlechterdifferenz, in: Kritische Berichte 17 (1989) S. 78–99; häufiger wurden in diesem Zusammenhang Dürers Darstellungen des Sündenfalls, insbesondere der Kupferstich von 1504 und die Tafelgemälde im Prado behandelt; vgl. Anne-Marie BONNET, „Akt" bei Dürer (Atlas 4, 2001) bes. S. 156-170 und 185–196 (Prado); Christian SCHOEN, Albrecht Dürer: Adam und Eva. Die Gemälde, ihre Geschichte und Rezeption (2001); Thomas NOLL, Albrecht Dürers „Adam und Eva" im Prado – Erzählstil, Zeitstruktur und Deutung, in: Zeitschrift des Deutschen Vereins für Kunstwissenschaft 63 (2009 [2010]) S. 225–252.

8   Vgl. zur Sündenfall-Ikonographie allgemein: Herbert SCHADE, Adam und Eva, in: Lexikon der christlichen Ikonographie 1 (1968) Sp. 41–70, hier Sp. 54–62; Sigrid BRAUNFELS-ESCHE, Adam und Eva (Lukas-Bücherei zur christlichen Ikonographie 8, 1957); Hans Martin von ERFFA, Ikonologie der Genesis 1 (1989) S. 162–193.

9   Otto Karl WERCKMEISTER, The Lintel Fragment Representing Eve from Saint-Lazare, Autun, in: Journal of the Warburg and Courtauld Institute 35 (1972) S. 1–

Nun wird man von Bildwerken und Bildern nicht erwarten dürfen, dass sie alle gedanklichen Operationen hoch differenzierter theologisch-philosophischer Diskurse über den Sündenfall oder die Erbschuld-Lehre nachvollziehen, wohl aber, dass Grundzüge und Konsequenzen dieser Lehren und daran orientierte Vorstellungen beispielsweise vom Charakter der Schuld Adams und Evas oder von den Konsequenzen ihres Handelns auch anschaulich ihren Niederschlag finden, und zwar über die Vorgaben des Bibeltextes hinaus. Für eine umfassende systematische Untersuchung dieses Themen- und Problemfeldes ist hier nicht der Ort; wie aufschlussreich aber nicht nur frühneuzeitliche, sondern auch mittelalterliche Darstellungen für ein derartiges Frageinteresse sein können, soll im Folgenden mit einigen an wenigen Beispielen gewonnenen Beobachtungen deutlich werden.

Abgesehen von der medienspezifischen Differenz, die Bilder niemals zu einfachen Dubletten eines Textes werden lässt, macht schon ein flüchtiger Blick in den Bibeltext deutlich, dass er der künstlerischen Umsetzung viele Freiräume lässt. Für die folgenden Ausführungen ist von Belang, dass als Voraussetzung des Sündenfalls, wie er im dritten Genesis-Kapitel geschildert wird, Gott im zweiten Kapitel das Verbot ausspricht, gegen das Adam und Eva dann verstoßen:

Praecepitque ei dicens: Ex omni ligno paradisi comede. De ligno autem scientiae boni et mali ne comedas, in quocumque enim die comederis ex eo, morte morieris. – „Dann gebot Gott, der Herr, dem Menschen: Von allen Bäumen des

---

30; zur Kennzeichnung der Schuld als Augenlust und zu einem daran geknüpften bildtheoretischen Diskurs Horst BREDEKAMP, Die nordspanische Hofskulptur und die Freiheit der Bildhauer, in: Studien zur Geschichte der europäischen Skulptur im 12./13. Jahrhundert, hg. von Herbert BECK / Kerstin HENGEVOSS-DÜRKOP (1994) S. 263–274; DERS., Ein Mißverständnis als schöpferischer Dialog. Bemerkungen zur Antikenrezeption der Romanik, in: DERS., Bilder bewegen. Von der Kunstkammer zum Endspiel. Aufsätze und Reden, hg. von Jörg PROBST (2007) S. 69–88. – Vgl. auch zu anderen Eva-Darstellungen: Adam S. COHEN / Ann DERBES, Bernward and Eve at Hildesheim, in: Gesta 50/1 (2001) S. 19–38; Penny Howell JOLLY, Made in God's Image? Eve and Adam in the Genesis Mosaics at San Marco, Venice (California Studies in the History of Art, Discovery Series 4, 1997) bes. S. 48 ff. – Im angesprochenen Zusammenhang ist als Sonderfall auch die Ikonographie der frauenköpfigen Schlange aufschlussreich; dazu Henry Ansgar KELLY, The Metamorphoses of the Eden Serpent during the Middle Ages and Renaissance, in: Viator 2 (1971) S. 301–327; Andrea IMIG, Luzifer als Frau? Zur Ikonographie der frauengestaltigen Schlange in Sündenfalldarstellungen des 13. bis 16. Jahrhunderts (2000).

Gartens darfst du essen, doch vom Baum der Erkenntnis von Gut und Böse darfst du nicht essen; denn sobald du davon isst, wirst du sterben" (Gn 2,16 f.).

Gerade weil ausdrücklich eingeräumt wird, dass die Früchte aller Bäume des Gartens verzehrt werden dürfen, erscheint das Verbot, auch die des *lignum scientiae* zu genießen, unbegründet und willkürlich[10]. Da das Verbot unbegründet bleibt, wird aus dem Bibeltext auch nicht ersichtlich, worin eigentlich die Schuld der Stammeltern bestand, außer dass sie das Verbot missachteten. Dieses fundamentale Defizit des Textes hat den Exegeten bekanntlich einige Rätsel aufgegeben. Augustinus, die dominierende Autorität der mittelalterlichen Sündenfall-Deutungen, charakterisierte das Vergehen denn auch vor allem als Ungehorsam und Übermut (*inoboedientia* und *superbia*)[11]. Als eigentlichen Impuls für das Vergehen der ersten Menschen, für deren Ungehorsam, benannte er in *De civitate Dei* aber Gier und Begierde (*voluptas, libido, cupiditas*)[12]. Ihretwegen wollte der Mensch sein wie Gott, und deshalb ist er nach dem Sündenfall dem ständigen Konflikt zwischen Begierden und deren Kontrolle durch Willen und *ratio* ausgesetzt. Dabei unterschied Augustinus verschiedene Begierden, die Gier nach Rache, Geld oder Ruhm oder die Herrschsucht, die er jeweils mit den Namen von Lastern (*ira, avaritia, pervicacia, iactantia*) identifizierte[13]. Am wirkmächtigsten allerdings sei die sexuelle Gier, mit der sich Augustinus daher in den beiden folgenden Kapiteln ganz ausschließlich auseinandersetzt:

„Obschon sich also die Gier auf vielerlei richten kann, kommt uns doch, wenn nur von Libido und von keinem besonderen Gegenstand der Gier die Rede ist, in der Regel fast ausschließlich die Lust in den Sinn, von der die Geschlechtsteile unseres Leibes erregt werden."[14]

---

10 FLASCH, Eva (wie Anm. 5) S. 81.
11 Augustinus, De civitate Dei, XIV, 13–15, edd. DOMBART/KALB (wie Anm. 2) S. 434–438.
12 Augustinus, De civitate Dei, XIV, 15, edd. DOMBART/KALB (wie Anm. 2) S. 434–438.
13 Augustinus, De civitate Dei, XIV, 15, edd. DOMBART/KALB (wie Anm. 2) S. 438: [*E*]*st igitur libido ulciscendi, quae ira dicitur; est libido habendi pecuniam, quae auaritia; est libido quomodocumque uincendi, quae peruicacia; est libido gloriandi, quae iactantia nuncupatur. Sunt multae uariaeque libidines, quarum nonnullae habent etiam uocabula propria, quaedam uero non habent.*
14 Augustinus, De civitate Dei, XIV, 16, edd. DOMBART/KALB (wie Anm. 2) S. 438: *Cum igitur sint multarum libidines rerum, tamen, cum libido dicitur neque cuius rei libido sit additur, non fere adsolet animo occurrere nisi illa, qua obscenae partes corporis*

Die Sexualisierung der Schuldfrage und die vor allem neuzeitliche Erotisierung des Sujets gehen demnach wesentlich auf Augustinus zurück. Mit diesen speziellen Motiven und Gründen, die er über den Bibeltext hinausgehend für die Ursünde namhaft macht, ist aus der Sicht von Augustinus der Sündenfall allgemeiner als eine fundamentale Störung des göttlichen Schöpfungsplans und der von Gott geschaffenen Weltordnung zu begreifen[15]. In den ersten Zeilen des 14. Kapitels von *De civitate Dei*, in dem er vom Sündenfall als *inoboedientia* handelt, wird dieser Bezug auf die von Gott gesetzte Ordnung sehr deutlich:

„So ward Gottes Befehl verachtet, des Gottes, der den Menschen geschaffen und nach seinem Ebenbilde gestaltet hatte, der ihn den anderen Lebewesen übergeordnet, ins Paradies versetzt und ihm eine Fülle aller möglichen Dinge sowie des Wohlseins verliehen hatte, der ihn nicht mit zahlreichen, großen und schweren Geboten belastet, sondern ihm nur durch ein ganz kurzes und leichtes Gebot zum heilsamen Gehorsam angeleitet hatte, um das Geschöpf, dem freiwilliges Dienen frommte, daran zu erinnern, dass er der Herr sei."[16]

Diese Zeilen sind nichts anderes als eine Beschreibung der Schöpfungsordnung und der durch sie festgeschriebenen Hierarchie. In ihr hat der Mensch als Ebenbild Gottes und unbeschwerte paradiesische Existenz einen festen Ort, den übrigen Lebewesen über- und Gott untergeordnet. Diese Hierarchie wahrt Frieden und Gerechtigkeit und sichert die Unterordnung unter Gott. Damit liegt der Charakter des Sündenfalls offen zutage: Der Mensch bricht mit seinem Ungehorsam diese Ordnung, er setzt den *ordo naturalis* durch *inoboedien*-

---

     excitantur. Deutsche Übersetzung nach Wilhelm THIMME, Aurelius Augustinus, Vom Gottesstaat 2 (1978) S. 190.

15 STÜRNER, Peccatum (wie Anm. 5) S. 68 ff. Vgl. auch Gerhard KRIEGER / Ralf WINGENDORF, Christsein und Gesetz: Augustinus als Theoretiker des Naturrechts (Buch XIX), in: Augustinus, De civitate dei, hg. von Christoph HORN (Klassiker auslegen 11, 1997) S. 235–258, passim (mit weiterer Literatur zum *ordo*-Gedanken Augustins).

16 Augustinus, De civitate Dei, XIV, 15, edd. DOMBART/KALB (wie Anm. 2) S. 436 f.: *Quia ergo contemptus est deus iubens, quia creauerat, qui ad suam imaginem fecerat, qui ceteris animalibus praeposuerat, qui in paradiso constituerat, qui rerum omnium copiam salutisque praestiterat, qui praeceptis nec pluribus nec grandibus nec difficilibus onerauerat, sed uno breuissimo atque leuissimo ad oboedientiae salubritatem adminiculauerat, quo eam creaturam, cui libera seruitus expediret, se esse Dominum commonebat.* Übersetzung nach THIMME, Aurelius Augustinus (wie Anm. 14) 2, S. 187.

tia außer Kraft. Der Verstoß verletzt die von Gott gesetzte Hierarchie und ist damit eine Störung des *ordo naturalis*, der göttlichen Schöpfungsordnung[17].

Dieses von Augustinus ausführlich dargelegte Grundverständnis des Sündenfalls als einer Störung der göttlichen Schöpfungsordnung lässt sich ebenso als ein Strukturmodell mittelalterlicher Sündenfall-Darstellungen lesen. Dies betrifft insbesondere mehrszenige Bilderzählungen, die also die eigentliche Verführungsszene, die am Baum der Erkenntnis zu lokalisieren ist, nicht isoliert darstellen, sondern durch weitere Szenen mit der Vorgeschichte und den Folgen einfassen. Als berühmte frühmittelalterliche Beispiele können die ganzseitigen Titelblätter dienen, die in den großen Bibeln aus dem Skriptorium in Tours am Anfang des Buches Genesis stehen[18]. In der sogenannten Grandval-Bibel (London, British Library, Add. 10546) nimmt die Bilderzählung eine ganze Seite (fol. 5v, Abb. 1) ein. Sie ist durch einen zweifarbigen Rahmen eingefasst und durch einfarbige Horizontalstreifen in vier Register aufgeteilt. Im Modus der kontinuierenden Erzählweise wird das Geschehen vor unseren Augen entfaltet. Es folgen aufeinander, jeweils von links nach rechts zu lesen, im ersten Register die Erschaffung Adams und die Entnahme einer Rippe aus seiner Seite, dann im zweiten Register die Zusammenführung von Adam und Eva und das Aussprechen des Verbots, darunter Eva, die der Versuchung erliegt, die Stammeltern beim Verzehr der Früchte und das Verhör beider sowie der Urteilsspruch Gottvaters. Im vierten Register schließlich ist die Vertreibung aus dem Paradies zu sehen, an die sich die außerparadiesische Existenz Adams und Evas anschließt.

Während in späteren Jahrhunderten die Darstellung der sechs Schöpfungstage, die Erschaffung von Himmel und Erde, geradezu Standard einer bildlichen Eröffnung der Bibel ist[19], setzt diese Bilderzählung direkt mit der Er-

---

17 Vgl. auch FLASCH, Eva (wie Anm. 5) S. 80 f.: „Er [Augustinus, B.R.] interessiert sich für das Innenleben und bewertet es nach den Kriterien seiner Ordnungsphilosophie und der daran angeschlossenen Gehorsamsmetaphysik: Gott erprobt die Menschen, ob sie ihren Eigenwillen dem Befehl Gottes unterordnen. Das Gebot, inhaltlich in der Obstplantage ohne Bedeutung, sollte nur die Hierarchie klarstellen."

18 Herbert L. KESSLER, Hic homo formatur. The Genesis Frontispieces of the Carolingian Bibles, in: The Art Bulletin 53 (1971) S. 143–160; DERS., The Illustrated Bibles from Tours (Studies in Manuscript Illumination 7, 1977) S. 13–35.

19 Johannes ZAHLTEN, Creatio mundi (Stuttgarter Beiträge zur Geschichte und Politik 13, 1979); Bruno REUDENBACH, Wie Gott anfängt. Der Genesis-Beginn als Formgelegenheit, in: Bilder – Räume – Betrachter. Festschrift für Wolfgang Kemp

schaffung des Menschen ein. Das Titelblatt des ersten biblischen Buches modelliert den Anfang von Buch und Welt konkreter als Beginn der Menschheitsgeschichte und setzt entsprechend mit der Erschaffung der ersten Menschen ein. Als fortlaufende Geschichte ist das Geschehen anschaulich klar markiert, die Gestalt Gottes ist allein fünf Mal zu sehen, und ebenso wiederholt sich leitmotivisch mehrfach die Darstellung des nackten Menschenpaares.

Die szenische Disposition des ersten Bildregisters gibt sich dabei als ein raffiniertes Spiel zwischen Klappsymmetrie und Wiederholung zu erkennen. Der über Adam gebeugte Schöpfergott links wird rechts wiederholt, und auch der begleitende Engel erscheint in beiden Szenen in exakt gleicher Haltung. Die beiden Adam-Figuren, links wie rechts am Boden ausgestreckt liegend, sind dagegen klappsymmetrisch angeordnet, wobei der freie Zwischenraum zwischen den beiden Engeln die Mittel- und Symmetrieachse markiert. Eine ähnliche Konstellation zeigt das zweite Bildregister, das wiederum zwei Szenen umfasst. Beide Male steht Gottvater links und wendet sich mit einem Redegestus nach rechts Adam und Eva zu. Diese stehen in der ersten Szene aufrecht und zur Darstellung ihrer bevorstehenden Zusammenführung in einigem Abstand voneinander. Zugleich hören sie Gottes Wort, wohl den Auftrag zur Beherrschung der Erde nach Gn 1,28. Ein Baum neben dieser Dreiergruppe bildet annähernd die Mittelachse des Registers und die Szenentrennung; es folgt rechts Gottes Verbot, vom Baum der Erkenntnis zu essen, wo in leicht variierter Form die Figurenanordnung der Szene links wiederholt wird. Das Menschenpaar steht nun eng beieinander und ist durch einen weiteren Baum von Gott getrennt. So leitet die im Redegestus ausgestreckte Hand Gottes als Veranschaulichung der Verbotsrede über den Baum hinweg zu Adam und Eva.

Das dritte Register nun umfasst im Unterschied zu den beiden vorangehenden Registern eigentlich drei Szenen: Als Anfangsposition ist hier der Baum gesetzt, um den sich die Schlange des Versuchers windet. Daneben steht Eva mit einem zwischen Nehmen und Ansprechen changierenden Gestus, bereit zum Ergreifen der Frucht im Maul der Schlange (Gn 3,6) und als Veranschaulichung des Versuchungsdialogs (Gn 3,1–5), den die Schlange mit Eva führt. Rechts daneben ist zu sehen, wie Eva Adam eine Frucht reicht und gleichzeitig beide die Früchte zum Munde führen. Die Trennung zur anschließenden Szene, in der Gott das erste Menschenpaar verhört und sein Urteil

---

zum 60. Geburtstag, hg. von Wolfgang BRASSAT / Steffen BOGEN / David GANZ (2006) S. 16–33.

spricht, wird erneut durch einen Baum hergestellt. Die Verhörszene selbst wiederholt dabei fast spiegelbildlich die Verbotsszene im Register darüber.

Das untere Register bricht dann völlig mit dem Muster der drei vorangehenden. Sind die oberen drei zweigeteilt, jeweils in einen annähernd gleich dimensionierten linken und rechten Teil, so erscheint das untere Register dreigeteilt. Links werden die nun bekleideten Stammeltern von einem Engel aus dem Paradies vertrieben. Dabei setzen sie ihre Füße auf eine ansteigende und nach rechts sich fortsetzende Folge von Erdschollen. Adam und Eva beginnen das nachparadiesische Leben auf Erden, so wie es dem Urteil Gottes entspricht. So ist in der Mitte Eva dargestellt, die in einer primitiven Behausung sitzt mit einem Säugling an ihrer Brust, während Adam mit einer Hacke bei der Feldarbeit gezeigt ist.

Diese Bildseite lässt sich zunächst als eine Bilderzählung lesen, die vom Anfang der Menschheitsgeschichte handelt, die dicht am Bibeltext orientiert ist und die kontinuierlich von Szene zu Szene fortschreitet. Der Sündenfall ist in dieses Kontinuum integriert und im Nacheinander der Geschichte ohne besondere Hervorhebung aufgehoben, zumindest auf den ersten Blick. Bei näherem Hinsehen zeigt sich jedoch, dass der Illustrator hier nicht einfach Szenen aus dem Buch Genesis aneinanderreihte, sondern mit der Form der Erzählung, mit der Disposition der Szenen und minimalen Veränderungen von Figurenanordnung und Körperhaltung eine Deutung und Wertung, und zwar gerade eine des Sündenfalls, vermittelte.

In den beiden oberen Registern wird die göttliche Schöpfungsordnung gegründet und anschaulich vorgestellt. Als bildliche Äquivalente der Harmonie der Schöpfung und des von Gott am Anfang gesetzten *ordo naturalis* lassen sich die gleichmäßige Taktung der Szenenfolge mit der klaren Zweiteilung der Register und die Relationierung der Szenen durch Symmetrie und Wiederholung erkennen. Mit dem Sündenfall beginnt im dritten Register die Aufweichung dieser strikten und klaren Bildordnung. Es ist die erste Szene, in der Gottvater nicht anwesend ist. Die Anwesenheit Gottes wird ersetzt durch die Schlange, und der Dialog zwischen Schlange und Eva besetzt die Anfangsposition. Dabei erscheint die Szene geradezu als Verkehrung der Ansprache Gottes an das erste Menschenpaar, die unmittelbar darüber platziert ist. Wendet sich dort, wie in allen Szenen der ersten beiden Register, Gottvater nach rechts, so variiert Eva den Gestus des ausgestreckten Armes, wendet sich aber nach links. Die bis dahin gültige Erzählrichtung der Szenen von links nach rechts gerät sozusagen ins Stolpern, der Verstoß gegen Gottes Gesetz wird in einer ersten Störung der zuvor etablierten Bildordnung anschaulich.

Welche Folgen damit konkret für die Menschen und ihre körperliche Verfasstheit verbunden sind, wird in der rechts daneben anschließenden Szene mit Verhör und Urteilsspruch schon angedeutet, und auch hier durch den Kontrast zur Szene darüber. Schon der Bibeltext hebt die körperlichen Folgen des Sündenfalls besonders hervor, wenn er Nacktheit mit Scham konfrontiert und Schmerz, Schweiß und Tod anspricht. Im Bild der von Gott verurteilten Sünder wird diese körperliche Konsequenz veranschaulicht. Mit der Zuordnung von sprechendem Gottvater und Menschenpaar zu beiden Seiten eines Baumes wird hier die Disposition der darüber angeordneten Verbotsszene exakt wiederholt. Wie Gott dort das Verbot, vom Baum zu essen, an Adam und Eva adressiert, so konfrontiert er sie hier mit dem Urteilsspruch. Die Gleichartigkeit der Disposition führt aber die Differenz umso deutlicher vor Augen. Begegnen Adam und Eva Gottvater im zweiten Register aufrecht stehend und mit offenem Blick, so erscheinen sie darunter buchstäblich wie ertappte Sünder, mit gesenktem Kopf, hochgezogenen Schultern, die Scham mit Blättern bedeckend.

Im letzten Register geht dann die vollständige Auflösung der zuvor regierenden Bildordnung mit der Veränderung des Körperbildes einher. Erscheinen Adam und Eva im Paradies nackt und aufrecht nebeneinanderstehend, so wird nun die körperliche Deformation, die mit dem Gericht Gottes in die Szenenfolge eingeführt wurde, verschärft und weitergeführt. In der Vertreibung sind beide bekleidet und werden noch als Paar gezeigt; sie gehen jedoch auf unterschiedlichem Bodenniveau. Ihre Körper sind verdreht, weil sie sich nach links zurückwenden, obwohl sie sich nach rechts bewegen. Mit der tief über seine Hacke gebeugten Gestalt Adams findet diese körperliche Markierung der Sündhaftigkeit dann einen End- und Höhepunkt. Der Abstieg aus dem paradiesischen Zustand der Harmonie mit Gott in die Mühsal irdischer Existenz wird unabhängig von der Chronologie der Erzählabschnitte auch in der Vertikalen ablesbar: Links wird die Depravation des ersten Menschenpaares vor Augen geführt, indem das Paar zunächst durch Gott zusammengeführt wird, sich darunter im Sündenfall von Gott abwendet und schließlich in verdrehter Bewegung aus dem Paradies vertrieben wird. Rechts wird von oben nach unten eine zunehmende körperliche Deformation vor Augen gestellt von dem im Paradies eng beieinanderstehenden Paar über die gebeugten Sünder bis zu

Adam bei der Feldarbeit. Dabei ist das Ende der Bilderzählung mit dem gebeugten Adam zugleich eine Variation der Haltung des Schöpfers am Anfang. Die gesamte Bildfolge führt demnach nicht allein eine chronologische Reihe von Genesis-Szenen vor. Sie ist fokussiert auf die Geschichte der Menschen, deren Verlauf durch den Sündenfall eine entscheidende Wendung erhält. Die Ursünde Adams und Evas wird dabei als eine Störung der göttlichen Schöpfungsordnung vorgeführt. Die paradiesische Harmonie veranschaulichende Bildordnung der beiden oberen Register wird im dritten Register aus dem Takt gebracht und ist unten vollständig verloren gegangen.

Dieser Bibelillustration vergleichbare Verfahrensweisen zeigen noch im 12. Jahrhundert die Genesisreliefs an der Westfassade des Domes in Modena[20]. Die vier dem Bildhauer Wiligelmo zugeschriebenen und um 1100 geschaffenen Reliefplatten, die ursprünglich bis zum Einbau der Seitenportale um 1230 auf gleicher Höhe zu beiden Seiten des Hauptportals platziert waren, sind als horizontaler Bildstreifen mit einer fortlaufenden Genesis-Erzählung zu lesen. Diese Erzählung setzt mit dem Schöpfergott ein (Abb. 2)[21]. Als außerhalb von Zeit und Raum stehender, ewiger Ursprung von allem ist er von der rechts anschließenden Szenenfolge abgesetzt. Er erscheint als Halbfigur in einer von zwei Engeln getragenen Mandorla. Erst daneben beginnen Zeit und Geschichte; aus der Frontalität hat sich der Schöpfer in die Wendung nach rechts begeben. Er agiert in der Geschichte und führt in Leserichtung in die Szenenfolge ein. Die Schöpfung setzt mit der Erschaffung der ersten Menschen ein; das vorangehende Schöpfungswerk mit Himmel und Erde, Licht und Finsternis, Gestirnen, Pflanzen und Tieren bleibt auch hier ausgespart. Wie in der karolingischen Bibel erscheint die Figur des Schöpfers zwei Mal in annähernd gleicher Haltung und Position, bei der Erschaffung Adams und bei der Evas. Auch in die dritte Szene führt eine nach rechts gewandte Figur ein; hier ist es nicht der Schöpfer, sondern Adam. Neben ihm steht Eva und erst daneben, am äußeren Rand der ersten Reliefplatte, ist der Baum der Erkenntnis platziert, um den der Leib der Schlange gewunden ist. Das erste Relief, das mit der Erschaffung der ersten Menschen und dem Sündenfall als eine verkürzte Geschichte der Menschheit zu lesen ist, zeigt durch diese Anordnung auch, dass diese Geschichte sich zwischen der Alternative Gut oder Böse, Gott oder Teufel

---

20 Joachim POESCHKE, Die Skulptur des Mittelalters in Italien 1: Romanik (1998) S. 72 f.
21 Zu Gott als Schöpfer GOETZ, Gott (wie Anm. 1) 1/1, S. 79–95.

bewegt. Der Darstellung Gottes am Anfang ist die Schlange des Teufels an der Endposition gegenübergestellt.

Die Sündenfall-Darstellung selbst wird in die Szenenfolge eingebunden, indem auch sie sich wie die vorangehenden Schöpfungsszenen einer „Einführungsfigur" in Leserichtung bedient; zugleich aber weicht sie von der Disposition dieser Szenen entschieden ab. Der komplexe Geschehensablauf ist schon durch die ambivalente Haltung Evas in der Mitte zwischen Adam und dem Baum angedeutet. Sie wendet sich zurück zu Adam, ist aber mit ihrem Körper nach rechts zum Baum hin orientiert. Dort nimmt sie die Frucht aus dem Maul der Schlange entgegen; sie erliegt also der Versuchung. Gleichzeitig schaut sie zurück zu Adam, der gerade beherzt in eine weitere Frucht beißt, die er, folgt man dem Bibeltext, zuvor von Eva erhalten haben muss. Die Szene ist hier also, ungeachtet der Position und Haltung Adams, von rechts nach links und gegen die zuvor in Gang gesetzte Bewegungs- und Handlungsrichtung zu lesen: Die Schlange versucht Eva; diese erliegt der Versuchung und wendet sich an Adam, der schließlich auch die verbotene Frucht genießt. Wie schon in der Grandval-Bibel wird die Bildordnung, in diesem Falle die Aktions- und Leserichtung der Handlung, durch den Sündenfall gestört und umgekehrt.

Die zweite Reliefplatte (Abb. 3) vereint drei Szenen und schließt an den Sündenfall direkt an, indem nun auch das göttliche Strafgericht von rechts nach links zu lesen ist. Die übliche Aktionsrichtung wird durch die Vertreibung aus dem Paradies wieder aufgenommen und die Handlung nach rechts fortgeführt. Durch diese Disposition steht die Macht Gottes, als urteilender Richter und als vertreibender Engel, Rücken an Rücken zwischen dem zwei Mal dargestellten Menschenpaar, das dann zum dritten Mal gezeigt ist in der letzten Szene, der irdischen Feldarbeit, die hier nicht nur Adam, sondern ungewöhnlicherweise auch Eva beschäftigt. Unübersehbar ist in dieser Szenensequenz das Verhängnis, das der Sündenfall bedeutet, den Protagonisten auch körpersprachlich eingeschrieben. Dramatische Gesten der Trauer und Bestürzung sind zu sehen. Hinzu kommt, dass von links nach rechts, vom Urteilsspruch Gottes bis zur Feldarbeit, die Neigung der Köpfe und die Beugung der Körper sich zunehmend verstärken. Wie im Titelblatt der Grandval-Bibel muss dies als eine Markierung der Sündhaftigkeit verstanden werden und auch als eine komprimierte Veranschaulichung der Folgen, die das Strafurteil Gottes gerade für die körperliche Verfassung der Menschen bedeutet.

Diese körperliche Kennzeichnung von Sünde kommt in Sündenfall-Darstellungen immer wieder ins Spiel, besonders bei Eva, die auffallend häufig mit gekreuzten Beinen oder in verdrehter und gebückter Haltung gezeigt wird. Auf Bernwards Bronzetüre in Hildesheim ist Eva im Sündenfall nicht stehend dargestellt; sie ist vielmehr im Weggehen begriffen, während sie sich gleichzeitig zurück zu Adam wendet (Abb. 4)[22]. Dass sie der Versuchung erlegen und der Sünde verfallen ist, vermittelt diese Haltung, die verstärkt wird durch die abwärts gerichteten Füße. Evas Abstieg ist dabei integriert in die Szenen des Alten Testaments, die auf dem linken Türflügel insgesamt in absteigender Folge angeordnet und dem neutestamentlichen Aufstieg auf dem rechten Türflügel gegenübergestellt sind[23].

In der folgenden Szene, die auch hier Befragung und Verurteilung der Stammeltern zeigt, wird die Deformation der Körper nochmals verschärft und gesteigert. Gebeugt nimmt Adam den Urteilsspruch Gottes entgegen und weist mit eigenartig überkreuzten Armen die Schuld von sich und Eva zu. Bei ihr erscheint die Beugung des Körpers bis zur Hocke verzerrt. Eva weist vor sich auf den Drachen des Teufels und hält dabei die Arme ähnlich überkreuzt und quer wie Adam, obwohl der hinter sich, sie aber nach vorne zeigt. Diese gestische Kettenreaktion führt in einer absteigenden Linie letztlich zum Teufel. In dieser körperlichen Zurichtung der ersten Menschen, die vor dem Sündenfall aufrecht stehend gezeigt werden und diese Haltung durch die Ursünde verlieren, ist demnach nicht ein in der Situation begründeter Erzählrealismus zu sehen, keine Wiedergabe einer zu jeder Zeit unmittelbar verständlichen Reaktion, etwa das schuldbewusste Senken des Hauptes. Die körperliche Deformation muss als ein Zeichen der Verletzung und Zerstörung der ursprünglichen Schöpfungsordnung verstanden werden.

Isidor von Sevilla (560–636) hat in seinen *Etymologiae* eine einfache und banal scheinende, für diese Beobachtung aber eminent wichtige Bestimmung des Menschen formuliert, die direkt auf den Bildbefund übertragbar ist:

„Der Mensch (*homo*) ist so benannt, weil er aus Erde (*humus*) gemacht ist, wie im Buch Genesis gesagt wird. [...] Die Griechen aber nennen den Men-

---

22 Ursula MENDE, Die Bronzetüren des Mittelalters (1983) S. 135 f.; Christoph WINTERER, Bernward-Tür, in: Karolingische und ottonische Kunst, hg. von Bruno REUDENBACH (Geschichte der bildenden Kunst in Deutschland 1, 2009) S. 321 f.; Michael BRANDT, Bernwards Tür (Schätze aus dem Dom zu Hildesheim 3, 2010).
23 Abfolge und Disposition der Türe sind vielfach behandelt; vgl. dazu zuletzt BRANDT, Bernwards Tür (wie Anm. 22) S. 95 f.

schen *anthropos*, deswegen, weil er nach oben schaut, erhoben über den Boden zur Betrachtung seines Schöpfers. Das beschreibt auch der Dichter Ovid, wenn er sagt: ‚Während die anderen Tiere die Erde betrachten, gab er dem Menschen einen erhobenen Kopf und befahl, dass er den Himmel sehe und aufrecht zu den Sternen den Blick erhebe.' Dieser blickt daher aufrecht den Himmel an, um Gott zu suchen und sich nicht auf die Erde zu beugen wie das Vieh, das die Natur gebeugt und dem Bauch gehorchend geschaffen hat."[24]

Der Mensch ist demnach auf Gott ausgerichtet, zur Schau Gottes bestimmt, und dies zeigt sich in seinem aufrechten Gang und dem erhobenen Haupt. Die Beugung des Kopfes und des Körpers zur Erde hin lassen sich entsprechend als Abwendung von Gott und als ein Zeichen verstehen, dass der Mensch wie ein Tier allein seinen körperlichen Bedürfnissen folgt. Genau so wird aber auch der Sündenfall schon von Augustinus charakterisiert. Wenn in vielen Darstellungen des Sündenfalls Adam und vor allem Eva durch Beugung und Drehung ihrer Körper gekennzeichnet sind, so wird damit ihre Abwendung von Gott an ihren Körpern augenfällig. Diese körperliche Kennzeichnung lag auch deshalb nahe, weil, wie bereits erwähnt, auch das göttliche Urteil in Gn 3,16–19 vor allem Folgen für die körperliche Verfassung benennt.

Will man die hier an wenigen Beispielen aufgezeigten Ergebnisse mit aller Vorsicht verallgemeinern, so zeichnet sich als ein Grundmuster bei mittelalterlichen Darstellungen des Sündenfalls die Deutung dieses Geschehens als Störung, ja Zerstörung der göttlichen Schöpfungsordnung ab. Diese ist gekennzeichnet durch Harmonie, Hierarchie und ein Leben im Einklang mit Gott. In die Anschauung überführt wird dieses Grundmuster durch eine Bildordnung, die sich mit den Stichworten Zentralisierung, Symmetrie, Wiederholung und Gleichmaß charakterisieren lässt. Mit der Sündenfallszene gerät diese Ordnung zunehmend aus dem Takt, beispielsweise durch Umdrehung der Leserichtung oder Auflösung der Figurenanordnung. Der mit dem Weltanfang

---

24 Isidor von Sevilla, Etymologiarum sive originum libri XX, XI, 1, 4 f., ed. Wallace M. LINDSAY (1911) 2, o.S.: *Homo dictus, quia ex humo est factus, sicut [et] in Genesi dicitur [...]. Graeci autem hominem anthropos appellaverunt, eo quod sursum spectet sublevatus ab humo ad contemplationem artificis sui. Quod Ovidius poeta designat, cum dicit* [Ov. met. 1,84]: ‚*Pronaque cum spectant animalia cetera terram / os homini sublime dedit caelumque videre / iussit, et erectos ad sidera tollere vultus.' Qui ideo erectus caelum aspicit, ut Deum quaerat, non ut terram intendat ‚veluti pecora, quae natura prona et ventri oboedientia finxit'* [Sall. Cat. I,1]. Deutsche Übersetzung nach: Lenelotte MÖLLER, Die Enzyklopädie des Isidor von Sevilla (2008) S. 415 f.

gesetzte *ordo* der Schöpfung erfährt durch den Sündenfall eine gravierende Störung. Neben der Auflösung der Bildordnung wird als zweites Verfahren der visuellen Markierung dieses Ordnungsverstoßes die körperliche Deformation der Protagonisten eingesetzt. Gebeugte und verdrehte Körperhaltung, überkreuzte Arme und Beine lassen sich als körpersprachliche Signatur der Sünde verstehen und damit als Abkehr von der ursprünglichen, aufrechten und Gott zugewandten Haltung.

Vor diesem Hintergrund bedeutet Dürers Stich von 1504 einen epochalen Bruch mit der mittelalterlichen Deutung des Sündenfalls und dem damit verbundenen Menschenbild. Dürer führt an Adam und Eva gerade die Schönheit des menschlichen Körpers vor, die durch die Anverwandlung antiker Vorbilder und die maßästhetische Konstruktion gewonnen ist[25]. Das Menschenpaar zeigt sich in unverhüllter Nacktheit als Ausweis paradiesischer Harmonie, die vor dem dunklen Hintergrund des wilden Waldes zwar gefährdet, aber nicht zerstört erscheint. Von dieser dunklen und ungebändigten Natur sind Adam und Eva in ihrer von antiker Kunst geprägten und durch Proportionsberechnungen gestalteten Körperlichkeit deutlich abgesetzt, wie ein von einem christlichen Humanismus geprägtes Gegenbild zur gekrümmt hockenden Eva der mittelalterlichen Bildwelt.

---

25 Vgl. oben Anm. 7, besonders BONNET, „Akt" (wie Anm. 7); außerdem: Klaus Albrecht SCHRÖDER / Maria Luise STERNATH (Hrsg.), Albrecht Dürer. Ausstellungskatalog Albertina Wien (2003) S. 254–261.

Abbildungen

Abb. 1: Grandval-Bibel, Tours, um 840. Titelbild zur Genesis. London, British Library, Add. 10546, fol. 5v.

Abb. 2: Wiligelmo, Erstes Genesis-Relief. Modena, Dom, Westfassade, um 1100.

Abb. 3: Wiligelmo, Zweites Genesis-Relief. Modena, Dom, Westfassade, um 1100.

Gestörte Ordnung – deformierte Körper

Abb. 4:   Bernwardstür, Hildesheim, um 1015 (Ausschnitt): Sündenfall und Verurteilung.

Nachweise: Abb. 1: Florentine MÜTHERICH / Joachim E. GAEHDE, Karolingische Buchmalerei (1978) S. 72. – Abb. 2: Cesare LEONARDI / Marina ARMANDI, Il Duomo di Modena. Atlante fotografico (1985) Tf. I, A8. – Abb. 3: Cesare LEONARDI / Marina ARMANDI, Il Duomo di Modena. Atlante fotografico (1985) Tf. I, B3. – Abb. 4: MENDE, Bronzetüren (wie Anm. 22) Abb. 15.

Jinty Nelson

Bits and Pieces

There can be few parts, if any, of the medieval field that Hans-Werner Goetz has not visited and somehow made his own. In offering him this paper, a small *quid pro quo* for decades of inspiration, I want to evoke and salute the sheer breadth of his vision of "Leben im Mittelalter", and his gift for extracting treasures from often recalcitrant ground. I begin with a curious little ninth-century record of a specimen of natural history that is at the same time disconcertingly unnatural:

> In the district of [... there is neither a name, nor a gap, in either of the main manuscripts, but the sense requires a place-name] the sea threw up a certain tree, torn out by the roots, which had previously been unknown in the provinces of Gaul: it had no leaves, but instead of boughs it had little tiny branches like blades of grass, thick-spread in places, but longer, and instead of leaves it had things shaped like triangles and in colour like human nails or like fishbones, quite tiny and attached to the very tips of the grass-like branches as if they had been stuck on from outside, *more eorum quae ex diversis metallis in ornamentis cingulorum vel hominum vel equestrium falerarum extrinsecus adfigi solent* – just like those little things made of various kinds of metals which are often fixed onto sword-belts or onto the war-gear of men or trappings of horses, by way of ornament.[1]

As a single bit of information at the beginning of one annal in a substantial set of ninth-century annals famed for their value to historians of Carolingian Francia, this item looks bizarre, incongruous, beyond hailing-distance of the political and military concerns of modern readers. It looks less bizarre in context – and in context is really how it has to be read. The 858 annal belongs in a little sequence from 855 to 861 (when the author died) in which portents

---

I should like to thank the editors, especially Steffen Patzold, for their patience and help.

1   Annales Bertiniani a. 858, ed. Félix GRAT / Jeanne VIELLIARD / Suzanne CLEMENCET (1964) p. 76, English translation: Janet L. NELSON, The Annals of St-Bertin (1991) p. 85–86. The title is modern, derived from the probable provenance of the earliest surviving manuscript, preserved as MS 706 in the Bibliothèque municipale of St-Omer: see ibid., Introduction, p. 16.

loom large. The 858 annal itself starts with this: "On the very night of Christmas and on the following day there was a violent and recurring earth-tremor in Mainz, and a great pestilence followed"; then comes the passage about the exotic tree; then this: "In the Sens district one Sunday in the church of St Porcaria, while the priest was celebrating Mass, a wolf suddenly came in and disturbed all the menfolk present by rushing about, then after doing the same thing among the womenfolk, it disappeared"; then this: "Æthelwulf king of the West Saxons died. His son Æthelbald married his widow Queen Judith."

Just these: with no comment. Earth-tremor, pestilence, the wolf breaching ordered sex-division in church, and a king and queen violating the law of marriage in a case spanning two christian realms: all speak for themselves, given that the intended audience is attuned to signs and symbols. The rest of the annal reports Viking attacks, the taking-captive of the abbot of St-Denis, a serious rebellion against Charles the Bald, and more troubles[2]. In other words, 858, even in this tormented period of Charles's reign, was an exceptionally grim year. Each bit and piece of information is disquieting: cumulatively the parts create a whole of apocalyptic gloom. The point about annalistic bits and pieces, generally read and evaluated in isolation, is that they need to be cognitively connected.

So do bits and pieces in the form of small metal objects. The author, Bishop Prudentius of Troyes, is unlikely to have seen the mysterious tree thrown up by the sea (he apparently left the coastal find-spot to be filled in later). He is recording from someone else's oral or written report, and it is that reporter who makes a connexion between the look of the tiny triangular bits on the tree and the ornamental bits fixed onto sword-belts and the armour of men or horses. The reporter was evidently familiar with such small metal fixtures; and in trying to make the bits on the strange tree understandable by analogy, he assumed that objects of similar size and shape would be familiar to Prudentius, who in turn assumed they would be very familiar to readers of the annal, and would perhaps make the portent more interestingly memorable. In preparing this paper, I suddenly saw a new interest in this passage. I naturally sought the

---

2   Annales Bertiniani a. 858, ed. GRAT/VIELLIARD/CLEMENCET (cf. n. 1) p. 76–79; translation: NELSON, Annals (cf. n. 1) p. 86–89.

comments of colleagues who were expert in the material culture of the early Middle Ages[3]. They said with one voice (though in separate emails): strap-ends.

Now strap-ends are just one sub-category, the one with by far the largest number of extant exemplars from the period I'm interested in, except for coins, of what German colleagues call "Realien", or "Sachquellen", as studied by experts in "Realienkunde". (There are no everyday English equivalents for these terms.) "Realien", unlike written sources, as Hans-Werner Goetz observed, were not produced for historical purposes, but they are "historisch aussagekräftig", they speak tellingly to people interested in history[4]: which is paradoxical because, to stretch a little a point made long ago by Philip Grierson, archaeological finds, unlike written texts, cannot speak and therefore cannot lie[5]. This paper's premise is that small metal objects do speak: they speak "historisch" in that language identified by the late Tim Reuter, "Symbolik", adding a warning to listen attentively, for the "remnants of this meta-language have come down to us exclusively in 'indirect speech'"[6].

First, consider bits in the sense of horse-bridle-parts ("die Gebisse"), and other equine pieces[7]. Actual bits are extremely rare among early medieval finds. In fact even among finds made in England, where metal detectorists are both extremely active and in close touch with museum curators, I have been unable to find a relevant example, though the British Museum has a fine one from first-century AD Roman Britain[8]. Indisputably from the ninth century,

---

3   I am very grateful indeed to Leslie Webster, formerly Keeper, Department of Prehistory and Europe, at the British Museum whose knowledge of small metal objects in the ninth century is unrivalled, and also to Gabor Thomas, University of Reading, and Sonja Marzinzik, Curator of Early Medieval Collections at the British Museum, all three of whom gave me valuable comment and further leads. All were familiar with the Annals of St-Bertin, but like me had not spotted the interest of this passage.

4   Hans-Werner GOETZ, Proseminar Geschichte: Mittelalter (1993) p. 182.

5   Philip GRIERSON, Commerce in the Dark Ages: A Critique of the Evidence, in: Transactions of the Royal Historical Society, 5th Series 9 (1959) p. 123–140, at p. 128–129.

6   Timothy REUTER, Velle sibi fieri in forma hac: Symbolic Acts in the Becket Dispute, in: ID., Medieval Polities and Modern Mentalities, ed. Janet L. NELSON (2006) p. 167–190, at p. 169–170, and cf. p. 189: "The symbolic and ritualised forms of interaction did not give expression to an underlying reality: they *were* that reality".

7   James GRAHAM-CAMPBELL, The Viking World (1980) p. 132–133, for a mid-ninth-century burial on Gotland where a man was interred with bridle ornamented with a set of 22 metal mounts showing "the earliest Viking art style".

8   Online at The British Museum, Iron age artefacts in Roman Britain; horse-harness hoard found at Stanwick, North Yorkshire.

though, is a smallish metal object (24 cm high, 17.5 cm long) which does show a bit in use. This is the famous bronze statuette of Charlemagne or Charles the Bald now in the Louvre[9]. The harness of Charlemagne's horse is very simple compared with Roman examples, or with the horse-harness of the emperor depicted on the sixth-century Barbarini ivory[10]. More elaborate than the trappings of Charlemagne's horse, if much less splendid than those of Roman cavalry officers, are those of the rider depicted in the Stuttgart Psalter, made at St-Germain, Paris, in the 820s. The picture illustrates Ps 76,7: *Ab increpatione tua, Deus Jacob, / dormitaverunt qui ascenderunt equos.* "At thy rebuke O God of Jacob, those who mounted their horses have slept"[11]. The bit is held in place by a substantial metal stud, and the reins and harness show no fewer than eight strap-ends with a passable likeness to the object described in the passage from the Annals of St-Bertin that I began with. Similar objects are turning up literally every week among finds in northern England. In the Anglo-Saxon Gallery of the British Museum, you will find strap-ends described as 'triangular', just like the source behind the passage in the 858 annal[12]. Gabor Thomas reckons that the ninth century in Northumbria was an age not of economic and political disaster but of the opposite: "sustained cultural output", his key evidence being the ornamental metalwork which he graciously associates with nearly thirty years of intensive metal-detecting activity in the U.K.[13] The broader context is

---

9   Danielle GABORIT-CHOPIN, La statuette équestre de Charlemagne (Service culturel du musée du Louvre, 1999) p. 15 and 26.
10 Barberini ivory, mid-sixth-century, made in Constantinople, now in the Louvre, in: GABORIT-CHOPIN, La statuette (cf. n. 9) p. 26.
11 Stuttgart, Württembergische Landesbibliothek, Cod. bibl. 2° 23, fol. 88v, facsimile: Edward DEWALD (ed.), The Stuttgart Psalter (1930), and see Janet L. NELSON, Dhuoda on Dreams, in: Motherhood, Religion, and Society in Medieval Europe, 400–1400, ed. Conrad LEYSER / Lesley SMITH (2011) p. 41–54, with a black-and-white photo ibid., p. 51 (but the beautiful colours of the original need to be appreciated in the facsimile).
12 Or rather, you would have found them thus described had Room 41 not been closed for refurbishment from 2011 until 2013, in readiness for a major new exhibition. For ninth-century strap-ends, with comment, Leslie WEBSTER / Janet BACKHOUSE (eds.), The Making of England. Anglo-Saxon Art and Culture AD 600–900 (1991) p. 233–234 and 275.
13 Gabor THOMAS, "Brightness in a Time of Dark": The Production of Ornamental Metalwork in Ninth-Century Northumbria, in: De re metallica, ed. Robert O. BORK (2008) p. 31–47, at p. 34. Symptomatic of the constructive relationship between detectorists and curators in England and Wales is The Portable Antiquities Scheme,

the significance of treasure, that is, portable objects made of precious metals, to the aristocratic *habitus* of this period. The subject has attracted serious attention recently from Matthias Hardt[14]. The shine of status on the "dress-accessories and accoutrements" of men was exactly what strap-ends could enhance.

But there is a little more to be said about the parallel role of horse-ornament in the display of power, and in elite gift-giving. A contemporary poet mentioned horse-trappings, when he described the horses brought as *annua dona* by the *proceres* to the king:

Dum proceres mundi regem venerare videntur	While the world's great men are seen to revere the king
Ponderibus vastis ingentia dona ferentes	Carrying huge gifts in massive weights,
Immensum argenti pondus, fulgentis et auri,	An immense load of silver and of shining gold,
Gemmarum cumulos sacro stipante metallo	With the holy metal surrounding the heaps of gems,
Purpura splendentes aurato tegmine vestes,	Vestments gleaming with purple and gold thread,
Spumantes et equos flavo stringente capistro	And horses foaming with a golden rein to hold them:
Ardua barbarico gestantes colla sub auro –	Arching their strong necks under barbarian gold:
Annua sublimi haec debentur munera regi ...	These are the annual gifts owed to the lofty king.[15]

---

which has been going strong since an inspired government initiative of 1997, and whose Wiki-entry and Volunteer Recording Guide can be accessed online.

14   Matthias HARDT, Royal Treasures and Representation, in: Strategies of Distinction, ed. Walter POHL / Helmut REIMITZ (1998) p. 255–280; ID., Silverware in Early Medieval Gift-Exchange: Imitatio imperii and Objects of Memory, in: Franks and Alamanni in the Merovingian Period, ed. Ian WOOD (1998) p. 317–331, with Discussion, ibid., p. 331–341; ID., Gold und Herrschaft: Die Schätze europäischer Könige und Fürsten im ersten Jahrtausend (2004); cf. esp. the contributions of Timothy Reuter, Leslie Webster, and Pauline Stafford in: Elizabeth TYLER (ed.), Treasure in the Medieval West (2000). It could be said that reliquaries, church-plate and book-covers speak "Symbolic" in ecclesiastical contexts.

15   Hibernicus exul, Versus, ed. Ernst DÜMMLER (MGH Poetae 1, 1881) p. 396, l. 1–11; translation: Peter GODMAN, Poetry of the Carolingian Renaissance (1985) p. 175–176. See Janet L. NELSON, The Settings of the Gift in the Reign of Charlemagne, in: The Languages of Gift in the Early Middle Ages, ed. Wendy DAVIES / Paul FOURACRE (2010) p. 116–148, at p. 140–146.

According to a government directive of 805, such horses had to have a written note of the donor's name attached[16].

The *De ordine palatii*, revised by Hincmar of Rheims but substantially written by Adalard of Corbie in (probably late in) the reign of Charlemagne, says that the king's gifts to the *milites* of his retinue consisted of "food, clothing, gold, silver, horses and other *ornamenta*, sometimes on special occasions, otherwise as time, reason and good management (*ordo*) gave due opportunity"[17].

Another poet, after mentioning "armrings with a great weight of gems and gold", specified the trappings of a royal gift-horse:

Offertur sonipes auri sub tegmine fulgens.	A horse is offered gleaming under gold trappings.
His puer ex donis domini ditatur opimis.	With these finest gifts of the lord the lad [Tassilo] is endowed.[18]

Last but certainly not least, the king himself was devoted to riding and hunting, and made a splendid impression when he rode out, armed, at the head of the court or of his warriors[19].

Horses were important both in gift-giving at the level of elites, including local elites, and in the collective activity of the royal hunt. But beneath both these, and at the root of the dual bond of parity and subordination, was the absolutely fundamental role of the king as warlord and war-leader at the head of a warrior-aristocracy and armed free men who together defended the *patria*. In the ninth century more evidently than before, riding to war and sometimes

---

16   Capitula omnibus cognita facienda (a. 805), c. 5, ed. Alfred BORETIUS (MGH Capit. 1, 1883) N° 57, p. 144. For the context, see Janet L. NELSON, How Carolingians Created Consensus, in: Le monde carolingien. Bilan, perspectives, champs de recherches, ed. Wojciech FALKOWSKI / Yves SASSIER (2009) p. 67–81, at p. 69.

17   Hinkmar of Rheims, De ordine palatii, c. 27, ed. Thomas GROSS / Rudolf SCHIEFFER (MGH Fontes iuris Germanici antiqui, 1980) p. 80, l. 440–446. For the dating and authorship of the original work by Adalard of Corbie, see NELSON, Settings of the Gift (cf. n. 15) p. 140, n. 76, and EAD., Aachen as a Place of Power, in: Topographies of Power in the Early Middle Ages, ed. Mayke DE JONG / Frans THEUWS (2001) p. 217–241, at p. 226–232.

18   Hibernicus exul, Versus (cf. n. 15) p. 397, l. 94–96.

19   *Exercebatur assidue equitando ac venando* [...], Einhard, Vita Karoli Magni, c. 22, ed. Oswald HOLDER-EGGER (MGH SS rer. Germ. [25], ⁶1911) p. 27; Karolus magnus et Leo papa, ed. Ernest DÜMMLER (MGH Poetae 1, 1881) p. 369–370, l. 148–166; ibid., p. 376–378, l. 417–418, 472–473 and 482.

fighting on horseback were types of prowess that marked out and legitimated the social power and status of king and *fideles* alike. Local and regnal assemblies which were also hostings were occasions involving men and horses – the men in this case including better-off peasants[20]. *Mutatis mutandis*, the above was true both in the Frankish regime and the various Anglo-Saxon ones, though I admit that the textual supporting evidence for horses is a lot less good for the Anglo-Saxons than for the Franks. But the situation is reversed when it comes to the material evidence: we have nice texts and a nice illuminated psalter for the Franks, actual strap-ends aplenty for the Anglo-Saxons. Despite the evidential difficulties, it is the strap-ends that enable you to s e e in your mind's eye the Carolingian state: a state in which precious metalwork displaying masculine status was complemented and enhanced by the demonstrative impact of horses (male horses) so that together these constituted the technology and the media of power. You can also see the Northumbrian state, dimly lit to the point of obscurity in terms of texts, but bright with the shine of metal objects. In Anglo-Saxon kingdoms as in Frankish ones, the well-accoutred man was a figure with real social clout: the man on the horse "gleaming under gold trappings" was doubly so.

In the second part of this paper, I turn to coins. One way of thinking about numismatics is as a branch of "Realienkunde". Coins are very obviously small metal objects. The Carolingian dynasty began by reforming the coinage, definitively shifting from gold to silver coins, settling the king's and the moneyer's cuts of mint profits, enforcing regulations about minting, and demonstrably creating a uniform currency throughout the Frankish kingdom[21]. Charle-

---

20 Capitulare missorum (probably a. 789), c. 4, ed. Alfred BORETIUS (MGH Capit. 1, 1883) N° 25, p. 67, where it is clear that men are to come with arms and horses. For a different but no less telling take on the importance of riding for young elite males, see NELSON, Dhuoda on Dreams (cf. n. 11) p. 48–49.
21 Philip GRIERSON, Money and Coinage under Charlemagne, in: Karl der Grosse. Lebenswerk und Nachleben 1, ed. Wolfgang BRAUNFELS et al. (1965) p. 501–536; Simon COUPLAND, Charlemagne's Coinage: Ideology and Economy, in: Charlemagne. Empire and Society, ed. Joanna STORY (2005) p. 211–229; for a suggestion about the timing of a *renovatio monetae* in 793/94, see Janet L. NELSON, Wealth and Wisdom: The Politics of Alfred the Great, in: EAD., Rulers and Ruling Families in Early Medieval Europe (1999) ch. 2, p. 42–43 (I should now want to add a comment on the regime's need to deal with famine). See further John MORELAND, Concepts of Early Medieval Economy, in: The Long Eighth Century. Production, Distribution

magne increased the weight of each penny, and after becoming emperor put his bewreathed and moustachioed image on the coins[22]. Conquests meant that royal control worked in new ways in the new territories, but was felt everywhere. The coins themselves, whether finds from hoards or singletons, show that the regulatory system worked. But how exactly were these little bits of metal used in the economy? Philip Grierson and Michael Metcalf, two leading numismatists, gave very different answers to that question. Grierson in a long-definitive paper on Charlemagne's coinage said – and he spoke with the advantage of personally owning a large coin cabinet (which he subsequently and munificently bequeathed to the Fitzwilliam Museum in Cambridge) – that the coins that have survived look in mint condition. Metcalf said – and he spoke with the advantage of being keeper of the Ashmolean collection in Oxford – that the coins looked averagely worn through use[23]. Then there was an argument between the same two experts about the volume of Charles the Bald's coinage, Metcalf, logically, arguing for a lot, Grierson for not a lot[24]. Again, my impression is that opinion has swung Metcalf's way, though much more is known than thirty years ago about variations across space and time, thanks to the work of archaeologists[25]. Nowadays money and the economy are two diff-

---

and Demand, ed. Inge HANSEN / Chris WICKHAM (2000) p. 1–34, and in the same volume, even more pertinently, John MORELAND, The Significance of Production in Eighth-Century England, ibid., p. 69–104. For laurel wreaths, see Michael MCCORMICK, Eternal Victory (1987) p. 18–19, 207 and 210; for the moustache, see Paul Edward DUTTON, Charlemagne's Mustache, in: ID., Charlemagne's Mustache and Other Cultural Clusters of a Dark Age (1999) p. 24–26.

22 COUPLAND, Charlemagne's Coinage (cf. n. 21) p. 223–227; cf. Adriaan VERHULST, The Carolingian Economy (2002) p. 117–125.

23 Philip GRIERSON, Money and Coinage (cf. n. 21); D. Michael METCALF, The Prosperity of North-Western Europe in the Eighth and Ninth Centuries, in: Economic History Review 20 (1967) p. 344–357.

24 Philip GRIERSON, The "Gratia Dei Rex" Coinage of Charles the Bald, in: Charles the Bald. Court and Kingdom, ed. Margaret T. GIBSON / Janet L. NELSON (^{2}1990) p. 52–64; D. Michael METCALF, A Sketch of the Currency in the Time of Charles the Bald, ibid., p. 65–97 (the text of neither paper was altered from the first edition [1981], composed of papers given at a conference in 1978, though Metcalf significantly altered his maps in 1990).

25 D. Michael METCALF, Variations in the Composition of the Currency at Different Places in England, in: Markets in Early Medieval Europe. Trading and 'Productive' Sites, 650–850, ed. Tim PESTELL / Katharina ULMSCHNEIDER (2003) p. 37–47 (using the evidence of single finds); and in the same volume, the "longue-durée" view of

erent things, but obviously with a strong connexion between them. There is a further strong connexion between economy and ideology, to borrow Coupland's coupling, although I cannot wholly share Coupland's impression that these two varied inversely, so that Charlemagne's late portrait-issue was, compared with previous issues less economically important, but more ideologically so. On the ideological side, not only the ruler and lay elites, but churchmen and churches, from the age of Constantine onwards had become comfortable with wealth, and this accommodation was articulated clearly in the Carolingian period[26]. Coupland's final emphasis on ideology, and Charlemagne in the driving seat, is fine, as long as the coupling holds[27]. And hold it can. For if, where early medieval economies are concerned, economic historians have generally become much more optimistic about dynamism than were their predecessors thirty years ago (and I will admit to always having been among the optimists), it follows that the questions of how, and how far, and why, those little bits of metal penetrated rural societies, becomes a pressing one. Rural

---

Mark BLACKBURN, "Productive" Sites and the Pattern of Coin-Loss in England, 600–1180, ibid., p. 20–36.

[26] Hans-Werner GOETZ, Idéologie (et anti-idéologie) de la richesse au haut moyen âge, in: Les élites et la richesse au haut Moyen Âge, ed. Jean-Pierre DEVROEY / Laurent FELLER / Régine LE JAN (2008) p. 33–58, hits the nub of the ideological dilemma. See also David GANZ, The Ideology of Sharing: Apostolic Community and Ecclesiastical Property in the Early Middle Ages, in: Property and Power in the Early Middle Ages, ed. Wendy DAVIES / Paul FOURACRE (1995) p. 17–30; Janet L. NELSON, Making Ends Meet: Wealth and Poverty in the Carolingian Church, in: EAD., The Frankish World (1996) p. 145–154; Abigail FIREY, "For I Was Hungry and You Fed Me": Social Justice and Economic Thought in the Latin Patristic and Medieval Christian Traditions, in: Ancient and Medieval Economic Ideas and Concepts of Social Justice, ed. S. Todd LOWRY / Barry GORDON (1998) p. 333–370; Susan WOOD, The Proprietary Church in Early Medieval Europe (2006); Janet L. NELSON, Church Properties and the Propertied Church. Donors, the Clergy and the Church in Medieval Western Europe, in: English Historical Review 224/508 (2009) p. 355–374 (review-article of WOOD, The Proprietary Church); Rachel STONE, Morality and Masculinity in the Carolingian Empire (2011) p. 214–246, probes some still-sensitive spots.

[27] VERHULST, Carolingian Economy (cf. n. 22), strikes a nice balance; as, finally, does Harald WITTHÖFT, Denarius novus, modius publicus und libra panis im Frankfurter Kapitulare, in: Das Frankfurter Konzil von 794. Kristallisationspunkt karolingischer Kultur, ed. Rainer BERNDT (1997) 1, p. 219–252, who bundles the coinage reform of 793/94 with the regulation of weights and measures and prices, as parts of an "Ordnung" aimed at improving welfare, enhancing the ruler's authority, and also promoting fair economic practices.

societies are where economic dynamism stirred and took root in this period[28]. Ninth-century peasant families had to pay a small sum of pennies annually to their lords, also dues to the church, and it has to be surmised that they acquired the wherewithal by selling in rural and urban markets. The two chunks of price-legislation for Charlemagne's reign, both from famine years, suggest that the value of a silver penny, mostly the smallest denomination available, was equivalent to the price of twelve wheaten 2-lb loaves (or 25 oaten loaves). Regulations from the reign of Charlemagne's grandson Charles the Bald address "people who sold bread and meat by the pennyworth"[29]. Inflation may have been a strong trend. No doubt ecclesiastics like Adalard, abbot of Corbie, purchased bread and meat in bulk for dispensing to the poor[30]. Were many lay purchases in rural and urban markets made on tick? Charles the Bald's legislation never mentions obols, half-pennies; but they crop up plentifully in hoards[31]. François Bougard's recent demonstration – or rather, revelation – that there was no shortage of credit in the ninth century, especially in Italy, goes far to squaring the circle[32]. Credit depends on trust. Ideology and economy are a "both-and", not parts of a zero-sum game.

---

28   Philip GRIERSON, La fonction sociale de la monnaie en Angleterre aux VIIe–VIIIe siècles, in: Moneta e scambi nell'alto medioevo (Settimane Spoleto 8, 1961) p. 341–362, p. 360–361: "[L]'adoption du monnayage d'argent [...] implique une politique déterminée, ou plutôt une tendance économique déterminée, [...] c'est l'existence de monnaies d'argent qui facilite les échanges et rend possible la conservation et l'accumulation du capital"; Jean-Pierre DEVROEY, Études sur le grand domaine carolingien (1993) esp. ch. 12 and ch. 14, at p. 486; ID., Puissants et misérables. Système social et monde paysan dans l'Europe des Francs (VIe–IXe siècles) (2006) p. 364–375. For a different take, see Chris WICKHAM, Land and Power. Studies in Italian and European Social History, 400–1200 (1994) esp. p. 212–217.
29   Synodus Francofurtensis (a. 794), c. 4, ed. Alfred BORETIUS (MGH Capit. 1, 1883) N° 28, p. 74; Capitulare missorum in Theodonis villa datum secundum, generale (a. 805), c. 4, ibid., N° 44, p. 123; Capitulare missorum Niumage datum (a. 806), c. 18, ibid., N° 46, p. 132; Constitutio Carisiacensis de moneta (a. 861), ed. ID. / Victor KRAUSE (MGH Capit. 2, 1897) N° 271, p. 302; Edictum Pistense (a. 864), c. 20, ibid., N° 273, p. 318–319. For the Late Roman sources of such legislation, see Harald SIEMS, Handel und Wucher im Spiegel frühmittelalterlicher Rechtsquellen (Schriften der MGH 35, 1992) p. 477–499.
30   Adalard of Corbie, Statuta seu Brevia (a. 822), c. 23, ed. Josef SEMMLER (Corpus consuetudinum monasticarum 1, 1963) p. 372–373.
31   METCALF, A Sketch of the Currency (cf. n. 24) p. 73 and 75.
32   François BOUGARD, Le crédit dans l'Occident du haut Moyen Âge: documentation et pratique, in: Les élites et la richesse au haut Moyen Âge, ed. DEVROEY/FELLER/LE JAN (cf. n. 26) p. 439–478.

Here the numismatic evidence needs to be joined up with, set within, the world of the strap-ends: a world of gift, of hoards, of treasure, silks and fine horses. Tim Reuter suggested in "Plunder and tribute" that there were something like two parallel Carolingian economies: an elite one supplied by precious commodities imported on the eastern frontier, which was the one he was interested in, and a normal internal one[33]. The question is: in which did money operate? And the answer must be: both, while varying in extent, and in different places and moments, and for different purposes. Money that consisted of near-solid silver pennies (after Charlemagne increased their weight, each contained 1.7 grammes of silver) was eminently convertible into silver ingots and silver anything-else. Weld a silver loop onto a Charlemagne penny and you have a lovely pendant. Simon Coupland evokes the effect: "the portrait coins were a source of wonder, as the specimens retained as jewellery bear witness"[34]. Ninth-century Vikings used scales to weigh large number of small silver objects, including coins, presumably to check their purity, often in order to recycle them into objects inspiring wonder in new contexts[35]. Pennies excavated as singletons, notably at the *wic* (trading-place) of Dorestad, bespeak other kinds of practice. From ninth-century miracle-collections, there are a few stories of how people got coins and what people did with coins, and one of them is set in Dorestad: a group of pious women come to Dorestad to dispense money to the indigent, until, tired out by their efforts, they decide to spend four pennies on wine, and later, their depleted supplies of money for charitable purposes are miraculously renewed, thanks to the prayers of St Ansgar. Another story is set in the Ardennes: a peasant coming back from St Hubert's market loses his purse with the pennies he had acquired to pay his rent, and St Hubert arranges the return of the purse[36]. No such vivid narrative bits and pieces survive from

---

33   Timothy REUTER, Plunder and Tribute, in: ID., Medieval Polities (cf. n. 6) p. 231–250, at p. 240.
34   COUPLAND, Charlemagne's Coinage (cf. n. 21) p. 227.
35   Annales Bertiniani a. 866, ed. GRAT/VIELLIARD/CLEMENCET (cf. n. 1) p. 125: [...] *ad pensam eorum*; translation: NELSON, Annals (cf. n. 1) p. 130. For one example among many of weigh-scales excavated in ninth-century sites from Ireland to Russia, see the fine illustration in: Peter SAWYER (ed.), The Oxford Illustrated History of the Vikings (1997) p. 90. For Viking metalwork, see GRAHAM-CAMPBELL, The Viking World (cf. n. 7) p. 132–133, 136-7140-4; and cf. Pierre BOURDIEU, The Logic of Practice (1992) p. 107–110 and 112–121.
36   Miracula sancti Huberti (Acta Sanctorum, Nov. 1, 1887) col. 819–820; Rimbert, Vita Anskarii, c. 20, ed. Georg WAITZ (MGH SS rer. Germ. [55], 1884) p. 45.

Charlemagne's reign. But in 789 (well within the long ninth century) in the *Admonitio generalis*, a jumpy regime waxes wrathful against *mangones* and *cociones*, usually translated "tricksters" and "tramps", who are said to be *sine omni lege vagabundi*: they are not to be allowed to wander about and practise fraud on people[37]. I suggest we look beneath the pejorative rhetoric and translate those classical Latin words in traditional and literal sense, as "small traders" (*mangones* evolved into "-mongers" in modern English) and "itinerant food-sellers", operating in local rural markets and provincial towns. Against such a textual background, "Sachkunde" has more to tell about the roots as well as the branches of economic growth. You can only regret, while well understanding the reasons behind the legislation, that metal-detectorists are forbidden by French and German law.

To sum up my second section, then: I see coinage in Francia, and, *mutatis mutandis*, in other parts of the Carolingian Empire, and in contemporary Anglo-Saxon kingdoms too, as primary evidence for the volume of economic transactions and the extent of local market development. In this, my view of the relative importance of ideology and economy differs little from that of Simon Coupland but somewhat more from that of Ildar Garipzanov. "Charlemagne's people cannot but have been impressed by the emperor's power and prestige", Coupland concludes[38]. Garipzanov sees the coins as the king's "media of indirect communication" which were "in theory accessible to free commoners", and vitally important in conferring authority and legitimacy on Charlemagne[39]. Now I am not denying that coins might have worked like that, though I can think of no way you could prove it. In this as with Garipzanov's other "royal media", liturgy, iconography and charters (he calls coins "tiny metallic royal diplomas"), power is presented as flowing overwhelmingly one

---

37 Admonitio generalis (a. 789), c. 79, ed. Alfred BORETIUS (MGH Capit. 1, 1883) N° 22, p. 60–61.
38 COUPLAND, Charlemagne's Coinage (cf. n. 21) p. 227.
39 Ildar GARIPZANOV, The Symbolic Language of Authority in the Carolingian World (2008) p. 13 and 34. Although "constant dialogue between the ruler and the subject" implies mutuality (ibid., p. 19), elsewhere, communication occurs between the ruler and "society" or "the political community", and those involved in such communication are variously defined as aristocrats, or "lower levels", or the free and unfree, or "most people" (ibid., p. 10, 13, 19, 27, 29 and 34). In the liturgical context, and later on the ninth century, the participants in communication are depicted as the king and the high clergy, cf. ibid., esp. p. 307–312.

way: top-down[40]. This makes sense in certain contexts, to be sure, and the rituals of court and church produced their high and heady moments. Yet consensus and negotiation and connectivity were the everyday currency of Carolingian politics. Power can be imagined as flowing downwards but also upwards, and about: between different elite levels and regional conduits, variously. This tallies with Michael Hendy's understanding of the distinctive workings of the Carolingian coinage: there was "an amalgam, however incipient, in which the state was still represented but in which the private factors of social function and market exchange, neither of which had previously been represented in the primary production and distribution of coinage [...] were now also present"[41]. Again, the regimes of Offa and his immediate successors, and those of Northumbrian kings later in the ninth century too, show some similar features. They had Charlemagne's reasons for minting large numbers of coins, namely greater ease of extracting dues and rewarding certain services. There was a measure of ideological, and as we should now say, propagandistic impact too, no doubt. But the success of the coinage depended on its meeting the practical needs of thousands of users, lords and peasants and traders alike, in many kinds of setting, including local assemblies and market-places.

At the risk of anachronism, a modern analogy can be proposed in the well-informed comments by Mary Beard, a historian of the Roman Empire, reviewing Andrew Marr's recent book on Queen Elizabeth II: "[Marr's] is still a top-down institutional history, a story of adjustments in the palace, of Queen and canny courtiers responding to changing times with a new brand of royalty. Maybe it's not that monarchy has reinvented itself, but rather that we have reinvented it for ourselves, to do a new and changing job. And that job certainly goes beyond the constitutional sleight of hand that Marr nicely defends; it is also the vehicle for the passions evident in the mad obsequies for Diana or for the disdain-cum-envy summed up in all those stories about the royal corgis

---

40 GARIPZANOV, Symbolic Language (cf. n. 39) p. 37, citing his own paper: ID., Metamorphoses of the Early Medieval *signum* of a Ruler in the Carolingian World, in: Early Medieval Europe 13 (2006) p. 419–464, at p. 424 (a Merovingian gold coin is such a "metallic diploma") and 452 (Carolingian coins are considered likewise).

41 Michael HENDY, From Public to Private: The Western Barbarian Coinages as a Mirror of the Disintegration of late Roman State Structures, in: Viator 19 (1988) p. 29–78, at p. 75.

eating out of golden bowls."[42] Perhaps all royalty, reinventing itself in response to subjects, evokes reinventions of itself on the part of subjects, and the available media transmit relevant messages both ways in every complex culture. Early medieval people, more at home with the idea of *fideles* than *subiecti*, were engaged in similar traffic, with assemblies, large and small, involving clerical participants as well as lay, and other social encounters, those of market-women with customers and consumers, for instance, also effecting connections in public places[43].

In the third and last part of my paper, I consider other sorts of small metal objects from ninth-century Anglo-Saxon England, which signal wider contexts and connexions. Dunwich (*Dommoc*), a now lost place, its "cathédrale engloutie" off the Suffolk coast, was the seat of an Anglo-Saxon bishopric from 630/631 to c. 870. The seal-die of its last Anglo-Saxon bishop was found at Eye in Suffolk, and is now in the British Museum. The object is 6.9 cm. high. It has a handle. It is made of copper-alloy, and constructed out of interlocking arcades converging on a layer of round-eared animal heads (one of them still has an inset glass eye in place) above which is another layer biting at the top part of the object, a triple leaf. The circular die itself is engraved with a floriated cross surrounded by an inscription, +SIG EÐILVALDI EP: "the seal (*sigillum*) of Bishop Ethilwald", or Æthelwald, who held office between c. 845 and (at the latest) 870[44]. It is a personal object, whose artistry (I like to imagine) made the bishop smile. It is also a badge and tool of office for administrative use, when the bishop stamped a wax seal on a letter or other document to authenticate it: a process in which all ninth-century bishops were involved,

---

42   Mary BEARD, reviewing Andrew MARR, The Diamond Queen (2011), and two other books on Elizabeth II, in The Guardian, 19 January 2012, accessible at The Guardian online.
43   NELSON, How Carolingians Created Consensus (cf. n. 17).
44   WEBSTER/BACKHOUSE (eds.), The Making of England (cf. n. 12) N° 205, p. 238; Simon D. KEYNES, Royal Government and the Written Word in Late Anglo-Saxon England, in: The Uses of Literacy in Early Medieval Europe, ed. Rosamond MCKITTERICK (1990) p. 226–257, at p. 244–247; T. Alexander HESLOP, Seals, in: The Blackwell Encyclopedia of Anglo-Saxon England, ed. Michael LAPIDGE et al. (1999) p. 413–414; Jane ROBERTS, What Did Anglo-Saxon Seals Seal When?, in: The Power of Words: Essays in Lexicography, Lexicology and Semantics in Honour of Christian J. Kay, ed. Graham D. CAIE / Carole HOUGH / Irené WOTHERSPOON (2006) p. 131–157.

though for no others do seals survive. Here is a symbol of power: the power of the bishop and the power of the written word, both long-rooted in Anglo-Saxon culture, and about to feature still more conspicuously there. The seal-die also indicates the power of a king, Æthelberht of Wessex (reigned 860–865)[45]. The die echoes Æthelberht's second coin-type of 865, suggesting that the bishop had moved into the political orbit of the West Saxon kingdom, because of the threat or reality of Scandinavian attacks in East Anglia where Danes overwintered for the first time in 865–866[46]. The die connects East Anglian bishop with West Saxon king: a sign of the times.

A final group of small metal objects not only belongs in that orbit but shows its reach extended in new directions. These objects are the *æstels* of Alfred. They should be classed among *aedificia*, the word used by Asser, Alfred's counsellor and biographer, for costly and prestige-giving artefacts which often took the form of small metal objects[47]. That the makers (*operatores*) of *aedificia*

---

45 He was the step-son, and later brother-in-law, of Queen Judith, by 865, as ex-queen, living a new life in Francia: see above, n. 2, and, for Judith's post-Wessex career, Annales Bertiniani a. 862, ed. GRAT/VIELLIARD/CLEMENCET (cf. n. 1) p. 87 and 95; ibid. a. 863, p. 104, translation: NELSON, Annals (cf. n. 1) p. 97, 103–104 and 110; cf. also EAD., Alfred's Continental Contemporaries, in: Alfred the Great, ed. Timothy REUTER (2003) p. 302–303.
46 The Anglo-Saxon Chronicle a. 865–866, ed. Janet BATELY, in: EAD., MS A (David DUMVILLE / Simon KEYNES [eds.], The Anglo-Saxon Chronicle. A Collaborative Edition 3, 1986) p. 47 (the annal-year at this point in the manuscript began on 24 September (865)).
47 Asser, De rebus gestis Ælfredi, c. 91, ed. William STEVENSON, in: ID., Asser's Life of King Alfred (1904) p. 76–77: *Quid loquar* [...] [*de*] *aedificiis aureis et argenteis incomparabiliter illo edocente fabricatis* (translation: Simon KEYNES / Michael LAPIDGE, Alfred the Great [1983] p. 101); ibid., c. 76, p. 59: [*Rex*] *aedificia supra omnem antecessorum suorum consuetudinem venerabiliora et pretiosora nova sua machinatione facere* [...] *pro viribus studiosissime non desinebat* (translation: KEYNES/LAPIDGE, Alfred the Great, p. 91), and ibid., c. 101, p. 87: [*O*]*peratoribus quos ex multis gentibus collectos et comparatos propemodum innumerabiles habebat, in omni terreno aedificio edoctos* [*partem censuum rex largiebatur*] (translation: KEYNES/LAPIDGE, Alfred the Great, p. 106, ibid., p. 249–250 and 257, with helpful notes on the meanings of *aedificium/aedificia*, variously translated as "treasures" [in c. 76 and 91] and "craft" [in c. 101]). See further Robert DESHMAN, The Galba Psalter: Pictures, Texts and Context in an Early Medieval Prayerbook, in: Anglo-Saxon England 26 (1997) p. 109–138, at p. 132–133. What follows is partly summarised from Janet L. NELSON, West Francia and Wessex in the Ninth Century Compared, in: Der Frühmittelalterliche Staat – Europäische Perspektiven, ed. Walter POHL / Veronika WIESER (2009) p. 99–112, at p. 107–109.

received a seventh of Alfred's annual revenue from *census* is a remarkable claim of Asser's which, infused as it is by Solomonic example, ought to be taken seriously[48]. *Æstels* bring us closer not just to Alfred's kingly style, but to the political virtues he promoted: wisdom through literacy. The Alfred Jewel, the most elaborate and costly of the group, is 6.4 cm. long, 3.2 cm. at greatest width, and 1.3 cm. thick. It consists essentially of an antique rock-crystal set in a gold frame, fixed to a gold engraved plate, with the whole ensemble in turn sitting in a sheet-gold animal-head that clasps a short golden tube in its mouth. Its inscription, *Ælfred mec heht gewyrcan* ("Alfred ordered me to be made"), the high value of its materials and workmanship, and its analogues, smaller but formally similar, all found in Wessex, have prompted the thought that it was commissioned by the king as part of a group, or ranked series. Leslie Webster has, further, made a very strong case for thinking *æstels* were designed as book-pointers, literally indicators of wisdom[49]. Alfred's preface to the Old English translation of the "Pastoral Care" mentioned an *æstel* "on" or "in" each copy that he caused to be sent out to one of his bishops. The form of each extant "jewel", with a "head" associated with a socket with holes for a vertical rivet into which a thin rod of organic, hence now-perished, material, could be fitted, plausibly suggests a pointer's function[50]. Add to all this the apparent derivation of *æstel* from *(h)astula*, or "little spear", and the fact that Ælfric, c. 1000, thought *æstel* the right gloss for *indicatorium*, a pointer, and the case for this interpretation becomes very strong[51]. David Pratt has noted other aspects of

---

48   Asser's inspiration was I/III Rg 5,13–14, as observed by David HOWLETT, Alfredian Arithmetic – Asserian Architectonics, in: Alfred the Great, ed. REUTER (cf. n. 45) p. 49–61, at p. 60–61. For Solomonic connections, see below.
49   Leslie WEBSTER, Aedificia nova: Treasures of Alfred's Reign, in: Alfred the Great, ed. REUTER (cf. n. 45) p. 79–103, at p. 81–87; David PRATT, Persuasion and Invention at the Court of King Alfred the Great, in: Court Culture in the Early Middle Ages, ed. Catherine CUBITT (2003) p. 189–221, at p. 194–200, with full references to the large literature. (Pratt originally delivered his paper at a conference in 1998, Webster hers in 1999.) The Alfred Jewel, found in 1693 and now in the Ashmolean Museum, Oxford, is unique among these objects in size, costliness, and iconographic interest. The second largest *æstel* (3.1 cm. long) found in or about 1860 at Minster Lovell (Oxfordshire), comes closest to the Alfred Jewel in value and artistry, while the smaller *æstels* belong in what PRATT, Persuasion, p. 199, calls "humbler contexts".
50   WEBSTER, Aedificia nova (cf. n. 49) p. 3.
51   HOWLETT, Alfred's *æstel*, in: English Philological Studies 14 (1985) p. 65–74. Percy Ernst SCHRAMM, "The Alfred Jewel": eine Szepterbekrönung des angelsächsischen Königs Alfred 871–99, in: Herrschaftszeichen und Staatssymbolik 1, ed. ID. (Schrif-

each of the four objects that conclusively demonstrate a common design (in both senses): the small size, the fitting's flat back which would have enabled the user to lay the *æstel* flat on the page "like a computer mouse", and the delicate join between the head and socket showing that the user held, not the rod, but the fitting "as a conductor holds a baton" (that works for Webster's Torah-pointers too). Each *æstel* was "a functional symbol of the user's desire for wisdom", and the quest for wisdom, following the example of King Solomon, was enjoined by King Alfred on his people at large, but specifically and principally on all office-holders, ecclesiastical and lay, and all those who served at his court[52].

Only the Alfred Jewel contains anything approaching the half-pound of gold suggested in the "Pastoral Care" preface. But the analogues all contain amounts of gold that proclaim an association with royal and divine authority. If tiny fragments of a fragment of the True Cross were embedded in the larger and more elaborate *æstels*, that would have put them almost beyond price[53]. King Alfred urged his office-holders to learn to read, and to read books that the king deemed "most necessary for all men [a few words later modified to 'free-born young men with means'] to know"[54]. *Æstels* made it easier to read books.

Now the plot has thickened with the discovery of three more analogues, making seven *æstels* in all[55]. Two of the original four were found by metal-

---

ten der MGH 13/1, 1954) p. 370–375, suggested with characteristic flair, that the *æstel* was an item of "Staatssymbolik": an idea not lost but superseded in more recent research.

52 PRATT, Persuasion (cf. n. 49) p. 198–199. Cf. ID., The Political Thought of King Alfred the Great (2007) p. 189–192.
53 Bruce HARBERT, King Alfred's *æstel*, in: Anglo-Saxon England 3 (1974) p. 103–110, noting, ibid., p. 108–109, the assertion in MS A of the Anglo-Saxon Chronicle a. 885, ed. BATELY (cf. n. 46) p. 53, that Pope Marinus sent such a relic to Alfred.
54 Preface to the Old English Version of Gregory the Great's "Pastoral Care", translation: KEYNES/LAPIDGE, Alfred the Great (cf. n. 47) p. 126.
55 See for commentary on and photos of the *æstels*, NELSON, West Francia and Wessex (cf. n. 47) p. 107–109, with photos following p. 112. My thanks go to Barbara YORKE for sending me her Alfred the Great. Warfare, Wealth and Wisdom. A Book to Accompany the Exhibition of Winchester Discovery Centre, February–April 2008 (2008) esp. p. 15–20, where she illustrates and briefly discusses all seven *æstels*. I also wish to thank David HINTON for a copy of The Alfred Jewel, and Other Late Anglo-Saxon Decorated Metalwork (Ashmolean Handbooks, 2008).

detectorists, as were two of the additional three[56]. More may well turn up, then. There clearly was a concerted campaign to produce and distribute highly desirable symbolic objects to a select, but relatively large, number of people (the combination of inclusivity, selectivity, and hierarchy recurs in the modern U.K. Honours System). The aspirational message was intended to spur future effort on the part of royal agents as well as rewarding past performance; the sign had a recognised moral and religious significance allied to a functional message – effective service entailed access to holy writings; and through the genuinely high value of the objects themselves, the gift of the sign constituted a lasting relationship between giver and recipient, and between giver and recipients collectively. The *æstels* signified the forming of a service-elite under direct royal lordship, with a penumbra of reliable clients and allies: a group with considerable potential for extension. In that regard, the seventh *æstel* is the most interesting: it turned up in an excavation, actually in the late 1980s but only recently-published, at Borg in the Lofoten Islands in the far north of Norway. The excavators remembered that there was a connexion between this place and Alfred. The link was Ohthere, a Norwegian "foremost man" of his local community in the far north of Norway, perhaps on the Lofoten Islands themselves, a rich man, a landed man, a mighty taker of tribute from the Sami (or Lapplanders), and an enterprising trader who reached the court of Alfred. He brought the king "walrus-teeth of noble bone" (adding that "the hide of walruses is very good for ship's ropes")[57]. His report of the riches of the far north and the excitement of his voyages impressed this royal lover of wisdom who, like Solomon, received from God the *weal*, "wealth", he had rejected in wis-

---

56 These are Bowleaze Cove (Dorset), found 1990, and Cley Hill (Wiltshire), found 1997, among the four known before 2002; Bidford-on-Avon (Warwickshire) and Aughton (Yorkshire) among the very recent finds (personal communication, Barbara YORKE). See also HINTON, The Alfred Jewel (cf. n. 55) esp. p. 30–39: other possible *æstels*. PRATT, Political Thought (cf. n. 52) p. 192, notes that Bowleaze Cove is very near Sutton Poyntz, the land exchanged by Alfred with a faithful ealdorman in a charter of 891 (Peter SAWYER, Anglo-Saxon Charters. An Annotated List and Bibliography [1968] p. 156).

57 Gerd S. MUNCH / Olav S. JOHANSEN / Else ROESDAHL, Borg in Lofoten. A Chieftain's Farm in North Norway (2003) p. 241, with a photograph of the *æstel*, now in Tromsø University Museum, ibid., p. 246, fig. 9H.8; and MUNCH, Borg in Lofoten, in: Ohthere's Voyages. A Late 9th-Century Account of Voyages along the Coasts of Norway and Denmark and its Cultural Context, ed. Janet BATELY / Anton ENGLERT (2007) p. 200–205, with the *æstel* pictured in colour (ibid., p. 204, fig. 6) and the newly-edited text, with English translation by Bately (ibid., p. 44–47).

dom's favour[58]. Ohthere accepted Alfred as his lord; and someone at Alfred's court recorded the traveller's tale and incorporated it, where it seemed to belong, in the Old English version of Orosius' "Histories", while Ohthere received an *æstel* which he carried home[59]. That did not make Ohthere part of a West Saxon state; but, as with an American ambassador receiving an honorary U.K. knighthood, the looser form of association worked by analogy, underlining the personal element operative at the heart of the state. Not all *æstel*-holders were officials – some, like Ohthere, were very temporary denizens, recipients of personal royal favour; but all officials, I surmise, were, really or potentially, *æstel*-holders, marked-out men. The *æstels* they had were true signs of faithful service, but they were also badges of status and honour, hence eminently useful pieces of social capital as well as utilitarian aids for book-readers.

In more senses than one, small metal objects had come a long way in the ninth century, and have indeed come a long way since. Their message for us earlier medieval historians is that we need the imagination to connect the beautiful small with thinking big. Understanding *æstels* in political and social, but also in religious and cultural, contexts takes us to the heart of earlier medieval enterprises that include state-building. Here we find vindication of an argument long maintained by Hans-Werner Goetz, that the idea of a "Personenverband" is not antithetical to the idea of a state that worked effectively through complicated ideas and ideals, relationships and institutions[60]. The chaps we try imaginatively to understand (and Kathleen Hughes, who first taught me how to do

---

58 PRATT, Political Thought (cf. n. 52) p. 151–192.
59 YORKE, Alfred the Great (cf. n. 55) p. 17, suggests imaginatively that Ohthere passed his *æstel* on (perhaps to the chieftain of the settlement at Borg?), "maintaining his own network of contacts through the giving of gifts". It is equally possible, though there is no way of proving, that he kept it to his dying day. HINTON, The Alfred Jewel (cf. n. 55) p. 33 and 36–39, adds that "Ohthere [...] was not a Christian" (but can we be sure of that, or of how Ohthere understood "holy meaning"?); that the Borg object, and those found in Yorkshire and Warwickshire, are rather different in design from the West Saxon four, but that these three were made of gold, with all its connotations of rarity and royalty; and that no *æstel* has yet been found in an ecclesiastical treasury (though is this just a question of time?).
60 Hans-Werner GOETZ, "Regnum": Zum politischen Denken der Karolingerzeit, in: Zeitschrift der Savigny-Stiftung für Rechtsgeschichte, Germanistische Abt. 104 (1987) p. 110–189; ID., Erwartungen an den "Staat": die Perspektive der Historiographie in spätkarolingischer Zeit, in: Der frühmittelalterliche Staat, ed. POHL/WIESER (cf. n. 47) p. 471–485.

and love medieval history often talked about "my chaps", meaning, in her case, early medieval Irishmen) were capable, as we are, but differently, *mutatis mutandis*, of distinguishing the personal from, but also connecting it with, conceptions that correspond in certain ways to what we name the official and institutional[61]. Alfred of Wessex's political style was his own, but other rulers used analogues to and variants of it, as we have been re-learning recently from colleagues' new thinking on early medieval documents and the contexts of their use and transmission, or the uses and settings of gifts and their giving. We live in interesting times. Those of us lucky enough to work on earlier medieval Europe have found our professional times made quite exceptionally interesting by the work and example of Hans-Werner Goetz.

---

61 The teacher I refer to was Kathleen Hughes, author of: Kathleen HUGHES, The Church in Early Irish Society (1966), and EAD., Early Christian Ireland (1972). See further Wendy DAVIES, Clerics as Rulers, in: Latin and the Vernacular Languages in Early Medieval Britain, ed. Nicholas P. BROOKS (1982) p. 81–97, and EAD., Celtic Kingships in the Early Middle Ages, in: Kings and Kingship in Medieval Europe, ed. Anne J. DUGGAN (1993) p. 101–124.

Régine Le Jan

Quem decet trinam observare regulam, terrorem scilicet et ordinationem atque amorem…

Entre crainte et amour du roi : les émotions politiques à l'époque carolingienne

Hans-Werner Goetz s'est beaucoup attaché à définir la terminologie des auteurs du haut Moyen Âge et à expliciter les concepts (« Begriffsgeschichte ») que les historiens ont tendance à reprendre sans en avoir préalablement défini le champ sémantique, la signification et la représentation[1]. Je ne m'avancerai pas dans une analyse conceptuelle qui demanderait un traitement lexicométrique hors de ma portée, mais je voudrais seulement rendre hommage à cet ami qu'est pour moi Hans-Werner Goetz en me concentrant sur les émotions politiques et leurs représentations.

Les émotions sont un de ces concepts importés des sciences sociales par les historiens, avec toutes les difficultés et incertitudes inhérentes à tels emprunts, d'autant plus que s'y ajoutent les problèmes posés par la traduction, d'une langue à l'autre, du terme « émotion » que je considèrerai ici comme ce qui « affecte » les relations sociales, leur caractère affectif et, de ce point de vue, les émotions relèvent de l'histoire des mentalités[2]. Elles ne constituent évidemment pas un champ nouveau de la recherche en histoire du Moyen Âge. Durant les deux dernières décennies, elles ont fait l'objet de travaux importants et novateurs, initiés par les historiens américains, relayés ensuite par les historiens allemands et français[3]. On a beaucoup insisté sur la construction sociale des émotions, ouvrant la voie à une analyse émotionnelle de la communication

---

1   Anna AURAST et al. (dir.), Hans-Werner GOETZ, Vorstellungsgeschichte. Gesammelte Schriften zu Wahrnehmungen, Deutungen und Vorstellungen im Mittelalter (2007).
2   Hans-Werner GOETZ, Moderne Mediävistik. Stand und Perspektiven der Mittelalterforschung (1999) p. 283–284.
3   Stuart AIRLIE, The History of Emotions and Emotional History, Early Medieval Europe 10/2 (2001) p. 235–241.

sociale. Les travaux de Peter Dinzelbacher[4] et de Barbara Rosenwein[5] sur la peur et la colère, ceux de Stephen Jaeger sur l'amour public[6] ont été pionniers en ce domaine. Nous constatons tous les jours, avec le développement des modes de communication modernes, comment les dirigeants usent des medias pour susciter des émotions et gagner l'adhésion des populations. Les récents évènements dans les pays arabes montrent que désormais, grâce à internet, les manipulations de l'information ne peuvent empêcher la montée des haines et le rejet suscités par des actions politiques devenues inacceptables. Si les souverains et les élites dirigeantes du passé ne disposaient pas des medias modernes, ils usaient de la rencontre et des rassemblements publics (le plaid général par exemple) pour susciter l'adhésion et obtenir le consensus[7], ils se servaient aussi de l'écrit pour créer un discours qui est notre principale source d'information. On admet désormais que l'écrit était beaucoup plus largement développé qu'on ne le pensait dans la société carolingienne et postcarolingienne[8].

Si l'on s'accorde sur le fait qu'au Moyen Âge comme de nos jours, les émotions politiques relèvent de la communication, les approches divergent sur leur signification. Quelle est la place de l'affectivité dans l'expression des émotions politiques telle qu'elle nous est rapportée par les auteurs ? Les émotions sont-elles l'expression des valeurs communes et partagées par les élites ou sont-elles la part obligée d'un discours convenu ? Dans ce bref exposé, je poursuis des travaux que j'ai commencés dans un groupe de recherche sur l'Etat auquel j'ai participé avec Hans-Werner Goetz[9], en analysant la place de la crainte et de

---

4   Peter DINZELBACHER, Angst im Mittelalter. Teufels-, Todes- und Gotteserfahrung. Mentalitätsgeschichte und Ikonographie (1996).
5   Barbara H. ROSENWEIN (dir.), Anger's Past, The Social Uses of an Emotion in the Middle Ages (1998) ; EAD., Emotional Communities in the Early Middle Ages (2006).
6   Stephen JAEGER, L'amour des rois. Structure sociale d'une sensibilité aristocratique, Annales ESC 46/3 (1991) p. 547–571, et ID., Ennobling Love. In Search of a Lost Sensibility (1999) ; ID. / Ingrid KASTEN (dir.), Codierungen von Emotionen im Mittelalter (2003).
7   Gerd ALTHOFF, Spielregeln der Politik im Mittelalter. Kommunikation in Frieden und Fehde (1997) ; ID., Die Macht der Rituale. Symbolik und Herrschaft im Mittelalter (2003).
8   Rosamond MCKITTERICK, The Carolingians and the Written Word (1989), et tous les travaux qui ont suivi.
9   Régine LE JAN, Timor, amicitia, odium : les liens politiques à l'époque mérovingienne, dans : Walter POHL / Veronika WIESER (dir.), Der frühmittelalterliche Staat – Europäische Perspektiven (Forschungen zur Geschichte des Mittelalters 16, 2009)

l'amour dans le discours carolingien et en essayant de mettre ces émotions en relation avec les changements dans le mode de représentation du pouvoir au IX⁰ siècle, que le livre de Mayke de Jong a remarquablement mis en lumière par ailleurs[10]. Je commencerai donc par dire un mot du vocabulaire, puis du discours carolingien, que je mettrai ensuite en perspective avant de conclure.

Le vocabulaire des émotions est riche et on ne peut en effet s'en tenir à un seul terme par émotion. *Amor* et *timor* ne sont pas les seuls termes se référant à l'amour et à la crainte. *Amor* est un terme polysémique qui a plusieurs synonymes au haut Moyen Âge. Il désigne aussi bien l'amour/attirance qui pousse deux individus l'un vers l'autre, que les amitiés spirituelles, le lien avec Dieu ou la fidélité politique. Il a divers synonymes qui se caractérisent par la même polysémie, même si certains termes sont plus fréquemment utilisés dans certains cas et dans certaines périodes que dans d'autres : *dilectio, caritas, amicitia, affectus*, et même *dulcedo*... La crainte s'exprime par *timor, metus*, mais aussi par *terror*.

La phrase que j'ai mise en exergue est tirée du traité de Sedulius Scottus intitulé *Liber de rectoribus christianis*, qui la reprend du Pseudo-Cyprien. Dans l'œuvre de Sedulius Scottus, un auteur carolingien d'origine irlandaise, *amor/amare* est le terme le plus fréquemment utilisé avec 519 occurrences pour 324 *dilectio/diligere,* 326 *caritas* et 45 *amicitia*. Du côté de la crainte, *timor/timere* domine très largement avec 670 occurrences pour 116 *metus/metuere* et *terror*. Dans diverses sources narratives du IX⁰ siècle (*Annales regni Francorum, Annales Mettenses priores, Vita Karoli* d'Eginhard, Histoires des fils de Louis le Pieux de Nithard, *Annales Bertiniani* et Chronique de Réginon de Prüm), on observe le même rapport. *Amor/amare* domine largement (39 occurrences), le terme *caritas*, qu'on aurait tendance à considérer comme un terme propre au vocabulaire des textes moraux est fréquent (19 occurrences), mais moins qu'*amicitia* (26 occurrences). Dans les textes narratifs également, *terror* est beaucoup moins fréquent que *timor* et *metus*. Il n'y a donc pas de différence de vocabulaire marquée entre les sources de nature différente.

---

p. 217–226 ; EAD, Amour et désamour du roi. Quelques réflexions sur les émotions politiques à l'époque mérovingienne, dans : Josiane BARBIER / Monique COTTRET / Lydvine SCORDIA (dir.), Amour et désamour du prince. Du haut Moyen Âge à la Révolution française (Le sens de l'histoire, 2011) p. 15–26.

10 Mayke DE JONG, The Penitential State. Authority and Atonement in the Age of Louis the Pious, 814–840 (2010).

Les émotions politiques à l'époque carolingienne

Le rapport entre les deux émotions dans différentes sources donne le tableau suivant :

	Eginhard *Vita Karoli*	Paschasius Radbertus	Dhuoda, Manuel pour mon fils	*Annales bertiniani pars III* Hincmar	Sedulius Scottus	Capitulaires	*Annales regni Francorum, Annales mettenses priores* fin VIIIe – début IXe	Thégan / Astronome	Réginon de Prüm, fin XIe	Nithard
Amour	21	1180	85	13	1214	112	11	28	18	4
Crainte	1	285	32	5	822	106	11	27	19	13
Rapport	1: 0.12	1: 0.24	1: 0.37	1: 0.38	1: 0.67	1: 0.94	1	1	1	1: 3.25

Le rapport entre amour et crainte va de 1 pour 0.12 à 1 pour 3.25, ce qui est une forte amplitude. Mais en réalité, le rapport le plus fréquent égal ou inférieur à 1 est très largement majoritaire. Le rapport de 1 se rencontre aussi bien dans des textes législatifs (capitulaires) que narratives (annales du début du IXe siècle, Vies de Louis le Pieux, chronique de Réginon à la fin du IXe siècle). Chez les auteurs ou dans les œuvres de morale/moralisation, le rapport entre amour et crainte change fortement au bénéfice de l'amour. Le cas de Nithard est donc une exception, avec un rapport fortement inversé (1 pour 3) qui traduit chez son auteur une perception aigue de la crise des années 840 et le pessimisme de l'auteur. Globalement, le discours carolingien met en avant l'amour qui doit contrebalancer la peur et créer un climat de confiance et de fidélité.

L'époque carolingienne voit le développement d'une abondante littérature de morale politique, dont les miroirs de prince sont l'expression la plus aboutie.

Cependant, chacune de ces œuvres parénétiques demande à être replacée dans son contexte politique, bien que toutes s'inscrivent dans le contexte de la moralisation carolingienne[11]. Elles déterminent et expriment des éléments d'une culture politique, qui se définit comme l'ensemble des discours et pratiques caractérisant le jeu politique dans le monde carolingien, une culture qui n'est pas statique mais en constante redéfinition[12].

Le *Liber de rectoribus christianis* de Sedulius Scottus est un de ces miroirs, qu'il écrit au milieu du IXe siècle, pour un destinataire qui n'est pas précisément connu. Au début du XXe siècle, son éditeur Sigmund Hellmann avançait qu'il était destiné au roi Lothaire II, en le datant des années 855–859, quand Sedulius est installé à Liège et avant qu'on ne perde sa trace[13]. Plus récemment, Nikolaus Staubach est revenu sur cette identification du dédicataire, en proposant d'y reconnaître Charles le Chauve et en le datant de 868/69. Selon lui, il s'agirait d'une œuvre de propagande destinée à faciliter l'accession de Charles comme *rex christianus* dans le *regnum Lotharii*[14]. Robert Dyson, qui vient d'éditer le texte avec une traduction anglaise, penche également pour Charles le Chauve et suggère de situer l'œuvre vers 855[15]. On peut alors penser qu'il s'agissait de conseiller un jeune roi qui venait d'accéder au trône à la mort de son père et de prendre pour épouse Theutberge. Quoi qu'il en soit, l'image du roi est bien celle du *rex orthodoxus*, le souverain qui agit pour la foi chrétienne, comme dans le miroir de Jonas d'Orléans pour Pépin II d'Aquitaine, écrit vers 830.

Au chapitre II qui traite du roi orthodoxe, Sedulius donne la quintessence de l'idéologie royale carolingienne au milieu du IXe siècle. Il écrit en effet : « [le roi] devra observer cette triple règle : inspirer la terreur, l'ordre et l'amour. Car s'il n'était pas aimé et craint en même temps, son ordre ne pourrait se

---

11   Hans Hubert ANTON, Fürstenspiegel und Herrscherethos in der Karolingerzeit (Bonner historische Forschungen 32, 1968).
12   Steven A. STOFFERAHN, Resonance and Discord : An Early Medieval Reconsideration of Political Culture, Historical Reflections / Réflexions historiques 36/1 (2010) p. 4–16.
13   Sigmund HELLMANN, Sedulius Scottus (Quellen und Untersuchungen zur lateinischen Philologie des Mittelalters 1, 1906) p. 19–91.
14   Nikolaus STAUBACH, Rex christianus. Hofkultur und Herrschaftspropaganda im Reich Karls des Kahlen 2 : Die Grundlegung der « religion royale » (1993) p. 105–196.
15   Robert W. DYSON, Sedulius Scottus, De rectoribus christianis (On Christian Rulers) (2010).

maintenir. Il lui faut donc procurer des bienfaits et sa bonté afin d'être aimé, et pour être craint, il doit défendre la loi de Dieu et non son droit personnel, par de justes vengeances »[16]. Sedulius s'inspire ici d'un texte du Pseudo-Cyprien, un auteur anonyme, probablement originaire du sud de l'Irlande, qui écrit un traité, le *De XII abusivis saeculi*[17], à une date située entre Isidore de Séville, qui est utilisé, et les environs de 700[18]. L'œuvre est connue au IXe siècle puisqu'Alcuin s'en inspire dans son *De virtutibus et vitiis*[19] et qu'il y est fait référence dans les actes du concile de Paris en 829, mais, d'après une recherche dans les principales bases de données, le passage utilisé par Sedulius dans le *Liber de rectoribus christianis* n'apparaît qu'à deux autres reprises au IXe siècle, avec des différences minimes mais intéressantes. Le passage est en effet tiré du chapitre du Pseudo-Cyprien sur les injustices de ceux qui exercent le pouvoir : *dominantur*. Il est repris à l'identique ou presque par Sedulius dans son *collectaneum* au titre *De regibus*, mais il l'attribue cette fois à Augustin[20], alors que dans le *Liber de rectoribus christianis*, il fait bien référence à Cyprien et le début est modifié : les dirigeants (*dominantur*, *domini*) font place au roi orthodoxe et surtout, les *tria necessaria* deviennent la *tripla regula*. Le passage est une nouvelle fois utilisé par Hincmar en 882, dans la partie du *De ordine palatii* qui lui est propre[21], attribué à Cyprien dans sa version première. Hincmar y traite des *domini*, c'est-à-dire du roi mais aussi de ses agents, en faisant un usage plus large du texte d'origine, dont Sedulius avait extrait la phrase en la sortant de son contexte.

---

16   Sedulius Scottus, Liber de rectoribus christianis, éd. Robert W. DYSON (2010) p. 58.
17   Pseudo-Cyprien, De duodecim abusivis saeculis, c. 6, éd. Sigmund HELLMANN (Texte und Untersuchungen zur altchristlichen Literatur 34, 1934) p. 32–60.
18   Franz BRUNHÖLZL, Histoire de la littérature latine au Moyen Âge 1 : L'époque mérovingienne (1990) p. 188–189.
19   Hans Hubert ANTON, Fürstenspiegel (cf. n. 11) p. 106–107.
20   Sedullius Scottus, Collectaneum miscellaneum, éd. Dean SIMPSON (Corpus christianorum, Continuatio mediaevalis 67, 1988).
21   Hincmar de Reims, De ordine palatii, c. 3, éd. Thomas GROSS / Rudolf SCHIEFFER (MGH Fontes iuris 3, 1980) p. 51–52.

Pseudo-Cyprien De XII abusivis	Sedulius Scottus Liber de rectoribus christianis	Sedulius Scottus Collectaneum miscellaneum	Hincmar de Reims De ordine palatii
Sextus abusionis gradus est dominus sine virtute, quia nihil proficit dominandi habere potestatem, si dominus ipse non habeat virtutis rigorem. Sed hic virtutis rigor, non tam exteriori fortitudine, quae et ipsa saecularibus dominis necessaria est, quam animi interiori fortitudine, exerceri debet. **Saepe enim dominandi per animi negligentiam perditur** fortitudo, sicut in Heli sacerdote factum fuisse comprobatur ; qui dum severitate judicis peccantes filios non coercuit, in eorum vindictam, Dominus velut consentienti ferociter non pepercit. **Tria ergo necessaria hos qui dominantur habere oportet: terrorem scilicet, et ordinationem, et amorem. Nisi enim ametur dominus pariter et metuatur, ordinatio illius constare**	II Qualiter rex orthodoxus primum semetipsum regere debet. .... Quem decet trinam obseruare regulam, terrorem scilicet et ordinationem atque amorem; nisi enim ametur pariter et metuatur, ordina-	XXXVII De regibus 3 AUGUSTNUS: **Tria necessaria omnis dominus in se habere debet: terrorem scilicet et ordinationem atque amorem. Nisi enim ametur pariter et metuatur, ordinatio illius constare minime potest.**	 Saepe enim dominandi virtus per animi neglegentiam perditur. **Tria ergo necessaria hos qui dominantur habere oportet, terrorem scilicet, et ordinationem, et amorem. Nisi enim ametur dominus pariter et metuatur, ordinatio minime**

minime potest. Per beneficia ergo et affabilitatem procuret ut diligatur, et per justas vindictas, non propriae injuriae, sed legis Dei, studeat ut metuatur. Propterea quoque, dum multi pendent in eo, ipse Deo adhaerere debet, qui illum in ducatum constituit ; qui ad portanda multorum onera, ipsum veluti fortiorem solidavit.²²	tio illius constare minime poterit. Ergo per beneficia et affabilitatem procuret ut diligatur, et per iustas uindictas non propriae iniuriae, sed legi dei studeat ut metuatur. Hunc ergo oportet esse humilem in suis oculis, sicut scriptum est; *Rectorem te posuerunt ? Nolli extolli, sed esto in illis quasi unus ex ipsis...*	Per beneficium ergo et affabilitatem curet ut diligatur, et per iustas uindictas non propriae iniuriae sed legi Dei studeat ut metuatur. 4. Ex innocentia nascitur dignitas, ex dignitate honor, ex honore imperium, ex imperio libertas.	constare illius potest. Per beneficia ergo et affabilitatem procuret ut diligatur, et per justas vindictas, non propriae injuriae sed legis Dei, studeat ut metuatur. Propterea quoque, dum multi sub illo sunt, eo ipse Deo adhaerere debet, qui illum in ducatum constituit, qui ad portanda multorum onera ipsum veluti fortiorem solidavit.

Pourquoi Sedulius Scottus, puis Hincmar, ont-ils précisément choisi ce passage du Pseudo-Cyprien qui fait référence à la *terror* plutôt que d'utiliser la formule *timor et amor* que l'on rencontre à plusieurs reprises, par exemple chez Hraban Maur[23], dans les actes du concile de Paris de 829, et chez Jonas d'Orléans dans le *De institutione regia*[24] ? Il me semble que le triptyque terreur-ordination-amour répondait parfaitement à leur conception d'une royauté dont la capacité à ordonner/mettre en ordre se mesure et s'exprime dans les émotions qu'elle suscite.

La *tripla regula*, qui ne se trouvait pas dans le texte du Pseudo-Cyprien, définit les obligations qui s'imposent au roi orthodoxe et à ses *ministri*. En 829, les évêques s'adressent à Louis le Pieux comme à l'empereur orthodoxe et invain-

---

22   Pseudo-Cyprien, De duodecim abusionibus, c. 6 (Jacques-Paul MIGNE, Patrologia latina 4, 1891) col. 874.
23   Hraban Maur, In honorem sanctae crucis, II, D 17 (versio prosaica), éd. Michel PERRIN (Corpus christianorum, Continuatio mediaevalis 100, 1997) p. 261.
24   Jonas d'Orléans, De institutione regia, Admonitio, éd. Alain DUBREUCQ (Sources chrétiennes 407, 1995) p. 150.

cu[25], Jonas d'Orléans reprend cette formule dans son miroir pour Pépin d'Aquitaine et Sedulius fait ensuite de même. Le roi est donc soumis, comme ses ministres, à une *regula*, terme qui est le plus souvent réservé à la sphère ecclésiastique, mais qui s'entend aussi comme une obligation morale, qui vaut pour les deux sphères, civile et religieuse. Une définition en est donnée dans le capitulaire épiscopal dit *capitula parisiensia*, rédigés dans le nord de la France au début du IXe siècle, qui reprennent Isidore de Séville (VI, 16) selon lequel *canon* signifie en latin *regula*, « c'est-à-dire vivre droitement, agir droitement, maintenir la foi droite, croire vraiment en la divinité et l'humanité de notre seigneur Jésus-Christ tout en pourchassant les erreurs des hérétiques et en maintenant la norme des saints pères orthodoxes. Le canon enseigne comment chacun doit vivre justement, et pour celui qui quitte le droit chemin, comment il faut le corriger. C'est en quelque sorte la loi des lois qui surpasse toutes les lois relevant du jugement des hommes »[26]. La *regula* du *Liber de rectoribus christianis* n'est donc rien d'autre que la loi de Dieu qui s'impose à tous les chrétiens et d'abord au roi lui-même. Elle est ici explicitée par une triple obligation (les *tria necessaria* du Pseudo-Cyprien) où se mêlent émotions et action.

L'*ordinatio* y occupe le panneau central, elle est action. Dans les capitulaires carolingiens, il y a 68 occurrences du terme *ordinatio*, dont 38 concernent l'ordination des évêques ou des prêtres. Les 30 autres se rapportent aux décisions prises dans l'exercice du pouvoir légitime, le plus souvent royal. En 806, Charlemagne prévoit qu'à sa mort l'empire sera partagé *iuxta ordinationem nostram* et que jusque-là, il conservera sa vie durant toute sa *potestas, sicut hactenus fuit in regimine atque ordinatione et omni dominatu regali atque imperiali*[27]. Les passages de la *divisio* de 806 sont repris en 831 dans la *divisio regni* qui

---

25 Episcoporum ad Hludowicum imperatorem relatio, éd. Alfred BORETIUS / Victor KRAUSE (MGH Capit. 2, 1897) n° 196, p. 27. Egalement Louis le Germanique : Concilium Moguntinum a. 852, ibid., n° 249, p. 185.

26 Capitula Parisiensia, praef., c. 1, éd. Rudolf POKORNY (MGH Capit. episc. 3, 1995) p. 26–27 : *Canon enim, ut dictum est, regula nuncupatur; id est, a recte vivendo, recte operando, recte fidem tenendo, divinitatem et humanitatem domini nostri Iesu Christi veraciter confitendo hereticorum pravitatem calcandam et sanctorum ortodoxorum patrum normam tenendam denunciat. Docet enim canon, quomodo iuste vivere quisque debeat vel, qui declinat a via recta, qualiter corrigendus sit. Est enim quodammodo lex legum, que omnes preeminet leges, que humano arbitrio composite sunt.*

27 Divisio regnorum, 806, c. 20, éd. Alfred BORETIUS (MGH Capit. 1, 1883) n° 45, p. 130.

intervient après la crise de 830[28]. Après les travaux d'Olivier Guillot[29] et de Mayke de Jong[30], il est inutile de revenir sur l'importance de l'*ordinatio* dans le système de gouvernement carolingien. Notons que le terme fait référence à une action – donner un ordre –, qui vise autant à mettre en ordre qu'à maintenir l'ordre, c'est-à-dire la loi de Dieu. La force de l'*ordinatio* se mesure aux émotions qu'elle suscite, c'est-à-dire l'amour et la crainte. Pour l'ensemble des textes du IXe siècle recensés dans les bases de données de la « Library of Latin Texts », l'expression *timor et amor* apparaît 12 fois, tandis que *terror* n'est associé à *amor* que chez Sedulius et Hincmar, quand ils reprennent le Pseudo-Cyprien. Le passage en question a donc bien été sélectionné parce qu'il associait les deux émotions à l'*ordinatio*.

Dans le *Liber de rectoribus christianis*, *amor* et *terror* ont une connotation positive, mais elles prennent une autre coloration dans d'autres contextes. Sedulius écrit en effet dans son commentaire de la première épître aux Romains de saint Paul que « le jugement des hommes peut être perturbé de bien des manières, par l'amour, par la haine, par la crainte, par l'avarice »[31]. *Amor, timor, odium, avaricia* peuvent donc pousser le roi à un mauvais jugement.

Le commentaire de l'épître de Paul aux Romains permet de préciser la pensée des moralistes car les émotions y sont présentées dialectiquement. La haine et l'avarice sont intrinsèquement mauvaises et ne peuvent se charger d'aucune force positive, parce qu'elles sont l'œuvre du diable qui rôde à l'affût de ses victimes. L'*avaricia* est le péché le plus souvent dénoncé au IXe siècle. Ainsi, dans le chapitre III du *De ordine palatii* où Hincmar reprend le passage du Pseudo-Cyprien, il insiste sur la nécessité pour le roi de choisir des comtes et des juges qui haïssent l'avarice et qui aiment la justice, le passage de l'Exode 18

---

28 Regni divisio, c. 13, éd. Alfred Boretius / Victor Krause (MGH Capit. 2, 1897) n° 194, p. 23.
29 Olivier Guillot, Une ordinatio méconnue : le capitulaire de 823–825, dans : Peter Godman (dir.), Charlemagne's Heir. New Perspectives on the Reign of Louis the Pious (814–840) (1990) p. 455–486.
30 Mayke de Jong, The Penitential State (cf. n. 10).
31 Sedulius Scottus, Collectanea in omnes S. Pauli epistolas, ep. 1, c. 2 (Jacques-Paul Migne, Patrologia latina 103) col. 24A: *Scimus autem quoniam judicium Dei est secundum veritatem. Humanum enim judicium multis modis corrumpitur, amore, odio, timore, avaritia.*

sur les juges³², utilisé à partir du règne de Louis le Pieux³³. L'avarice suscite la haine qui pervertit l'action politique, au même titre que l'amour charnel et les amitiés particulières pervertissent l'amour divin.

L'amour et la crainte ont donc une valeur changeante. Quand elles se réfèrent à Dieu, elles sont bénéfiques, quand elles sont perverties par le diable, elles sont cause de péché. La circulation des émotions et leur valeur apparaissent aussi liées à celle des richesses. Les richesses, qui toutes viennent de Dieu, doivent circuler harmonieusement et le roi, pour susciter l'amour, doit se distinguer par ses *beneficia*, qu'il faut entendre dans leur double acception de bienfaits et de bénéfices. La circulation des biens matériels et des honneurs (les *beneficia*) soutient donc celle de l'*amor* qui lie le roi chrétien à son peuple, donc à Dieu.

L'action royale, qui a pour but d'établir la loi de Dieu, suscite donc des émotions qui la rendent performante. Le roi se fait craindre (*terror*) en châtiant les coupables par de justes vengeances. Une lettre de l'archevêque de Lyon Agobard au comte Matfrid d'Orléans met bien en lumière l'importance de la crainte comme émotion fondatrice de l'autorité : « La crainte des rois et des lois s'est atténuée chez beaucoup au point que nombreux sont ceux qui, actuellement, pensent ne devoir craindre personne, estimant en leur for intérieur et se disant en leur coeur : 'Si le Palais venait à connaître d'un différend me concernant, l'affaire serait confiée aux juges [*causidici*]. Là, je trouverai bien des parents ou plusieurs amis grâce auxquels tout doute sera effacé, afin que je n'encoure aucune défaveur de la part du roi, parce qu'un cadeau donné en secret éteint les colères et, grâce à ceux qui font écran entre lui et nous, celui que l'on doit craindre ne verra pas nos erreurs' »³⁴.

---

32   Hincmar, De ordine palatii, c. 3, éd. GROSS (cf. n. 21) p. 50 : [...] *qui avaritiam oderint et iustitiam diligant et sub hac conditione suam administrationem peragant et sub se huiusmodi ministeriales substituant.*

33   Episcoporum relatio, éd. BORETIUS/ KRAUSE (cf. n. 25) n° 196, p. 48. Concile de Paris : Concilium Parisiense a. 829, c. 3, éd. Albert WERMINGHOFF (MGH Conc. 2/2, 1908) p. 653 ; ibid., c. 23, p. 677. Concile d'Aix-la-Chapelle : Concilium Aquisgranense a. 836, c. 10, ibid., p. 719.

34   Lettre d'Agobard de Lyon à Matfrid, citée dans Philippe DEPREUX, Le comte Matfrid d'Orléans, v. 815–836, Bibliothèque de l'École des Chartes 152 (1994) p. 331–374, ici p. 332 : *Quievit timor regum et legum in multis, adeo ut plerique in presenti neminem timendum putent, reputantes apud semetipsos et dicentes in cordibus suis : ‹ Si querela de me ad palatium venerit, causa ad causidicos dirigetur. Illic inveniam parentes vel amicos plures, per quos indubitanter fiet, ut regalem offensionem nullam incurram, quia*

En même temps, le discours moral carolingien repose sur l'idée que la crainte ne saurait suffire et que le roi doit aussi susciter l'amour de son peuple, en l'aimant comme Dieu aime les hommes. Cette idée est présente dans tous les miroirs. Au début du IXe siècle, Smaragde de St-Mihiel commence la *Via regia* qu'il a écrite pour Louis le Pieux, alors roi d'Aquitaine, par un chapitre sur l'amour de Dieu et du prochain (*dilectio*), première des vertus royales. Le deuxième chapitre traite de l'observation des mandements de Dieu et tout de suite après suit le chapitre sur la crainte (*timor*)[35]. Dans le poème en l'honneur de Louis d'Ermold le Noir, qui s'apparente à un miroir, l'auteur insiste aussi sur l'amour du roi pour ses sujets, car l'amour est ce qui est le plus important pour celui qui veut atteindre Dieu[36]. En 830, quand Jonas d'Orléans dédie son *De institutione regia* à Pépin d'Aquitaine, il lui recommande d'abord, comme à tous les chrétiens, la *caritas*, c'est-à-dire l'amour, pour éviter les haines, la discorde et les châtiments divins[37]. L'amour, qui est à la fois amour de Dieu et du prochain, doit donc irriguer la société chrétienne, elle-même soumise à l'autorité royale. Ensuite, Jonas reprend le concile de Paris et précise au chapitre III ce qu'est un empereur orthodoxe. Il cite Fulgence, un auteur du début du VIe siècle, pour qui un empereur n'est véritablement droit que si « en lui la douceur tempère la colère et si la bonté est l'ornement de son pouvoir ; s'il inspire à tous l'amour plus que la crainte et s'il prend soin du salut de ses sujets »[38]. Pour Jonas d'Orléans et les moralistes du IXe siècle, la crainte ne se conçoit donc pas sans amour et sans bonté.

Le contexte troublé de 829–830 conduit aussi Jonas à insister sur la piété familiale qui doit empêcher que les fils ne se soulèvent contre leur père. Le *Liber de rectoribus christianis* de Sedulius Scottus s'inscrit dans le prolongement direct du traité de Jonas, mais sans insister sur la piété filiale, car le contexte ne l'y conduit pas. En revanche, il accorde une place importante à

---

donum absconditum extinguet iras et his, qui timendus est, aliis interpositis non videbit insipientias nostras >.

35 Smaragde de St-Mihiel, Via regia (Jacques-Paul MIGNE, Patrologia latina 102) col. 935–937.
36 In honorem Hludowici elegiacum carmen, I, v. 90–91, éd. Edmond FARAL (Les classiques de l'histoire de France au Moyen Age 14, ²1964) p. 10; ANTON, Fürstenspiegel (cf. n. 11) p. 192.
37 Jonas, De institutione regia, c. 9, éd. DUBREUCQ (cf. n. 24) p. 228–229.
38 Fulgence, De veritate praedestinationis et gratiae, II, 22, 39, éd. Jean FRAIPONT (Corpus christianorum, Series latina 91A, 1968) p. 517.

l'épouse du roi dans sa représentation du roi orthodoxe qui doit bien se gouverner lui-même, puis son épouse et ses enfants, enfin le peuple lui-même[39].

La transposition des émotions familiales au plan politique est une caractéristique carolingienne : l'Etat carolingien a un caractère familial et affectif, et même patriarcal comme l'a souligné Janet Nelson[40]. La paternité publique se fonde dans la tradition antique et vétérotestamentaire (Dieu le Père), mais il n'y a pas de solution de continuité entre Antiquité tardive et époque carolingienne. Le changement qui intervient au IXe siècle est lié à la christianisation de la famille, conçue comme l'atome de la société chrétienne, la famille impériale étant elle-même le modèle sur lequel se construit l'édifice social.

L'inscription de l'amour dans un ordre politico-familial est déjà présente dans la *divisio imperii* de 806 où Charlemagne ordonne à ses fils de conserver « paix et amour » entre eux[41], elle l'est aussi dans son testament où l'empereur se soucie du sort de ses enfants et petits-enfants. Mais la théorie ne se précise que quelques années plus tard, dans l'historiographie. Eginhard construit dans la *Vita Karoli* le modèle d'une famille royale unie par l'amour, sous la houlette du *pater optimus*, qui respectait lui-même sa mère, qui aimait ses fils, ses filles et ses petits-enfants, qui les accueillait, les éduquait à sa cour et qui se souciait de leur avenir[42]. La date de rédaction de la *Vita Karoli* est discutée. On peut exclure l'hypothèse de 817 qui ne se justifie pas[43] et retenir une date postérieure à la naissance de Charles en 823, peut-être autour de 825[44], voire vers 828–829[45]. Selon Thégan, qui écrit ses *Gesta Hludowici* entre 835 et 837, Charlemagne aurait recommandé à son fils Louis qu'il venait de couronner empereur d'abord « d'aimer et de craindre le Dieu tout-puissant, de se conformer en toute chose

---

39 Sedulius, Liber de rectoribus, c. 5, éd. DYSON (cf. n. 16) p. 34 ; STAUBACH, Rex (cf. n. 13) p. 178.
40 Janet L. NELSON, Kingship and Empire in the Carolingian World, dans : Rosamond MCKITTERICK (dir.), Carolingian Culture. Emulation and Innovation (1994) p. 52–87.
41 Divisio Regnorum a. 806, éd. BORETIUS (cf. n. 27), n° 45, p. 127.
42 Janet L. NELSON, Charlemagne – pater optimus ?, dans : Peter GODMAN / Jörg JARNUT / Peter JOHANEK (dir.), Am Vorabend der Kaiserkrönung. Das Epos « Karolus Magnus et Leo Papa » und der Papstbesuch in Paderborn 799 (2002) p. 269–281.
43 Date avancée par Rosamond MCKITTERICK, Charlemagne. The Formation of a European Identity (2008) p. 11–14.
44 DE JONG, Penitential State (cf. n. 10) p. 68–69.
45 Thomas X. NOBLE, Introduction, dans : ID., Charlemagne and Louis the Pious. The Lives by Einhard, Notker, Ermoldus, Thegan, and the Astronomer (2009) p. 7–20.

à ses commandements, de gouverner les églises de Dieu et de les défendre contre les dépravés. Il lui ordonne de toujours montrer une indéfectible miséricorde à ses sœurs et à ses frères, qui étaient plus jeunes, à ses neveux et à tous ses proches. Ensuite il devra honorer les prêtres comme des pères, aimer le peuple comme des fils, remettre les orgueilleux et les méchants dans la voie du salut, être le consolateur des cloîtres et le père des pauvres »[46]. L'amour du roi pour sa famille s'étend ensuite au peuple tout entier, considéré d'une manière filiale. Cette religion de l'amour familial se trouve également au centre du traité de Jonas d'Orléans pour le comte Matfrid d'Orléans, où amour est synonyme de fidélité et de confiance, dans le registre familial comme dans le registre politique.

Les travaux de ces vingt dernières années ont mis l'accent sur la forte prégnance des écrits scripturaires, en particulier de la Bible sur les systèmes de représentation de l'autorité exprimés par les auteurs du haut Moyen Âge[47]. Les commentaires exégétiques carolingiens mettent en avant l'image d'un Dieu juste qui use de la colère comme d'une punition infligée à ceux qui violent son autorité par leurs péchés. Celle de Dieu s'abat sur les pécheurs sous forme de vengeance et suscite une crainte salvatrice. Comme l'écrit Jonas d'Orléans : « Nombreuses sont les menaces divines qui s'adressent à tous les ordres, et la vengeance divine s'est accomplie sur ceux qui ont dédaigné de l'écouter »[48]. Mais la colère de Dieu n'est jamais synonyme de haine, car Dieu aime les hommes et son amour irrigue la société chrétienne. La vengeance du roi est donc l'expression de la colère divine, puisque le roi est comptable devant Dieu de l'ordre, de la paix et de la justice. Mais la terreur qu'inspire le roi n'est légitime qu'à la mesure de sa justice et de l'amour qu'il suscite. Il n'est donc pas étonnant qu'à partir de l'époque carolingienne se développe l'idée qu'à l'image de Dieu qui punit mais qui pardonne aussi aux pécheurs, le roi se rend plus grand encore en dominant sa colère, en faisant miséricorde et en se faisant humble[49]. Sedulius a fait suivre le passage tiré du Pseudo-Cyprien d'une phrase où il écrit : « Car il faut qu'il soit humble à ses propres yeux, comme il est

---

46 Thegan, Gesta Hludowici imperatoris, c. 6, éd. Ernst TREMP (MGH SS rer. Germ. 64, 1995) p. 182.
47 En particulier, Ytzhak HEN, The Uses of the Bible and the Perception of Kingship in Merovingian Gaul, Early Medieval Europe 7/3 (1998) p. 277–290.
48 Jonas, De institutione regia, c. 10, éd. DUBREUCQ (cf. n. 24) p. 232.
49 Hans-Werner GOETZ, Selbstdisziplin als mittelalterliche Herrschertugend ?, dans : Vorstellungsgeschichte (cf. n. 1) p. 337–351.

écrit : Ils t'ont fait leur dirigeant ? Ne le prends pas de haut, mais sois parmi eux comme l'un d'entre eux (Ecl 32,1) ».

La crainte et l'amour de Dieu sont donc les émotions fondatrices d'autorité et de fidélité au roi à l'époque carolingienne. Elles doivent agir d'abord au sein de la famille, puis irriguer toute la communauté des fidèles de l'empereur, dans une interpénétration étroite entre privé et public, politique et religieux. Dhuoda est imprégnée de cette même idéologie qui place l'amour et la fidélité au Père au centre du cosmos. Elle rappelle à son fils Guillaume qu'il doit avant toute chose aimer et craindre Dieu, puis son père et enfin son seigneur le roi. Pour elle, il n'y a pas de conflit possible entre ces deux formes de fidélité car l'amour de Dieu, d'où découle l'amour du père, s'impose à toute autre forme de lien. Le roi juste doit donc respecter les droits de ses fidèles et tout roi qui ne le ferait pas se comporterait en tyran et se disqualifierait[50].

L'idéologie politique carolingienne s'inscrit en rupture avec celle qu'exprimaient les histoires de Grégoire de Tours et la chronique de Frédégaire. Mais ces œuvres narratives ne sont pas de même nature que celle des miroirs carolingiens, qui sont des traités moraux, ce qui pose la question de l'adéquation entre le discours sur la morale et l'action politique. Pour l'époque carolingienne, Mayke de Jong a montré, d'une manière très convaincante, qu'on trouvait dans les sources narratives carolingiennes le même fond moral, les mêmes valeurs partagées que dans les œuvres morales proprement dites, même s'il faut corriger le propos sur l'action politique par les logiques compétitives à l'œuvre dans la société. La fréquence comparée des termes concernant l'amour et la crainte dans des textes de nature différente confirme que les élites carolingiennes partageaient les valeurs politiques que diffusaient les textes de morale. De leur côté, les Dix livres d'histoires de Grégoire de Tours sont une œuvre de moralisation politique comme l'a montré Martin Heinzelmann[51] et le discours de l'évêque s'articule sur une catégorisation sociale qui est celle du

---

50 Régine LE JAN, Dhuoda ou l'opportunité du discours féminin, dans : Cristina LA ROCCA (dir.), Agire da Donna. Modelli e pratiche di rappresentazione (secoli VI–X) (Haut Moyen Âge 3, 2007) p. 109–128; EAD., The Multiple Identities of Dhuoda, dans : Rosamond MCKITTERICK / Richard CORRADINI (dir.), Ego Trouble in the Early Middle Ages. Authors and their Identities in the Early Middle Ages (2010) p. 211–220.

51 Martin HEINZELMANN, Gregor von Tours (538–594). « Zehn Bücher Geschichten ». Historiographie und Gesellschaftskonzept im 6. Jahrhundert (1994).

VIᵉ siècle et sur un mode d'action politique qui est celui des élites. De la même manière, Frédégaire, qui continue l'œuvre de Grégoire, offre au Livre IV de sa chronique des portraits de bons et de mauvais souverains, de bons et de mauvais maires du palais qui sont ceux que pouvaient accepter les élites du milieu du VIIᵉ siècle.

Or, ni le roi mérovingien de Grégoire de Tours ni celui de Frédégaire ne cherchent l'amour de leurs sujets : la fidélité au roi se fonde dans la crainte. Cela ne signifie pas pour autant que le modèle du souverain craint et aimé tout à la fois était inconnu, puisqu'il se fondait dans la tradition antique. C'est aussi celui qu'exprime la lettre de l'évêque Rémi de Reims à Clovis au début de son règne, quand il exhorte le jeune roi à se faire aimer et craindre de tous : *ut omnes te ament et timent*[52]. De son côté, le poète italien Venance Fortunat a laissé dans ses poèmes de précieux témoignages de la culture d'un milieu profondément empreint des idéaux élitaires antiques où *l'amor-amicitia* était la vertu qui liait, qui distinguait et qui assurait la reproduction sociale. Originaire d'Italie, d'où il est parti pour la Gaule en 565, Fortunat doit sa fortune en Gaule à sa proximité avec les rois mérovingiens. Dans ses poèmes d'éloge, et en particulier dans le premier poème du livre VI, offert au roi Sigebert à l'occasion de son mariage avec la princesse Brunehaut, il développe les thèmes centraux de la *pietas* et de la *gravitas* qui, selon lui, fondent depuis de longues générations la gloire et la renommée des rois mérovingiens, et qui s'épanouissent dans le jeune roi Sigebert ; ce sont elles qui suscitent l'amour de son peuple (*amor populi*), thème sur lequel Fortunat revient à plusieurs reprises. Il identifie le roi à un père[53], reprenant le thème romain de la paternité publique[54] qui maintenait et accentuait le rapport d'autorité et qui s'incarne pour lui dans la royauté[55]. L'*amor regis*, à la fois amour du roi et amour pour le roi, est un élément de la largesse royale, il renforce la supériorité du roi : le roi est aimé, parce qu'il donne beaucoup et dans la mesure où il donne, « Votre faveur comble tout le

---

52   Epistolae austrasicae, ep. 2, ed. Wilhelm GUNDLACH (MGH Epp. 1, 1882) p. 123.
53   Venance Fortunat, Carmen VI, 1, éd. Marc REYDELLET, dans : ID., Venance Fortunat, Poèmes 2 (²2003) p. 46.
54   Martin HEINZELMANN, Pater populi. Langage familial et détention de pouvoir public (Antiquité tardive et très haut Moyen Âge), dans : Françoise THELAMON (dir.), Aux sources de la puissance : sociabilité et parenté (Publications de l'Université de Rouen 148, 1989) p. 47–56.
55   HEINZELMANN, Pater populi (cf. n. 54) p. 49.

monde de présents généreux » écrit Fortunat à Charibert[56]. C'est à ce titre que le roi Sigebert peut être « le seul à aimer tout le monde et à être aimé de tous » (*solus amat cunctos et amatur ab omnibus unus*)[57], puisqu'il peut donner à tous, selon le mérite de chacun. C'est cette même idée que l'on trouve chez le Pseudo-Cyprien quand il dit que le roi doit se faire aimer par ses bienfaits.

Grégoire de Tours n'ignorait pas cette représentation de l'autorité royale chrétienne, mais ce n'est pas le modèle qu'expriment ses histoires. Sa construction narrative met en avant le bien-fondé de la vengeance royale et la crainte qui fonde l'autorité du roi guerrier. Si l'amour n'est pas absent, il ne s'applique pas, ou très peu, aux relations entre le roi mérovingien et son peuple. Car Grégoire de Tours écrit pour être compris et entendu de son public. Or, dans la Gaule du VIᵉ siècle, l'amour n'est pas une vertu performative pour des rois guerriers, même chrétiens. Le souverain idéal de Grégoire de Tours n'est donc pas un roi mérovingien, c'est l'empereur Tibère, qu'il décrit comme étant d'une extrême bonté, toujours prêt à faire des aumônes, juste dans ses jugements, bienveillant envers tous et finalement « aimant tout le monde, il était aimé de tous »[58]. Pour l'évêque qu'est Grégoire, l'amour est une vertu royale, liée à la justice et à la générosité, mais aucun roi mérovingien ne répond à cet idéal, ni ne peut le comprendre, en un temps d'instabilité où fait défaut la circulation harmonieuse des biens et des honneurs qui est le support matériel et symbolique des relations affectives, par lesquelles se construit le pouvoir, dans l'espace public comme dans l'espace privé[59].

Un tournant s'amorce toutefois dans la première moitié du VIIᵉ siècle, dans le contexte de la seconde fondation du royaume mérovingien, par la branche neustrienne, mais il reste ambigu. Dans une lettre à un jeune roi, Sigebert III ou Clovis II, écrite peu après la mort du roi Dagobert, un évêque donne un certain nombre de conseils comme ceux que les évêques carolingiens développeront plus tard dans leurs miroirs : le roi juste se fait craindre, écouter et aimer

---

56   Venance Fortunat, Carmen VI, 2, éd. REYDELLET (cf. n. 53) 2, p. 57.
57   Venance Fortunat, Carmen VI, 1, éd. REYDELLET (cf. n. 53) 2, p. 48.
58   Gregoire de Tours, Libri historiarum X, VI, 30, éd. Bruno KRUSCH / Wilhelm LEVISON (MGH SS rer. Merov. 1/1, ²1951) p. 298 : *Erat enim summe bonitatis, in aelimosinis prumptus, in iudiciis iustus, in iudicando cautissimus ; nullum dispiciens, sed omnes in bona voluntate conplectens. Omnes diligens, ipse quoque diligebatur ab omnibus.*
59   Sur ces questions, voir Jean-Pierre DEVROEY / Laurent FELLER / Régine LE JAN (dir.), Les élites et la richesse au haut Moyen Âge (Haut Moyen Âge 10, 2010).

de tous ses fidèles[60]. Dans le livre IV de la chronique de Frédégaire, l'amour n'est pas une vertu royale, tandis que la crainte est mise en avant, mais un nouveau personnage apparaît sur le devant de la scène politique : le maire du palais. Et Frédégaire fait un tableau du bon maire du palais qui gouverne fermement mais avec bonté le royaume, en recherchant et suscitant l'amitié de tous, tandis que le mauvais maire du palais se distingue par son avarice, ses injustices, suscitant haine et rejet. La crainte du roi a désormais pour pendant l'amour suscité par le maire et vice versa, si bien que les vertus fondatrices d'autorité s'organisent en un diptyque, avec d'un côté le roi, qui tire son pouvoir de Dieu et de la crainte qu'il suscite par sa justice et ses victoires, de l'autre le maire du palais qui tient son autorité du roi et qui doit assurer la concorde entre les grands. On ne peut manquer de mettre l'évolution du discours et des modèles dans la première moitié du VIIe siècle en relation avec la stabilisation et l'enracinement des élites, dont témoigne l'édit de 614, qui changent les rapports entre le roi et les grands.

Mais c'est au IXe siècle, dans le contexte carolingien, que s'impose un modèle d'autorité plus nettement christianisé, dans lequel l'amour et la crainte sont, à parts égales, les émotions politiques fondatrices d'autorité, découlant de celles de Dieu. Le discours qui est alors offert aux rois et aux élites est le produit des transformations profondes de la société[61]. L'interpénétration du politique et du religieux, du privé et du public, et la hiérarchisation des relations sociales, qui s'inscrit au cœur même de la famille chrétienne, permettent de construire un imperium chrétien sur une base familiale. La *Vita Karoli* d'Eginhard, les miroirs de Jonas d'Orléans, de Sedulius Scottus, d'Hincmar de Reims, le Manuel de Dhuoda placent l'autorité du père chef de famille au centre de leur réflexion sur la société chrétienne, et cette autorité est désormais indissociable de l'amour qui fonde l'harmonie des relations sociales.

Les Carolingiens ont bénéficié, entre le milieu du VIIIe et le premier tiers du IXe siècle, de conditions favorables, grâce aux profits des guerres extérieures et à l'expansion, qui ont accru les richesses et les honneurs mis en circulation, favorisant ainsi le développement d'un idéal de coresponsabilité, de confiance

---

60 Epistolae aeui Merowingi collectae, ep. 15, ed. Wilhelm GUNDLACH (MGH Epp. 3, 1892) p. 458, l. 25 sqq.
61 Voir à ce sujet Thomas F.X. NOBLE, Secular Sanctity : Forging an Ethos for the Carolingian Nobility, dans : Patrick WORMALD / Janet L. NELSON (dir.), Lay Intellectuals in the Carolingian World (2007) p. 8–36.

et de générosité mutuelles, auquel adhèrent les élites, ecclésiastiques et laïques[62]. La circulation harmonieuse des honneurs devient alors le support de l'amour (*caritas*) chrétien, en rejetant la violence vers l'extérieur, le roi est l'arbitre d'une compétition régulée qui trouve son sens dans la collaboration pour le salut et non dans le conflit. En même temps, la moralisation politique conduit à mettre en avant la *misericordia* royale qui, à l'image de la miséricorde divine, permet de dépasser la colère et d'éviter toute haine. Nithard, qui décide de reprendre au début de son livre III, le récit de la bataille de Fontenoy, met en avant le dilemme qui s'est posé à Charles et Louis après leur victoire sur Lothaire : poursuivre les ennemis ou faire miséricorde. Ils choisissent la miséricorde[63].

La question de la haine des dirigeants injustes se pose évidemment à qui veut étudier les émotions politiques, mais elle dépasserait largement le cadre de cet article. Notons seulement qu'à l'époque mérovingienne, le roi et le maire du palais qui se disqualifient par leurs injustices suscitent la haine, qui conduit elle-même à leur élimination, le plus souvent physique. Au IXe siècle en revanche, la haine ne fait plus partie des émotions politiques acceptables, parce qu'elle est directement perçue comme l'œuvre du diable, et finalement aucun roi carolingien n'a fini de mort violente, jusqu'à ce qu'en 900, Zwentibold, qui s'était « rendu odieux » aux grands de Lotharingie par ses injustices et ses déprédations, ne soit tué par les comtes qui l'avaient rejeté. Notons d'ailleurs que Réginon de Prüm précise que sa mort a eu lieu *in proelio* c'est-à-dire au cours d'un combat, ce qui l'apparente à une jugement de Dieu, et non au cours d'une embuscade[64].

---

62 Régine LE JAN, Les élites carolingiennes et le roi au milieu du IXe siècle : statut et fidélité, dans : Matthias BECHER / Stefanie DICK (dir.), Völker, Reiche und Namen im frühen Mittelalter (MittelalterStudien 22, 2010) p. 335–346. Dans une perspective pénitentielle, voir DE JONG, The Penitential State (cf. n. 10).

63 Nithard, Historiarum libri IIII, III,1, ed. Philippe LAUER (Les classiques de l'histoire de France au Moyen Age 17, 1926) p. 80. Voir John GILLINGHAM, Fontenoy and After : Pursuing Enemies to Death, dans : Paul FOURACRE / David GANZ (dir.), Frankland. The Franks and the World of the Early Middle Ages. Essays in Honour of Dame Jinty Nelson (2008) p. 242–265.

64 Réginon de Prüm, Chronicon a. 900, éd. Friedrich KURZE (MGH SS rer. Germ. [50], 1890) p. 148.

Conclusion

Les modèles bibliques ont profondément pesé sur la représentation de l'autorité au haut Moyen Âge. Il n'y a donc rien d'étonnant à ce que la crainte soit une émotion fondatrice d'autorité pour des hommes vivant dans la crainte de la colère de Dieu. Mais il faut attendre l'époque carolingienne, pour que l'amour, vertu chrétienne par excellence, soit intégrée comme valeur politique et laisse place à la miséricorde.

Le discours moral des clercs carolingiens n'est pas déconnecté d'une autre réalité qui serait la réalité sociale, à laquelle nous n'aurions pas accès. D'une part, les miroirs et autres œuvres morales sont écrits dans des contextes spécifiques auxquels ils renvoient directement, d'autre part, les sources narratives traduisent à leur manière l'intégration des mêmes valeurs d'amour et de crainte.

Néanmoins, l'idéel est prescriptif, il n'est pas descriptif[65]. L'impact des valeurs éthiques sur l'action politique est beaucoup plus difficile à mesurer. Jonas d'Orléans a précisé lui-même dans le *De institutione regia* qu'il écrivait pour détourner Pépin d'Aquitaine de toute hostilité à l'égard de son père et pour maintenir la concorde et l'amour dans la famille impériale et dans l'empire. Il est évident que de ce point de vue, il a échoué car d'autres logiques étaient en œuvre, avec d'autres émotions. Divers indices montrent néanmoins des changements, avec une diminution des « haines mortelles » au IXe siècle.

---

65   NOBLE, Secular Sanctity (cf. n. 61) p. 34.

Philippe Depreux

Der Petrusstab als Legitimationsmittel

Zu Kommunikation, Erinnerungskultur und Autorität im Mittelalter

Die Ursprünge eines Bischofssitzes bargen häufig das Potential für Auseinandersetzungen, bei denen die Vorstellungswelten mittelalterlicher Geschichtsschreiber und manchmal auch moderner Historiker eine wichtige Rolle spielten[1]. Oft ging es dabei darum, den ersten Bischof einer Stadt in einen direkten Zusammenhang mit den Aposteln zu bringen[2], denn im Mittelalter waren die Rivalitäten zwischen den Bischöfen zum Teil von den Legenden einer apostolischen Gründung des jeweiligen Bischofssitzes bestimmt[3]. So

---

1   Den vorliegenden Aufsatz möchte ich Hans-Werner Goetz als Dankeschön für vielerlei Anregungen im Bereich der Frühmittelalterforschung widmen. In diesem Bereich sei vor allem auf einen Sammelband des Jubilars verwiesen: Hans-Werner GOETZ, Vorstellungsgeschichte. Gesammelte Schriften zu Wahrnehmungen, Deutungen und Vorstellungen im Mittelalter, hg. von Anna AURAST u.a. (2007).
2   Dies gilt auch für Hamburg. Die Echtheit der diesbezüglichen Urkunden aus dem 9. Jahrhundert wird immer wieder in Zweifel gezogen. Zum *status quaestionis* vgl. David FRAESDORFF, Der barbarische Norden. Vorstellungen und Fremdheitskategorien bei Rimbert, Thietmar von Merseburg, Adam von Bremen und Helmold von Bosau (Orbis mediaevalis 5, 2005) S. 59–62. Die Debatte wird nochmals eröffnet von Eric KNIBBS, Ansgar, Rimbert and the Forged Foundations of Hamburg-Bremen (2011).
3   Vgl. Louis DUCHESNE, Fastes épiscopaux de l'ancienne Gaule, 3 Bde. (1894–1915); Wilhelm LEVISON, Die Anfänge rheinischer Bistümer in der Legende, in: Annalen des historischen Vereins für den Niederrhein 116 (1930) S. 5–28; Eugen EWIG, Kaiserliche und apostolische Tradition im mittelalterlichen Trier, in: Trierer Zeitschrift für Geschichte und Kunst des Trierer Landes und seiner Nachbargebiete 24–26 (1956–1958) S. 147–186, hier S. 181; Michel SOT, La Rome antique dans l'hagiographie épiscopale en Gaule, in: Roma antica nel Medioevo. Mito, rappresentazioni, sopravvivenze nella ‚Respublica Christiana' dei secoli IX–XIII (2001) S. 163–188; Samantha Kahn HERRICK, Le pouvoir du passé apostolique, in: Hagiographie, idéologie et pouvoir au Moyen Âge, hg. von Edina BOZOKY (im Druck). Zur „Vergangenheitsorientierung" vgl. Steffen PATZOLD, Episcopus. Wissen über Bischöfe im Frankenreich des späten 8. bis frühen 10. Jahrhunderts (Mittelalter-Forschungen 25, 2008) S. 475–482. Zu Trier und Köln als Metropolitansitzen siehe

griff zum Beispiel Ademar von Chabannes, der „Impresario" des Martialis von Limoges als Apostel[4], vehement die apostolische Autorität des Fronto, Gründer des Bistums von Périgueux, an[5]. Diese Art von Rivalität ist kein Einzelfall: Der Anspruch auf einen apostolischen beziehungsweise römischen Ursprung wird von etwa einem Viertel aller frühmittelalterlichen Bischofssitze geteilt[6]! Dies gilt auch für das Erzbistum Trier und seine Suffraganbistümer Metz und Toul und für die Bischofssitze von Mainz, Köln und Tongern / Maastricht (jetzt Lüttich) im Rhein-Mosel-Gebiet. Diese Berufung auf einen apostolischen Ursprung in diesen Regionen kommt im 8. Jahrhundert auf. Als erstes beansprucht das Bistum von Metz mit aller Deutlichkeit eine apostolische Gründung. Paulus Diaconus schreibt in seinem Werk über die Bischöfe von Metz, daß Clemens von Petrus zum Bischof erhoben und dorthin geschickt worden sei[7]. Dieser Anspruch wird nicht zufällig in jener Epoche erhoben, in der nach dem Tod des Bonifatius der Bischof von Metz vorübergehend eine Vorrangstellung unter den austrasischen Bischöfen einnahm und Zentrum der Ausstrahlung von römischen Bräuchen in der Liturgie wurde[8].

Zuvor hatten sich nur Kirchen aus Südgallien auf eine apostolische beziehungsweise eine frühe römische Gründung berufen[9]. Um die Mitte des 5. Jahr-

---

Daniel Carlo PANGERL, Die Metropolitanverfassung des karolingischen Frankenreiches (Schriften der MGH 63, 2011) S. 39–52 und 121–130.

4   Dazu siehe Richard LANDES, Relics, Apocalypse, and the Deceits of History. Ademar of Chabannes, 989–1034 (1995) S. 195–281: „The apostolic controversy: from apostolic impresario to master forger, 1028–1031".

5   Concilium Lemovicense a. 1031 (Giovanni Domenico MANSI, Sacrorum conciliorum nova et amplissima collectio 19, 1774) Sp. 514; Samantha Kahn HERRICK, Studying Apostolic Hagiography: The Case of Fronto of Périgueux, Disciple of Christ, in: Speculum 85 (2010) S. 235–270, hier S. 246 f.

6   Albert HOUTIN, La controverse de l'apostolicité des Églises de France au XIXe siècle (³1903) S. 71; Liste in Eugène BERNARD, Les origines de l'Église de Paris. Établissement du christianisme dans les Gaules. Saint Denys de Paris avec seize gravures sur acier (1870) S. 33 ff.

7   Paulus Diaconus, Liber de episcopis Mettensibus, ed. Georg Heinrich PERTZ (MGH SS 2, 1829) S. 261.

8   Dazu siehe Eugen EWIG, Saint Chrodegang et la réforme de l'Église franque, in: Saint Chrodegang. Communications présentées au colloque tenu à Metz à l'occasion du XIIe centenaire de sa mort, hg. von Jean SCHNEIDER (1967) S. 25–53. Zu Chrodegang siehe auch Jerome BERTRAM, The Chrodegang Rules. The Rules for the Common Life of the Secular Clergy from the Eighth and Ninth Centuries. Critical Texts with Translations and Commentary (2005) S. 12–14.

9   DUCHESNE, Fastes (wie Anm. 3) 1 (1894) S. 57 f.

hunderts wandten sich südgallische Bischöfe an Papst Leo den Großen, um den Rang der Stadt Arles als Metropolitensitz zu verteidigen. Sich auf Briefe des Papstes Zosimus stützend, in denen Trophimus als Gesandter des römischen Stuhles bezeichnet wird[10], behaupteten die Bischöfe, dieser sei als erster Metropolit von Petrus selbst nach Gallien geschickt worden[11]. Der nächste Hinweis auf einen Anspruch auf eine apostolische Gründung stammt aus dem 6. Jahrhundert. In seinem Buch zur Ehre der Märtyrer erwähnt Gregor von Tours – allerdings mit großer Vorsicht – die Weihe des heiligen Eutropius von Saintes durch Clemens, den dritten Bischof von Rom nach Petrus[12]. Damit wären wir also im späten 1. Jahrhundert: „Es wird erzählt, daß der Märtyrer Eutropius von dem seligen Bischof Clemens nach Gallien in die Stadt Saintes geschickt wurde und daß er von ihm aus bischöflicher Macht geweiht wurde"[13].

In der Karolingerzeit mehren sich die Hinweise auf einen römischen beziehungsweise apostolischen Ursprung. Die Behauptung, der erste Bischof von Reims sei ein *discipulus* des heiligen Petrus gewesen[14], spielt eine nicht geringe Rolle im Streit zwischen diesem Bischofssitz und dem von Trier um den Primat der *Gallia Belgica* in der zweiten Hälfte des 9. Jahrhunderts[15]. Die angebliche Gründung durch Petrus war – wenn man in diesem Punkt Widukind von Corvey vertrauen darf – der Grund, warum Ruotbert von Trier dem Erzbischof Wichfried von Köln das Vorrecht bestritt, den Krönungsakt im Jahr 936 in Aachen vorzunehmen – schließlich einigten sich beide auf die Person eines Dritten, und so amtierte der Mainzer Erzbischof, Hildibert, bei der Krö-

---

10 Siehe die entsprechenden Briefe des Zosimus unter den Epistolae Arelatenses genuinae, ed. Wilhelm GUNDLACH (MGH Epp. 3, 1892) Nr. 1–3, S. 5–10; ebd., Nr. 5, S. 11.
11 Epistolae Arelatenses genuinae, ed. GUNDLACH (wie Anm. 10) Nr. 12, S. 17–20. Dazu LEVISON, Anfänge (wie Anm. 3) S. 8 f.
12 Gregor von Tours, Liber in gloria martyrum, c. 55, ed. Bruno KRUSCH (MGH SS rer. Merov. 1/2, 1885) S. 52.
13 Gregor von Tours, Gloria martyrum, c. 55, ed. KRUSCH (wie Anm. 12) S. 52: *Eutropius quoque martyr Sanctonicae urbis a beato Clemente episcopo fertur directus in Gallis, ab eodem etiam pontificalis ordinis gratia consecratus est.*
14 Thomas BAUER, Lotharingien als historischer Raum. Raumbildung und Raumbewußtsein im Mittelalter (Rheinisches Archiv 136, 1997) S. 359 f.
15 Hermann SCHMIDT, Trier und Reims in ihrer verfassungsrechtlichen Entwicklung bis zum Primatialstreit des neunten Jahrhunderts, in: Zeitschrift der Savigny-Stiftung für Rechtsgeschichte, Kanonistische Abt. 18 (1929) S. 1–111; Jean DEVISSE, Hincmar, archevêque de Reims, 845–882 2 (1976) S. 643–657; Michel SOT, Un historien et son Église au Xe siècle: Flodoard de Reims (1993) S. 709–719.

nung Ottos des Großen¹⁶. Es geht mir hier nicht darum, die Kontroversen um den apostolischen Ursprung mittelalterlicher Bischofssitze zu behandeln und zu zeigen, wie die mittelalterlichen Schreiber einen Jünger Petri allmählich zu dessen Sohn und dann zum Jünger Christi (wie im Fall des Martialis von Limoges) oder zu einem der 72 Apostel machen konnten. Es wäre auch möglich, zu zeigen, wie manche Heilige immer näher in die apostolische Zeit rücken. So wird der heilige Dionysius im Laufe des Frühmittelalters zum Zeitgenossen des Clemens von Rom gemacht¹⁷, obwohl er in Gregors von Tours Geschichtsbüchern im Zusammenhang mit der Christenverfolgung unter Kaiser Decius (also für die Zeit um 250) erwähnt wird¹⁸: „Unter dem Kaiser Decius aber brachen viele Verfolgungen gegen den christlichen Namen aus, und das Blutvergießen unter den Gläubigen war so groß, daß [die Opfer] nicht zu zählen sind. [...] Zu dieser Zeit wurden sieben Männer zu Bischöfen geweiht und nach Gallien geschickt, um dort das Wort zu predigen. Denn so erzählt die Leidensgeschichte des heiligen Märtyrers Saturninus: [...] Dorthin wurden

---

16 Widukind von Corvey, Rerum gestarum Saxonicarum libri tres, II, 1, ed. Paul HIRSCH (MGH SS rer. Germ. [60], ⁵1935) S. 65 f.; Irmgard ACHTER, Die Kölner Petrusreliquien und die Bautätigkeit Erzbischof Brunos (953–965) am Kölner Dom, in: Das erste Jahrtausend. Kultur und Kunst im werdenden Abendland an Rhein und Ruhr, Textband 2, hg. von Victor H. ELBERN (1964) S. 948–991, hier S. 978 f.

17 SOT, Rome antique (wie Anm. 3) S. 167, schlägt eine andere Datierung als Havet vor, vgl. Julien HAVET, Les origines de Saint-Denis, in: Bibliothèque de l'École des Chartes 51 (1890) S. 5–62.

18 Gregor von Tours, Historiarum libri decem, I, 30, edd. Bruno KRUSCH / Wilhelm LEVISON (MGH SS rer. Merov. 1/1, ²1951) S. 22 f.; ed. Rudolf BUCHNER (Ausgewählte Quellen zur deutschen Geschichte des Mittelalters 2 [1959]) S. 34 (mit deutscher Übersetzung ebd., S. 35): *Sub Decio vero imperatore multa bella adversum nomen christianum exoriuntur, et tanta stragis de credentibus fuit, ut nec numerari queant.* [...] *Huius tempore septem viri episcopi ordenati ad praedicandum in Gallis missi sunt, sicut historia passiones sancti martyres Saturnini denarrat.* [...] *Hic ergo missi sunt: Turonicis Catianus episcopus, Arelatensibus Trophimus episcopus, Narbonae Paulos episcopus, Tolosae Saturninus episcopus, Parisiacis Dionisius episcopus, Arvenis Stremonius episcopus, Lemovicinis Martialis est distinatus episcopus.* Die Sendung des Martialis aus Rom wird von Gregor in seinem Buch zur Ehre der Bekenner Christi bestätigt, vgl. Gregor von Tours, Liber in gloria confessorum, c. 27, ed. Bruno KRUSCH (MGH SS rer. Merov. 1/2, ²1969) S. 314 f.: *Igitur sanctus Martialis episcopus a Romanis missus episcopis, in urbe Lemovicina praedicare exorsus est; eversisque simulachrorum ritibus, repletam iam credulitate Dei urbem, migravit a saeculo.* („Bischof Martialis, von den römischen Bischöfen entsandt, fing an, in der Stadt Limoges zu predigen; nachdem der Götzendienst abgeschafft wurde und als die Stadt voller Glauben an Gott war, starb er.")

also geschickt: Bischof Catianus (Gatien) nach Tours, Bischof Trophimus nach Arles, Bischof Paulus nach Narbonne, Bischof Saturninus nach Toulouse, Bischof Dionysius nach Paris, Bischof Stremonius (Austremoine) nach Clermont und Bischof Martialis nach Limoges." Dionysius und seine Gefährten werden sogar als Gesandte des Clemens, des Nachfolgers Petri in einer unechten Urkunde Theuderichs IV. für St-Denis (angeblich aus dem Jahr 723/24) bezeichnet. Diese Fälschung, die auf einer älteren Passio fußt, stammt vom Ende der Regierungszeit König Pippins I.[19]. In den *Gesta Dagoberti* wird um 830 auch der Tod des Dionysius in die Regierungszeit Kaiser Domitians (81–96) datiert[20].

Aufbauend auf dieses allgemeine und schon gut erforschte Phänomen, soll hier eine Nebenerscheinung dieses Wettbewerbes untersucht werden. Ich möchte die Bedeutung des Petrusstabes und dessen Verwendung im Mittelalter näher betrachten[21]. Dabei wird ein in der jüngeren Forschung immer stärker betontes Thema behandelt: das nämlich der *autorité du passé*, des Gewichtes der Vergangenheit in der Weltanschauung mittelalterlicher Menschen[22].

Die Legende der Rückkehr zum Leben eines toten Menschen dank des Petrusstabes oder einer Petrusreliquie gehört zum Gemeingut mehrerer Heiligenviten[23]. Zu dieser Gruppe gehören: Clemens von Metz, Eucharius von Trier, Fronto von Périgueux, Martialis von Limoges und Memmius von Châlons. Unter den Viten solcher Heiligen bilden das Leben des Fronto von Périgueux und das Leben des Martialis von Limoges die ältesten Texte. Beide sind in der ersten Hälfte des 9. Jahrhunderts nachweisbar; eine genauere Be-

---

19   Vgl. die unechte Urkunde Theuderichs IV., ed. Theo KÖLZER (MGH DD Mer., 2001) 1, Nr. 185, S. 458–462.
20   Gesta Dagoberti I. regis Francorum, c. 3, ed. Bruno KRUSCH (MGH SS rer. Merov. 2, 1888) S. 401.
21   Dazu vgl. Ernst-Dieter HEHL, Herrscher, Kirche und Kirchenrecht im spätottonischen Reich, in: Otto III. – Heinrich II. Eine Wende?, hg. von Bernd SCHNEIDMÜLLER / Stefan WEINFURTER (Mittelalter-Forschungen 1, 1997) S. 169–203, hier S. 188 f. Paul TÖBELMANN, Stäbe der Macht. Stabsymbolik in Ritualen des Mittelalters (Historische Studien 502, 2011) S. 101, schenkt dem Petrusstab kaum Aufmerksamkeit.
22   Jean-Marie SANSTERRE (Hrsg.), L'autorité du passé dans les sociétés médiévales (Institut historique belge de Rome, Bibliothèque 52, 2004).
23   HOUTIN, Controverse (wie Anm. 6) S. 197, nennt nur „Martial de Limoges, Front de Périgueux, Euchaire de Trèves, Clément de Metz".

stimmung ihres Alters ist leider nicht möglich[24]. In beiden Berichten dient der Stab Petri nur als *instrumentarium* des Wunders.

Fangen wir mit Fronto an: Petrus soll ihn gemeinsam mit einem Priester namens Georg nach Périgueux geschickt haben. Unterwegs stirbt Georg. Fronto kehrt nach Rom zurück und wird von Petrus getröstet. Der Apostel gibt ihm seinen Stab, damit er seinen toten Gefährten damit berühre und ins Leben zurückrufe[25]. Die älteste Handschrift dieser Vita datiert aus der ersten Hälfte des 9. Jahrhunderts (Paris, Bibliothèque nationale de France, Lat. 5643), aber Coens, ihr Herausgeber, hält sie für etwas älter[26]. Dieselbe Legende ist auch in einem Martyrologium aus Lyon aus den allerersten Jahren des 9. Jahrhunderts nachgewiesen[27] (Paris, Bibliothèque nationale de France, Lat. 3879).

Das erste Zeugnis der *Vita Martialis* stammt auch aus der ersten Hälfte des 9. Jahrhunderts: Der Text wurde vor 846 in der Reichenau von Reginbert kopiert[28] (Karlsruhe, Badische Landesbibliothek, Ms. Aug. perg. 136). Diese

---

24 HERRICK, Studying Apostolic Hagiography (wie Anm. 5) S. 245 f., bringt in dieser Hinsicht nichts Neues.
25 Vita beati Fronti, c. 6, ed. Maurice COENS, in: DERS., La vie ancienne de S. Front de Périgueux, in: Analecta Bollandiana 48 (1930) S. 324–361, hier S. 348: *Tertio vero die iter agentes, reddens spiritum Georgius presbiter humanum corpus fessum reliquit. Beatus videlicet Fronto cum lacrimis gemituque eum concedit sepulturae. Reversusque ad sanctum Petrum flevit et mesto corde comitem sibi itineris datum plangebat esse defunctum. Ne defleas, inquit Petrus, sed hunc baculum sumens, vade ad eum et tetectum ab humo cum adorationem Dominum depraecans tange illum tactusque resurgens tecum itinere pergat. Accepto baculo iniunctum sibi opus exercuit. Et cum ad locum ubi eum sepelierat pervenisset, innumera eum paganorum multitudo ad respiciendum quid ageret circumsepsit. Firmo robore mentis celer effodiit arva et rursum evolvens baculo tetigit almo. Tunc ille bina luminum volvens sub fronte metallo, caelestem gaudens respexit luminis auram et gratias Deo indefessis praecibus concinnebat.*
26 COENS, La vie ancienne (wie Anm. 25) S. 334 f.
27 Henri QUENTIN, Les martyrologes historiques du moyen âge. Étude sur la formation du martyrologe romain (1908) S. 170 : *VIII. Kl. Nov. Petragoricas civitate, natale sancti Frontonis, qui Romae a beato Petro episcopus ordinatus cum Georgio presbytero ad praedicandum Evangelium missus est. Cumque tertio die itineris idem Georgius fuisset mortuus, moerens Fronto reversus ad apostolum, accepto eius baculo et super corpus defuncti posito, socium de morte suscepit. Sicque ad praedictam civitatem veniens, magnam gentis illius multitudinem ad Christum convertit et multis miraculis clarus in pace quievit.*
28 Alfred HOLDER, Die Reichenauer Handschriften 1: Die Pergamenthandschriften (Die Handschriften der großherzoglichen Badischen Hof- und Landesbibliothek in Karlsruhe 5, 1906) S. 93. Zur Einschätzung des Wertes der hagiographischen Quellen zum heiligen Martialis vgl. Philippe DEPREUX, Auf der Suche nach dem *princeps*

Abschrift der *Vita Martialis* ist unter anderem ein Indiz für die Beziehungen der alemannischen Klöster zu Südwestgallien im Frühmittelalter[29].

Im Unterschied zu den Gefährten des Martialis von Limoges (sie werden als *discipuli* des Heiligen bezeichnet) und im Unterschied zu den Gefährten des Memmius von Châlons und des Eucharius von Trier ist der Priester Georg nicht als Frontos Nachfolger auf dem Bischofsstuhl von Périgueux nachgewiesen (sondern gilt als Gründer der Diözese von Le Puy-en-Velay, was jedoch völlig unsicher ist). Sowohl die ältere Vita des heiligen Bischofs von Limoges als auch die im frühen 11. Jahrhundert geschriebene *Vita prolixior* berichten von der Wiederauferstehung des Austriclinianus in ähnlicher Weise wie die *Vita Frontonis*[30]. Hier ist nicht von dem *baculum* des heiligen Petrus die Rede, sondern in grazistischer Weise von seinem *bacterium*, ein Wort, das auch

---

in Aquitanien (7.–8. Jahrhundert), in: Von Raetien und Noricum zum frühmittelalterlichen Baiern, hg. von Hubert FEHR / Irmtraut HEITMEIER (2012, im Druck).

[29] Ralph W. MATHISEN, The Codex Sangallensis 190 and the Transmission of the Classical Tradition during Late Antiquity and the Early Middle Ages, in: International Journal of the Classical Tradition 5 (1998 [1999]) S. 163–194; DERS., Epistolography, Literary Circles and Family Ties in Late Roman Gaul, in: Transactions of the American Philological Association 111 (1981) S. 95–109. Ruricius von Limoges stammte aus einer senatorischen Familie aus Aquitanien und stand mit vielen Bischöfen aus Südgallien in enger Beziehung. Davon zeugen 82 seiner Briefe, die nach seinem Tod in zwei Büchern herausgegeben wurden. Dazu vgl. auch Harald HAGENDAHL, La correspondance de Ruricius (Acta Universitatis Gotoburgensis 58/3, 1952). Nach Mathisen wurden die Briefe des Ruricius und des Faustus um die Mitte des 7. Jahrhunderts im Umkreis des Desiderius von Cahors kopiert (vielleicht in Albi). Die St. Galler Handschrift 190 ist nicht die einzige, die die Hypothese einer Beziehung zwischen der Abtei St. Gallen und der Gegend von Albi stützt, vgl. MATHISEN, The Codex Sangallensis 190, S. 186 (es handelt sich um die St. Galler Handschrift 917 der Benediktregel).

[30] Siehe die *Vita prima*: Vita sancti Martialis, ed. François ARBELLOT, in: DERS., Documents inédits sur l'apostolat de saint Martial et sur l'antiquité des églises de France (1860) S. 37, sowie die *Vita prolixior*: Vita prolixior, in: Thomas BEAUXAMIS, Abdiae Babyloniae primi episcopi ab apostolis constituti de historia certaminis apostolici libri X (1571) S. 157: *Et cum caepti itineris maturitate viam conficerent, contigit ut beatus Austriclinianus, unus e comitibus, migraret a saeculo in loco qui Else vocatur. Quo viso, beatissimus Marcialis Romam repedavit, nuncians beato Petro omnia quae sibi in via acciderant. Quem ille percunctatus dixit ad eum: Quantocius propera, sumpto bacterio meo in manu tua. Cumque ad locum perveneris quo fratrem exanimem reliquisti, tange ex ipso defuncti cadaver, et ego tecum Domino fundam orationem, statimque velut a somno expergiscetur, et continuo comitatui tuo inhaerebit. Quod ita factum est, ut vulgi fama testatur.* Zu letzterer Vita vgl. Richard LANDES / Catherine PAUPERT, Naissance d'apôtre. La Vie de saint Martial de Limoges (1991).

„Krücke" bedeuten kann (so wird es in diesem Sinne in anderen Viten aus dem 7. beziehungsweise 8. Jahrhundert benutzt, nämlich in der *Vita Eligii*[31] und in der Vita des Desiderius von Cahors[32]). Anscheinend legte man Wert auf diese Besonderheit der *Vita Martialis*, denn auch in den Akten der Synode von Limoges im Jahr 1031 wird auf die Gabe des vermeintlichen Apostels verwiesen, mit Hilfe des *bacterium Petri* seinen eigenen *discipulus* wieder ins Leben rufen zu können[33].

Die Vita des Eucharius von Trier und die Vita des Memmius von Châlons sind in Hinsicht auf die Legitimation der jeweiligen Nachfolger eng verwandt[34]: Derjenige, der wieder ins Leben gerufen wird, ist in beiden Fällen ein Subdiakon, der dem Bischof später (das heißt nach dem in den jeweiligen Viten auch erwähnten Diakon, Valerius beziehungsweise Donatian) nachfolgen soll (es handelt sich in Köln um Maternus und in Châlons um Domitian). Fangen wir mit dem älteren der beiden Texte an: mit der Vita des Memmius. Der älteren Fassung dieser Vita zufolge gibt Petrus dem heiligen Bischof sein Kleid (*vestimentum*), damit er den toten Domitian wecke. Memmius wird beauftragt, das Kleid auf den Toten zu legen und folgendes zu sagen: „Der Herr Jesus Christus und unser Meister, der heilige Petrus, wiederholen ihren Befehl, daß du mit mir zügig aufbrichst, um das Wort Gottes den Heiden zu verkündigen, damit wir das Licht des Herrn allen bringen"[35]. Dadurch wird

---

31 Vita Eligii episcopi Noviomagensis, II, 80, ed. Bruno KRUSCH (MGH SS rer. Merov. 4, 1902) S. 739.
32 Vita Desiderii Cadurcae Urbis episcopi, c. 45, ed. Bruno KRUSCH (MGH SS rer. Merov. 4, 1902) S. 597.
33 Concilium Lemovicense a. 1031 (wie Anm. 5) Sp. 512D.
34 LEVISON, Anfänge (wie Anm. 3) S. 21 f.
35 Vita sancti Memmii [BHL 5907], c. 2 (Acta Sanctorum, Aug. 2, 1735) S. 11: *Sed cum beatissimus Mimius ipsius subdiaconi solatium ad officium sibi cognovisset deesse, eo sepulto continue ad sanctum Petrum reversus, lacrymabiliter ita suggessit, dicens: Domine sanctissime magister, cognoscat sanctitas tua, Domitianum subdiaconum, quem mecum ad verbum Domini gentibus praedicandum direxeras, in itinere modo fuisse defunctum. Quod cum beatissimus Petrus audisset, cui a Domino potestas ligandi ac solvendi data esse dignoscitur, divina inspiratione permotus, beato Mimio episcopo fiducialiter respondit, dicens: Noli, frater, contristari de transitu filii nostri, sed accipe vestimentum meum et revertere ad locum sepulturae ejus et super corpusculum ejus impone, ita dicens: Imperat tibi Dominus Jesus Christus et magister noster sanctus Petrus, ut qualiter tibi mandavit, mecum ad verbum Domini gentibus praedicandum ambulare non tardes, ut lumen dominicum per nos omnibus pateat.*

Domitian von dem Apostelfürsten selbst als Missionar in Châlons im wörtlichen Sinne „investiert".

In einer jüngeren Vita des Memmius von Châlons wird der Bischof nicht mehr von Petrus, sondern von dessen Nachfolger Clemens nach Gallien geschickt. Der Befehl bleibt aber gleich, denn durch den Papst spricht eigentlich der heilige Petrus. Domitian wird dementsprechend in Petri Namen erweckt, aber Memmius bedient sich diesmal nicht mehr des Gewandes Petri, sondern einer kleineren Reliquie: einer *fimbria vestimenti beati Petri*, das heißt einer Franse des Apostelkleides[36]. Der *terminus ante quem* dieser Vita liegt im 13. Jahrhundert; Joseph van der Straeten, ihr Herausgeber, ist der Meinung, daß sie nicht vor dem 12. Jahrhundert geschrieben wurde[37]. Die Datierung der älteren Vita ist noch schwieriger. Das erste datierbare hagiographische Dokument ist die *Inventio Memmii*, die ins 7. Jahrhundert datiert wird und von einem Zeitgenossen Dagoberts II. geschrieben wurde. Unsicher ist aber, ob zu dieser Zeit die ältere Vita schon vorlag oder ob sie erst in der Karolingerzeit verfaßt wurde. Letzterer Auffassung war Wilhelm Levison, als er 1910 die *Inventio* herausgab[38]; er ließ aber in seinem 1930 erschienenen Aufsatz zu den Anfängen rheinischer Bistümer in der Legende die Frage der Datierung wieder offen[39]. Wie dem auch sei, es steht außer Zweifel, daß Hrabanus Maurus diese Vita gekannt hat, als er sein Martyrologium verfaßte: „In der Stadt Châlons: Bestattung des Memmius, Bischof und Bekenner, über den gelesen wird, daß er von dem seligen Apostel Petrus in der Stadt Rom zum Bischof geweiht wurde und daß er gemeinsam mit dem heiligen Dionysius, dem heiligen Sextus [also dem Bischof von Reims] und dem heiligen Eucharius zwecks der Verkündigung von Gottes Wort nach Gallien geschickt wurde"[40]. Es bleiben aber Un-

---

36 Vita sancti Memmii [BHL 5912], c. 3, ed. Joseph VAN DER STRAETEN, in: Vie inédite de S. Memmie, premier évêque de Châlons-sur-Marne, in: Analecta Bollandiana 92 (1974) S. 297–319, hier S. 311.
37 VAN DER STRAETEN, Vie inédite (wie Anm. 36) S. 307 mit Anm. 2.
38 Inventio Memmii episcopi Catalaunensis [BHL 5911], ed. Wilhelm LEVISON (MGH SS rer. Merov. 5, 1910) S. 363 f.
39 LEVISON, Anfänge (wie Anm. 3) S. 21, Anm. 77.
40 Hrabanus Maurus, Martyrologium, ed. John MCCULLOH / Wesley STEVENS (Corpus christianorum, Continuatio mediaevalis 189, 1979) S. 77 f.: *Non. Aug. In civitate Catalaunice, depositio Memei episcopi et confessoris, de quo legitur, quod a beato Petro apostolo in Romana urbe episcopus ordinatus, missus fuisset in Galliam simul cum sancto Dionisio et sancto Sexto atque sancto Eucharo ad praedicandum verbum Dei.*

stimmigkeiten zwischen den Listen der Gefährten Memmii in dessen Vita und bei Hrabanus Maurus.

Es ist nicht klar, ob die Vita des Memmius älter ist als die des Fronto und die des Martialis. Sie unterscheiden sich in zweierlei Hinsicht: einerseits, was das Mittel des Wunders betrifft (das Kleid Petri oder sein Stab), und andererseits bezüglich dessen Funktionalität (als Mittel der Investitur oder nicht). Zwar darf man mit Samantha Kahn Herrick sagen, „the staff gives tangible form to the transmission of apostolic power from Peter to Fronto"[41], aber der Unterschied zwischen den Worten Petri in den jeweiligen Texten verdeutlicht, daß nur im Fall der *Vita Memmii* (und nicht in den aquitanischen Viten) von einer Einsetzung in das Bischofsamt geredet werden darf. In dieser Hinsicht entspricht die Vita des Eucharius von Trier dem Wortlaut der *Vita Memmii*, wie wir jetzt sehen werden.

Die Vita der Heiligen Eucharius, Valerius und Maternus ist eindeutig jünger als die bisher besprochenen Texte: Ihre Datierung ist ungewiß, aber sie ist wohl eher in die erste Hälfte des 10. Jahrhunderts zu stellen[42]. Der Handlungsablauf ist der gleiche, und die Worte Petri sind offenbar in Anlehnung an die *Vita Memmii* verfaßt. Der Apostelfürst gibt Eucharius seinen Stab, damit er den toten Maternus erwecke, indem er sagt: „Der Apostel Petrus befiehlt dir im Namen Jesu Christi, des Sohnes des lebendigen Gottes, daß du vom Tode auferstehest und mit uns des anvertrauten Amtes waltest"[43]. Hier ist also eindeutig von der Teilnahme des Maternus am bischöflichen Ministerium auf Befehl des heiligen Petrus die Rede. Die *Vita secunda* des Metzer Bischofs Clemens ist um so interessanter, als deren Verfasser, der wahrscheinlich in

---

41   HERRICK, Studying Apostolic Hagiography (wie Anm. 5) S. 242.
42   LEVISON, Anfänge (wie Anm. 3) S. 19 f.
43   Goldscher von Trier, Vita Eucharii, Valerii, Materni, c. 1, 5 (Acta Sanctorum, Ian. 2, 1643) S. 918: *Quem ille clementer consolabatur, dicens: Noli lugere, carissime, nec tristis esse, quia quem nunc mortuum doles, ipsum per gratiam redemptoris nostri citius resurgere videbis, et tui itineris fidelem et incolumem socium habebis: mortem enim, quam ille ad tempus corporaliter pertulit, hanc omnipotens Deus ad salutem plurimorum providit. Sed iam nunc accipe baculum meum, et coeptum iter perage, et cum illuc perveneris, ipsum baculum super corpus defuncti pone, dicens: Praecipit tibi Petrus apostolus in nomine Iesu Christi filii Dei vivi, ut a morte resurgas et commissum ministerium nobiscum perficias. Sanctus vero Eucharius cum fratre Valerio imperium magistri gratanter suscipiens, ad praedictum castellum veloci gressu pervenit atque ad sepulchrum fratris accedens, dilectissimumque thesaurum effodiens, baculum funeri superposuit et dum apostoli verba quae mandaverat retulisset, statim Maternus resumpto spiritu resedit dataque manu pontifici vivus et incolumnis coram populi multitudine de tumulo surrexit.*

Gorze um 1068 tätig war, zwar die *Vita Eucharii* kannte, sie aber nicht wörtlich abschrieb[44]. Der Autor kannte auch die Vita des Touler Bischofs Mansuetus, die von Adso von Montier-en-Der nach 974 geschrieben wurde[45]. (Auch Mansuetus soll von Petrus entsandt worden sein, aber es ist in seiner Vita nicht von einem Wunder mittels des Petrusstabes zu lesen.) Diese *Vita Clementis* bildet eine fast vollständige hagiographische Synthese der *Belgica prima* indem Petrus gleichzeitig die ersten Bischöfe von Metz, Toul und Trier in ihre jeweilige Diözese aussendet. Es wird dadurch auf die geistige Verbundenheit der Heiligen hingewiesen, daß sie den Petrusstab unter sich teilen, bevor sie voneinander Abschied nehmen[46]. Darauf werde ich noch zurückkommen, denn manche Quellen aus dem 10. Jahrhundert berichten ebenfalls von einer Teilung des Petrusstabes, und dieser Hinweis der *Vita Clementis* aus dem 11. Jahrhundert spielt höchstwahrscheinlich darauf an. Es gibt keine Spur von einem Teil des Petrusstabes, der in Metz geblieben wäre, aber in der Metzer Kirche wurde bis in die Frühneuzeit ein Stab des heiligen Maternus aufbewahrt[47]! Der Text zur Auferstehung des Maternus ist in der zweiten *Vita Clementis* viel länger als in der *Vita Eucharii* und mit biblischen Vergleichen versehen. Aber er nimmt Abstand von seiner Vorlage, insofern als der Befehl zur Auferstehung nun nicht mehr mit der Aufforderung, das Bischofsamt zu bekleiden, verbunden ist[48].

Christoph Brouwer, einem Jesuiten aus dem späten 16. und frühen 17. Jahrhundert, zufolge hätten die Teilnehmer einer nicht genauer zu bestimmenden Metzer Synode unter Bischof Adventius im dritten Viertel des 9. Jahrhunderts die dort veröffentlichten Beschlüsse mittels des Petrusstabes

---

44 Mireille CHAZAN, Les vies latines de saint Clément, premier évêque de Metz, in: Francia 31/1 (2004) S. 15–43, hier S. 25–29. Vgl. auch Jean-Charles PICARD, Le recours aux origines. Les Vies de saint Clément, premier évêque de Metz, composées autour de l'an Mil, in: Religion et culture autour de l'an Mil. Royaume capétien et Lotharingie, hg. von Dominique IOGNA-PRAT / DEMS. (1990) S. 291–299.
45 Adso von Montier-en-Der, Opera hagiographica, ed. Monique GOULLET (Corpus christianorum, Continuatio mediaevalis 198, 2003) S. 103–106.
46 Vita beatissimi Clementis primi Metensium civitatis episcopi, c. 8 (Catalogus codicum hagiographicorum bibliothecae regiae Bruxellensis 1/2, 1889) S. 492: *Baculum ergo quo frater mortuus fuerat resuscitatus, sibi sunt invicem impertiti ob memoriam videlicet beati magistri sui et in amoris pignus fraterni.*
47 Jean-Baptiste KAISER, Pierre de Kœnigsmacker, professeur à l'Université de Trèves au commencement du XVIᵉ siècle, in: Revue ecclésiastique de Metz 41 (1934) S. 332–346, hier S. 338 f.
48 Vita Clementis, c. 6 f. (wie Anm. 46) S. 491.

bestätigt. In diesem Text, den Brouwer in einer Trierer Handschrift gesehen hat, wird auf die Vermittlung durch Clemens von Metz hingewiesen: Der erste Bischof von Metz sei es gewesen, der den Stab nach Gallien gebracht habe und den heiligen Maternus, den zukünftigen Bischof von Trier, vom Tode erweckt habe[49]. Diese Auffassung steht im Einklang mit der Inschrift eines jetzt verlorenen Reliquienschreines des heiligen Clemens aus dem 11. Jahrhundert, wo diese Geschichte in ähnlicher Art dargestellt wird[50]. Es ist nicht auszuschließen, daß dieser Text schon auf einer älteren, vielleicht aus der Zeit Bischofs Theoderichs I. von Metz (965–984) stammenden Reliquiarinschrift zu lesen war[51]. Solche Texte zeigen, daß man in Metz davon überzeugt war, daß der Petrusstab dort während des Frühmittelalters und bis zu dessen Einforderung durch den Kölner Erzbischof aufbewahrt worden sei. Die Stelle bei Brouwer ist wegen der unsicheren Überlieferung schwer zu beurteilen. Es sei nur noch bemerkt, daß die Kollegialität unter den Teilnehmern der Metzer Synode sehr im Einklang mit einer weiteren Clemensvita steht, die in einer Handschrift aus dem 13. Jahrhundert zu lesen ist: Dort wird der Stab allen Bischöfen der zukünftigen Trierer Provinz von Petrus gemeinsam anvertraut[52], genauso wie alle Bischöfe die Akten der Metzer Synode mittels des Stabes bestätigen. Ob dies zu weiteren Überlegungen bezüglich der Datierung dieser Texte führen darf, sei hier dahingestellt.

---

49   KAISER, Pierre de Kœnigsmacker (wie Anm. 47) S. 340: *Haec ergo statuta Dei omnipotentis spiritu promulgata unusquisque nostrum propria manu roboravit et cum baculo sancti Petri, quem a Romana sede per manum B. Clementis, Metensis ecclesiae primi episcopi, in Gallias direxit, cum quo et B. Maternus a mortuis resuscitatus extitit, qui postmodum Trevirensis ecclesiae sanctissimus pontifex fuit [...].*
50   Ediert im Anhang der Vita s. Clementis, ed. Karl STRECKER (MGH Poetae 5/1, 1937) S. 145: *Clemens per Petrum sortitur pontificatum, / Mittitur et Mettim laturus verba salutis. / Mausoleo socii commendans membra Materni. / Clementi baculum dat, suscitet unde Maternum.*
51   BAUER, Lotharingien (wie Anm. 14) S. 461 f.
52   Vita beati Clementis primi episcopi Metensis, c. 2, ed. Joseph VAN DER STRAETEN, in: DERS., Les manuscrits hagiographiques de Charleville, Verdun et Saint-Mihiel avec plusieurs textes inédits (Subsidia hagiographica 56, 1974) S. 86: *Cuius morte viri sancti nimium contristati, statim Romam redeunt et beato ordinem cum lacrimis referentes, dicebant se non posse redire ad iniunctum officium sine integro numero sociorum. Cum ergo beatus Petrus tradidisset eis baculum pastoralis officii, precepit eis ut redirent et, effosso corpori baculum superponentes, dicerent ei ex parte beati Petri ut in nomine Iesu Christi resurgeret et officium predicationis expleret.*

Das besondere Interesse der Erzbischöfe von Trier und Köln am Petrusstab im 10. Jahrhundert ist im Zusammenhang mit ihrer Rivalität zu betrachten. Als Auslöser kann man die Ernennung Brunos, des Kölner Erzbischofs, zum Herzog von Lothringen durch seinen Bruder, König Otto. I., im Jahr 953 betrachten[53], was seinen Biographen Ruotger zur Wortschöpfung *archidux* führt[54]. Durch diese Ernennung hatte der Kölner Erzbischof vorübergehend die politische Macht über die Trierer Suffraganbistümer Metz, Toul und Verdun inne. Bruno war sich dessen bewußt, daß der Wert der von ihm gesammelten Reliquien sein eigenes Prestige steigern würde. Dagegen behauptet Ruotger, der Kölner Erzbischof habe aus reiner Frömmigkeit den Petrusstab aus Metz und die Petruskette aus Rom kommen lassen. Man geht davon aus, daß sich Bruno während eines Feldzuges im Jahr 953 gegen Herzog Konrad den Roten des Stabes bemächtigt hat, und daß er zwei Jahre später die Kette erwarb, als eine Gesandtschaft unter Führung des Abtes Hadamar von Fulda bei Papst Agapet II. das Pallium für ihn erbat. Erst unter seinem dritten Nachfolger wurde der Stab geteilt, um einen Kompromiß mit dem Trierer Erzbischof im Streit um diese Reliquie zu finden. Diese Geschichte wurde von Erzbischof Egbert auf der Hülle des Stabes zusammengefaßt: „Den Stab des heiligen Petrus, der einst zur Auferweckung des Maternus von ihm [Petrus] selbst übersandt und vom heiligen Eucharius hierher übertragen worden ist, hat diese Kirche lange besessen. Später, wie überliefert wird, zur Zeit der Hunnen mit den übrigen Schätzen dieser Kirche nach Metz verbracht, ist er daselbst bis zu den Zeiten Ottos des Älteren, des allerfrömmsten Kaisers, verblieben; von dort durch dessen Bruder, den Erzbischof Bruno, abgefordert, ist er nach Köln gebracht worden; aber zur Zeit Kaiser Ottos des Jüngeren, auf Verlangen des Trierer Erzbischofs Egbert und unter Zustimmung des ehrwürdigen Erzbischofs Warinus von Köln, damit nicht auch diese Kirche eines solchen Schatzes beraubt würde, ist er in zwei Teile zerschnitten worden. Einer, nämlich der obere, ist dieser Kirche zurückgegeben und von dem Herrn Bischof in dieser Kapsel aufbewahrt. Der übrige nebst dem elfenbeiner-

---

53 ACHTER, Petrusreliquien (wie Anm. 16) S. 979; contra: EWIG, Kaiserliche und apostolische Tradition (wie Anm. 3) S. 181.
54 Ruotger, Vita Brunonis archiepiscopi Coloniensis, c. 20, ed. Irene OTT (MGH SS rer. Germ. N.S. 10, 1951) S. 19. Zu Bruno vgl. Henry MAYR-HARTING, Church and Cosmos in Early Ottonian Germany. The View from Cologne (2007).

nen Knauf wurde daselbst zurückbehalten. Im Jahr der Menschwerdung des Herrn 980, Indiktion 8"[55]. Auch in den kurz nach 1000 verfaßten *Gesta Treverorum* wird behauptet, der Petrusstab sei nach Metz in Sicherheit gebracht worden, und die Metzer hätten ihn nicht mehr zurückgeben wollen, bis Bruno von Köln ihn für seine eigene Kirche beansprucht habe[56]. Dahinter steht eine Legende, die schon in den *Gesta episcoporum Mettensium* des Paulus Diaconus zu lesen ist: Dank der Pilgerfahrt des Servatius von Tongern nach Rom sei die Kirche St. Stefan in Metz vor den Hunneneinfällen geschützt worden[57]. Die Erfindung dieser Geschichte zur Auslagerung des Petrusstabes von Trier nach Metz kann als Zeichen der im Laufe des 10. Jahrhunderts zunehmenden Angst der Trierer Erzbischöfe um ihr Prestige gedeutet werden[58]. Das sogenannte Silvesterprivileg, eine Fälschung, derer sich Erzbischof Theoderich bediente, um ein Privileg Johannes' XIII. im Januar 969 zu erlangen, zeigt mit aller Deutlichkeit, daß der Petrusstab von den Trierern als Zeichen des Primats gesehen wurde: Aufgrund der Übergabe seines Stabes durch Petrus, der dadurch der Quelle zufolge an Macht verloren habe, seien die ersten Bi-

---

55   Zitiert bei Rüdiger FUCHS, La tradition apostolique et impériale à Trèves: mythes de fondations et leurs monuments, in: Epigraphie et iconographie, hg. von Robert FAVREAU (1996) S. 57–74, hier S. 62 mit Anm. 27: BACULUM BEATI PETRI QUONDAM RESUSCITATIONE MATERNI AB IPSO TRANSMISSUM ET A S(AN)C(T)O EUCHARIO HVC DELATVM. DIV HAEC AECLESIA TENVIT. POSTEA HVNORUM VT FERTVR TEMPORIBVS METTIS CVM RELIQVIS HVIVS AECLESIAE THESAVRIS DEPORTATVS. IBI VSQ(VE) AD TEMPORA OTTONIS PIISSIMI IMPERATORIS SENIORIS PERMANSIT. INDE A FRATRE EIVS BRVNONE ARCHIEP(ISCOP)O EXPETITUS COLONIAE EST TRANSLATUS. IVNIORIS AVTE(M) OTTONIS IMPERATORIS TE(M)PORE PETENTE ECEBERTO TREVIRORU(M) ARCHIEP(ISCOP)O ET ANNUENTE VENERABILI VVERINO COLONIAE ARCHIEP(ISCOP)O. NE ET HAEC AECLESIA TANTO THESAURO FRAVDARETVR IN DVAS PARTES TRANSSECTUS. VNA SVPERIORI VIDELICET HVIC AECLESIAE REDDITA ET A DOMNO EP(ISCOP)O IN HAC THECA RECONDITA. RELIQVA CV(M) APICE EBVRNEO IBIDEM RETENTA. ANNO DOMINICAE INCARNAT(IONIS) DCCCLXXX INDI(CTIONE) VIII. Vgl. auch Franz J. RONIG (Hrsg.), Egbert, Erzbischof von Trier, 977–993. Gedenkschrift der Diözese Trier zum 1000. Todestag (Trierer Zeitschrift für Geschichte und Kunst des Trierer Landes und seiner Nachbargebiete, Beihefte 18, 1993) 1, Nr. 43, S. 38.
56   Gesta Treverorum, c. 29, ed. Georg WAITZ (MGH SS 8, 1848) S. 170 f., Anm. **.
57   Paulus Diaconus, Liber de episcopis Mettensibus, ed. PERTZ (wie Anm. 7) S. 262.
58   ACHTER, Petrusreliquien (wie Anm. 16) S. 986.

schöfe von Trier rangmäßig als die Ersten in Gallien und Germanien zu betrachten[59].

Das Trierer Stabreliquiar ist aufwendig aus Gold, Perlen, Edelsteinen und Kastenemails gefertigt, was nicht nur die Hochwertigkeit der Reliquie verdeutlichen sollte, sondern auch die Parallelität der apostolischen Nachfolge der Päpste und die der Trierer Erzbischöfe. Darauf werden die Päpste von Clemens bis zum zeitgenössischen Benedikt VII. (974–983) und die Erzbischöfe von Agritus (im 4. Jahrhundert) bis zu Egbert dargestellt. Im oberen Teil sind die Evangelisten und die Apostel zu sehen: So wird die Kontinuität zwischen den Jüngern Christi und den Trierer Erzbischöfen hervorgehoben. Das Reliquiar wurde angefertigt, um die Rückgewinnung der Reliquien zu feiern und deren Geschichte der Nachwelt bekannt zu machen. Aber eigentlich war dies wahrscheinlich keine Rückgewinnung, sondern eine Ersterwerbung. In den am Anfang des 12. Jahrhunderts verfaßten *Gesta episcoporum Tullensium* wird nämlich erzählt, wie Bischof Gauzlin von Toul (922–962) um 930 den Stab, welcher einst von Petrus dem ersten Touler Bischof, Mansuetus, übergeben wurde, im Tausch gegen ein Grundstück an den Bischof von Metz abgetreten habe[60]. Zwar sind einige Unstimmigkeiten im Text festzustellen (zum Beispiel amtierte damals nicht Theoderich I., sondern Adalbero), aber man geht davon aus, daß der Bericht im wesentlichen glaubwürdig ist und daß dieser Stab in Toul (und in den Nachbardiözesen) tatsächlich für den Hirtenstab Petri gehalten wurde. Man könnte andere Beispiele nennen, wo ein Bischofsstab als

---

59 Vgl. das sogenannte Silvesterprivileg, ed. Heinrich BEYER, in: Urkundenbuch zur Geschichte der, jetzt die Preussischen Regierungsbezirke Coblenz und Trier bildenden mittelrheinischen Territorien 1, hg. von DEMS. (1860) Nr. 1, S. 1: [...] *prioratum, quem tibi prae omnibus harum gentium episcopis in primitivis christianae religionis doctoribus, scilicet Euchario, Valerio et Materno per baculum caput ecclesiae Petrus signavit habendum, suamque quodammodo minuens dignitatem, ut te participem faceret* [...]. Zu diesem Text vgl. Stephanie COUÉ, Hagiographie im Kontext. Schreibanlaß und Funktion von Bischofsviten aus dem 11. und vom Anfang des 12. Jahrhunderts (Arbeiten zur Frühmittelalterforschung 24, 1997) S. 94.

60 Gesta episcoporum Tullensium, c. 32, ed. Georg WAITZ (MGH SS 8, 1848) S. 640: *Et quia mons praelibatus ad Metense pertinebat episcopium, petiit a Teoderico praesule, qui et Sixtus vocabatur, illum sibi dari per concambium, conferens illi sancti Petri apostoli baculum venerabile, quem beatus Mansuetus secum detulerat a Romana urbe.* Dazu vgl. Michel PARISSE, Un évêque réformateur: Gauzelin de Toul (922–962), in: Ad libros! Mélanges d'études médiévales offerts à Denise Angers et Joseph-Claude Poulin, hg. von Jean-François COTTIER / Martin GRAVEL / Sébastien ROSSIGNOL (2010) S. 69–82.

Pfand oder als Zeichen der Investitur auch in einer profanen Angelegenheit genutzt wurde[61].

Die Form des oben in einem Knauf endenden Kölner oder Trierer Petrusstabes erinnert an den Stab eines Inhabers weltlicher Macht (wie zum Beispiel an den des Gesetzgebers in der Wandalgarius-Handschrift aus dem 8. Jahrhundert[62]); diese Form taucht auch bei Langzeptern auf (wie zum Beispiel auf dem im späten 10. Jahrhundert entstandenen Fragment eines *Registrum Gregorii* aus Trier[63]), aber sie entspricht nicht dem Krummstab oder der tauförmigen Krücke eines Bischofs (wie beispielsweise der Stab des heiligen Heribert aus dem 11. Jahrhundert[64]). Es ist nicht auszuschließen, daß es sich um einen antiken Konsulstab handelt. Als *ferula* wäre dieser Stab überdimensioniert. Obwohl wir nach Bernhard von Chartres nur Zwerge auf der Schulter von Riesen sind, dürften die Apostel nicht so groß gewesen sein, daß ein über drei Meter langer Hirtenstab ihnen angemessen gewesen wäre. Auf diese Länge käme man, wenn man beide Stücke zusammenfügte. (Dies nur en passant, um das uferlose Thema der Echtheit von Reliquien und der Vielzahl eines theoretisch einmaligen Objektes lediglich stichwortartig anzudeuten.) Die für einen Bischofsstab untypische Form des Petrusstabes ist auch in der Darstellung der Investitur Heriberts von Köln durch Otto III. auf dem Heribertschrein aus den Jahren 1160–1170 zu erkennen[65]. Die Stirnseite zeigt den heiligen Bischof mit einem Krummstab. Auf den Medaillons mit den Szenen aus dem Leben

---

61   Vgl. Philippe DEPREUX, Investitura per anulum et baculum. Ring und Stab als Zeichen der Investitur bis zum Investiturstreit, in: Vom Umbruch zur Erneuerung? Das 11. und beginnende 12. Jahrhundert – Positionen der Forschung, hg. von Jörg JARNUT / Matthias WEMHOFF (MittelalterStudien 13, 2006) S. 169–195, hier S. 174 f.
62   St. Gallen, Stiftsbibliothek, Cod. 731, S. 234 (http://www.e-codices.unifr.ch/de/csg/0731/234).
63   Chantilly, Musée Condé, Ms. 14 bis, abgebildet in: Olivier GUYOTJEANNIN / Emmanuel POULLE (Hrsg.), Autour de Gerbert d'Aurillac, le pape de l'an mil (Matériaux pour l'Histoire publiés par l'École des chartes 1, 1996) S. 82.
64   Köln, Hohe Domkirche, Schatzkammer, Leihgabe von St. Heribert in Deutz, abgebildet in: Anton LEGNER (Hrsg.), Ornamenta Ecclesiae. Kunst und Künstler der Romanik in Köln. Katalog zur Ausstellung des Schnütgen-Museums in der Josef-Haubrich-Kunsthalle 2 (1985) Nr. E 93, S. 327 f.
65   Köln-Deutz, Pfarrkirche St. Heribert, abgebildet auf dem Umschlagbild von: Colonia Romanica 13 (1998). Dazu vgl. Martin SEIDLER, Der Heribertschrein – Rekonstruktionen und Vergleiche, ebd., S. 71–109; Valerie FIGGE, Die Einordnung der Heiligengeschichte in die Heilsgeschichte. Zur Bildvita des Heribertschreins, ebd., S. 110–117.

Heriberts ist auch seine Investitur dargestellt: Das vierte Medaillon zeigt in der oberen Hälfte, wie Otto III. dem Erzbischof zwei Stäbe übergibt. Einer davon ist eine Fahnenlanze und soll wohl auf die seit 1151 bezeugte lothringische Herzogswürde des Kölner Erzbischofs anspielen[66]. Den zweiten Stab krönt ein Knauf, er ist damit genau so wie der Trierer und der Kölner Petrusstab gestaltet. Die Inschrift spricht nur von einer *virga*, die von dem König verliehen wird[67]. Die Darstellung ist bewußt gewählt, denn sonst zeigen die Medaillons einen Krummstab. Die untere Hälfte des Medaillons stellt die Palliumsverleihung an Heribert dar. In der im zweiten Viertel des 11. Jahrhunderts verfaßten *Vita Heriberti* des Lantbert von Deutz wird folgendes über die Ereignisse berichtet: Nach dem Tod Evergers im Jahr 999 fand eine schwierige Wahl statt, die zum Vorschlag Heriberts, des Kanzlers Ottos III., führte. Eine Delegation brach nach Italien auf, um die kaiserliche Bestätigung des Wahlvorschlages einzuholen. Dabei wurde gemäß eines zu dieser Zeit auch andernorts bezeugten Brauchs der Bischofsstab des Verstorbenen dem Herrscher zurückgebracht. Otto stimmte dieser Wahl in Benevent zu und überreichte Heribert den Petrusstab, der anscheinend Station in Rom gemacht hatte. In sehr geschickter Weise bezeichnet Lantbert diesen Bischofsstab, der dem Herrscher zurückgegeben wird[68], als Hirtenstab (*pastoralis baculus*), und bei der Übergabe an Heribert, wodurch dieser zum Erzbischof gemacht wird, nennt er ihn *Petri baculus*[69], als hätte der Papst zu diesem Anlaß das Zeichen seiner eigenen Autorität vergeben. Vielleicht darf diese unterschiedliche Bezeichnung ein und desselben Stabes als Ausdruck dessen betrachtet werden, daß die Kölner Kirche knapp 20 Jahre nach dem Kompromiß mit der Trierer Kirche ihren Teil des Petrusstabes aufwerten wollte: als würde das Kölner Fragment des Stabes durch seine Niederlegung auf der *confessio Petri* an Kraft und Bedeutung gewinnen.

---

66   So Heribert MÜLLER, Heribert, Kanzler Ottos III. und Erzbischof von Köln (Veröffentlichungen des Kölnischen Geschichtsvereins e.V. 33, 1977) S. 198 mit Anm. 12.
67   FIGGE, Die Einordnung (wie Anm. 65) S. 117, Anm. 13: *Ex regis dono datur hic sacra virga patrono / Praesulis insigne plenum dat papa benigne.*
68   Lantbert von Deutz, Vita s. Heriberti, IV, ed. Bernhard VOGEL (MGH SS rer. Germ. 73, 2001) S. 150.
69   Lantbert von Deuz, Vita s. Heriberti, VI, ed. VOGEL (wie Anm. 68) S. 155: *Defertur ob id a Roma ipse Petri baculus, et prȩsente papa per eum vas electionis Heribertus Agrippinȩ Coloniȩ creatur archiepiscopus* [...].

Der Petrusstab als Legitimationsmittel

Im Laufe des Mittelalters bekam die Übergabe des Petrusstabes an Eucharius eine politische Bedeutung: Sie wurde von Alexander von Roes im Jahr 1281 in seinem *Memoriale de praerogativa imperii Romani* als Vorzeichen der mit Karl dem Großen erfolgten *translatio imperii* an die Deutschen gedeutet. Der Kölner Kanoniker wußte auch die jeweilige Länge der in Trier beziehungsweise Köln aufbewahrten Stücke sowie den Unterschied von Ober- und Unterteil des Stabes zu deuten[70]. Die symbolische Bedeutung des Petrusstabes wird auch dadurch unterstrichen, daß Kaiser Karl IV. im Jahr 1354 einen Teil des Trierer Stückes abschneiden ließ, um es dem ihm engst verbundenen Prager Dom zu schenken; dieser Teil wurde am Bischofsstab des heiligen Adalbert angebracht[71]. Im Hochmittelalter hielten die Päpste die Erinnerung daran wach, daß Petrus seinen Stab weitergegeben hatte; so beruft sich Innozenz III. auf die *Vita Eucharii*[72]. Durch die Ausbildung einer theologisch fundierten kanonischen Lehre zur päpstlichen Gewalt wurde dann gerade dieser Umstand als Ausdruck der päpstlichen Vollmacht betrachtet: Die Juristen Bernhard von Botone beziehungsweise von Parma und sein Schüler, Durandus von Mende, schreiben, der Papst habe keinen Bischofsstab, weil er seine Macht von Gott direkt empfange[73] und er von niemandem in sein Amt investiert sei[74]. Die

---

70   Alexander von Roes, Memoriale de praerogativa imperii Romani, edd. Herbert GRUNDMANN / Hermann HEIMPEL (MGH Staatsschriften 1/1, 1958) S. 147: *Huius autem baculi partem inferiorem sed longiorem habet ecclesia Treverensis, superiorem vero et breviorem ecclesia Coloniensis, quia licet civitas Treverensis antiquitate sit longior quam Coloniensis, multo tamen est inferior potestate et merito. Colonia igitur superiorem partem baculi tenet, quia non solum Coloniensis archiepiscopus regem Romanorum eligere, sed electum pre omnibus aliis principibus tenetur et debet consecrare, in hoc precurrens pontificis Romani officium, qui regem electum et consecratum canonice in imperatorem consecrat Romanorum.*

71   RONIG, Egbert, Erzbischof von Trier (wie Anm. 55) 1, Nr. 43, S. 39.

72   Innozenz III., Mysteriorum Evangelicae legis et sacramenti echaristiae libri sex, I, 62 (Jacques-Paul MIGNE, Patrologia latina 217, 1855) Sp. 796D–797A: *Romanus autem pontifex pastorali virga non utitur, pro eo quo beatus Petrus apostolus baculum suum misit Eucharius primo episcopo Treverorum, quem una cum Valerio et Materno ad praedicandum evangelium genti Teutonicae destinavit. Cui successit in episcopatu Maternus, qui per baculum sancti Petri de morte fuerat suscitatus. Quem baculum usque hodie cum magna veneratione Treverensis servat ecclesia.* Dazu vgl. Pierre SALMON, Mitra und Stab. Die Pontifikalinsignien im römischen Ritus (1960) S. 69; TÖBELMANN, Stäbe der Macht (wie Anm. 21) S. 101.

73   *Rationale divinorum officiorum*, Kapitel III, 15, 5 (vor 1286), zitiert von SALMON, Mitra (wie Anm. 72) S. 69: *Romanus pontifex, quia potestatem a solo Deo accipit, baculum non habet.*

Übergabe des Stabes ist ein Zeichen der persönlichen Bindung. Die Unterstreichung einer solchen Verbindung war in der Zeit der Päpste von Avignon nicht weniger wichtig. Dort waren ab der Wahl des aus dem Limousin stammenden Pierre Roger als Clemens VI. um die Mitte des 14. Jahrhunderts (1342–1352) viele Kardinäle aus dieser Gegend tätig. Daraus erklärt sich, daß die Übergabe des Stabes von Petrus an Martialis zum Bildprogramm des spätmittelalterlichen Papstpalastes gehörte[75]. Wie man sieht, konnte eine alte Legende wieder aktuell werden: Es besteht kein Zweifel, daß eine Reliquie wie der Petrusstab und die dazugehörenden Texte als *media* der Kommunikation dienten: Indem sie an eine vielleicht nur vorgeblich alte – und für den Historiker auch zweifelhafte – Bindung zwischen Rom und anderen Bischofssitzen erinnerten, stützten sie die Autorität aller Nachfolger der Apostel.

Die zunehmende Bedeutung, die der Petrusstab im Rhein-Mosel-Raum im 10. Jahrhundert hatte, ist auch ein Beispiel für die seit der späten Karolingerzeit und vor allem seit der Ottonenzeit steigenden Aufmerksamkeit gegenüber den Modalitäten der Einsetzung ins Bischofsamt[76]. Erst zu dieser Zeit wird der Befehl zur Auferstehung des Maternus von den Toten eindeutig zu einer ähnlichen Aufforderung wie die berühmten Worte *Accipe ecclesiam* bei der Investitur. Die hagiographischen Quellen und das hier erforschte Material zeugen also nicht nur von Kontinuitäten, sondern auch von einem Mentalitätswandel durch das ganze Mittelalter hindurch.

---

74   *Glossa ordinaria* zum *Corpus iurus canonici*, zitiert von SALMON, Mitra (wie Anm. 72) S. 69: [...] *quia per baculum designatur coertio sive castigatio, ideo alii pontifices recipiunt a suis superioribus baculos, quia ab homine potestatem recipiunt. Romanus pontifex non utitur baculo, qui potestatem a solo Deo recipit.* Diese übergeordnete Stellung des Papstes ist eigentlich das Kennzeichen der päpstlichen Auffassung seit der Gregorianischen Reform, wie der Spruch *A nemine papa judicari potest* („Über den Papst darf von niemandem geurteilt werden") aus dem *Dictatus papae* zeigt.

75   Avignon, Palais des papes, chapelle St-Martial, mit Fresken von Matteo Giovanetti. Dazu vgl. Enrico CASTELNUOVO, Un pittore italiano alla corte di Avignone: Matteo Giovannetti e la pittura in Provenza nel secolo XIV (²1991); Rosa Maria DESSI, Les églises peintes dans la chapelle Saint-Martial du palais des papes à Avignon, in: Lieux sacrés et espace ecclésial (IXᵉ–XVᵉ siècle), hg. von Julien THERY (Cahiers de Fanjeaux 46, 2011) S. 511–542.

76   Dazu siehe DEPREUX, *Investitura* (wie Anm. 61); DENS., Investitures et rapports de pouvoirs: Réflexions sur les symboles de la Querelle en Empire, in: Revue d'Histoire de l'Église de France 96 (2010) S. 43–69.

Alheydis Plassmann

Norm und Devianz in hochmittelalterlichen Adelsfamilien West- und Mitteleuropas:

Der Umgang mit „schwarzen Schafen" der Familie

„Onkel Adolf stand, anwesend oder nicht, stets im Mittelpunkt. Er war das schwarze Schaf der Familie. Die Person, die es der Verwandtschaft erlaubte, sich in ihrer Rechtschaffenheit zu rekeln, und all die Onkel und Tanten in einem Gefühl der Überlegenheit zusammenschmiedete"[1]. Diese „schwarzen Schafe" der Familie, wir kennen sie alle. Ulla Hahn hat in ihrem Roman „Das verborgene Wort" die Funktion eines solchen „schwarzen Schafes" prägnant auf den Punkt gebracht.

Für den Zusammenhalt einer Familie, für ihr Bewusstsein von sich selbst, sind die Familienmitglieder, die von allgemeingesellschaftlichen oder auch familieninternen Normen abweichen, durchaus ein ernstzunehmender Faktor. In der gemeinsamen Abwehr solcher „schwarzer Schafe" etabliert sich die Familie in ihrem Wir-Gefühl. Indem eine Person als „schwarzes Schaf" beziehungsweise Abweichler abgestempelt wird, wird zudem definiert, wie sich ein Mitglied der Familie im Normalfall zu verhalten hat und wie nicht.

Die Funktion eines „schwarzen Schafes" bezieht sich in dem erwähnten Roman auf die Gegenwart einer Familie. Aber es lässt sich durchaus vorstellen und kommt unser aller Erfahrung nach auch vor, dass ein „schwarzes Schaf" noch Jahre nach seinem Ableben diese Funktion erfüllt, indem es den Nachkommen als schlechtes Beispiel vor Augen geführt wird und immer wieder für Familienanekdoten herhalten muss. Dass das „schwarze Schaf" dabei kein mittelalterlicher Begriff ist[2], bedeutet nicht, dass es Abweichungen von

---

1   Ulla HAHN, Das verborgene Wort (2001) S. 137.
2   Allerdings ist schon biblisch von der Aussonderung schwarzer Schafe die Rede: Gn. 30,32. Das schwarze Tier hat üblicherweise die Bedeutung eines teuflisch beeinflussten oder von einem Dämon besessenen Tieres, das gefährlich ist, unter anderem auch das schwarze Schaf, vgl. Jacob GRIMM / Wilhelm GRIMM, Deutsches Wörterbuch 15 (1899) Sp. 2306 (s.v. „schwarz").

gesellschafts- und familienkonformem Verhalten nicht damals schon gegeben hat. Nicht normgerechtes Verhalten konnte zur Stigmatisierung und im Extremfall zum Ausschluss eines Familienmitgliedes führen. Es soll also nun der Frage nachgegangen werden, ob diese Konstellationen von Abweichung und solche Wirkungen der Abweichler auf das Familienbewusstsein auch in hochmittelalterlichen Adelsfamilien auftauchen können und welche Schlüsse dies bezüglich der Konstituierung von Familienbewusstsein zulässt.

In einem ersten Schritt soll als Voraussetzung die Frage angerissen werden, wie man sich ein Familienbewusstsein adliger Familien vorzustellen hat. Zweitens soll an einigen Beispielen verdeutlicht werden, wie der Umgang mit „schwarzen Schafen" zu deren Lebzeiten aussah, ja wie sich eine Vorstellung von Familienabweichlern entwickelte. Dann wenden wir uns drittens der Frage zu, wie sich die Darstellung dieser „schwarzen Schafe" in der Hausgeschichtsschreibung niederschlug, wie also das Familienbewusstsein mit der Tatsache fertig wurde, dass die Familie (in der Vergangenheit) ein „schwarzes Schaf" aufzuweisen hatte. Dies konnte auf zwei Arten geschehen, zum einen in einer Art Vergangenheitsbewältigung, die beinhaltete, dass man das „schwarze Schaf" weder leugnete, noch seine schlimmen Taten entschuldigte, sondern dass man eine Loslösung und Sühne zumindest für die folgenden Generationen propagierte. Zum anderen treffen wir aber auch das Phänomen der heldenhaften Überhöhung der „schwarzen Schafe" an, die schließlich darin gipfelt, dass ein „schwarzes Schaf" an den Anfang der Adelsfamilie gestellt wird.

Zunächst soll erläutert werden, wie ein Familienbewusstsein als Voraussetzung für die Abgrenzung von „schwarzen Schafen" überhaupt ausgesehen hat. Karl Schmid hat in einer wirkmächtigen Hypothese die Entstehung des Geschlechterbewusstseins der adligen Familien in das Hochmittelalter, insbesondere in das 12. Jahrhundert gesetzt, als Familien begonnen hätten, sich nach ihren Stammsitzen zu benennen, und so eine Gemeinschaft bildeten, die räumlich ihr Selbstbewusstsein auf diesen Stammsitz bezog. Durch die Besinnung auf ihre Abstammung in der männlichen Linie von einem Ahnherrn erhielt diese Gemeinschaft außerdem einen zeitlichen Bezugsrahmen auf die männliche Abstammungslinie hin, der – so Schmid – über das hinausging, was wir im Frühmittelalter an Verwandtschaftsbewusstsein erkennen können, im Französischen treffend mit „lineage" bezeichnet[3]. Im Frühmittelalter habe sich

---

3   Vgl. dazu Karl SCHMID, Geblüt, Herrschaft, Geschlechterbewußtsein. Grundfragen zum Verständnis des Adels im Frühmittelalter (Vorträge und Forschungen 44, 1998).

das Familienbewusstsein im Rahmen der Sippe, also der gesamten bilateralen Verwandtschaft, manifestiert und habe keine so weitreichende zeitliche Dimension gehabt, wie sie sich dann bei den hoch- und spätmittelalterlichen Adelsfamilien und im Grunde auch noch in heutiger Zeit feststellen lässt. Erst im Hochmittelalter lasse sich also ein Geschlechterbewusstsein in männlicher Linie wirklich fassen. Diese These von Schmid ist inzwischen von der Forschung stark differenziert worden. Man hat vor allem den berechtigten Einwand erhoben, dass eine Betonung der männlichen Linie keinesfalls ein gesamtgesellschaftliches Phänomen gewesen sei, sich also höchstens auf den Adel beschränke. Gerade im Adel führte die Erbschaft über die männliche Linie zu einer rechtlichen Bedeutung dieses Teils der Verwandten, der den tatsächlichen gesellschaftlich-sozial relevanten Empfindungen von Familie keinesfalls entsprochen haben muss. Die Verankerung der von Schmid beobachteten Phänomene im rechtlichen Kontext schränkt sie in ihrer Bedeutung insoweit ein, als sich möglicherweise nicht das Familienbewusstsein geändert hat, sondern die Betonung der Rechtmäßigkeit von Herrschaft, was sich leicht auf die Quellengrundlage zurückführen lässt. Die Quellen für die männliche Deszendenz und deren Bedeutung sind einfach ab dem 12. Jahrhundert für die Ebene des Hochadels besser[4].

Aber auch seine Arbeiten zum welfischen Selbstverständnis sind programmatisch: DERS., Probleme um den „Grafen Kuno von Öhningen". Ein Beitrag zur Entstehung der welfischen Hausüberlieferung und zu den Anfängen der staufischen Territorialpolitik im Bodenseegebiet, in: Dorf und Stift Öhningen, hg. von Herbert BERNER (1966) S. 43–94; DERS., Welfisches Selbstverständnis, in: Adel und Kirche. Gerd Tellenbach zum 65. Geburtstag dargebracht von Freunden und Schülern, hg. von Josef FLECKENSTEIN / DEMS. (1968) S. 389–416; modifizierend zu den Schmid'schen Thesen Jonathan ROTONDO-MCCORD, Locum sepulturae meae elegi. Property, Graves, and Sacral Power in Eleventh-Century Germany, Viator 26 (1995) S. 77–106, und Constance Brittain BOUCHARD, „Those of my blood". Constructing Noble Families in Medieval Francia (2001), die auf die Bedeutung der Agnaten im frühen Mittelalter hinweisen. Auf die Bedeutung der bilateralen Verwandtschaft auf der anderen Seite auch noch im Spätmittelalter hat insbesondere Karl-Heinz SPIESS, Familie und Verwandtschaft im deutschen Hochadel des Spätmittelalters. 13. bis Anfang des 16. Jahrhunderts (Vierteljahrsschrift für Sozial- und Wirtschaftsgeschichte, Beihefte 111, 1993), aufmerksam gemacht.

4   Hierzu und zu der Erweiterung der Thesen Schmids durch Georges Duby grundsätzlich Ursula PETERS, Dynastengeschichte und Verwandtschaftsbilder. Die Adelsfamilie in der volkssprachigen Literatur des Mittelalters (Hermaea. Germanistische Forschungen N.F. 85, 1999) S. 75–86; Michael MITTERAUER, Mittelalter, in: Geschichte der Familie, hg. von Andreas GESTRICH / Jens-Uwe KRAUSE / DEMS. (2003)

Denn eine Betonung der Vater-Sohn-Linien im Kontext der rechtlich relevanten Ansprüche auf Thronfolge haben wir vielfältig schon im Frühmittelalter in Königslisten und -deszendenzen belegt. Den Anfang mit der Beschäftigung mit „lineage" in männlicher Deszendenz machten die königlichen Familien. Für königliche Familien haben wir schon seit dem frühen Mittelalter Genealogien überliefert, die nahelegen, dass man sich im Hinblick auf die Legitimation der vererbten Herrschaft solcher Vater-Sohn-Linien eben schon immer bewusst war[5]. Das früheste Beispiel für eine nicht königliche Genealogie bieten die Grafen von Flandern, die sich von den Karolingern und damit vom königlichen Blut herleiteten, das aber über Judith, die Tochter Karls des Kahlen, also über eine Frau vermittelt wurde[6]. Solche Genealogien dienten in erster Linie der Herrschaftslegitimierung, ein wirkliches Familienbewusstsein über die rechtliche Deszendenz hinaus lässt sich an ihnen nicht festmachen. In solchen Genealogien lassen sich keine „schwarzen Schafe", also Abweichler von der Norm, finden; zum einen ist ihr Text viel zu knapp, und zum anderen wäre eine Erwähnung eines „schwarzen Schafes" der streng legitimitätsstiftenden Absicht wohl eher abträglich gewesen. Dass die Berufung auf die Königsverwandtschaft durchaus vom Legitimierungsbedarf abhing, lässt sich an Beispielen verdeutlichen. Die Forschung hat um die Abstammung Konrads II.

    S. 160–363; Beate KELLNER, Ursprung und Kontinuität. Studien zum genealogischen Wissen im Mittelalter (2004) S. 70–75; sowie Bernhard JUSSEN, Künstliche und natürliche Verwandtschaft? Biologismen in den kulturwissenschaftlichen Konzepten von Verwandtschaft, in: Das Individuum und die Seinen – Individualität in der okzidentalen und in der russischen Kultur in Mittelalter und früher Neuzeit, hg. von Jurij L. BESSMERTNYJ / Otto Gerhard OEXLE (2001) S. 39–58; DERS., Famille et parenté. Comparaison des recherches françaises et allemandes, in: Les tendances actuelles de l'histoire du Moyen Âge en France et en Allemagne, hg. von Jean-Claude SCHMITT / Otto Gerhard OEXLE (2002) S. 447–460; DERS., Perspektiven der Verwandtschaftsforschung fünfundzwanzig Jahre nach Jack Goodys „Entwicklung von Ehe und Familie in Europa", in: Die Familie in der Gesellschaft des Mittelalters, hg. von Karl-Heinz SPIESS (2009) S. 275–324; zur Bedeutung des bilateralen Verwandtschaftsbewusstseins etwa für die Familienerinnerung Elisabeth M.C. VAN HOUTS, Memory and Gender in Medieval Europe, 900–1200 (1999); DIES., Medieval Memories. Men, Women and the Past in Europe, 700–1300 (2001).

5   Vgl. dazu Alheydis PLASSMANN, Herkunft und Abstammung im Frühmittelalter, Zeitschrift für Literaturwissenschaft und Linguistik 147 (2007) S. 9–39, vor allem S. 11–22. Zur Bedeutung der Identität von Amtsvorgänger und Vorfahr auch KELLNER, Ursprung und Kontinuität (wie Anm. 4) S. 107.

6   Witger, Genealogia Arnulfi comitis, ed. Ludwig C. BETHMANN (MGH SS 9, 1851) S. 302 ff., vgl. dazu SCHMID, Geblüt (wie Anm. 3) S. 125–128.

von der vorherigen Dynastie der Ottonen immer ein großes Aufheben gemacht⁷. Für ihn selber scheint indes nicht von übergeordneter Bedeutung gewesen zu sein, dass sein Ururgroßvater Otto der Große gewesen war. Zumindest erwähnt unser Gewährsmann Wipo mit keinem Wort diese Verwandtschaft. Er kommt aber durchaus auf das karolingische Blut der Gisela zu sprechen, an mangelndem Verständnis für lange Ahnenreihen kann es also nicht gelegen haben⁸. Im Gegensatz zu Konrad war Giselas Stellung so umstritten, dass sich der Mainzer Erzbischof weigerte, sie zu krönen⁹. Anders sieht es bei der Nachfolgedynastie der Staufer aus, die Schmid als Beispiel verwendet, da sie sich offenbar bewusst auf ihre Abstammung von den Saliern berief, mit dem Großvater aber gedanklich auch eine kürzere Strecke bis zum König zurückzulegen hatte und überdies im Dienst für ihre königlichen Verwandten aufgestiegen war¹⁰.

---

7   Etwa Eduard HLAWITSCHKA, Untersuchungen zu den Thronwechseln der ersten Hälfte des 11. Jahrhunderts und zur Adelsgeschichte Süddeutschlands (Vorträge und Forschungen, Sonderband 35, 1987). Vgl. aber auch die differenzierte Darstellung bei Franz-Reiner ERKENS, Konrad II. (um 990–1039). Herrschaft und Reich des ersten Salierkaisers (1998) S. 13–16 und S. 37–41, und Herwig WOLFRAM, Konrad II. 990–1039. Kaiser dreier Reiche (2000) S. 60–63.

8   Wipo, Gesta Chuonradi, c. 2, ed. Harry BRESSLAU (MGH SS rer. Germ. [61], 1915) S. 13–20, über Konrads Wahl, und ebd., c. 4, S. 25, über Giselas Abkunft. Nur in einer Urkunde spricht Konrad II. von Otto I. als *progenitor noster*, sonst ist er immer *antecessor*, vgl.: Die Urkunden Konrads II., ed. Harry BRESSLAU (MGH DD K II, 1909) Nr. 184, S. 244. Allerdings ist seit den Untersuchungen von Wolfgang Huschner zur Kanzlei der mittelalterlichen Könige darauf hinzuweisen, dass Urkundencorpora nur mit Zurückhaltung als Selbstaussage des jeweiligen Herrschers gewertet werden können, vgl. dazu Wolfgang HUSCHNER, Transalpine Kommunikation im Mittelalter. Diplomatische, kulturelle und politische Wechselwirkungen zwischen Italien und dem nordalpinen Reich (9.–11. Jhd.) (Schriften der MGH 52, 2003), vor allem ebd., S. 836–912, zu den Urkunden Konrads II. Neuerdings hat indes Anton SCHARER, Die Stimme des Herrschers. Zum Problem der Selbstaussage in Urkunden, in: Wege zur Urkunde, Wege der Urkunde, Wege der Forschung – Beiträge zur europäischen Diplomatik des Mittelalters, hg. von Karel HRUZA / Paul HEROLD (2005) S. 13–21, und DERS., Herrscherurkunden als Selbstzeugnisse?, in: Mitteilungen des Instituts für Österreichische Geschichtsforschung 119 (2011) S. 1–13, die Selbstaussage der Urkunden wieder aufgewertet.

9   Dazu vgl. ERKENS, Konrad II. (wie Anm. 7) S. 50–53. Die Gründe dafür sind letztlich nicht zu klären.

10 Etwa Otto von Freising, Gesta Friderici, II, 2, ed. Bernhard von SIMSON (MGH SS rer. Germ. [46], 1912) S. 103. Zu der Berufung auf die Salier durch die Staufer vgl. Karl SCHMID, ‚De regia stirpe Waiblingensium'. Bemerkungen zum Selbstverständnis der Staufer, Zeitschrift für Geschichte des Oberrheins N.F. 85 (1976) S. 63–73,

Die von Michael Mitterauer, Bernhard Jussen und anderen vorgebrachten Einwände gegen Schmid machen es insgesamt wahrscheinlich, dass der Umschwung des Familienbewusstseins im Hochmittelalter keinesfalls so stark war, wie Schmid angenommen hat.

Darüber hinaus ist die Änderung der Quellenlage evident: Genealogien werden im Hochmittelalter auch im Hochadel zu wirklichen „Familiengeschichten" ausgeschrieben. Das Schema „x war der Vater des y, y war der Vater des z" wird nicht mehr eingehalten. Die einzelnen Vorfahren einer bestimmten Familie erhalten jetzt ganze Lebensläufe, in denen es offensichtlich nicht an Aufregung und Abenteuern fehlen durfte. Die sehr viel sagenhafteren Elemente unterscheiden diese Familiengeschichten deutlich von den mehr auf die Könige als Herrscher ausgerichteten Chroniken. Der Nachweis des edlen Blutes allein reichte unter den Bedingungen der sich ausbreitenden höfischen Kultur offenbar nicht mehr aus[11]. Niedergelegt wurden solche Familiengeschichten im näheren Umfeld der Familien, in ihrem Hauskloster, von einem Geistlichen am Hof oder jemandem, der sich als Bezahlung vom aktuellen Herrn der Familie ein ordentliches Sümmchen erhoffte[12]. Man kann also ei-

---

und Werner HECHBERGER, Staufer und Welfen 1125–1190. Zur Verwendung von Theorien in der Geschichtswissenschaft (Passauer Historische Forschungen 10, 1996) S. 134–148.

11   Vgl. dazu eingängig Jean DUNBABIN, Discovering a Past for the French Aristocracy, in: The Perception of the Past in Twelfth-Century Europe, hg. von Paul MAGDALINO (1992) S. 1–14, hier S. 14.

12   Grundlegend Hans PATZE, Adel und Stifterchronik. Frühformen territorialer Geschichtsschreibung im hochmittelalterlichen Reich, Blätter für deutsche Landesgeschichte 100 (1964) S. 8–81; DERS., Adel und Stifterchronik. Frühformen territorialer Geschichtsschreibung im hochmittelalterlichen Reich (Schluß), ebd. 101 (1965) S. 67–128; Georges DUBY, Remarque sur la littérature généalogique en France aux XIe et XIIe siècles, Académie des inscriptions et belles-lettres. Comptes rendus 2 (1967) S. 335–345; DERS., Structures de parenté et noblesse. France du nord. XIe–XIIe siècles, in: Miscellanea mediaevalia in memoriam Jan Frederik Niermeyer, hg. von Dirk Peter BLOK (1967) S. 149–165; Leopold GENICOT, Les généalogies (Typologie des sources du moyen âge occidental 15, 1975); Gabrielle M. SPIEGEL, Genealogy. Form and Function in Medieval Historical Narrative, History and Theory 22 (1983) S. 43–53; Georges DUBY, Structures familiales dans le Moyen Age occidental, in: Mâle moyen âge. De l'amour et autres essais, hg. von DEMS. (1988) S. 129–138; jetzt aber auch DUNBABIN, Discovering a Past (wie Anm. 11); BOUCHARD, Those of My Blood (wie Anm. 3); Leah SHOPKOW, Dynastic History, in: Historiography in the Middle Ages, hg. von Deborah Mauskopf DELIYANNIS (2003) S. 217–248; sowie Björn WEILER, Kingship and Lordship. Views of Kingship in „Dynastic" Chronicles, in: Gallus Anonymus and his Chronicle in the Context of the Twelfth-Century His-

gentlich in den meisten Fällen davon ausgehen, dass die Familienchroniken die Absicht hatten, die adlige Familie zu überhöhen und über den grünen Klee zu loben, keinesfalls jedoch in ihrer Gesamtheit schlecht zu machen.

Die aus dem Hochmittelalter überlieferten Familien- und Geschlechtergeschichten werden also besser nicht als Belege für eine veränderte Einstellung zu Verwandten und Familie gewertet, sondern als Zeugnisse der zunehmenden erbrechtlichen Bedeutung der „lineage", die in solchen herrschaftszentrierten Erzählungen eine Fokussierung auf die rechtlich relevante Abfolge der „Amtsträger" notwendig machte. Dass man sich im Umgang mit den zeitgleich lebenden Verwandten nicht von der Bilateralität abgewandt haben muss, lässt sich mit Werner Hechberger gerade auch am Beispiel der Staufer festmachen: Friedrich Barbarossa hatte zumindest zeitweilig zu „welfischen", mütterlichen Verwandten ein sehr viel engeres Verhältnis[13]. Daneben muss bedacht werden, dass in der legitimatorischen Absicht von Familiengeschichten aus dem Adel die moralische Rechtfertigung von Herrschaft neben der Abstammung eine wichtige Rolle spielte, also die Ausrichtung der einzelnen Familienmitglieder und Herrschaftsträger an gesellschaftlich relevanten Leitlinien, der Nachweis der Herrschaftsbefähigung. Und hier stellt sich die Frage, wie man mit Abweichlern verfuhr. An kaum einem Beispiel lässt sich besser verdeutlichen, dass „Verwandtsein"[14] eben auch eine Frage der subjektiven Auswahl eines Einzelnen oder eines Familienverbandes ist. „Verwandtschaft erweist sich [...] als Ordnungssystem, dessen Rahmen nach den verschiedenen Reflexionsebenen, gesellschaftlichen Kontexten und pragmatischen Erfordernissen verschoben werden konnte", wie es Beate Kellner formuliert hat[15]. Denn das Verwandtschaftsverhältnis kann aufgekündigt werden, ein Verwandter aus der Familie

---

toriography from the Perspective of the Latest Research (2010) S. 103–123. Zu Genealogien als Nachfahrentafeln vgl. Godfried CROENEN, Princely and Noble Genealogies, Twelfth to Fourteenth Century: Form and Function, in: The Medieval Chronicle, hg. von Erik KOOPER (1999) S. 84–95.

13 Vgl. dazu HECHBERGER, Staufer und Welfen (wie Anm. 10) S. 270–284.

14 In Anlehnung an Gerhard LUBICH, Verwandtsein. Lesarten einer politisch-sozialen Beziehung im Frühmittelalter (6.–11. Jahrhundert) (Europäische Geschichtsdarstellungen 6, 2008) S. 249, der diesen Begriff dem sehr aufgeladenen der „Verwandtschaft" vorzieht.

15 KELLNER, Ursprung und Kontinuität (wie Anm. 4) S. 19.

verstoßen werden[16], ohne dass dies selbstverständlich die biologische Verknüpfung auflösen könnte.

Was genau macht überhaupt ein „schwarzes Schaf" aus? In allererster Linie verhält sich das „schwarze Schaf" nicht normgerecht, wobei die Stilisierung als „schwarzes Schaf" durch einen Autor primär auf die Normen des Autors und seines angenommenen Rezipientenumfeldes, inklusive der Familie, für die er schrieb, gemünzt ist. Das kann sich in wirklichen Verbrechen manifestieren, manchmal aber auch schlicht in unkonventionellem Verhalten. Zunächst ein Beispiel aus einem Königshaus: Heinrich, der jüngere Bruder Ottos I., unternahm mehrere Aufstände gegen seinen Bruder, die vor allen Dingen für die Legitimation ottonischer Herrschaft ein Problem darstellten. Trotz mehrmaliger Aufstände einigte sich Otto immer wieder mit dem schwierigen Bruder, bis schließlich ein Modus Vivendi gefunden und wohl sogar ein Vertrauensverhältnis begründet wurde[17]. Thietmar von Merseburg hatte unter der Herrschaft Heinrichs II. das Problem, dass dieser direkter Abkömmling des mehrfach aufständischen Königsbruders und dessen kaum weniger schwierigen Sohnes war und daher die Schuld der Vorväter des momentanen Königs verschleiert werden musste. Von Thietmar wird Heinrich im Nachhinein bis zu einem gewissen Grad entschuldigt: Heinrich kann nichts für seine Neigung zu Intrigen und seinen mangelnden Gehorsam, da sein Vater ihn in der Nacht von Gründonnerstag auf Karfreitag zeugte[18]. Da kirchlicherseits dieser Termin für Geschlechtsverkehr tabu war, ergab sich hier eine einfache Erklärung für Heinrichs offene Ohren gegenüber Einflüsterungen des Teufels. Erst als Otto Heinrich dreimal verziehen hat und Heinrich Herzog von Bayern und erster Ratgeber seines Bruders wurde, änderte sich seine Einstellung. Von dem Zeitpunkt an war er dämonischen Eingebungen gegenüber immun und blieb treuer Gefolgsmann seines Bruders. Heinrich wird also in ottonischer Überlieferung

---

16 Zum Phänomen des „ehemaligen Verwandten" LUBICH, Verwandtsein (wie Anm. 14) S. 1–7.
17 Vgl. hierzu Johannes LAUDAGE, Otto der Große (912–973). Eine Biographie (2001) S. 110–126, und Adelheid KRAH, Der aufständische Königssohn. Ein Beispiel aus der Ottonenzeit, Mitteilungen des Instituts für Österreichische Geschichtsforschung 114 (2006) S. 48–64.
18 Thietmar von Merseburg, Chronicon, I, 24, ed. Robert HOLTZMANN (MGH SS rer. Germ. N.S. 9, 1935) S. 31; vgl. zur Darstellung der heinricianischen Linie auch Stefan WEINFURTER, Heinrich II. (1002–1024). Herrscher am Ende der Zeiten (1999) S. 14–21.

nicht wirklich als „schwarzes Schaf" der ottonischen Familie dargestellt. Seine Handlungen werden dem Teufel zugeschrieben, er ist letztlich nicht für sie verantwortlich. Seine Aufstände bleiben daher erfolglos, weil sie sich gegen den König richten, der Gottes Gnade besitzt. Diese Darstellungsweise unterstreicht die Legitimation des Königtums, sie unterschlägt bezeichnenderweise auch positive Bewertungen Heinrichs von anderer Seite, aber sie kann kaum noch fruchtbar gemacht werden für die Frage, wie das Familienbewusstsein mit der Gestalt Heinrichs umging.

Abtrünnige konnten nicht immer mit Verzeihung rechnen. Als Herzog Ernst II. von Schwaben sich zum dritten Mal gegen Konrad II. erhob, wollte selbst seine Mutter Gisela, die Frau Konrads II., nichts mehr mit ihm zu tun haben. Nach den Worten Wipos stellte Gisela sich in aller Öffentlichkeit vor den versammelten Hof und gelobte feierlich, dass niemand, der Ernst etwas antäte, sich vor ihrer Rache fürchten müsste, verstieß ihn also aus dem Verband derjenigen, für die sie zu Rache berechtigt und aufgefordert war[19]. Der Aufstand des Herzogs ist in Schwaben selbst wohl durchaus als berechtigt eingestuft worden – zumindest findet sich Ernst als *decus Alemannorum* im St. Galler Totenbuch[20] –, aber die Verstoßung durch seine Mutter macht deutlich, dass sein Verhalten zumindest in seiner Kern-„Patchwork"-Familie als schlecht galt.

Konrad von Rothenburg, Herzog von Schwaben, ein jüngerer Bruder Heinrichs VI., erregte laut Burchard von Ursberg, einem sehr stauferfreundlichen Schreiber, nicht nur bei Fremden, sondern auch bei seiner eigenen Familie Furcht und Schrecken. Als er bei der Vergewaltigung einer Frau von ihr oder ihrem Ehemann erstochen wurde, weinte ihm offensichtlich keiner seiner Brüder eine Träne nach und der Fall wurde nicht strafrechtlich verfolgt, eine Vergeltung also ausgesetzt[21]. Kurzerhand wurde Schwaben von Heinrich VI. dem noch jüngeren Philipp übertragen.

---

19 Wipo, Gesta Chuonradi, c. 25, ed. BRESSLAU (wie Anm. 8) S. 44. Auch wenn Wipo die *Gesta* erst nach dem Tod Konrads II. für Heinrich III. verfasste, dürfte die Distanzierung der Gisela von Ernst wohl stattgefunden haben. Zu den Ereignissen vgl. ERKENS, Konrad II. (wie Anm. 7) S. 77–81, und WOLFRAM, Konrad II. (wie Anm. 7) S. 94–102.
20 Libri anniversariorum et necrologium monasterii s. Galli, ed. Ludwig BAUMANN (MGH Necr. 1, 1888) S. 479.
21 Vgl. dazu Burchard von Ursberg, Chronicon, edd. Oswald HOLDER-EGGER / Bernhard von SIMSON (MGH SS rer. Germ. [16], ²1916) S. 74; außerdem Tobias WEL-

Über Matthäus von Toul, einen Bischof aus der oberlothringischen Herzogsfamilie, erfahren wir nur aus familienfernen Quellen des frühen 13. Jahrhunderts[22]: Er führte als Bischof ein derartig anstößiges Leben, dass das Domkapitel seine Absetzung betrieb und er sich schließlich trotz der Unterstützung durch seine Familie, die sogar beim Papst für ihn intervenierte, nicht mehr halten konnte. Nach seiner Absetzung als Bischof führte er eine Art Raubritterleben. Als er schließlich sogar so weit ging, seinem Nachfolger auf dem Bischofsstuhl einen Hinterhalt zu legen und ihn zu töten, hatte das offensichtlich seinen Ausstoß aus der Familie zur Folge. Sein Neffe Theobald fing ihn ein, machte ihm den Prozess und hängte ihn. Die Spannbreite beim Umgang mit den Familienmitgliedern, die aus der Rolle fallen, ist also durchaus weit, offenbar auch von der Art ihrer üblen Taten und der Bereitschaft ihrer jeweiligen Familie zur Verzeihung abhängig und kann nicht generalisiert werden.

In den Familiengeschichten des Hochmittelalters lässt sich fast immer ein „schwarzes Schaf" finden, und zwar eines, das im Gegensatz zur Darstellung des Königsbruders Heinrich selbst für seine Taten verantwortlich ist und als Teufel, nicht als teuflisch Beeinflusster an die Wand gemalt wird. Auffällig ist hierbei, dass die negativen Gestalten der Familiengeschichte keinesfalls verheimlicht werden, obwohl man das bei panegyrischer Darstellung eigentlich erwarten sollte. Dazu werden im Folgenden ein paar Beispiele genannt, ehe wir uns der Frage zuwenden, wie das Phänomen zu erklären ist, dass die Schandtaten dieser Personen nicht unter den Teppich gekehrt werden.

Die ersten Beispiele stammen aus zwei Quellen, die am Übergang zwischen stärker auf ein bestimmtes Volk zugeschnittenen Chroniken und den Familiengeschichten stehen. Es sind dies die „Chronik der Polen", die von einem anonymen Franzosen, dem sogenannten Gallus Anonymus, niedergeschrieben wurde, und die „Chronik der Böhmen" des Cosmas von Prag. Beide entstanden zu Beginn des 12. Jahrhunderts und beschäftigen sich trotz ihres Titels hauptsächlich mit der polnischen Dynastie der Piasten beziehungsweise der böhmischen der Přemysliden und weniger mit den Polen oder Böhmen[23].

LER, Die Heiratspolitik des deutschen Hochadels im 12. Jahrhundert (Rheinisches Archiv 149, 2004) S. 154 f.
22 Vgl. Richer, Gesta Senoniensis ecclesiae, ed. Georg WAITZ (MGH SS 25, 1880) S. 286, und Alberich von Troisfontaines, Chronica, ed. Paul SCHEFFER-BOICHORST (MGH SS 23, 1874) S. 906.
23 Zu Gallus vgl. Georg LABUDA, Gallus Anonymus, in: Lexikon des Mittelalters 4 (1989) Sp. 1099, Norbert KERSKEN, Geschichtsschreibung im Europa der ‚nationes'.

Zunächst zu den Piasten: Bolesław II., der Verschwender, war zwar großzügig und kämpferisch, gleichzeitig aber auch ehrgeizig und hochmütig. Zugleich beschreibt Gallus ihn als unbeherrscht[24]. Die Fehler des Bolesław II. hält Gallus jedoch für „Jugendsünden"[25]. Die Gründe für das Exil Bolesławs II. in Ungarn deutet Gallus nur an, nämlich dass ein Gesalbter (der Herzog) sich an einem Gesalbten (Bischof Stanisław von Krakau) vergangen habe, auch wenn es sich um einen Verräter gehandelt habe: „Wir wollen weder den verräterischen Bischof entschuldigen noch den rächenden Herzog verdammen", so Gallus[26]. Hier lag Gallus offensichtlich mit sich selbst im Zwiespalt, da er als Geistlicher die Ermordung Stanisławs durch Bolesław kaum gutheißen konnte, sich auf der anderen Seite aber nicht das Wohlwollen des Nachfolgers verscherzen wollte, dem die Episode eher peinlich gewesen sein dürfte[27].

Bei der Aufnahme Bolesławs II. in Ungarn macht Gallus deutlich, dass der Herzog als zusätzliche negative Eigenschaft noch Eitelkeit aufweist, denn er kommt dem König der Ungarn nicht wie ein Gleichgestellter entgegen, son-

---

Nationalgeschichtliche Gesamtdarstellungen im Mittelalter (Münstersche Historische Forschungen 8, 1995) S. 491–499; Thomas N. BISSON, On Not Eating Polish Bread in Vain: Resonance and Conjuncture in the „Deeds of the Princes of land" (1109–1111), Viator 29 (1998) S. 275–289; Johannes FRIED, Kam der Gallus Anonymus aus Bamberg?, Deutsches Archiv zur Erforschung des Mittelalters 65 (2009) S. 497–545; Eduard MÜHLE, Chronicae et gesta ducum sive principum Polonorum. Neue Forschungen zum so genannten Gallus Anonymus, ebd. 65 (2009) S. 459–496; sowie Frühmittelalterlichen Studien 43 (2009) S. 293–459, worin die Ergebnisse eines Workshops „Die Chronik des Gallus Anonymus im Kontext zeitgenössischer Narrativität" vorgestellt werden. Zur Chronik des Cosmas vgl. František GRAUS, Cosmas von Prag, in: Lexikon des Mittelalters 3 (1986) Sp. 300 f., und KERSKEN S. 573–582. Zu beiden auch Alheyds PLASSMANN, Origo Gentis. Identitäts- und Legitimitätsstiftung in früh- und hochmittelalterlichen Herkunftserzählungen (Orbis Medievalis 7, 2006) S. 293 ff. und S. 322 ff.

24 Gallus Anonymus, Chronica, I, 22, ed. Karol MALECZYŃSKI (Monumenta Poloniae Historica N.S. 2, 1952) S. 47 f., zur Tapferkeit und Verschwendungssucht; auch ebd., I, 23, S. 48: [A]udax fuit miles et strenuus, hospitum susceptor benignus, datorque largorum largissimus, und ebd., I, 26, S. 51 f. (ferus und largus).
25 Gallus, Chronica, I, 22, ed. MALECZYŃSKI (wie Anm. 24) S. 48: [N]on est mirum aliquantulum per ignoranciam oberrare, si contigerit postea per sapientiam, que neglecta fuerint, emendare.
26 Gallus, Chronica, I, 27, ed. MALECZYŃSKI (wie Anm. 24) S. 53: Necque enim traditorem episcopum excusamus, neque regem vindicantem sic se turpiter commendamus.
27 Zur Auseinandersetzung zwischen Bolesław II. und Stanisław von Krakau vgl. Jerzy STRZELCZYK, Stanisław von Krakau, in: Lexikon des Mittelalters 8 (1997) Sp. 56.

dern will ihn wie einen Untergebenen vom Pferd aus begrüßen[28]. Dass der ansonsten in seinem Lob so überschwängliche Gallus die negativen Seiten des Piasten Bolesław II. nicht vollständig verschweigt oder beschönigt, mag damit zusammenhängen, dass Bolesław II. nicht der direkte Vorfahr Bolesławs III. war, für den Gallus schrieb, wie in der Chronik auch deutlich wird. So konnte er Bolesław II. als negatives Beispiel stilisieren, der seinen frühen Tod bis zu einem gewissen Grad verdient hatte, ohne dessen Untaten in zu nahe Verbindung zum regierenden Herrscher zu bringen.

Cosmas von Prag ist in der Verurteilung des „schwarzen Schafes" der Přemysliden sehr viel drastischer. Er lässt an Boleslav I., dem Bruder und Mörder des böhmischen Nationalheiligen Wenzel, kaum ein gutes Haar. Er verurteilt die Tat in deutlichen Worten, berichtet aber immerhin von der Reue des Boleslav, die ihn dazu veranlasst habe, seinen Sohn der Kirche zu bestimmen und eine Kirche, die Wenzel noch errichtet, aber nicht mehr konsekriert hatte, durch Bischof Michael dem heiligen Vitus weihen zu lassen[29]. Die Reue scheint allerdings nicht langlebig gewesen zu sein, denn Cosmas unterstellt Boleslav, dass er von seiner bösen Tat unbeeindruckt geblieben sei[30]. Weiterhin sei Boleslav eigentlich nicht würdig gewesen, Herzog genannt zu werden, da er ein Tyrann schlimmer als Nero, Herodes, Decius und Diokletian zusammen gewesen sei und zu Recht den Beinamen „der Wütende" erhalten habe[31]. Exemplifiziert wird die Tyrannei des Boleslav an dem Beispiel, wie dieser seine Untertanen zum Bau einer Befestigung zwang, indem er ihnen mit dem Tode drohte[32]. Beide Herrscher gelten Gallus und Cosmas also als alles andere als ideale Herrscher, auch wenn die übrigen Familienmitglieder diese Scharten bald auswetzen können. Hier haben wir es also mit so etwas wie Vergangenheitsbewältigung zu tun. In beiden Fällen ist auch davon auszugehen, dass weder die Taten des Bischofsmörders noch des Heiligenmörders in Polen und Böhmen vergessen worden waren. Eine Stellungnahme in einer Geschichte der herzoglichen

---

28   Gallus, Chronica, I, 28, ed. MALECZYŃSKI (wie Anm. 24) S. 53 f.
29   Cosmas von Prag, Chronica Boemorum, I, 17 f., ed. Bertold BRETHOLZ (MGH SS rer. Germ. N.S. 2, ²1955) S. 35–38.
30   Cosmas, Chronica, I, 19, ed. BRETHOLZ (wie Anm. 29) S. 38.
31   Cosmas, Chronica, I, 19, ed. BRETHOLZ (wie Anm. 29) S. 38: [S]*i dicendus est dux, qui fuit inpius atque tyrannus, sevior Herode, truculentior Nerone, Decium superans scelerum inmanitate, Dioclecianum crudelitate, unde sibi agnomen ascivit sevus Bolezlaus ut diceretur.*
32   Cosmas, Chronica, I, 19, ed. BRETHOLZ (wie Anm. 29) S. 39 f.

Familie konnte also nicht ausbleiben. Die Stilisierung als abschreckendes Beispiel sollte dabei natürlich auch der moralischen Besserung der dann regierenden Herzöge dienen.

Ein weiteres frühes Beispiel für den Umgang mit längst verstorbenen Übeltätern, diesmal aus einer hochadligen Familie im Reichsverbund, betrifft die Welfen: Ekkehard von St. Gallen berichtet, dass Rudolf und seine Söhne Welfhard und Heinrich immer eine bestimmte Geldsumme an das Grab des heiligen Otmar entrichteten, um für die Untaten ihrer Vorfahren Warin und Ruthard zu sühnen, die dem heiligen Otmar einst großes Unrecht getan hatten. Hier ist die Erinnerung an den Übeltäter aber in den Händen der klösterlichen Herren, die die Nachfahren zur Zahlung mahnen. Immerhin müssen sich Rudolf und seine Söhne für ihre Vorfahren verantwortlich gefühlt haben, werden sich aber nicht unbedingt gerne an sie erinnert haben. Heinrich unterließ dann auch die Zahlung, weil er nicht als zinspflichtig gelten mochte, und kam prompt bei einem Jagdunfall ums Leben, so dass sein Bruder, der die Zahlung beibehielt, sein Erbe übernehmen konnte[33].

Nachdem wir uns die Behandlung von „schwarzen Schafen" in den ersten Erzählungen über Familien angesehen haben, kommen wir nun zur ersten Blütezeit der Familiengeschichten des Hochadels in der zweiten Hälfte des 12. Jahrhunderts in West- und Mitteleuropa. Zunächst ein Beispiel aus dem Deutschen Reich. Laut der *Historia Welforum*, der Familiengeschichte der Welfen, die in der zweiten Hälfte des 12. Jahrhundert von einem Weltgeistlichen verfasst wurde, findet sich in der Familie ein Fürst, der sich gegenüber der Kirche schlecht verhielt. Welf II. tat den Bischofskirchen von Augsburg und Freising Böses an, indem er ihnen ihren Besitz stehlen wollte und deren Rechte usurpierte[34]. Dies passt nicht zu der Stilisierung, die sich die Welfen

---

33 Vgl. Ekkehard IV., Casus sancti Galli, c. 21, ed. Hans F. HAEFELE (Ausgewählte Quellen zur deutschen Geschichte des Mittelalters 10, 1980) S. 52–55. Vor Rudolf und seinen Söhnen hatte auch schon Konrad I. für die Untaten gegen Otmar gesühnt (ebd.). Vgl. hierzu auch Bernd SCHNEIDMÜLLER, Die Welfen. Herrschaft und Erinnerung (2000) S. 47 f. und S. 118 f.

34 Historia Welforum, c. 9, ed. Erich KÖNIG (Schwäbische Chroniken der Stauferzeit 1, 1938) S. 14: [...] *et cum Brunone Augustensi episcopo, maximas praedas et incendia facies necnon et castella et munitiones eius diripiens tandemque ipsam civitatem sapiens, diu dimicabat. Cui Frisingensis episcopus auxilium ferens eadem ab eo perpessus est*; ebd., c. 10, S. 14: *Hic, cum ad senectutem pervenisset et malorum, quae ecclesiis Augustensi et Frisingensi intulerat, saepius saepiusque revolvens animo recordaretur, ad emendationem cum magna cordis contritione anhelans* [...]. Zur *Historia Welforum* vgl. Peter

ansonsten als Beschützer der Kirche und des Papsttums geben[35]. Welf II. fällt also aus dem Schema heraus. Er hält sich nicht an Handlungsmuster, die seiner Familie wichtig sind. Diese Beurteilung erfolgt im Nachhinein, denn zu der Zeit, als Welf II. seine Schandtaten beging, war das Bewusstsein des Adels, dass das Entfremden von Kirchengut eine böse Tat war, sicher noch nicht so ausgeprägt. Die Zeitgenossen Welfs II. wie auch sein Sohn mögen das Verhalten, das den Welfen Geld und Besitz einbrachte, durchaus noch anders beurteilt haben als die späteren Nachfahren. Hier kommt es natürlich auch auf den Kontext an: Denn Welf IV. war im Umgang mit den Kirchen von Augsburg und Freising auch nicht zimperlich. Aber im Gegensatz zu seinem Vorfahren richteten sich seine Taten gegen die königlichen Gegenbischöfe und sind daher als Hilfe für das Papsttum und die universale Kirche ganz anders zu beurteilen als die von der Sachlage her ähnlichen Taten Welfs II.[36] Auch dass Welf IV. seine erste Ehefrau verstieß, um seinem abgesetzten Ex-Schwiegervater im Herzogtum Bayern nachzufolgen, wurde von der welfischen Hausüberlieferung mit Stillschweigen übergangen[37]. Schließlich gelang ihm so der Aufstieg zum Herzog.

JOHANEK, Historia Welforum, in: Die deutsche Literatur des Mittelalters. Verfasserlexikon 4 (1983) S. 61–65; Matthias BECHER, Welf VI., Heinrich der Löwe und der Verfasser der Historia Welforum, in: Die Welfen. Landesgeschichtliche Aspekte ihrer Herrschaft, hg. von Karl-Ludwig AY / Lorenz MAIER / Joachim JAHN (Forum Suevicum. Beiträge zur Geschichte Oberschwabens und der benachbarten Regionen 2, 1998) S. 151–172; DENS., Der Verfasser der Historia Welforum zwischen Heinrich dem Löwen und den süddeutschen Ministerialen des welfischen Hauses, in: Heinrich der Löwe. Herrschaft und Repräsentation, hg. von Johannes FRIED / Otto Gerhard OEXLE (Vorträge und Forschungen 57, 2003) S. 347–380; KELLNER, Ursprung und Kontinuität (wie Anm. 4) S. 322–339; Alheydis PLASSMANN, Die Welfen-Origo, ein Einzelfall?, in: Welf IV. – Schlüsselfigur einer Wendezeit. Regionale und europäische Perspektiven, hg. von Dieter R. BAUER / Matthias BECHER (Zeitschrift für Bayerische Landesgeschichte, Beihefte, Reihe B 24, 2004) S. 56–83; Matthias BECHER, Einleitung, in: Quellen zur Geschichte der Welfen und die Chronik Burchards von Ursberg, hg. von DEMS. / Florian HARTMANN / Alheydis PLASSMANN (Ausgewählte Quellen zur deutschen Geschichte des Mittelalters 18b, 2007) S. 4–8.

35 So etwa Welf IV., vgl. Historia Welforum, c. 13, ed. KÖNIG (wie Anm. 34) S. 18 und S. 20; Welf V. hilft beim Zustandekommen des Vertrages von Ponte Mammolo, vgl. ebd., c. 25, S. 111 mit Anm. 74. Vgl. dazu auch PLASSMANN, Welfen-Origo (wie Anm. 34) S. 75 ff.

36 Historia Welforum, c. 13, ed. KÖNIG (wie Anm. 34) S. 18 und S. 20.

37 Historia Welforum, c. 13, ed. KÖNIG (wie Anm. 34) S. 18–23. Die Information findet sich etwa bei Lampert von Hersfeld, Annales a. 1071, ed. Oswald HOLDER-EGGER (MGH SS rer. Germ. [38], 1894) S. 118 f. Zur Scheidung vgl. Bernd

Der sogenannte Investiturstreit führte also zur Verurteilung von Taten, die man vorher nicht so negativ sah. Zu seinen Lebzeiten war Welf II. nicht unbedingt ein „schwarzes Schaf", musste aber nach der „Umprägung des Geschichtsbildes durch die Kirchenreform"[38] als solches herhalten. Immerhin gab der Autor der *Historia Welforum* dem „schwarzen Schaf" Welf II. noch Gelegenheit zur Buße und Umkehr. Auf dem Totenbett soll er die Güter an Augsburg und Freising zurückerstattet haben[39]. Dass Kaiser Konrad II. seine Hand dabei im Spiel hatte, dass Welf II. zumindest dem Bistum Augsburg Schadenersatz leisten musste, verschweigt die welfische Überlieferung[40]. Das ausschweifende Leben Welfs VI., eines Nachkommen, und seine Verschwendungssucht hingegen werden in der *Historia Welforum* mit dem Kummer über den Tod seines einzigen Sohnes entschuldigt. Zudem wird auch Welf VI. zugestanden, am Ende seines Lebens doch noch einen moralischen Lebensweg eingeschlagen zu haben[41]. Wir sollten im Auge behalten, dass solch ein behaupteter Wandel des „schwarzen Schafes" zum reuigen Sünder in den Familiengeschichten häufig auftritt und einem ganz ursprünglichen christlichen Topos entstammt.

Ein weiteres Beispiel bietet die Familie der Grafen von Anjou, der – ebenfalls im 12. Jahrhundert – eine ausführliche Chronik durch den Weltgeistlichen Johannes von Marmoutier gewidmet wurde, als ihr Geschlecht mit Heinrich II. von England gar zu Königswürden aufgestiegen war. Fulko I. Rufus bereute laut der „Chronik der Grafen von Anjou" auf dem Sterbebett sein ausschweifendes Leben[42]. Er ist einer Kategorie harmloser „schwarzer Scha-

---

SCHNEIDMÜLLER, Welf IV. 1101–2001. Kreationen fürstlicher Zukunft, in: Welf IV., hg. von BAUER/BECHER (wie Anm. 34) S. 1–29, hier S. 15 ff.

38 Zum Begriff Theodor SCHIEFFER, Heinrich II. und Konrad II. Die Umprägung des Geschichtsbildes durch die Kirchenreform des 11. Jahrhunderts, Deutsches Archiv für Erforschung des Mittelalters 8 (1951) S. 384–437, modifizierend Hartmut HOFFMANN, Mönchskönig und rex idiota. Studien zur Kirchenpolitik Heinrichs II. und Konrads II. (MGH Studien und Texte 8, 1993).

39 König geht davon aus, dass die Reue und Umkehr sowie die Rückgabe der Güter an Freising und Augsburg erfunden worden seien, vgl. KÖNIG, Historia Welforum (wie Anm. 34) S. 105 f., Anm. 47.

40 Vgl. WOLFRAM, Konrad II. (wie Anm. 7) S. 99; ERKENS, Konrad II. (wie Anm. 7) S. 78.

41 Vgl. Historia Welforum, Continuatio Steingadensis, ed. Erich KÖNIG (Schwäbische Chroniken der Stauferzeit 1, 1938) S. 68–75.

42 Chronica de gestis consulum Andegavorum, edd. Louis HALPHEN / René POUPARDIN (Collection de textes pour servir à l'étude et à l'enseignement de l'histoire 48, 1913) S. 34.

fe" zuzurechnen, deren Taten als jugendlicher oder auch betagter Leichtsinn entschuldigt werden und denen die Möglichkeit zur Reue ohne Weiteres zugestanden wird. Ihr Verhalten wird vielleicht mit einem Kopfschütteln bedacht, aber nicht wirklich für verdammenswert erachtet. Anders Fulko IV. le Réchin: Dieser wird von der Chronik in den dunkelsten Farben gemalt. Er sperrte seinen Bruder mit List ein, um selbst die Herrschaft zu erlangen. Er gab sich sexuellen Ausschweifungen hin. Er verfolgte seinen eigenen Sohn Gottfried IV.[43], und soll schließlich sogar für dessen Tod verantwortlich gewesen sein[44]. Seine Frau soll er dem französischen König für ein Verhältnis überlassen haben, um daraus politischen Vorteil zu ziehen[45]. Diese Verzerrung von Fulkos IV. le Réchin Bild ist postum entstanden. In dem frühesten Fragment einer Familiengeschichte der Anjou, das Fulko IV. selbst verfasste, ist von diesen Dingen noch nicht die Rede. Er selbst entschuldigte lediglich die Gefangennahme seines Bruders mit dessen Unfähigkeit[46] und ging auf seine Frau nicht ein. Allerdings wäre ein Autor, der sich selbst beschuldigt, eine große Ausnahme. Die Affäre des französischen Königs mit der Gräfin von Anjou und deren Duldung durch Fulko sorgte jedenfalls schon zu Lebzeiten der Protagonisten für großes Aufsehen[47] und war wohl auch in der zweiten Hälfte des 12. Jahrhunderts noch nicht in Vergessenheit geraten. Johannes von Marmoutier fühlte sich – wie er selbst betont – verpflichtet, diese nicht so ruhmreichen Ereignisse zu berichten[48]. Er vermerkte allerdings mit Genugtuung, dass

---

43 Chronica de gestis consulum Andegavorum, edd. HALPHEN/POUPARDIN (wie Anm. 42) S. 64 ff.
44 Chronica de gestis consulum Andegavorum, edd. HALPHEN/POUPARDIN (wie Anm. 42) S. 66: [...] *patre ut ferunt consentiente* [...].
45 Chronica de gestis consulum Andegavorum, edd. HALPHEN/POUPARDIN (wie Anm. 42) S. 66 f.
46 Fragmentum historiae Andegavensis, edd. Louis HALPHEN / René POUPARDIN (Collection de textes pour servir à l'étude et à l'enseignement de l'histoire 48, 1913) S. 237, wo Fulko über die Gefangennahme seines Bruders berichtet. Unter erinnerungstechnischen Gesichtspunkten über das Fragment Johannes FRIED, Der Schleier der Erinnerung. Grundzüge einer historischen Memorik (2004) S. 191–195.
47 Vgl. dazu Bernd SCHNEIDMÜLLER, Philipp I., in: Lexikon des Mittelalters 6 (1993) Sp. 2057 f., und Rolf GROSSE, Philipp I. (1060–1108), in: Die französischen Könige des Mittelalters. Von Odo bis Karl VIII. 888–1498, hg. von Joachim EHLERS / Heribert MÜLLER / Bernd SCHNEIDMÜLLER (1996) S. 113–126.
48 Chronica de gestis consulum Andegavorum, edd. HALPHEN/POUPARDIN (wie Anm. 42) S. 67: *Hec ego dum in voluminibus abditis invenissem scripta, non sum perpessus infructuoso silentio tegi.*

Fulkos IV. le Réchin Sohn nicht in die Fußstapfen des Vaters trat. „Er verließ die Wege seines Vaters und seiner Mutter, führte ein ehrliches Leben und führte seine Herrschaft klug."[49] Die Umkehr und Reue wird hier also nicht dem „schwarzen Schaf" selbst zugeschrieben, es wird aber doch deutlich gemacht, dass es sich bei Fulko IV. le Réchin um eine Ausnahmefigur handelt, die nicht nach den üblichen Handlungsmustern der Familie agierte.

Sowohl die *Historia Welforum* als auch die „Chronik der Anjou" sind im Interesse direkter Abkömmlinge „schwarzer Schafe" geschrieben worden. Die anrüchigen Familienmitglieder standen also in der direkten Linie der momentanen Herrscher und waren nicht etwa irgendwelche entfernten Onkel oder Tanten.

Anders in Flandern: In der *Flandria generosa*, ebenfalls im 12. Jahrhundert entstanden, finden sich gleich drei anrüchige Familienmitglieder: Balduin I. entführte die Tochter Karls des Kahlen und wurde dafür, weil sie eine Witwe war, mit dem Anathem belegt. Er konnte sich davon lösen und Judith rechtmäßig heiraten[50]. Seine Handlung wird allerdings nicht verurteilt, und da die Ehe zwischen Balduin und Judith Karolingerblut zu den Flamen brachte, ist ihr wohl eher ein positiver Aspekt zu eigen.

Ganz anders Richilde, die gegen Robert den Friesen um das Erbe ihres Sohnes Arnulf kämpfte. Sie war *rixosa et callida*, ihre Herrschaft war eine *tyrannis*, ihre Handlungen zeichneten sich durch Grausamkeit aus[51]. Im Gegen-

---

49   Chronica de gestis consulum Andegavorum, edd. HALPHEN/POUPARDIN (wie Anm. 42) S. 67: [*V*]*ias patris et matris sue deserens, honestam vitam deducens, prudenter terram suam rexit*.

50   Flandria generosa, c. 2, ed. Ludwig Conrad BETHMANN (MGH SS 9, 1851) S. 317 f. Zur *Flandria generosa* vgl. Jean-Marie MOEGLIN, Une première histoire nationale flamande. L'Ancienne chronique de Flandre (XIIe–XIIIe siècles), in: Liber largitorius. Études d'histoire médiévale offertes à Pierre Toubert par ses élèves, hg. von Dominique BARTHELEMY / Jean-Marie MARTIN (2003) S. 455–476, und Ann KELDERS, De geschiedenis van Vlaanderen herzien en aangevuld. Recyclage en tekstuele innovatie in de laatmiddeleeuwse *Flandria Generosa-kronieken*, Millennium: Tijdschrift voor Middeleeuwse studies 19 (2005) S. 156–169.

51   Flandria generosa, c. 15, ed. BETHMANN (wie Anm. 50) S. 321; ebd., c. 17 f., S. 321 f. Zu Richilde vgl. Walter MOHR, Richilde vom Hennegau und Robert der Friese. Thesen zu einer Neubewertung der Quellen (1. Teil), Revue belge de philologie et d'histoire 58 (1980) S. 777–796; DENS., Richilde vom Hennegau und Robert der Friese. Thesen zu einer Neubewertung der Quellen (2. Teil), ebd. 59 (1981) S. 265–291. Eine ganz andere Beurteilung erfuhr Richilde im Hennegau: Gislebert von Mons, Chronicon Hanoniense, c. 1–22, ed. Léon VANDERKINDERE (Recueil des textes pour servir à l'étude de l'histoire de Belgique, 1904) S. 2–17.

satz zu den „schwarzen Schafen" in der „Chronik der Grafen von Anjou" und der *Historia Welforum* war Richilde keine unmittelbare Ahnin der Grafen von Flandern im 12. Jahrhundert, da Robert der Friese sich durchsetzte[52]. Sie war nur angeheiratet und für die Fortführung der Linie nicht von Bedeutung, weshalb ihr wohl auch keine Reue auf dem Totenbett zugestanden wird. Ein weiteres „schwarzes Schaf" in der flämischen Grafenfamilie war der illegitime Wilhelm von Ypern, auch er nicht in der direkten Linie. Seine Kämpfe gegen den rechtmäßigen Grafen Dietrich vom Elsass werden als „Wüten" bezeichnet[53]. Der Eid, den Wilhelm ihm dann schließlich schwor, hat er kaum einen Tag gehalten[54]. Wilhelm von Ypern war allerdings ähnlich wie Welf II. am Ende seines Lebens – nach einer großartigen Karriere außerhalb Flanderns im Dienst König Stefans von England – Reue gegönnt, der er durch viele Schenkungen an die Kirche Ausdruck verleihen konnte[55].

Bei den Wettinern[56] findet sich in einem ähnlichen Muster ein angeheiratetes „schwarzes Schaf": Die Ehefrau eines Wettiners versuchte einen Abt zu verführen und starb bald darauf eines frühen Todes[57]. Der Wettiner Albrecht, der sich am Andenken seines Vaters verging, indem er das Geld stahl, das sein Vater dem Kloster auf dem Petersberg vermacht hatte, starb bald darauf an Gift[58]. Ein weiteres Familienmitglied, das sich an den Gütern des Klosters

---

52 Flandria generosa, c. 20, ed. BETHMANN (wie Anm. 50) S. 322: *Ille vero adversus tam vastam multitudinem multo pauciores, sed ut rei probavit eventus validiores in arma produxit.*

53 Flandria generosa, c. 31, ed. BETHMANN (wie Anm. 50) S. 324: *Willelmus de Lo ex castro dicto Sclus resistens, homicidiis, rapinis, incendiis, ecclesiarum ac villarum desolationibus adversus illum* [d.i. Graf Dietrich] *est debachatus.*

54 Flandria generosa, c. 28, ed. BETHMANN (wie Anm. 50) S. 324.

55 Flandria generosa, c. 33, ed. BETHMANN (wie Anm. 50) S. 325; ebd., c. 34, S. 325; ebd., c. 35, S. 325.

56 In der „Lauterberger Chronik", zu ihr vgl. Stefan PÄTZOLD, Die frühen Wettiner. Adelsfamilie und Hausüberlieferung bis 1221 (Geschichte und Politik in Sachsen 6, 1997) S. 301–338 und S. 349–361. Er bezeichnet die Chronik eher als Stifts- denn als Stifterchronik, und tatsächlich ist die Darstellung der Wettiner hauptsächlich von ihrem Verhältnis zum Petersberg bestimmt.

57 Chronicon Montis Sereni a. 1146, ed. Ernst EHRENFEUCHTER (MGH SS 23, 1874) S. 146. Die Formulierung *Sequenti autem vel tercia die peticionem aliquam preposito porrexit, de qua ille ei nolebat aliquantulus consentire* ist wohl so zu verstehen.

58 Chronicon Montis Sereni a. 1190, ed. EHRENFEUCHTER (wie Anm. 57) S. 163; ebd. a. 1195, S. 166; vgl. auch PÄTZOLD, Frühe Wettiner (wie Anm. 56) S. 322 ff.

vergriff, wurde von seinem Bruder in die Schranken gewiesen[59], so dass auch hier die Taten des „schwarzen Schafes" von einem weiteren Familienmitglied gesühnt werden und ganz nebenbei deutlich wird, dass das Kloster gefördert werden muss. Auch einen reuigen Sünder hatten die Wettiner: Dedo IV. hatte seine Frau verstoßen und sühnte diese Tat mit einem Kreuzzug[60].

Richtig Pech hatten die Grafen von Oldenburg. Sie scheinen sich mit den Mönchen des von ihnen gegründeten Klosters Rastede überworfen zu haben, denn an den späteren Grafen lässt die Chronik des Klosters kein gutes Haar mehr, und zwar ohne den Grafen die Möglichkeit zur Reue zu geben. Ganz besonders lasterhaft war nach dieser Chronik Graf Johann von Oldenburg, der die Grafschaft durch seine vielen Ausgaben für Hunde und Pferde und eine kostspielige Konkubine in die Armut trieb[61].

Interessanterweise finden sich „schwarze Schafe" auch in den schlechter gestellten Grafenfamilien. In der „Geschichte der Grafen von Guînes und Herren von Ardres", die Lambert von Ardres gegen Ende des 12. Jahrhunderts schrieb, finden wir mehrere negative Gestalten, die gerade nicht vorbildlich handeln. Zum einen hat schon die Gründung des Hauses Guînes mit Siegfried dubiosen Charakter: Dieser verführte nämlich gegen den Willen seines Lehnsherren, des Grafen von Flandern, dessen Tochter[62]. Aber ähnlich wie bei den

---

59   Chronicon Montis Sereni a. 1223, ed. EHRENFEUCHTER (wie Anm. 57) S. 204. Zu den Gründen für die negative Darstellung Dietrichs vgl. auch PÄTZOLD, Frühe Wettiner (wie Anm. 56) S. 324 f.

60   Chronicon Montis Sereni a. 1124, ed. EHRENFEUCHTER (wie Anm. 57) S. 139. Vgl. dazu auch PÄTZOLD, Frühe Wettiner (wie Anm. 56) S. 303, und WELLER, Heiratspolitik (wie Anm. 21) S. 635.

61   Chronik von Rastede, c. 37, ed. Georg WAITZ (MGH SS 25, 1880) S. 510. Ab c. 35 hatte die Chronik einen Verfasser, der den Grafen nicht wohlgesonnen war, vgl. Waitz' Vorwort ebd., S. 495. Vgl. zur „Chronik von Rastede" auch Thomas HILL, Stiftermemoria und Gründungsgeschichte als Argument. Zum historischen Selbstverständnis norddeutscher Klöster im Hochmittelalter, in: Gemeinschaft und Geschichtsbilder im Hanseraum, hg. von DEMS. / Dietrich W. POECK (Kieler Werkstücke 1, 2000) S. 1–25, vor allem S. 16–22.

62   Lambert von Ardres, Chronicon Ghisnense et Ardense, c. 11, ed. Denis-Charles GODEFROY-MENILGLAISE, in: Chronique de Guines et d'Ardre (918–1203), hg. von DEMS. (Société des Antiquaires de la Morinie, 1855) S. 34 ff.; ed. Johannes HELLER (MGH SS 24, 1879) S. 568; vgl. auch die Übersetzung in Leah SHOPKOW (Hrsg.), Lambert of Ardres. The History of the Counts of Guines and Lords of Ardres (The Middle Ages Series, 2001) S. 61. Zu Lambert vgl. jetzt auch das Vorwort von SHOPKOW, ebd., S. 1–39, und Alheydis PLASSMANN, Ahnherren als Vorbilder. Gesellschaftliche Muster in der Geschichte der Herren von Ardres des Lambert von Ardres,

Grafen von Flandern, die sich durch eine Entführung karolingisches Blut erschlichen, erhielten die Grafen von Guînes nach deren Vorbild so eine Verbindung zu der mächtigeren Familie der flämischen Grafen. Ein regelrechter Bösewicht scheint aber Radulf von Guînes gewesen zu sein, dem von einem einfachen Mann auf dem Weg zu einem Turnier sein schlimmes Ende vorhergesagt wurde[63]. Er hatte vor allen Dingen seine Pflichten gegenüber den von ihm abhängigen Personen nicht erfüllt, anscheinend ein todeswürdiges Verbrechen. Ein Graf, der seine Pflichten gegenüber seinen Leuten nicht erfüllte, stürzte seine Familie aber auch in ein Legitimitätsproblem.

Ähnliche „schwarze Schafe" finden sich in der Familie derer von Ardres, deren Geschichte Lambert ebenfalls wiedergibt, weil beide Linien in Arnulf II. von Guînes vereint wurden[64]. Es ist bezeichnend, dass diesen Personen, die sich Schwächeren gegenüber so unkorrekt und gemein verhalten, keine Gelegenheit zur Reue gegeben wird. Die Umkehr erfolgt in allen Fällen erst in der nächsten Generation[65].

Lediglich als jugendliche Ausschweifungen werden die negativen Taten Balduins II. von Guînes und seines Sohnes Arnulf II. beurteilt, die sich laut Lambert von selbst auswuchsen. Balduin legte seine „Halbstarkenmentalität" in dem Moment ab, als er Graf von Guînes wurde[66]. Arnulf musste erst seine unglückliche Liebe zu Ida von Boulogne überwinden und eine Gefangen-

---

in: Vielfalt der Geschichte – Lernen, Lehren und Erforschen vergangener Zeiten. Festgabe für Ingrid Heidrich zum 65. Geburtstag, hg. von Sabine HAPP / Ulrich NONN (2004) S. 167–181.

63 Lambert, Chronicon, c. 18, ed. GODEFROY-MENILGLAISE (wie Anm. 62) S. 46 ff. (ed. HELLER [wie Anm. 62] S. 570 f.); SHOPKOW, Lambert of Ardres (wie Anm. 62) S. 65 ff.

64 Lambert, Chronicon, c. 129, ed. GODEFROY-MENILGLAISE (wie Anm. 62) S. 302–305 (ed. HELLER [wie Anm. 62] S. 625); SHOPKOW, Lambert of Ardres (wie Anm. 62) S. 162 f.: Die angeheiratete Gertrude von Ardres. Lambert, Chronicon, c. 135, ed. GODEFROY-MENILGLAISE, S. 322–325 (ed. HELLER, S. 629 f.); SHOPKOW, Lambert of Ardres, S. 170 f.: Arnulf III. von Ardres, der gar von seinen Dienern umgebracht wird.

65 Lambert, Chronicon, c. 19, ed. GODEFROY-MENILGLAISE (wie Anm. 62) S. 50 f. (ed. HELLER [wie Anm. 62] S. 571 f.); SHOPKOW, Lambert of Ardres (wie Anm. 62) S. 67 f.: Eustachius von Guines macht die Untaten seines Vaters wett. Lambert, Chronicon, c. 129, ed. GODEFROY-MENILGLAISE, S. 302–305 (ed. HELLER, S. 625); SHOPKOW, Lambert of Ardres S. 162 f.: Der Sohn der Gertrude von Ardres betreibt Wiedergutmachung.

66 Lambert, Chronicon, c. 74, ed. GODEFROY-MENILGLAISE (wie Anm. 62) S. 162 f. (ed. HELLER [wie Anm. 62] S. 596); SHOPKOW, Lambert of Ardres (wie Anm. 62) S. 110.

schaft durchmachen, ehe er sich besann und von dem Zeitpunkt an alles tat, was sein Vater sagte[67]. Lässliche Sünden waren offenbar auch die unehelichen Kinder Balduins II. Lambert tadelte zwar die sexuellen Ausschweifungen des Grafen, betonte aber zugleich, dass er die unehelichen Kinder nach dem Tod seiner Frau zeugte: Offensichtlich kursierten Witze über die Zahl der Frauen, die Balduin verführte, die Lambert aber Übelwollenden in den Mund legte[68]. In dieselbe Kategorie fallen wohl auch die Äußerungen über die allzu lässige Bekleidung der Petronilla von Ardres beim sommerlichen Schwimmen, die die Ritter der Umgebung immer in arge Verlegenheit stürzte[69].

Es gibt auch Beispiele dafür, dass manches „schwarze Schaf" bewusst aus dem Familienstammbaum hinausbefördert wurde. In der *Historia Welforum* wird erwähnt, dass ein gewisser Eticho sich das Bett mit einer Unfreien geteilt habe. Die Tochter aus dieser unstandesgemäßen Verbindung hätte selbstverständlich keinen Anspruch auf ein Erbe gehabt und deren Nachkommen werden daher nicht weiter beachtet[70] – so jedenfalls der Autor der *Historia Welforum*, offensichtlich in Abwehr möglicher Ansprüche aus diesen Seitenlinien. In der Familientradition der Ludowinger, der späteren Landgrafen von Thüringen, findet sich der Hinweis, dass der Ahnherr dieser Familie die ersten Güter in Thüringen nur bekommen habe, weil sein Neffe sich gegen den Erzbischof von Mainz, seinen Lehnsherrn, aufgelehnt und jemanden getötet habe, so dass dieser ihm die Lehen wieder entzog[71].

67　Lambert, Chronicon, c. 96, ed. GODEFROY-MENILGLAISE (wie Anm. 62) S. 214–219 (ed. HELLER [wie Anm. 62] S. 607); SHOPKOW, Lambert of Ardres (wie Anm. 62) S. 130 f. Diese Episode ist laut Stephen JAEGER, Die Entstehung höfischer Kultur. Vom höfischen Bischof zum höfischen Ritter (Philologische Studien und Quellen 167, 2001) S. 279–281, deutlich höfischen Erzählungen nachgeahmt.

68　Lambert, Chronicon, c. 89, ed. GODEFROY-MENILGLAISE (wie Anm. 62) S. 196–199 (ed. HELLER [wie Anm. 62] S. 603); SHOPKOW, Lambert of Ardres (wie Anm. 62) S. 122 f.

69　Lambert, Chronicon, c. 134, ed. GODEFROY-MENILGLAISE (wie Anm. 62) S. 319 f. (ed. HELLER [wie Anm. 62] S. 629); SHOPKOW, Lambert of Ardres (wie Anm. 62) S. 169: Die lässige Haltung beim Baden hat Petronilla *simplicitate animi* – was man wohl als entschuldigende Floskel deuten muss und was eher als Naivität denn als Dummheit zu verstehen wäre.

70　Historia Welforum, c. 5, ed. KÖNIG (wie Anm. 34) S. 10 f.

71　Cronica Reinhardsbrunnensis, ed. Oswald HOLDER-EGGER (MGH SS 30/1, 1896) S. 517 f. Allgemein zum Selbstverständnis der Ludowinger vgl. Jürgen PETERSOHN, Die Ludowinger. Selbstverständnis und Memoria eines hochmittelalterlichen Reichsfürstengeschlechts, Blätter für Deutsche Landesgeschichte 129 (1993) S. 1–39. Zur „Reinhardsbrunner Chronik" ausführlich Stefan TEBRUCK, Die Reinhardsbrunner

Es stellt sich natürlich die Frage, weshalb die negativen Figuren nicht einfach verheimlicht werden. Mehrere Begründungen sind möglich: Erstens ließen sich wahrscheinlich nicht alle „Leichen im Keller" verschweigen, zum Beispiel dürfte kaum jemand in Böhmen nicht darüber Bescheid gewusst haben, wer den heiligen Wenzel ermordet hatte. Jede Familie hat nun einmal ihre „schwarzen Schafe" aufzuweisen. Zweitens aber, und dies scheint wichtiger zu sein, bieten diese ein eindrückliches Kontrastprogramm zur ansonsten vorbildlichen Herrschaft der Familie. Gerade dass oftmals die Söhne der Übeltäter versöhnend wirken, macht deutlich, dass die Familie als solche eben trotz gelegentlicher Ausreißer zu guter Herrschaft geeignet ist. Ähnlich wie der „Tag des Narren" oder der „Umkehrtag" letztlich die Stabilität einer Ordnung fördert[72], wirken auch die „schwarzen Schafe" im Endeffekt stabilisierend für den Anspruch ihrer Familien auf Herrschaft, indem sie als negative Beispiele deutlich machen, wie sich ein Familienmitglied gerade nicht zu verhalten hat. Abgesehen davon geben sie schließlich den Texten selbstverständlich eine gewisse Würze[73]. Wer würde schon gerne eine Familiengeschichte lesen, in der nicht wenigstens ab und zu jemand aus dem Rahmen fällt?

Im 12. Jahrhundert haben wir also einen ungewöhnlichen Umgang mit den „schwarzen Schafen" der Familien. Sie werden nicht mit dem Mantel des Schweigens bedeckt, auch wenn die Mäzene der Autoren in direkter Abstammungslinie von den „schwarzen Schafen" stehen, werden diese nicht übergangen. Eine Art von Vergangenheitsbewältigung könnte man dann an der

---

Geschichtsschreibung im Hochmittelalter. Klösterliche Traditionsbildung zwischen Fürstenhof, Kirche und Reich (Jenaer Beiträge zur Geschichte 4, 2001) S. 51–215, vor allem S. 205–213, der die „Reinhardsbrunner Historien", die die Grundlage für die Chronik gebildet hätten, für die Jahre 1187–1217 ansetzt.

72 Zum Tag des Narren vgl. allgemein Werner MEZGER, Narr, in: Lexikon des Mittelalters 6 (1993) Sp. 1023–1026, vor allem V. Brauchtum, ebd., Sp. 1025 f.; Harry KÜHNEL, Fastnacht, in: ebd. 4 (1989) Sp. 313 f.; sowie Udo KINDERMANN, Klerikerfeste, in: ebd. 5 (1991) Sp. 1206 f.

73 Vgl. dazu Joachim EHLERS, Gut und Böse in der hochmittelalterlichen Historiographie, in: Die Mächte des Guten und des Bösen. Vorstellungen im XII. und XIII. Jahrhundert über ihr Wirken in der Heilsgeschichte, hg. von Albert ZIMMERMANN (Miscellanea Medievalia 11, 1977) S. 27–71, auch vor allem S. 32 und S. 63 ff. über die Kontrastwirkung des Bösen. Die Abgrenzung von den „anderen" ist in ihrer Bedeutung für die eigene Identität schon lange erkannt worden, vgl. dazu Jan ASSMANN, Das kulturelle Gedächtnis. Schrift, Erinnerung und politische Identität in frühen Hochkulturen (1992) S. 151–160, und Niklas LUHMANN, Die Gesellschaft der Gesellschaft (1997) 2, S. 954–958.

Tatsache erkennen, dass den „schwarzen Schafen" oft eine Umkehr angedichtet wird, respektive betont wird, dass die Nachfolger der „schwarzen Schafe" die bösen Taten sühnten. Die „schwarzen Schafe" haben also real existiert, wurden aber nicht mehr, wie noch beim Beispiel der Ottonen zu sehen, entschuldigt. Sie wurden als Teil der Familie verstanden, aber als negatives Beispiel kontrastierend zur Legitimierung benutzt. So konnte der Glanz der wahren Helden der Familien, der Friedensfürsten, der Kreuzfahrer, der Heiligen und anderer umso heller erstrahlen[74].

So bekam das „schwarze Schaf" auch eine gewisse Anziehungskraft für eine adlige Familie, wie wir am Beispiel der Landgrafen von Thüringen beobachten können. Das „schwarze Schaf" nimmt hier nämlich nicht nur irgendeinen Platz in der Familiengeschichte ein, sondern einen überaus prominenten, und steht damit schon am Anfang einer Heldenverklärung:

Ludwig der Springer, der Vater des ersten Landgrafen und damit an hervorgehobener Stelle innerhalb der Ahnen, hatte eine durchaus bewegte Lebensgeschichte aufzuweisen[75]: Er verliebte sich in Adelheid von Stade, die Ehefrau des Pfalzgrafensohnes Friedrich von Goseck. Gemeinsam planten sie den „perfekten Mord": Als Friedrich im Bad saß, begab sich Ludwig auf die Jagd in dessen Wäldern. Der Lärm, den er dabei machte, war offenbar so groß, dass Friedrich darauf aufmerksam wurde. Von Adelheid angestiftet machte er sich in wenig bekleidetem Zustand auf, um den Störenfried von seinen Ländereien zu weisen. Ungewappnet fiel er den Waffen Ludwigs zum Opfer. Ludwig konnte Adelheid heiraten.

Ein wahrer Kern ist im Fall dieser Geschichte wohl tatsächlich anzunehmen, zumindest hat der Sohn Friedrichs seinem Stiefvater später vorgeworfen,

---

74   Zur Stilisierung anderer Familienmitglieder als positive Gestalten vgl. PLASSMANN, Welfen-Origo (wie Anm. 34).
75   Zum Folgenden Cronica Reinhardbrunnensis, ed. HOLDER-EGGER (wie Anm. 71) S. 522–531. Zu dieser Erzählung vgl. ausführlich TEBRUCK, Reinhardsbrunner Geschichtsschreibung (wie Anm. 71) S. 51–65. Zum höfischen Kontext der Erzählung vgl. Dietrich HUSCHENBETT, Eine Mord- und Minne-Geschichte aus Thüringen. Zur Darstellung der Ermordung des sächsischen Pfalzgrafen Friedrich III. durch Ludwig den Springer, Graf von Thüringen, in: Strukturen der Gesellschaft im Mittelalter – interdisziplinäre Mediävistik in Würzburg, hg. von Dieter RÖDEL (1996) S. 35–49.

seinen Vater ermordet zu haben[76]. Die thüringische Hausüberlieferung kann der Verbindung von Ludwig und Adelheid aber nur Gutes abgewinnen: Adelheid sei reich gewesen und habe ihrem zweiten Mann viele Güter eingebracht, die Kinder aus dieser Verbindung seien sämtlich gelungen. Ludwig habe durch diesen Mord erheblich an Bedeutung gewonnen[77]. Hier schwingt schon fast etwas wie Bewunderung für den Draufgänger mit. Der Konvention, dass ein Mord aus ehebrecherischen Motiven moralisch verwerflich sei, wurde dann aber doch noch Genüge getan. Die „Reinhardsbrunner Chronik" berichtet, Ludwig sei späterhin wegen des Mordes von Heinrich IV. auf dem Giebichenstein bei Halle eingesperrt worden. Als er sein Schicksal beklagte, habe er dem heiligen Ulrich geschworen, als Sühne eine Kirche zu gründen. Genau in diesem Moment habe er einen seiner Gefolgsleute an der Saale stehen sehen, ihm zugerufen, ein Boot zu holen, und den Sprung aus der Festung gewagt[78] – der ihm im Übrigen seinen Beinamen „der Springer" verschaffte. Aber damit noch nicht genug: Die Reue Ludwigs wird noch weiter ausgeführt. Adelheid wurde nämlich auch von Gewissensbissen geplagt und tischte ihrem Mann, um ihn zur Buße aufzufordern, an einem Fasttag ein reiches Mahl mit Fleisch auf. Als Ludwig sich weigerte, das Fastengebot der Kirche zu übertreten, machte ihn seine Gemahlin darauf aufmerksam, dass er schon viel weiterreichende Gebote übertreten habe. Ihre gemeinsame Buße und Reue machte das Ehepaar zu Gründern von Reinhardsbrunn, sogar der Papst vergab ihnen ihr Verbrechen und Ludwig konnte sein Leben in Reinhardsbrunn als Mönch beschließen[79]. Hier wird das „schwarze Schaf" geradezu zu einem Helden der Familiengeschichte. Die schon in Beispielen des 12. Jahrhunderts zu beobachtende Tendenz, „schwarze Schafe" im Nachhinein durch Reue wieder in die Gemeinschaft zu integrieren, erhöht sich durch diesen bemerkenswerten Umschlag vom Sünder zum Helden.

Klostergründungen sind natürlich ohnehin ein verbreitetes Mittel, um ein gar zu weltliches Leben zu sühnen, und stehen nicht von ungefähr in den entsprechenden Chroniken: Auch Wiprecht von Groitzsch soll nach den „Pegauer Annalen" das dortige Kloster gegründet und eine Wallfahrt nach Spanien

---

76 Chronicon Gozecense, II, 17, ed. Richard AHLFELD, Jahrbuch für die Geschichte Mittel- und Ostdeutschlands 16/17 (1968) S. 1–49, hier S. 25, vgl. dazu auch WELLER, Heiratspolitik (wie Anm. 21) S. 577–579 und S. 581 f.
77 Vgl. dazu auch WELLER, Heiratspolitik (wie Anm. 21) S. 580 f.
78 Cronica Reinhardbrunnensis, ed. HOLDER-EGGER (wie Anm. 71) S. 524.
79 Cronica Reinhardbrunnensis, ed. HOLDER-EGGER (wie Anm. 71) S. 525 f.

unternommen haben, um einen Ausgleich für seine vielen Kriegstaten zu schaffen, die allerdings im Kloster des Gründers auch überaus lobende Worte einheimsten[80].

Schließlich wird es, ähnlich wie bei den Ludowingern, geradezu schick, an den Anfang der Familiengeschichte ein „schwarzes Schaf" zu stellen: Die Wittelsbacher werden zu Beginn des 13. Jahrhunderts in der „Scheyerner Chronik"[81] auf zwei berüchtigte Ahnherren zurückgeführt: einmal den bayrischen Herzog Arnulf, dessen schlimme Taten sich schon an seinem Beinamen „der Böse" ablesen lassen, und zum anderen einen Adligen, der sich 955 in der Schlacht auf dem Lechfeld verräterisch auf die Seite der Ungarn stellte[82]. Das zeitlich sehr viel näher gelegene „schwarze Schaf", nämlich der Königsmörder von Bamberg, der Philipp von Schwaben auf dem Gewissen hatte, wird jedoch bezeichnenderweise in Schutz genommen. Seine Tat wird mit dem völlig unmöglichen Verhalten Philipps entschuldigt, der dem Wittelsbacher die ihm schon angetraute Tochter dann doch nicht mehr gegönnt und sie ihm wieder entzogen habe[83]. Diese Entschuldigung für den Königsmörder erfolgte, obwohl mit ihm diese Nebenlinie der Wittelsbacher ausstarb. Aber der Königsmord war natürlich zur Abfassungszeit der „Scheyerner Chronik" noch gut im Gedächtnis. Deutlich ist hier also, dass die „schwarzen Schafe" in sagenhafter Vorzeit ein Pluspunkt waren, das in unmittelbarer Vergangenheit jedoch wurde offenbar schon wieder als unangenehm empfunden.

Noch bekannter ist das Beispiel der Plantagenets und der Lusignan. Beide Adelsfamilien behaupteten, dass ihre Ahnfrau eine Dämonin gewesen sei. Der

---

80 Vgl. Annales Pegavienses a. 1090, ed. Georg Heinrich PERTZ (MGH SS 16, 1859) S. 242 f.
81 Vgl. dazu Karl SCHNITH, Die Geschichtsschreibung im Herzogtum Bayern unter den ersten Wittelsbachern (1180–1347), in: Die Zeit der frühen Herzöge. Von Otto I. zu Ludwig dem Bayern, hg. von Hubert GLASER (Wittelsbach und Bayern 1/1, 1980) S. 359–368, hier S. 361; WELLER, Heiratspolitik (wie Anm. 21) S. 751
82 Zu Arnulf dem Bösen als Ahnherrn: Konrad, Chronicon Schirense, c. 16, ed. Philipp JAFFÉ (MGH SS 17, 1861) S. 620; ebd., c. 18, S. 621; ebd., c. 23, S. 622. Zum Verräter auf dem Lechfeld ebd., c. 17, S. 621. Vgl. dazu WELLER, Heiratspolitik (wie Anm. 21) S. 751 f. Schon Otto von Freising, Chronica, VI, 20, ed. Adolf HOFMEISTER (MGH SS rer. Germ. [45], ²1912) S. 282, erwähnt diesen verräterischen Grafen von Scheyern. Zur „Chronik von Scheyern" Ferdinand KRAMER, Geschichtsschreibung zwischen Rückbesinnung auf Hirsauer Tradition und adeligem Machtanspruch. Eine quellenkritische Studie zur Scheyerner Chronik, Zeitschrift für Bayerische Landesgeschichte 57 (1994) S. 351–381.
83 Konrad, Chronicon Schirense, c. 22, ed. JAFFÉ (wie Anm. 82) S. 622.

erste der Familie, schuldig geworden durch den Totschlag an seinem Vetter, habe diese Dämonin ohne Wissen über ihre Herkunft geheiratet. Sie nahm ihm als Bedingung für die Ehe das Versprechen ab, sie samstags nie anzusehen. Nach der Geburt mehrerer Kinder sah der Graf heimlich durchs Schlüsselloch und nahm voll Entsetzen wahr, dass seine Frau während dieser Zeit ihre wahre Gestalt annahm: Sie hatte einen Schlangenschwanz[84]. Mitglieder der Plantagenets scheinen auf diese dämonische Ahnfrau regelrecht stolz gewesen zu sein, zumindest, wenn wir dem Bericht des Giraldus Cambrensis aus dem 13. Jahrhundert glauben wollen, dass Richard Löwenherz häufig auf diese Legende Bezug nahm[85]. In Varianten übernahmen auch andere Geschlechter dieses Thema, das auf eine volkstümliche Vorstellung der Ehe mit einer nicht irdischen Frau zurückgeht und insofern über die Vorstellung eines „schwarzen Schafes" hinausgeht[86].

In diesen Fällen ist das „schwarze Schaf" schon in eine sagenhafte Frühzeit verlegt und gibt der Familie einen exotischen Anstrich, ohne sie zu kompromittieren. Die zeitlich nahen „schwarzen Schafe" wie der Königsmörder bei den Wittelsbachern oder Johann Ohneland bei den Plantagenets wurden hingegen in Schutz genommen.

---

84 Zur Melusine-Geschichte vgl. Claude LECOUTEUX, Melusine, in: Enzyklopädie des Märchens 9 (1999) S. 556–561, und Bea LUNDT, Melusine und Merlin im Mittelalter. Entwürfe und Modelle weiblicher Existenz im Beziehungs-Diskurs der Geschlechter. Ein Beitrag zur Historischen Erzählforschung (1990) S. 125 f.; weiterhin zum Melusine-Motiv: PETERS, Dynastengeschichte (wie Anm. 4) S. 197–224; Beate KELLNER, Melusinengeschichten im Mittelalter. Formen und Möglichkeiten ihrer diskursiven Vernetzung, in: Text und Kultur – mittelalterliche Literatur 1150–1450, hg. von DERS. (2001) S. 268–295; Tania COLWELL, Mélusine. Ideal Mother or Inimitable Monster?, in: Love, Marriage, and Family Ties in the Later Middle Ages, hg. von Isabel DAVIS / Miriam MÜLLER / Sarah REES JONES (International Medieval Research 11, 2003) S. 181–203; sowie KELLNER, Ursprung und Kontinuität (wie Anm. 4) S. 397–471. Zur dämonischen Ahnfrau der Plantagenets vgl. Gerald von Wales, De principis instructione liber, III, 27, ed. George F. WARNER (Rerum Britannicarum Medii Aevi Scriptores 21/8, 1891) S. 298–303.

85 Gerald, De Principis instructione, III, 27, ed. WARNER (wie Anm. 84) S. 301: *Istud autem rex Ricardus saepe referre solebat* [...]. Hierzu und zu einer ähnlichen Geschichte bei Walter Map vgl. auch Ian SHORT, Literary Culture at the Court of Henry II, in: Henry II – New Interpretations, hg. von Christopher HARPER-BILL / Nicholas VINCENT (2007) S. 335–361, hier S. 345–348.

86 Vgl. dazu allgemein LUNDT, Melusine und Merlin (wie Anm. 84), etwa ebd., S. 125–140, die Staufenberger.

Im Familienbewusstsein wurde also unterschiedlich mit „schwarzen Schafen" umgegangen, und es lässt sich hier durchaus eine Entwicklungslinie feststellen. Wir finden zum einen eine Art Verdrängung: Das „schwarze Schaf" wird schlichtweg verschwiegen oder sein Verhalten wird durch die Umstände, durch Teufelseinflüsterungen oder Ähnliches entschuldigt. Dann finden wir eine Art Vergangenheitsbewältigung: Die Taten des „schwarzen Schafes" werden genau geschildert. Dennoch läuft auch dies nicht immer auf eine radikale Verurteilung hinaus. Während es einige „schwarze Schafe" gibt, die quasi aus der Familie ausgestoßen werden, eine Maßnahme, die sich zum Teil auch im realen Umgang fassen lässt, bekommen andere die Gelegenheit zu Reue und Umkehr. Die Funktion dieser Vergangenheitsbewältigung liegt wohl erstens darin, als ehrlich dazustehen. Weiterhin hatte man mit dem „schwarzen Schaf" eine konstante Ermahnung der gegenwärtigen Familienmitglieder zur Hand. Schließlich konnten die „schwarzen Schafe" den Ruhm der anderen umso heller erstrahlen lassen, zumal sie dem christlichen Topos des „reuigen Sünders" angeglichen werden konnten. Die dritte und letzte Möglichkeit des Umgangs wäre schließlich die Verherrlichung, die vor allen Dingen bei „schwarzen Schafen" zur Anwendung kommt, deren Taten bequemerweise schon eine gute Weile her sind. Hier wird schließlich der dubiose Spitzenahn oder die Spitzenahnin in adligen Geschlechtern geradezu schick.

Für diese letzte Art wäre noch ein Beispiel nennen, das sich im 19. Jahrhundert großer Beliebtheit erfreute, womit wir wieder den Bogen zur literarischen Aufarbeitung „schwarzer Schafe" in der Neuzeit schlagen: Die Schelme von Bergen. „Schelm" bedeutet ursprünglich so etwas wie „der Todbringer" und war wohl ein ehrender Beiname für einen Adligen, der sich im dritten Kreuzzug bewährt hatte und Ahnherr des rheinischen Geschlechts wurde[87]. Aber die Bedeutung des Wortes „Schelm" änderte sich und verengte sich schließlich auf „Henker". Da dies ein sogenannter unehrlicher Beruf war, befand man sich wohl in Erklärungsnot. So griff man für den plötzlich dubios gewordenen Spitzenahn auf das bewährte Muster vom „schwarzen Schaf" als Geschlechtergründer zurück. Es entstand die Sage von dem Henker, der sich auf den kaiserlichen Maskenball schlich, mit der Kaiserin tanzte und, als er entdeckt wurde, schleunigst in den Ritterstand erhoben wurde, um die Schmach zu tilgen. Die bekannteste Bearbeitung der Sage dürfte die Ballade

---

87 Vgl. allgemein hierzu Werner HENSCHKE, Die Schelme von Bergen in Sage, Geschichte und Dichtung (1979).

von Heinrich Heine über die „Schelme von Bergen" sein, der die Handlung an einen fiktiven Düsseldorfer Herzogshof zur Karnevalszeit verlegt:

Im Schloß zu Düsseldorf am Rhein
Wird Mummenschanz gehalten;
Da flimmern die Kerzen,
da rauscht die Musik,
da tanzen die bunten Gestalten.
Da tanzt die schöne Herzogin,
sie lacht laut auf und beständig;
ihr Tänzer ist ein schlanker Fant,
gar höfig und behendig.
Er trägt eine Maske von schwarzem Samt,
daraus gar freudig blicket
ein Auge, wie ein blanker Dolch,
halb aus der Scheide gezücket.
„Durchlauchtigste Frau, gebt Urlaub mir,
ich muß nach Hause gehen"
Die Herzogin lacht: „Ich lass' Dich nicht fort,
bevor ich dein Antlitz gesehen!"
„Durchlauchtigste Frau, gebt Urlaub mir,
der Nacht und dem Tode gehör ich"
Die Herzogin lacht: „Ich lasse Dich nicht,
dein Antlitz zu schauen begehr ich!"
Wohl sträubt sich der Mann mit finsterm Wort,
das Weib nicht zähmen kunnt er;
sie riß zuletzt ihm mit Gewalt
die Maske vom Antlitz herunter.
„Das ist der Henker von Bergen!" so schreit
entsetzt die Menge im Saale
und weichet scheusam – die Herzogin
stürzt fort zu ihrem Gemahle.
Der Herzog ist klug, er tilgte die Schmach
Der Gattin auf der Stelle:
Er zog sein blankes Schwert und sprach:
„Knie vor mir nieder, Geselle!"

*„Mit diesem Schwertschlag mach ich dich
jetzt ehrlich und ritterzünftig,
und weil Du ein Schelm, so nenne Dich
Herr Schelm von Bergen künftig!"
So ward der Henker ein Edelmann
Und Ahnherr der Schelme von Bergen.
Ein stolzes Geschlecht! Es blühte am Rhein;
Jetzt schläft es in steinernen Särgen.*

Ingrid Baumgärtner

Reiseberichte, Karten und Diagramme

Burchard von Monte Sion und das Heilige Land

In der Vorstellungswelt des lateinisch-christlichen Mittelalters hat das Heilige Land immer einen besonderen Stellenwert eingenommen. Als multifunktionale Kontaktzone zwischen Europa und Asien war es eine Region der vielfältigen Interaktionen zwischen den drei abrahamischen Religionen, ein Ziel von Pilgerfahrten und ein Ort politischer Auseinandersetzungen um das Territorium. Die 1099 einsetzenden bewaffneten Kreuzfahrten der lateinischen Christen führten zur Gründung der Kreuzfahrerstaaten, die letztlich untergingen, nachdem Jerusalem im Jahr 1244 endgültig verloren und Akkon im Jahre 1291 an den Mamlukensultan al-Ashraf Khalil gefallen war. Besitzergreifung wie Verlust führten dazu, dass hunderte von Reise- und Kreuzzugsberichten sowie einige der ersten in Europa gefertigten Regionalkarten gerade diesen Teil der Welt erfassten[1]. Außer dem nur fragmentarisch erhaltenen, auf das 6. bis 7. Jahrhundert datierten Madaba-Mosaik kennen wir mehr als 20 Palästinakarten sowie zahlreiche territorial orientierte Diagramme und Stadtpläne des 12. bis 14. Jahrhunderts. Diese Häufung steht im deutlichen Gegensatz zur

---

1 Paul D.A. HARVEY, The Biblical Content of Medieval Maps of the Holy Land, in: Geschichtsdeutung auf alten Karten. Archäologie und Geschichte, hg. von Dagmar UNVERHAU (Wolfenbütteler Forschungen 101, 2003) S. 55–63; DERS., Europa und das Heilige Land, in: Europa im Weltbild des Mittelalters. Kartographische Konzepte, hg. von Ingrid BAUMGÄRTNER / Hartmut KUGLER (Orbis mediaevalis 10, 2008) S. 135–142. Harvey nennt 21 Karten; zu ergänzen sind Stadtpläne, insbesondere diejenigen Jerusalem-Pläne, die das Umland einbeziehen, und weitere Zeichnungen wie Brüssel, Bibliothèque royale de Belgique / Koninklijke Bibliotheek van België (fortan: KBR), Ms. H IV 462, fol. 8r (erste Hälfte 13. Jahrhundert); vgl. Patrick GAUTIER DALCHÉ, Cartes de terre sainte, cartes de pèlerins, in: Fra Roma e Gerusalemme nel medioevo. Paessaggi umani ed ambientali del pellegrinaggio meridionale, hg. von Massimo OLDONI (2005) 2, S. 573–612; Ingrid BAUMGÄRTNER, Das Heilige Land kartieren und beherrschen, in: Herrschaft verorten. Politische Kartographie des Mittelalters und der Frühen Neuzeit, hg. von DERS. / Martina STERCKEN (2012, im Druck); Paul D.A. HARVEY, Medieval Maps of the Holy Land (2012, im Druck).

geringen Anzahl ausdifferenzierter Stadtpläne, Gerichts-, Länder- und Ausschnittkarten, die wir bis 1400 zu anderen Regionen Europas besitzen. Europäische Reisende und Zeichner erkundeten den Nahen Osten also zu einer Zeit, in der sie das eigene Umfeld noch selten kartierten.

Die Heiligen Plätze und die sie umgebenden Territorien besaßen ideologische Relevanz. Ihre Erfassung in textueller Deskription und kartographischer wie diagrammatischer Visualisierung suggerierte gewissermaßen die Möglichkeit, über den begehrten Raum zu verfügen. Kreuzzugsvorstellungen und Jerusalemkult begründeten ein Deutungs- und Organisationsmodell, das die Weltordnung europäischer Kreuzfahrer ebenso beeinflusste wie das Weltwissen von Pilgern und Gelehrten. Mit den visuellen Beschreibungen nutzten die Europäer neue Mittel, um ihre Eroberungen in der Ferne zu operationalisieren. Jenseits der Bemühungen, den Anspruch auf die zwischen den Religionen umkämpfte Grenzregion in die Tat umzusetzen, deutete diese symbolische Inbesitznahme auf ein grundsätzliches Verlangen, das mit John Brian Harleys Worten „to map the land was to own it and make that ownership legitimate"[2] recht präzis zu umschreiben ist. Ergebnis waren Wechselwirkungen zwischen den in Pilgerberichten und Enzyklopädien vielfach überlieferten textuellen Beschreibungen und den kartographisch-diagrammatischen Zeugnissen bildlicher Vorstellungskraft. Zu fragen ist in diesem Kontext, inwiefern sich Text und Kartographie, narrativer Bericht und graphisches Design gegenseitig bedingten und welche Raumvorstellungen die Verfasser mit dem Einsatz unterschiedlicher Medien bei den anvisierten Lesern erzeugten.

Im Folgenden soll es darum gehen, das Verhältnis zwischen Beschreibung und Kartierung, zwischen Beschreibbarkeit und Kartierbarkeit des Raumes genauer in den Blick zu nehmen. Denn gerade Reiseberichte verweisen auf Räume und Topographien jenseits des Beschriebenen, auf eine optische Sichtbarkeit und eine besondere Kraft der generativen Gestaltung. Schon die Texte selbst produzieren Positionierungen, die kartographisch veranschaulicht zu einem tragenden Element der Beschreibung werden können und wieder auf den Bericht zurückwirken. Auch Kartierungen lassen sich heute nicht mehr

---

2   John Brian HARLEY, Maps and the Columbian Encounter. An Interpretive Guide to the Travelling Exhibition (1990) S. 99; in Kurzform zitiert auch bei John H. ANDREWS, Introduction. Meaning, Knowledge, and Power in the Map Philosophy of J.B. Harley, in: The New Nature of Maps. Essays in the History of Cartography, hg. von Paul LAXTON (2001) S. 1–32, hier S. 22.

nur als vermessungstechnische Abbildungen topographischer Realität und Visualisierungen von Landschaften und Orten verstehen, sondern sie sind, wenn wir ihre Qualität als kulturelle Texte berücksichtigen, multifunktional. Sie repräsentieren unterschiedliche Ordnungssysteme, sie suggerieren eine potentielle Verfügungs- und Benennungsgewalt über Räume und eignen sich zur Wissensgenerierung und diskursiven Interaktion mit dem Betrachter. Sie sind einerseits Werkzeuge der Orientierung und damit der Selbstpositionierung, aber gleichzeitig andererseits auch Produkte von Diskursen über Macht und Religion. Sie besitzen also eine aktive und eine passive Rolle bei der Vergegenwärtigung und Inszenierung von Territorien. In jeder der beiden Funktionen sind sie eng mit der politischen Kultur ihrer Zeit, mit dem Wissen um Raum und Macht verbunden. Dies gilt aufgrund der genannten Voraussetzungen in besonderem Maße für das Heilige Land und dessen kulturelle, religiöse und geopolitische Differenzierung in textueller und bildlicher Deskription.

Am Beispiel Burchards von Monte Sion und seiner Heiliglandbeschreibung ist deshalb zu untersuchen, wie Text und Bild bei der Erfassung der Territorien zusammenwirkten und welchen Modifikationen die beiden Darstellungstypen im zeitlichen Wandel unterlagen. Der Dominikaner hat seine Erfahrungen niedergeschrieben, als oder nachdem er um 1283/84 einige Jahre im Heiligen Land verbrachte[3]. Burchards *Descriptio terrae sanctae* wurde zu einem spätmittelalterlichen Publikumserfolg, dessen verschiedene Versionen, darunter eine Kurz- und eine Langfassung in Latein ebenso wie Übersetzungen ins

---

[3] Zu Autor und Werk vgl. Ernst ROTERMUND, Das Jerusalem des Burchard vom Berge Sion, in: Zeitschrift des Deutschen Palästina-Vereins 35 (1912) S. 1–27 und 57–85; Repertorium fontium historiae medii aevi 2 (Rom 1967) S. 609; Thomas KAEPPELI, Scriptores Ordinis Praedicatorum 1 (1970) S. 257–260; Karin SCHNEIDER, Burchardus de Monte Sion, in: Die deutsche Literatur des Mittelalters. Verfasserlexikon 1 (1978) Sp. 1117 f.; Jan PRELOG, Burchard de Monte Sion OP, in: Lexikon des Mittelalters 2 (1983) Sp. 953; HARVEY, The Biblical Content (wie Anm. 1) S. 56–59; Gritje HARTMANN, Wilhelm Tzewers, Itinerarius terre sancte. Einleitung, Edition, Kommentar und Übersetzung (Abhandlungen des deutschen Palästina-Vereins 33, 2004) S. 38–42; GAUTIER DALCHÉ, Cartes de terre sainte (wie Anm. 1) S. 586–592; Ingrid BAUMGÄRTNER, Reiseberichte und Karten. Wechselseitige Einflüsse im späten Mittelalter?, in: In Spuren reisen. Vor-Bilder und Vor-Schriften in der Reiseliteratur, hg. von Gisela ECKER / Susanne RÖHL (2006) S. 89–124, hier S. 108 f.; HARVEY, Medieval Maps (wie Anm. 1) Kap. 9, zu Burchard von Monte Sion und der Heiliglandkarte in Florenz, Archivio di Stato, Carte nautiche, geografiche e topografiche 4. Ich bedanke mich bei Paul D.A. Harvey herzlich dafür, dass er mir die Druckversion des Kapitels vorab zur Verfügung stellte.

Deutsche und Französische, in insgesamt etwa hundert mittelalterlichen Handschriften und Frühdrucken des 15. und 16. Jahrhunderts überliefert sind. Die Beschreibung, wenngleich immer noch wenig erforscht, gilt heute als ein Schlüsselbericht, der die Perzeption von Palästina in Text und Bild, in Reiseberichten und Karten bis weit ins 16. Jahrhundert hinein beeinflusste.

Einige Textausgaben werden von graphischen Umsetzungen begleitet, darunter Regionalkartierungen, Diagramme, Miniaturen und Stadtpläne. Differenzierte Regionalkarten veranschaulichen etwa zwei handschriftliche Langfassungen aus dem 14. und beginnenden 16. Jahrhundert. Regionale Winddiagramme illustrieren zwei Kurzfassungen des 14. und 15. Jahrhunderts in London und München sowie eine Langfassung in Hamburg aus dem beginnenden 16. Jahrhundert. Ein TO-Schema der Welt ergänzt die Exzerpte einer Langfassung des 15. Jahrhunderts in München. Zudem sind zwei um 1300 gefertigte, selbständige Kartierungen Palästinas im Portolanstil erhalten, die später noch öfter als Vorlagen dienen sollten. Diese vielfältige Überlieferungssituation eröffnet uns die Chance, die Wechselbeziehungen zwischen Karte und Bericht sowie die Inhalte, Wege und Strukturen des Wissenstransfers zwischen schriftlicher Berichterstattung und kartographischer Abbildung genauer zu ergründen.

Die beschriebenen Verflechtungen sind nachfolgend in sechs Schritten zu skizzieren. Zu beleuchten sind erstens der biographische Entstehungskontext samt der komplexen Überlieferungssituation, zweitens die Struktur des Berichts einschließlich seiner graphischen Aufbereitung, drittens die Praktiken von Graphik und Kartierung innerhalb der handschriftlich überlieferten Berichtversionen, viertens die Relevanz der selbständig überlieferten Karten im Zusammenspiel mit dem Text und fünftens die Burchard-Rezeption in Bild und Text handschriftlicher und gedruckter Ausgaben, ehe sechstens einige Ergebnisse festzuhalten sind.

1. Biographischer Entstehungskontext und Überlieferungssituation

Über Burchards Leben sind wir nur durch seinen eigenen Reisebericht informiert, ohne jedoch zu wissen, was tatsächlich von seiner Hand stammt und was spätere Kommentatoren hinzugefügt haben. Die Ausgangssituation ist komplex: Derzeit kennen wir etwa 100 mittelalterliche Überlieferungen, darunter über 80 Handschriften des lateinischen Textes in einer kürzeren und in einer längeren Version. Jede der beiden Versionen liegt wiederum in zahlreichen Varianten vor. Etliche Textzeugen der Kurzfassung enthalten noch einen Prolog in zwei unterschiedlichen Ausprägungen. Eine zusätzliche Beschreibung Ägyptens beschloss mehrere Exemplare der Langfassung und möglicherweise einige heute verschollene Zeugen der Kurzfassung. Zudem haben sich Kompilationen und Exzerpte erhalten, die mit Werken anderer Autoren verschmolzen sind[4]. All das führt dazu, dass die in den Versionen und deren Varianten enthaltenen biographischen Informationen deutlich voneinander abweichen. Es lässt sich deshalb nicht mehr nachvollziehen, woher die Nachrichten stammen, wer sie einfügte und wie verlässlich die Aussagen sind. In der Folge entwickelten sich Biographie und Werk Burchards zu komplexen Konstruktionen, in die eigene und fremde, zeitgenössische und spätere Vorstellungen über den Reisenden und seine Erlebnisse im Heiligen Land einflossen.

Diese vielschichtigen Konstruktionen wirken bis heute ungebremst nach. Verantwortlich dafür ist nicht zuletzt, dass bisher weder die Lang- noch die Kurzversion des Berichts kritisch ediert wurde und beide nur in älteren, unvollständigen Ausgaben zugänglich sind. Heinrich Canisius veröffentlichte 1604 die Kurzversion, die zuletzt 1725 nachgedruckt wurde; dabei überging er den nur selten überlieferten Prolog[5]. Johann C.M. Laurent publizierte 1864

---

[4] Vgl. Cecilia BLANCO PASCUAL, Los manuscritos del *Tractatus de Terra Sancta compilatus a fratre Marino et a fratre Brocardo* (anónimo): algunas notas críticas, in: Exemplaria Classica 12 (2008) S. 181–193; DIES., El *Tractatus de Terra Sancta Compilatus a Fratre Marino et a Fratre Brocardo* (anónimo): „plagio" y originalidad, in: Actas do IV Congresso Internacional de Latim Medieval Hispânico, hg. von Aires NASCIMENTO / Paulo ALBERTO (2006) S. 243–249. Michele CAMPOPIANO, University of York, untersucht in Vorbereitung einer Edition die Kompilation aus Burchard von Monte Sion und Jakob von Vitry in Wolfenbüttel, Herzog-August-Bibliothek (fortan: HAB), Cod. Guelf. 391 Helmst., deren klar geschriebene und übersichtlich rubrizierte Texteinheiten auf den ersten Blick gut voneinander zu trennen sind. Vgl. Michele CAMPOPIANO, Tradizione e edizione di una compilazione di testi sulla Terra Santa proveniente dal convento francescano del Monte Sion (fine del XIV secolo), in: Revue d'histoire des textes N.S. 4 (2011) S. 329–359.

[5] Edition der Kurzfassung: Burchard von Monte Sion, Descriptio terrae sanctae, ed. Heinrich CANISIUS, in: DERS., Antiquae lectiones 6 (1604) S. 295–322; ed. Jacques BASNAGE, in: DERS., Thesaurus monumentorum ecclesiasticorum et historicum, sive Henrici Canisii lectiones antiquae (1725) 4, S. 1–28. Diese einzige Edition der Kurz-

die Langversion, die 1873 erneut abgedruckt wurde[6]; er fügte ein ausführliches Vorwort zur Überlieferungssituation hinzu, ohne allerdings die Beschreibung Ägyptens, die sich wohl an nur wenige Textzeugen der von ihm untersuchten Langversion anschloss, zu kennen. Die Sachlage kompliziert sich noch dadurch, dass die beiden Versionen, wie bereits Ernst Rotermund festgestellt und Paul Harvey neuerdings bestätigt hat, als zwei weitgehend eigenständige Werke, nicht einfach nur als Varianten eines einzigen Textes zu gelten haben[7].

Noch schwieriger ist es, das Verhältnis der Versionen zueinander zu bestimmen: Laurent ging in seiner Einführung davon aus, dass Burchard die Kurzversion im Heiligen Land schrieb, diese nach Magdeburg sandte und erst später die fast viermal so lange Vollversion daraus erarbeitete[8]. Demgemäß schätzten Autoren wie Johann Laurent und Paul Harvey die Kurzversion mit der Begründung, dass sie uns mehr über Burchard selbst erzähle als die Langversion, die auf manche persönliche Bemerkung verzichte[9]. Gleichzeitig hat Harvey jedoch betont, dass sich viele Bezüge der Kurzversion erst im Kontext der Vollversion verstehen lassen, die deshalb im Grunde die Voraussetzung für die Kurzversion gewesen sein muss[10]. Dies bedeutet, dass sich die an biographischen Daten reichere Kurzfassung aus der Langfassung heraus entwickelt haben dürfte, wobei die Frage der Autorschaft der verschiedenen Fassungen und deren biographischen Ergänzungen nicht geklärt ist.

---

fassung basierte auf einer Regensburger Handschrift aus dem Kloster St. Mang, heute in München, Bayerische Staatsbibliothek (fortan: BSB), Clm 569, fol. 184r–210v.

6   Edition der Langfassung: Burchard von Monte Sion, Descriptio terrae sanctae, ed. Johann C.M. LAURENT, in: DERS., Peregrinatores medii aevi quatuor (²1873) S. 19–94; ebd., S. 11–18, zu den Druckausgaben; englische Übersetzung: Aubrey STEWART, Burchard of Mt. Sion, Description of the Holy Land (Literary of the Palestine Pilgrims' Text Society, 1896, Nachdruck 1971); Nachdruck und italienische Übersetzung: Sabino DE SANDOLI, Burchardus de Monte Sion, Descriptio terrae sanctae, in: DERS., Itinera Hierosolymitana crucesignatorum (saec. XII–XIII) 4 (Pubblicazioni dello Studium Biblicum Franciscanum 24/4, 1984) S. 119–219.

7   ROTERMUND, Jerusalem (wie Anm. 3) S. 3; HARVEY, Medieval Maps (wie Anm. 1) Kap. 9. Unterschiedlich sind etwa die Überschriften: Die Langfassung untergliedert das Heilige Land in sieben beziehungsweise einschließlich des eigenständigen Kapitels über Jerusalem insgesamt acht Sektoren, die Kurzfassung orientiert sich differenzierter an den einzelnen Orten und Sehenswürdigkeiten des Heiligen Landes.

8   Burchard, Descriptio, ed. LAURENT (wie Anm. 6) S. 10.

9   Burchard, Descriptio, ed. LAURENT (wie Anm. 6) S. 3 f.; HARVEY, Medieval Maps (wie Anm. 1) Kap. 9.

10 HARVEY, Medieval Maps (wie Anm. 1) Kap. 9, mit Beispielen.

Später folgten Bearbeitungen und Drucklegungen. Im 14. und 15. Jahrhundert entstanden die Übersetzungen ins Deutsche und Französische, die nur in wenigen Handschriften vorliegen. Bekannt sind ein Exemplar der Kurz- und zwei Exemplare der Langversion der deutschen Fassung in München, Wien und Klosterneuburg[11]. Das übersetzte Werk verbreitete sich zudem in alten Drucken (deutsch 1534, 1583, 1584, 1609 und 1629, 1827; französisch 1488). Von der lateinischen Fassung erschienen nach einem ersten Druck im *Rudimentum novitiorum* 1475 bis zur Mitte des 18. Jahrhunderts etwa 20 Ausgaben[12]. Alle diese Texte bieten nicht nur unterschiedliche Informationen über den Autor und seine Reise durch das Heilige Land, sondern auch eine Vielfalt von Bildern, Diagrammen und Karten, die die Erlebnisse in fremden Territorien veranschaulichen.

Einige Manuskripte erzählen uns, dass Burchard von Monte Sion deutscher Herkunft (*Theotonicus*)[13] war und aus der Gegend von Magdeburg

---

11   Kurzfassung in Klosterneuburg, Stiftsbibliothek, Cod. 1056, fol. 75r–98r; Langfassungen: München, BSB, Cgm 317, fol. 131ra–140vb; Wien, Österreichische Nationalbibliothek, Cod. 4578, fol. 195va–207va. Zum Münchner Codex vgl. Karin SCHNEIDER, Die deutschen Handschriften der Bayerischen Staatsbibliothek München: Cgm 201–350 (1970) S. 306–316, mit Datierung auf 1406–1450; KAEPPELI, Scriptores (wie Anm. 3) 1, S. 260; Reinhold RÖHRICHT, Bibliotheca geographica Palaestinae. Chronologisches Verzeichnis der von 333 bis 1878 verfassten Literatur über das Heilige Land mit dem Versuch einer Kartographie, hg. von David H.K. AMIRAN (1963) S. 57. Eine Edition der bislang ungedruckten deutschen Versionen steht noch aus.

12   Rudimentum novitiorum (1475), fol. 176r–200r, Heiliglandkarte ebd., fol. 174v–175r; Burchard, Descriptio, ed. LAURENT (wie Anm. 6) S. 11–17, mit einer Auflistung der zwanzig lateinischen Druckausgaben von 1475 bis 1746 und der Drucke der Übersetzungen.

13   Padua, Biblioteca del Seminario Vescovile (fortan: BSV), Cod. 74, fol. 32v, Handschrift des frühen 14. Jahrhunderts mit zwei wichtigen Informationen: Das Explicit dieser Langfassung datiert den Bericht auf 1284 und bezeichnet Burchard als einen Deutschen (*Theotonicus*). Zum Codex vgl. Andrea DONELLO u.a. (Hrsg.), I manoscritti della Biblioteca del Seminario Vescovile di Padova (1998) S. 24. Vgl. auch das Explizit in Florenz, Biblioteca Medicea Laurenziana (fortan: BML), Plut. 76.56, fol. 101v. Eine deutsche Abstammung könnte sich, gemäß HARVEY, Medieval Maps (wie Anm. 1) Kap. 9, auch daraus erschließen lassen, dass in der Kurzversion ein Ort zwischen Jerusalem und Jericho mit dem Namen *Rotenburch* wegen des dort vergossenen Blutes bezeichnet wird; vgl. Burchard, Descriptio, ed. CANISIUS/BASNAGE (wie Anm. 5) S. 16: *Locus idem Rotenburch appellatur, propter multum sanguinem ibi susum* [...].

stammte¹⁴. Wegen seines Vornamens ist er immer wieder mit dem dort ansässigen Adelsgeschlecht von Barby, nicht zu verwechseln mit den damaligen Grafen von Barby, in Verbindung gebracht worden. In jedem Fall ist davon auszugehen, dass er Dominikaner war. Dafür spricht, dass er sich im Incipit der Kurzfassung *frater* (in späteren Druckfassungen allerdings *monachus*) nannte und ein Exemplar des Werks an einen gleichnamigen Dominikaner in Magdeburg richtete¹⁵. Es scheint gesichert, dass Burchard von Monte Sion um 1283/84 eine längere Zeit im Nahen Osten verbrachte, wobei die Dauer des Aufenthaltes nur schwer abzuschätzen ist. Möglicherweise waren es sogar bis zu zehn Jahre.

Burchards Bericht informiert uns vor allem über das Heilige Land einschließlich seiner Grenzen, seiner Flora und Fauna und der dort angesiedelten Religionen. Wenn er abschließend behauptet, auch in Kappadokien, dem damals von den Johannitern beherrschten Zypern und sogar in Ägypten gewesen zu sein¹⁶, so ist zu fragen, welchen Stellenwert diese Aussagen haben. Denn im Vorwort betont er seine persönlichen Erfahrungen und seinen Status als Augenzeuge¹⁷. Um die Wünsche seiner Leser zu befriedigen, habe er das Land

---

14   Burchard, Descriptio, ed. CANISIUS/BASNAGE (wie Anm. 5) S. 17, mit dem Vergleich, dass Jerusalem viel größer und länger sei als die alte Stadt Magdeburg: [*V*]*idetur autem mihi, & in hoc consenserunt, qui mecum, ibi fuerunt & utramque noverunt, quod Ierusalem amplior multo sit & longior, quam antiqua civitas Magdeburgensis, quam includit murus circumiens de sancto Georgio usque ad novam civitatem exclusive.*

15   Burchard, Descriptio, ed. CANISIUS/BASNAGE (wie Anm. 5) S. 9: [...] *fratri Burchardo, Lectori Ordinis Praedicatorum in Maydenburch, frater Burchardus de monte Sion.* Auch die Langfassung in Hamburg (um 1500) bezeichnet Burchard als Dominikaner: Hamburg, Staats- und Universitätsbibliothek (fortan: SUB), Cod. geogr. 59, S. 10, mit der Überschrift *Itinerarius terre sancte valde bonus, editus a fratre Borchardo de Berghe ordinis predicatorum*; vgl. dazu Burchard, Descriptio, ed. LAURENT (wie Anm. 6) S. 6.

16   Burchard, Descriptio, ed. LAURENT (wie Anm. 6) S. 61, zur Balsam-Produktion in Ägypten, die er mit eigenen Augen gesehen haben will, und ebd., S. 93 f., zu den weiteren Reisewegen: *Transiui totam terram illam usque Cappadociam et Seleuciam maritimam, et inde nauigaui Cyprum, et perambulaui pro magna parte regionem. Inde nauigaui in Syriam et ueni Tyrum, et post dies aliquot inde nauigans per littus Palestine seu Philistiim pertransiui Caypham, montem Carmelum, Doram, Cesaream Palestine, Antipatridam, Ioppen, Iamniam, Accaron, Azotum, Ascalonem, Gazam, desertum totum arenosum usque ad ostia Nili fluminis. Inde ueni Damiatam, que antiquitus Memphis dicitur.*

17   Burchard, Descriptio, ed. LAURENT (wie Anm. 6) S. 20 f.: *Uerum uidens quosdam affici desiderio ea saltem aliqualiter imaginari, que non possunt presencialiter intueri, et cupiens eorum desiderio satisfacere, quantum possum, terram ipsam, quam pedibus meis*

mit eigenen Füßen mehrmals und sooft er konnte durchschritten. Er habe all das, was ein Leser wissen möchte, betrachtet, sorgfältig notiert und fleißig niedergeschrieben. In seinem Bericht habe er nichts niedergelegt, was er nicht entweder selbst mit eigenen Augen vor Ort gesehen habe oder, wenn er keinen Zugang zu den Plätzen erhalten habe, zumindest von Syrern, Sarazenen oder anderen Einheimischen höchst gewissenhaft erfragt und exakt verzeichnet habe.

Vermutlich wäre es übereilt, diese wiederkehrenden Beteuerungen einfach als Topos abzuwerten, denn der Autor gesteht seinen Lesern aus eigenem Antrieb ein, nie in einigen schwer zugänglichen Gebieten östlich des Jordans und des Sees Genezareth gewesen zu sein[18]. Auch an anderen Stellen lässt er immer wieder einfließen, welche Monumente und Landschaften er gesehen hat und worauf er verzichten musste[19]. Er berichtet etwa, dass er wegen der wilden Tiere und Schlangen, vor allem aber wegen der kampfbereiten boshaften Beduinen, vor denen die Einheimischen ihn gewarnt hätten, nicht in das Gebiet reisen konnte, in dem die erstarrte Salzsäule von Lots Frau zu sehen sei[20]. Trotzdem wissen wir über ihn letztlich nicht viel mehr, als dass er das Heilige

---

pluries pertransiui, quantum potui, consideraui, et notaui diligenter, et studiose descripsi, hoc lectorem scire uolens, quod nichil in hac descriptione posui, nisi quod uel presencialiter in locis ipsis existens uidi, uel stans in montibus aliquibus uel locis aliis oportunis, ubi accessum habere non potui, a Syrianis uel a Sarracenis aut aliis terre habitatoribus diligentissime, quod querebam, interrogans annotaui. Totam enim terram ipsam a Dan usque Bersabee, a mari mortuo usque ad magnum mare, que sunt eius termini, aut pedibus, ut dictum est, perambulaui, uel oculis, ubi accessum habere non potui, diligenter consideraui. Vgl. die Überstzung bei STEWART, Burchard (wie Anm. 6) S. 4: „I have set down in this my description nought save what I have either seen with mine own eyes. [...] I have either walked on foot all over the whole land, from Dan to Beersheba, from the Dead Sea to the Mediterranean Sea, which are its boundaries."

18   Burchard, Descriptio, ed. LAURENT (wie Anm. 6) S. 41: *Et nota, quod terra ista ultra mare Galilee montuosa est ualde, ut mihi uidetur, quia eam non intraui.*

19   Burchard, Descriptio, ed. LAURENT (wie Anm. 6), mit Worten wie *non uidi* oder *non intraui*, etwa ebd., S. 53, zu Samaria. Die Versicherung „das habe ich gesehen" (*vidi*) findet sich fast fünfzig Mal im Bericht.

20   Burchard, Descriptio, ed. LAURENT (wie Anm. 6) S. 59: *De Iericho quinque leucis contra africum est Segor opidum, sub monte Engaddi, inter quem et mare mortuum est et statua salis, in quam secundum Genesin uxor Loth fuit uersa. Pro qua uidenda multum laboraui, sed dixerunt mihi Sarraceni, quod locus non esset tutus propter bestias et serpentes et uermes; et maxime propter Bodwinos, qui loca illa inhabitant, fortes et mali nimis. Ista retraxerunt me, quod non processi. Comperi tamen postea, quod non erat ita.*

Land aufmerksam und wissbegierig bereiste und eine *Descriptio terrae sanctae* verfasste.

Selbst das Datum der Niederschrift ist unsicher: Gemäß Johann Laurent soll das Werk zwischen 1271/75 und 1285 entstanden sein[21]. Das Explizit einer Abschrift in Padua aus dem beginnenden 14. Jahrhundert legt zudem nahe, dass der Bericht 1284 vollendet wurde[22]. Dies könnte eine Entstehung um 1283/84 plausibel machen. In Lang- und Kurzfassung berichtet der Verfasser, am 11. November, dem Martinstag, den Berg Gilboa besucht zu haben[23]. Spätere Druckausgaben datieren das Ereignis erstaunlicherweise auf den 1. November, also Allerheiligen, des Jahres 1283[24]. Auch dieses Beispiel zeigt, wie wichtig es ist, eine kritische Edition des Berichts zu erstellen. Denn unabhängig davon, ob die unterschiedlichen Redaktionen auf bewusste Veränderungen oder auf kleine Fehler beim Abschreiben zurückgehen, bleibt derzeit in jedem Fall offen, wer überhaupt die Nachrichten inseriert und wer sie transformiert hat.

Andere biographische Informationen erscheinen noch weniger zuverlässig und geradezu verwunderlich: Dürfen wir wirklich annehmen, dass Burchard Arabisch konnte, nur weil er versucht haben will, den Koran zu lesen[25]? Gehörte er tatsächlich zu einer Delegation, die der römische König Rudolf I. von Habsburg (1273–1291) zum Sultan nach Kairo entsandte, wie es die Langversion in Nancy, die erst 1517 kopiert wurde[26], suggeriert? Die von Laurent

---

21   Burchard, Descriptio, ed. LAURENT (wie Anm. 6) S. 4. Vgl. Denys PRINGLE, Pilgrimage to Jerusalem and the Holy Land, 1187–1291 (2012, im Druck), der den Bericht auf die Jahre zwischen Juli 1274 und Mai 1285 datiert. Mein Dank gebührt Paul D.A. Harvey, der mich darauf aufmerksam machte; vgl. HARVEY, Medieval Maps (wie Anm. 1) Kap. 9.

22   Zur Datierung vgl. Padua, BSV, Cod. 74, fol. 32v: *Explicit liber de descriptione terre sancte editus a fratre Borcardo theotonico ordinis fratrum predicatorum. Sub anno domini MCCLXXXIIII.*

23   Burchard, Descriptio, ed. LAURENT (wie Anm. 6) S. 52: *[...] cum in die beati Martini essem ibi*; Burchard, Descriptio, ed. CANISIUS/BASNAGE (wie Anm. 5) S. 15: *Nec est verum quod dicitur de monte Gelboe, quod in eo nec ros nec pluvia descendat: Quia cum in die sancti Martini essem in valle Jezrael sub monte, vidi pluviam maximam super montem, quae etiam aquae ad nos descenderunt de monte.*

24   Venedig 1519; Magdeburg 1593; die Ausgabe Antwerpen 1536 nennt nur das Jahr ohne den Tag; vgl. Burchard, Descriptio, ed. LAURENT (wie Anm. 6) S. 52, Anm. 342.

25   Burchard, Descriptio, ed. LAURENT (wie Anm. 6) S. 53; ed. DE SANDOLI (wie Anm. 6) S. 162: *Machometum dicunt nuncium Dei fuisse et ad se tantum a Deo missum. Hoc legi in alcorano, qui est liber eorum.*

26   Nancy, Bibliothèque Municipale, Ms. 250 (früher 1082), fol. 89r–177r, hier fol. 89r.

gedruckte Langversion erwähnt immerhin einen Besuch in Ägypten, wo Burchard am Hof des Sultans gesehen haben will, wie Balsamholz in großen Mengen gezüchtet wurde[27]. Nur wenige Manuskripte, darunter Langversionen in Wolfenbüttel und Paris (letztere verschollen), schilderten die Einzelheiten dieser angeblichen Ägyptenreise[28]. Es erstaunt deshalb nicht unbedingt, dass gerade die späteren Abschriften und frühen Drucke neue biographische Details hervorbrachten, die sich immer weiter vom Lebensentwurf eines bescheiden reisenden Dominikaners entfernten. Spätere Kopisten konstruierten Burchards Leben nach Bedürfnissen, die sie selbst und ihre Zeitgenossen an den Heiliglandreisenden herantrugen.

2. Der Bericht und seine graphische Aufbereitung

Als die Kreuzfahrerstaaten aufgelöst und die Christen zurückgedrängt waren, richteten sich die Blicke der Europäer sehnsuchtsvoll auf das ferne Land. Die danach gefertigten Pilgerberichte und Regionalkarten verarbeiteten den Ver-

---

27 Burchard, Descriptio, ed. LAURENT (wie Anm. 6) S. 61: *In circuitu montis illius et in ipso erat quedam uinea balsami [...]. Hanc similiter uidi, cum uenissem in Egyptum ad Soldanum, qui fecit me duci in illam, et de ligno balsami tuli in magna quantitate, et baptizatus fui in fonte, de quo irrigatur. Dixerunt mihi cultores eius, quod a meridie sabbati usque ad lune diem boues nullo modo trahere uolunt aquam ipsam, eciamsi in frusta conciderentur.*

28 Die Ergänzung aus dem heute verschollenen Codex in Paris, Bibliothèque nationale de France (fortan: BNF), NAL 781, ist abgedruckt bei Henri OMONT, Manuscrits de la bibliothèque de sir Thomas Phillipps récemment acquis pour la Bibliothèque nationale, in: Bibliothèque de l'École des Chartes 64 (1903) S. 490–553, hier S. 498–503. Die Handschrift ist heute nicht mehr erhalten; vgl. KAEPPELI, Scriptores (wie Anm. 3) 1, S. 259. Die Ägypten-Beschreibung ist überliefert in Wolfenbüttel, HAB, Cod. Guelf. 354 Helmst., fol. 165rb–167rb (Incipit: *De descripcione egipti. Perueni usque ad ostia nyli fluminis*; Explicit: *Istud retulerunt omnes egyptij et cristiani et sarraceni bona fide.* Darunter: *Explicit libellus de descripcione terre sancte cuius auctor ignorat*); die Sammelhandschrift des 14. bis 15. Jahrhunderts beginnt mit einer Liste von Orten und deren Lage auf Längen- und Breitengraden (ebd., fol. 4r–110v), Ptolemäus' *Cosmographia* mit Zeichnungen der Erdkugel und einer Weltkarte (ebd., fol. 16r–18v) sowie Burchards *Descriptio* in rubrizierter Form (ebd., fol. 132va–167rb). Es folgen Heiliglandbeschreibungen von Beda (ebd., bis fol. 176ra), die *Imago mundi* des Honorius Augustodunensis (ebd., bis fol. 202vb) und die *Historia Hierosolimitana* des Robertus Monachus (ebd., ab fol. 208ra). Der Ägypten-Abschnitt fehlt im Druck von Laurent (vgl. Burchard, Descriptio, ed. LAURENT [wie Anm. 6]), der seiner Edition insgesamt immerhin 26 Handschriften zugrunde legte.

lust, indem sie entweder das wirklichkeitsfremde Bild biblischer und historischer Traditionen ausbauten oder versuchten, das verlorene Land, nicht zuletzt zur Vorbereitung weiterer Kreuzzüge, wirklichkeitsnah zu präzisieren. Für beide Richtungen hielt der Palästinabericht des ortskundigen Beobachters Burchard von Monte Sion Möglichkeiten bereit, nicht zuletzt, weil er bibel- und erfahrungsgesättigt aufgezeichnet worden war, kurz bevor die lateinischen Christen das Heilige Land verlassen mussten.

Wie alle anderen Autoren von Heiliglandberichten hatte auch Burchard für diejenigen Gläubigen geschrieben, die die Reise zu den gelobten Stätten nicht machen konnten oder vergangene Erlebnisse vergegenwärtigen wollten. In der Beschreibung zeichnete er vieles nach, was ein Besucher, dessen Kenntnisse aus dem Alten und Neuen Testament vorgeprägt waren, meinte vorfinden zu müssen; anderes ergänzte er aus seinen persönlichen Erfahrungen. Der Bericht war so strukturiert und mit Entfernungsangaben angereichert, dass sich die Leser und Leserinnen die räumlichen Dimensionen vorstellen und die Reiseerfahrungen nachvollziehen konnten. Dies betrifft die Sehenswürdigkeiten in der Stadt Jerusalem genauso wie die Geburtskirche in Bethlehem, die wehrhaften Küstenstädte ebenso wie die imposanten Landschaften, ja sogar die Pflanzen und Tiere.

Zudem veranschaulichen verschiedenartige Bildformen die textuellen Schilderungen. Eine Miniatur zeigt etwa das von Kreuzfahrern besetzte Jerusalem[29]. Zur Verortung von Siedlungen und Ereignissen dienten Diagramme, Palästinakarten und ein Stadtplan von Jerusalem. Eine der Handschriften, entstanden um 1300 und heute in der Biblioteca Medicea Laurenziana in Florenz, enthält sowohl eine kleine Skizze der wichtigsten Stätten Jerusalems[30] als auch eine doppelseitige schematische Palästinakarte[31]. Drei weitere Abschriften des 14. bis beginnenden 16. Jahrhunderts zeigen jeweils ein Winddiagramm[32], welches das Land im Einklang mit den im Bericht dargestellten Rei-

---

29 Padua, BSV, Cod. 74, fol. 13v, mit ganzseitiger Miniatur, ebd., fol. 1r und 14r mit figürlichen Initialen; vgl. DONELLO u.a., I manoscritti (wie Anm. 13) S. 24.
30 Florenz, BML, Plut. 76.56, fol. 97r mit Jerusalemplan; abgedruckt bei Reinhold RÖHRICHT, Marino Sanudo sen. als Kartograph Palästinas, in: Zeitschrift des deutschen Palästina-Vereins 21 (1898) S. 84–126 sowie die Tafeln, hier Tf. 8.
31 Florenz, BML, Plut. 76.56, fol. 97r und 97v–98r.
32 London, British Library (fortan: BL), Add. Ms. 18929, fol. 1r–50v (Langfassung), ebd., fol. 51r mit Winddiagramm; München, BSB, Clm 569, fol. 184r–210v (Kurzfassung), ebd., fol. 186v mit Winddiagramm, dazu KAEPPELI, Scriptores (wie

sewegen fächerförmig in Sektoren einteilt, als deren Zentrum Akkon fungiert. Die um 1500 entstandene Handschrift in Hamburg, die möglicherweise als Druckvorlage erarbeitet wurde, schließt eine weitere Palästinakarte ein[33], die mit dem *Rudimentum novitiorum* (Lübeck 1475) und dem sogenannten *Prologus Arminensis* (Lübeck 1478) eng verwandt scheint. Eine andere Graphik präsentiert ein TO-Schema mit den drei Teilen der Welt[34]. Separat überliefert sind zwei relativ große Einzelkarten, die Burchards Wissen zumindest rezipieren, aber in keinem direkten Überlieferungszusammenhang mit dem Werk stehen; sie lagern im Archivio di Stato von Florenz[35] und in der Pierpont Morgan Library in New York[36].

Diese komplexe Situation ermöglicht es, nicht nur die wechselseitigen Beziehungen und die Wege der Wissensvermittlung zwischen Text und Graphik zu analysieren, sondern auch die Wahrnehmung des Heiligen Landes in beiden Medien zu erfassen. Im Gegensatz zu den biographischen Konstruktionen, die vorrangig die Kurzversion anreichern, beziehen sich Karten und Diagramme, alle von unbekannten Händen, primär auf die Toponyme der Langversion. Einige wenige, nach 1400 abgeschriebene Kurzversionen erwähnen allerdings im Vorwort, das Heinrich Canisius in seiner Edition nicht berücksichtigte, eine figurative Zeichnung auf einem Pergament (*pellis*), wohl einem begleitenden Blatt[37]. In dieser Präambel verspricht Burchard dem Empfänger, einem

---

Anm. 3) 1, S. 258, ohne Kenntnis des Diagramms; Hamburg, SUB, Cod. geogr. 59, S. 10–69 (Langfassung mit Register), ebd., S. 13 mit Winddiagramm. Zu erwähnen ist auch Hildesheim, Dombibliothek, Gymnasium Josephinum 17, leider verschollen, aber ursprünglich von einem Winddiagramm auf einem gesonderten Blatt begleitet.

33 Hamburg, SUB, Cod. geogr. 59, S. 70 f. mit einer Heiliglandkarte. LAURENT (wie Anm. 6) Nr. 2, S. 6, datiert den Papiercodex, den er für ein Apograph hält, auf das 16. Jahrhundert; die Abschrift könnte auch bereits um 1500 entstanden sein. Es ist der einzige Codex, in dem Winddiagramm und Karte zusammen abgebildet sind.

34 München, BSB, Clm 14583, fol. 454r–488v, hier fol. 471v mit TO-Schema.

35 Florenz, Archivio di Stato, Carte nautiche, geografiche e topografiche 4; Reinhold RÖHRICHT, Karten und Pläne zur Palästinakunde aus dem 7.–16. Jahrhundert I, in: Zeitschrift des Deutschen Palästina-Vereins 14 (1891) S. 8–11 und Abb. I, mit Karte und Transkription.

36 New York, Pierpont Morgan Library (fortan: PML), M 877.

37 Die Kurzfassungen in Breslau, Biblioteka Uniwersytecka (fortan: BU), I. F. 221, fol. 232r–242r (datiert auf 1407), und München, BSB, Clm 569, fol. 184r–210v (15. Jahrhundert), sind Abschriften mit vollständiger Vorrede samt Hinweis auf die *pellis*, die einer zukünftigen Edition als Basis dienen sollten. Alle anderen derzeit bekannten circa 21 Kurzfassungen bieten eine verkürzte Vorrede, darunter auch Breslau, BU, IV. F. 191, fol. 142r–151r, und die vier Kurzfassungen in Prag.

Mitbruder in Magdeburg, eine Skizze, die ihm und den dominikanischen Brüdern helfen sollte, sich das Heilige Land vorzustellen. Denn all diese Dinge sollten für das Auge abgebildet werden, um sie besser vergegenwärtigen zu können[38].

Es ist bisher nicht geklärt, welche Version der erhaltenen Kartographien und Diagramme mit dieser Aussage gemeint sein könnte und wie die überlieferten lateinischen Abschriften damit zusammenhängen. Es ist sogar noch offen, wer diesen Passus überhaupt in den Text eingeschoben hat und wann dies geschah. Derzeit existiert noch nicht einmal ein gedrucktes Verzeichnis der Burchard'schen Textüberlieferungen samt Abbildungen[39], anhand dessen die Zusammenhänge leichter ausfindig zu machen wären. So ist nur schwer zu ermitteln, was sich hinter dieser *pellis* versteckte, ob es also gemäß Johann Laurent eine *tabula geographica*, eine geographische Palästinakarte, oder eine einfachere geographische Repräsentation gewesen sein könnte. Oder war die im Prolog erwähnte Abbildung für das Auge vielleicht sogar nur die beschreibende Vergegenwärtigung in der *Descriptio* selbst? Immerhin konnte das Verb *describere* im Mittelalter beide Komponenten in sich tragen: das Entwerfen eines Textes und das Verfertigen einer Zeichnung[40].

Alle Kartierungen, die aus Burchards Schilderung hervorgingen, verorten biblische und historische Elemente unterschiedlicher Herkunft im zeitgenössischen Herrschaftskontext. In Umsetzung der *Descriptio* konzipieren sie territoriale Einheiten, in die sich die befestigten Städte und Burgen der Kreuzfahrer ebenso einpassen wie die Berge, Landschaften und Heiligen Stätten der Bibel. Die drei diagrammatischen Schaubilder zeigen das Heilige Land in großer kartographischer Abstraktion. Sie berücksichtigen die politische Bedeutung der Kreuzfahrerbastion Akkon, auf die der gesamte Entwurf zentriert ist. Von dort aus breiten sich die Routen, im Text die Straßen und im Bild die

---

38   Breslau, BU, I. F. 221, fol. 232v: *Que omnia, ut melius possint ymaginari, mitto vobis simul pellem, in qua omnia ad oculum figurantur*; vgl. München, BSB, Clm 569, fol. 185v–186r; Burchard, Descriptio, ed. LAURENT (wie Anm. 6) S. 10, mit der Anspielung auf eine *addita tabula geographica*; beides nicht in der Edition der Kurzversion von Canisius (vgl. Burchard, Descriptio, ed. CANISIUS [wie Anm. 5]). Vgl. HARVEY, Medieval Maps (wie Anm. 1) Kap. 9, Anm. 45, mit dem Hinweis, dass die Ergänzung *addita tabula geographica* von Laurent selbst stammen dürfte und kein Burchard-Zitat ist.
39   Mein Dank gilt der Gerda Henkel Stiftung für eine Anschubförderung des Projektes.
40   Zur Ambiguität von *describere* und *descriptio* vgl. GAUTIER DALCHÉ, Cartes de terre sainte (wie Anm. 1) S. 590–592.

geraden Linien der Windrichtungen, fächerartig über Palästina, Syrien und den Libanon bis nach Kleinarmenien im Norden und Ägypten im Süden aus. Der Prolog der Langfassung erklärt, dass dem Modell ein systematisches Vorgehen zugrunde lag[41]. Die Unterteilung der Welt in vier Erdteile und zwölf Windrichtungen bildete den Ausgangspunkt für die textuelle und graphische Gestaltung, wobei sich wegen der Lage Akkons am Meer nur sieben Sektoren über das Land erstrecken.

Die Grundlage für diesen Entwurf bildete die Langfassung: Ihre Kapitelüberschriften, die das Heilige Land in sieben (einschließlich des eigenständigen Kapitels über Jerusalem insgesamt acht) regionale Abschnitte einteilen[42], geben diese fächerförmig ausgreifende Untergliederung vor. Ihr Text beschreibt die Zusammensetzung der Sektoren von Syrien im Norden bis zu den Küstenorten wie Gaza im Süden. Auf die ersten vier Unterteilungen (*prima, secunda, tercia* und *quarta divisio*) folgen die beiden stark bevölkerten Landesteile des östlichen Viertels (*secunda* und *tercia divisio quarte orientalis*), ein herausgehobener Abschnitt zu Jerusalem samt Umland und der südliche Sektor (*prima divisio quarte australis*) mit seinen Küstenorten. Die abschließenden drei Kapitel geben einen Überblick über die Ausmaße und die Stämme des Heiligen Landes, über die Nutzpflanzen und Tiere der mit Fruchtbarkeit gesegneten Erde sowie über die dort versammelten Religionen und deren Gewohnheiten.

Ganz offensichtlich waren Text und Bild aufeinander abgestimmt. Die Diagramme spiegeln eindeutig den Aufbau der textuellen Beschreibung. Die Kurzfassung orientiert sich hingegen höchst differenziert an einzelnen Orten

---

41   Burchard, Descriptio, ed. LAURENT (wie Anm. 6) S. 21: *Aduertens autem, quomodo possem hec utiliter describere, ita ut possent a legitibus imaginatione facili comprehendi, cogitaui centrum aliquod in ea ponere et circa illud totam terram modo debito ordinare. Et ad hoc elegi ciuitatem achonensem, tanquam plus aliis notam. Que tamen non est in medio, sed in occidentali eius fine supra mare sita. Et ab ipsa protraxi quatuor lineas, quatuor mundi partibus respondentes, et quamlibet quartam diuisi in tria, ut responderent duodecim diuisiones iste duodecim uentis celi, et in singulis diuisionibus posui ciuitates et loca in scripturis magis nota, ut singulorum locorum situs et dispositio posset de facili reperiri, ad quam partem mundi esset collocata.* Vgl. die Übersetzung bei STEWART, Burchard (wie Anm. 6) S. 4: „For this center I have chosen the city of Acre, as being better known than any other. [...] [T]hence I have drawn four lines, corresponding to the four quarters of the world; and each quarter I have divided into three parts, to the end that those twelve divisions may answer to the twelve winds of heaven."

42   Vgl. Padua, BSV, Cod. 74, mit roten Zwischenüberschriften.

und Sehenswürdigkeiten, ohne diese klassifizierenden Vorgaben zu berücksichtigen. Nur vereinzelt blieben dort im Text noch Reste der Sektoreneinteilung stehen[43], die im neuen Kontext keinen Sinn mehr ergeben.

Trotzdem wurden solche Diagramme auch in Kurzfassungen eingeschoben. Der Münchner Clm 569 (Abb. 1), eine Kurzversion mit leicht divergierender Textanordnung, zeigt Akkon als ein stark befestigtes Dreieck mit Wehrtürmen und Stadttoren, von dem insgesamt zwölf nach Winden benannte Sektoren zu Land und Wasser ausgehen; in einem Fall fehlt der Name des Windes. Sieben beschriftete Doppellinien mit Richtungspfeilen durchqueren das Land, fünf unbeschriftete das Wasser des nach Norden orientierten Schaubildes. Vielleicht hätte ein solches Diagramm graphisch besser funktioniert, wenn Jerusalem den Kern gebildet hätte und somit die umgebenden Landschaften auf zwölf Sektoren zu entfalten gewesen wären. Aber die politische Lage verbot eine entsprechende Struktur. Die Entscheidung, die diagrammatische Skizze auf Akkon auszurichten, war von den Herrschaftsverhältnissen vorgegeben. Es kann nicht anders gewesen sein, als dass auch Burchard seine Entdeckungsreisen durch das Land von dieser christlichen Bastion aus organisierte.

Die Position der Metropole bestimmte deshalb auch die Anlage des zweiten bekannten Diagramms, des Exemplars in London (Abb. 2), das nach Süden orientiert und noch stärker auf den von der Hafenstadt aus gesehen östlichen Teil der Welt konzentriert ist. Die Auflistung der Orte und Regionen zwischen den Sektionslinien wirkt gleichmäßiger. Die Textlastigkeit ist größer, nicht zuletzt weil die sechs benannten Winde und Akkon nicht weiter visualisiert sind. Das hat zur Folge, dass die geographischen Gegebenheiten vor Ort höchst effizient in sechs gleichmäßig große Sektionen einer einzigen Kreishälfte eingetragen sind.

Noch schwerer zu interpretieren ist das geostete Diagramm in der Hamburger Handschrift, weil dort die internen, von Akkon aus fächerartig ausgrei-

---

43 Burchard, Descriptio, ed. CANISIUS/BASNAGE (wie Anm. 5) S. 13: *Procedendo igitur de Accon per primam divisionem quartae Orientalis partis ad quinque milliaria de Accon, occurrit casale quoddam, quod dicitur sanctus Gregorius*; ebd., S. 13: *In secunda divisione hujus quartae partis Orientalis primo post Accon ad quatuor leucas occurrit Cana Galilaeae*; ebd., S. 14: *In tertia divisione hujus quartae partis Orientalis de Accon ad quatuor leucas contra Austrum est prima pars montis Carmeli.*

fenden Beschriftungen wieder durchgestrichen wurden⁴⁴. Nur eine Anhöhe mit (Kirch-)Turm, vielleicht ein Zeichen für Jerusalem, ist innerhalb des Halbkreises stehengeblieben. Die äußeren Texte nennen die nach Norden, Nordosten, Osten, Südosten und Süden führenden Himmelsrichtungen und Winde. Aus dem Bericht entnommene Entfernungsberechnungen bestimmen Länge und Breite des Heiligen Landes⁴⁵.

Kann ein diesen Entwürfen entsprechendes Winddiagramm die Verständnishilfe gewesen sein, die dem Empfänger des Briefes in der Überlieferung des 15. Jahrhunderts als ein figurativer Entwurf auf einer *pellis* angekündigt wurde? Wir können nicht einmal sicher sein, dass gerade diese Prologversion und eine solche Art der Visualisierung – wenn überhaupt – den ursprünglichen Bericht begleiteten. Trotzdem ist es verlockend anzunehmen, dass Burchard die geographische Gegend persönlich in dieser schlichten, aber höchst sachverständigen Art konzipiert haben könnte. So fußte der innovativ wirkende Ansatz auf antiken und mittelalterlichen Bildungstraditionen⁴⁶. Eine Hildesheimer Abschrift, die von einem Winddiagramm auf einem gesonderten Blatt begleitet wurde, könnte uns vielleicht genauere Hinweise liefern, wenn sie nicht heute verschollen wäre⁴⁷. In jedem Fall ist anzunehmen, dass ein solches Winddiagramm seine Zwecke elegant erfüllt haben könnte, während die Erstellung komplexerer geographischer Karten einen Experten mit speziellen Fertigkeiten erfordert hätte.

3. Praktiken des Kartierens im Codex

Abstraktion und Regelmäßigkeit prägen auch die einzigartige Palästinakarte in der Biblioteca Medicea Laurenziana in Florenz⁴⁸, die ebenfalls in einen Codex

---

44 Hamburg, SUB, Cod. geogr. 59, S. 13 unten. Mein Dank gilt Ekkehart Rotter für den freundlichen Hinweis auf dieses Diagramm.
45 Hamburg, SUB, Cod. geogr. 59, S. 13 unten: *Longitudo terre sancte a Dan usque Bersabe cIo leuce* und *Magnitudo a mare magno usque ad mare mortuum xl leuce*.
46 Alessandro NOVA, Das Buch des Windes. Das Unsichtbare sichtbar machen (2007) S. 21–57, zu den antiken, biblischen, mittelalterlichen und kosmologischen Konnotationen der Ikonographie des Windes.
47 KAEPPELI, Scriptores (wie Anm. 3) 1, S. 258, listete sie 1970 noch auf, allerdings wohl ohne sie gesehen zu haben.
48 Florenz, BML, Plut. 76.56, fol. 97v–98r. Vgl. RÖHRICHT, Marino Sanudo (wie Anm. 30) S. 93–105, und die typographische Wiedergabe ebd., Tf. 7, die die Küsten-

der Langversion eingebunden ist (Abb. 3). Das Kartenbild mit den Kästchen wirkt gleichmäßig und undifferenziert. Diese Gleichmäßigkeit ist offensichtlich gewollt. Gleichförmig über die Fläche verteilt sind die rot umrandeten, in Schwarz gehaltenen Schrifteinträge, insgesamt 406 an der Zahl. Die Textmenge der Schriftfelder variiert zwischen einem Wort und mehrzeiligen Sätzen. Alle Felder sollten namentlich identifizierbar und mit einer konkreten Bedeutung auszufüllen sein. Die eingesperrten Schriftzüge wurden zu Zeichnungselementen, die sich gleichsam dem Primat einer regelmäßigen Verteilung unterwerfen. Gleichgemacht wurden damit auch die Zeitebenen, die einem höhergestellten Ordnungsprinzip unterliegen: Nebeneinandergestellt sind der Brunnen Rachels und die Kreuzfahrerburgen, das Grabmal Kains und der Leopardenberg. Dieses Heilige Land bietet das Bild eines überwiegend systematisch geordneten, nur von wenigen Grenzen, Bergketten und Straßen durchbrochenen Rechtecks. Selbst Jerusalem und Akkon müssen sich in diese Gleichmäßigkeit einordnen und wagen es nicht, besonders hervorzutreten.

Doch diese Gleichmäßigkeit täuscht: Die Legenden umfassen Toponyme höchst unterschiedlicher Herkunft, darunter biblische, klassisch antike, zeitgenössische und arabische Begriffe. Wie der Bericht thematisieren sie biblische Grundlagen, weltliche Herrschaft und religiöse Differenz; sie benennen die Bastionen der Kreuzfahrer ebenso wie die interkulturelle Konkurrenz vor Ort. Biblische Signaturen vermischen sich mit weltlich-herrschaftlichen. Deshalb ist es nicht immer leicht, die Sinneinheiten und deren Vielschichtigkeit zu erfassen, und zuweilen erschließt sich die Bedeutung der Einträge erst bei der Lektüre des Berichts. Für eine tiefergehende Interpretation wird es notwendig sein, auch die im selben Codex mitüberlieferte, mühsam zu lesende Langfassung zu transkribieren und genauer zu untersuchen. Im Folgenden sollen deshalb nur einige Beispiele für das Wechselspiel zwischen Bericht und Karte genannt werden. Dazu konzentriert sich die Aufmerksamkeit auf damalige Gegenwartsbezüge und individualisierte Aussagen, die eher von anderen Berichten abweichen als die biblischen Motive, die in mehr oder weniger veränderter Form allerorts rezipiert wurden.

Ein Ausschnitt aus dem Territorium um Tripolis (Abb. 4a–b) lässt aufschlussreiche Sinneinheiten erkennen: Erstens sehen wir das mächtige Margat

---

linie und andere geographische Details auslässt; GAUTIER DALCHÉ, Cartes de terre sainte (wie Anm. 1) S. 607 f.

(*merrgad*, 129; *mons*, 130)[49], eine der bedeutendsten Kreuzfahrerfestungen in Syrien. Die Johanniter hatten – wie die Langversion berichtet – das Kastell, von dem aus sie die Gegend beherrschten, nicht weit vom Meer auf dem Berg oberhalb der Stadt Valenia/Bâniyâs (*ualania*, 131) zu ihrem Hauptsitz ausgebaut; dorthin ließen sie wegen der Einfälle der Sarazenen letztlich sogar den Bischofssitz aus der weniger geschützten Stadt verlegen, bis sie 1285 auch die Festung an die Muslime verloren. Nicht weit davon liegt zweitens die bekannte Kreuzfahrerherrschaft Nephin (*nephyn*, 136) mit ihrer imposanten Burg, deren Meereslage und Befestigung Burchard ebenso beschreibt wie ihren hervorragenden Wein und die Zugehörigkeit zum Fürstentum Antiochia[50]. Die Langversion schildert das vom Meer umgebene Tripolis (*Tripolis*, 135), das Griechen, Lateiner und Nestorianer, also Anhänger aller christlichen Religionen, in sich vereinte, sowie den wirtschaftlichen Reichtum der Region[51]. Der Präsenz der Kreuzfahrer wird drittens der runde, recht hohe Berg der Leoparden (*Mons eleopar/dorum*, oberhalb von 131) an die Seite gesetzt. Er markiert die Stelle, an der die Muslime das, wie Burchard behauptet, falsche Grabmal des Propheten Josua besuchen würden[52]. Zu verstehen sind die gerahmten

---

49   Burchard, Descriptio, ed. LAURENT (wie Anm. 6) S. 30 f., zur Lage sieben Leugen von Antaradus: *De Anterado septem leucis est castrum Margath, fratrum hospitalis sancti Iohannis, supra ciuitatem Ualaniam, per unam leucam distans a mari, munitum ualde et in monte altissimo situm. Sedes episcopalis, que erat in Ualania, propter insultum Sarracenorum in castrum est translata.* Vgl. RÖHRICHT, Marino Sanudo (wie Anm. 30) S. 105, und ebd., Tf. 7: *Merigard* und *Mons*.

50   Burchard, Descriptio, ed. LAURENT (wie Anm. 6) S. 27 f., zur Lage drei Leugen von Botrum: *Inde* [i.e. *de Botro*] *ad tres leucas est castrum Nephin, in mari fere totum. Quod est principis antiocheni. In quo uidi duodecim turres bonas et locum munitum ualde. Uinum huius uille magis nominatum est inter omnia uina parcium illarum.* Vgl. RÖHRICHT, Marino Sanudo (wie Anm. 30) Tf. 7: *Nephyn*.

51   Burchard, Descriptio, ed. LAURENT (wie Anm. 6) S. 28: *De Nephin ad duas leucas est ciuitas Tripolis, nobilis ualde et fere tota in corde maris sita, sicut Tyrus. Est populosa multum. Habitant enim in ea Greci et Latini, Armeni, Maronite, Nestoriani et multe gentes alie. De serico in ea multa fiunt opera. Audiui pro certo, quod essent in ea textores serici et cameloti et similium amplius. Terra illi adiacens dici potest absque dubio paradisus propter amenitates infinitas in uineis, oliuetis, ficetis, canellis, quibus omnibus in aliis partibus non recolo similia me uidisse.* Vgl. RÖHRICHT, Marino Sanudo (wie Anm. 30) Tf. 7: *Tripolis*.

52   RÖHRICHT, Marino Sanudo (wie Anm. 30) Tf. 7: *Mons leopardorum*. Burchard, Descriptio, ed. LAURENT (wie Anm. 6) S. 28, zum runden und recht hohen Berg der Leoparden, zwei Leugen von Tripolis und eine Leuge vom Libanon entfernt: *De Tripoli ad duas leucas est mons leopardorum, rotundus in aspectu et satis altus, distans de Libano ad unam leucam. In huius pede aquilonali uidi speluncam, in qua erat*

Kurzeinträge der Karte nur in Kombination mit der längeren Landesbeschreibung, die die Lage der Orte mit genauen Entfernungsangaben definiert und den Handlungsrahmen vorgibt.

Auf der vorliegenden kartographischen Repräsentation können wir kein herrschaftliches Handeln, keine Pilger und keine Kreuzfahrer ausmachen. Belebende Motive, wie die heransegelnden Kreuzfahrerschiffe auf den Karten des Matthaeus Parisiensis[53], fehlen gänzlich. Dieser Raum unterliegt anderen Konstruktionsprinzipien; er ist nicht zu vermessen oder überhaupt messbar. Die einfache Text-Bild-Struktur vereinigt Heilsgeschehen und Kriegsorte, religiöse Differenz und christliche Dominanz zunächst auf einer einzigen Ebene. Dabei könnte man sogar meinen, dass die Zeit im Raum aufgeht.

Trotzdem wird das gleichmäßige Schema vereinzelt durchbrochen. Grenzen, die historische Entwicklungen andeuten, durchziehen den sorgfältig konzipierten Raum. Nicht versteckt bleiben etwa die Abgrenzungen der Kreuzfahrerstaaten untereinander und zur feindlichen Außenwelt (Abb. 5a–b), hier (168) zwischen dem Patriarchat von Jerusalem und dem Fürstentum Antiochia, das samt dem nördlichen Syrien seit 1268 verloren war. Die von weitem sichtbare Scheidelinie ist bewusst gezogen; sie deutet auf den territorialen Rückschlag. Der Texteinschub darüber (139) erklärt, fast exakt mit den Worten des Berichts, das graphische Zeichen[54].

In den meisten Fällen erschließt sich der tiefere Sinngehalt in seiner ganzen Fülle erst bei der Lektüre des Berichts. (Abb. 6a–b) Die Deutschordensritter hatten die Burg Judin (*Judyn*, 180)[55] im Jahre 1192 errichtet. Burchards Be-

---

monumentum, habens XII pedes longitudinis, quod Sarraceni deuote frequentant, dicentes illud esse sepulcrum Iosue; quod non credo uerum esse, quia textus dicit eum sepultum in Thamnathsare, que est iuxta Sichem in latere montis Effraym. Ego pocius credo illud esse sepulcrum Chanaan, filii Cham, filii Noe, uel alicuius filii filiorum eius, qui ad literam circa loca illa habitasse probantur, ut infra dicetur. Jakob von Verona übernimmt um 1335 diese Passage einschließlich der Zweifel; vgl. Jakob von Verona, Liber peregrinationis, c. 14, ed. Ugo MONNERET DE VILLARD (1950).

53 London, BL, Ms. Royal 14 C VII, fol. 4b–5a; Cambridge, Corpus Christi College, Ms. 16, fol. IIIv und IVr; ebd., Ms. 26, fol. IIIv–IVr.

54 „Hier endet das Patriarchat von Jerusalem vor dem von Antiochia." Vgl. RÖHRICHT, Marino Sanudo (wie Anm. 30) Tf. 7: *Hic terminatur patriarcatus Jerosolimitanus ab Antioceno.* Vgl. fast wörtlich bei Burchard, Descriptio, ed. LAURENT (wie Anm. 6) S. 27: *Terminatur similiter patriarchatus ierosolimitanus, et incipit patriarchatus antiochenus et comitatus tripolitanus.*

55 Burchard, Descriptio, ed. LAURENT (wie Anm. 6) S. 34, zur Lage der zerstörten Burg der Deutschordensritter in der dritten Sektion, vier Leugen von Akkon entfernt auf

richt erklärt uns nicht nur ihre Lage auf dem Berg Saron (*mons*, 181) oberhalb der Stadt Akkon, sondern auch den Tatbestand, dass die Gebäude inzwischen längst zerstört waren. Nicht weit entfernt davon, am Fuß des Berges, ist übrigens das am Meer gelegene Landhaus des Lambert (*casale lan/berti*, 183) zu erkennen[56]. Bei der nahen Festung Scandalion (182) versäumte es Burchard hingegen nicht zu betonen, dass die Burg, die König Balduin I. im Jahr 1116 hatte restaurieren lassen, um sie an seine Gefolgsleute zu übergeben, an einem historischen Ort stand, nämlich an der Stelle zwischen Akkon und Tyrus, an der Alexander der Große während der Belagerung von Tyrus sein Heerlager Alexandroskena aufgebaut haben soll[57].

Auffallend ist die fortdauernde Präsenz mächtiger Kreuzfahrerburgen, die früher einmal die Küsten und die bergigen Landesgrenzen sicherten und längst an den Feind verloren waren. Östlich des Jordantales weit im Südosten war Kerak, nicht weit von der Höhenburg Montréal (*Mons Regalis*), bereits an Saladin übergegangen; Bericht und Karte erwähnen übereinstimmend, dass die Sultane dort seitdem ihre Schätze aufbewahren würden[58]. Der Autor verhehlte

---

dem Berg Saron: *Tercia diuisio procedit ab Accon contra uulturnum. Et in hac ab Accon ad quatuor leucas est castellum Iudin dictum, in montanis Saron, quod fuit domus theutonice, sed modo est destructum.* Vgl. RÖHRICHT, Marino Sanudo (wie Anm. 30) Tf. 7: *Iudyn* und *mons*.

56 Burchard, Descriptio, ed. LAURENT (wie Anm. 6) S. 23, zur Lage vier Leugen nördlich von Akkon am Fuß des Berges Saron: *Inde* [i.e. *Accon*] *contra aquilonem ad quatuor leucas est casale Lamperti iuxta mare, uineis similiter et iardinis et aquis fluminibus habundans, sub monte Saron constitutum.* Vgl. RÖHRICHT, Marino Sanudo (wie Anm. 30) Tf. 7: *Cattanberti*; HARTMANN, Wilhelm Tzewers (wie Anm. 3) S. 372, Anm. 39, identifiziert es mit ez-Zib, 14 km nördlich von Akkon.

57 Burchard, Descriptio, ed. LAURENT (wie Anm. 6) S. 24, zur Lage der Burg nördlich von Akkon drei Leugen jenseits des Berges Saron: *Inde* [i.e. *Accon*] *transeundo montem Saron ad III leucas est castrum Scandalion, quod Alexander obsidens Tyrum dicitur construxisse. Sed Baldewinus, rex Ierusalem, illud denuo instaurauit et quibusdam nobilibus, qui inde cognominantur, tradidit possidendum.* Zur Identifizierung der Bergs Saron mit dem Dschebl el-Muschaqqah, vgl. HARTMANN, Wilhelm Tzewers (wie Anm. 3) S. 372, Anm. 40. Vgl. RÖHRICHT, Marino Sanudo (wie Anm. 30) Tf. 7: *Sandalion*.

58 Burchard, Descriptio, ed. LAURENT (wie Anm. 6) S. 58 f.: *Ostenditur circa medium eius in littore orientali Mons real, quod antiquitus Petra deserti dicebatur, nunc uero Krach dicitur, munitum ualde, quod Baldewinus, rex Ierusalem, edificauit pro regno Ierusalem dilatando, sed nunc Soldanus tenet illud et reponit ibi thesaurum tocius Egypti et Arabie.* Vgl. HARVEY, Medieval Maps (wie Anm. 1) Kap. 9; RÖHRICHT, Marino Sanudo (wie Anm. 30) Tf. 7: *Mons regalis. Hic habitat soldanus et hic tenet depositum.*

auch nicht seine Bewunderung für die Templerburg *Sephet*[59], in der Karte auf dem gleichnamigen Berg, auf dem Weg von Akkon nach Damaskus; seiner Meinung nach war es das schönste und sicherste Kastell, das allerdings 1266, also etwa anderthalb Jahrzehnte vor Burchards Rundreise, von den Muslimen erstürmt worden war. Es war eine Niederlage, die den sukzessiven Verlust des Heiligen Landes fortgeführt hatte, auch wenn damals die massive Stadtbefestigung Akkons[60] noch unüberwindlich schien. In der Florentiner Karte sind beide Fortifikationen, also *Sephet* und Akkon, nicht mehr besonders hervorgehoben.

Das Wissen über die Herrschaftsverhältnisse in Palästina erlangte nach dem bitteren Verlust Akkons eine noch größere Bedeutung. Der (um 1300 aktive) Florentiner Abschreiber passte den Text den zeitgeschichtlichen Vorgängen und Veränderungen an. Burchard hatte immerhin bereits das Präteritum benutzt, wenn er niedergeschlagen erwähnen musste, dass sich das christliche Heilige Land unter dem wachsenden militärischen Druck der Muslime zunehmend verkleinerte. Diesen Realismus setzte der Kopist fort, indem er die Aussagen auf den neuesten Stand brachte. Er griff auch an solchen Stellen zu Imperfekt und Perfekt, wo Burchard noch das Präsens benutzt hatte. Er ergänzte den Text in einer Weise, die nahelegt, dass er unter dem schmerzlichen Eindruck des Falles von Akkon 1291 geschrieben hat.

---

59 Burchard, Descriptio, ed. LAURENT (wie Anm. 6) S. 34: *Inde contra austrum ad duas leucas est castrum et ciuitas Sephet, pulchrius et firmius meo iudicio omnibus castris, que uidi, situm in monte altissimo. Quod fuerat milicie templi, sed proditum et captum ignominiose nimis ad iacturam tocius christianitatis, quia Soldanus de illo tenet totam Galileam, scilicet tribum Zabulon et Neptalim, Aser, Ysachar et Manasse, et omnem tettam usque Accon et Tyrum et Sidonem.* Vgl. RÖHRICHT, Marino Sanudo (wie Anm. 30) Tf. 7: *Sephet mons*; HARVEY, Medieval Maps (wie Anm. 1) Kap. 9, mit dem Hinweis, dass es das späteste hier kartierte Ereignis sei.

60 Zu Akkon vgl. Burchard, Descriptio, ed. LAURENT (wie Anm. 6) S. 23: *Accon autem ciuitas munita est muris, antemuralibus, turribus et fossatis et barbicanis fortissimis, triangulam habens formam, ut clypeus, cuius due partes iunguntur magno mari, tercia pars campum respicit, qui ipsam, circumdat, habens duas leucas latitudinis et plus in partibus aliquibus, uel minus eciam; fertilis ualde tam in agris, quam eciam in pascuis et uineis et ortis, in quibus diuersi generis fructus crescunt, et munita multa milicia hospitalis, templi et theutonice et castris eorum et arce ciuitatis. Que ad regem pertinet, habens portum bonum et capacem ab austro ciuitatis pro nauibus collocandis.* Vgl. RÖHRICHT, Marino Sanudo (wie Anm. 30) Tf. 7: *Acon uel Tolomayda* (nicht mehr hervorgehoben).

Auch andere Chroniken zeigen, dass sich der Verlust der letzten christlichen Bastion im Heiligen Land nachhaltig in das europäische Gedächtnis einprägte. In diesem Bewusstsein gestattete sich der Florentiner Schreiber, seien nun seit dem Fall Akkons Jahre oder gar Jahrzehnte vergangen, sogar eine präzise, in der Edition von Laurent nicht vorhandene Textergänzung seiner Vorlage. Er änderte zuerst einmal das Tempus der Verben bei der von Burchard im Präsens gehaltenen Schilderung Akkons[61]. Damit ließ er die prächtigen Mauern und Türme der Stadt, die Befestigungen der Johanniter, Templer und Deutschordensritter sowie ihren lebendigen Hafen untergehen. Danach fügte er eigenmächtig hinzu, dass die Stadt im Jahr 1291, an den 15. Kalenden des Juni, dem 17. Mai, einem Freitag, von den Muslimen eingenommen und von Grund auf zerstört worden sei[62]. An diesen Tagen, an denen viele tausend Christen getötet worden seien, sei vor der Vesper am Himmel ein riesiges, strahlendes Kreuz erschienen, um anzudeuten, dass um des Gekreuzigten willen viele Menschen das Martyrium zu erleiden hätten. Vielleicht erklären diese Ausführungen, dass Akkon nur noch eine untergeordnete Rolle spielte und eine kartographische Hervorhebung nicht mehr zeitgemäß war.

Sicherlich war diese Kartographie insgesamt mehr eine mentale denn eine reale Veranschaulichung. Die Mittelmeerküste der auf den ersten Blick geosteten Karte endet nicht an den beiden Seitenrändern, sondern ist rechts und links einfach nach oben geknickt. Damit ist die Karte nördlich von Tyrus genordet und südlich von Jaffa (*Jope*) gesüdet. In der Ausgangsvorstellung des Kartographen dominierte eindeutig die Ostung. Von Jaffa, dem Ankunftshafen der Pilger, führt eine rot eingezeichnete Straße vorbei an Hebron über Jerusalem bis zum Toten Meer und zum Jordan, auf dessen Ostseite der Taufplatz Jesu eingezeichnet ist. Nur Jerusalem ist mit allen seinen Plätzen stärker aufgefächert und fungiert recht unauffällig als Ballungszentrum.

Auf dieser Laurenziana-Karte sind am äußersten rechten Rand jenseits des Roten Meeres auch Ägypten, der Übergang der Israeliten beim Auszug aus Ägypten und die Götzenstatuen im ägyptischen Heliopolis vermerkt[63]. Das ist

---

61   Florenz, BML, Plut. 76.56, fol. 94rb, Z. 25–30. Ich bedanke mich bei Ekkehart Rotter für den Hinweis auf diese Stelle.

62   Florenz, BML, Plut. 76.56, fol. 94rb, Z. 30–34.

63   Zu Heliopolis vgl. RÖHRICHT, Marino Sanudo (wie Anm. 30) S. 105, und Tf. 7: *Elyopoleos hic stabant ydola*; OMONT, Manuscrits (wie Anm. 28) S. 500: *Eliopolis est villa multum bona et dives, sed non est munita, sicut nec aliqua villa in toto Egypto, preter Alexandriam et Babiloniam, sed habundat fructibus et omnibus deliciis mundi; cas-*

einzigartig und erstaunlich, da der nur in wenigen Überlieferungen erwähnte Besuch Burchards in Ägypten in den anderen Buchardkarten nicht einmal verzeichnet wird. Die textuelle und visuelle Repräsentation einer so seltenen Nennung wie des ägyptischen Heliopolis beleuchtet deshalb das Wechselspiel zwischen beiden Medien und bezeugt deren enge Relation.

Die Verknüpfung zwischen Karte und Reisebericht wird im Codex der Laurenziana noch durch ein zusätzliches Element verstärkt: die Piktogramme von Gebäuden, die die Ränder der Handschriftenblätter zieren (Abb. 7). Als figürliche Glossierung akzentuieren und visualisieren sie die im Fließtext verborgenen Toponyme. Die Randbemerkungen tragen dazu bei, die komplexe Beschreibung mit den kartographischen Lokalisierungen zusammenzubringen, die Erzählungen topographisch zu verorten. Text und Bild sind wechselseitig miteinander verbunden, teilweise sogar voreinander abhängig. Dies gilt selbst für den Fall, dass jeder Kopist seine eigenen Ordnungsprinzipien hinzufügte. Denn es liegt auf der Hand, dass die Modifikationen in den überlieferten Texten und deren bildlichen Umsetzungen kaum auf Burchard selbst zurückgehen.

4. Portolanes Kartieren und die Relevanz der Eigenständigkeit

Trotz ähnlicher Inhalte sind die Herrschaftsstrukturen in zwei weiteren Ausfertigungen der Burchardkarte vollkommen anders in Szene gesetzt. Beide, jeweils in der beachtlichen Größe von etwa 0,52 x 1,65 m, sind nicht in einen Codex eingebunden und eigneten sich deshalb eher als Präsentationsobjekt für ein fachkundiges Publikum. Grundlage ist der Rückgriff auf die Ortsnamen und Texte Burchards, auch wenn einzelne Siedlungen wie Scandalion und Judin fehlen. Beibehalten ist auch die kartographische Ostung. Darüber hinaus erfuhren beide Kartierungen realgeographische und organisatorische Anpassungen. Zu erkennen ist ein fast modernes, portolanartiges Kartenbild mit Flüssen, Straßen, Gebirgszügen, Städten und Burgen, das in den nachfolgenden Jahrhunderten eine starke Rezeption erfahren sollte.

---

sia fistula in magna quantitate crescit ibidem; sowie ebd., S. 502: *In Elyopoli et in Babilonia ostenduntur loca in quibus beata Virgo mansit cum puero Jhesu, quando a facie Herodis fugerat in Egyptum et casus ydolorum et templorum, secundum prophetiam Ysaie.* Vgl. Wolfenbüttel, HAB, Cod. Guelf. 354 Helmst., fol. 132r–167r, hier fol. 166v.

Das Exemplar aus dem Archivio di Stato von Florenz (Abb. 8)[64] in der Größe von 51,5 x 168 cm ist wahrscheinlich das älteste dieser Gruppe. Es ist geostet und bezieht sich ebenfalls auf den Text der Langversion. Harvey datiert diese Version auf circa 1300 und hält sie für die früheste bekannte Burchardkarte[65]. Die Karte zeigt deutlich, wie der neue Stilisierungswille Burgen, Städte und Brücken erfasste, deren wehrhafte Bauten strategisch die Weite des Landes bedecken. Es ist klar, dass die schematische Darstellung Palästinas hier einer anschaulicheren, realitätsgetreueren Form gewichen ist. Die geographischen Umrisse der Küsten, Flüsse und Berge sind ebenso wie die Ortsnamen und Texte mit haltbarer bräunlicher Tinte ausgeführt. Andere Farben wie das ehemalige Olivgrün der Gewässer sind fast völlig verblasst. Trotz dieser Ausbleichung lässt sich erahnen, dass verschiedene Stellen vielleicht nie ganz ausgemalt wurden.

Die scheinbare Realitätsnähe kann nicht verhüllen, dass die verschiedenen Zeit- und Argumentationsebenen weiterhin aktiv bleiben. Die zwölf Stämme des Alten Testaments strukturieren die Fläche ebenso wie die zahlreichen Ansichten der Städte und Kreuzfahrerburgen, deren rot gefärbte Mauern und Türme auch aus größerer Distanz zu sehen sind. In der Regel sind diese Orte namentlich gekennzeichnet. Nur Jerusalem weicht davon ab; ohne begleitenden Namenszug ist es in der südlichen Hälfte als griechisches Kreuz in einem Kreis zu erkennen. So hebt es sich als religiöses Zentrum, obwohl in gleicher Farbe recht unscheinbar markiert, deutlich von den Kreuzfahrerfestungen ab. Auch das rundum stark befestigte Akkon hat seinen hervorgehobenen Stellenwert verloren, obwohl drei massive Türme mit Stadtmauer das Areal der in den Golf von Haifa hineinragenden Halbinsel sichern. Südlich davon dominieren an der Küste andere Plätze wie das fast unbezwingbare Château Pèlerin (*Castrum pelegrinorum*), der erst im Sommer 1291 aufgegebene Templersitz,

---

64 Florenz, Archivio di Stato, Carte nautiche, geografiche e topografiche 4; Reinhold RÖHRICHT, Karten und Pläne I (wie Anm. 35) S. 8–11 und Abb. I, mit Karte und Transkription. Vgl. Cornelio DESIMONI, Una carta della Terra Santa del secolo XIV, in: Archivio Storico Italiano, 5. ser. 11 (1893) S. 241–258; Hans FISCHER, Geschichte der Kartographie von Palästina, in: Zeitschrift des Deutschen Palästina-Vereins 63 (1940) S. 1–111, hier S. 7, zu Abweichungen von der Realgeographie; Bernhard DEGENHART / Annegrit SCHMITT, Marino Sanudo und Paolino Veneto. Zwei Literaten des 14. Jahrhunderts in ihrer Wirkung auf Buchillustrierung und Kartographie in Venedig, Avignon und Neapel, in: Römisches Jahrbuch für Kunstgeschichte 14 (1973) S. 1–138, hier S. 76; HARVEY, Medieval Maps (wie Anm. 1) Kap. 9.

65 HARVEY, Medieval Maps (wie Anm. 1) Kap. 9.

und die kleinere, auf der alten Hafenstadt Dor gegründete Templerburg Merle, deren Lage auf dem mittleren Falz dazu beigesteuert hat, das kräftige Rot besonders gut zu bewahren. Textblöcke an den Kartenrändern, vor allem links im Norden, aber auch rechts in der Wüste des Südens, erklären ausgiebig die geographischen Zusammenhänge. Der alphabetisch organisierte Ortsnamenindex enthält in drei Kolumnen immerhin fast 200 Einträge. Die Adaption von Portolankarten bestimmt das kartographische Bild, denn ein Gitternetz, dessen Spuren kaum mehr zu erkennen sind, strukturiert und organisiert das Land.

Das etwas jüngere Exemplar in der Pierpont Morgan Library in New York[66] (Abb. 9), in derselben Größe und ebenfalls nicht in einen Codex eingebunden, ist fast identisch mit der älteren Kopie in Florenz, aber wegen der gut konservierten, intensiveren Farben einschließlich des klar erkennbaren Liniennetzes (mit 83 Spalten in der Nord-Süd-Ausdehnung und 28 in der Ost-West-Richtung) fast noch eindrucksvoller. Betont ist zudem die Pergamentform mit Hals. Die Ähnlichkeit betrifft nicht nur die Größe, sondern auch die gesamte Kartendisposition, die geographischen Details und sogar die Position der erklärenden Begleittexte. Im Norden und Osten umgeben Bergketten das zusammenhängende Territorium. Das tiefe Olivgrün der Gewässer ist noch gut erhalten.

Es ist offensichtlich, dass beide eigenständige Abbildungen einen gemeinsamen Ursprung haben müssen oder die textreduzierte Version in New York mehr oder weniger direkt vom Florentiner Exemplar abhängt. Denn der einzige bemerkenswerte Unterschied zwischen beiden ist, dass der Ortsnamenindex vom linken Rand der Florentiner Karte in der New Yorker Kopie fehlt. Die portolanähnliche Aufbereitung, die in der New Yorker Abschrift noch deutlicher hervortritt, entspricht den Heiliglandbildern einer Zeit, in der der Kreuzzugsgedanke nach dem Fall der letzten Bollwerke in Palästina und Syrien erneut entflammte. Das Liniennetz, welches das Land gliedert und umreißt,

---

66   New York, PML, M 877; vgl. Frederick Baldwin ADAMS, Seventh Annual Report to the Fellows of the Pierpont Morgan Library (1957) S. 14–17; Henry S. MORGAN / Arthur A. HOUGHTON, The Pierpont Morgan Library. A Review of Acquisitions 1949–1968 (1969) S. 5; HARVEY, The Biblical Content (wie Anm. 1) S. 58 f. Zur Funktion der verschiedenen Kartentypen, insbesondere der Portolankarten, im Mittelmeerraum vgl. Eitay MAYRAZ, Place and Space in the Mediterranean: The (Mental) Map of a Pilgrim in the Holy Land, in: Mediterranean Historical Review 19 (2004) S. 25–33.

suggeriert eine neue Präzision: Berge, Flüsse und Städte sind sorgfältig auf die neue Küstenlinie von Gaza bis Sidon ausgerichtet. Das Gittersystem erweckt den Eindruck von Messbarkeit und Operationalisierbarkeit. Ein Kopist konnte Quadrat für Quadrat auf einen neuen Bogen übertragen.

Zu überprüfen wäre die Übereinstimmung mit den Maßangaben des Berichts, in dem die regionalen Entfernungen regelmäßig in Leugen (*leucae*), vereinzelt in verkürzten Leugen (*leucae modicae*) und Tagesreisen angegeben sind. Burchard schätzt die Breite des Toten Meeres beispielsweise auf sechs Leugen, die von ihm nicht einsehbare Länge nach Konsultationen mit den Einheimischen auf fünf Tagesreisen[67]. So große Maßeinheiten eigneten sich selbstverständlich nicht für kleinräumliche Entfernungen, die der Bericht bei Sehenswürdigkeiten eher in Fuß (*pedes*)[68], Schritten (*passus*) und Stadien (*stadia*)[69] oder bei Gärten, Tempeln und städtischen Umgebungen auch in Distanzen von Bogenschüssen (*quantum potest iacere arcus*) und Steinwürfen kalkuliert[70].

Solche Entfernungsangaben sind in den Überlieferungen der Langversion besonders hervorgehoben. Zwei in der Nationalbibliothek in Florenz erhaltene Abschriften des 14. Jahrhunderts weisen etwa ein randnotiertes, bisher nicht erforschtes Ordnungsprinzip auf, das in dieser und anderer Form offensichtlich häufiger mit der *Descriptio* tradiert wurde: Die Randglossen der Langfassung F. 4. 733 (Abb. 10) geben jeweils zu Beginn eines Kapitels die darin beschriebenen Städte zusätzlich fett auf dem Rand an[71]. Stattdessen betonen die Glossierungen der anderen, ebenfalls dem 14. Jahrhundert entstammenden Kopie C. 8. 2861 (Abb. 11) die im Text beschriebenen Städte jeweils samt

---

67   Burchard, Descriptio, ed. LAURENT (wie Anm. 6) S. 59: *Habet autem mare mortuum in latitudine, que protenditur ab oriente in occidentem, VI leucas, in longitudine uero, que protenditur ab aquilone in austrum, dixerunt mihi Sarraceni, ad quinque dietas, semper sinuans et tenebrosum, sicut caminus inferni*. Zu den Entfernungsangaben vgl. HARVEY, Medieval Maps (wie Anm. 1) Kap. 9.
68   Burchard, Descriptio, ed. LAURENT (wie Anm. 6) S. 25, 28, 30 und 70–72. Vgl. HARVEY, Medieval Maps (wie Anm. 1) Kap. 9.
69   Burchard, Descriptio, ed. LAURENT (wie Anm. 6) S. 72, zugleich mit Angaben zur Umrechnung: *125 passus faciunt unum stadium.*
70   Burchard, Descriptio, ed. LAURENT (wie Anm. 6) S. 24, 35, 47, 49–51, 55, 58, 61 f., 66, 70, 73, 78 und 81 f. zum Bogenschuss als Maßeinheit, S. 25, 62, 72 und 74 f. zu dem vor allem bei der Beschreibung Jerusalems verwendeten Steinwurf; vgl. HARVEY, Medieval Maps (wie Anm. 1) Kap. 9.
71   Florenz, Biblioteca Nazionale Centrale (fortan: BNC), F. 4. 733, fol. 29ra–43vb; Datierung nach KAEPPELI, Scriptores (wie Anm. 3) 1, S. 258.

Entfernungen von Akkon in Leugen, vereinzelt in Meilen[72]. Dies entspricht den Gebäude-Piktogrammen samt eingeschriebenen Toponymen auf den Blatträndern des Laurenziana-Manuskripts. Die Kopisten waren sich der Gebrauchssituation also völlig bewusst. Diese Strukturierungen stehen ganz im Gegensatz zu den meisten Kurzfassungen, genannt sei etwa Florenz, Biblioteca Nazionale Centrale, Magl. XXII. 22, in denen zwar farbige Rubrizierungen den Text gliedern, aber Randglossen dieser Art fehlen[73].

Unabhängig davon zielte die visuelle und textuelle Raumkonzeption beider eigenständiger Ausfertigungen auf eine neue Art von Kartographie, eine realitätsorientierte Erfassung des zu erobernden und zu beherrschenden Raumes. Die Kopisten unternahmen große Anstrengungen, um die Entfernungsangaben und deren visuelle Umsetzung möglichst korrekt wiederzugeben und sogar als Leitsystem herauszustellen. Dieser Ansatz wurde in den folgenden Jahrzehnten weiter ausgebaut, als die Autoren und Kartographen ihre Bemühungen darauf richteten, Heiliglandpilgern und Levantekaufleuten praktische Handlungsanweisungen für ihre Reisen mitzugeben und die Europäer zu einem neuen Kreuzzug zu bewegen.

5. Die Burchard-Rezeption

Die verschiedenen Formen der Repräsentation vom geographisch und topographisch strukturierten Reisebericht bis zu den diagrammatischen und kartographischen Visualisierungen ermutigten zur Rezeption in neuen Gebrauchszusammenhängen, denn sie waren unterschiedliche intellektuelle Werkzeuge, um die im Fokus stehenden Territorien lokal, regional und innerhalb der bekannten (Mittelmeer-) Welt zu beschreiben. Burchards Narration und deren Visualisierungen wurden im weiteren Verlauf genutzt, um den fernen Lesern das Heilige Land zu vergegenwärtigen, den Reisenden konkrete Handlungsanweisungen zu geben, den christlichen Herrschaftsanspruch auf die Heiligen Stätten zu legitimieren und strategische Überlegungen für einen Militäreinsatz zu vermitteln. Geographische Exaktheit bedeutete Zeitgebundenheit, aber

---

72 Florenz, BNC, C. 8. 2861, fol. 1–26; Datierung nach KAEPPELI, Scriptores (wie Anm. 3) 1, S. 258.

73 Florenz, BNC, Magl. XXII. 22, fol. 107ra–119rb, Kurzfassung des 15. Jahrhunderts mit verkürzter Vorrede; Datierung nach KAEPPELI, Scriptores (wie Anm. 3) 1, S. 258.

auch Zeitlosigkeit[74], denn ein Kopist konnte das einmal gefertigte Modell, leicht modifiziert, jederzeit in anderen Zusammenhängen verwerten. Das räumlich geordnete Burchard-Wissen floss deshalb in Weltchroniken, Itinerare und geographische Handbücher ebenso ein wie in Kreuzzugsaufrufe, exegetische Schriften und Pilgerberichte.

Inhalt und Stil der realgeographischen Einzelkartierungen beeinflussten etwa die Heiliglanddarstellung im weit verbreiteten *Liber secretorum fidelium crucis*[75], einem von nahezu 30 Traktaten, die die Rückeroberung des Heiligen Landes forderten[76]. Der Verfasser dieser Schrift war der venezianische Kaufmann Marino Sanudo (gestorben 1343), der sich zum Ziel setzte, die europäischen Machthaber zu einem neuen Kreuzzug zu bewegen. Bei seinen fünf Reisen in das Heilige Land war er zwar nie über Akkon hinaus ins Innere des Landes vorgedrungen, aber er konnte aufgrund seiner reichen Erfahrungen die Küstenlinien beschreiben und die Kosten für die Schiffe, Ausrüstung, Besatzung und Waffen einer solchen Expedition berechnen[77]. Die Burchard-Tradition bot deshalb die ideale Ergänzung, um eine Propagandaschrift zu erstellen, die Papst Johannes XXII. und andere führende Persönlichkeiten der christlichen Politik in Europa dazu bewegen sollte, eine Flotte zur Befreiung der Heiligen Stätten auszustatten.

Zehn der insgesamt 19 überlieferten Exemplare besitzen einen Kartenanhang mit einer Weltkarte und drei bis fünf Ausschnittkarten, darunter häu-

---

74   Vgl. GAUTIER DALCHÉ, Cartes de terre sainte (wie Anm. 1) S. 603 f.

75   Marino Sanudo, Liber secretorum fidelium crucis super Terrae sanctae recuperatione et conservatione, ed. Jacques DE BONGARS, in: DERS., Gesta Dei per Francos (1611, Nachdruck 1972) 2. Vgl. die Übersetzungen bei Aubrey STEWART, Marino Sanuto's Secrets for True Crusaders to Help them to Recover the Holy Land, Written in A.D. 1321 (Palestine Pilgrims' Text Society, 1896) (nur Buch 3); Peter LOCK, Marino Sanudo Torsello, The Book of the Secrets of the Faithful of the Cross (Crusade Texts in Translation 21, 2011).

76   Vgl. Sylvia SCHEIN, *Fideles crucis*. The Papacy, the West, and the Recovery of the Holy Land 1274–1314 (1991), mit Auflistung ebd., S. 269 f.; Evelyn EDSON, Reviving the Crusade: Sanudo's Schemes and Vesconte's Maps, in: Eastward Bound. Travel and Travellers, 1050–1550, hg. von Rosamund ALLEN (2004) S. 131–155, hier S. 134; Patrick GAUTIER DALCHE, Cartes, réflexion stratégique et projets de croisade à la fin du XIIIe et au début du XIVe siècle: une initiative franciscaine?, in: Francia 37 (2010) S. 77–95.

77   Vgl. Christopher J. TYERMAN, Marino Sanudo Torsello and the Lost Crusade. Lobbying in the Fourteenth Century, in: Transactions of the Royal Historical Society 32 (1982) S. 57–73; SCHEIN, *Fideles crucis* (wie Anm. 76) S. 203–218.

fig eine regionale Levantekarte und Portolankarten des Mittelmeeres[78]. Sieben dieser zehn Konvolute sind mit einer Palästinakarte ausgestattet. Sanudo legte noch größeren Wert auf das harmonische Zusammenspiel beider Medien als frühere Burchard-Kopisten. Die Kartographien, alle aus den 20er- und 30er-Jahren des 14. Jahrhunderts, hatten keinen anderen Zweck, als die Argumentation des begleitenden Textes aufzuwerten. Für eine optimale Umsetzung engagierte Sanudo den aus Genua stammenden Pietro Vesconte, der seit spätestens 1311 Portolankarten in Venedig fertigte[79]. Alle Sanudo-Karten stehen in engem Zusammenhang mit den Ausführungen im Text, wobei nicht klar ist, ob Sanudo selbst oder Pietro Vesconte für die Überarbeitungen verantwortlich zeichnete.

In der Palästinakarte, die den dritten Werkabschnitt zur Geschichte und Topographie dieser Region veranschaulichte, gliederte wiederum ein Liniennetz das Territorium. Zusammen mit den angegebenen Windrichtungen gemahnt es an Messbarkeit[80]. Der Karteninhalt greift Burchards Vorgaben auf und ist altbekannt. Zwischen den zeitgenössischen Kreuzfahrerburgen entdecken wir die zwölf Stämme des Alten Testaments, Hiobs Grab und Lots erstarrte Frau. Das Landesinnere folgt an vielen Stellen den beiden Blattkarten von Florenz und New York, etwa beim Flusssystem am See Genezareth, an

---

78   Marino Sanudos *Liber secretorum fidelium crucis*: Atlas von 1320 mit Palästinakarte, Rom, Biblioteca Apostolica Vaticana (fortan: BAV), Pal. lat. 1362; Palästinakarte im Kartenanhang der 1.–2. Redaktion, Oxford, Bodleian Library (fortan: BL), Ms. Tanner 190; Palästinakarte im Kartenanhang der 2. Redaktion: Rom, BAV, Reg. lat. 548; Florenz, Biblioteca Riccardiana, Ms. 237; London, BL, Add. Ms. 27376, fol. 188v–189r; Brüssel, KBR, Ms. 9347–9348; ebd., Ms. 9404–9405, fol. 173v–174r, alle Werkstatt von Pietro Vesconte, vor 1332. Vgl. RÖHRICHT, Marino Sanudo (wie Anm. 30); DEGENHART/SCHMITT, Marino Sanudo (wie Anm. 64) S. 21–24, 105 und 116 f., mit Abbildungen von Brüssel, KBR, Ms. 9404–9405, fol. 173v–174r; EDSON, Reviving the Crusade (wie Anm. 76) S. 136 f. und 151 f.; GAUTIER DALCHÉ, Cartes de terre sainte (wie Anm. 1) S. 598–603; HARVEY, The Biblical Content (wie Anm. 1) S. 55–63.

79   Vgl. Konrad KRETSCHMER, Marino Sanudo der Ältere und die Karten des Petrus Vesconte, in: Zeitschrift der Gesellschaft für Erdkunde zu Berlin 26 (1891) S. 352–370.

80   Vgl. Dietrich HUSCHENBETT, Spätmittelalterliche Berichte von Palästinafahrten und mittelalterliche Kartographie, in: Ein Weltbild vor Columbus. Die Ebstorfer Weltkarte, hg. von Hartmut KUGLER (1991) S. 367–379, hier S. 373; Catherine DELANO-SMITH, The Intelligent Pilgrim: Maps and Medieval Pilgrimage to the Holy Land, in: Eastward Bound, hg. von ALLEN (wie Anm. 76) S. 107–130, hier S. 117–119 und 128.

dessen Ostufer Chorazin verortet ist[81]. Die Küstenlinien folgen neueren Erkenntnissen. Insbesondere die Hafenorte sind mit Blick auf den beabsichtigten Kreuzzug zielgenau verortet. Spätere Versionen wurden der militärischen Absicht angepasst. Eine Vergrößerung der Nilmündung trug etwa dazu bei, deren Bedeutung für das Wirtschaftsembargo gerecht zu werden. Der politischen Führungsrolle Ägyptens unter den östlichen Mittelmeeranliegern zollte man dadurch Beachtung, dass die Position der Orte nach ihrer Distanz zu Kairo bemessen wurde[82]. Selbst die für die Kreuzfahrerarmee vorgesehenen Etappen sind Schritt für Schritt eingetragen. Die politische Zielsetzung wurde sozusagen didaktisch aufbereitet.

Zwei Versionen der Sanudo-Karte begleiten die Weltchronik *Chronologia magna* des Paulinus Minorita oder Paolino Veneto (gestorben 1344), eines in Venedig geborenen Franziskaners, der um 1321 apostolischer Pönitentiar in Avignon war. Als Mitglied der für den *Liber* eingesetzten päpstlichen Prüfungskommission muss er die Karten gesehen haben, falls er sie nicht schon vorher während seiner Aktivitäten als päpstlicher Diplomat in Venedig und als Briefpartner Sanudos betrachten durfte oder sogar Vorlagen dafür lieferte. In der Folgezeit hat er jedenfalls die geographischen Illustrationen in seine Geschichtsschreibung übernommen und mit weiteren Stadt- und Italienplänen ergänzt[83].

Burchards Heiliges Land erfuhr im Zuge der Rezeption immer wieder Anpassungen, sei es in der Verschmelzung mit Schriften früherer Reisender (wie Jakob von Vitry) oder in der Interpretation durch Marino Sanudo und Pietro Vesconte. Die Karte ist, ähnlich wie die längere Berichtsversion, gegen Ende des 15. Jahrhunderts unter anderem in die enzyklopädische Weltchronik *Rudimentum novitiorum*, 1475 von Lucas Brandis in Lübeck gedruckt, eingeflos-

---

81 Kenneth NEBENZAHL, Atlas zum Heiligen Land. Karten der Terra Sancta durch zwei Jahrtausende (1995) S. 43.
82 Oxford, BL, Ms. Tanner 190, fol. 204v–205r. Vgl. Marino Sanudo, Liber secretorum, III, 14, 12, ed. DE BONGARS (wie Anm. 75) S. 261 f.; die Übersetzungen bei STEWART, Marino Sanudo's Secrets (wie Anm. 75) S. 55 ff., sowie bei LOCK, Marino Sanudo (wie Anm. 75) S. 412–416; EDSON, Reviving the Crusade (wie Anm. 76) S. 139–148, und die Abbildungen ebd., S. 142 f. und 146 f.
83 *Chronologia magna* des Paulinus Minorita (Paolino Veneto), Palästinakarte (neapolitanisch, um 1329): Paris, BnF, Ms. lat. 4939, fol. 10v–11r, und ebd., fol. 10r, zum östlichen Mittelmeer und Vorderen Orient (Abbildung bei DEGENHART/SCHMITT, Marino Sanudo [wie Anm. 64] S. 118 f. und 115); Rom, BAV, Vat. lat. 1960. Vgl. EDSON, Reviving the Crusade (wie Anm. 76) S. 137 f.

sen[84]. Die nur geringfügig veränderte Beschreibung der Geographie in Text und Bild sollte als theologisches Hilfsmittel die Bibellektüre erleichtern und die Inbesitznahme des Landes durch die Israeliten rechtfertigen. Ziel war es, die Regionen und Ereignisse des Alten und Neuen Testaments zu verorten sowie die Heilige Schrift nach Gegenden und Himmelsrichtungen zu erklären, um ein besseres Verständnis zu ermöglichen. Deshalb wurden die Bezüge zu den Schriftstellen verstärkt, aktuelle Anklänge eher zurückgenommen. Die geostete, rechteckige Palästinakarte mit den acht Windbläsern ist auf ein übergroßes, stark befestigtes, rundes Jerusalem zentriert, dessen Form an den Wiederaufbau mit drei Mauern nach der Babylonischen Gefangenschaft gemahnt. Nur Akkon, die zweitgrößte Stadt der Karte, und die Festung Montfort erinnern an die Kreuzfahrerzeit, die Galeeren auf dem Mittelmeer, die eingetragenen Pilgerwege und Pilgerstationen an eine zeitgenössische Geschäftigkeit. Ein zusätzlicher Jerusalemplan diente, wie im Laurenziana-Codex, einer lokalen Ausdifferenzierung, eine Weltkarte der breiteren Einordnung. Die Hügel in Palästina- und Weltkarte sind ein Gestaltungselement des Illustrators.

Diese graphische Aufbereitung entfällt in der Palästinakarte des drei Jahre später gedruckten *Prologus Arminensis*[85], einer als *mappa* bezeichneten selbständigen Palästinabeschreibung in Text und Bild, die wohl ein Lübecker Mendikant zwischen 1460 und 1478 verfasste. Auch hier ist das geographische Wissen eindeutig auf das Bibelverständnis ausgerichtet. Ziel war eine systematisch angelegte, möglichst umfassende Heiliglanddarstellung, die jungen Predigern ein Gefühl für die Lokalisierung der Orte und für die Distanzen vermitteln sollte. Dazu sammelte der Autor Informationen aus zeitgenössischen

---

84 Vgl. RÖHRICHT, Marino Sanudo (wie Anm. 29) S. 105 f.; Anna-Dorothee VON DEN BRINCKEN, Universalkartographie und geographische Schulkenntnisse im Inkunabelzeitalter (unter besonderer Berücksichtigung des „Rudimentum Novitiorum" und Hartmann Schedels), in: Studien zum städtischen Bildungswesen des späten Mittelalters und der Frühen Neuzeit. Bericht über Kolloquien der Kommission zur Erforschung der Kultur des Spätmittelalters 1978 bis 1981, hg. von Bernd MOELLER (Abhandlungen der Akademie der Wissenschaften zu Göttingen, Philologisch-Historische Kl., 3. Folge 137, 1983) S. 398–429, auch in: DIES., Studien zur Universalkartographie des Mittelalters, hg. von Thomas SZABÓ (Veröffentlichungen des Max-Planck-Instituts für Geschichte 229, 2008) S. 263–296; NEBENZAHL, Atlas (wie Anm. 81) S. 62; Michael HERKENHOFF, Die Darstellung außereuropäischer Welten in Drucken deutscher Offizinen des 15. Jahrhunderts (1996) S. 147–156.

85 Prologus Arminensis (um 1478), anonym gedruckt in Lübeck bei Lucas Brandis, fol. 6b, mit Plan von Jerusalem, und ebd., fol. 10b–11a, mit Palästinakarte. Vgl. HERKENHOFF, Darstellung (wie Anm. 84) S. 156–164.

Pilgerberichten und theologischen Schriften; Burchards Vorgaben rezipierte er in Form des *Rudimentum novitiorum*.

Im Zentrum der Systematik des *Prologus* stehen keine Wanderungen oder Windrichtungen, sondern drei sich konzentrisch ausweitende Abschnitte, erstens zum Tempel Salomons, zweitens zur Stadt Jerusalem samt Umgebung und drittens zum Heiligen Land mit angrenzenden Gebieten. Jedem dieser drei Teile geht eine Kartographie voran, bei der allein die Textanordnung ohne eine graphische Konturierung die Geographie formt: erstens ein Grundriss des Tempel Salomons, zweitens eine Art Stadtgrundriss und drittens die geostete Palästinakarte, bezeichnet als *spectaculum*. In jedem der drei Fälle verteilen sich die Legenden auf eine rechteckige Fläche. Der Aufbau der Palästinakarte zeigt Gemeinsamkeiten mit den eingesperrten Schriftzügen der Laurenziana-Karte, auch wenn nun Jerusalem zum Ausgangspunkt und Zentrum des Kartierens wird. Daneben rücken die ehemaligen Kreuzfahrerplätze wie das zerstörte Akkon (*Accon LXXXIII et est iam destructa*), Montfort (*Monford CIIII*) und die zuletzt aufgegebene Templerburg Château Pèlerin (*Castrum peregrinorum*) in den Hintergrund. Die Zahlen hinter den Ortsnamen verweisen auf das zugehörige Kapitel im Text. Als Teil eines raffinierten Verweissystems erschließen sie die textuellen Ausführungen, denn die geographische Lokalisierung eines Ortes kann damit gleichzeitig als weiteres Register genutzt werden, das ausnahmsweise nicht alphabetisch, sondern topographisch geordnet ist. Umgekehrt verweist auch der Text immer wieder auf die Kartierung, um die Stätten in das Gesamtkonzept einzugliedern. Damit realisierten Autor und Drucker konsequent eine funktionsgebundene Reziprozität, die sich zuvor in den Rubrizierungen und Randglossen der Burchard-Handschriften angedeutet hatte.

Die Burchard-Tradition wirkte im 15. Jahrhundert auch in illustrierten Heiliglandberichten und Wegbeschreibungen nach. Eine Abschrift der Karte begleitete als eine Art Itinerar den 1462 erstellten Bericht des William Wey über seine Pilgerfahrt in das Heilige Land[86]. Wey will zur Vorbereitung seiner Reise eine *mappa mundi* benutzt haben, der er dann eine Karte des Heiligen Landes mit Jerusalem in der Mitte hinzufügte. Zwei Pergamentstücke, eines mit dem Tempel von Jerusalem und eines mit dem Kalvarienberg, ergänzten dieses Bildprogramm für Pilger, dem noch Reiseinstruktionen in Buchform,

---

86 William WEY, Itineraries (1857) S. 92–95 und 99–102. Vgl. NEBENZAHL, Atlas (wie Anm. 81) Tf. 17, S. 50–52; HARVEY, The Biblical Content (wie Anm. 1) S. 58.

darunter ein Faszikel zu den in Jerusalem zu besuchenden Stätten, beilagen[87]. Solche Gesamtpakete scheinen damals fast die Norm geworden zu sein. Auch Bernhard von Breidenbach (1486)[88] folgte diesen Spuren und engagierte einen Maler für die Veranschaulichung seiner Reise. Die Burchard-Rezeption, deren Verästelungen noch weiter zu erforschen sind, erstreckte sich unstreitig bis zum Ende des 16. Jahrhunderts, als die *Descriptio* in die Reiseliteratursammlung des Sigmund Feyerabend aufgenommen wurde[89].

Ergebnis waren bewusst konzipierte Einheiten aus Palästinaberichten und -karten, die in geographischen Werken, christlichen Erbauungsbüchern und Weltchroniken unterschiedlich verarbeitet wurden. Ihre Aufgabe war es, die lokalen Gegebenheiten der Heiligen Stätten allgemein zu verdeutlichen und die heilsgeschichtlichen geographischen Informationen konkret zu verorten. Die Heiliglandkarten wurden häufig auch mit anderen Welt- und Regionaldarstellungen, topographischen Stadtplänen und Grundrissen zu einem Gesamtkonzept verbunden, das Marino Sanudo und Paolino Veneto erstmals zu einem frühen geographischem Atlas ausgebaut hatten. Die Karte Burchards ist, ähnlich wie der Bericht selbst, deshalb sogar in geographischen Werken rezipiert worden, unter anderem als *Tabula nova terrae sanctae* im Ptolemäischen Handbuch der Geographie (Florenz 1474) und in der Palästinakartierung des Gabriele Capodilista (um 1475)[90].

Die Kooperation von Reiseautor und Zeichner wurde damit professionalisiert. Während Burchard von Monte Sion noch keinen Einfluss auf die Rezeption seiner handschriftlichen Entwürfe nehmen konnte und Sanudo noch mühsam individuelle Kopien für Entscheidungsträger herstellen ließ, wurden

---

87 RÖHRICHT, Marino Sanudo (wie Anm. 30) S. 97, Anm. 1: [*A*] *mappa mundi. Also a mappa of the Holy Land with Jerusalem in the myddys. Also II levys of parchement, on which the temple of Jerusalem, another wyth the holy mounte of Olyvete. Also a sex keveryd wyth blakke and thereopon the bokys, one of the materys of Jerusalem.* Vgl. Reinhold RÖHRICHT, Die Palästinakarte Bernhard von Breitenbach's, in: Zeitschrift des deutschen Palästina-Vereins 24 (1901) S. 129–135, hier S. 132 f. mit Anm. 1; HUSCHENBETT, Spätmittelalterliche Berichte (wie Anm. 80) S. 376.

88 Bernhard von Breydenbach, Die Reise ins Heilige Land, ed. Elisabeth GECK (1977); vgl. HERKENHOFF, Darstellung (wie Anm. 84) S. 180–204; Stefan SCHRÖDER, Zwischen Christentum und Islam. Kulturelle Grenzen in den spätmittelalterlichen Pilgerberichten des Felix Fabri (2009) S. 83–85.

89 SCHRÖDER, Christentum und Islam (wie Anm. 88) S. 77.

90 NEBENZAHL, Atlas (wie Anm. 81) Tf. 18, S. 53–55 (Gabriele Capodilista, Palästinakarte, circa 1475); ebd., Tf. 19, S. 58 f. (Marino Sanudo / Petrus Vesconte, Tabula nova terrae sanctae, in: Claudius PTOLEMAEUS, Geographia [1474]).

Erhard Reuwichs Holzschnitte mit Karten und Veduten zu den verschiedenen Pilgerstationen in einem drucktechnisch aufwendigen Verfahren produziert und genau auf Breidenbachs Bericht abgestimmt. Dies garantierte Einheitlichkeit bei weiter Verbreitung, wobei die Illustrationen zu hohen Auflagen und vielen Übersetzungen verhalfen[91].

6. Ergebnisse

Burchard von Monte Sion gilt als Autor eines Reiseberichts, der in mehreren Versionen überliefert und mit verschiedenen kartographischen Repräsentationen ausgestattet wurde. Die unterschiedlichen Fassungen und divergierenden Visualisierungen erlauben es, der Vermittlung und Aneignung von Wissen über einen unter den Weltreligionen umstrittenen Kulturraum an der Grenze Europas nachzuspüren und Transformationsprozesse sichtbar zu machen. Allerdings wären die Überlieferungen in Text und Bild zuerst einmal wissenschaftlich zu erfassen und kritisch zu edieren, ehe an eine konsequente Auswertung zu denken ist. Unsere Fragen richteten sich deshalb zuerst einmal anhand ausgewählter Beispiele auf den Übergang zwischen Beschreibung und Kartierung, auf den Kontext zwischen Wissensgenerierung und Ordnungssystem. Dafür waren der biographische Entstehungskontext und die komplexe Überlieferungssituation zuerst kurz zu skizzieren. Eine exemplarische Analyse der unterschiedlichen Visualisierungsformen hat dann bis hin zur Rezeption der Burchard'schen Wissenstradition zahlreiche neue Ergebnisse hervorgebracht.

Zuerst konnte gezeigt werden, wie unsicher und fragmentarisch unser Wissen über Burchard ist. Sicher ist fast nur, dass er um 1283/84 das Heilige Land bereiste und als aufmerksamer Beobachter die *Descriptio* niederschrieb. Andere Nachrichten über sein Leben und sein Werk erwiesen sich als komplexe Konstruktionen der Nachwelt in unterschiedlichen Versionen und Bearbeitungen. Zweitens konnte aufgezeigt werden, dass vor allem die Langfassung, weniger die Kurzfassung, eine wichtige Grundlage für die graphische Aufbereitung in Miniaturen, Stadtplänen, Diagrammen und differenzierten Kartierungen war. Diese Visualisierungen gingen, was die traditionelle Forschung völlig übersehen hat, enge Verbindungen mit den Texten ein, um das Wissen in Abstim-

---

91 Vgl. HUSCHENBETT, Spätmittelalterliche Berichte (wie Anm. 80) S. 375.

mung auf das Zielpublikum zu organisieren. Man könnte annehmen, dass sich die differenzierten Karten eher aus den Diagrammen, die komplexeren Darstellungen eher aus den schematischen entwickelt haben als umgekehrt. Trotzdem bleibt unbekannt, welche der Visualisierungen Burchard nach Magdeburg gesandt haben könnte und ob eine solche Übersendung überhaupt erfolgte. In jedem Fall zeugen die Diagramme, in denen die heterogenen Teile des Landes abstrakt zu einer topographischen Chronologie zusammengeführt wurden, von einer großen darstellerischen Leistung und generativen Gestaltungskraft. Die Landesbeschreibung wurde über ihre optische Sichtbarkeit reflektiert und auf eine neue Ebene gebracht. Die Reduktion auf das Wesentliche schuf eine Dynamik, die es erlaubte, das zeitliche Nacheinander von Bibel, Geschichte und Zeitgeschehen in einer fingierten Zeitlosigkeit nebeneinander zu betrachten und auch das Entlegene systematisch zu ordnen.

Ein Blick auf die Praktiken von Graphik und Kartierung innerhalb der handschriftlich überlieferten Berichtversionen zeigt, dass die Diagramme und integrierten Palästinakarten einen fließenden Übergang zwischen Text und Bild, zwischen Wort und Graphik schufen. Offenkundig beinhaltete der Begriff der Beschreibung (ebenso wie später *mappa*) eine textuelle und eine visuelle Komponente, wobei beide reziprok aufeinander verwiesen waren. Bericht und Visualisierung wurden in Struktur und Inhalt weitgehend aufeinander abgestimmt; Marginalien und Rubrizierungen verwiesen auf topographisch geordnete Lokalitäten. Dieses Verweissystem wurde beim Abschreiben immer weiter perfektioniert. Die gedruckte Kartierung im *Prologus Arminensis* wartete mit einer zusätzlichen Raffinesse auf: einem integrierten topographischen Register. Selbst die beiden selbständig überlieferten Blattkarten in Florenz und New York zeigen ein enges Zusammenspiel mit dem Text, insofern ein in Kolumnen beigefügter alphabetischer Ortsnamenindex nicht nur auf die kartierten Orte verwies, sondern auch die Verknüpfungen zu den handschriftlichen Fassungen der *Descriptio* schaffen konnte.

Zuletzt konnte anhand ausgewählter Beispiele der Burchard-Rezeption in handschriftlichen und gedruckten Ausgaben verdeutlicht werden, dass Autoren und Kartographen das von Burchard überlieferte Wissen gezielt nutzten, um ihre angestrebten Ziele zu realisieren. Die Kartierungen konnten helfen, die im Text beschriebenen Vorstellungen systematisch zu ordnen, zu lokalisieren und zu veranschaulichen. Es war eine Art, das Heilige Land zu erobern und zu beherrschen. Dem venezianischen Kaufmann Marino Sanudo ging es um einen militärischen Kreuzzug. Die unbekannten Lübecker Autoren von *Rudimentum* und *Prologus* sorgten sich um die Korrektheit der Bibelexegese. Spätmittelalterliche Pilger wie William Wey und Bernhard von Breidenbach konzentrierten sich auf die Beschreibung und Visualisierung christlicher Stätten. Sie alle wollten ihr Anliegen einem genau definierten Publikum vermitteln: Sanudo und Vesconte richteten sich an geistliche und weltliche Fürsten, Wey und Breidenbach an potentielle Pilger und die unbekannten Lübecker Autoren an Bibelleser und Prediger. Alle nutzten sie neben den Inhalten auch die passenden Formen. Dabei hat sich gezeigt, dass der geographische Raum des Heiligen Landes niemals statisch war, sondern immer wieder an aktuelle Erfordernisse und Intentionen angepasst wurde. Kartographien waren historische Dokumente: Sie beinhalteten politische und religiöse Aussagen zur Legitimation und Sicherung von Macht und Herrschaftsansprüchen; sie waren ein Mittel, um didaktische und moralische Ziele zu verfolgen.

Es steht außer Zweifel, dass das Bild von der Kontaktzone im produktiven Wechselspiel zwischen Text und Bild weiter zu erforschen ist. Denn selbst innerhalb der Burchard-Tradition wechselten die kartographischen Repräsentationen kontinuierlich unter dem Einfluss politischer und religiöser Veränderungen. Die vorliegenden Überlegungen zu Burchards *Descriptio* und ihren Raumkonzepten haben gezeigt, dass die Bericht- und Kartenversionen in ihren historischen, handschriftlichen und materiellen Kontexten, in der Kombination mit zeitgenössischen Pilger- und Kreuzzugsberichten oder historiographischen Landesbeschreibungen sowie in ihrer generativen Kraft der Visualisierung weiter zu erforschen sind. Nicht zuletzt geht es dabei auch um die politischen und institutionellen Rahmenbedingungen für die Produktion von Regionalkarten, um die Interessen, Motive und Ziele der Übernahme und des Austausches von Wissen.

Abbildungen

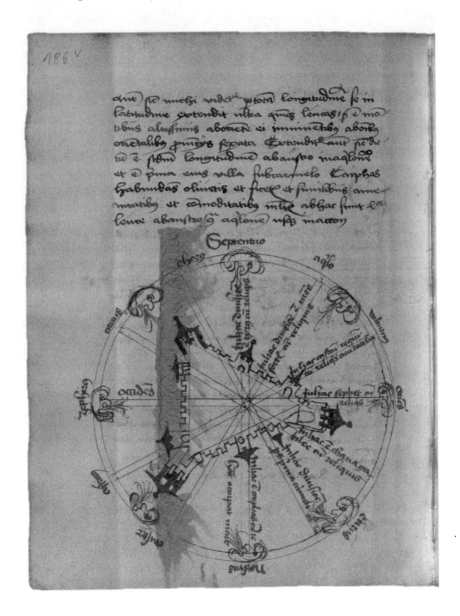

Abb. 1: Winddiagramm nach Burchard von Monte Sion: München, BSB, Clm 569, f. 186v.

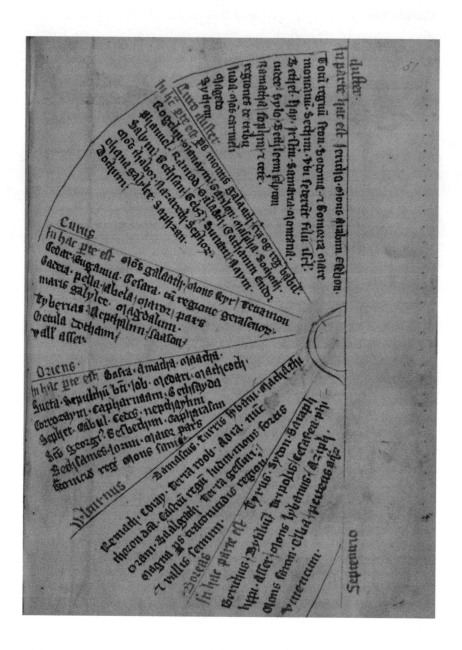

Abb. 2: Winddiagramm nach Burchard von Monte Sion: London, BL, Add. Ms. 18929, f. 51r.

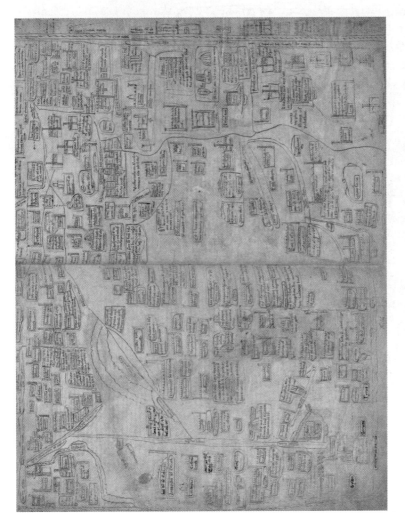

Abb. 3: Palästinakarte nach Burchard von Monte Sion: Florenz, BML, Plut. 76.56, f. 97v–98r.

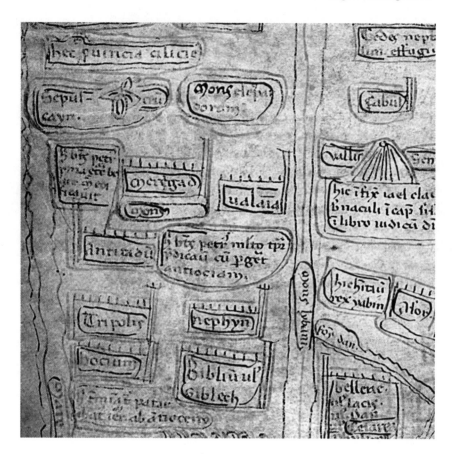

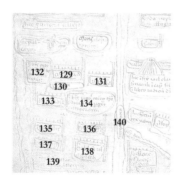

Abb. 4a–b: Palästinakarte nach Burchard von Monte Sion:
Florenz, BML, Plut. 76.56, f. 97v (Ausschnitt).

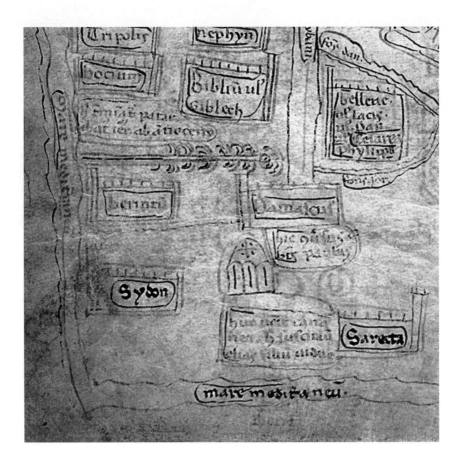

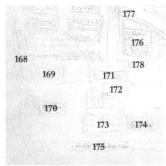

Abb. 5a–b: Palästinakarte nach Burchard von Monte Sion:
Florenz, BML, Plut. 76.56, f. 97v (Ausschnitt).

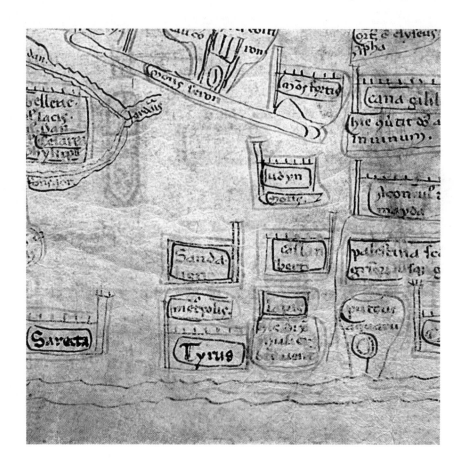

Abb. 6 a–b: Palästinakarte nach Burchard von Monte Sion: Florenz, BML, Plut. 76.56, f. 97v (Ausschnitt).

Abb. 7: Burchard von Monte Sion, Descriptio terrae sanctae, Langfassung mit Glossierung: Florenz, BML, Plut. 76.56, f. 94r.

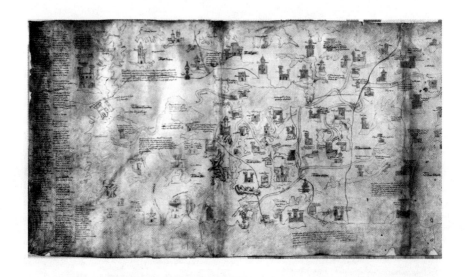

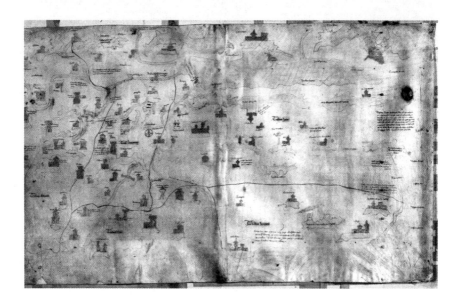

Abb. 8: Palästinakarte nach Burchard von Monte Sion: Florenz, Archivio di Stato, Carte nautiche, geografiche e topografiche 4 (linke und rechte Hälfte).

Abb. 9: Palästinakarte nach Burchard von Monte Sion: New York, Pierpont Morgan Library, M 877 (Ausschnitt mit Jerusalem).

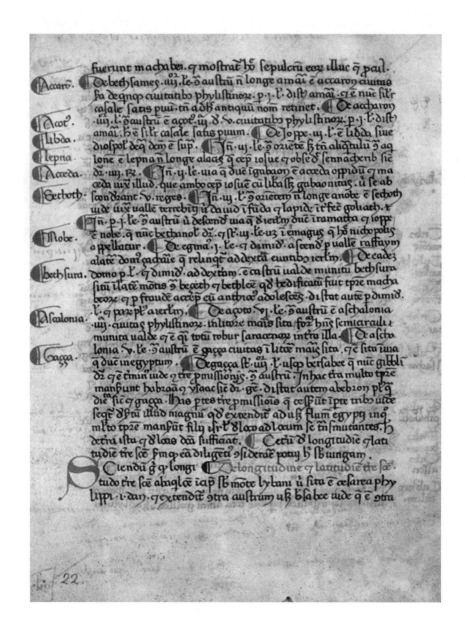

Abb. 10: Burchard von Monte Sion, Descriptio terrae sanctae, Langfassung mit Glossierung: Florenz, BNC, F. 4. 733, f. 33r.

Abb. 11: Burchard von Monte Sion, Descriptio terrae sanctae,
Langfassung mit Glossierung: Florenz, BNC, C 8. 2861 f. 21v–22r.

Michail A. Bojcov

Alexander der Große als Wohltäter der Moskowiter

Unser Jubilar hat sich bislang weder mit Hellenismus noch mit der russischen beziehungsweise slavischen Geschichte speziell beschäftigt[1]. Diese Studie behandelt aber in erster Linie nicht exotische Epochen und Regionen, sondern Ansätze, mit welchen man sich seinerzeit eine geeignete, ja vorteilbringende Vergangenheit konstruieren wollte. Und damit geraten wir sofort zu jenem Themenkreis, welcher Hans-Werner Goetz alles andere als fremd ist, denn er hat der Entstehung und Entwicklung verschiedener Geschichtsbilder, sei es im Mittelalter, sei es in der modernen Historiographie, bekanntlich viel Aufmerksamkeit geschenkt.

1.

In der Österreichischen Nationalbibliothek in Wien wird eine kleine Schrift des Hofkaplans Sebastian Glavinich (1630–1697) über den „Stand Moskowiens" aufbewahrt. Der Verfasser, vielleicht südslawischer Abstammung mit familiären Wurzeln in Istrien, später – von 1689 an – Bischof des kroatischen Senj-Modruš (Zengg-Modrusch), beteiligte sich an der kaiserlichen Gesandtschaft, geleitet von Augustin Mayer, dem späteren Freiherrn von Meyerberg (1612–1688), und Orazio Guglielmo Calvucci, zum Zaren Alexej Michailovič (regierte in den Jahren 1645–1676), welche genau zwei Jahre, Februar 1661

---

1   Die Studie ist vorbereitet worden im Rahmen des Projekts *Ost- und Westeuropa im Mittelalter und in der Frühen Neuzeit: gemeinsamer historisch-kultureller Raum, regionale Besonderheiten und Dynamik der Wechselwirkungen* innerhalb des Programms für Grundlagenforschung an der Nationalen Forschungsuniversität „Hochschule für Ökonomie" (Moskau) für das Jahr 2012. Der Verfasser bedankt sich von ganzem Herzen bei Maria Panfilova, Steffen Patzold und Oleg Voskobojnikov für großzügige „Spenden" der in den Moskauer Bibliotheken fehlenden Publikationen wie auch bei Ludger Hartmann für die sprachliche Nachbesserung dieses Aufsatzes.

bis Februar 1663, auf einer Reise nach Moskau und zurück verbrachte[2]. Das weder umfangreiche noch systematische Memorandum Glavinichs wurde erst ein paar Jahre nach seiner Rückkehr, um 1665, zusammengestellt. Die Schrift wurde zwar an Kaiser Leopold I. adressiert, der Verfasser ließ aber schon in den ersten Zeilen wissen, dass es nicht der Kaiser, sondern der päpstliche Nuntius[3] war, der ihn dazu bewogen hatte, seine Beobachtungen zu Papier zu bringen.

Die Notizen Glavinichs wurden 1820 von einem deutsch-russischen Historiker, der in Riga, Mitau und St. Petersburg tätig war, Burchard Heinrich von Wichmann (1788–1822), gedruckt[4]. Auf Grundlage dieser Publikation erschien auch die russische Übersetzung von Alexej Šemjakin (1817–1887), allerdings erst 55 Jahre später[5]. Die Art und Weise, wie Glavinich Moskowien gesehen und verstanden hatte, wie auch seine Beschreibung der Landessitten und seine Überlegungen zur Frage, ob die Russen eventuell zum Katholizismus bekehrt werden könnten, sind für sich nicht uninteressant[6], besonders im Vergleich mit dem umfangreichen Bericht aus der Feder des Hauptes derselben Gesandtschaft, Augustins Freiherrn von Meyerberg[7]. Auf den nachfol-

2   Wien, Österreichische Nationalbibliothek, cvp 8578 (Sebastianus Glavinich, Relatio brevis de rebus Moscouiticis cum epistola ad Leopoldum I. Imperatorem praemisa).
3   Kardinal (seit 1666) Giulio Spinola, Titularerzbischof von Laodicea (seit 1658), hielt sich als apostolischer Nuntius (seit Juli 1665) am kaiserlichen Hof auf.
4   Sebastianus Glavinich, De Rebus Moschorum, ed. Burchard Heinrich von WICHMANN, in: Sammlung bisher noch ungedruckter kleiner Schriften zur älteren Geschichte und Kenntnis des Russischen Reiches 1, hg. von DEMS. (1820) S. 339–362. Erwähnungen dieser Schrift kann man sowohl in einem zwar klassischen, aber veralteten Handbuch (Friedrich von ADELUNG, Kritisch-literarische Übersicht der Reisenden in Russland bis 1700, deren Berichte bekannt sind [1846] S. 334 f.), wie auch in einem der neuesten finden (Marshall T. POE, Foreign Descriptions of Muscovy. An Analytic Bibliography of Primary and Secondary Sources [2008] S. 133).
5   Севастиян ГЛАВИНИЧ, О происшествиях Московских 1661 г. Перевод с латинского А.Н. Шемякина, in: Чтения в Обществе истории и древностей Российских (1875) 1/4, S. I–II, S. 1–13.
6   Vgl. Hugo WECZERKA, Sebastian Glavinich und seine Schilderung des Moskowitischen Reiches, in: Zeitschrift für Ostforschung 11 (1962) S. 423–454, gedruckt auch in: Rossica externa. Studien zum 15.–17. Jahrhundert. Festgabe für Paul Johansen zum 60. Geburtstag, hg. von DEMS. (1963) S. 125–156.
7   Iter In Moschoviam Augustini Liberi Baronis De Mayerberg, Camerae Imperialis Aulicae Consiliarii, Et Horatii Gulielmi Caluuccii, Equitis, Ac In Regimine Interioris Austriae Consiliarii: Ab Augustissimo Romanorum Imperatore Leopoldo, Ad Tzarem Et Magnum Ducem Alexium Mihalowicz, Anno M.DC.LXI. Ablegatorum / Descriptum Ab Ipso Augustino Libero Barone de Mayerberg cum Statutis Moschoviticis ex Russico in Latinum idioma ab eodem translatis, ed. Friedrich von

genden Seiten wird es allerdings nur um ein einziges Fragment dieser Schrift gehen, genauer gesagt um eine Art kleiner Dokumentenanlage, welche ohne klaren Zusammenhang mit dem Vorausgehenden am Schluss des Berichts als unabhängiger Teil ohne jeden Kommentar angehängt war.

Als diese „Anlage" bringt Glavinich eine lateinische Übersetzung einer Urkunde, welche ihm zufolge „in den Moskauer Annalen" gefunden worden war[8]. Ob Glavinich vor seiner Reise nach Moskau Russisch konnte, ist unbekannt; es scheint aber eher unwahrscheinlich; nach seiner Rückkehr diente er aber in Wien lange als Hofdolmetscher. Dank seiner südslawischen Muttersprache hatte er Russisch also schnell zu erlernen vermocht. Augustin Mayer soll der Sprache der Moskowiter durchaus mächtig gewesen sein. Mayer dürfte deswegen wohl früher als Glavinich den Zugang zu den russischen *Letopisi* gefunden haben. Jedenfalls ist einer der beiden darin auf ein interessantes Textstück gestoßen sein und es ins Lateinische übersetzt haben, wobei Glavinich diese Übersetzung später bloß in sein Memorandum abschrieb. Diese Annahme kann aber nicht stichhaltig begründet werden, weil unsere beiden Berichterstatter keine Details dieser Entdeckung in ihren Zeugnissen hinterlassen haben. Das gefundene Diplom (genauer gesagt seine „Abschrift") musste aber in der Tat auffallend gewesen sein, weil der Verfasser seines Originals kein anderer als Alexander der Große gewesen sein soll, welcher damit angeblich eine wohlwollende Schenkung an eine *Gens Slauorum* – das Volk der Slaven – festlegen wollte. Alexander erkannte in seiner Urkunde gnädig an, dass drei Häuptlinge der „kämpferischen Slavischen Nation" (*Belligera Natio Sclavonica*) mit den (allerdings für die Slaven recht seltsam klingenden) Namen *Velikosan*, *Hassan* und *Havessan* gleichwie auch ihre Nachfolger die großen Territorien von der Ostsee bis zum Kaspischen Meer (*a Mari Waregho ad Caspium*) zu ihrem Besitz erhalten sollten. Wollten zusätzlich irgendwelche Völkerschaften in diese Gebiete einwandern, hätten sie sich sofort den Slaven unterzuordnen und für sie Arbeit zu leisten[9].

ADELUNG, in: DERS., Augustin Freiherr Meyerberg und seine Reise nach Russland (1827) S. 1–380.
8 Wien, Österreichische Nationalbibliothek, cvp 8578, fol. 11v.
9 Wien, Österreichische Nationalbibliothek, cvp 8578, fol. 12r.

2.

Die großzügige „Alexandrinische Schenkung" an die Slaven, und zwar in mehreren verschiedenen Fassungen, ist der Gelehrtenwelt schon seit dem frühen 16. Jahrhundert bekannt. Die einst heftigen Diskussionen über die Echtheit dieser Urkunde sind natürlich schon längst vorbei[10]; dieser recht merkwürdige Text verdient aber trotzdem vielleicht etwas mehr Aufmerksamkeit seitens der modernen kulturhistorischen Forschung, als sie ihm bis jetzt hat zuteilwerden lassen. Die Bemühungen der nicht gerade zahlreichen Interessenten blieben aber nicht ganz fruchtlos. Immerhin gelang es im Laufe des letzten Jahrhunderts, eine Reihe wichtiger Fragen im Zusammenhang mit der „Slavischen Urkunde Alexanders" weitgehend zu klären, obwohl viele andere nach wie vor im Raum stehen.

Man beschäftigte sich vor allem mit der Absicherung der handschriftlichen Überlieferung der „Alexandrinischen Schenkung". Es steht zurzeit fest, dass ihre älteste bis jetzt gefundene Handschrift sich in der Sammlung eines gewissen Jan Petr Cerroni (1753–1826) befand, die jetzt im Mährischen Landesarchiv in Brünn aufbewahrt wird[11]. Der Inhalt dieses Papiercodex mit der Abschrift der Reimchronik des sogenannten Dalimil[12], welche als Datum das Jahr 1443 trägt, ist schon längst beschrieben[13] und die sich dort befindende lateinische Fassung der „Alexandrinischen Schenkung" gedruckt[14] wie auch ins

---

10 Zu solchen Diskussionen im 16.–18. Jahrhundert siehe vor allem Rudo BRTÁŇ, Barokový slavizmus. Porovnávacia štúdia z dejín slovanskej slovesnosti (1939) S. 67–73.

11 Brno, Moravský zemský archiv, Bestand G 12. II, Nr. 108. Die „Urkunde Alexanders" befindet sich auf fol. 10v. Zum Bestand insgesamt siehe Cerroniho sbírka: 13. stol. – 1845, 3 Bde., hg. von Mojmír ŠVÁBENSKÝ (Inventáře a katalogy fondů Státního Archívu v Brně 26, 1973), die Beschreibung des Manuskripts 108 ebd., Bd. 2, S. 291–293.

12 Die Edition: Nejstarší česká rýmovaná kronika tak řečeného Dalimila, edd. Bohuslav HAVRÁNEK / Jiří DAŇHELKA (Památky staré literatury české 18, 1958).

13 Beda DUDÍK, J.P. Cerroni's Handschriften-Sammlung (Mährens Geschichts-Quellen 1, 1850) S. 404–418, zur Alexanderurkunde ebd., S. 413.

14 Antonín POLÁK, Krátké sebranie z kronik českých k výstraže věrných Čechóv, in: Věstník královské České společnosti náuk, Třída filosoficko-historicko-jazykozpytná, Ročnik 1904 [Sitzungsberichte der Königlichen Böhmischen Gesellschaft der Wissenschaften, Classe für Philosophie, Geschichte und Philologie, Jahrgang 1904] (1905) III, S. 1–34, hier S. 30. DUDÍK, Handschriften-Sammlung (wie Anm. 13) S. 413, gab u.a. Hinweise auf die folgende angebliche Veröffentlichung der Brünner „Urkunde Alexanders": Jan KOLLÁR, Wýklad čili Přjmětky a Wyswětliwky ku Sláwy

Tschechische übersetzt[15]. Die Datierung dieses Schriftstücks bereitet allerdings Schwierigkeiten. Etwa drei Viertel des Umfangs des Brünner Codex nimmt die oben erwähnte Dalimilchronik in Anspruch. Ihr wird aber eine Auswahl von Texten unter dem allgemeinen Titel „Eine kurze Ansammlung aus tschechischen Chroniken zur Mahnung der treuen Tschechen" (*Krátké sebránie z kronik českých k výstraze věrných Čechóv*) vorausgeschickt[16]. Die politische Tendenz dieses Manuskriptteils ist unzweideutig: Man führt hier „historische Belege" an, die beweisen sollen, dass Deutsche den Tschechen schon immer feindselig gegenübergestanden hätten, weswegen man unter keinen Umständen einen Deutschen auf den Böhmischen Thron erheben dürfe. Die Hauptargumente liefert vor allem die Dalimilchronik selbst, aber auch der „Urkunde Alexanders" wird eine bestimmte Rolle zugewiesen. Sie wird als Beleg für die Behauptung herangezogen, dass sich die Deutschen ursprünglich in harter Knechtschaft bei den Slaven befunden, es dann aber durch List und Heimtücke vermocht hätten, sich allmählich die slavischen Stämme „am Rhein und am Meer" zu unterwerfen, ihre Ländereien in Besitz zu nehmen und dicht zu besiedeln[17]. Die Entstehung dieser Ansammlung polemischer Texte wird von verschiedenen Historikern meistens entweder mit der Situation 1437 nach dem Tod Kaiser Sigismunds[18] oder aber mit derjenigen vor der Wahl Georgs

---

Dceře (1832) S. 423. Es geht aber bei Kollár nur um einen Nachdruck derjenigen „balkanischen" Fassung der „Alexandrinischen Schenkung", welche zunächst von Cyllenius (siehe unten Anm. 36) veröffentlicht worden war. Kollár benutzt dabei nicht den Erstdruck, sondern seine Wiedergabe im Werk eines polnischen Historikers: Stanisław SARNICKI, Annales sive De origine et rebus gestis Polonorum et Litvanorum libri octo (1587) S. 879.

15 Dalimilova Chronika Česká, ed. Václav HANKA (1851) S. 239 f., wie auch in neueren Übersetzungen von Antonín Polák (POLÁK, Krátké sebranie [wie Anm. 14] S. 30) und besonders von Bohumil Ryba (Bohuslav HAVRÁNEK / Josef HRABÁK / Jiří DAŇHELKA [Hrsg.], Výbor z české literatury doby husitské 2 [1964] S. 140 f.).

16 Der Text ist gedruckt als: Krátké sebránie z kronik českých k výstraze věrných Čechóv, ed. Antonín POLÁK (wie Anm. 14) S. 19–30; in einer neueren und besseren Edition: ed. Rudolf URBÁNEK, in: DERS., O volbě Jiřího z Poděbrad za krále českého 2. března 1458. Výbor hlavních zpráv součkých (1958) S. 32–41; fragmentarisch wiederabgedruckt in: Výbor z české literatury doby husitské (wie Anm. 15) 2, S. 136–140.

17 Krátké sebranie, ed. POLÁK (wie Anm. 16) S. 20; ed. URBÁNEK (wie Anm. 16) S. 32 f.

18 František Michálek BARTOŠ, Zápis Alexandra Velikého slovanům a jeho původce, Časopis Národného musea 115, in: Oddíl Duchovědný 1–2 (1946) S. 45–49. Bartoš hält den Prager Höfling und Historiographen Laurentius von Břesová (gestorben 1438) für den Verfasser sowohl der „Kurzen Ansammlung" als auch der „Urkunde

von Poděbrad 1458 in Zusammenhang gebracht[19]. (Im letzten Fall setzt man voraus, dass die ersten zwölf Blätter des Brünner Manuskripts mit *Krátké sebránie,* der „Alexandrinischen Schenkung", einer publizistischen antideutschen Schrift *Curtasia contra Theutonicos*[20] und einem Fragment aus der Dalimilchronik erst später zur ursprünglichen Handschrift von 1443 hinzugefügt worden seien[21].) Einige Forscher datieren aber die ganze Sammlung noch auf das 14. Jahrhundert. Obwohl die gelehrte Auseinandersetzung über die Entstehungszeit von *Krátké sebránie* offensichtlich noch weit vor ihrem Abschluss steht[22], werden die Argumente aller beteiligten Seiten für unsere Fragestellung dadurch weitgehend relativiert, dass die ursprüngliche Zugehörigkeit der „Urkunde Alexanders" zu diesem Stück (spät-)hussitischer Publizistik alles andere als bewiesen ist.

Es wäre meines Erachtens plausibler, mit Joseph Dobrovský[23], Otakar Odložilík[24] und Hans Rothe[25] umgekehrt davon auszugehen, dass die „Alexandrinische Schenkung" wesentlich früher als die „Kurze Ansammlung" entstanden ist und der anonyme Bekämpfer der deutschen Kandidaten auf den tschechischen Thron diese fertige Schrift (und nicht bloß eine lockere mündliche Le-

---

Alexanders". Beide Texte seien von Laurentius im Dezember 1437 geschrieben worden (vgl. ebd., S. 45 und S. 48). Bartoš entwickelt in diesem Aufsatz aber so gut wie keine Argumentation.

19 URBÁNEK, O volbě (wie Anm. 16) S. 29–32; HAVRÁNEK/HRABÁK/DAŇHELKA, Výbor z české literatury doby husitské (wie Anm. 15) S. 136.

20 Zu dieser Schrift siehe Wilhelm WOSTRÝ, Ein deutschfeindliches Pamphlet aus Böhmen aus dem XIV. Jahrhundert, in: Mitteilungen des Vereins für Geschichte der Deutschen in Böhmen 53 (1915) S. 193–238, zur Datierung des Pamphlets auf die erste Hälfte des 14. Jahrhunderts ebd., S. 214–216. Der Herausgeber berücksichtigte aber in seiner Textedition (S. 226–232) den Brünner Codex mit der „Urkunde Alexanders" aus technischen Gründen leider gar nicht.

21 URBÁNEK, O volbě (wie Anm. 16) S. 29 f.

22 Einen Überblick über verschiedene Meinungen bietet Hans ROTHE, Nochmals zum Privilegium Slavicum Alexanders des Großen, in: Festschrift für Wilhelm Lettenbauer zum 75. Geburtstag (1982) S. 209–221, hier S. 215–218.

23 Der entsprechende Brief von Dobrovský wurde schon bei Bartoš wiedergegeben: BARTOŠ, Zápis (wie Anm. 18) S. 47. Einen besseren Text findet man aber bei Otakar ODLOŽILÍK, The Privilege of Alexander the Great for the Slavs, in: Folia diplomatica 1 (1971) S. 239–251, hier S. 248, und bei ROTHE, Nochmals (wie Anm. 22) S. 217. Dobrovský meinte, dass die „Urkunde Alexanders" in Kroatien im 14. Jahrhundert zusammengestellt worden sein müsse.

24 ODLOŽILÍK, The Privilege (wie Anm. 23) S. 242, Anm. 6.

25 ROTHE, Nochmals (wie Anm. 22) S. 211 und S. 216 f.

gende) für seine eigenen Zwecke heranzog. Denn sollte dieser Publizist die „Alexandrinische Schenkung" selbst erdacht haben, hätte er die Grenzen für die Besitzungen der „privilegierten" Slaven bestimmt wesentlich passender definiert. Wozu hätte er unbedingt das gesamte Italien unter slavische Herrschaft bringen sollen, wenn eine solche retrospektive „Eroberung" für seine antideutsche Stimmung von überhaupt keinem Nutzen war? Nach Süden hin hätte ihm der „urslavische" Raum etwa „vom Meer" bis zu den Alpen durchaus reichen können. Viel relevanter muss für ihn aber die west-östliche Achse gewesen sein; in seinem Kommentar bezeichnete er doch selbst das Rheinland als ursprünglich slavische Gegend[26]. Warum ließ dann Alexander der Große die ausgezeichnete Gelegenheit ungenutzt, den Rhein als westliche Grenze der slavischen Welt festzulegen?

Es scheint überhaupt nicht gerade einfach zu sein, die weitreichenden „imperialistischen" Ansprüche der „Urkunde" aus publizistischen Topoi wie auch politischen Zielen der hussitischen Bewegung zu erklären. Meinte man mit den Italienern, welche den Slaven zu dienen hatten, den Papst und die Kardinäle der Römischen Kirche? Oder müssen wir vermuten, dass das Privileg in den Jahren 1427–1433 entstanden ist, weil die Hussiten gerade damals ihre Kriegszüge weit über die Grenzen Böhmens hinaus führten? In jener Zeit marschierten ihre Kolonnen in der Tat in alle möglichen Himmelsrichtungen: in die Oberpfalz und die Lausitz, nach Schlesien und Polen, in die Slowakei, nach Brandenburg, selbst bis nach Danzig – nur ausgerechnet Italien gehörte bekanntlich nicht zu ihren beliebten Zielen.

Solche und ähnliche Zweifel bewegen einige Historiker dazu, die Entstehungszeit der „Alexandrinischen Schenkung" noch in die vorhussitische Zeit zu verlegen, und zwar in die Regierungsjahre Karls IV. So weist Anežka Vidmanová darauf hin, dass in den böhmischen Ländern ein literarisches Interesse an der Figur Alexanders des Großen durchaus deutlich im 14., aber schon nicht mehr im 15. Jahrhundert fassbar ist[27]. Außerdem entdeckt sie eine

---

26 DUDÍK, Handschriften-Sammlung (wie Anm. 13) S. 409; Krátké sebranie, ed. POLÁK (wie Anm. 16) S. 20; ed. URBÁNEK (wie Anm. 16) S. 32.
27 Die Alexander-Legende gewann am tschechischen Königshof praktisch die Rolle der offiziellen königlichen Ideologie, und zwar noch in der Regierungszeit Přemysl Otakars II., der selbst gern mit Alexander verglichen werden wollte. Dazu siehe Hans-Joachim BEHR, Alexander am Prager Königshof oder Das Prinzip der Machtlegitimation durch Leistung, in: Höfische Literatur, Hofgesellschaft, höfische Lebensformen um 1200, hg. von Gert KAISER / Jan-Dirk MÜLLER (Studia humaniora 6,

gewisse Ähnlichkeit zwischen der Art und Weise, wie der Verfasser des *Privilegium Slavicum* die antike Geschichte umdenkt, und der „antikisierenden" Tendenz des habsburgischen *Privilegium maius* 1358/1359[28]. Sie folgert schließlich, die „Urkunde Alexanders" sei im letzten Jahrzehnt der Regierung Karls IV., 1368–1378, als eine rein literarische Übung in der *ars dictamini* entstanden[29]. Im letzten Punkt hat Vidmanová wohl recht: In der „Urkunde Alexanders" darf man mit großer Wahrscheinlichkeit keine anspruchsvolle politische Fälschung nach Art des *Privilegium maius*[30], sondern vor allem ein Stück intellektuellen Spiels sehen. Weil es schwer fällt, sich nach dem Tod Přemysl Otakars II. 1278 Kräfte vorzustellen, die irgendwelche selbst minimal ernstzunehmenden politischen Erwartungen mit einer solchen „Alexandrinischen Schenkung" hätten verbinden können[31], bleibt nur die Vermutung, dass die „Urkunde" nichts anderes als ein gelehrter Witz eines historisch gebildeten Kanzleibeamten gewesen ist.

1986) S. 491–512. Zur Rezeption der Alexander-Legende auch in etwas späterer Zeit siehe vor allem den knappen Überblick bei Petr HLAVÁČEK, Christianity, Europe, and (Utraquist) Bohemia: The Theological and Geographic Concepts in the Middle Ages and Early Modern Times, in: Bohemian Reformation and Religious Practice 7 (2006) S. 19–41, hier S. 21–27.

28   Anežka VIDMANOVÁ, K privilegiu Alexandra Velikého slovanům, in: Husitství. Reformace. Renesance. Sborník k 60. narozeninám Františka Šmahela (1994) 1, S. 105–115; DIES., Ještě jednou k privilegiu Alexandra Velikého pro Slovany, in: Pulchritudo et sapientia. Ad honorem Pavel Spunar, hg. von Zuzana SILAGIOVÁ / Hana ŠEDINOVÁ / Petr KITZLER (2008) S. 179–187, hier S. 187.

29   VIDMANOVÁ, K privilegiu (wie Anm. 28) S. 106 und S. 115.

30   Zum *Privilegium maius* siehe vor allem: Alfons LHOTSKY, Privilegium maius. Die Geschichte einer Urkunde (1957); Gerhard B. LADNER, The Middle Ages in Austrian Tradition: Problems of an Imperial and Paternalistic Ideology, in: Viator 3 (1972) S. 433–462; Peter MORAW, Das „Privilegium maius" und die Reichsverfassung, in: Fälschungen im Mittelalter 3 (Schriften der MGH 33/3, 1986) S. 201–224; Thomas WILLICH, Zur Wirkungsgeschichte des Privilegium maius, in: Zeitschrift für historische Forschung 25 (1998) S. 163–207; Eva SCHLOTHEUBER, Das Privilegium maius – eine habsburgische Fälschung im Ringen um Rang und Einfluss, in: Die Geburt Österreichs. 850 Jahre Privilegium minus, hg. von Peter SCHMID / Heinrich WANDERWITZ (Regensburger Kulturleben 4, 2007) S. 143–165.

31   Ulrich von Etzenbach, der Hofdichter Přemysl Otakars II., gab aber klar zu verstehen, dass die Könige von Böhmen dazu prädestiniert sind, ein riesiges Slavisch-Deutsches Reich zu gründen und einen Platz an der Spitze des gesamten Christentums einzunehmen. Siehe dazu Rainer KOHLMAYER, Ulrichs von Etzenbach „Wilhelm von Wenden". Studien zur Tektonik und Thematik einer politischen Legende aus der nachklassischen Zeit des Mittelalters (1974) S. 45–48.

Obwohl die Argumente von Vidmanová (wie auch einer Reihe anderer Historiker) für die Datierung des „Slavischen Privilegs" auf das 14. Jahrhundert nicht völlig überzeugend wirken, kann man ihr zugestehen, dass die Kanzlei Karls IV. ein durchaus geeigneter Ort für Humor solcher Art gewesen sein dürfte. Gewiss konnte Karl IV. von Luxemburg selbst kaum ohne Weiteres den „Slaven" zugerechnet werden, trotz seiner tschechischen Mutter aus dem Königshaus der Přemysliden wie auch seiner konsequenten Politik der vielseitigen Förderung Böhmens und vor allem Prags. In seiner nächsten Umgebung allerdings befanden sich ständig viele Personen slavischer Abstammung, welche nicht allein aus Tschechien selbst, sondern auch aus solchen weitgehend von Slaven besiedelten „Ländern der Böhmischen Krone" wie Mähren, der Lausitz oder Schlesien stammten. Nach 1355, als Karl IV. in Folge seines ersten Italienzuges die Kaiserwürde in Rom erlangte, konnte es seinen slavischen hochstehenden Höflingen wie Jan Očko z Vlaším, aber auch den einfachen Mitarbeitern der kaiserlichen Kanzlei gelegentlich scheinen, als ob sie das ganze Heilige Römische Reich verwalteten, und zwar „bis an die südlichen Grenzen Italiens". Es wäre wirklich sehr verlockend, einmal beweisen zu können, dass das „Slavische Privileg Alexanders" ungefähr im selben Personenkreis entstand wie auch die *Maiestas Carolina* und die „Goldene Bulle" 1356. Dafür fehlen aber zurzeit noch alle zwingenden Belege.

3.

Die alte Neigung mehrerer Historiker, die Entstehung der „Alexandrinischen Schenkung" noch ins 14. Jahrhundert zu verlegen, war nicht zuletzt von deren Erstveröffentlichung inspiriert. Diesen ersten Druck findet man in der „Tschechischen Chronik" (1541) des Historikers Václav Hájek z Libočan (Wenzeslaus Hajek von Libotschan, gestorben 1553). Die tschechische Übersetzung der „Slavischen Urkunde Alexanders" kommt in der Chronik im Bericht zum Jahre 1348 vor. Hájek erzählt hier davon, wie Karl IV. das Benediktinerkloster des heiligen Hieronymus in Prag gründete (die Gründung fand in Wirklichkeit schon im November 1347 statt), wo ein Gottesdienst in slavischer Sprache, jedoch nach römischem Ritus abgehalten wurde[32]. Die „Urkun-

---

32 Als Einführung in dieses breit diskutierte Thema siehe vor allem: Heidrun DOLEZEL, Die Gründung des Prager Slavenklosters, in: Kaiser Karl IV. Staatsmann und Mäzen,

de" soll den Mönchen damals übergeben worden sein, und zwar, wie aus dem Kontext zu schließen, als Beweis für die alte Würde der slavischen Sprache, welche dem Lateinischen in nichts nachstehe[33].

Diesem Eintrag Hájeks darf man heute mit guten Gründen allein die Tatsache entnehmen, dass die „Alexandrinische Schenkung" im 16. Jahrhundert mit dem Prager Kloster des heiligen Hieronymus als fest verbunden galt und vielleicht von dortigen Mönchen auch gewissermaßen als eine ihrer Gründungsurkunden der Öffentlichkeit gegenüber angegeben wurde. In der Fachliteratur neigt man aber in diesem Zusammenhang immer wieder zu weitergehenden Annahmen. Vor allem haben viele Historiker die Meinung geäußert, die „Urkunde Alexanders" sei von kroatischen Benediktinern nach Prag mitgebracht worden, welche Karl IV. als erste Siedler des Hieronymusklosters eingeladen hatte[34]. Selbst Hans Rothe, welcher sich der „zu frühen" Datierung der „Alexandrinischen Schenkung" auf das 14. Jahrhundert mit Nachdruck widersetzte, schloss aber erstaunlicherweise nicht aus, dass ihr Wurzeln auf dem Balkan liegen könnten[35]. Diese vermuteten Wurzeln müssten aber inzwischen zwangsweise in die erste Hälfte des 14. Jahrhunderts und vielleicht darüber hinaus führen, was dem Konzept Rothes grundsätzlich widerspräche.

Für den Ursprung der „Urkunde Alexanders" auf dem Balkan spricht vor allem die Tatsache, dass es für einen Kroaten aus rein geographischen Gründen naheliegender als für einen Tschechen sein dürfte, dass die slavischen Völker seinerzeit das Makedonische Großreich als ihren direkten Nachbarn gehabt

---

hg. von Ferdinand SEIBT (1978) S. 112–114 und S. 445; Hans ROTHE, Das Slavenkloster in der Prager Neustadt bis zum Jahre 1419. Darstellung und Erläuterung der Quellen, in: Jahrbücher für Geschichte Osteuropas 40 (1992) S. 1–26 und S. 161–177.

33   Waclaw HAGEK, Kronyka Czeská (1541) fol. CCCXIX. Angeführt auch in: Friedrich PFISTER, Das *Privilegium Slavicum* Alexander des Großen, in: Zeitschrift für Slawistik 3 (1961) S. 323–345, hier S. 328. Der Aufsatz ist neu abgedruckt in: DERS., Kleine Schriften zum Alexanderroman (1976) S. 254–277.

34   Die einflussreiche Meinung Dobrovskýs ist schon oben erwähnt worden. Aus der neueren Literatur siehe z.B. ODLOŽILÍK, The Privilege (wie Anm. 23) S. 249–251.

35   ROTHE, Nochmals (wie Anm. 22) S. 217. Er schreibt dabei eben der „balkanischen" Variante der Urkunde „die Grenzangabe ‚Italien'" zu, weil letztere seiner Meinung nach „noch am ehesten auf den südslavischen Bereich" deute (S. 218). Er hat hier nur insofern Recht, als die Kroaten bestimmt leichter als die Tschechen auf die Idee kommen konnten, die Italiener müssten den Slaven untergeordnet sein. Eine Auseinandersetzung etwa mit Venedig konnte eventuell eine solche Stimmung schüren.

haben müssen. In dieselbe Richtung könnte auch das in Venedig gedruckte Buch von Domenicus Cyllenius aus dem Jahre 1559 weisen[36]: Er veröffentlichte zwar die „Alexandrinische Schenkung" auf Latein, wusste aber offensichtlich weder von den böhmischen Manuskripten noch vom Druck Hájeks. Er könnte sich also einer besonderen Texttradition bedient haben. Bei ihm beschenkte Alexander die Einwohner von Illyrien, Dalmatien, Liburnien und weiteren Gebieten bis an die Donau (ohne diese Bevölkerungsgruppen allerdings als „Slaven" zu bezeichnen), mit denselben Ländern, welche auch in der „tschechischen Variante" genannt wurden: von *Aquilon* bis zu den *fines Italiae meridionalis*. Die Existenz einer solchen Textvariante ist allerdings für sich selbst noch kein Beweis für die Unabhängigkeit der „balkanischen" Fassung von der „tschechischen" (die erste könnte etwa um 1500 in Kroatien aus Böhmen übernommen und erst danach den örtlichen Bedingungen entsprechend modifiziert worden sein), geschweige denn ein Grund, die ‚Alexandrinische Schenkung' in der „balkanischen" Variante als Urfassung anzunehmen.

Wie immer es mit der Textvariante vom Balkan in Wirklichkeit gewesen sein mag, die große Verbreitung im 16. und 17. Jahrhundert fand nicht sie, sondern die „tschechische" Fassung[37]. Aus Böhmen wurde sie zunächst nach Polen und dann in die anderen slavischen Länder übernommen. In Polen führte sie wohl als erster Marcin Bielski (ca. 1495–1575) in seiner auf Polnisch geschriebenen „Chronik der ganzen Welt" an, welche zuerst 1551, dann aber in mehreren späteren Ausgaben erschien[38]. Er bezog sich dabei auf eine tschechische Chronik als seine Vorlage, in der die „Urkunde Alexanders" in „slavischer Sprache" angeführt sei. Für Bielski war das Beweis dafür, dass die Roxolanen (in seinen Augen die Ahnen der Polen) große ritterliche Verdienste im Reich Alexanders erworben hatten. Er ging vermutlich sogar davon aus, dass die „Urkunde Alexanders" von Anfang an nicht auf Griechisch, sondern auf Slavisch zusammengestellt worden war. Nach dem Tod Marcin Bielskis wurde sein großes Werk „Die Polnische Chronik" 1597 von seinem Sohn Joachim fertiggestellt und veröffentlicht. Dort kann man ungefähr denselben Text (bis

---

36   Dominicus CYLLENIUS, Ad Emanuelem Philibertum [...] De vetere et recentiore Scientia militari, omnium bellorum genera, terrestria perinde ac navalia, necnon tormentorum rationes complectente, opus (1559) fol. LXVI.
37   PFISTER, Das *Privilegium* (wie Anm. 33).
38   Marcin BIELSKI, Kronika wszystkiego świata na ssesc wyekow, monarchie czterzy rozdzielona (1551) fol. 157–157v. (Vgl. die digitale Publikation: http://www.pbi.edu.pl/book_reader.php?p=33262&s=1 S. 395 f.)

auf kleine Abweichungen bzw. Kürzungen) der „Alexandrinischen Schenkung" lesen[39]. Man hat aber in der polnischen Fassung die tschechische Vorlage in einem wesentlichen Punkt sorgsam korrigiert: Hier wurden „die südlichen Grenzen Italiens" durch das „südliche felsenreiche welsche Meer" ersetzt, wodurch die Territorialansprüche der „Slaven" etwas realistischer auszusehen beginnen: „nur" vom Polarmeer bis zur Adria, also ohne Italien.

Nach Erscheinen der „Chronik der ganzen Welt" von Marcin Bielski begannen auch andere polnische Historiographen die „Slavische Urkunde Alexanders" zu erwähnen und zu zitieren[40], solche wie Stanisław Sarnicki (1587)[41] oder Maciej Stryjkowskij (1582)[42]. Im Jahre 1584 wurde das „Slavische Privileg Alexanders" in Slowenien veröffentlicht. Im späteren 16. und im 17. Jahrhundert verbreitete sich die „Urkunde Alexanders" von Polen aus ostwärts weit

---

39 Marcin BIELSKI / Joachim BIELSKI, Kronika polska Marcina Bielskiego 1 (Zbiór pisarzow polskich, Ser. 4, 11, 1829) S. 40 f. Zu den polnischen Historiographen des 16. Jahrhunderts siehe allgemein mit zahlreichen bibliographischen Hinweisen Norbert KERSKEN, Geschichtsbild und Adelsrepublik. Zur Sarmatentheorie in der polnischen Geschichtsschreibung der frühen Neuzeit, in: Jahrbücher für Geschichte Osteuropas 52 (2004) S. 235–260.

40 Einen unvollständigen Überblick bietet Tomasz ŚLĘCZKA, Aleksander Macedoński w literaturze staropolskiej (Acta Universitatis Wratislaviensis 2513, 2003) S. 71–76. Ślęczka selbst erwähnt den Namen Marcin Bielskis in diesem Kontext erstaunlicherweise nicht (obwohl er einige Seiten zuvor von seiner „Chronik der ganzen Welt" schreibt), und er hält die *Annales Polonici ab excessu Divi Sigismundi Primi* von Stanisław Orzechowski (von 1554, gedruckt aber erst 1611, siehe unten Anm. 73) für den ersten Text eines Polen, in dem die „Urkunde Alexanders" erwähnt wurde. Das scheint die unkritische Wiederholung der irrigen Meinung Pfisters zu sein; siehe PFISTER, Das *Privilegium* (wie Anm. 33) S. 330. Ślęczka zitiert vollständig die „Urkunde Alexanders" aus der *Kronika Samarcyey Europskiey* von Alessandro Guagnini in der Ausgabe von 1611, ohne bemerkt zu haben, dass dieses Textstück nicht mehr darstellt als die fast buchstabengetreue Wiedergabe der entsprechenden Stelle bei Bielski.

41 Kersken hielt Sarnicki fälschlich für den ersten polnischen Verfasser, der die „Alexandrinische Schenkung" erwähnt, wobei Marcin Bielski dasselbe Thema erst von Sarnicki übernommen habe; siehe KERSKEN, Geschichtsbild (wie Anm. 39) S. 250, Anm. 86. Der Kern dieses Fehlers besteht natürlich darin, dass Kersken allein die spätere „Polnische Chronik" von Bielski, nicht aber seine „Chronik der ganzen Welt" berücksichtigte.

42 Zu verschiedenen polnischen Darstellungen des komplizierten Verhältnisses zwischen Alexander und den künftigen Polen siehe vor allem ŚLĘCZKA, Aleksander (wie Anm. 40). Zur Visualisierung dieser Legenden in der polnischen Kunst siehe Jacek DĘBICKI, Średniowieczny epos Aleksandra Wielkiego i „Privilegium slavicum" a sztuka polska, in: Sprawozdania Wydziału Nauk o Sztuce 108 (1991) S. 87–93.

über die weißrussischen, ukrainischen und russischen Länder. Die wichtigsten Migrationswege der „Alexandrinischen Schenkung" wurden in der neueren Forschungsliteratur hinreichend genau nachvollzogen, weswegen hier Einzelheiten ausgespart bleiben können[43]. Man sollte lediglich noch erwähnen, dass das Privileg auch in nichtslavischen Sprachen erschien: Es wurde 1596 auf Deutsch (in der Übersetzung des Werkes von Václav Hájek), 1601 auf Italienisch und 1617 auf Englisch[44] gedruckt.

4.

Den ersten Klassifikationsversuch der vorhandenen Varianten der „Slavischen Urkunde Alexanders" hat erst Friedrich Pfister 1961 unternommen, ein ausgezeichneter Kenner sowohl der Biographie des historischen Alexander als auch ihrer zahlreichen nachfolgenden Interpretationen, einschließlich der mittelalterlichen Legenden und Romane. Er vereinigte die zahlreichen – in erster Linie tschechischen, polnischen und lateinischen – Fassungen des Dokuments in einem gemeinsamen Typ, welchen er als den „Text I." bezeichnete. Dieser umfangreichen Gattung setzte er allein die Handschrift cvp 9370 der Österreichischen Nationalbibliothek entgegen, welche er als den selbstständigen „russischen Typ", den „Text II." bezeichnete[45]. Die Tatsache, dass Pfister von der Brünner Handschrift gar nichts wusste, führte ihn zu der völlig falschen Behauptung, die „Alexandrinische Schenkung" sei erst Anfang des 16. Jahrhunderts entstanden[46]. Dieser Datierungsfehler unterminiert aber seine Zwei-Typen-Klassifikation im Grunde gar nicht. Es ist nur zu überlegen, ob es nicht sinnvoll wäre, mit Rothe einen zusätzlichen dritten Typ auszu-

---

43 Einen guten Überblick findet man bei ROTHE, Nochmals (wie Anm. 22) S. 212–220.
44 Fynes MORYSON, An Itinerary [...] containing [...] ten yeeres trauell through the tvvelue dominions of Germany, Bohmerland, Sweitzerland, Netherland, Denmarke, Poland, Jtaly, Turky, France, England, Scotland, and Ireland 1 (1617) S. 15. Dem Verfasser zufolge lernte er das Dokument im Prager Hieronymuskloster kennen, und zwar noch im Jahre 1592.
45 PFISTER, Das *Privilegium* (wie Anm. 33) S. 324 ff.
46 Pfister wollte sogar in der Person des jungen Sigismund von Herberstein oder dessen Freundes, des Grafen Franciscus de Turri, den (bzw. die) Verfasser der „Alexandrinischen Schenkung" erkennen; siehe PFISTER, Das *Privilegium* (wie Anm. 33) S. 326 f. und S. 337–339.

gliedern. Zu ihm gehörten dann die spezifisch südslavischen („balkanischen") Varianten der Urkunde, welche man als den „Text III." bezeichnen dürfte[47].

Bei allen zahlreichen Modifikationen, welche der „Text I." in den verschiedenen Sprachen erlebte, erkennt man in jeder dieser Varianten die gemeinsame „tschechische" Vorlage: diejenige, in welcher Alexander den Slaven ganz Italien überschrieb[48]. Sie ist auch in den Redaktionen vorhanden, welche in weißrussischen, ukrainischen und russischen Dialekten entstanden. Die älteste „tschechische" Fassung entwickelte sich also allmählich zu einer gesamtslavischen Tradition. Der „Text II." spaltete sich aber von diesem gemeinsamen Stamm entscheidend ab und blieb die durchaus spezifische russische Interpretation der Großzügigkeit Alexanders. Darin beschenkte der König von Makedonien die seltsam benannten slavischen Fürsten mit weiten Ländereien zwischen der Ostsee und dem Kaspischen Meer.

Wie oben schon erwähnt, ging Pfister davon aus, dass der „Text II." in einer einzigen Handschrift überliefert sei, und zwar in dem aus neun Blättern

---

47   ROTHE, Nochmals (wie Anm. 22) S. 210. Der einzig erhaltene Text dieser Tradition wurde von Cyllenius veröffentlicht (siehe oben Anm. 36). Außerdem kennt man zwei weitere Erwähnungen einer „Urkunde Alexanders", in welcher die „Illyrier" privilegiert wurden. 1. Der Kroate Jurij Križanić machte sich 1663 über eine Urkunde lustig (die ihm zufolge von einem jüngeren tschechischen Chronisten erdichtet worden sein musste), in welcher die Illyrier die Gebiete zwischen der Donau und dem „Weißen Meer" (Adria oder doch Baltikum?) bekamen: *Náto seobziráiuć nékiy Czészkiy né dawén letopisec, udúmal iest túiu básen i napisál: Búd bi Alexánder bíl Ilírcem, napisál slobodínu, i podarowál wsú zémlyu, kdia ležít mežu Dunáiem, i mežu Bélim mórem* (Юрий КРИЖАНИЧ, Политика [1965] S. 284; siehe auch unten Anm. 65). – 2. Ein russischer Marineoffizier soll um 1806 eine Abschrift der „Urkunde" im Archiv von Kotor in Montenegro gesehen haben. Alexander habe darin „einen Teil des Aquilonischen Landes bis zu den südlichen Grenzen Italiens" den „Illyriern" als Dank für ihre Tapferkeit übergeben (Владимир БРОНЕВСКИЙ, Записки морского офицера 1 [1836] S. 231). Dieser Text dürfte aber kaum mehr als eine Wiedergabe von Cyllenius gewesen sein.

48   Es kamen allerdings auch hier vereinzelt wesentliche Modifikationen vor. So behauptete Stanisław Sarnicki, er selbst habe die Abschrift dieses Privilegs in einem Kloster bei Krakau gesehen, laut welcher die Slaven die Ländereien „zwischen Borysthenes und Ister", also vom Dnjepr bis zur Donau, erhielten; siehe Stanisław SARNICKI, Descriptio veteris et novae Poloniae cum divisione eiusdem veteri et nova (1585) S. 43 f. und S. 876 f. In dieser Änderung des Musters darf man wohl die Widerspiegelung bestimmter politischer Interessen des polnischen Königtums erkennen.

bestehenden cvp 9370 der Österreichischen Nationalbibliothek[49]. Erstaunlicherweise hat er sich überhaupt keine Mühe gegeben, den Verfasser jener Schrift zu identifizieren, auf welche die „Urkunde Alexanders" unmittelbar folgte. Deswegen blieb ihm nicht nur der Name Glavinichs, sondern natürlich auch die Wichmann'sche Edition von 1820 völlig unbekannt – und damit auch die Tatsache, dass die Österreichische Nationalbibliothek über ein weiteres Manuskript mit derselben Schrift Glavinichs inklusive der „Urkunde Alexanders" verfügt[50]. Denn Wichmann publizierte den Bericht von Glavinich nicht nach dem cvp 9370 (von welchem er seinerseits offensichtlich keine Ahnung hatte), sondern nach dem zwölf Blätter umfassenden cvp 8578. (Damals trug diese Handschrift allerdings noch die alte Signatur *Historia profana 937.*) Pfister begründete durch seine Unkenntnis eine feste Tradition: Auch spätere Publikationen zur „Slavischen Urkunde Alexanders" erwähnen weder den cvp 8578 noch den Namen von Sebastian Glavinich, ganz zu schweigen von der gedruckten Fassung seiner Notizen[51].

Die Existenz von zwei parallelen Forschungslinien, welche sich nirgendwo überschnitten, führte zum Entstehen von z w e i voneinander unabhängigen Editionen z w e i e r verschiedener Varianten des lateinischen „Textes II.": Der cvp 8578 wurde von Wichmann noch 1820 veröffentlicht; der cvp 9370 erschien dagegen erst 1961 dank Pfister. (Infolgedessen gibt es auch zwei Übersetzungen ins Russische: Die Šemjakins folgt dem cvp 8578, diejenige Myl'nikovs[52] dem cvp 9370.)

---

49 Eine kurze Beschreibung dieser Handschrift bieten die Tabulae codicum manu scriptorum praeter graecos et orientales in Bibliotheca Palatina Vindobonensi asservatorum 6 (1873) S. 41.
50 Eine kurze Beschreibung bieten die Tabulae codicum (wie Anm. 49) 5 (1871) S. 269.
51 Diese Lücke bemerkt man in den Listen der berücksichtigten Handschriften bei allen modernen Gelehrten: PFISTER, Das *Privilegium* (wie Anm. 33) S. 323 f.; ODLOŽILÍK, The Privilege (wie Anm. 23) S. 241; ROTHE, Nochmals (wie Anm. 22) S. 210; VIDMANOVÁ, K privilegiu (wie Anm. 28) S. 106 f.; DIES., Ještě jednou (wie Anm. 28) S. 179 f.
52 Siehe unten Anm. 54.

5.

Pfister stand der Behauptung in den ersten Zeilen des „russischen" Dokuments äußerst skeptisch gegenüber, der zufolge die „Urkunde Alexanders" aus den „handgeschriebenen Annalen der Moschi" stammt[53]. Alexander Myl'nikov demonstrierte allerdings in seiner maßgebenden Studie durchaus überzeugend, dass diese Behauptung nicht allein rhetorisch, sondern aufrichtig und korrekt ist[54]. Dem lateinischen Text des Hofkaplans liegt in der Tat ein russischer chronikalischer Bericht als direkte Vorlage zugrunde. Myl'nikov vermochte zwar nicht, diese Vorlage genau zu identifizieren, stützte sich aber bei seinen Überlegungen auf eine Textversion, welche viele Besonderheiten der Vorlage aufweist: auf den sogenannten *Mazurinskij letopisec* aus dem späten 17. Jahrhundert[55]. Er könnte aber genauso gut auch andere Chroniken aus derselben Zeit benutzt haben, wie etwa die *Nikanorovskaja letopis*[56]. Denn die Textgrundlage für diese und viele ähnliche Chroniken bildete das populärste histo-

---

53 PFISTER, Das *Privilegium* (wie Anm. 33) S. 331.
54 Александр С. МЫЛЬНИКОВ, Картина славянского мира: взгляд из Восточной Европы. Этногенетические легенды, догадки, протогипотезы XVI – начала XVIII в. [Das Bild der slavischen Welt: der Blick aus Osteuropa: Ethnogenetische Legenden, Vermutungen, Protohypothesen im 16. bis frühen 18. Jh.] (Slavica Petropolitana 1, 2000). (Die Erstausgabe ist 1996 erschienen.) Siehe vor allem das 2. Kapitel „Mythologem des Raumes: Über die Urkunde Alexanders von en" (S. 45–94). Myl'nikovs Buch ist heute die wichtigste Publikation zum „Slavischen Privileg Alexanders", welche die Grundlage auch für diesen Aufsatz darstellt. Darin findet man neben einer Übersetzung der „Urkunde Alexanders" ins Russische (S. 62 f.) auch den Nachdruck der Pfister'schen Textedition nach dem cvp 9370 (S. 62). Im Gegensatz zu seinen westlichen Kollegen weiß Myl'nikov nicht nur von der Schrift Glavinichs, sondern auch von der Edition Wichmanns. Der cvp 8578 bleibt ihm aber unbekannt und er bemerkt den Unterschied zwischen den Textfassungen bei Wichmann und Pfister nicht.
55 МЫЛЬНИКОВ, Картина (wie Anm. 54) S. 68. Der Text ist gedruckt als: Мазуринский летописец, ed. Виктор Буганов, in: Полное собрание русских летописей (künftig: PSRL) 31 (1968) S. 10–179, hier S. 13. Speziell zu dieser Chronik: Вадим И. КОРЕЦКИЙ, Мазуринский летописец конца XVII в. и летописание смутного времени, Славяне и Русь (1968) S. 282–290; Зинаида КОПТЕВА, Мазуринский летописец как памятник историографии XVII в., in: Проблемы истории СССР 11 (1989) S. 49–57.
56 PSRL 27 (2007) S. 17–162, besonders S. 137–141. Die „Urkunde Alexanders" findet sich auf S. 139 f. Der Text stammt wohl aus den siebziger oder achtziger Jahren des 17. Jahrhunderts.

rische Kompendium *Chronograph* in der Fassung, die bei Spezialisten als „Redaktion des Jahres 1679" bekannt ist[57].

Bei einem Vergleich der „Urkunde Alexanders" aus der Schrift von Glavinich mit diesen russischen Chroniken begreift man sofort, auf welche Art und Weise jene ungeschickt formulierten lateinischen Wendungen entstanden sind, die Pfister all seinen Bemühungen zum Trotz nicht plausibel zu erklären vermochte. Der Übersetzer hat einige russische Wendungen einfach missverstanden oder verzerrt wiedergegeben. Bei demselben Vergleich fällt es nicht schwer zu entscheiden, ob cvp 8578 oder cvp 9370 die bessere Textfassung bietet, zumindest in Bezug auf das *Privilegium Slavicum*. Der Text des cvp 8578 steht dem Original sicher näher, könnte sogar selbst das Original sein, während der cvp 9370 (welchen Pfister benutzte) nicht mehr als eine spätere Abschrift ist. Daraus ergibt sich, dass der Schreiber des cvp 9370 die ihm fremd wirkenden Wörter und Wendungen konsequent „nachbesserte", welche der Verfasser des cvp 8578 beibehalten hatte.

Zum Beispiel misslang Glavinich (oder Mayer), aus welchen Gründen auch immer, die Übersetzung des Adjektivs *храбрый* („tapfer"), mit welchem man im *Chronograph* den ersten slavischen Fürsten in der „Urkunde" auszeichnete: Man hat das Wort als Eigennamen missverstanden und einfach (aber fehlerhaft) mit lateinischen Buchstaben als *Hrabaro* transkribiert (cvp 8578)[58]. Demzufolge musste der Übersetzer auch konsequent fortfahren und die entsprechenden Adjektive der beiden anderen Fürsten (*prudens, fortunatus*) gleichermaßen als Eigennamen interpretieren[59]. Der spätere Kopist (cvp 9370) „verbesserte" allerdings den ersten „Vornamen" nach dem Muster des lateinischen Dativs in *Hrabano*. Dadurch erschienen die legendären slavischen Fürsten endgültig als Träger der recht merkwürdigen lateinisch-orientalischen Doppelnamen: *Hrabanus Velikosanus, Prudens Hassanus* und *Fortunatus Havessanus*. Sollte man keine russischen Chroniken zur Verfügung gehabt haben, wäre vielleicht zu vermuten, dass die klassizistisch denkenden schlauen „Moschi" eine faszinierende Theorie über den angeblich uralten römischen Ursprung ostslavischer Fürstenfamilien entwickelten. Die Phantasie der Moskauer „Staatstheoretiker" ging jedoch gar nicht so weit: Sie begnügten sich bekanntlich allein mit der These, die Großfürsten von Vladimir (die Vorgän-

---

57   PSRL 31 (1977) S. 43.
58   Vgl. auch Мыльников, Картина (wie Anm. 54) S. 71.
59   Dazu auch Pfister, Das *Privilegium* (wie Anm. 33) S. 344.

ger der Moskauer Dynastie) stammten von dem Bruder des Octavian Augustus ab[60].

Ein anderes Beispiel: Die russischen Chroniken erwähnen im Text der „Urkunde Alexanders" unter anderem den Monat „Primos" (*месяц примос*). Gemeint war dabei wohl das lateinische *primus* (vielleicht in der Wendung *primus anni mensis*), allerdings entweder missverstanden oder (beim Diktieren) phonetisch falsch gehört und entsprechend geschrieben[61]. Glavinich (oder Mayer) transkribierte das Wort im cvp 8578 getreulich und versah es mit einer lateinischen Genitivendung: *Primossi*. Der Abschreiber des cvp 9370 ersetzte dieses Wort, aus welchen Gründen auch immer, durch *Primosti* und gab Pfister dadurch Anlass zu einer sehr weitgreifenden, aber völlig aussichtslosen Suche nach den Spuren des ägyptischen Monatsnamens *Pharmuthi*[62].

Glavinich (cvp 8578) verstand richtig den Sinn des Adjektivs (im Dativ Plural) *велебным* (oder *дебельным*, wie man in einigen Chroniken liest[63]) und gab ihn buchstäblich wieder: *pinguibus*. Der Abschreiber aber (cvp 9370) konnte wohl nicht begreifen, wie derart angesehene und darüber hinaus kämpferische Personen als „wohlbeleibt" oder sogar „fett" bezeichnet werden konnten. Deswegen setzte er hier *praesignibus* – „herausragende" – anstatt *pinguibus* ein.

Im cvp 8578 handelt es sich um das Privileg für die *Gens* der Slaven, „später (*hinc*) der Moschen", aber im cvp 9370 steht „oder (*sive*) der Moschen", was nicht nur unpräzise ist, sondern auch zeigt, dass der Kopist bestimmte historisch-ideologische Feinheiten nicht richtig zu durchschauen vermochte.

Außerdem erlaubte er sich einige Korrekturen, welche zwar nichts Wesentliches zur Klärung des Verhältnisses des cvp 9370 zum cvp 8578 beitragen können, aber doch zeigen, wie der Kopist seine Vorlage modifizierte. So setzte er das Wort *potentissimus* zusätzlich in die Titulatur Alexanders ein, veränderte den Sinn derselben Titulatur durch neue Positionierung eines Kommas,

---

60   Siehe dazu vor allem Руфина Дмитриева, Сказание о князьях Владимирских (1955).
61   PSRL 31 (1977) S. 13. Der „Monat Primus" (und nicht „Primos") stand offensichtlich in derjenigen Abschrift, welche von Nikolaj Karamsin benutzt wurde: Николай Карамзин, Примечания к I тому Истории государства Российского, in: Николай Карамзин, История государства Российского 1 (1842) Sp. 27, Anm. 70.
62   Pfister, Das *Privilegium* (wie Anm. 33) S. 345.
63   PSRL 27 (2007) S. 139 (*Nikanorovskaja letopis'*).

verwandelte *Russico* in *Ruthico* (er meinte wohl *Ruthenico*), ersetzte *et* viermal mit *ac*, änderte einige Endungen usw.

So lautet das Fazit für diesen Teil: Der cvp 9370 ist für die Geschichte des „Textes II." nur von sehr geringer Bedeutung, weil er lediglich eine fehlerhafte (mit vielen späteren „Nachbesserungen" versehene) Wiedergabe des cvp 8578 darstellt. Das nimmt der Edition von Pfister wie auch den weiteren Textpublikationen, welche sich darauf stützen[64], weitgehend ihren Wert. Angesichts der Tatsache, dass die Wichmann'sche Edition des cvp 8578 veraltet und heute nur umständlich zugänglich ist, wird der Text der „Alexandrinischen Schenkung" nach diesem Manuskript hier neu publiziert (siehe Anhang).

6.

In der russischen Geschichtswissenschaft und Literaturgeschichte wurde der „Alexandrinischen Schenkung" nur wenig Beachtung geschenkt. Entscheidend war hier nicht die recht frühe Kritik des Kroaten Jurij Križanić (1618–1683), welcher viele Jahre in Russland aktiv war[65], sondern wohl erst das abschätzige Urteil von Nikolaj Karamsin (1766–1826), welcher in der „Urkunde Alexanders" nichts anderes sehen wollte als bloß ein Beispiel jener quasihistorischen „Märchen, die zum größten Teil im 17. Jahrhundert erdichtet und von Unwissenden in die Chroniken übernommen wurden"[66]. Fachleute haben immerhin richtigerweise den *Chronograph* als den Text identifiziert, der eine entscheidende Rolle bei der Verbreitung des „Slavischen Privilegs" in Russland gespielt hat[67], und den Text von Glavinich durchaus korrekt in dieselbe Tradition

---

64 Das Privilegium Slavicum Alexanders des Großen (16. Jh.), ed. Baldur PANZER, in: Quellen zur Slavischen Ethnogenese. Fakten, Mythen und Legenden (Originaltexte mit Übersetzungen, Erläuterungen und Kommentaren), hg. von DEMS. (Heidelberger Publikationen zur Slavistik A, Linguistische Reihe 14, 2002) S. 121–125.

65 Seine Stellungnahme zur „Slavischen Urkunde Alexanders", und zwar in der Fassung des „Textes II.", siehe z.B. in BRTÁŇ, Barokový slavizmus (wie Anm. 10) S. 68 f. Križanić meinte, der russische Chronist habe die Fabel von seinem angeblichen tschechischen Vorgänger (siehe oben Anm. 47) übernommen und entsprechend modifiziert: *A Rúskiy letopísec iz togó prepisúia w' mesto Dunáia i Bêlogo môria polożí Chwalînskoe i Wárezskoe môre* (КРИЖАНИЧ, Политика [wie Anm. 47] S. 284).

66 КАРАМЗИН, Примечания (wie Anm. 61) Sp. 26.

67 АНДРЕЙ ПОПОВ, Обзор хронографов русской редакции 2 (1869) S. 203 f.

eingeordnet[68]. Der *Chronograph* entstand im ersten Drittel des 16. Jahrhunderts, wurde aber im Laufe der nächsten 200 Jahre mehrmals gründlich überarbeitet. Hunderte erhaltener Manuskripte, welche zahlreiche Fassungen des *Chronograph* selbst wie auch verschiedene historische Schriften enthalten, welche auf seiner Grundlage entstanden sind (besonders zahlreich in der zweiten Hälfte des 17. Jahrhunderts), machen die Rekonstruktion seiner Textgeschichte äußerst schwierig[69]. Ein Sachkenner wie Andrej Popov argumentierte noch 1869, dass die „Urkunde Alexanders" erst in der sogenannten „Redaktion des Jahres 1617" zum ersten Mal erschienen sei[70]. Neben einer ganzen Reihe anderer Einträge sei sie aus der oben erwähnten „Chronik der ganzen Welt" von Bielski übernommen. Diese Chronik wurde (allerdings nach der Ausgabe nicht von 1551, sondern erst von 1564) zunächst ins Weißrussische (um 1570) und schließlich ins Russische (1584) übersetzt. Die Übernahme einer solchen Fabel wie der „Urkunde Alexanders" aus der Bielski-Chronik in die russische Historiographie betrachtete Popov als „Ergebnis jenes schädlichen Einflusses der polnischen historischen Literatur, welcher in der zweiten Hälfte des 17. Jahrhunderts bei uns so stark war". Er hat sogar die Texte der „Urkunde Alexanders" aus dem *Chronograph* 1617 und der Chronik von Bielski parallel abgedruckt, um zu zeigen, dass die russische Fassung mit derjenigen des polnischen Historiographen fast identisch ist[71].

Was aber die russischen Forscher immer schon zu wenig berücksichtigten, war der Unterschied zwischen dem „Text I." und dem „Text II." (entsprechend der Pfister'schen Klassifikation). Die „Urkunde Alexanders" aus dem *Chronograph* von 1617 gehörte natürlich zum „Text I." (und trug zur Popularisierung dieser Schrift in Russland sehr wesentlich, vielleicht sogar entscheidend bei). Uns aber interessiert hier die Version des „Textes II.". Die entsprechende Textvariante wurde in der früheren Forschung erst mit der Redaktion des *Chronograph* aus dem Jahre 1679 in Zusammenhang gebracht[72]. Die Notizen von Glavinich bringen uns aber zu der Vermutung, dass diese „spezifisch

---

68 Иосиф Первольф, Славяне, их взаимные отношения и связи 2 (1888) S. 440.
69 Олег Творогов, Древнерусские хронографы (1975). Zur „Redaktion des Jahres 1617" siehe zunächst insbesondere dens., О Хронографе редакции 1617 г., in: Труды Отдела древнерусской литературы 25 (1970) S. 162–177.
70 Попов, Обзор (wie Anm. 67) 2, S. 203 f.
71 Андрей Попов, Изборник славянских и русских сочинений и статей, внесенных в хронографы русской редакции (1869) S. 440.
72 Попов, Изборник (wie Anm. 71) S. 442–445.

russische" Fassung der Urkunde Alexanders spätestens Anfang der sechziger Jahre bereits im *Chronograph* stand. Dafür, dass Glavinich (oder etwa Mayer) nichts anderes als den *Chronograph* studierten, spricht die Tatsache, dass es zu ihrer Zeit in Moskau überhaupt keine anderen historiographischen Kompilationen gab, welche einerseits als „alte Annalen" bezeichnet werden konnten, andererseits aber die „Urkunde Alexanders" beinhalteten, zumal in ihrer jüngeren Fassung in der Form des „Textes II." Dies bedeutet andererseits, dass die Moskowiter gastfreundlich genug waren, um den kaiserlichen Gesandten den Zugang zum modernsten, frisch überarbeiteten historischen Werk zu gewähren, welches zu diesem Zeitpunkt vielleicht selbst in Russland außerhalb Moskaus noch kaum bekannt war. Wann genau diese Variante des *Chronograph* entstehen konnte, bleibt nur zu raten. Die Sachkenner vermuten zwar, dass man den *Chronograph* zwischen 1617 und 1679 mindestens einmal und nicht früher als 1620 tiefgreifend überarbeitete, können aber so gut wie nichts Konkretes zu dieser hypothetischen „Redaktion nach 1620" sagen.

Das oben Gesagte führt uns mit guten Gründen zu der Vermutung, dass der unbekannte Redakteur des *Chronograph*, welcher etwa um 1650 (auf jeden Fall zwischen 1620 und 1661) in Moskau tätig war, die „Urkunde Alexanders" in der Version des „Textes I." durch eine andere, und zwar in der Version des „Textes II." ersetzte. War er dann vielleicht selber der Verfasser des „Textes II."? Einiges spricht eher dagegen. Um das „Slavische Privileg" in die Kompilation integrieren zu können, erdichtete der Redakteur eine lange, fantasievolle, aber nicht in allen Details ganz durchdachte „Rahmengeschichte". Die Nachbarn der Slaven hätten sich bei Alexander über die slavischen Überfälle beschwert. Er habe seine Räte befragt, ob es richtig sei, gegen die Slaven militärisch vorzugehen und sie auf ewig zu versklaven. Die großen Entfernungen, unsicheres Meer und hohe Gebirge hätten den Makedonier aber von diesem Unternehmen abgehalten. Stattdessen habe er entschieden, den slavischen Fürsten viele Gaben und die Urkunde mit dem Privileg zu schicken. Man muss die Angelegenheit so verstehen, dass das Recht auf die Gebiete von der Ostsee bis zum Kaspischen Meer und ihre Bevölkerung der Preis dafür war, dass die Slaven andere Länder nicht mehr angriffen, ja ihre Grenzen „nicht mit einem Fuß" übertreten durften. Nachdem die Slavenfürsten die Urkunde Alexanders erhalten hatten, sei ihre Freude so groß gewesen (sie wünschten offensichtlich, keinen Krieg gegen den großen Sieger und Eroberer führen zu müssen), dass sie diese Diplome im Heiligtum zur rechten Seite des Idols von Veles aufhängten und es auch später verehrten. Außerdem hätten sie den ersten Tag des „Monats Primos" (das „Herstellungsdatum" der Urkunde) zum Festtag gemacht.

Die größte Diskrepanz zwischen dieser „Rahmengeschichte" und dem Text der „Urkunde" besteht meines Erachtens darin, dass der Redakteur kein einziges Wort über die drei slavischen Fürsten mit ihren nichtslavischen Namen fallen ließ. Warum hätte er sie auch in die „Urkunde" einführen sollen, da er doch in seinem Narrativ keine Verwendung für diese Figuren hatte? Er ist nicht einmal auf die Idee gekommen, dass Velikosan, Hassan und Havessan Brüder sein müssen. Dafür spricht die Ähnlichkeit ihrer Namen und Verschiedenheit ihrer Tugenden wie auch die lange und fast universelle Tradition, drei Brüder in verschiedenste Legenden und Märchen über „Vorahnen" und „Gründer" einzuführen. Dieses folkloristischen Motivs bediente sich etwa Stanisław Orzechowski, als er die drei slavischen Brüder Czech, Lech und Roxolan für *fortes et praeclaros Duces* Alexanders des Großen ausgeben und mit dessen „Slavischem Privileg" verbinden wollte[73].

Diese Diskrepanz spricht dafür, dass der Redakteur den „neuen" Text der „Urkunde Alexanders" nicht selbst erdichtet, sondern schon in fertiger Form vorgefunden hat. Diese Vorlage war zwar ursprünglich wohl von der Chronik Bielskis inspiriert, zeigte ihr gegenüber aber mehrere Abweichungen. Sie beinhaltete eine Reihe von Polonismen, zum Beispiel dort, wo man für Alexandria das russische Wort *место* („Platz", „Ort") in der „westslavischen" Deutung „Stadt" benutzte. Der Sinnunterschied zwischen russischem *место* und polnischem *miasto* ist ein klassisches Bespiel intersprachlicher Homonymie. Gerade dieser Satz im *Chronograph* ähnelt sehr der entsprechenden Stelle in der Chronik Bielskis, zeigt aber zugleich, dass der Übersetzer nicht besonders geschickt war. So wird Alexandria im russischen Text unklar als *место нашего дела* („Ort unserer Handlung") bezeichnet. Bei Bielski steht aber hier durchaus

---

[73] Stanisław ORZECHOWSKI, Annales Polonici ab excessu Divi Sigismundi Primi (1611) S. 5 f., besonders S. 6: *Atqui non solum index lingua ortum nobis prodit nostrum, verum etiam Alexandri Macedonis Priuilegium Annalibus Boemorum vetustis posteritati traditum, quo sane Priuilegio attribuuntur, ab Alexandro fidei ac victoriae ergo maioribus nostris, omnes hae Regiones quas nunc cum Bohemis partitis Prouincijs obtinemus. Et quoniam ex ijs quae demonstrauimus, constat, maiores ex Slauis Cecho ac Lecho Roxolanoque Ducibus in has oras venisse. Fateamur Cechum atque Lechum Roxolanumque Alexandro Rege fortes ac praeclaros Duces in re militari fuisse, atque has nationes in Sarmatia Europaea reliquisse, quibus Macedonia atque Dalmatia certissima, verissimque patria est.*

sinnvoll: [...] *w Alexandryey mieście naszego założenia* [...] („in Alexandria, der von uns gegründeten Stadt"). In jenen Textteilen, denen keine Parallelen in der Chronik Bielskis entsprechen, kann man auch westslavische Einflüsse vermuten. So scheint das Wort *презвитяжный* (Adjektiv zu „Ritter") im Titel Alexanders[74] eine Entlehnung vielleicht aus dem Polnischen zu sein, obwohl seine Etymologie noch genauer zu klären bleibt[75]. Das Wort war den Russen auch im 17. Jahrhundert schwer verständlich, weswegen man es in einigen Redaktionen ersetzte, wie etwa durch *презвитерны*, was die Sache allerdings nicht klarer machte[76]. Die politische Tendenz der Schrift war nicht unbedingt promoskowitisch, wie man bisher immer angenommen hat. Alexander beschenkte zwar die „slavischen Fürsten" großzügig, verband aber diese Gabe zugleich mit dem deutlichen Verbot (welches im „Text I." völlig fehlte), die Grenzen zu den Nachbarn zu übertreten. Politische Aktualität konnte dieses Verbot nur angesichts der westlichen Expansion der Moskowiter haben, vor allem gegen das Großfürstentum Litauen und/oder vielleicht Livland.

Die vagen geographischen Grenzen der Region, welche die drei „slavischen" Fürsten beherrschen durften, korrespondieren mit keinem spezifischen politischen Problem des 17. Jahrhunderts: Schon nach 1583 (Eroberung des Sibirischen Khanats) musste Alexander wesentlich großzügiger gewesen sein und dem „kriegerischen Volk" auch die Territorien etwa „bis zu den Riphäen und darüber hinaus" zugesprochen haben. Andererseits verfügte Moskau im Laufe des ganzen 17. Jahrhunderts über keinen sicheren Zugang zum „Warägischen Meer". Dementsprechend sollte man den möglichen Verfasser des „Textes II." eher im 16. Jahrhundert suchen, und zwar am ehesten zwischen 1556, als Astrachan von den Moskovitern erobert worden war, beziehungsweise im Umfeld des Einmarschs der russischen Truppen in Livland 1558 und 1576, als

---

74   PSRL 31, S. 13: [...] *презвитяжный рыцарь, всего света обладатель* [...].
75   Im Russischen scheint das seltene Adjektiv *витежский* („ritterlich") dem am nächsten zu kommen; siehe Словарь русского языка XI – XVII вв. 2 (1975) S. 192. Es passt aber insofern schlecht, weil die uns interessierende Wendung dann tautologisch als „der ritterlichste Ritter" verstanden werden muss. Seinem Sinn nach (wie auch phonetisch) wäre das tschechische *vítězný* („siegreicher") wesentlich passender. Dem freundlichen Kommentar von Herrn Zbigniew Dalewski (Warschau) zufolge könnte man den Ursprung dieses Wortes vielleicht im polnischen Partizip *przezwyciężyły* („siegend") sehen. Wenn dem so ist, dann könnte man die Wendung *przezwyciężyły rycerz* als polnische Lehnübersetzung des lateinischen *miles vincens* oder *miles triumphans* – „der siegreiche Ritter" – verstehen.
76   PSRL 27 (2007) S. 139 (*Nikanorovskaja letopis'*).

die polnische Offensive begann, welche die Wende im Livländischen Krieg brachte und schließlich zur militärischen Niederlage Iwans IV. führte. Seitdem war der Zugang zur Ostseeküste für das Russische Reich bis in die Regierungszeit Peters des Großen versperrt.

Die „kryptoantimoskowitische" Tendenz des „Textes II." könnte vielleicht auch in den orientalischen Namen der „slavischen" Fürsten anklingen: Polnische Publizisten pflegten die tatarischen Wurzeln des Moskauer politischen Gebildes zu betonen. Der Text war aber schlau geschrieben: Man wünschte, dass die Moskowiter das „Privilegium Alexanders" akzeptieren konnten. Das geschah in der Tat, und zwar solchermaßen, dass der Redakteur des *Chronograph* in der neuen Situation Mitte des 17. Jahrhunderts diesen eventuell schädlichen politischen Inhalt des Privilegs gar nicht mehr bemerkte, genauso wie seine Leser. Im Gegenteil: Das Privileg konnte jetzt nur zum Ruhm des Moskauer Reiches interpretiert werden.

Das oben Gesagte bleibt nur Hypothese: Es ist schwer zu entscheiden, ob der (westrussische?) Verfasser des „Textes II." bestimmte politische Ziele hatte oder ob er sich mit harmlosen literarischen Übungen über ein klassizistisch-humanistisches Thema beschäftigte. Aber selbst wenn dies der Fall wäre, transportierte diese „Übung" schließlich doch eine klare politische Botschaft – sonst wäre die „Alexandrinische Schenkung" in den offiziellen Moskauer *Chronograph* nicht aufgenommen worden. Zugleich muss man allerdings betonen, dass der Moskauer „Ideologe" sich grundsätzlich an der westeuropäischen Vision der Vergangenheit orientierte. Er versuchte das Moskauer Reich nicht etwa über seine orientalischen – seien es echte oder fiktive – politischen Wurzeln zu legitimieren. Er folgte, so gut er das konnte, der gesamteuropäischen Renaissancemode – in ihrer etwas provinziellen polnischen Ausprägung – und versuchte, entsprechende Methoden der historisch-politischen Legitimierung auszuarbeiten. Er bewies dadurch seine Bereitschaft, nach den rezipierten „westlichen" intellektuellen Mustern zu denken, unabhängig davon, wem seine politischen Sympathien gegolten haben mögen.

Anhang

Die „Slavische Urkunde Alexanders des Großen" aus dem Bericht des Sebastian Glavinich

Wien, Österreichische Nationalbibliothek, cvp 8578

[Fol. 11v].
Priuilegium Genti Slauorum, hinc / Moscis ab Alexandro Magno conces-/ sum, ex Annalibus eorundem Mosco- / rum manuscriptis extractum etc.

Alexander Rex Regum, supra Reges Imperator, / Dei Altissimi minister, totius Orbis Dominator, / omnium sub sole ad nutum Dominus, inobedienti-/ bus repentinus Gladius ac timor Mundi totius, supra / honorificos honorificentissimus.

[fol. 12r].

Longe Gentium disjunctis[77], ignotis Maiestati nostrae / honor pax et gratia, Vobis ac V[est]rae Belligerae Nati-/ oni Sclavonicae, glorioso stemmati Russico, Principi-/ bus, ac Gubernatoribus a Mari Waregho ad Caspi-/ um, Pinguibus et dilectis nostris Hrabaro Veliko-/ sano, Prudenti Hassano, Fortunato Havessano / aeternam salutem.

Siquidem Vos in conspectu non complector, ut Genero-/ sa animi alacritate, tanquam Amicos, secundum / cor meum excipiam, hanc Gratiam denuncio Do-/ minio V[est]ro: ut quaecunq[ue] Generatio a Mari Wareg-/ ho ad Caspium, cohabitabit, Terras, Principatus / V[est]ri, sit uobis, ac Posteritati V[est]rae perpetua servi-/ tute subiecta, nec extra confinia ex illis pes ue-/ ster extrahatur.

Hoc laudabile opus notificamus Vobis, Epistola / Regia nostra alte sustentata Iustitiae manu sub- / scripta, et Genealogiaco Dominij nostri sigillo / Zona aurea ligato munita. Data honori V[est]ro per- / petuo, in loco[78] a Nobis aedificato Magnae Alexandriae

[fol.12v].

---

77 Der Übersetzter meinte hier vielleicht die Wendung *longe gentium abesse* – „auf dem anderen Rande [des bewohnten Landkreises] zu sein".

78 Die Tatsache, dass der Übersetzer hier *locus* statt *civitas* benutzt, ist der Beweis dafür, dass seine russische Vorlage einen auffallenden Polonismus beinhaltete: das russische *место* in der Deutung des polnischen *miasto*.

Voluntate Magnorum Deorum Martis et Iovis, ac / Dearum Veneris et Palladis. Mensis Primossi prima / die.

Subscriptio aureis litteris sic dicitur fuisse.

Nos Alexander Rex Regum, et supra Reges, coele-/ stium Magnorum Deorum Iovis et Veneris / Filius: Terrenus vero Philippi Potentissimi / Regis et Olimpiae Reginae, nostra alte / sustentata Iustitia haec in sempiternum / Confirmamus etc.

Übersetzung

Das Privileg für das Volk der Slaven, später der Moschen, von Alexander dem Großen gewährt worden, aus den handgeschriebenen Annalen derselben Moschen entnommen usw.

Alexander, der Zar der Zaren und der Kaiser über den Zaren[79], der Diener des allerhöchsten Gottes, Herr des ganzen Erdkreises, absoluter Herrscher für alle, welche unter der Sonne sind; das überraschende Schwert für die Unbotmäßigen und Angst für die gesamte Welt, der Ruhmreichste über den Ruhmreichen. In Eurem weit entfernten und unbekannten Land Ehre, Frieden und Gnade unserer Majestät, Euch und Eurem ruhmhaften russischen Stamm des kämpferischen slavischen Volks, den Fürsten und Verwaltern [der Länder] vom Warägischen Meer bis zum Kaspischen Meer, unseren wohlhabenden und geliebten Hrabarus Velikosan, dem Prudens Hassanus, dem Fortunatus Havessan Heil für ewig!

Obwohl ich nicht im Stande bin, Euch mit meinen eigenen Augen zu erblicken, um Euch als Freunde an mein Herz in edler seelischer Aufregung zu drücken, verkünde ich Eurer Herrschaft diese Gnade: Sollte sich ein Volksstamm in den Ländern Eures Fürstentums von dem Warägischen Meer bis zum Kaspischen Meer ansiedeln, so soll er Euch und Euren Nachfahren auf ewig unterworfen bleiben, Ihr werdet aber diese Grenzen noch nicht einmal mit einem Fuß übertreten.

Diesen ruhmhaften Umstand geben wir Euch durch das königliche Schreiben bekannt, unterzeichnet mit unserer Hand, welche von der Gerechtigkeit

---

79 An dieser Stelle wie auch am Ende des Privilegs steht im russischen Original *над цару бич* („die Geißel über die Zaren"); das Wort „Geißel" verschwand aber in der Übersetzung völlig.

hoch unterstützt wird[80], und gefestigt durch unser vererbtes Majestätssiegel auf goldener Schnur[81]. Gegeben Eurer ewigen Ehre an dem von uns errichteten Ort[82], Alexandria der Großen, nach dem Willen der großen Götter Mars und Jupiter wie auch der Göttinnen Venus und Pallas, am ersten Tag des Ersten Monats.

Die Unterschrift in goldenen Buchstaben[83] lautete folgenderweise: „Wir, Alexander, der Zar der Zaren und über den Zaren, Sohn der himmlischen großen Götter Jupiter und Venus, aber der irdische [Sohn] des mächtigsten Zaren Philippus und der Zarin Olympias, bestätigen dies für die Ewigkeit mit unserer hoch erhobenen Gerechtigkeit[84], usw."

---

80 Dieser Satz verdeutlicht die offensichtliche Abhängigkeit des lateinischen Texts vom russischen (nicht etwa umgekehrt): Der Übersetzer verstand die „hochherrschende" (bzw. „hochmajestätische") „Hand" (*высокодержавную руку*) des russischen Originals als die „hochgehaltene Hand". Er sah sich deswegen gezwungen, zusätzlich auszudenken, wer genau diese Hand stützen konnte.

81 Der Übersetzer ins Lateinische missverstand hier die Wendung *златокованный герб* („goldgeschmiedetes Wappen"), die sich auf das Siegel selbst bezog, weswegen er entschied, dass nicht das Siegel selbst, sondern die Siegelschnur aus Gold war.

82 Das heißt „in der von uns errichteten Stadt"; eine Folge des unzweideutigen Polonismus im Original.

83 Der Autor bezeugt hier seine Bekanntschaft mit der byzantinischen Diplomatik: Die Kaiser pflegten (seit 470 sogar verbindlich) die Urkunden in Purpurtinte zu unterschreiben. Die goldene Tinte erwähnte er hier offensichtlich, um Alexander über alle Könige und auch über die Kaiser von Konstantinopel zu erheben. Zur Anwendung solcher Tinte in der Praxis siehe vor allem Franz DÖLGER / Johannes KARAYANNOPULOS, Byzantinische Urkundenlehre: Die Kaiserurkunden (Handbuch der Altertumswissenschaft 12/3/3/1, 1968) S. 28 und S. 114, sowie Vera TROST, Gold- und Silbertinten: Technologische Untersuchungen zur abendländischen Chrysographie und Argyrographie von der Spätantike bis zum hohen Mittelalter (Beiträge zum Buch- und Bibliothekswesen 28, 1991), die leider das osteuropäische, vor allem das byzantinische Material nicht berücksichtigt. – Dort, wo die späteren russischen Chronisten das „Slavische Privileg Alexanders" als eine Urkunde erwähnten, welche mit goldenen Buchstaben geschrieben worden war, kann man sicher sein, dass sie sich des „Textes II." bedienten, selbst wenn sie sich zum Inhalt des Dokuments gar nicht äußerten.

84 Im russischen Original steht auch hier wieder „hochherrschende Hand" wie zuvor (siehe oben Anm. 80). Der österreichische Übersetzer fand aber jetzt eine neue Lösung dieses linguistischen Problems: Er ließ die „Hand" völlig verschwinden und ersetzte sie durch die von ihm selbst zuvor erfundene „Iustitia".

Ian Wood

Early Medieval History and Nineteenth-Century Politics in Dahn's "Ein Kampf um Rom" and Manzoni's "Adelchi"

My concern in this paper is to look at the interface between historical scholarship and literature: my subject matter is two literary pieces concerned with the early Middle Ages, each of which is very closely tied to one or more works of historical interpretation. Both of them had significant political implications in their own day. They raise interesting questions about where one should draw the dividing-line between historical and literary writing, and about how much further one might push interpretation in a work of literature than in a work of scholarship. They also raise important questions about reception: one can most easily trace the impact of historical scholarship through its citation in other similar works: novels and theatre raise the possibility of a much wider and larger audience.

The first work that concerns me here is the later of the two: Felix Dahn's "Ein Kampf um Rom", which was published in 1876[1]. Dahn was born in Hamburg in 1834: the son of Friedrich and Constanze, both of them actors in the city theatre[2]. His father was German, his mother French: a point which may be of significance for his later views. The family moved to Munich while Felix was still a baby, and there Friedrich and Constanze split up, Felix remaining with his father, his siblings with his mother – though Felix clearly remained in contact with his mother. He studied at both Munich and Berlin, before becoming a lecturer in German "Rechtsgeschichte" in Munich in 1857:

---

1   Because there are so many editions of "Ein Kampf um Rom", and because the chapters are short, I cite the work by chapter rather than by page. Quotations in English are from the translation by Herb PARKER, A Struggle for Rome (2005).
2   Kurt FRECH, Felix Dahn. Die Verbreitung völkischen Gedankenguts durch den historischen Roman, in: Handbuch zur "Völkischen Bewegung" 1871–1918, ed. Uwe PUSCHNER / Walter SCHMITZ / Justus H. ULBRICHT (1996) p. 685–698, at p. 682; Hans Rudolf WAHL, Die Religion des deutschen Nationalismus. Eine mentalitätsgeschichtliche Studie zur Literatur des Kaiserreichs: Felix Dahn, Ernst von Wildenbruch, Walter Flex (2002) p. 37.

shortly thereafter he travelled to Italy, and was to be found there rather than in Munich for a substantial period in 1861–1862. Despite this absence he became associate professor at Würzburg in 1863, before becoming professor at Königsberg in 1872; in 1888 he moved to Breslau, where he was also "Rektor" for the year 1895.

He was initially a specialist in "Rechtgeschichte", and this is reflected, for instance, in his such early work as his "Studien zur Geschichte der germanischen Gottesurtheile"[3]: and he never abandoned his interest in legal history, as one can see in his later pamphlet on "Das Weib im altgermanischen Recht und Leben"[4]. In the present context a more significant work is his analysis of "Prokopius von Cäsarea"[5], who is our main source for Justinian's reign, and especially for the Byzantine reconquest of Italy from the Ostrogoths – the period covered by "Ein Kampf um Rom". In addition there is a detailed study of the Longobard historian, Paul the Deacon, his "Langobardische Studien", vol. 1. "Des Paulus Diaconus Leben und Schriften"[6], which, however, limits itself to establishing a biography for Paul. On top of these specialist studies Dahn also wrote very substantial accounts of the late Roman/early medieval period: the massive "Die Könige der Germanen" in 12 (or 20) volumes (depending on whether you count each fascicule separately), which appeared at regular intervals between 1861 and 1909, and which he started to think about in 1857 – to which he went on to add a thirteenth volume with a "Gesamt-Register" in 1911[7]. Among these volumes two provide simple narratives, of the Visigoths and the Franks under the Carolingians, while the others are largely what would now be called "Verfassungsgeschichte" or perhaps "Rechts-geschichte", although some of them also contain narrative sections (sometimes lengthy) or passages. In addition, there is the "Urgeschichte der germanischen und romanischen Völker"[8]. Quite apart from being a writer of scholarly monographs, Dahn was also a novelist, playwright, librettist and poet (whose poems were set to music by the likes of Strauss, Debussy and Schönberg). Far and away the most important of his non-academic works is his novel "Ein Kampf

---

3 Felix DAHN, Studien zur Geschichte der germanischen Gottesurtheile (1857).
4 Felix DAHN, Das Weib im altgermanischen Recht und Leben (1881).
5 Felix DAHN, Prokopius von Cäsarea (1865).
6 Felix DAHN, Langobardische Studien 1/1: Paulus Diaconus (1876).
7 Felix DAHN, Die Könige der Germanen, 13 vols. (1861–1911).
8 Felix DAHN, Urgeschichte der germanischen und romanischen Völker, 3 vols. (1881–1889).

um Rom", which he first thought of in 1858, started writing in Munich in 1859, and then put on one side, taking it up again after 1870: he completed it in 1874, and it appeared in 1876.

Dahn's family history, his own scholarship, and the chronology of its composition, provide the background for an understanding of the significance of "Ein Kampf um Rom". Equally important is the history of the success of the book. In his recent "Literatur und nationale Einheit in Deutschland", Stefan Neuhaus remarked: *"Ein Kampf um Rom ist einer der erfolgreichsten Romane deutscher Sprache, die jemals in dem Ruf standen, mehr als nur Trivialliteratur zu sein. Bis zum Ende des 1. Weltkriegs gab es 110 Auflagen. Nach Dahns [...] eigener Aussage verkauften sich von dem Werk bis 1894 84 000 Einzelbände, eine für damalige Verhältnisse astronomische Zahl. Laut Verlag Breitkopf und Härtel sollen bis 1930 über 200 000 Exemplare an die Leser gebracht worden sein. Im Nationalsozialismus war Ein Kampf um Rom besonders populär, bis 1938 stieg die verkaufte Auflage auf 615 000, um 1950 waren es ca. 750 000"*[9]. Dahn's figure of 84 000 volumes is hard to assess because the work came out in more than one fascicule. Hans Rudolf Wahl, in his "Die Religion des deutschen Nationalismus", has instead relied on the evidence for the work being reprinted. He lists: 1st impression, 1876: 2nd–5th impressions, 1877/8: 6th–10th impressions, 1879–1884: 11th–14th impressions, 1885–1888: 15th–21st impressions, 1889–1894: 22nd–30th impressions, 1895–1900.

And 1900 did not mark the end. The work had reached its 92nd impression by 1918. Nor does this include two abridged translations into English, the first by Mrs Goldschmidt as early as 1876, and the second by Lily Wolffsohn two years later (neither of which was approved by Dahn)[10], and an opera based on part of the work, "Mataswintha", by Xaver Scharwenka of c. 1896.

Before we look at the implications of this, it is worth recalling the subject matter of "Ein Kampf um Rom". The story Dahn tells is essentially that of the collapse of the Ostrogothic kingdom of Italy in the period from 526 to 553. The kingdom had been established by the invading Ostrogoths, sent west by the emperor Zeno in 490. The Goths quickly established themselves in Italy. As an incoming force they were (in the view of Dahn and of many modern

---

9   Stefan NEUHAUS, Literatur und nationale Einheit in Deutschland (2002) p. 230.
10   WAHL, Religion (cf. n. 2) p. 125.

historians[11]) accommodated through the concession of a third of estates and slaves – though exactly how this was effected, and which estates and slaves were involved, is nowhere stated in our sources. Theodoric's reign is generally regarded as a highpoint in the period of the so-called successor states, though it did end in crisis: there were fears that members of the senate were in treasonable contact with the Byzantine emperor, with the result that the senators Boethius and Symmachus were executed. It is at this point that Dahn's story begins. Theodoric – or as he spells the name Theoderich – is dying: his heir is his grandson Athalarich. The book begins with an old Goth, Hildebrand, his son and three other heroes, Witichis, Totila and Teja, swearing to defend the "Volk" through thick and thin: "Das höchste Gut des Mannes ist sein Volk." These last three heroes will dominate the book, and Hildebrand will act as a choric figure[12]. After Theoderich's death, Athalarich emerges as a potentially fine ruler, especially after he has fallen in love with Kamilla, the daughter of the executed Boethius, but this potential is brought to an end by the Roman senator Cethegus, who is regarded as a friend by the regent, Theoderich's daughter, Amalaswintha, but who is actually working throughout the book to reestablish an independent Roman republic. Some of this is distinctly unhistorical: this largely, but not entirely, includes the character of Cethegus[13], but for the time-being I will follow Dahn's narrative. After the death of Athalarich, Amalaswintha takes over, but she is forced to abdicate in favour of Theodahad, a male of the ruling dynasty. Theodahad's wife, Gothelindis (a character not historically attested), then effects the death of Amalaswintha, against whom she had a long-standing grudge. This, however, gives the Byzantine emperor Justinian the pretext to invade Italy, to avenge Amalaswintha, who had asked for his protection. Theodahad is happy to betray his kingdom to the Byzantines, but is killed for his pains. As a result Witichis is elected king, though his election is

---

11   This is the view defended, for instance, by S.J.B. BARNISH, Taxation, Land and Barbarian Settlement in Western Europe, in: Papers of the British School at Rome 54 (1986) p. 170–195.
12   WAHL, Religion (cf. n. 2) p. 64.
13   Cethegus is often said to be wholly unhistorical: this is not entirely true: see J.R. MARTINDALE, Prosopography of the Later Roman Empire 2 (1980) p. 281–282, the entry on Fl. Rufius Nicomachus Cethegus. For his treachery see Procopius of Caesarea, De bello Gothico, III, 13, 12, ed. Jakob HAURY / Gerhard WIRTH, in: Procopii Caesariensis opera omnia 2 (1963) p. 351, and for a translation H.B. DEWING, Procopius, History of the Wars 4 (1924) p. 257; see also DAHN, Könige (cf. n. 7) 2 (1861) p. 236, on "Gothigus".

opposed by one faction on the grounds that he is not of royal blood. To solve this problem he is forced to give up his own wife, Rauthgundis (another unattested character), and to marry Amalaswintha's daughter, Mataswintha. Witichis proves unable to defend the Gothic kingdom, because of the extent to which Theodahad had betrayed his people. Besieged in Ravenna, he also has to contend with Mataswintha, who is overcome with jealousy on discovering that he has married her out of duty, rather than love. He negotiates to confer the crown to the successful Roman general Belisar(ius), who deceitfully pretends that he is prepared to rule as king of the Goths. Rauthgundis tries to free Witichis, but they are killed by the senator Cethegus as they escape from Ravenna. Mataswintha commits suicide before she can be married off to a noble Byzantine. The Byzantines then, to Cethegus' delight, alienate everyone by their excessive taxes – but rather than creating the opportunity for the establishment of an independent Italy, this gives the Goths a new chance under Totila, who decides to capitalise on the newfound love the Italians have for the Goths, to bring the two peoples together, not least by himself marrying the Roman Valeria (another invention). The betrothal is rather surprisingly interrupted by a band of visiting Vikings, who turn up three centuries too early, promise help for Totila if he needs it, having warned him that Goths will never flourish in the south, and then sail off to plunder some islands in the eastern Mediterranean. (For the modern reader this episode looks irredeemably equivalent to the arrival of the spacemen in "The Life of Brian".) Totila's success leads Justinian to act more decisively, this time sending his general Narses. The emperor's ability to act decisively is also helped by the death of his wife, Theodora, whose intrigues have rather complicated matters. So too have those of Cethegus, who has been plotting in Constantinople, but in vain – little does he realise that he has been deprived of all authority[14]. Narses successfully takes on Totila, who is betrayed by a Corsican, who is also in love with Valeria. Totila is killed, and Valeria commits suicide. This leaves Teja to lead the Goths in a final defence on the slopes of Mount Vesuvius, where they have gathered their treasures, among them the preserved body of Theoderich, now referred to by the name by which he is known in Middle High German heroic literature, Dietrich von

---

14   Here it should be noted that Procopius provides good evidence for the influence of ex-pats in Constantinople, among them Gothigus: Procopius, De bello Gothico, VII, 35, 10, ed. HAURY/WIRTH (cf. n. 12) p. 454–455, see also DEWING, Procopius, History of the Wars 4 (1924) p. 461; DAHN, Könige (cf. n. 7) 2 (1861) p. 236.

Bern (names and identities matter in "Ein Kampf um Rom"). Cethegus realises that he has been outwitted by Narses, and accepts the challenge to lead an assault on the Goths, in the course of which he and Teja kill each other. At this point, the Vikings return, having (even more surprisingly) captured the Byzantine fleet, and then take the remaining Goths, together with their treasures, and the bodies of Dietrich and Teja, to safety in their "Urheimat" of "Ultima Thule".

This may sound like a very large dose of fantasy. In fact Dahn follows the outline of events (and indeed quite a lot of the details) set down by the Byzantine authors Procopius and Agathias – he had after all written a study of Procopius – and he uses the letters of Cassiodorus, and other evidence of Gothic legislation. He adds to this elements that one might expect in a novel: love and jealousy, revolving largely around women: Kamilla, Gothelindis, Rauthgundis, Mataswintha, Valeria, and a hugely sympathetic young Jewess called Miriam. Practically all of this is invented. So too is the majority of the intrigue surrounding Cethegus. Not surprisingly some of these additions to the story carry part of the interpretation Dahn appears to wish to put on the history of the fall of the Ostrogothic kingdom.

Academic interpreters of Dahn, historians both of culture and of nationalism, have situated his work in a series of discourses. First and foremost Dahn's "Ein Kampf um Rom" has been placed within the development and dissemination of notions of the "Volk". Dissemination is clear from the statistics we have already seen regarding the number of times the work was reprinted. Perhaps even more telling is the evidence that it sold particularly well in July and August of 1914, when it was often given as a confirmation present to young boys, because it would confer on them an awareness that "[d]as Höchste ist das Volk, das Vaterland"[15]. In the 1930s "Ein Kampf um Rom" was officially approved by the Nazi regime: there was a "Volksausgabe" which sold up to 150 000 copies, while the work was also included in Dahn's "Gesamtausgabe", which sold up to 390 000 copies[16]. Statistics such as this provide a convincing back-up for Martyn Housden's claim that "[t]he philosophies of Fichte, Hegel, or Nietzsche did not contribute as much to Germany's pre-Hitlerian intellectual background for National Socialism as commemorations of the victory at Sedan (in

---

15   NEUHAUS, Literatur (cf. n. 9) p. 232.
16   WAHL, Religion (cf. n. 2) p. 125–126.

the Franco-Prussian War), Bismarckian blood and iron quotations, the historical novels of Felix Dahn [...]"[17].

Yet while Dahn can be seen as one of the most compelling figures in the dissemination of the image of the noble Goth, it is worth noting that the position he takes on relations between the Germanic Goths and the "welsch" Italians is not entirely straightforward[18]. One factor which will concern us shortly is his sympathy for the Italian nationalists in the 1860s and 1870s. Another, equally important, was the fact that his mother was French. Thus, he himself was half-French. We should, therefore, be careful when we consider his views on race. In "Ein Kampf um Rom" far and away the most attractive male figure in the book, Totila, advocates intermarriage between the Germanic and "welsch" races[19]. It is true that fate decrees that his attempt at encouraging miscagenation fails. And it may well be that the scar of the divorce of Dahn's own parents encouraged him in a belief that interracial marriage would not work. Nevertheless, the very fact that he has Totila support the idea means that we should look elsewhere for the origins of his view that racial assimilation failed in sixth-century Italy.

Here it is worth making a brief comment on the figure of Miriam. For some historians of the twentieth century Dahn is irredeemably anti-semitic, not least because of his membership of the far-right group "Germania". Miriam has been seen as nothing more than a token 'good Jew', and Dahn's sympathetic portrayal of her has been explained away by the fact that he was treated by a Jewish doctor. In literary terms, however, her predecessor is Rebecca in Scott's "Ivanhoe", a novel, it might be added which also puts racial difference at the heart of its narrative. More important, in "Die Könige der Germanen" Dahn singles out Theoderich's defence of the Jews against catholic fanaticism[20]. The Jews, in Dahn's reading of the past, were a good deal more worthy than fanatical catholics.

A second discourse which can be firmly situated within the context of nineteenth-century Germany is that of 'bürgerliche' as opposed to 'antihöfische' attitudes. Although for the most part Goths are presented as admira-

---

17 Martyn HOUSDEN, Resistance and Conformity in the Third Reich (1997) p. 3.
18 On the use of the term "welsch", see: Hans Ferdinand MASSMANN, Deutsch und Welsch; oder Der Weltkampf der Germanen und Romanen. Ein Rückblick auf unsere Urgeschichte zur tausendjährigen Erinnerung an den Vertrag zu Verdun (1843).
19 NEUHAUS, Literatur (cf. n. 9) p. 239.
20 DAHN, Könige (cf. n. 7) 2 (1861) p. 167.

ble, while Roman men (though not women) and almost all Byzantines are suspect, there is also a different division: the court, whether Byzantine or Gothic, is corrupt, while those furthest away from it are most likely to be pure. Here, Dahn has Procopius' "Secret History" as a key document, supposedly exposing the viciousness of the Byzantine court. And in so far as Amalaswintha and Theodahad are court figures with links to Byzantium it is not difficult to see why they should be regarded as corrupted. But Dahn is also drawing on his suspicion of the imperial courts of his own day, of Vienna and of Paris. In particular Justinian and Theodora would seem to have been intended to draw comparison with Napoléon III and the empress Eugénie. And here we come to the very specific context in which he was writing.

Dahn appears to have started writing "Ein Kampf um Rom" in 1859: the year of the Second Italian War of Independence against Austria, the year in which the French defeated the Austrian army on behalf of the Italian nationalists first at Magenta and then at Solferino[21]. In this context the Goths could be interpreted as Austrians, the Byzantine forces as the French, the Italians as themselves, and the deceitful Cethegus as the arch-schemer, pope Pius IX. "Ein Kampf um Rom" has thus been frequently read as a 'roman-à-clef'. And Dahn himself stated that it was: "I clearly saw, only transposed from the sixth into the nineteenth century, the great philosophical, national, global questions of 'Ein Kampf um Rom'. The holy Father, [...] the Italians, [...] the Austrians, [...] the Emperor on the Seine. [...] That was a 'Kampf um Rom' all over again"[22].

---

21 Ralph-Johannes LILIE, Graecus Perfidus oder Edle Einfalt, Stille Größe? Zum Byzanzbild in Deutschland während des 19. Jahrhunderts am Beispiel Felix Dahns, in: Klio 69 (1987) p. 181–203, p. 188.
22 Felix DAHN, Erinnerungen, 4 vols. (1890–1895) 3 (1892), p. 368–369: "Da sah ich ja deutlich, nur aus dem VI. in das XIX. Jahrhundert versetzt, die großen philosophischen, nationalen, weltgeschichtlichen Fragen eines 'Kampfes um Rom'. Der heilige Vater, vor allem auf die eigne weltliche Macht bedacht, die Italiener, in sittlich berechtigter, allein gegen die Verträge verstoßender und häufig in Verbrechen, in Verschwörungen, in Verrath, in Meuchelmord österreichischer Schildwachen ausbrechender geschichtlich nationaler Erhebung, die Österreicher, freilich in manchem Betracht keine Goten, aber formal im vollen Recht, lange Jahre vergeblich beflissen, durch Verhätschelung das knirschende Mailand, das gährende Venedig zu gewinnen, und jedenfalls bärenhaft tapfer, endlich Justinian in Byzanz vergleichbar, der listige Imperator an der Seine [i.e. the French river], der, schöne Worte von Freiheit im Munde führend, selbstische Ränke spann, seine Franzosen knechtete, nach Cayenne schickte (wie Justinian seine 'Romäer' in die Bergwerke) und für Italien das Nationalitätprincip verkündete, während er gewiß Elsaß-Lothringen oder die Schweiz nicht

One can make a neat comparison with his play "Markgraf Rüdeger von Bechelaren" of 1875, where Dahn effectively provides a prologue to the events of "Ein Kampf um Rom": here Dietrich von Bern can be read as Kaiser Wilhelm, Etzel as Napoléon III, or perhaps Schablone, and Hildebrand as Bismarck[23].

But while Dahn sympathised with the Austrians in 1859, he also sympathised with the Italians, who like the Germans were striving to create their own nation-state: "And we greatly wished for freedom and unity for the Italians, on condition that they could achieve it themselves, but in so far as the Emperor on the Seine was involved, we wanted to know that German military support for the Austrians, our German brothers, did not fail against the French, whom we deeply hated and feared"[24]. In other words, a straight pro-Austrian/Gothic, anti-Italian polarity will not do.

And nineteenth-century history would render the parallels meaningless: Napoléon III and the empress Eugénie could be Justinian and Theodora in 1859, at the time of the Second Italian War of Independence, and still in 1866, at the time of the Third War. But by 1874, when Dahn finished "Ein Kampf um Rom", Napoléon had been overthrown following the Franco-Prussian War – and one should note that Dahn himself had deliberately joined up to fight for the Prussians, and that he had been wounded at Sedan[25]. Thus, the novel was written during a period of major change, and Dahn himself responded to that change, committing himself to the Prussian state. In short, while "Ein Kampf um Rom" had begun life as a 'roman-à-clef', by the time Dahn finished writing it the lock had been changed. Important though the parallels between the sixth and the nineteenth century may have been when the novel was conceived, they have their limits when it comes to understanding the completed book, which reflects the situation both before and after 1870.

Deutschland herausgab oder gönnte, ja selbst nach der Oberherrschaft in Italien trachtete und bald Savoyen und Nizza einsteckte. Das war ein 'Kampf um Rom', all over again." FRECH, Dahn (cf. n. 2) p. 694; WAHL, Religion (cf. n. 2) p. 75–76.

23   LILIE, Graecus Perfidus (cf. n. 21) p. 188–189.
24   DAHN, Erinnerungen (cf. n. 22) 3 (1892) p. 367: "Und so sehr wir den Italienern Freiheit und Einheit gönnten, falls sie dieselbe selbst und allein erringen konnten, – so wie der Imperator an der Seine sich einmischte, wollten wir den Oesterreichern, den 'deutschen Brüdern' deutsche Waffenhilfe gegen das tief von uns gehaßte und mehr noch gefürchtete Frankreich nicht versagt wissen."
25   DAHN, Erinnerungen (cf. n. 22) 4/1 (1894) p. 245–271.

There is, I think, one further aspect of the precise context of the composition of "Ein Kampf um Rom" which is worth noting. Dahn visited Italy on at least seven occasions, and he spent a good deal of time travelling round the country in 1861/2, when he took extended leave from his job in Munich. During this time he visited many of the places that would be important for the novel, and he wrote about some of them extensively in his "Erinnerungen" of 1890–1894. He also contracted malaria. He states in his "Erinnerungen": "[S]iebenmal bin ich in Italien gewesen, und fünfmal hat sie [malaria] mich befallen [...]. Sich krank fühlen in der Fremde, zumal in Italien, ist recht unbehaglich [...]"[26]. Here, I think, we may have a personal reason for the presentation of the Goths as largely friendless and isolated in a foreign land[27].

We can, therefore, contextualise the writing of "Ein Kampf um Rom" in terms of Dahn himself, and of the politics and social attitudes of his day – and this has been done many times. A good deal less often the work had been situated within a historiographical debate[28]. It is this line of approach that I should now like to investigate.

Although "Ein Kampf um Rom" is clearly a novel, Dahn invites the reader to consider it in the context of his scholarly work. In the "Vorwort" he instructs the interested reader to turn to volumes two, three and four of his "Die Könige der Germanen", and to his study of "Prokopius von Cäsarea". This last work is a classic piece of "Quellenkritik", largely devoted to the question of whether the "Secret History" is a genuine work of Procopius, though it does so by analysing the "Weltanschauung" of his uncontested works, and comparing this with that of the disputed one. As a result it offers a remarkable portrait of Procopius himself, a figure with whom Dahn obviously felt great sympathy, portraying him as a religious and political sceptic. The only area where perhaps he was not in sympathy with the Byzantine historian is the latter's aristocratic leanings, which put him firmly on the side of the senatorial nobility. The reader of "Ein Kampf um Rom" who found him- or herself redirected to the "Prokopius" study would have discovered an analytical work of remarkable complexity, and if he or she was expecting a narrative, the nearest thing to that would be the chapter reconstructing the life of Procopius himself. The brief discussion of Gothic history is very largely an examination of why the Ostro-

---

26 DAHN, Erinnerungen (cf. n. 22) 3 (1892) p. 527.
27 For Dahn's sense of isolation, see: NEUHAUS, Literatur (cf. n. 9) p. 243.
28 Despite the work of FRECH, Dahn (cf. n. 2), and LILIE, Graecus Perfidus (cf. n. 21).

gothic kingdom failed, and is in many ways an exercise in "Verfassungsgeschichte".

If we turn to the relevant volumes of "Die Könige der Germanen" a further surprise is in store. Dahn nowhere offers a straight narrative of the history of the Ostrogoths in Italy, stating in the "Vorwort" to volume three that this can be found elsewhere, particularly in the work of Waitz. Volume two does have a number of passages of narrative, notably when it comes to a discussion of the Gothic war, but here Dahn simply abridges Procopius: elsewhere, our sources are less helpful in providing a narrative, and Dahn makes little attempt to construct one for himself. Instead he largely presents the "Verfassungsgeschichte" of the Ostrogoths: indeed one of the most substantial chapters in volume two is entitled "Verfassung der Ostgothen bis zu ihrer Ansiedlung in Italien", while the subtitle of volume three is "Verfassung des ostgothischen Reiches in Italien". In the preface to this volume Dahn explains that he has separated out his discussion of the legislation of Theoderich and Athalarich, putting it in a separate volume (volume four), so that those not so interested need not buy that particular section of the work.

In other words, the ideal reader of "Ein Kampf um Rom" was expected to turn to a volume and a half of "Verfassungsgeschichte", another of "Rechtsgeschichte", and to a study of the chief source, which is most notable for its defence of Procopius being the author of the "Secret History": the less enthusiastic might content him- or herself with "Verfassungsgeschichte" and source criticism. In so far as there is a narrative of the relevant events, apart from the brief biographical sketch in the "Prokopius", it can be created out of a number of passages in volume two of the "Die Könige der Germanen" (notably a lengthy resumée of Procopius's account of the wars), together with ten pages of volume three, which provide a narrative of constitutional developments following Theoderich's death[29]. Indeed all the narrative passages in "Die Könige der Germanen", including those in book two, can be read as an argument that, although the Amal family was regarded as a hereditary royal dynasty, and pursued what Dahn describes as "Absolutismus"[30], the right of the "Adel" and "Volk" to elect their king was revived following the failure of Theodahad. In short, Dahn expected a sophisticated audience, interested in the constitution of the successor states of the early Middle Ages.

---

29 DAHN, Könige (cf. n. 7) 2 (1861) p. 205–242 and 3 (1866) p. 310–319.
30 See DAHN, Könige (cf. n. 7) 2 (1861) p. 103 and p. 192; 3 (1866) p. 276.

There are yet more surprises in store. "Die Könige der Germanen", while 'Germanist', is not stridently so. Although Dahn himself claimed that his first concern in the work was the "rein-germanische[...] Ursprung des Königthums", and his second the "Entwicklung des Bezirks-Königthums zum Stamm- und Volks-Königthum"[31], his concentration on the Latin and Greek sources, and especially constitutional and legal evidence, all of which is underpinned with exhaustive quotation from the texts, means that the work is relatively even-handed. Certainly this annoyed him. At two points in the second volume of "Die Könige der Germanen" he pauses to note that our sources simply do not give the Germanic point of view: "Und nicht darf übersehen werden, daß alle Quellen für die gothische Geschichte jener Zeit dahin neigen, das Königthum mehr hervor, die Volksrechte mehr zurücktreten zu lassen als dem wahren Verhältniß entsprach"[32] – a point that he ascribes to the fact that our chief source on these matters, Cassiodorus, was a Roman, who therefore did not understand 'Volksfreiheit', and who saw Amal rule as absolute from the start. And later he states, this time with a criticism of modern historians: "Nicht bloß die starke Mischung, mehr noch das seltsame Nebeneinander von Germanischem und Romanischem macht die Einsicht so schwer, und in den Quellen, – den griechisch-römischen – , tritt in wichtigsten Fragen das Romanische so übermächtig in den Vordergrund, daß es sich begreift, wenn man in neuerer Zeit das germanische Element aus diesem Reich beinahe völlig hinaus kritisirt hat"[33]. Despite his sense of what he regarded as bias in the sources, he makes relatively little attempt to correct it, although he does his best to extract examples of 'Volksfreiheit' out of the *Getica* of Jordanes. The same concentration on what is in the sources can be found in the "Prokopius", where Dahn contents himself with analysing the Byzantine viewpoint.

"Ein Kampf um Rom" offers a much more 'Germanist' reading of the period than does "Die Könige der Germanen", and this is even signalled in the spelling of names, for while in the academic study Dahn uses the spelling largely provided by the Latin sources, in the novel he has recourse to Germanised versions: thus Amalaswintha for Amalasuntha, Mataswintha for Matasuntha and Witichis for Witigis. Does this suggest that the novel is actually the Ger-

---

31   DAHN, Könige (cf. n. 7) 3 (1866) p. viii.
32   DAHN, Könige (cf. n. 7) 2 (1861) p. 103.
33   DAHN, Könige (cf. n. 7) 2 (1861) p. 124.

manist interpretation that Dahn thought could not be deployed in the volumes of "Die Könige der Germanen"?

The interpretation of the failure of the Gothic kingdom of Italy offered in "Ein Kampf um Rom" is carefully and consistently presented, even though it is offered through a series of different voices, Gothic, Roman and Byzantine – and sometimes even that of a modern commentator. The Goths were the noblest and most heroic of all peoples, and if they were to be defeated militarily, it had to be by members of other Germanic tribes. Theoderich took over Italy having killed the barbarian Odoacer, in power since the removal of the last Roman Emperor. And he and his people settled in the peninsula, taking over a third of certain estates, with the attendant slaves. As a result the Romans hated them (a point pursued more academically in "Prokopius"). Yet their kings ruled justly, and embarked on policies of conciliation[34], trying to integrate the two peoples, even though the Romans were barred from military service, and intermarriage was rare (here Dahn was probably thinking of a legal provision in the Visigothic lawcode). It was not, however, only Romans who were averse to this integration: there were Goths who wished to retain their own traditions[35], and indeed who thought that they did not belong in the warm climate of Italy. In the end the defeat and the withdrawal of the Ostrogoths from the peninsula was effected by a combination of Italian dislike of being subject to incomers, coupled with a desire for independence, and the power and wiles of the Byzantine empire. Some of this is clearly anachronistic: notably the assessment of the Gothic military, and the notion that some Italians wished for a state independent even of the Byzantine empire. Yet most of the argument has some foundation in the sources (even if alternative interpretations are possible), and, equally important, was already well established in historical discourse, albeit not necessarily in debates concerned with the Ostrogoths.

The notion that there was significant racial conflict in the period between the fifth and eighth centuries had long been a matter of debate. It had been central to arguments in France, where members of the aristocracy in the eighteenth century had claimed that their rights went back to the conquest of Gaul

---

34 A point also highlighted in DAHN, Könige (cf. n. 7) 2 (1861) p. 166–167, p. 174, and p. 177–178; also p. 232.
35 Cf. DAHN, Könige (cf. n. 7) 2 (1861) p. 179–180 and p. 183.

by the Franks – an argument, of course, which was not left unchallenged[36]. The model had been transferred to Italy by Alessandro Manzoni (1785–1873), who had offered a related interpretation of the period of Longobard rule, which followed that of the failure of the Ostrogothic state – for after their victory over the Ostrogoths the Byzantines were not powerful enough to keep out subsequent invaders[37]. For Manzoni, the Longobards were invaders who oppressed the native Italian population, and never integrated, and as a result were easily overthrown by Charlemagne in 774. This became the starting point for most subsequent readings of Longobard history, although there was disagreement, both over points of detail, and over more basic issues of interpretation[38]. It was broadly accepted, with some modifications, by arguably the greatest Italian early medieval historian of the nineteenth century, Carlo Troya, the editor of the "Codice diplomatico Longobardo", which was one volume of his "Storia d'Italia". Despite some important shifts in Italian discourse concerning the early Middle Ages, when Dahn came to write the Longobard volume of his "Die Könige der Germanen", which was not to appear until 1909, he singled out Troya as the authority he had first to deal with: indeed the work of the Italian scholar is discussed right at the start of the book, and his "errors" carefully corrected.

The publication of the Longobard volume of "Die Könige der Germanen" came thirty-three years after that of "Ein Kampf um Rom". On the other hand, in the introduction to volume three of "Die Könige der Germanen", the "Verfassung des ostgothischen Reiches", which appeared in 1866, Dahn claimed to have already done most of the work for the remaining volumes. Much of the work on the Longobards must already have been done by 1876, when he published his study of Paul the Deacon. Unfortunately that work contents itself with the career of Paul, rather than offering an interpretation of the information contained in his *Historia*. The bibliography to his study of Paul, however, does reveal that Dahn had read Manzoni's "Discorso sopra alcuni punti

---

36   E.g. Ian N. WOOD, The Use and Abuse of the Early Middle Ages, 1750–2000, in: The Making of the Middle Ages: Liverpool Essays, ed. Marios J. COSTAMBEYS / Andrew HAMER / Martin HEALE (2007) p. 36–53, p. 38–43.
37   See Ian N. WOOD, "Adelchi" and "Attila": the Barbarians and the Risorgimento, in: Papers of the British School at Rome 76 (2008) p. 233–255.
38   See Enrico ARTIFONI, Le questioni longobarde. Osservazioni su alcuni testi del primo Ottocento storiografico italiano, in: Mélanges de l'École Française de Rome 119/2 (2007) p. 297–304.

della storia Longobardica in Italia"[39]. Equally important, in his "Erinnerungen" of 1890–1894 he states that he had "auch schon früh gern Italienische, Spanische, Französische Literatur studirt"[40]. It is scarcely conceivable that he had read no literary work by Manzoni. And given his theatrical background, as well as his sympathies for the Italian nationalists, it is highly unlikely that he had not read Manzoni's tragedy, the "Adelchi". He may even have read it in German, for a translation by I.Fr.H. Schlosser was published in Heidelberg in 1856. Even if he had never read the "Adelchi", Dahn would have found very similar ideas expressed in Manzoni's "Discorso" and in works by any number of Italian historians writing in the middle of the nineteenth century. These arguments must be understood as part of the background to "Ein Kampf um Rom".

Although the writing of the "Adelchi" does not have so precise a political context as that of "Ein Kampf um Rom", it does have a general context, in the development of the ideas of the Risorgimento, and it was written at a very specific moment in Manzoni's life. He had just been in Paris visiting his mother, and there he had come across the most recent approaches to early medieval French history, and in particular the ideas of Augustin Thierry. Although he had left Paris before the first of Thierry's 1820 articles appeared in the "Courrier Français", he had met Thierry himself, and the two had a number of mutual friends, most notably Claude Fauriel, who would later translate the "Adelchi" into French. What Manzoni learnt from the French at this juncture was the relevance of the post-Roman period for an understanding of his own times, and in particular the importance of the barbarian invasions in providing an insight into contemporary political division: in the case of France between classes, in that of Italy between the Italians and their non-Italian political masters. With this in mind Manzoni settled down to write his tragedy, the "Adelchi", and its accompanying work of history, the "Discorso sopra alcuni punti della storia longobardica in Italia". Both works were published in 1822, although the "Discorso" was revised to take on board some points of criticism, notably from Troya, and a second version appeared in 1847[41].

---

39 DAHN, Paulus Diaconus (cf. n. 6) p. xli. For Manzoni's "Discorso", see the new critical edition: Alessandro MANZONI, Discorso sopra alcuni punti della storia longobardica in Italia, ed. Dario MANTOVANI (2005).
40 DAHN, Erinnerungen (cf. n. 22) 3 (1892) p. 401.
41 Mantovani's edition of MANZONI, Discorso (cf. n. 39), provides both versions and a detailed study of the text.

Manzoni's "Adelchi" is set in the final year of the Longobard kingdom. Ermengarda, the daughter of king Desiderio, who had been married to Carlo/Charlemagne, has just been sent back to her father, who considers how best to avenge the wrong. His son Adelchi suggests that it would be better first to make peace with the pope and return territory to the Romans. But before anything can be done Carlo's ambassador Alcuino arrives with an ultimatum: either restore the papal territories to the pope or fight the Franks. Desiderio opts to fight. Carlo's army has difficulties crossing the Alps, but is aided by a deacon, Martino, from Ravenna. The Longobard forces, finding themselves outflanked, flee. Adelchi decides that the only hope is to organise resistance from the cities. At this point a Chorus notes the reactions of the Italian peasantry to the collapse of their Longobard masters. Ermengarda, by now a nun, dies in Brescia, and a Chorus comments on her salvation. Her brother, Adelchi, trapped in Verona, decides to seek for help from the Byzantines, but is mortally wounded as he tries to break out. Not knowing the fate of his son, Desiderio tries to negotiate for him, but the dying Adelchi is brought in. With his last breath (of which he has rather a lot) he criticises the Longobard treatment of the Italians, and asks that his father be well treated in captivity. The play ends with his death.

The heart of the play lies in the two Choruses and Adelchi's final speech. Of the Choruses, the second is largely religious – and indeed there is a strong religious strand in this and all Manzoni's work[42]. The first Chorus and Adelchi's long address contain the political moral of the work: the Longobards have behaved as conquerors since their arrival, treating the Italians as no more than a conquered people: had they not done so the kingdom might have survived against the Carolingian attack. For Manzoni, of course, the Longobards stand for all invaders of Italy, including the Austrians, who he hopes will soon be driven out. Manzoni's Longobards are thus an exact counterpart of Dahn's Goths.

Although the "Adelchi" was written as a play, and has been performed on stage, Manzoni himself saw it as a poetic work to be read. The early publication history of the "Adelchi" has, to my knowledge, received less attention than has that of "Ein Kampf um Rom", but the Italian national library catalogue reveals

---

42   Alessandro MANZONI, Adelchi. Edizione critica, ed. Isabella BECHERUCCI (1998), Act III, 8, Coro, p. 428–431; Act IV, 1, Coro, p. 445–449; Act V, 8, 338–364, p. 483–484 and 370–389, p. 485 ff.

editions printed in Milan in 1822, in Pisa a year later, and in Florence in 1826. In addition, it was printed along with Manzoni's other tragedy, the "Conte di Carmagnola", in Florence in 1825 and 1827, and in Pisa in 1826. It also appeared in a volume of collected works printed in Florence in 1828–1829. Seven editions in ten years is remarkable. The tragedies were also published in a French translation, by Fauriel in 1826, and the "Adelchi" came out translated into German, as already noted, in 1856. Parts of it (notably the Choruses) were set to music by Davide Antonietti around 1850 and by Carlo Gatti in 1894. Otherwise there seems to have been a falling off of editions by the mid nineteenth century. The "Adelchi", therefore, did not have the sustained popularity of "Ein Kampf um Rom", and in any case it would have been read by a very much more restricted, and intellectual, audience. But to return to the first two editions – those of Milan in 1822, of Pisa in 1823 – and that of Florence in 1826 – these volumes contained not only the tragedy, but also the academic work that was written to accompany it: the "Discorso sopra alcuni punti della storia longobardica in Italia".

The "Discorso" is a substantial discussion of certain crucial points in the history of the Longobards, and in particular of the question of their settlement in Italy, and their treatment of the Italians. Here a great deal revolves around one section in the major source, Paul the Deacon's "Historia Langobardorum". Talking of the reign of Cleph in 572/3 Paul wrote: *Hic multos viros potentes, alios gladiis extinxit, alios ab Italia exturbavit*[43]. And in the following chapter he went on to say: *His diebus* [that is the period after the murder of king Cleph] *multi nobilium Romanorum ob cupiditatem interfecti sunt. Reliqui vero per hospites divisi, ut terciam partem suarum frugum Langobardis persolverent, tributarii efficiuntur. Per hos Langobardorum duces, septimo anno ab adventu Alboin et totius gentis, spoliatis ecclesiis, sacerdotibus interfectis, civitatibus subrutis populisque, qui more segetum excreverant, extinctis, exceptis his regionibus quas Alboin ceperat, Italia ex maxima parte capta et a Langobardis subiugata est*[44]. Dealing with events ten years later, when the Longobards decided to reinstitute the kingship, and elected a new king, Authari, Paul wrote (and I

---

43   Paulus Diaconus, Historia Langobardorum, II, 31, ed. Georg WAITZ (MGH SS rer. Germ. [48], 1878) p. 108.
44   Paulus Diaconus, Historia Langobardorum, II, 32, ed. WAITZ (cf. n. 43) p. 108–109.

leave on one side the problems of establishing the correct text of this sentence): *Populi tamen adgravati per Langobardos hospites partiuntur*[45].

It would not be much of an exaggeration to say that almost all nineteenth-century (and much twentieth-century) interpretation of the Lombard conquest and settlement hangs on these sentences, and in particular on the last. For Manzoni, inspired as he was by Thierry's reading of the Franks in Gaul, and influenced more or less subconsciously by the dominance of foreign regimes in Italy in his own day, this was clear proof that the Longobards simply killed the Italians or reduced them to near-servile status. Not everyone followed him in points of detail: in particular Troya dedicated a complete fascicule of his "Storia d'Italia", "Della condizione de' Romani vinti da' Longobardi e della vera lezione d'alcune parole di Paolo Diacono intorno a tale argomento"[46], to the point as a result of which Manzoni did modify his argument. In fact, Paul's account is extremely difficult to deal with, for while it is clear that the reign of Cleph and the subsequent interregnum was a disastrous time for the Italian population, the sentence on the treatment of the *populi* in Authari's reign is followed by one which conveys a strikingly different impression: *Erat sane hoc mirabile in regno Langobardorum: nulla erat violentia, nullae struebantur insidiae; nemo aliquem iniuste angariabat, nemo spoliabat; non erant furta, non latrocinia; unusquisque quo libebat securus sine timore pergebat*[47].

Leaving aside the difficulty of reconciling these sentences of Paul, it is easy to see how Manzoni could conclude that the Italian population were oppressed by the Longobards. The "Adelchi", and in particular the eponymous hero's final speech, was based on a close reading of the sources. Of course, the drama is filled out with events and emotions that Manzoni had to invent: though a surprising amount has support in our early medieval texts: even the deacon Martino, who helps guide Carlo's army across the Alps has his origins in the work of Agnellus of Ravenna[48].

---

45   Paulus Diaconus, Historia Langobardorum, III, 16, ed. WAITZ (cf. n. 43) p. 123.
46   Carlo TROYA, Storia d'Italia 1/5: Della condizione de' Romani vinti da' Longobardi e della vera lezione d'alcune parole di Paolo Diacono intorno a tale argomento (1841).
47   Paulus Diaconus, Historia Langobardorum, III, 16, ed. WAITZ (cf. n. 43) p. 123.
48   Agnellus, Liber Pontificalis Ecclesiae Ravennatis, c. 167, ed. Oswald HOLDER-EGGER (MGH SS rer. Lang., 1878) p. 386: Although Martin was bishop in the early ninth century, Agnellus wrongly talks of him as being appointed eighty years before Agnellus' own day, which would imply c. 770, and he talks of his links with Charlemagne.

I am not concerned here with the rights and wrongs of Manzoni's interpretation, but rather with the way in which it weighed on Dahn, either directly or indirectly (depending on whether one thinks he had direct access to the "Adelchi" as well as the "Discorso" or not). But before returning to the Ostrogoths and "Ein Kampf um Rom" I should like to note Dahn's own reading of the Longobards, in the twelfth volume of "Die Könige der Germanen". His picture is largely that of Troya, with some significant modifications of detail: the Longobards continued to be "Fremde, Kriegsfeinde, Sieger"[49], although the treatment of the Italians was at its worst under Cleph and during the interregnum: "Die Behandlung der Italier durch die vordringenden Sieger hat vielfach gewechselt: unter Alboin und Klefo hart, unter den duces noch härter, gelinder unter Authari und den folgenden Königen"[50].

If we take as the dominant element of Manzoni's reading of Longobard history a picture of the incomers as invaders, who made no attempt to integrate, but rather exploited the Italians, while the Italians themselves longed for liberation from their oppressors, we can find all these elements in "Ein Kampf um Rom". The Goths (at least the Gothic males) form an essentially separate military caste[51] – and indeed they are proud of their military traditions. Dahn himself, in "Die Könige der Germanen", interpreted the evidence from Ostrogothic Italy as indicating that the Romans were banned from military service: a case that is rather overdependent on a number of rhetorical statements – though he did know the sources well enough to conclude that there were exceptions[52]. He acknowledges that there were Romans who felt oppressed because they had been forced to hand over a third of their property – a conjecture probably derived largely from the Longobard evidence, since the surviving Ostrogothic sources (which are largely official statements) imply general contentment at the land division, effected by the Roman Liberius. The longing for independence is certainly a reflection of nineteenth-century attitudes rather than anything that can be found in sixth-century sources. The model followed by Dahn even for the Ostrogoths (and certainly for the Longobards), whether or not it was derived from Troya, is, then, essentially that set out by Manzoni. The one major difference lies in their views of the papacy: for Manzoni it is a

---

49   DAHN, Könige (cf. n. 7) 12 (1909) p. 31.
50   DAHN, Könige (cf. n. 7) 12 (1909) p. 32.
51   DAHN, Ein Kampf um Rom (cf. n. 1) Buch 1, c. 2.
52   DAHN, Könige (cf. n. 7) 3 (1866) p. 58–59.

holy and respected institution, as indeed is the Church in general: for Dahn, hostile as he was to Pius IX, and also partisan in the "Kulturkampf"[53], the papacy is a centre of intrigue, and although there are some admirable Christians in the novel, there is also nostalgia for the cult of Odin and Thor: but the real religion is the "Volk"[54].

There is one other crucial difference, and here one can compare the views of Adelchi and of Totila. Although Adelchi counsels coming to terms with the papacy before facing Carlo, right at the beginning of the play, it is only in his last speech that he recognises the full extent of the Longobard exploitation of the Italians, and the significance of that for the failure of the Longobard state. By contrast, we are told right from the start of "Ein Kampf um Rom", that the Ostrogoths have followed a policy of conciliation: when we first meet the Roman official Cassiodor(us), who acted as minister for both Theoderich and for Athalarich, he is described as "a leading exponent of the well-meaning but hopeless policy of conciliation which had been followed in the Gothic Empire for a generation"[55] – a comment which has its parallels in "Die Könige der Germanen"[56]. The Goths, in other words, had tried to work with the Italians. There had been limits to this, however, as Totila acknowledges in a series of crucial observations prompted by the renewed support for the Goths at the start of his reign. Because of the maladministration of Italy by the Byzantine tax-men, following the defeat of Witichis, the Italians, in Dahn's novelish account, turn back to their old masters, leading Totila to ask: "Could it really be that it is impossible [...] to maintain this harmony [...]? Must two peoples always remain in conflict? [...] We treated them with suspicion instead of trust and we demanded their obedience but never sought their love"[57]. And he goes on to promote policies which turn "bitterness on the part of the Italians against their Byzantine oppressors into gratefulness for his own Gothic benevolence", promising "equality with the Goths"[58]. The symbolic highpoint of his policy is Totila's own betrothal to the Roman Valeria, though in the event the marriage never takes place. And here fate, rather than any innate racial distinction is the cause.

---

53 FRECH, Dahn (cf. n. 2) p. 685; WAHL, Religion (cf. n. 2) p. 59.
54 NEUHAUS, Literatur (cf. n. 9) p. 238 and p. 240.
55 DAHN, Ein Kampf um Rom (cf. n. 1) Buch 1, c. 5.
56 Esp. DAHN, Könige (cf. n. 7) 2 (1861).
57 DAHN, Ein Kampf um Rom (cf. n. 1) Buch 7, c. 1.
58 DAHN, Ein Kampf um Rom (cf. n. 1) Buch 7, c. 2.

In other words the racial separation of barbarian and Italian in "Ein Kampf um Rom" is not the fault of the Goths. Rather, "the Italians, not that one could blame them, felt the reign of foreigners to be a disgrace to their national pride"[59]. And "hatred against your people as barbarians and heretics still smoulders in Roman hearts"[60]. Even the most attractive of the Roman males, Julius Montanus, a friend of Totila, and an invention of Dahn, realises that "[t]here will never be a bridge between Romans and barbarians"[61]. This idea also creeps into "Die Könige der Germanen": Roman hatred for the Goths, "Haß" and even "Rassenhaß", is mentioned on a number of occasions, when the idea is a gloss rather than a straight citation of the source material[62]. And the obstacles to bringing the two peoples together, which may in any case be insuperable, are made worse in the novel by the scheming and treachery of Italians, notably of Cethegus, but also of a whole faction of churchmen, and, in addition, of Byzantines. What Dahn does in "Ein Kampf um Rom", then, is accept the premise set out by Manzoni[63] – that the Italians could never acclimatise themselves to the existence of their Germanic overlords – but he argues that, in the Gothic case, although perhaps not in the Longobard, the fault was more that of the Italians than the Goths, some of whom were deeply attracted not just to the land of Italy, but also to its culture: writing (rather fancifully) of Totila, Dahn claims: "After all, he knew the Italian language and both Italian and Greek literature better than most Italians, and he loved and respected the culture of the old world, however he loved his own Goths at the same time"[64]. The comment is certainly a better description of a German professor of classics of the later nineteenth century than of a sixth-century Gothic king. The crucial point for Dahn, however, was that Theoderich and his successors made great attempts at conciliation, but these had been rejected[65].

Interestingly, it is not in the novel, but in "Die Könige der Germanen", that Dahn admits that the Goths finally cracked, following the defeat and death of Totila, when they slaughtered their patrician Roman hostages: "Jetzt endlich

---

59   DAHN, Ein Kampf um Rom (cf. n. 1) Buch 2, c. 1.
60   DAHN, Ein Kampf um Rom (cf. n. 1) Buch 3, c. 1.
61   DAHN, Ein Kampf um Rom (cf. n. 1) Buch 3, c. 21.
62   E.g. DAHN, Könige (cf. n. 7) 2 (1861) p. 166–167 and p. 183.
63   MANZONI, Adelchi, ed. Becherucci, (cf. n. 42) Act III, 8, Coro, p. 428–431; Act V, 8, 354–359, also Act IV, 1, 97–102, p. 437.
64   DAHN, Ein Kampf um Rom (cf. n. 1) Buch 4, c. 9.
65   DAHN, Könige (cf. n. 7) 2 (1861) p. 174

trieb Hoffnungslosigkeit und grimmer Rachedurst die Gothen zu fanatischem Nationalhaß"[66]. Here, of course, he could follow the lead of Procopius, whose sympathy for the Romans at this point Dahn had noted in his study of the Byzantine author.

What Dahn has done in "Ein Kampf um Rom", in other words, is take the model of separation set out in the "Adelchi" and the "Discorso", but present it nearly in mirror image. He acknowledges that the Italians were bound to resent rule by outsiders, but then sets out to show that in the Gothic case this was not because Theoderich and his followers maltreated the indigenous population. Yet he places this argument, which, given the Italian scholarly tradition, is a significant one, in "Ein Kampf um Rom" rather more clearly than he does in the academic "Die Könige der Germanen" (where pushed to the fore it would have been out of place in the context of "Verfassungsgeschichte" and "Rechtsgeschichte").

Of course, Dahn's "Ein Kampf um Rom" can be, and has been, read against social and political discourses of the late nineteenth century – just as the "Adelchi" has been read in the light of the early Risorgimento. Yet, whereas Manzoni's work has been understood also to belong to a historical debate, largely, no doubt because of the accompanying "Discorso sopra alcuni punti della storia longobardica", Dahn's "Ein Kampf um Rom" has largely been treated separately from his historical works. Here, it may be that an awareness of the professionalisation of historical research has been influential. Dahn was, after all, a notable professor of "Deutsche Rechtsgeschichte": the fact that he was so successful in both the academic and the literary sphere almost seems an anachronism. Manzoni held no equivalent university position: neither did Troya, or Balbo, another notable mid-nineteenth-century historian of the Ostrogoths and Longobards, who is cited in the second volume of "Die Könige der Germanen"[67]: both Troya and Balbo were politicians and leading contributors to the political and intellectual journals of their day, as much as they were historians. Dahn's work, then, can be divided (quite wrongly, I would suggest) into the professional academic and the literary in a way that Manzoni's cannot.

Dahn's "Ein Kampf um Rom" deserves to be read as having a role to play within historical discourse. Like Manzoni's "Adelchi", this work of literature allowed its author to push ideas further than a straight reading of the sources

---

66   DAHN, Könige (cf. n. 7) 2 (1861) p. 239.
67   DAHN, Könige (cf. n. 7) 2 (1861) p. 189.

would allow – though it must be said that the "Discorso" is a good deal more obviously parti pris than is the "Die Könige der Germanen". There are certainly points in "Ein Kampf um Rom" where Dahn turns an issue discussed in his "Prokopius" into a clear factual statement, as, for example, when he makes Procop decide to write the "Secret History" out of anger that he had been forced to write his panegyrical account of Justinian's "Buildings"[68]. "Ein Kampf um Rom", taken together with the "Die Könige der Germanen" and the "Prokopius", as recommended by Dahn in the novel's "Vorwort", belongs almost as much within the historical discourse of the period, as it does within the history of 'völkisch' ideas and of the politics of the 1860s and 1870s. Indeed, it expanded the audience of historical research, encouraging a more general readership to study "Deutsche Verfassungsgeschichte". Above all, like the "Adelchi" and the "Discorso", but at a time when the professionalisation of history was perhaps beginning to remove academic history from a more general audience, it forces us to rethink the divisions between the disciplines, allowing us to see that the novel may not only be a work of literature, and of contemporary ideas, but may also engage in historical debate more freely than could a straightforward academic work[69].

---

68 DAHN, Ein Kampf um Rom (cf. n. 1) Buch 8, c. 6.
69 A version of this paper was originally delivered at Collegium Budapest in February 2009. I would like to thank, in particular, Joep Leerssen, Patrick Geary, Hedwig Röckelein and Felicitas Schmieder for their comments on the text.

Bonnie Effros

Casimir Barrière-Flavy and the (Re)Discovery of Visigoths in Southwest France

Introduction

Based on the scholarly acclaim he received during his lifetime, one would expect that Casimir Barrière-Flavy (1863–1927) would be remembered today as a central figure in the history of early medieval archaeology. His contemporaries in both southwestern France and Paris recognized the originality of the self-taught archaeologist's contributions following his publication in 1893 of a corpus of all known grave sites and artifacts linked to the presence of Visigothic soldiers and settlers in the south of Gaul from 418 until their defeat circa 507 by the Franks[1]. In 1901, Barrière-Flavy topped his initial achievement by cataloguing and mapping the distribution of all documented Germanic find sites in post-Roman Gaul, more than 2000 in total; he accomplished this monumental task independently by gathering together all existing data about grave remains that had to that time been identified with the Franks, Burgundi-

---

I would like to congratulate Hans-Werner Goetz on his 65th birthday and thank him warmly for his friendship and support in the years since the "Transformation of the Roman World" project where we first met in 1995. I am grateful to Torbjörn Wandel, Ralph Patrello, and Andrew Welton for their feedback on various iterations of this paper, Bernadette Suau, Marc Commelongue and Françoise Stutz for their guidance and hospitality during my much too brief visit to the Société archéologique du Midi de la France in Toulouse in February 2007, and Walter Pohl and Patrick Périn for their continued support of my research on nineteenth-century archaeology. The research and writing of this essay was supported by a fellowship sponsored by the Wittgenstein Stiftung at the Institut für Mittelalterforschung of the Österreichische Akademie der Wissenschaften in Vienna and Title F Funding from Binghamton University in Spring 2007, and by the Rothman Endowment at the Center for the Humanities and the Public Sphere at the University of Florida in Summer 2011.

1   Casimir BARRIERE-FLAVY, Étude sur les sépultures barbares du Midi et l'Ouest de la France: Industrie wisigothique (1893). For a more current account of the territories north of the Pyrenees believed by historians to have been affected by Visigothic settlement, see: Peter HEATHER, The Goths (1996) p. 181–198.

ans, or Visigoths². Indeed, it is difficult to appreciate the sheer tenacity that this enormous task demanded of an independent scholar residing in the *département* of the Haute-Garonne, given that in this era, the discipline of national archaeology in France was still decentralized, largely unregulated, and practiced predominantly by amateurs³.

However, Barrière-Flavy's contributions to the advancement of national archaeology, while highly-regarded in his day, no longer receive substantial scholarly attention, and he remains far better known in the southwest of France than nationally⁴. This divided legacy owes in part to Barrière-Flavy's fierce loyalty to the historical and cultural identity of his native region, which caused him to dismiss scholarly advances that contradicted his particularist vision of Aquitaine's historical past. While his approach was known in his own time to have certain shortcomings stemming from a lack of attention to the chronology of the burial goods in question, these concerns did not overshadow acknowledgement of his greater achievements. Whereas contemporaries, recognizing the immensity and challenges of the task of collecting the output of a discipline that was not yet professionalized, were eager to celebrate these accomplishments even if flawed, the same obstacles were less well appreciated in subsequent decades. His work, which weighted the ethnic identification of the graves as more significant than the relative and absolute chronologies of the artifacts, could serve as a bibliographic resource for future scholars, but its central argument did not withstand the test of time.

The rapid demise of the stature of Barrière-Flavy's publications was also an unanticipated casualty of the ideological pressures brought to bear on the study of what were believed to be Germanic archaeological remains by two devastating world wars. Following the victory of the Allied powers in World War I, the influential Sorbonne professor of art history Émile Mâle sought to discredit all earlier scholarly efforts to show that Germanic contributions had shaped me-

---

2   Casimir BARRIERE-FLAVY, Les arts industriels des peuples barbares de la Gaule du Ve au VIIIe siècle, 3 vols. (1901).

3   For general background on this topic, see: Bonnie EFFROS, Uncovering the Germanic Past: Merovingian Archaeology in France, 1830–1914 (2012).

4   Barriére-Flavy is remarkably missing from major assessments of the period like Ève GRAN-AYMERICH, Dictionnaire biographique d'archéologie, 1798–1945 (2001). His legacy has not been forgotten in his native region: Lydia MOUYSSET, Casimir Barrière-Flavy, in: Le Musée Saint-Raymond. Musée des antiques de Toulouse, ed. Daniel CAZES (1999) p. 174.

dieval artistic traditions in France[5]. While less polemical in tone than the work of Mâle, Édouard Salin's publications nonetheless tempered Barrière-Flavy's praise of Germanic art by highlighting the Eastern as opposed to Germanic stylistic elements to be found in alleged Frankish, Burgundian, and Visigothic grave artifacts[6]. On the other side of the Rhine, by contrast, the publications of Barrière-Flavy remained seminal for a longer period of time. German scholars working during the interwar period such as Hans Zeiss profited greatly from Barrière-Flavy's works as a starting point for their own surveys, even if they acknowledged that the distinctions between Frankish and Visigothic graves might not be as clear-cut as those proposed by the French scholar[7].

Following World War II, citation of the foundational contributions of Barrière-Flavy grew increasingly infrequent outside of Germany as attention shifted to other possible explanations for the alleged Visigothic materials found in the southwest of France. In 1947, the influential Swedish art historian Nils Åberg concluded that Aquitainian material culture was used by a predominantly Gallo-Roman community that had been influenced by Germanic traditions of the Franks rather than those of the Visigoths[8]. The end of the era was signaled by the paradigm shift sparked by Édouard Salin in his four-volume "La civilisation mérovingienne" (1950–59). By moving the emphasis of his inquiry on grave artifacts from the question of the ethnic composition of the population of late Roman and Merovingian Gaul to that of the civilizing process of Christianization[9], and giving attention to the role of scientific ap-

---

5   Émile MALE, L'Art allemand et l'art français du moyen âge (²1918).
6   Édouard SALIN, Rhin et Orient: Le haut moyen-âge en Lorraine d'après le mobilier funéraire. Trois campagnes de fouilles et de laboratoire 1 (1939) p. 16–17.
7   Hans ZEISS, Die Grabfunde aus dem spanischen Westgotenreich (Germanische Denkmäler der Völkerwanderungszeit 2, 1934) p. 1–2. See also the work of the Swedish scholar Bernhard SALIN, Die altgermanische Thierornamentik. Typologische Studie über germanische Metallgegenstände aus dem IV. bis IX. Jahrhundert (1904), in the German translation by J. Mestorf.
8   Nils ÅBERG, The Occident and the Orient in the Art of the Seventh Century 3 (Kungliga Vitterhets Historie och Antikvitets, Akademiens Handlingar 56/3, 1947) p. 40–64.
9   This shift was particularly notable in the second volume of his four-volume contribution, the theme of which was Merovingian-period graves: Édouard SALIN, La civilisation mérovingienne d'après les sépultures, les textes et le laboratoire 2 (1952).

proaches in archaeological practice[10], Salin opened the door to a new generation of archaeologists eager to study other facets of early medieval communities.

Today, most archaeologists concur that virtually no material evidence from southwestern Gaul testifies to the presence of Visigoths during the period of the kingdom of Toulouse[11]. Moreover, although some archaeologists have clung to traditional ethnic readings of burial artifacts[12], there remains great difficulty in accounting for who actually used so-called Visigothic artifacts of the sixth century, since they have been found in parts of Septimania and Iberia inhabited by mixed populations[13]. Given the way in which scholarly understanding of these issues has shifted since the early twentieth century, it is nonetheless worthwhile to assess the place of a provincial archaeologist as inventive, driven, and controversial as Barrière-Flavy and judge the legacy of his contributions to the history of early medieval archaeology in France.

Local identity in late nineteenth-century Toulouse

To understand Barrière-Flavy's approach to the Visigothic past, it is helpful to begin with a brief description of the scholarly milieu in which his ideas first

---

10 Édouard SALIN, Mobilier funéraire et laboratoire, in: Annales ESC 5/4 (1950) p. 469–472.
11 Edward JAMES, The Merovingian Archaeology of South-West Gaul 1 (BAR Supplementary Series 25, 1977) 1, p. 196. Catherine BALMELLE, Les demeures aristocratiques d'Aquitaine. Société et culture de l'Antiquité tardive dans le Sud-Ouest de la Gaule (2001) p. 33–37. Emmanuelle BOUBE, Antiquité tardive et haut moyen âge, in: La Haute-Garonne (hormis le Comminges et Toulouse), ed. Julie MASSENDARI (Carte archéologique de la Gaule 31/1, 2006) p. 77–80.
12 Michel KAZANSKI, Les Wisigoths, du Danube à la Gaule, in: Wisigoths et Francs autour de la bataille de Vouillé (507): Recherches récentes sur le haut moyen âge dans le Centre-Ouest de la France, ed. Luc BOURGEOIS (Mémoires publiés par l'Association française d'archéologie mérovingienne 22, 2010) p. 9–14.
13 Gisela RIPOLL LÓPEZ, Visigothic Jewelry of the Sixth and Seventh Centuries, in: From Attila to Charlemagne: Arts of the Early Medieval Period in The Metropolitan Museum of Art, ed. Katharine R. BROWN / Dafydd KIDD / Charles T. LITTLE (2000) p. 188–203. More recently, see: Françoise STUTZ, Les objets mérovingiens de type septentrional dans la moitié sud de la Gaule (Doctoral diss. Université Aix-Marseille I / Université de Provence, 2003) 1. I thank Françoise Stutz for kindly giving me access to her unpublished dissertation. On the general difficulties of ethnic ascriptions of artifacts, see: Sebastian BRATHER, Ethnische Identitäten als Konstrukte der frühgeschichtlichen Archäologie, in: Germania 78 (2000) p. 139–177.

took shape. During the French Revolution, a new system of administrative *départements* in France was instituted to weaken the power of the ancient provinces and those who controlled them by creating more uniform institutional districts across the country. Nonetheless, in the south of France, these organizational changes were far from successful even late in the century in eradicating the identity of "le Midi" in favor of a more general, national allegiance[14]. In the case of Toulouse, the capital of the newly created *département* of the Haute-Garonne, which was composed of a mixture of former Languedocien, Aquitainian, and Pyrrenean territories, regional patriotism thrived. In 1807, the foundation in Toulouse of the Académie des sciences, inscriptions, et belles-lettres was intended to promote the importance of the ancient historical achievements of the region and counteract Parisian cultural dominance[15]. However, the workings of such regional academies, especially in the south of France, typically discouraged the development of learned societies in the decades that followed; the latter's constituencies were more prominently composed of bourgeois membership and tended to be more productive than the older academies[16]. Because local societies were most often the context of local archaeological research, moreover, the slower pace of their development in southern France delayed the excavation of the non-classical remains of these regions[17].

Propelled by the events of the July Monarchy and the central government's encouragement of regional institutions dedicated to the writing of local history[18], leaders in Toulouse founded the Société archéologique du Midi de la

---

14   Eugen WEBER, Peasants into Frenchmen: The Modernization of Rural France, 1870–1914 (1976) p. 93–108. On Occitan national history, see: Andrew ROACH, Occitania Past and Present: Southern Consciousness in Medieval and Modern French Politics, in: History Workshop Journal 43 (1997) p. 9–15.
15   Georges FOURNIER, Le 'Midi' des Toulousains de la fin de l'Ancien Régime au début du XIXe siècle, in: Identités méridionales. Entre conscience de soi et visions de l'autre, ed. Pierre GUILLAUME (Congrès national des sociétés historiques et scientifiques 126, 2003) p. 273–280.
16   See Pim DEN BOER, History as Profession: The Study of History in France, 1818–1914 (1988) p. 18–23, in the translation by Arnold J. Pomerans.
17   Charles-Olivier CARBONELL, Histoire et historiens: une mutation idéologique des historiens français 1865–1886 (1976) p. 192–195.
18   Stéphane GERSON, La répresentation historique du 'pays', entre l'État et la société civile, in: Romanticisme 110 (2000) p. 39–49.

France in 1831[19]. A legitimist-dominated organization of self-taught amateurs under the direction of Alexander Du Mège and the Marquis de Castellane, the newly created learned society expanded the tradition of promoting Toulousan history to include the fruits of archaeology. Between 1831 and 1870, the group grew from 14 founding members to include 78 resident, 14 honorary, and 83 corresponding members[20]. Nonetheless, significant tension existed between the central government's desire to control the outcomes of such efforts and local élite's objective of publicizing the region's glorious past[21], which included advocating the restoration of historic provincial privileges eliminated by the Revolution[22].

The push for greater independence from Paris in the south of France only grew louder during the crisis provoked by the Prussian occupation of northern France. During this period, republican activists in Marseilles, Lyons, Bordeaux and Toulouse supported greater autonomy for their cities, and the newly established Ligue du Midi attempted in September 1870 to federate thirteen *départements* in the south of France. Although subsequent decades brought some healing to such rifts through the recognition of the benefits of greater decentralization in France[23], the underlying sentiments that had found an outlet in the promotion of a unique past continued to characterize political and intellectual activities in the Midi of France.

Barrière-Flavy as amateur archaeologist of the Visigoths

In 1890, among the local men elected to the Société archéologique du Midi de la France was Barrière-Flavy, who had trained as a lawyer and served on the appellate court of Toulouse. In his late twenties, he turned from the career for

---

19 Procès verbal de la séance du 2 juin 1831, in: Mémoires de la Société archéologique du Midi de la France 1 (1832/33) p. xi–xii. Julie MASSENDARI, Historiographie, in: EAD., La Haute-Garonne (cf. n. 11) p. 44–45.

20 Louis PEYRUSSE, Les premières années de la Société archéologique du Midi de la France et l'art médiéval (1831–1870), in: Mémoires de la Société archéologique du Midi de la France 44 (1981–1982) p. 13–40.

21 Stéphane GERSON, The Pride of Place: Local Memories and Political Culture in Nineteenth-Century France (2003) p. 12–13.

22 FOURNIER, Le 'Midi' (cf. n. 15) p. 282–287.

23 Robert GILDEA, Children of the Revolution: The French, 1799–1914 (2008) p. 233–234, p. 289–293, and p. 304–308.

which he had prepared and devoted himself to his passion for archaeological and historical studies[24]. He read actively in the fields of art and archaeology, works to which he had access through his membership in the Société archéologique[25]. Although he was self-taught in the methods of his chosen discipline of archaeology, Barrière-Flavy quickly developed an expertise in identifying the typology of archaeological artifacts. He honed this skill through personal visits to collections around the country, correspondence with fellow archaeologists, and the exchange of drawings and photographs of excavated objects with contemporaries in and outside of France[26].

In his self-sponsored scholarly pursuits, Barrière-Flavy chose not to focus, like many of his contemporaries in Toulouse, on the remains of classical Rome or medieval architecture so prominent in the landscape of his native region[27]. Instead, in his archaeological research, Barrière-Flavy focused on the period of the "barbarian invasions", and particularly the period that saw the settlement of the Visigoths in the Garonne valley and their subsequent establishment of the kingdom of Toulouse in the course of the fifth century. Just as the French Revolution had encouraged interest in national as opposed to classical antiquities[28], Barrière-Flavy's interest in Visigothic grave artifacts, which were first identified in the 1860s by local archaeologists in southwestern France[29], ap-

---

[24] Barrière-Flavy did not leave political life altogether, however, and served four terms as mayor of the town of Puy-Daniel (Haute-Garonne): Charles LÉCRIVAIN, Éloge de Bonaventure-Casimir Barrière-Flavy, in: Mémoires de l'Académie des sciences, inscriptions et belles-lettres de Toulouse, Ser. 12, 6 (1928) p. 203–204.

[25] The librarian of this organization in Toulouse complained of Barrière-Flavy, who often returned his books past their due date: Letter dated 22 January 1900 from Barrière-Flavy to the Société's librarian: Archives de la Bibliothèque de la Société archéologique du Midi de la France, Correspondance 1891–1900.

[26] Many of the extant papers of Barrière-Flavy are today preserved as the Fonds Barrière-Flavy in the Service du livre ancien in the Bibliothèque universitaire de l'Arsenal, SCD Toulouse I. At his wish, they were transferred there a year prior to his death: LÉCRIVAIN, Éloge (cf. n. 24) p. 219.

[27] For a survey of the Roman materials, see: MASSENDARI, La Haute-Garonne (cf. n. 11). On nineteenth-century debates about medieval architectural styles, see: Jean NAYROLLES, Midi gothique ou Midi roman: Dans quel style construire les églises du XIXe siècle?, in: L'art du sud de la création à l'identité (XIe–XXe siècle), ed. Quitterie CAZES (2003) p. 182–185.

[28] Margarita DÍAZ-ANDREU, A World History of Nineteenth-Century Archaeology: Nationalism, Colonialism, and the Past (2007), p. 317–322.

[29] STUTZ, Les objets (cf. n. 13) 1, p. 11.

pears to have been motivated in large part by his regional pride, an enthusiasm shared by many of his colleagues[30].

As noted above, the field of Visigothic archaeology appeared relatively late on the scene partly as a consequence of the smaller number of archaeological societies active in southwestern France. The identification of Frankish and Burgundian grave remains in France, by contrast, had begun several decades earlier, in the 1830s and 1840s, respectively[31]. Typically, amateur archaeologists working in the field were influenced by the widely read cemeterial studies of the Lindenschmit brothers in Mainz or the abbé Cochet in Normandy[32]. These scholars determined the presence of Germanic populations in recently uncovered cemeteries on the basis of typological comparisons with artifacts found in regions in which late Roman historical sources noted the movement of "barbarian" armies or soldiers such as in the Rhine valley, Normandy, or Lorraine[33]. In northern and northeastern France, as a consequence, amateur scholars usually attributed such finds to the Franks, whereas in Burgundy, Savoy, and Switzerland they typically linked burial artifacts of this period with ancient Burgundian invaders. However, in 1867, the amateur archaeologist Bruno Dusan became one of the earliest scholars to suggest that the large belt buckles uncovered in the *département* of Haute-Garonne could be traced to the presence of the Visigoths prior to their conquest by the Franks in the early sixth century. He argued that these objects were distinctive in style from those already attributed to the Franks and Burgundians[34]. His hypothesis fueled discussion among local archaeologists about the occupants of late Roman and early medieval cemeteries in the Midi, which up until this point (and, for some,

---

30   Patrick PERIN, La datation des tombes mérovingiennes. Historique – Méthodes – Applications (Centre de recherches d'histoire et de philologie de la IVe section de l'École pratique des hautes études 5 / Hautes études médiévales et modernes 39, 1980) p. 35.
31   EFFROS, Uncovering (cf. n. 3).
32   Jean-Benoît-Désiré COCHET, La Normandie souterraine ou notices sur des cimetières romains et des cimetières francs explorés en Normandie (^{2}1855). Wilhelm LINDENSCHMIT / Ludwig LINDENSCHMIT, Das germanische Todtenlager bei Selzen in der Provinz Rheinhessen (1848).
33   PERIN, La datation (cf. n. 30) p. 10–11.
34   Bruno DUSAN, Boucles mérovingiennes (visigothiques?) trouvées à Gibel (Haute-Garonne), in: Revue archéologique du Midi de la France 2 (1867) p. 48.

long after this date) were typically attributed to sixth-century Frankish conquerors of the region[35].

A generation after Dusan, Barrière-Flavy began his archaeological career by studying graves that had been discovered serendipitously by landowners in the region. In 1891, he reported upon finds made by M. Duclos on his property in Venerque; the local papers had originally reported that the weapons, buckles, and other debris found at the site were the result of a battle from the Albigensian period, a claim that Barrière-Flavy dismissed as absurd. Although he was not able to study the artifacts *in situ* (he arrived only after the items had been removed and local children had destroyed extant skeletal remains), he noted that they bore some similarities to those published in Normandy and the Aisne by the abbé Cochet and Frédéric Moreau, respectively. Concluding in this piece that the finds dated from the early Merovingian period, Barrière-Flavy called upon his colleagues to launch further studies of artifactual material in the Midi, since he believed that the expert qualities of the artifacts found at Venerque distinguished them from what he described as the cruder objects that had descended from the north with the Franks. He seemed confident that with further evidence of the subtle differences in the ornamentation of grave artifacts, one might demonstrate conclusively that much of the material culture of southwestern France was Visigothic and not Frankish in origin[36]. In subsequent years, he took on the task of certifying or amending reports of Germanic cemeteries in nearby southwestern French *départements* and identifying new evidence of Visigothic graves[37].

As Barrière-Flavy advanced his archaeological research in the early 1890s, he was strongly influenced by the publications of the amateur archaeologist Baron Joseph Berthelot de Baye, who from the mid-1870s had involved himself in a number of prehistoric, Gallic, and early medieval excavations. In this period, de Baye served as the inspector of antiquities for the Marne, Ardennes, Aube, and Haute-Marne for the Société française d'archéologie, founded by

---

35 Alfred CARAVEN-CACHIN, Le cimetière mérovingien du Gravas (1891) p. 20.
36 Casmir BARRIERE-FLAVY, Chronique archéologique: Sépultures mérovingiennes découvertes à Venerque (Haute-Garonne), in: Revue des Pyrénées et de la France méridionale 3 (1891) p. 533–538.
37 Casimir BARRIERE-FLAVY, Notes sur six nouvelles stations barbares de l'époque mérovingienne dans le Sud-Ouest, in: Bulletin de la Société archéologique du Midi de la France 13 (1893–1894) p. 77–88.

the Caennais nobleman Arcisse de Caumont and based in Normandy[38]. And, as early as 1890, de Baye wrote critically of what he saw as the excessive focus by French and Belgian scholars on Frankish graves. Observing parallels between burial artifacts discovered in Gaul with southern Russia, he underlined the logic of attributing migration-period graves discovered in the south of France to the Visigoths[39]. With the example of archaeological finds made as far north as the cemetery of Herpes (Charente) by Philippe Delamain, de Baye argued for the feasibility of identifying Visigothic colonies anywhere in Gaul on the basis of cemeterial remains[40]. Although de Baye's thinly documented thesis immediately attracted criticism[41], his observations of the shared characteristics between artifacts in southwestern France and southern Russia remained attractive to many archaeologists, including most prominently Barrière-Flavy[42]. Given France's humiliating defeat by the Prussians in 1870–71, the argument's appeal should not be surprising. Emphasis on a "Gothic connection" to southern Russia enabled French scholars to counter the claims of scholars who suggested that the contents of the same graves were Germanic in origin[43].

At the "Congrès international d'archéologie et d'anthropologie préhistoriques", held in Moscow in August 1892 and attended by both men, Barrière-Flavy heralded de Baye's work as an important step forward in establishing the characteristics of Gothic art derived from the Black Sea region and the

---

38 Baron Joseph Berthelot de Baye, in: France Savante: Dictionnaire prosopographique (Comité des travaux historiques et scientifiques) http://cths.fr/an/prosopo.php?id=123 [09/17/2011].

39 Joseph DE BAYE, L'art des barbares à la chute de l'empire romain, in: L'Anthropologie 4 (1890) p. 385–400.

40 Joseph DE BAYE, Cimetière wisigothique de Herpes (Charente), in: Bulletin de la Société archéologique et historique de la Charente, Ser. 6, 1 (1890–91) p. 223–233.

41 Joseph DE BAYE, Le cimetière wisigothique de Herpes (Charente), in: Le cimetière d'Herpes, ed. Philippe DELAMAIN (1892) p. 37–44. Robert MOWAT, Compte-rendu: Le cimetière wisigothique de Herpes, Charente, in: Revue des questions historiques N.S. 10 (1893) p. 685–686.

42 LOMBARD-DUMAS, Sépultures gallo-romaines et wisigothes de Saint-Clément, près Sommière (Gard), in: Mémoires de l'Académie de Nîmes, Ser. 7, 15 (1892) p. 22–23.

43 This theory was also probably favorably received as relations warmed between France and Russia in the period leading up to the Franco-Russian alliance of 1892: Robert TOMBS, France 1814–1914 (1996) p. 474–475. I thank Ralph Patrello for reference to this development.

Danube[44]. Indeed, Barrière-Flavy was so enamored of the work of de Baye that he asked him to write an introduction on this topic to open his forthcoming monograph, "Étude sur les sépultures barbares du Midi et l'Ouest de la France: Industrie wisigothique", published in 1893[45]. De Baye's thesis represented an important underpinning of Barrière-Flavy's main objective of formulating the specific criteria for identifying Visigothic graves and categorizing the subtle differences of these artifacts from those remains found north of the Loire[46]. Despite a devastating review of the work by another amateur archaeologist, A.-F. Lièvre, who showed that many of the artifacts in question could not predate the Frankish conquest of the region and thus could not be proven Visigothic[47], Barrière-Flavy's view prevailed into the twentieth century[48].

Eight years later, in 1901, Barrière-Flavy published his three-volume survey of all known "barbarian" cemeteries in France. He opened this work by castigating his contemporaries for failing to reach a general audience and teach them about this crucial episode of their national history. Obscured in the dark and disorganized displays of local archaeological museums, the hallmark artifacts of this important epoch, according to Barrière-Flavy, had suffered under scholars who willfully neglected scientific methods in the field and refused to communicate information about the past in a manner geared at generating public pride and enthusiasm about the local past[49]. It should be noted, however, that Barrière-Flavy was not innocent of such practices himself. He owned a substantial number of artifacts from southwestern and northern France, which he kept safe from public view in his château in Puy-Daniel. Moreover, after World War I, Barrière-Flavy attempted to profit from his excavations and collecting, with a proposed sale of his collection to the Musée des antiquités nationales in Saint-Germain-en-Laye. After negotiations broke down, due at

---

44 Casimir BARRIERE-FLAVY, Étude sur les sépultures barbares de l'époque wisigothique dans le Midi de la France, in: Congrès international d'archéologie et d'anthropologie préhistoriques de Moscou, Août 1892 (1893) p. 87–94.
45 Joseph DE BAYE, Introduction, in: BARRIERE-FLAVY, Étude (cf. n. 1) p. xv. STUTZ, Les objets (cf. n. 13) 1, p. 12.
46 BARRIERE-FLAVY, Étude (cf. n. 1) p. 19.
47 Auguste-François LIEVRE, Les sépultures mérovingiennes et l'art barbare dans l'Ouest de la France (1894) p. 10–20.
48 JAMES, The Merovingian (cf. n. 11) 1, p. 196–198.
49 BARRIERE-FLAVY, Les arts (cf. n. 2) 1, p. ix–xi.

least in part to Barrière-Flavy's insistence that the assemblage remain intact[50], he seems to have had a change of heart and opted instead to benefit regional scholars at the institutions that had supported his own work. In 1920, Barrière-Flavy donated his collection of artifacts, drawings, photographs, and postcards to the Société archéologique du Midi de la France, under the condition that the objects be housed and displayed in the Musée Saint-Raymond in Toulouse[51].

Visigothic exceptionalism in the work of Barrière-Flavy

It should be noted that one of the features that marks Barrière-Flavy's 1901 publication as distinct from the work of most of his French contemporaries is that he viewed the period of the "barbarian" invasions in a positive light. In his eyes, the epoch represented a time of renewal, one that swept away the debris of decadent Gallo-Roman culture to replace it with vibrant influence from the East[52]. Indeed, only a few other scholars, including the prominent art historian and creator of the Louvre's medieval department, Louis Courajod, viewed what Barrière-Flavy perceived as a mixture of Byzantine, Arab, Assyrian, Persian, and Gothic influences in "barbarian" productions as having made a lasting contribution to the development of medieval art[53]. Barrière-Flavy pushed the point further, positing that the Visigoths included among their number

---

50   BARRIÈRE-FLAVY wrote twice to Salomon REINACH, director of the museum, to sell a sizeable number of Frankish artifacts in his possession from the *départements* of the Haute-Garonne and Aisne. Because the Musée des antiquités nationales only wanted to purchase a selection of the finest pieces, BARRIÈRE-FLAVY withdrew his offer: Letters dated 13 August 1918, 11 August 1919, and 25 September 1919: Archives du Musée d'archéologie nationale de Saint-Germain-en-Laye.
51   Letter dated December 1919 from BARRIÈRE-FLAVY to the president of the Société archéologique du Midi de la France: Archives du Musée Saint-Raymond, Toulouse. I owe great thanks to Marc Comelongue for providing me with a transcript of this letter.
52   BARRIERE-FLAVY, Les arts (cf. n. 2) 1, p. vii–viii.
53   Louis COURAJOD, Leçons professées à l'École du Louvre (1887–1896) 1, ed. Henri LEMONNIER / André MICHEL (1899) p. 185. By contrast, Ferdinand de Lasteyrie argued that the art brought by the Visigoths to Iberia failed to thrive or leave a trace in the long term: Ferdinand DE LASTEYRIE, Description de trésor de Guarrazar accompagnée de recherches sur toutes les questions archéologiques qui s'y rattachent (1860) p. 33–35.

accomplished artists with the ability to innovate and produce (rather than simply copy) the fine pieces being uncovered in late antique cemeteries in France[54].

Rather than seeing all barbarian productions as relatively comparable in quality and style[55], however, Barrière-Flavy's work favored Visigothic and Burgundian productions; he was intent on conveying to readers the idea that France south of the Loire, compared to the north, possessed a unique identity even in this early period. Although he acknowledged, as one of his few concessions of Lièvre's strong criticisms of his preceding book, that he had been too eager to attribute certain cemeteries to the Visigoths in 1893, Barrière-Flavy strongly criticized the prevailing tendency to see all Germanic goods in Gaul as Frankish. He also unabashedly commented that the artifacts discovered in Visigothic cemeteries were superior to the better known corpus of material culture associated with the former[56], and was praised for doing so by his colleagues at the Société archéologique du Midi de la France[57].

Despite the positive reception of the monograph in many quarters (which apparently resulted from ignorance of Lièvre's well-deserved critique), there were significant cracks in Barrière-Flavy's thesis of the presence of identifiable Visigothic cemeteries in southwestern France. As noted by Patrick Périn, one of the central faults of the work was Barrière-Flavy's insistence on the relative impossibility of establishing accurate chronologies of the archaeological sites in question, despite work then underway by scholars like Jules Pilloy, an amateur archaeologist excavating in the *département* of the Aisne in the mid-1880s[58]. Pilloy argued that scholars were oversimplifying cemeterial evidence when they assumed these sites to have been uniform and unchanging over time. Recognizing that the practices used at migration-period cemeteries evolved, Pilloy observed that archaeologists could plausibly identify more accurate subdivisions

---

54 BARRIERE-FLAVY, Les arts (cf. n. 2) 1, p. 171–172. Just after the First World War, by contrast, Émile Mâle described the Germanic artisans as mere copyists of Eastern Art. MÂLE, L'art (cf. n. 5) p. 5–7.

55 Maurice PROU, La Gaule mérovingienne (1897) p. 284. Barrière-Flavy would continue to argue against this point in subsequent years: Casimir BARRIERE-FLAVY, Le costume et l'armement du wisigoth au Ve et VIe siècles, in: Revue des Pyrénées: France méridionale – Espagne septentrionale 14 (1902) p. 125–143.

56 BARRIERE-FLAVY, Les arts (cf. n. 2) 1, p. 176, p. 287–290, and p. 443–444.

57 Émile CARTAILHAC, Séance du 5 mars 1901, in: Bulletin de la Société archéologique du Midi de la France 25–28 (1899–1901) p. 293–301.

58 PERIN, La datation (cf. n. 30) p. 32–36.

in their creation during what he called the "Franco-Merovingian" epoch[59]. Following the contentious debate about Frankish graves at the "Congress of Charleroi" held in 1888, he addressed this argument anew in 1891[60].

Well aware of Pilloy's work, Barrière-Flavy responded with strong doubt and suggested that all distinctions found in cemeteries reflected not chronological change but the presence of different groups of barbarian peoples. In his view, there were just two general periods of barbarian activity: one of the late third, fourth and early fifth centuries and one during the period of their settlement from the second half of the fifth century to the rise of the Carolingian dynasty[61]. This simple approach, which suggested the impossibility of distinguishing between cemeteries that pre- and postdated 507, allowed Barrière-Flavy to ignore the questions raised by Lièvre as to whether his so-called Visigothic cemeteries south of the Loire valley actually dated to the period of the kingdom of Toulouse. Indeed, in 1903, Pilloy suggested that Barrière-Flavy's inaccuracies resulted from his dependence on poorly excavated cemeteries in which no grave inventories had been made and thus in which it was impossible to understand the actual chronology of the finds in question[62]. Surprisingly, this criticism does not seem to have diminished the esteem in which Barrière-Flavy's work was held by contemporaries.

Despite the shortcomings of his research, Barrière-Flavy rose quickly to prominence in the field of archaeology. Moreover, unlike many of his provincial colleagues who found themselves thwarted in their ambitions to achieve recognition in Paris[63], Barrière-Flavy received the highly respected "Prix du

---

59 Jules PILLOY, Essai sur la classification des sépultures dites franco-mérovingiennes dans le département de l'Aisne, in: ID., Études sur d'anciens lieux de sépultures dans l'Aisne 1 (1886) p. 5–18.

60 Jules PILLOY, La question franque au Congrès de Charleroy (Belgique), in: Bulletin archéologique du Comité des travaux historiques et scientifiques (1891) p. 3–31. For more on the Congress, see: Hubert FEHR, Germanen und Romanen im Merowingerreich. Frühgeschichtliche Archäologie zwischen Wissenschaft und Zeitgeschehen (Reallexikon der Germanischen Altertumskunde, Ergänzungsbände 68, 2010) p. 233–251.

61 BARRIERE-FLAVY, Les arts (cf. n. 2) 1, p. 452–472.

62 Pilloy suggested, instead, that the cemeteries might be divided into four separate periods: those of the second half of the fifth century, those of the first half of the sixth century, those of the second half of sixth to mid-seventh century, and those of the Carolingian epoch: PILLOY, Études (cf. n. 59) 3 (1903) p. 189–201.

63 Bonnie EFFROS, Auf der Suche nach Frankreichs ersten Christen: Camille de la Croix und die Schwierigkeiten eines Klerikers als Archäologe im späten 19. Jahrhun-

Baron de Courcel" from the Académie des inscriptions et belles-lettres for his three-volume "Les arts industriels" in 1901. Regarding this work, Ernest Babelon wrote from the Bibliothèque nationale to Barrière-Flavy:

"You have just rendered a major service to national archaeology by synthesizing, coordinating, and cataloging all of the products of the industrial art of the first three centuries of our history, and the lavish plates that you have created are more beautiful than any other similar work. In the ranking of our studies, it is not an exaggeration to say that your work is the most remarkable of the beginning of the twentieth century. Please accept my congratulations."[64]

Barrière-Flavy was likewise honored with multiple invitations to join prestigious organizations like the Société des antiquaires de l'Ouest in Poitiers (Vienne), the Société royale d'archéologie de Bruxelles, and the Société nationale des antiquaires de France[65]. And, over time, Barrière-Flavy's publications continued to earn him accolades and offices. In 1907, the Ministry of Public Instruction accorded him the recognition of being named an Officer of Public Instruction. In the following year, he was awarded membership in the Académie des sciences, inscriptions et belles-lettres de Toulouse and was elected its president just before his death in 1927[66].

The legacy of Barrière-Flavy

We must ask, then, why, despite the obvious problems that weakened their central tenets, Barrière-Flavy's publications were valued so highly in his time. The research of Barrière-Flavy represented a source of pride for provincial archaeologists since he gave them grounds, notwithstanding distinct problems with his thesis, by which to take pride in the unique historical past of their

---

dert, in: Zwischen Spätantike und Mittelalter: Archäologie des 4. bis 7. Jahrhunderts im Westen, ed. Sebastian BRATHER (Reallexikon der Germanischen Altertumskunde, Ergänzungsbände 57, 2008) p. 119–146.

64 Letter dated 5 March 1901 from Ernest BABELON to Casimir BARRIÈRE-FLAVY: Fonds Barrière-Flavy, Liasse 5, Service du livre ancien, Bibliothèque universitaire de l'Arsenal, SCD Toulouse I.

65 Achille AURIOL, Casimir Barrière-Flavy, 1863–1927, in: Bulletin de la Société archéologique du Midi de la France, Ser. 2, 48 (1925–1930) p. 7–9.

66 LECRIVAIN, Éloge (cf. n. 24) p. 211–212. On the first, see letter dated 6 April 1907 from M. MAYET to M. LEYGUE: Fonds Barrière-Flavy, Liasse 5, Service du livre ancien, Bibliothèque universitaire de l'Arsenal, SCD Toulouse I.

regions. Particularly for scholars working in southwestern France, Barrière-Flavy's work raised Aquitaine to equal status with those regions in which the Franks had predominated. It thereafter became common practice to attribute any finds made in the region to the Visigoths since this suggested one more way in which local ancestry and artistic traditions differed from the rest of France[67].

Perhaps even more important to contemporaries than regional identity was the fact that Barrière-Flavy was the first to synthesize the myriad cemeterial data about the migration period that had been generated by amateur archaeologists in France over the previous seventy years. Despite not serving in any official capacity, Barrière-Flavy managed to collect information about thousands of sites, both published and unpublished, through a web of personal contacts. He did so without the administrative support or financial resources of a governmental committee or university institution. Although an effort to achieve something similar had been initiated by the Commission de la topographie des Gaules in the early 1870s in a project to catalogue Merovingian remains, their work never came to fruition[68]. Thus, Barrière-Flavy was rightly heralded for accomplishing what many provincial archaeologists and Parisian administrators suspected would never come to pass: a practical and accessible survey of known Merovingian-period cemeteries, namely a total of 2 315 sites at which Germanic burial remains had been uncovered in France[69].

Finally, it should be noted that by popularizing the idea that Visigothic grave artifacts were Eastern in inspiration, Barrière-Flavy's work made it possible for subsequent French scholars to free themselves from the concern that the stylistic conventions of these artifacts were Germanic. Salomon Reinach, third director of the Musée des antiquités nationales from 1902 to 1932, could thus confidently view the aggregate of data collected by Barrière-Flavy as something other than evidence of Gaul's subjection to the Germanic peoples. Instead, Reinach could praise what Barrière-Flavy documented in his survey as witness to the vibrant flowering of a "barbarian" industry that united East with

---

67 Abbé Frédéric HERMET, Cimetière wisigoth de Briadels près Saint-Georges-de-Luzençon (Aveyron), in: Bulletin de la Société archéologique du Midi de la France 29–31 (1901–1903) p. 54–58.
68 Ministère de l'Instruction publique et des Beaux-Arts, Commission de la Topographie des Gaules, Circulaire de Mai 1871: Archives Nationales F^{17}13308. The unfinished folders for the project are still extant in this same file.
69 BARRIERE-FLAVY, Les arts (cf. n. 2) 2, p. vii.

West[70]. However, as noted at the opening of this essay, in the decades after he wrote it, Barrière-Flavy's three-volume compendium also became an important reference work for nationalist German scholars. In the 1930s and early 1940s, the work furthered efforts to document the alleged existence of Germanic culture-circles in France and Belgium, and thus supported a broader initiative of providing ideological justification for Germany's invasion and occupation of these same regions[71]. In 1941, less than a decade after Reinach's death, Hans Zeiss, founder of the Institut für Vor- und Frühgeschichte at the University of Munich (1935) and a member of the Nationalist Socialists' "Kriegseinsatz der deutschen Geisteswissenschaften", read Barrière-Flavy's publications with a very different objective in mind than his French contemporaries[72]. Cataloguing the existence of a large number of Germanic cemeteries between the Seine and Loire on behalf of the Nationalist Socialist regime, he argued that Germanic cemeterial finds provided historical proof that the population of the region had been Germanic since at least the period of the migrations[73]. (By contrast, when Aquitaine itself came under the rule of the Vichy regime between 1940 and 1944, these studies were ignored as the regime promoted the Gallic and Roman past at the expense of the Germanic migrations[74].) In this context, Barrière-Flavy's contributions were used to advance German nationalist archaeology, an application wholly removed from his intention of promoting the unique identity of the south of France. It was likely this last, unanticipated legacy more than any other that resulted in Barrière-Flavy's work playing so small a role in French postwar archaeological research in any region outside of Aquitaine.

70 Salomon REINACH, Catalogue illustré du Musée des antiquités nationales au château du Saint-Germain-en-Laye 2 (1921) p. 290.
71 Franz PETRI, Germanisches Volkserbe in Wallonien und Nordfrankreich: Die fränkische Landnahme in Frankreich und den Niederlanden und die Bildung der westlichen Sprachgrenze (1937) 2, p. 771–796, p. 782–783, and p. 793.
72 Hubert FEHR, Hans Zeiss, Joachim Werner und die archäologischen Forschungen zur Merowingerzeit, in: Eine hervorragend nationale Wissenschaft: Deutsche Prähistoriker zwischen 1900 und 1995, ed. Heiko STEUER (Reallexikon der Germanischen Altertumskunde, Ergänzungsbände 19, 2001) p. 381–383.
73 Hans ZEISS, Die germanischen Grabfunde des frühen Mittelalters zwischen mittlerer Seine und Loiremündung, in: Bericht der Römisch-Germanischen Kommission 31/1 (1941) p. 8, 26–27.
74 Laurent OLIVIER, L'archéologie française et le régime de Vichy (1940–1944), in: European Journal of Archaeology 1 (1993) p. 243–252.

PICTURA ET POESIS

HERAUSGEGEBEN VON
ULRICH ERNST, JOACHIM GAUS UND CHRISTEL MEIER

böhlau

EINE AUSWAHL

BD. 25 | STEFAN MATTER UND
MARIA-CHRISTINA BOERNER
... KANN ICH VIELLEICHT NUR DICHTEND MAHLEN?
FRANZ PFORRS FRAGMENT EINES
KÜNSTLERROMANS UND DAS
VERHÄLTNIS VON POESIE UND
MALEREI BEI DEN NAZARENERN
2008. XII, 246 S. 29 S/W-ABB. AUF 24 TAF.
GB. | ISBN 978-3-412-20055-8

BD. 26 | KAI CHRISTIAN GHATTAS
RHYTHMUS DER BILDER
NARRATIVE STRATEGIEN IN TEXT- UND
BILDZEUGNISSEN DES 11. BIS
13. JAHRHUNDERTS
2009. 220 S. 4 S/W- UND 22 FARB. ABB.
AUF 16 TAF. GB. | ISBN 978-3-412-20186-9

BD. 27 | CLAUDIA SCHOPPHOFF
DER GÜRTEL
FUNKTION UND SYMBOLIK EINES
KLEIDUNGSSTÜCKS IN ANTIKE UND
MITTELALTER
2009. XIII, 324 S. MIT 55 S/W-ABB. AUF
48 TAF. GB. | ISBN 978-3-412-20226-2

BD. 28 | EVI ZEMANEK
DAS GESICHT IM GEDICHT
STUDIEN ZUM POETISCHEN PORTRÄT
2010. 393 S. MIT 46 S/W-ABB. GB.
ISBN 978-3-412-20408-2

BD. 29 | SUSANNE WARDA
MEMENTO MORI
BILD UND TEXT IN TOTENTÄNZEN DES
SPÄTMITTELALTERS UND DER FRÜHEN
NEUZEIT
2010. 353 S. 10 S/W-ABB. AUF 8 TAF.
MIT CD-ROM-BEILAGE. GB.
ISBN 978-3-412-20422-8

BD. 30 | CHRISTEL MEIER,
RUDOLF SUNTRUP
**HANDBUCH DER FARBENBEDEUTUNG
IM MITTELALTER**
1. TEIL | HISTORISCHE UND SYSTEMATISCHE GRUNDZÜGE DER FARBENDEUTUNG
2. TEIL | LEXIKON DER ALLEGORISCHEN
FARBENDEUTUNG
2012. 2 TL., INSGES. CA. 1296 S. CA. 120
FARB. ABB. AUF 60 TAF. MIT CD-ROM. GB.
ISBN 978-3-412-20558-4

VORAB ERSCHIENEN ALS CD-ROM:
CHRISTEL MEIER, RUDOLF SUNTRUP
**LEXIKON DER FARBENBEDEUTUNGEN
IM MITTELALTER**
2011. CD-ROM. JEWEL-CASE MIT BOOKLET.
ISBN 978-3-412-20560-7

BD. 31 | MORITZ WEDELL (HG.)
WAS ZÄHLT
ORDNUNGSANGEBOTE, GEBRAUCHSFORMEN UND ERFAHRUNGSMODALITÄTEN DES »NUMERUS« IM MITTELALTER
2012. X, 471 S. 78 S/W- UND 12 FARB. ABB.
1 FARB. FALTKT. GB.
ISBN 978-3-412-20789-2

BÖHLAU VERLAG, URSULAPLATZ 1, D-50668 KÖLN, T:+49 221 913 90-0
INFO@BOEHLAU-VERLAG.COM, WWW.BOEHLAU-VERLAG.COM | WIEN KÖLN WEIMAR

HARTMUT BLEUMER
HANS-WERNER GOETZ
STEFFEN PATZOLD
BRUNO REUDENBACH (HG.)
ZWISCHEN WORT UND BILD
WAHRNEHMUNGEN UND DEUTUNGEN
IM MITTELALTER

»Wahrnehmung« und »Deutung« sind Schlüsselbegriffe der jüngeren Kunstgeschichte wie auch der Geschichts- und Literaturwissenschaft. Der Band führt die Forschung zu diesen Begriffen fächerübergreifend zusammen: Er bietet Fallstudien zu Reliquiaren und zum Heiligenkult, zur Visualität sowie zu Fremdheit und Vergangenheit. Die Studien zeigen, wie in den verschiedenen Disziplinen die Begriffe »Wahrnehmung« und »Deutung« verwendet werden können. Zusammengenommen machen sie aber auch deutlich, welches Potential die Frage nach Wahrnehmungen und Deutungen hat, sobald interdisziplinäre Missverständnisse »zwischen Wort und Bild« aus dem Weg geräumt sind.

2010. V, 291 S. 17 S/W-ABB. AUF 16 TAF. GB. 155 X 230 MM.
ISBN 978-3-412-20537-9

BÖHLAU VERLAG, URSULAPLATZ 1, 50668 KÖLN. T: +49(0)221 913 90-0
INFO@BOEHLAU-VERLAG.COM, WWW.BOEHLAU-VERLAG.COM | WIEN KÖLN WEIMAR

HELMUT BIRKHAN
PFLANZEN IM MITTELALTER
EINE KULTURGESCHICHTE

Helmut Birkhan begleitet die Leser in die Welt des Mittelalters, in der die Beziehungen zwischen Pflanzen und Menschen eine besondere Bedeutung hatten. Sein Buch stellt dar, was die Menschen damals über vertraute und weniger vertraute Pflanzen dachten, wofür sie diese verwendeten und welche Wirkung sie sich von den Gewächsen versprachen. „Pflanzen im Mittelalter" ist eine kulturgeschichtliche Zeitreise und kenntnisreich geschriebene Darstellung.

2012. 310 S. 14 S/W-ABB. GB. 135 X 210 MM. | ISBN 978-3-205-78788-4

BÖHLAU VERLAG, WIESINGERSTRASSE 1, 1010 WIEN. T: +43 (0) 1 330 24 27-0
INFO@BOEHLAU-VERLAG.COM, WWW.BOEHLAU-VERLAG.COM | KÖLN WEIMAR